W0049313

Dan van der Vat

Der gute Nazi

Dan van der Vat

DER GUTE NAZI

Albert Speers Leben und Lügen

Aus dem Englischen von Kurt Baudisch und Frank Jankowski

HENSCHEL

Die Deutsche Bibliothek - CIP-Einheitsaufnahme
VanderVat, Dan
Der gute Nazi : Leben und Lügen des Albert Speer / Dan vanderVat.
Aus dem Engl. von Kurt Baudisch und Frank Jankowski. -
Berlin : Henschel, 1997
Einheitssacht.: The good Nazi <dt.>
ISBN 3-89487-275-6

ISBN 3-89487-275-6
Titel der englischen Originalausgabe:
The good Nazi. The Life and Lies of ALbert Speer, London 1997

Übersetzung ins Deutsche: Kurt Baudisch und Frank Jankowski

Umschlaggestaltung: Morian & Bayer-Eynck, Coesfeld
Titelbild: Bayerische Staatsbibliothek, München
Produktion und Satz: VerlagsService Dr. Helmut Neuberger & Karl Schaumann GmbH, Heimstetten
Druck: Wiener Verlag, Himberg
Printed in Austria
Gedruckt auf alterungsbeständigem Papier mit chlorfrei gebleichtem Zellstoff

Inhalt

Einleitung
Ein Karneval von Interviews ... 9

Der Architekt
Herkunft (1905–18) ... 21
Hitler tritt auf den Plan (1918–31) ... 35
Pfeiler aus Licht (1931–33) ... 61
Mit dem Teufel essen (1933–37) ... 83
Neugestaltung Berlins (1937–38) ... 106
Vertreibung der Juden (1938–41) ... 129

Der Minister
In Todts Fußstapfen (1942) ... 157
Harte Arbeit (1942–43) ... 194
Gipfel der Macht (1943) ... 231
Produktionsspitzen (1943–44) ... 260
Kampf und Widerstand (1944) ... 289
Der totale Krieg (1944–45) ... 324

Der Apologet
Stunde der Wahrheit (1945–46) ... 357
Der Schlinge entkommen (1946) ... 392
Ein System zur Lebenserhaltung (1946–53) ... 423
Papas Tochter (1953–66) ... 454
Erinnerungen (1966–70) ... 487
Einen Schritt voraus (1970–81) ... 514

Epilog
Das letzte Bekenntnis des Albert Speer ... 545

Anhang
Anmerkungen ... 553
Dank ... 565
Quellen und Bibliographie ... 567
Personenregister ... 573

»Die Tat ist alles, nichts der Ruhm.«

Goethe, Faust II

»Sie solln um Deutschland eine ehrne Mauer ziehen.«

Marlowe, Doktor Faustus

»Wenn Hitler überhaupt Freunde gehabt hätte,
wäre ich bestimmt einer seiner engen Freunde gewesen.«

Albert Speer in Nürnberg, 19. Juni 1946

Einleitung

Ein Karneval von Interviews

Albert Speer und ich hatten vereinbart, daß wir den einzigen Versuch, uns gegenseitig zu beschnuppern, am Fastnachtsdienstag des Jahres 1976 unternehmen wollten. Die Begegnung fand in der komfortablen, wenn auch architektonisch reizlosen Villa seiner Familie statt. Das Haus liegt auf den Anhöhen über Heidelberg. Ich hatte nicht die leiseste Ahnung, daß ich sechzehn Jahre später im Zusammenhang mit den Recherchen für diese Biographie – das erste Buch über Speer, auf das er persönlich keinen Einfluß hatte – noch einmal dorthin zurückkehren würde.

Zwei Regeln bestimmten einst das klassische »Porträt« in einem ernstzunehmenden Blatt jenes Zeitungskönigs, für den ich damals arbeitete. Der Verfasser sollte seine Identität nicht preisgeben und zur Person, über die geschrieben wurde, keinen Kontakt aufnehmen. Freunde, Feinde, Verwandte, Kollegen und natürlich die Archive waren erlaubte Quellen. Heute geht der Persönlichkeitskult in den Medien so weit, daß der Verfasser eines Porträts sich unter Umständen nicht nur um ein Interview mit der betreffenden Person bemüht, sondern auch danach trachtet, durch seine flüchtige Bekanntschaft mit dem Porträtierten persönlichen Ruhm zu ernten. Der Verfasser stellt sich damit zur Schau, daß er seinen Namen unter die Artikelüberschrift setzt und sein Foto veröffentlicht, und gleichzeitig nötigt er dem Leser seine Meinungen in einem Artikel auf, der angeblich von jemand anderem handelt. Der Biograph, der immer darauf verzichtet hat, sich durch Anonymität zu tarnen, kommt noch stärker in Versuchung, kann sich aber weniger rechtfertigen, wenn er ihr unterliegt. Im Unterschied zum Journalismus muß eine ernsthafte Biographie die Dinge aus großer Distanz sehen, wenn sie nicht zur Polemik, zur Hagiographie oder zu einem »Stückwerk« ohne Tiefgang ausarten soll. Von Biographen, die sich mit einem Lebenden befassen oder mit jemandem, der zum Zeitpunkt des Beginns ihrer Arbeit noch lebte, kann kaum erwartet werden, daß sie die Chance nicht nutzen, die Hilfe der Person in Anspruch zu nehmen, über die sie schreiben; aber das gibt einem ausgebufften Manipulator wie Speer – dies war die Eigenschaft, die ihm am meisten bescheinigt wurde – die Möglichkeit, auf die Darstellung einen entscheidenden Einfluß auszuüben. Doch Speer war bereits lange tot, als der Plan zu diesem Buch entstand.

Eine umfangreiche Liste der Bücher von und über Speer findet sich unter der Überschrift »Speer-Biographie« im Abschnitt »Quellen« am Schluß dieses Buches. Jedes dieser Bücher wurde, ob zum Guten oder Schlechten, von Speer beeinflußt. Wie William Hamsher an das Thema herangegangen ist, zeigt der Titel seines Buches. Das gleiche trifft auf Matthias Schmidts Polemik zu, die insofern einzigartig ist, als seine feindliche Haltung klar erkennbar ist, obwohl er Speer befragt hat. Gitta Serenys erschöpfende Darstellung über Speer (»den ich gut kannte und der mir mit der Zeit auch näherkam«, wie sie mutig in ihrer ersten Zeile erklärt) entstand aus den Interviews, die sie für einen langen Zeitschriftenbeitrag viele Tage hintereinander mit ihm führte. Sie ist eher auf Fragen von Schuld und Reue eingegangen als auf die Fakten seiner Biographie: eher auf das, was er war, als auf das, was er getan hat.

Auch alle anderen Autoren erkennen dankbar seine Hilfe an, ganz gleich, ob es sich um Interviews, Telefongespräche, Briefe oder gar die Durchsicht des Manuskripts handelte. Es ist zwar nicht meine Angelegenheit, darüber zu richten, ob es von Vor- oder von Nachteil war, daß das Subjekt seine Hand über das Werk des Autors gehalten hat, aber unabhängig davon steht eines fest: Diese Albert-Speer-Biographie ist ohne solche Einflußnahme zustande gekommen.

Nachdem ich ein Vierteljahrhundert lang als Korrespondent führender Londoner Zeitungen tätig war, bin ich unerschütterlich davon überzeugt, daß Objektivität stets nur in den Augen des Betrachters existiert. Als ich aus Südafrika berichtete, gab ich es bald auf zu versuchen, mich zur Apartheid – der ersten Kusine des Nationalsozialismus – »objektiv« zu verhalten. Auch die Wahrheit kann, wie man beim Besuch einer Gerichtsverhandlung rasch erkennen wird, sehr subjektiv sein. Ehrlichkeit bleibt deshalb die beste Maxime für Autoren: Es ist durchaus möglich, daß sie dem Leser ihren Standpunkt kundtun, damit er ihn in Betracht ziehen kann. Es ist genauso möglich und wünschenswert, das Subjekt einer Biographie unabhängig von den Sympathien und Antipathien des Autors fair zu behandeln.

Der Leser soll deshalb erfahren, daß dieses Buch auf Grund nagender Zweifel an Speers doppelter Behauptung entstanden ist, er sei im Besitz eines einzigartigen Wissens über das Hitlerregime und habe gleichzeitig das Ausmaß, wenn nicht gar die Existenz des Genozids, der Triebkraft dieses Regimes, nicht gekannt. Die ersten Bedenken kamen mir bei der Lektüre seiner Memoiren im Jahre 1970. Meine Zweifel regten sich wieder, als ich 1976 mit ihm zusammentraf, und sie verstärkten sich 1982, als ich von meinem damaligen Verlag gebeten wurde, die deutsche Originalfassung einer kurzen polemischen Schrift von Matthias Schmidt zu lesen, die unter dem optimistischen und vorschnell gewählten Titel »Albert Speer. Das Ende eines Mythos« erschienen war. Obwohl ich dem Verlag dringend empfahl, das Buch in Englisch zu veröffentlichen, entschied er anders.

Bis 1990 hatte ich keine Zeit, mich eingehender mit diesem Thema zu befassen, und selbst dann mußte ich ein anderes Buch vollenden und schließlich für drei weitere recherchieren und sie auch schreiben. Aber als ich mich immer häufiger und immer länger auf Speer konzentrierte und schließlich ständig mit ihm beschäftigte, sah ich mich mit zwei Hauptfragen konfrontiert: Hat er in Nürnberg und in seinen Schriften die volle Wahrheit gesagt und war die Reue, die er während und nach seiner Haftzeit bekundet hat, echt, kurzum, war er ein glaubwürdiger Zeuge für die Justiz und die Geschichte?

Dies waren niemals rhetorische Fragen: Bald stellte ich fest, daß solche Autoritäten wie der legendäre »Nazijäger« Simon Wiesenthal, der Psychologe und Analytiker des nationalsozialistischen Nihilismus, Erich Fromm, der Historiker Joachim Fest und die investigative Chronistin Gitta Sereny ausnahmslos glaubten, Speer habe aufrichtig Reue gezeigt.

1976 rief ich Speer, Hitlers einstigen Architekten und Rüstungsminister, in meiner Eigenschaft als Chefkorrespondent der Londoner »Times« in Deutschland an, weil Speers britische Verleger der Zeitung ein Exklusivinterview mit ihm angeboten hatten. Mein Artikel war kein »Porträt«, sondern ein direkter Beitrag über den zweiten Band seiner Memoiren, »Spandauer Tagebücher«. Darin schilderte ich den Inhalt des Buches und mein Interview mit seinem Verfasser. Der »Aufhänger« für den Artikel war die unmittelbar bevorstehende Veröffentlichung der englischen Übersetzung, das heißt das Exklusivinterview diente eigentlich der Schleichwerbung für das Buch, das zehn Tage später in London erscheinen sollte. Speer und sein Verlag benutzten mich dazu, Propaganda für sie zu machen, und ich wiederum benutzte Speer dazu, einen langen Beitrag unter meinem Namen in der Zeitung zu veröffentlichen. Eine solche gegenseitige Ausbeutung ist eine der Hauptstützen des Journalismus.

Ich kann nicht behaupten, die anschließende Begegnung sei mehr als nur eine interessante Unterhaltung für mich gewesen. Ich hatte nicht das Gefühl, einen modernen Faust über sein Verhältnis zu seinem persönlichen Mephisto, Adolf Hitler, zu interviewen. Er hat bei mir den Eindruck eines alten Patriziers hinterlassen, der in gleichem Maße arrogant wie charmant und reserviert war. Viel lebhafter erinnere ich mich bis heute an den Taxifahrer, der mich damals zu ihm brachte.

Der kleine Abstecher, den ich von Bonn aus mit dem Zug nach Heidelberg machte, war eine willkommene Ablenkung während einer für Nichteinheimische eher sonderbaren Zeit im überwiegend katholischen Rheinland, nämlich des langen, feuchtfröhlichen Karnevalswochenendes. Dieses Fest wird ungeheuer wichtig genommen, woran ich nicht gedacht hatte, als ich mich dem Taxistand vor dem Heidelberger Bahnhof näherte.

Nachdem ich in den üblichen beigefarbenen Mercedes-Benz

Diesel hinten eingestiegen war, bat ich den Fahrer, mich zum Schloß-Wolfsbrunnenweg zu bringen, einer langen, gewundenen, waldgesäumten Straße auf den Höhen oberhalb des Neckars. Als wir nach der üblichen belanglosen Unterhaltung zehn Minuten später das Tor der Speervilla erreicht hatten, wandte sich der Fahrer um, um sein Geld zu kassieren. Bis dahin hatte ich ihn nur von hinten gesehen; jetzt bemerkte ich, daß er zu Ehren des Faschings eine Gesichtsmaske mit buschigem Schnauzbart, roter Nase und Brille ohne Gläser trug, so daß er Groucho Marx ähnelte.

Ich war, gelinde gesagt, überrascht, als Speer höchstpersönlich an der Tür erschien, um mir nach dem Klingeln zu öffnen. Er war in Begleitung eines riesigen, buntscheckigen Bernhardiners. Ich hatte einen Butler oder zumindest ein Dienstmädchen erwartet, weil das Haus offensichtlich für einen großbürgerlichen Lebensstil entworfen war. Speers Vater hatte es 1905 solide gebaut, und es ist so geräumig, daß ich erkennen konnte, ob sonst noch jemand da war. Obwohl es ein Wochenende war, sah und hörte ich weder Frau Margarete Speer noch eines der sechs Kinder, die inzwischen alle erwachsen waren, noch eines der Enkelkinder – nur einen ältlichen Mann und seinen Hund, der (schließlich) ruhig und folgsam war. Damals war das obere Stockwerk vermietet, und Speers jüngster Sprößling Ernst lebte mit seiner Frau, einer Ärztin, und seinen beiden Kindern in der umgebauten Garage im weitläufigen Garten. Am hinteren Ende des Gartens ragt als Teil des Höhenzuges oberhalb und hinter dem Schloß-Wolfsbrunnenweg eine Felswand auf, an die sich ein Betonbau schmiegt. Er erinnert an Speers Atlantikwall, der unzerstörbar die Küstenlinie von Nordholland, meiner Heimat, verschandelt hat. Dies war der Eingang zum Luftschutzbunker, den Albert Speer im Zweiten Weltkrieg im Innern des Felsens für seine Familie hatte bauen lassen. Die Aussicht auf das schöne Heidelberg und das Neckartal ist herrlich.

Es war ein strahlend heller Wintertag, aber das Innere des Hauses mit seinen graubraunen, dunklen Teppichen und Vorhängen und seinen bequemen, abgenutzten Möbeln, die zwar von guter Qualität, aber nach deutscher Art etwas prunkvoll waren, wirkte düster. Vieles davon war durch eine geschmackvolle, moderne

Einrichtung ersetzt, als ich 1992 wiederkam, um Ernst Speer zu treffen, der nunmehr das Haus besaß, das inzwischen viel heller und luftiger war.

Speer senior war die Höflichkeit in Person. Der Hund hieß Bello, war freundlich und leistete es sich, mich ab und zu anzustupsen, bevor er sich auf dem Boden niederließ und am Interview nicht mehr teilnahm. Das Frage-und-Antwort-Spiel dauerte etwa zwei Stunden, und die Unterhaltung kreiste dabei um jene Themen, die jeder Journalist berührt hat, der Speer zum ersten Mal begegnet ist. Ich hatte seine Memoiren gelesen, die 1970, sechs Jahre vor dem Interview, erschienen waren, und hatte gerade die »Spandauer Tagebücher« verdaut, von deren deutscher Hardcover-Ausgabe innerhalb von sieben Monaten eine Viertelmillion Exemplare verkauft worden war. Trotzdem war es eine oberflächliche Begegnung: Ich war damals fachlich nicht genügend gerüstet, um Speers Version der Geschichte anfechten zu können, obwohl ich mich, wie schon erwähnt, bereits 1970 darüber gewundert hatte, wie ein Mann mit einer so einzigartigen Position an Hitlers Hof – der verlockendste Grund, Speers Bücher zu lesen – behaupten konnte, er habe von der systematischen Ermordung der Juden durch die Nazis nichts gewußt, wo er doch vor Gericht den eigenen Anteil an der kollektiven Verantwortung des Regimes zugegeben, aber gleichzeitig eine persönliche Beteiligung an dessen Verbrechen geleugnet hatte.

Mir kam es paradox vor, daß der Mann, den Hitler – der enttäuschte Architekt – wegen seines architektonischen Professionalismus bewundert hatte, selbst zu einem enttäuschten Architekten geworden war, der die Kluft von mehr als zwanzig Jahren Haft nicht zu überbrücken vermochte. Er freute sich jedoch über seinen Erfolg als Autor und erklärte, er habe an seinem Lebensabend keine Ambitionen mehr. Zum Schluß diskutierten wir über solche Fragen wie seine und Hitlers gegenseitige Faszination, sein Leben in Spandau und sein Verhältnis zu seinen Kindern, die er nur aus der Entfernung gekannt hatte: Am meisten habe er bedauert, so Speer, daß er nicht erlebt hatte, wie sie aufwuchsen und daß er sie erst im Erwachsenenalter kennengelernt habe.

Dieses Bedauern schien nicht sehr groß zu sein, doch hatte Speer die vorangegangenen Jahrzehnte ja schon damit verbracht, seine Vergangenheit zu bereuen – ein Trick, mit dem er seinen Hals in Nürnberg gerettet hatte und seit seiner Haftentlassung im Jahre 1966 zu einer Berühmtheit geworden war. »Bedauern« – das Wort klang wie ein Synonym für »Langeweile«, als Speer sein »Bedauern« darüber äußerte, daß die Historiker Hitler grob vereinfachend als Ungeheuer dargestellt hätten; daß seine Reichskanzlei von 1938 nicht als schreckliche Warnung vor totalitärer bombastischer Architektur erhalten geblieben sei; daß die Architektur für ihn ein abgeschlossenes Kapitel sei; daß er damals nichts von den Verbrechen gewußt habe, die die anderen Nazis verübten.

Ich habe keinen Grund, dieses Bedauern in Zweifel zu ziehen, aber es war weit davon entfernt, eine heftige Gefühlsbewegung zu sein. Speers Deutsch war klangvoll, aber auch monoton, so daß ihm jede Äußerung, sei es über Architektur, Rüstung, Auschwitz oder die Schriftstellerei, genauso ohne Emphase und Emotion über die Lippen kam, wie eine Bemerkung über das Wetter.

Von jener ansonsten nicht erwähnenswerten journalistischen Aufgabe ist mir Speers spürbarer Charme am nachhaltigsten in Erinnerung geblieben. Er war damals 71 Jahre alt, doch noch im Vollbesitz seiner Kräfte. Er stand und saß kerzengerade wie ein Mann in der Blüte seines Lebens, war über 1,80 Meter groß und breitschultrig, weder dick noch dünn, hatte graues Haar, das sich allmählich lichtete, buschige, schwarze Augenbrauen. Ein um Vergebung heischendes Lächeln spielte um den Mund, und er hatte liebenswürdige, aristokratische Manieren. Er brachte das Kunststück fertig, selbst dann noch bescheiden zu wirken, als er mir erzählte, daß der hiesige Juso-Vorsitzende ihn erst gebeten habe, auf einer Versammlung zu sprechen, dann aber die Einladung wieder zurückzog. »Er sagte, ich sei zu charmant, um als ein ehemaliger hochrangiger nationalsozialistischer Funktionär glaubwürdig zu sein«, erinnerte sich Speer.

Das einzige, was ich bei dem Interview herausbekam, war, daß er seit seiner Entlassung aus Spandau im Jahre 1966 sozialdemokratisch gewählt hatte. Das war verständlich, da Willy Brandt, der erste sozialdemokratischer Bundeskanzler nach dem Krieg, Speer 1966 das »Entnazifizierungs«-Verfahren erspart (und dessen hübscher Tochter zu Speers Entlassung einen Blumenstrauß geschickt) hatte. Aber das große intellektuelle Hamburger Wochenblatt »Die Zeit« fand meine kleine Entdeckung interessant genug, um darüber zu berichten.

Ich kehrte im Juni 1992 in das Haus zurück, um Ernst Speer zu besuchen, der damals fünfzig Jahre alt war und eine Firma für Computersysteme besaß. Unsere Begegnung verlief keineswegs unfreundlich, ganz im Gegenteil, aber als das jüngste von Albert Speers sechs Kindern war er genauso scheu und verschlossen, wie es zugestandenermaßen schon sein Vater als junger Mann gewesen war. Als Junge war Ernst von Freunden der Familie als dasjenige Kind angesehen worden, das »am schwierigsten« war und es im Leben nicht weit bringen würde – sie haben sich in beiden Punkten geirrt. Wir hatten kaum Blickkontakt, seine Augen standen nie still, und er zeigte Anzeichen von nervöser Gereiztheit. Die Unterhaltung wurde auf deutsch geführt und war dadurch gekennzeichnet, daß er oft schwieg und ich mich bemühte, die Pausen zu füllen.

Ernst Speer erinnerte sich, daß er, als er größer wurde, mit seiner Mutter und mit Geschwistern ein- bis zweimal im Jahr seinen Vater im Gefängnis besuchte. Als dieser entlassen wurde, war Ernst dreiundzwanzig und Student. Er beendete sein Studium als Diplomingenieur auf dem Gebiet der Elektronik im Alter von dreißig Jahren – nicht untypisch für das weltfremde deutsche Hochschulsystem. Seit 1968 hatte er am Schloß-Wolfsbrunnenweg gelebt, zuerst im Gartenhaus, das einmal eine Garage mit Chauffeurwohnung gewesen war, später in der Villa selbst. »Ich kannte meinen Vater nur als einen Fremden, mehr bekannt als verwandt«, sagte er. »Es ist sehr schwer, das Verhältnis zu beschreiben… Die Unsicherheit, einen Vater zu haben und gleichzeitig keinen, war schon belastend.«

Nach seiner Freilassung und Rückkehr nach Heidelberg war Albert Speer »weltfremd«, fühlte sich aber sofort als Herr im Hause. Der Strom der Besucher, die Interviews haben wollten oder Speer darum baten, ihnen bei Büchern, Doktorarbeiten und dergleichen zu helfen, riß nicht ab. Sowohl bei allen diesen Personen als auch bei seiner eigenen Familie ließ er seine »Ausstrahlung« wirken; Speer hat dieses Wort gern benutzt, um Hitlers Macht über Menschen – einschließlich seiner eigenen Person – zu charakterisieren. Wenn Arbeiter kamen, um etwas zu reparieren, redete er mit ihnen im Dialekt. »Er stellte sich auf jedermanns Wellenlänge ein.«

Ich hatte Ernst Speer als den derzeitigen Bewohner des Elternhauses besucht, um vielleicht noch etwas zu erfahren, woran er sich erinnerte und worüber womöglich Papiere existierten. Aber außer diesem Motiv, das unbestreitbar eigennützig war, hatte ich noch ein anderes: Als ausgedienter Journalist hatte ich das Gefühl, daß ich im Interesse der Fairneß seiner Familie Gelegenheit geben müßte, sich zu äußern – wenn sie es wünschte –, da sie ganz bestimmt in meinem Buch vorkommen würde. Als ich mich verabschiedete, hatte ich den Eindruck, daß Ernst Speer ernsthaft hin und her überlegte, ob er mir helfen sollte; er erklärte, er werde darüber nachdenken.

Deshalb stattete ich mit seiner Zustimmung etwa sechs Monate später dem Haus meinen dritten und letzten Besuch ab. Diesmal war auch Ernst Speers Frau Irmhild zugegen. Bald wurde mir klar, daß es, auch wenn sie irgend etwas in dieser Sache zu sagen hätte, keine Hilfe von Schloß-Wolfsbrunnenweg geben würde. Aber wir hatten eine überaus kultivierte Unterhaltung, bei der wir uns bei einer Flasche teuren Weißweins wie auf rohen Eiern bewegten. Mein anschließender Brief zum Jahreswechsel mit der höflichen letzten Bitte um ein Ja oder Nein ergab schließlich, daß Schweigen vermutlich Dissens bedeutete. Ich erhielt tatsächlich keine Antwort.

Frau Dr. Hilde Schramm, geborene Speer, war schon fast berühmt dafür, daß sie keine Interviews gab, schon gar nicht über ihren Vater, dessen »Botschafter« und literarischer Agent sie in der Zeit, in der Speer sich in Spandau befand, gewesen war. Ich fühlte mich daher glücklich, als ich im November 1993 in ihre große Wohnung in einer Villa im Südwesten Berlins eingeladen wurde, obwohl das Haus wegen eines Schneesturms schwer zu finden war. Die telefonische Einladung war zögernd gewesen, und der Empfang war kaum wärmer als die Luft an jenem eisigen Wintertag. Hatte ich die beiden Gespräche mit Ernst bislang noch als schwierig empfunden, so schienen sie nach der kurzen Begegnung mit Hilde geradezu herzlich und fruchtbar gewesen zu sein. Frau Dr. Schramm, eine Pädagogin und ehemalige ökopolitische Aktivistin im Westberliner Senat – sie wurde zweimal als Kandidatin der »grünen« Alternativen Liste ins Stadtparlament gewählt –, arbeitete für eine Antirassismus-Organisation, die in Potsdam ihren Sitz hatte und an Schulen wirkte.

Sie war höflich, wenn auch zweifellos kühl und verkrampft, und sagte mir fast nichts, was ich nicht schon aus den Büchern ihres Vaters und anderswo erfahren hatte. Es war harte Arbeit, und zum Schluß entschuldigte ich mich und ging, wie es in meinem früheren altehrwürdigen Beruf oft der Fall gewesen war, unverrichteterdinge.

Diese Erfahrungen und andere nutzlose Anfragen brachten mich dazu, auf die Familie Speer als Quelle zu verzichten. Sie waren sich zweifellos darin einig, daß sie Fremden nicht helfen wollten, in der Vergangenheit ihres berühmt-berüchtigten Vaters herumzukramen. Statt dessen hielten sie an dem fest, was in seinen Büchern stand, und verwiesen Fragesteller darauf. Angesichts der großen Fülle an Informationen, die in Archiven und anderswo über Speer existieren, war es mir überhaupt nicht unangenehm, mir zusätzliche Arbeit und Komplikationen zu ersparen. Zudem war ihre Haltung durchaus verständlich: Immer wenn ich nach den Niederlanden komme, werde ich nach meinem Vater gefragt. Obwohl ich stolz auf meinen verstorbenen Vater bin, einen in Holland berühmten Schriftsteller (der sich im Krieg eine Zeitlang versteckte, um nicht als Zwangsarbeiter für Speer arbeiten zu müssen), bin ich schon so lange auf der Welt, daß ich ein Recht auf meine eigene Identität habe. Nachdem es mir auch nicht gelungen war, Himmlers Tochter dazu zu bewegen, sich in einem anderen Zusammenhang öffentlich zu äußern, fand ich die Scheu der Speers durchaus verständlich.

Mehr zufällig als absichtlich befand ich mich schließlich in einer ganz anderen Situation als all die anderen, die Bücher über Albert Speer, seine Arbeit für Hitler, die Qualität beziehungsweise Größe seiner Schuld und Reue sowie seinen Platz in der Geschichte veröffentlicht haben. Da ich wußte, daß Gitta Sereny ihn seit ihrer Marathonserie von Interviews im Jahre 1978 ständig bearbeitet hatte und ich sie nicht einholen konnte, entschloß ich mich, auf ihr Buch und die neuen Einblicke, die es zweifellos gewähren würde, zu warten, um es dann als zusätzliche Quelle zu benutzen und dort, wo es angebracht war, zu zitieren. Um zu beweisen, daß ich unabhängig, wenn auch parallel zu anderen Projekten eine Menge Arbeit in das Thema Speer investiert hatte, schrieb ich sechs Monate vor dem Erscheinen ihres Buches einen langen Artikel über ihn für den »Guardian«. Als Aufhänger benutzte ich seinen 91. Geburtstag im März 1995.

1978 hatte Frau Sereny Speer von der Notwendigkeit überzeugt, sein Eingeständnis gegenüber dem »Playboy«-Magazin im Jahre 1971 und später gegenüber dem südafrikanischen jüdischen »Board of Deputies« im Jahre 1977 zu bestätigen, wonach er damals gewußt habe, daß »etwas Schreckliches mit den Juden geschah«. Er hatte offensichtlich begriffen, daß ein solches »Eingeständnis« sein öffentliches Ansehen und sein Bild in der Geschichte beeinträchtigen würde, »aber es wäre eine Erleichterung«.

Dieses Eingeständnis unterminierte die von Speer seit Nürnberg ständig wiederholte Behauptung, er sei ein Technokrat mit Scheuklappen gewesen, der, wenn überhaupt, nur vage von Dingen gewußt habe, die sich außerhalb seiner Sphäre zutrugen. Aber es ging nicht bis zum Bekenntnis seiner persönlichen Schuld an den Verbrechen, die er an den Opfern des Nationalsozialismus begangen hatte, sondern nur bis zur allgemein bekannten Akzeptanz seines Anteils an der Gesamtverantwortung des Hitlerregimes für die Kriegsverbrechen.

Diese Haltung hatte sowohl in Nürnberg als auch bei seiner Freilassung und schließlich beim Erscheinen seiner Memoiren Aufsehen erregt. Manche Zeitgenossen, wie zum Beispiel der amerikanische Ökonom J. K. Galbraith, der Speer unmittelbar nach Kriegsende im Namen des Strategischen Bomberkommandos eine Woche lang verhört hatte, waren bereits nach kurzer Zeit zur Überzeugung gelangt, daß Speer weit mehr Schuld auf sich geladen hatte, als er zugab.

Seine Sorge um seinen Ruf veranlaßte Speer, ernsthaften Fragestellern gegenüber eine unendliche Geduld an den Tag zu legen und sie nie abzuweisen. Deshalb kann ich dieses Buch meines Erachtens als das erste Werk über Speer bezeichnen, das nolens volens hauptsächlich auf externen Quellen beruht. Dieses Charakteristikum wird auch dann noch gelten, wenn Joachim Fests geplante Biographie erschienen ist. Herr Fest, der mir eine große Hilfe gewesen ist, war Speers redaktioneller Berater. Als solcher wandte er viel Zeit auf, um Speer bei seinen »Erinnerungen« und seinen »Tagebüchern« zu helfen. Beide Werke waren alles andere als offen – dank dem, was Speer verheimlicht hat –, aber all das wird auf den nachfolgenden Seiten klar dargelegt. Ich als Biograph hatte keine andere Wahl, als eine skeptische Distanz zur Darstellung der Ereignisse zu halten, die mir das Subjekt meiner Untersuchung geliefert hat: Abgesehen von einem kleinen Interview hatte ich keine Möglichkeit, unter den Einfluß von Albert Speer zu geraten.

Der Architekt

Herkunft (1905–18)

Berthold Konrad Hermann Albert Speer wurde am 19. März 1905 um 11 Uhr 15 in der (später in Stresemannstraße umbenannten) Prinz-Wilhelm-Straße Nr. 19 in Mannheim geboren. Die Uhrzeit ist in seiner Geburtsurkunde vermerkt[1] und verdient es eigentlich nur aus einem Grund, hier erwähnt zu werden: Speer hat sie in seinen »Erinnerungen«[2] in die Mittagszeit (»12 Uhr mittags«) verlegt. Diese enthalten noch andere Ausschmückungen: »Der Donner eines Frühlingsgewitters übertönte, wie mir meine Mutter oft erzählte, das Glockengeläute von der nahen Christuskirche.«

Matthias Schmidt, ein Doktorand, der 1982 sein möglichstes tat, um Speer als Lügner zu entlarven, unterzog sich der Mühe, die damaligen offiziellen Wetterberichte durchzusehen. Dabei fand er heraus, daß es vor drei Uhr nachmittag an jenem Tag überhaupt kein Gewitter in Mannheim gegeben hatte.[3] Es können auch nicht die Glocken der Christuskirche gewesen sein, die das neugeborene Kind ins Leben geleiteten; denn dieses Gebäude wurde erst 1911 errichtet, als Albert schon sechs Jahre alt war. Das war jedoch nicht von Belang, da er an einem Sonntag geboren wurde und es in Mannheim viele andere Kirchen gab, von denen bestimmt einige von der Wohnung der Familie Speer aus zu hören waren, falls sie in jener bescheidenen Viertelstunde geläutet haben sollten. Es war eine imposante Wohnung mit vierzehn Zimmern, die eine ganze Etage jenes großbürgerlichen Hauses einnahm, das Alberts Vater, Albert Friedrich Speer, bei seiner Heirat im Jahre 1900 hatte bauen lassen.

Dieses Beispiel zeigt, daß Albert Speer schon am Anfang seiner »Erinnerungen« nachlässig mit der Wahrheit umgegangen ist, und sollte dem Leser seiner Memoiren als unbeabsichtigte, aber nützliche Warnung dienen: caveat lector.

Die Geburtsurkunde gibt die Religion der Familie als evangelisch an. Baden, einst eine Markgrafschaft des Heiligen Römischen Reiches Deutscher Nation und heute ein Teil des Bundeslandes Baden-Württemberg, war traditionell, wenn auch nicht ausschließlich katholisch. Die Familie Speer stammt jedoch aus Schlesien, einer einst zu Österreich gehörenden Provinz an der Ostgrenze des Reiches, die 1740 an das protestantische Preußen fiel. Die Speers zogen im 19. Jahrhundert über Berlin in das preußische Westfalen, das damals im Gefolge der industriellen Revolution aufblühte.

Auf dem Weg dorthin knüpften sie Verbindungen zur Unter- und Mittelschicht in Schwaben und im Westerwald. Durch Alberts Mutter Luise Mathilde Wilhelmine, geborene Hommel, war die Familie auch weitläufig mit den Reichserbmarschällen von Pappenheim verwandt. Einer von ihnen zeugte mit einer unverheirateten Hommel acht Söhne.

Speers Großvater mütterlicherseits war Hermann Hommel. In der Hütte eines armen Försters im Schwarzwald aufgewachsen, hatte er es zu einer Fabrik zur Herstellung von Präzisionswerkzeugen gebracht. Diesen seinen Großvater mütterlicherseits, eines der wenigen spontanen und warmherzigen Mitglieder seiner weitverzweigten Familie, hatte Speer besonders gern, und sie gingen gemeinsam auf die Jagd. Frau Hommel dagegen war von Natur aus eine Pfennigfuchserin, ihre Tochter eine verbitterte junge Frau, die Albert sen. heiratete, weil ein betrügerischer Offizier sie verschmäht hatte. Sie war jedoch für einen der vier Söhne des Architekten Berthold Speer aus Dortmund in materieller wie in gesellschaftlicher Hinsicht eine außerordentlich gute Partie. Speer, der so spät geboren wurde, daß er die Eltern seines Vaters nicht mehr kennenlernte, gab in den mit Gitta Sereny[4] geführten Gesprächen zu, daß sein Großvater nicht reich gewesen war. Das stand im Widerspruch zum Eindruck, den er in seinen Memoiren erweckt hatte – ein weiteres wichtiges Indiz dafür, daß er in bezug auf seine Herkunft gelogen hat.

Albert Friedrich trat in die Fußstapfen seines Vaters und gründete 1892 im Alter von neunundzwanzig Jahren ein Architekturbüro in Mannheim. Er ergriff diesen Beruf nach Absolvierung einer Lehre; seine Familie hatte es sich nicht leisten können, ihn studieren zu lassen.

Erst als er sich selbständig gemacht hatte, war er im Alter von immerhin sechsunddreißig Jahren bereit, die Tochter des reichen Industriellen zu heiraten. Die Hochzeit mit der knapp Einundzwanzigjährigen[5] wurde am 5. Februar 1900 in Mainz gefeiert. Dabei dürften finanzielle Erwägungen eine größere Rolle gespielt haben als tiefe Zuneigung: Daß er vor allem am Geld seiner Zukünftigen interessiert war, hat Albert Speer sen. 1943 in einem Gespräch mit Dr. Rudolf Wolters – Speers Assistenten in den Kriegsjahren, zugleich dessen Chronist und Bevollmächtigter während der Spandauer Zeit – zugegeben.[6] Vater Speer verwaltete sein Vermögen mit Umsicht. Da er viel in Grundstücke und Bauland investiert hatte, überstand er dank günstiger Bodenverkäufe gegen amerikanische Dollar unbeschadet die Zeit der großen Inflation, die Deutschland nach dem Ersten Weltkrieg heimsuchte und insbesondere auf ihrem Höhepunkt im Jahre 1923 generell verheerende Auswirkungen auf die Mittelschichten hatte.[7] Albert sen. erwarb auch das Grundstück Schloß-Wolfsbrunnenweg in Heidelberg und ließ dort die Villa bauen, die im Jahre 1905 ursprünglich ein Sommerhaus werden sollte.

Es ist nicht verwunderlich, daß die Eltern diesen schönen Flecken dem Dreck und Ruß von Mannheim vorzogen. Die dortige Luftverschmutzung rührte von dem sich immer weiter ausdehnenden Flußhafen und von Fabriken wie den Ludwigshafener Chemiebetrieben her. Albert Speer junior jedoch haßte dieses Haus wegen der unglücklichen Kindheit, die er dort verbrachte. Speers Eltern vermieteten die Mannheimer Wohnung, obwohl sich das Architekturbüro von Albert Speer sen. gleich daneben befand, und zogen im Sommer 1918 an den Schloß-Wolfsbrunnenweg.

Der Besitz der Speers, die eine der wenigen Familie waren, die von Anfang an zwei Autos unterhielt, überdauerte nicht nur den

Ersten Weltkrieg und die wechselvollen Zeiten der Weimarer Republik, sondern auch – mit nicht geringer Hilfe der Gönner von Albert jun. im Dritten Reich – den Krieg Hitlers sowie den nachfolgenden Wiederaufbau.

Albert, wie er trotz seiner imposanten Zahl von Vornamen genannt wurde, war der zweite von drei Söhnen. Der ältere, im Dezember 1902 geborene Bruder Hermann – Mutters Liebling – wurde ein Verschwender, während der jüngere, im Dezember 1906 geborene Bruder Ernst – Vaters Liebling – im Zweiten Weltkrieg fiel. Der junge Albert war ein schwächliches Kind, das zu Ohnmachtsanfällen neigte; seinen »Erinnerungen« zufolge wurde eine »Gefäßnervenschwäche« konstatiert.[8] Spätere Ereignisse zeigen, daß Speer tatsächlich an einer Kreislaufschwäche litt: Schließlich starb er sogar daran. Wahrscheinlich hatte er in seiner Jugend einen ungewöhnlich niedrigen Blutdruck – eine im Tal des Rheines und in den angrenzenden Gegenden ziemlich häufige Disposition.

Wenn wir seiner Selbstanalyse im späteren Leben glauben sollen, so führte seine schwächliche Konstitution und die Tatsache, daß er sich seinen körperlich robusteren, herrischen Brüdern unterlegen fühlte, in Verbindung mit dem Mangel an elterlicher Liebe dazu, daß er ein verschlossener Junge war. Warme Zuwendung erfuhr er in seiner frühen Kindheit in erster Linie von der jüdisch-französischen Gouvernante der Jungen, einer Mademoiselle Blum.[9]

Speers Mutter kompensierte ihre Verbitterung mit privatem Luxus. Da sie mehr Geld in die Ehe mitgebracht hatte als ihr Mann, pflegte sie ungeniert ihre Vorliebe für französische Lebensart, dazu solche Kinkerlitzchen wie Livreen für die Diener, die mit Wappen verziert waren, die zu führen den Speers gar nicht zustand.[10]

Es fällt nicht schwer, Speers Schilderung einer Jugend und eines Familienlebens ohne Liebe als authentisch zu akzeptieren. Was er erlebte, war aber insgesamt typisch für viele Sprößlinge der steifen deutschen Großbourgeoisie jener Zeit. Diese Familien, in denen einerseits Gefühlsäußerungen verpönt waren, andererseits

Sentimentalität als schicklich galt, erwiesen sich als guter Nährboden für emotionale Krüppel wie Speer. Wahrscheinlich war es nur die halbe Wahrheit, wenn er schrieb, seine spätere Geschicklichkeit im Umgang mit widrigen Umständen und unbequemen Menschen sei auf seine körperliche Schwäche in der Kindheit zurückzuführen.[11] Die lieblose Ehe seiner Eltern, die in Mannheim in getrennten Zimmerfluchten lebten, und sein Hunger nach Liebe müssen ihn dazu gebracht haben, seine beträchtliche Intelligenz zu gebrauchen, um in der häuslichen Umgebung, die er, wie er schilderte, als künstlich und unbehaglich empfand, zu bekommen, wonach er sich sehnte.

Es ist heute eine Binsenwahrheit, daß eine lieblose Kindheit lieblose Erwachsene hervorbringen kann. Aber viele Deutsche aus stabilen, warmherzigen Familien sind genauso auf Hitler hereingefallen wie Speer, und nicht wenige Verschwörer gegen Hitler kamen aus Familien der High-Society, in denen es genauso steif und unterkühlt zuging wie in Speers Familie. Man macht es sich deshalb zu leicht, wenn man den Umstand, daß er ein nationalsozialistischer Kriegsverbrecher wurde; mit seiner unglücklichen Kindheit erklärt. Denn schließlich hat die Gelegenheit wie bei vielen anderen Verbrechern den Ausschlag gegeben. Schließlich hat es sich zu guter Letzt herausgestellt: Obwohl Speer ein romantischkühl veranlagter Mensch war, war er doch zur Leidenschaft fähig. Dies haben die außergewöhnlichen Umstände seines Todes dramatischer als alles andere bewiesen.

Herrschaftliche Wohnungen wie die der Speers findet man in alten Häusern auch heute noch. Vor dem Ersten Weltkrieg wurden sie meist von einer ganzen Schar von Bediensteten in Schuß gehalten. Die Familie Speer beschäftigte in der Regel sieben Bedienstete, die ebenso wie die Kinder die Hintertreppe zu benutzen hatten. Offizielle Besucher trafen gewöhnlich auf dem Hof ein und begaben sich dann über die Haupttreppe zum separaten Vordereingang im ersten Stock. In dieser riesigen Wohnung konnte es zwar keine horizontale Trennung von »oben« und »unten« geben, aber es gab in der Mannheimer Wohnung der Speers eine deutliche vertikale Trennung durch die Vorder- und die Hintertreppe.

Von einer großen Diele mit einer Kamin-Attrappe, die mit echten Delfter Kacheln eingefaßt war, gelangte man in ein Zimmer mit geschmackvollen französischen Möbeln und einem vielkerzigen Kristallüster. Es gab einen Wintergarten, in dem gefrühstückt wurde. Dieser war mit Gegenständen aus dem Orient ausgestattet, die Albert sen. auf der Pariser Weltausstellung im Jahre 1900 für ein prunkvolles künftiges Eheleben gekauft hatte. Zu den Gesellschaftszimmern gehörten auch ein Wohn- und ein Eßzimmer, das so groß war, daß an einer Tafel über zwanzig Personen Platz nehmen konnten.[12] Nach den Angaben von Albert jun. zählte die Familie Speer zu den zwanzig oder dreißig führenden Familien der Mannheimer Gesellschaft.

Im anderen Teil der Wohnung befanden sich eine große Küche, die Schlafzimmer der Kinder und die Räume der Bediensteten, die im Haushalt wohnten. Dieser ganze luxuriöse Haushalt wurde von einem Kindermädchen namens Berta, einem Koch, einem livrierten Diener, einem Fahrer (Bachmann) und drei Mädchen betreut. Aber inmitten dieses materiellen Reichtums war die beste und einzige Freundin des jungen Albert in der Vorschulzeit Frieda Allmendinger, die Tochter des Portiers. Wie er selbst berichtet hat, spielte er mit ihr auf dem schmutzigen Hof. Sie, Mademoiselle Blum, Großvater Hommel, die Angestellten des Büros von Albert sen. und ein oder zwei Heidelberger Schulfreunde brachten Abwechslung in sein Leben, so daß er in seiner Kindheit nicht ganz der Wärme entbehrte.

Was aber war mit dem Land, in das er hineingeboren war – dem zweiten Deutschen Reich? Als einheitlicher Nationalstaat war es fünf Jahre jünger als Speers Vater. Es war im wesentlichen das Werk Bismarcks, des Eisernen Kanzlers, eine Schöpfung, die nach dem vernichtenden Sieg Preußens und der mit ihm verbündeten süddeutschen Staaten über die Franzosen im Krieg von 1870 im Januar 1871 taktlos im Schloß von Versailles proklamiert worden war. Diese Bismarcksche Lösung der ewigen »deutschen Frage« – und auch der Frage Europas – ermöglichte es dem neuen Reich, zur vorherrschenden militärischen, politischen und schließlich ökonomischen Macht auf dem Kontinent aufzusteigen. Nach Auffassung verschiedener Historiker beginnt der Abstieg Großbritanniens wie auch Frankreichs mit der Gründung des zweiten Deutschen Reiches.

Bismarcks scharfsinnige Voraussage, ein allgemeiner Krieg in Europa, falls er denn ausbräche, könnte von »irgendeiner verdammten Dummheit auf dem Balkan« entfesselt werden, war völlig zutreffend, aber nur ein Teil der Wahrheit. Durch die Annexion von Elsaß-Lothringen, das seit dem Dreißigjährigen Krieg (1618–1648) französisch gewesen war, hatte Bismarck selbst den Hauptkeim für die Zerstörung des zweiten Reiches gelegt. Abgesehen von jener unverzeihlichen Demütigung erlegte er Frankreich so hohe Reparationen auf, daß damit die deutsche Industrialisierung finanziert werden konnte. Die Abtrennung Elsaß-Lothringens erinnerte Frankreich ständig an seinen militärischen und politischen Abstieg und weckte seinen Rachedurst – eine der Hauptursachen für den Ersten Weltkrieg.

Bismarcks Souverän, Kaiser Wilhelm I., starb 1888, und sein Sohn Friedrich wurde sein Nachfolger. Für Deutschland, Europa und die Welt war es verhängnisvoll, daß Friedrich III. bereits todkrank war und nur 99 Tage regierte. Wäre dieser liberale und humane Prinz mit seiner englischen Frau, der Tochter von Königin Viktoria, am Leben geblieben, so hätte er den deutschen Nationalismus und Militarismus möglicherweise an der Kandare gehalten. So aber wurde sein Sohn im Alter von 29 Jahren als Wilhelm II. deutscher Kaiser, und Europa mußte bald feststellen, daß hier ein Kuckuck lärmend im Nest saß. Der unberechenbare Kaiser erzwang innerhalb von zwei Jahren Bismarcks Rücktritt.

Bismarck hatte als Teil seiner Bemühungen, die Franzosen unter den neuen Bedingungen zu isolieren, gute Beziehungen zu St. Petersburg unterhalten. Aber schon ein Jahr nach seiner Entlassung hatten die Russen mit dem wiedererwachenden Frankreich ein Bündnis geschlossen, das Frankreichs lange außenpolitische Isolierung nach dem Kriege beendete (eine Generation danach erwies die Sowjetunion dem besiegten Deutschland den gleichen Dienst). 1892 wurden die französisch-russischen Beziehungen durch den Abschluß einer Militärkonvention erweitert.

Nachdem Bismarck das drei Jahre alte deutsch-österreichische Bündnis von 1879 zum Dreibund erweitert hatte, dem (vorübergehend) auch Italien angehörte, trat diesem Bündnis genau zehn Jahre später ein anderer Machtblock entgegen. Als Rußland ihm beitrat, wurde er zur Triple Entente, die im Ersten Weltkrieg gegen Deutschland kämpfte.

Als Inselstaat unterhielt Großbritannien zwar nur ein kleines Heer, um seine Kolonien zu überwachen, besaß aber für seinen strategischen Schutz und den seines Imperiums die größte Flotte der Welt. Deutschland, eine Kontinentalmacht mit einem schmalen Küstenstreifen und einem tiefen Hinterland, verfügte über ein ziemlich modernes, auf allgemeiner Wehrpflicht beruhendes Heer, das in der Lage war, seine Truppen auf dem Schienenweg rasch gegen seine Hauptrivalen Frankreich und Rußland zu werfen. Aber 1898 beschlossen Wilhelm II. und ein willfähriger Reichstag auf Drängen von Admiral Alfred von Tirpitz ein umfangreiches Flottenbauprogramm. Das war eine offene Herausforderung der britischen Vormachtstellung zur See. Die Briten reagierten schließlich darauf, indem sie 1902 mit Japan überraschend ein Bündnis schlossen, um ihre Besitzungen im Fernen Osten zu schützen und ihre Kriegsflotte näher beim Mutterland konzentrieren zu können. Nach Aufgabe der Splendid isolation, ihrer Neutralität im 19. Jahrhundert, schlossen sie 1904 die Entente cordiale mit Frankreich und näherten sich 1907 wieder Rußland an.

Zu Bismarcks fatalem Vermächtnis, dem französischen Revanchismus auf Grund des Verlustes von Elsaß-Lothringen, gesellte sich die Folge einer verhängnisvollen Fehlentscheidung des deutschen Kaisers: die britische Furcht vor der rasch wachsenden Flotte deutscher Schlachtschiffe, die allmählich zur modernsten der Welt wurde. Die dritte Hauptkomponente der zunehmenden Spannung in Europa, die schließlich 1914 zum Ausbruch des Ersten Weltkrieges führte, war die Eifersucht Rußlands auf den österreichischen Einfluß am größtenteils slawischen Balkan und auf den deutschen Einfluß auf die Türkei.

Wilhelm II., ein wichtigtuerischer und sprunghafter Autokrat, verwechselte imperiales Gehabe mit imperialer Macht. Das vereinigte Deutschland hatte die im wesentlichen feudale preußische Gesellschaftsordnung geerbt: eine Monarchie, deren Stütze und Fessel die preußischen Großgrundbesitzer, die Junker, darstellten – eine Schicht, zu der auch Bismarck zählte. Wilhelm betrachtete sich jedoch als einen absoluten Herrscher. Der Reichstag wurde auf der Grundlage eines allgemeinen Wahlrechtes der Männer gewählt, doch hatte er nur begrenzte Befugnisse. So durfte er auch nicht den Reichskanzler wählen. Dieser wurde vom Kaiser persönlich ernannt, und dem Kaiser war auch jeder Angehörige der gut besoldeten und gut ausgebildeten, auf Lebenszeit versorgungsberechtigten Beamtenschaft verpflichtet. Das Reich Wilhelms II. war, wie es einmal ein deutscher Sozialdemokrat formuliert hat, der »am besten verwaltete, aber am schlechtesten regierte« Staat Europas.

Der aggressive Opportunismus des Kaisers auf außenpolitischem Gebiet destabilisierte Europa rasch. Erpressung war das einzige Mittel, mit dem Wilhelm II. nun die deutschen Kolonien erweitern konnte, da die anderen europäischen Mächte die besten Brocken schon lange unter sich aufgeteilt hatten. Während Deutschland das aussichtslose Wettrüsten zur See beschleunigte, versuchte der Kaiser ungeschickt, Frankreich und Rußland auseinanderzubringen, verlor aber das Interesse an dieser Politik, als Rußland im Jahre 1905 von Japan besiegt wurde. Die Briten hingegen verfolgten weiter beharrlich ihr Ziel, Deutschland hinsichtlich der Flottenstärke auf Abstand zu halten, und bauten dementsprechend Kriegsschiffe. »We want eight and we won't wait« (»Wir wollen acht haben und wollen nicht warten«), skandierten die britischen Nationalisten, als sie erfolgreich ihre Kampagne für den Bau von acht zusätzlichen großen Schlachtschiffen, nach dem Typschiff »Dreadnoughts« genannt, durchführten. Die deutschen Annäherungsversuche bei allen übrigen Großmächten schlugen indessen fehl, da Wilhelm sich ein Bündnis nur in Form eines Herren-Diener-Verhältnisses vorstellen konnte. Briten, Franzosen und Deutsche staunten daher nicht schlecht, wie gut sie zusammenarbeiteten, als es darum ging, die Beendigung der Balkankriege zu erzwingen, die 1912/1913 von Serbien, Montenegro, Bulgarien und Griechenland auf der einen Seite und der Türkei auf der anderen Seite geführt wurden. Doch das gute Einvernehmen, das sich aus Furcht vor einem allgemeinen Krieg eingestellt hatte, war nicht von Dauer. Eine von Bismarck befürchtete »verdammte Dummheit auf dem Balkan« – das Attentat auf den österreichischen Thronfolger im unglückseligen Sarajevo – entfesselte jenen Konflikt, in den erst Österreich und Serbien, dann Deutschland und Rußland und schließlich Belgien, Frankreich und Großbritannien verwickelt wurden.

Der deutsche Generalstab setzte auf den Schlieffenplan, um Frankreich wie im Jahre 1870 rasch auszuschalten. Das deutsche Heer sollte sich danach mit geballter Kraft auf den angenommenen Hauptfeind Frankreich werfen. Der Plan erforderte, daß ein starker deutscher rechter Flügel durch das neutrale Belgien auf Paris vorstieß. Aber die brutale Verletzung der Souveränität Belgiens veranlaßte Großbritannien zum Kriegseintritt. Franzosen, Briten und Belgiern gelang es, die gewaltige, aber schwerfällige Offensive aufzuhalten, und beide Seiten gruben sich an der deutschen Westfront ein. An der Ostfront wichen die Deutschen anfangs zurück, um dann die sie verfolgenden Russen anzugreifen und mehrfach zu schlagen. Doch allein schon deren riesige Überlegenheit an Menschen hatte zur Folge, daß dem Deutschen Reich ein rascher Endsieg versagt blieb. Dadurch war es in einen gigantischen Zweifrontenkrieg verwickelt, der deutlich zeigte, von welchen falschen Voraussetzungen der Kaiser mit seiner verhängnisvollen Strategie ausgegangen war. Großbritannien behielt auf See die Oberhand und verstärkte gleichzeitig seine militärische Präsenz an der Westfront: Briten und Franzosen wurden gleich starke Partner in den Schützengräben.

Auf See wandten die Briten ihre traditionelle Taktik gegen einen kontinentalen Feind an: die Seeblockade. Die Deutschen waren nicht in der Lage, sich mit ihrer Hochseeflotte aus dieser kriegsentscheidenden Umklammerung zu befreien. Statt dessen entwickelten sie das Unterseeboot als Mittel für eine Gegenblockade. Im Frühjahr 1917 gelang es Deutschland, mit dieser

Waffe innerhalb von ein bis zwei Wochen Großbritannien so zuzusetzen, daß der transatlantische Versorgungsweg fast ganz unterbrochen war; überall im Nordatlantik und im Mittelmeer lagen britische Wracks.

Die Seeblockade über Wasser, mit der die Deutschen langsam ausgehungert wurden, war nahezu unsichtbar und führte nur zu wenigen Kampfhandlungen und Verlusten zur See. Der »U-Boot-Terror« dagegen vernichtete mehr als elf Millionen Tonnen an alliiertem Schiffsraum und kostete Zehntausende von Seeleuten das Leben. Letztendlich veranlaßte er die USA, mit frischen Truppen und ihrem riesigen Industriepotential das Gleichgewicht zu Lasten Deutschlands und Österreichs zu kippen. Im April 1917 – in jenem Monat, in dem die Briten dadurch knapp einer Katastrophe entgingen, daß sie ihren Handelsschiffen befahlen, im Konvoi zu fahren – beschloß der US-Kongreß den Kriegseintritt.

Im Osten dagegen setzten die Deutschen den Russen heftig zu, über die im gleichen Jahr die bolschewistische Revolution hereinbrach. Die Bolschewiken unterzeichneten im März 1918 den drückenden Vertrag von Brest-Litowsk, und der Kaiser hatte endlich – wenn auch in umgekehrter Reihenfolge – sein Ziel erreicht, die Kampfhandlungen an einer Front zu beenden, um seine Kräfte an der anderen konzentrieren zu können. Im März desselben Jahres traten die Deutschen – zur Verblüffung der Alliierten – an der Westfront zu ihrer letzten »Großoffensive« an. Diese aber erlahmte schließlich auf Grund des ausbleibenden Nachschubs und der mangelnden Kampfmoral der Soldaten; einige militärische Einheiten bis zur Divisionsstärke verweigerten den Gehorsam.

Die Hochseeflotte meuterte im Oktober 1918 en masse, als sie Befehl zum Auslaufen gegen die überlegene englische Flotte erhielt. Seit dem taktischen Sieg, den sie in der Skagerakschlacht – der einzigen großen Flottenaktion des Krieges – errungen hatte und der in Wirklichkeit eine strategische Niederlage gewesen war – hatte sie im wesentlichen im Hafen gelegen. Der Generalstab, der jetzt de facto Deutschland regierte, erstrebte einen Waffenstillstand. Dem deutschen Heer wurde also – entgegen der später von Hitler und den Nazis aufrechterhaltenen bösartigen Legende

– kein Dolchstoß von kriegsmüden Politikern in der Heimat versetzt. Vielmehr stellte es selbst den Kampf ein. 1918 endeten die Kampfhandlungen am elften Tag des elften Monats um elf Uhr vormittags.

Das Schicksal Deutschlands, Österreichs und ihrer Verbündeten war besiegelt, nachdem die Amerikaner sich zum Kampf entschlossen hatten. Aber die Niederlage war bei weitem nicht total. Deutschland hatte Rußland an der Ostfront vernichtend geschlagen, und war an der Westfront nicht zurückgedrängt worden, sondern einem Sieg ebenfalls sehr nahe gewesen. Die deutsche Bevölkerung war zwar vom Hunger zermürbt, doch waren die Kriegsschäden auf deutschem Boden insgesamt gering; dagegen waren große Teile Belgiens und Nordfrankreichs verwüstet. Die Armeen der Alliierten rückten nicht wie 1945 gegen Berlin vor, sondern beschränkten sich darauf, das Rheinland zu besetzen, und zogen es vor, (zusammen mit den Deutschen) in den Bürgerkrieg einzugreifen, der nach der Revolution in der neuen Sowjetunion ausgebrochen war. Die Niederlage im Westen war deshalb für Deutschland weniger traumatisch als ihre Folge – der Friedensvertrag.

In Paris zogen sich die Verhandlungen mehr als sieben Monate hin, bevor die deutsche Regierung unter dem sozialdemokratischen Reichskanzler Gustav Bauer auf das Ultimatum der Alliierten reagierte und am 26. Juni 1919 zögernd den Versailler Vertrag mit Zustimmung des Reichstages unterzeichnete. Der Kaiser hatte inzwischen abgedankt und war in die Niederlande ins Exil gegangen, während sich die Hochseeflotte selbst in die Internierung nach Scapa Flow, der Hauptbasis der britischen Kriegsflotte im Ersten Weltkrieg, begeben hatte. Deutschland entging einer allgemeinen Revolution, die die Matrosen und ihre Anhänger im Norden und später die Kommunisten in Berlin und in Bayern nach sowjetischem Vorbild durchzuführen versuchten. Die gemäßigten Sozialdemokraten (SPD) besaßen in den Regierungen von 1919 bis 1930 eine schwache Mehrheit. Es war eine sehr unsichere und außerordentlich faszinierende Periode, in der die Weimarer Republik (benannt nach der Stadt, die der Sitz der verfassunggebenden Nationalversammlung war) ihren Aufstieg und Niedergang erlebte.

Aber wie der Hauptgrund für den Ersten Weltkrieg darin bestanden hatte, daß sich Deutschland 1871 bei der Siegeszeremonie in Versailles Elsaß-Lothringen einverleibt hatte, so bildete der Versailler Vertrag, der dem besiegten Deutschland im Jahre 1919 aufgezwungen wurde, die eigentliche Ursache für den Zweiten Weltkrieg. Das Reich, wie es trotz der Flucht Wilhelms II. und seines Kronprinzen im November 1918 noch immer genannt wurde, verlor alle seine überseeischen Besitzungen. Polen wurde dank der russischen Revolution und dank Versailles wieder ein unabhängiger Staat und erhielt durch einen Gebietsstreifen, den »polnischen Korridor«, Zugang zur Ostsee. Dieser schnitt Ostpreußen von der Hauptmasse Deutschlands ab. Danzig, die wichtigste Stadt und zugleich Hafen im Korridor, wurde trotz seiner überwiegend deutschen Bevölkerung zu einer entmilitarisierten Freien Stadt. Der bei Katowice gelegene südöstliche Teil von Oberschlesien fiel an Polen. Der ostpreußische Außenposten, die Hafenstadt Memel (heute Klaipeda), wurde dem neu entstandenen Litauen zugesprochen. Im Westen wurde Nordschleswig dänisch. Der andere Teil Schleswigs blieb deutsch.

Es war nicht verwunderlich, daß die wichtigsten territorialen Veränderungen dem rachedurstigen Frankreich zugute kamen: Es erlangte nicht nur Elsaß-Lothringen zurück, sondern nahm auch fünfzehn Jahre lang das benachbarte deutsche Industriegebiet in Besitz, als Entschädigung dafür, daß die lothringische Kohle- und Stahlindustrie von den Deutschen erst ausgebeutet und dann ruiniert worden war (das Saarland wurde später nach einem Plebiszit wieder an Deutschland zurückgegeben). Französische und britische Truppen besetzen für maximal fünfzehn Jahre das südwestliche Rheinland. Die Truppenstärke des deutschen Heeres wurde auf insgesamt 100 000 Mann beschränkt, und es war Deutschland verboten, wieder Flugzeuge oder Unterseeboote anzuschaffen.

Rückblickend läßt sich feststellen, daß die wichtigste Bestimmung des Versailler Vertrages, der im wesentlichen eine strengere und erweiterte Fassung der Waffenstillstandsbedingungen war, der Artikel 231 darstellte. Dieser wies die ganze Schuld für den Krieg von 1914 bis 1918 Deutschland und dessen Verbündeten zu und sah vor, daß die Höhe der Reparationen zu einem späteren Zeitpunkt festgelegt werden sollte.

Es ist verständlich, daß das verwüstete Frankreich eingedenk dessen, was ihm 1870 widerfahren war, am nachdrücklichsten auf einer finanziellen Entschädigung bestand, doch war die Forderung unangemessen hoch.

Fast jeder Deutsche, ganz gleich, ob er links oder rechts oder dazwischen stand oder überhaupt keine politische Meinung hatte, lehnte dieses Verdikt und die Strafe – die erdrückende Last der Reparationen – ab. Den Versailler Vertrag auf jede nur erdenkliche Weise zu unterlaufen, wurde für viele zu einer Art von Nationalsport, zu einer Sache der Ehre; dies gab zugleich den Ansporn zu einer weitverbreiteten Unaufrichtigkeit im öffentlichen Leben und zu einer allgemeinen Amoralität auf jeder gesellschaftlichen Ebene. Diese Haltung war in den Jahren der Weimarer Republik und des Erstarkens des Nationalsozialismus von nicht zu überschätzender Bedeutung. Ein Deutscher zu sein, das war zu einer neuen Form der Erbsünde geworden. Wenn aber jedermann schuldig war, dann war niemand besonders schuldig. Hitler rannte geradezu offene Türen ein, als er anfing, das Stigma der deutschen Nationalität in einen neuen, herausfordernden deutschen Nationalismus umzuwandeln.[13]

Speer identifizierte sich später voll und ganz mit der überwiegenden Mehrheit derer, die Versailles ablehnten:

»Durch eine Klausel im Versailler Friedensvertrag wurde auch ich, der ich damals noch ein Kind war, für schuldig erklärt, den Ersten Weltkrieg begonnen zu haben. Durch diesen vom Haß gegen die Deutschen diktierten Paragraphen wurde das deutsche Volk kurzerhand für alle Zeiten mit einer schweren Schuld belastet, die von einer schwachen deutschen Regierung in dieser Form durch ihre Unterschrift unter das Vertragswerk akzeptiert wurde. Ich schloß mich der Bewegung Hitlers an, weil Hitler zusicherte, die Schuld vom deutschen Volk und damit von jedem einzelnen Deutschen zu nehmen.«[14]

Hitler tritt auf den Plan (1918–31)

Zur Zeit des Waffenstillstandes war Albert Speer dreizehn Jahre alt. Niemand aus seiner Familie hatte an der Front gekämpft oder im Krieg sonderlich gelitten, obwohl niemand vom allgemeinen Mangel an Nahrungsmitteln und anderen Dingen ganz verschont blieb. Er hat sich immer an den Hunger im Jahre 1918 erinnert. Frau Speer war in puncto Rüben recht erfinderisch. Am Ende gab es fast nur noch Rüben zu kaufen, aber Rübe blieb Rübe, ganz gleich, wie man sie zerschnitt. Geld und Grundbesitz nützten einer reichen Familie wenig, wenn sie keine Verbindungen zu Bauern besaß.

Mannheim war von den Flugplätzen der Alliierten im nahe gelegenen Frankreich aus etwa dreißigmal leicht bombardiert worden, und nachts war in der Stadt manchmal Kanonendonner zu hören gewesen, der besonders von Verdun herübergedrungen war. Die Luftangriffe als eine vorher nicht gekannte Auswirkung des Krieges hatten zwar Angst und Schrecken hervorgerufen, aber wenig Schaden angerichtet und waren nicht dem vergleichbar, was zwanzig Jahre später geschah. Eine kleine Bombe hatte ein Haus in der Nachbarschaft der Speers getroffen.

In seinen »Erinnerungen« schildert Speer, welch großen Respekt er empfand, als er als Zehnjähriger mit seinen Brüdern einen in der Nähe stationierten Zeppelin inspizieren durfte, nachdem dessen Offiziere bei den Speers zu Gast gewesen waren. Dieses Luftschiff hatte 1916 an der Bombardierung Londons teilgenommen. Nachts stand Speer wie andere phantasiebegabte Jungen auf und schlief aus Mitgefühl für die Soldaten an der Front auf dem Flur. Nicht weniger typisch für Jungen seines Alters war es, daß er während des Krieges aufmerksam die Kriegsberichte verfolgte.[1]

Im üblichen Alter von sechs Jahren lernte er Lesen und Schreiben an einer Privatschule, die die Aufgabe hatte, ein Maximum an Leistung aus ihren Schülern herauszuholen. Danach besuchte er im Alter von elf Jahren eine staatliche Oberrealschule. Diese weniger privilegierte Umgebung, in der es etwas rauher zuging als zuvor, verstärkte nur seine bereits ausgeprägte Scheu und Zurückhaltung, aber Speer erwähnt auch, daß er einen Freund namens Quenzer fand, der aus ärmlichen Verhältnissen stammte und ihn mit so harmlosen, doch weniger vornehmen Zerstreuungen wie Fußballspielen bekanntmachte. Die Jungen wechselten zur Helmholtz-Schule, einer Oberrealschule, als die Familie im letzten Kriegssommer ins Haus nach Heidelberg zog. Nun konnten sie wenigstens Gemüse im Garten anbauen und Holz zum Heizen sammeln.

Albert Speer hat später das Haus verflucht, in dem er als Jugendlicher so unglücklich war. Nach seiner Entlassung aus Spandau ist er notgedrungen dorthin zurückgekehrt, doch hat er sich schließlich mehrfach lange Zeit – vor allem wenn er schrieb – in ein abgelegenes Bauernhaus zurückgezogen, das er in Oberbayern gekauft hatte. Sein mehr als zwei Jahre älterer Bruder Hermann und sein weniger als zwei Jahre jüngerer Bruder Ernst trugen mit dazu bei, dem schwächlichen, scheuen Albert, für den niemand Zeit hatte, das Leben in Heidelberg zu vermiesen. Sein Vater war ein fortschrittlicher Liberaler, hatte aber von seiner Mutter auch eine gewisse Kleinlichkeit geerbt. Speer sen. war so erzogen worden, daß er nach einer Kindheit, die nicht liebevoller gewesen war als die seines Sohnes, auch noch die wenigen Gefühle unterdrückte, die übriggeblieben waren. Die Eltern liebten jedoch das Haus in Heidelberg und lebten (mit Ausnahme der Zeit, in der die amerikanische Armee es nutzte) bis zum Ende ihrer Tage darin.

Alberts Mutter Mathilde (diesen Namen gebrauchten ihre wenigen Vertrauten) betrachtete das Haus als ihr »Lebenswerk«, an das sie ihr Herz und ihre Seele gehängt hatte. Am Waldrand gelegen, erinnerte es sie (sicher auf eine romantisch verklärte Weise) an die bescheidene Hütte im Schwarzwald, in der ihr Vater seine Kindheit verbracht hatte.

Ursprünglich gab es in dem Haus zwei Empfangszimmer, einen Wintergarten, eine Küche, drei Zimmer für Bedienstete, zwei Schlafzimmer für die Jungen, ein Schlafzimmer mit Balkon und einem angrenzenden Badezimmer für den Hausherrn sowie ein Gästezimmer. Als das Haus 1918 zum Hauptwohnsitz der Familie wurde, baute man es weiter aus. Eine Garage mit Wohnung kam hinzu, die nach 1945 umgebaut und erweitert wurde.

Als die gerade verwitwete Mathilde Speer 1947 – wahrscheinlich durch eine rosarote Brille – auf Vergangenes zurückblickte, schilderte sie das Haus überschwenglich als einen Ort, wo sie »überströmend vor Mutterliebe« ihren Babys Schlaflieder gesungen und den Jungen gern zugesehen hatte, wenn sie im Garten in der Sommerhitze nackt herumtollten.[2] Die Speers konnten auch noch das angrenzende Grundstück kaufen, ein Stück Land, auf dem ein kleines Haus stand. Das kam nicht nur Mathilde zupaß, als die amerikanische Armee das große Haus beschlagnahmte, sondern später auch Margarete Speer, als sie während der ersten Gefängnisjahre ihres Mannes Mieter aufnehmen mußte. Speers Mutter starb 1952, fünf Jahre nach seinem Vater.

Nach einem guten Start in der Schule erwies sich Albert schließlich als ein erstklassiger Schüler, der naturwissenschaftlich begabt, aber auch sehr gut in Deutsch war – ein richtiger Allrounder. Beim Lernen erweckte er den Eindruck, daß er in den meisten Fächern mühelos Wissen aufnehmen konnte, doch arbeitete er auch sehr hart vor Prüfungen, bei denen er nie versagte.[3] Diese Talente blieben aber bis zu seinen letzten beiden Schuljahren verborgen; in der Zeit davor hatte er nur durchschnittliche Leistungen erbracht. Er zeigte auch eine gute Portion Aufsässigkeit, wie das bei intelligenten Schülern meist der Fall ist, selbst wenn seine Gewohnheit ein wenig merkwürdig anmutet, alle Tadel, die er und seine Mitschüler erhalten hatten, aus dem Klassenbuch in seinen Schulkalender zu übertragen. Er selbst hat dies als frühes Zeichen seines späteren Hanges zur statistischen Erfassung von Tatbeständen gedeutet.[4] Die Religion interessierte ihn einstweilen nicht.

Da er unter den spartanisch einfachen Verhältnissen der Nachkriegszeit gezwungen war, den eine Dreiviertelstunde langen Schulweg bergauf und bergab zu Fuß zurückzulegen, kräftigte sich sein Körper. Obwohl er lang und dünn war, war er so leicht, daß er für zwei Jahre vor seinem sechzehnten Geburtstag in einem

Ruderverein, an dessen Klubhaus er auf dem Schulweg vorbeikam, Steuermann eines Rennvierers wurde. Seine Mutter lehnte diesen »plebejischen« Sport ab, er aber freundete sich mit einem Jungen an, der Ehret hieß. Dieser war der beste Ruderer der Schule und ermunterte ihn natürlich dazu, den Sport weiterzubetreiben. Speer wurde so stark, daß er selbst rudern konnte, und avancierte zum Schlagmann seines Bootes, der das Tempo der sieben Ruderer hinter ihm bestimmte. Vielleicht hat er dadurch zeitig einen Vorgeschmack von Macht und Einfluß bekommen.

Bald jedoch zog er es vor, Faltboot zu fahren. Das war für einen Einzelgänger wie ihn bzw. für unschuldige romantische Ausflüge mit dem einzigen weiblichen Wesen, das er von seiner Jugend an bis ins hohe Alter genau gekannt hat, besser geeignet. Er wurde ein guter, vielseitiger Sportler, der besser als der Durchschnitt war und sich nicht nur dem Skifahren und Bergsteigen, sondern auch dem Rugby zuwandte, einer seltenen Freizeitbeschäftigung in Deutschland, der aber an seiner Heidelberger Schule nachgegangen wurde. Was privatere Vergnügungen betraf, so war der junge Speer eine Art von Musterknabe. Wenn Gleichaltrige ihr Vergnügen in Alkohol, Zigaretten und Tanz suchten, lehnte er hochmütig ab, und was Mädchen betraf, so scheint es für ihn immer nur die eine gegeben zu haben.

Mit siebzehn Jahren lernte er eines Tages auf dem Schulweg Margarete Weber (Margret für ihre Familie und ihre Freunde, Gretel für Speer) kennen. Am 8. September 1905 als Tochter eines Möbeltischlers geboren, war sie nur sechs Monate jünger als Speer. Hochmütig schauten die Speers auf die Familie Weber herab, doch Vater Weber war in der Stadt ein wichtiger Mann: Er gehörte dem Stadtrat an und besaß ein gutgehendes Geschäft. Er war ein Handwerksmeister und genoß als solcher hohes Ansehen. Die Webers unterschieden sich in ihrer spontanen Herzlichkeit sehr von Speers Familie. Das machte für Speer einen wesentlichen Teil der Attraktivität des Mädchens aus, und ihre Freundschaft entwickelte sich eher geistig als emotionell. Die beiden jungen Leute schwärmten sowohl für klassische Musik und für Konzerte als auch für Gedichte, Dramen und Romane.

Gretel, die intelligent war, aber nicht die entsprechende Bildung besaß, gab Albert in diesen und in den meisten anderen Fragen nach. Innerhalb eines Jahres faßte das Paar in einer romantischen Anwandlung den Entschluß, die standesbedingte Ablehnung beider Familien gegen ihre Verbindung zu ignorieren und zu heiraten. Die Familie Weber schickte ihre störrische Tochter in eine Internatsschule nach Freiburg im Breisgau und hoffte, die Liebe würde vergehen.

Aber diese Beziehung war so geartet, daß sie auch bei der mageren Kost leidenschaftsloser Briefe über Kultur gedieh. Diese waren zumindest auf seiner Seite genauso umständlich abgefaßt wie Speers spätere Prosa – ein Schreibstil, für den das Wort »prosaisch« hätte geprägt sein können und der erst professionell aufgelockert werden mußte, bevor Speers Memoiren veröffentlicht werden konnten. Den Briefen, die sich Gitta Sereny 1978 ansehen durfte, mangelte es an Gefühl und Sinnlichkeit. Sie enthielten auch weder Hinweise auf sein Innenleben, seine Gedanken oder Gefühle noch auf so folgenschwere Ereignisse wie politische Unruhen oder die Ruhrbesetzung.[5]

Kein Deutscher mit einem Jota Intelligenz konnte vor den enormen innen- und außenpolitischen Problemen der Weimarer Republik die Augen verschließen. Die Tatsache, daß der junge Liebhaber sie nicht erwähnt hat, kann also nicht als Zeichen von Ignoranz oder gar Gleichgültigkeit angesehen werden. Er hat sie vielleicht als unangenehm und belangslos empfunden oder sie um seines Seelenfriedens willen ignoriert. Diese Fähigkeit, Dinge zu separieren, behielt er sein Leben lang, und später ermöglichte sie ihm, ungerührt zu behaupten, er habe wichtige Ereignisse nicht wahrgenommen, auch wenn die sich in seiner unmittelbaren Nähe zutrugen.

Ihre mehr als sechsjährige Trennung – zuerst war Gretel nicht zu Hause, und danach studierte er – verstärkte nur ihre beiderseitige Entschlossenheit zu heiraten. So verzichtete er auch auf alle jugendlichen Ablenkungen an der Schule, da er sich hingebungsvoll auf Beruf und Ehe vorbereitete. Speer wurde Klassenbester in den Fächern Deutsch, Physik und Mathematik und erzielte einen sehr guten Durchschnitt beim Abitur, das er im Sommer 1923 mit achtzehn Jahren – ein Jahr früher als üblich – ablegte.[6]

Speer wollte eigentlich gern Mathematik studieren, aber auf Wunsch seiner Eltern sollte er wie sein Vater und sein Großvater vor ihm Architekt werden (auch sein ältester Sohn Albert ergriff schließlich diesen Beruf). Mit seiner neuen Enttäuschung wurde er spielend fertig, genauso wie er auch die Trennung von Gretel leicht ertrug; es gibt keinen Beweis dafür, daß er darunter wirklich gelitten hat. Anscheinend hatte er das Gemüt eines Mannes, der nie die Geduld verliert. Gretel war es, die ihm half und ihn dazu ermunterte, sich in das Unvermeidliche zu schicken. So nahm er alle Beschränkungen, die ihm seine Eltern auferlegten, hin, und die Architektur war viele Jahre lang seine große und einzige »Leidenschaft« – wie es vermutlich auch bei der Mathematik der Fall gewesen wäre, wenn man ihm erlaubt hätte, diesen Weg einzuschlagen. Er widmete sich stets gleichmütig, doch vollkommen der ihm gestellten Aufgabe, erkannte, worauf es ankam, und war in der Lage, stumpfsinnige Pflichten an andere zu delegieren.

Im Herbst 1923 machte auch die Familie Speer schwere Zeiten durch. Um die unerträglich hohen Reparationen zu bezahlen, hatte die deutsche Regierung rücksichtslos Papiergeld drucken lassen, und die daraus resultierende Inflation war völlig außer Kontrolle geraten. Auf dem Höhepunkt der Krise im November war ein US-Dollar 4200 Milliarden Reichsmark wert. Die neue »Rentenmark« war nach der Währungsreform in jenem Monat eine Milliarde der alten Reichsmark oder einen englischen Schilling wert. In dieser Situation mußte Albert sein Architekturstudium an der Technischen Hochschule in dem nur knapp vierzig Kilometer von Heidelberg entfernten Karlsruhe statt an einer der weiter entfernten großen Hochschulen beginnen. Großvater Hommel war gestorben, und Alberts Vater beschaffte sich Dollar, indem er Teile des Besitzes des Toten zwar beträchtlich unter Wert, aber gegen harte Währung verkaufte.

Albert erhielt jetzt monatlich 16 Dollar für seinen Unterhalt. Da man vor der Reform von einem Dollar eine Woche lang hatte leben können, wäre dieses Geld für die meisten deutschen Familien eine Traumsumme gewesen. Aber Speer war immer besser gestellt als fast alle seine Kommilitonen. Mein eigener Vater, der ein bescheidenes Auskommen hatte, hat sich lebhaft an seine Schulzeit an der holländisch-deutschen Grenze erinnert. Damals war ein Gulden mehr als genug, um einen Tag jenseits der Grenze in Saus und Braus zu verbringen. Wenn die Jungen am Abend mit dem Zug wieder zurückfuhren, warfen sie das restliche deutsche Geld haufenweise aus den Abteilfenstern. Ein bitterer deutscher Witz handelte damals von einem Dieb, der einen Mann verfolgte, welcher seinen Lohn in einem Wäschekorb nach Hause trug. Der Dieb stahl den Korb – nachdem er das Geld in die Gosse gekippt hatte.

Dank der üblichen Versorgung der Speers mit leicht erworbenem Geld konnte Albert das Studium in Karlsruhe abbrechen und im Frühjahr 1924 im zweiten Semester seines ersten Studienjahres an der berühmten Technischen Hochschule in München, Bayerns großartiger Hauptstadt, fortsetzen. München ist die schönste Stadt Süddeutschlands. Ihr majestätisches Aussehen verdankt sie dem Sinn der Wittelsbacher für Pracht und Größe, obwohl die Zeit dieses Herrscherhauses, das Bayern seit dem 12. Jahrhundert regiert hat, nach 1918 der Vergangenheit angehörte. Das Stadtzentrum hat sein historisches Gepräge teilweise bewahrt. Prachtbauten, wie zum Beispiel die Alte Pinakothek, die Leo von Klenze Anfang des 19. Jahrhunderts im Stil der venezianischen Renaissance errichtete, vermochten einen Architekturstudenten zweifellos mehr zu inspirieren als die provinziellen Gebäude von Karlsruhe. Aber in Speers Fall können wir das nur vermuten; denn sogar in seinen Schriften über Architektur hat er die in beiden Städten verbrachte Zeit nicht erwähnt. Das läßt darauf schließen, daß er seinen frühen Erfahrungen in Karlsruhe und München wenig Bedeutung beimaß.

Eine weitere Münchener Reminiszenz an die italienische Renaissance ist die von den Jesuiten im 16. Jahrhundert erbaute Michaelskirche, in deren Gruft einige Wittelsbacher Herrscher einschließlich des geistig verwirrten Königs Ludwig II. begraben liegen. Das wichtigste Wahrzeichen der Stadt – die Frauenkirche ist jedoch spätgotisch (abgesehen von den beiden Zwiebeltürmen, einer süddeutschen Manifestation türkischen Einflusses). Mit ihrem schlichten Äußeren aus Ziegeln und ihrem reinweißen Inneren, das frei ist vom Rokokostil, der so viele andere süddeutschen Kirchen verschandelt hat, ist sie die Hüterin der katholischen Stadt.

Die Münchener Zeit brachte Speer, soweit sich das erkennen läßt, insofern großen Nutzen, als er dort Rudolf Wolters kennenlernte. Dieser wurde später sein engster und ergebenster Freund und war zwanzig Jahre lang der wichtigste Mann in seinem Leben.

Wolters, ein Kommilitone Speers an der Fakultät für Architektur, war neunzehn Monate älter als dieser. Er hatte sein Abitur mit neunzehn Jahren abgelegt und war dann an die Technische Hochschule München gegangen. Er war am 2. August 1903 in Coesfeld (Westfalen) geboren. Seine Eltern gehörten der Mittelschicht an. Sein Vater war wie der von Speer Architekt, und seine Mutter entstammte einer Handwerkerfamilie – ihr Vater war Zimmermann im Schiffbau. Wolters hatte das dortige humanistische Gymnasium besucht. Zu seinem künstlerischen und mathematischen Talent, der Voraussetzung für sein späteres Architekturstudium, kam noch seine Begabung für Deutsch (wenn auch für keine andere moderne Sprache) hinzu. Sie übertraf die von Speer bei weitem und hatte zur Folge, daß Wolters ständig irgend etwas verfaßte und sich auch lebhaft für deutsche Literatur interessierte.

Wolters, ein zwanghafter Vielschreiber, zeichnete sich durch eine Eigenschaft aus, die in späteren Jahren für beide Männer, von der Zeitgeschichte ganz zu schweigen, von außerordentlicher Bedeutung wurde: Er führte ein Tagebuch und bewahrte dazu sorgfältig Briefe und Schriftstücke auf.[7] Wolters' Vater hatte am 1. August 1914, dem Tag, an dem Deutschland Rußland den Krieg erklärte, seinem Sohn ein Tagebuch geschenkt und ihn dadurch zu etwas inspiriert, was zu einer lebenslangen Gewohnheit wurde. Wolters war bescheiden und von Natur aus ein Konservativer mit jenem Hang zum Nationalismus, der typisch war für so viele Deutsche jener Zeit und sich durch Versailles noch verstätkte und verzerrte. 1918, als seine Familie alles hatte zusammenkratzen müssen, um Geld und Nahrungsmittel zum Überleben zu haben, hatte er an Unterernährung gelitten, aber als die Inflation ihren Höhepunkt erreichte, war er in der Lage, nach München zu gehen, um Architektur zu studieren. Er und Speer scheinen ein Semester lang zusammen studiert zu haben, bevor Wolters nach Berlin ging, wohin Speer ihm Anfang 1925 folgte.

Die beiden vielversprechenden jungen Menschen hatten das Glück, während der kurzen Blütezeit der Weimarer Republik – zwischen dem Sieg über die Inflation im Jahre 1923 und dem Beginn der großen Wirtschaftskrise sowie dem sie begleitenden Rechtsruck im Jahre 1930 – Studenten zu sein. Die Zeit, die sie beide 1924 in München verbrachten, war in politischer Hinsicht weniger dramatisch für die Stadt als die vorangegangenen fünf Jahre, insbesondere 1923, aber keiner von ihnen interessierte sich sehr für diese Probleme. Sie konzentrierten sich statt dessen darauf, die besten Noten bei schriftlichen Arbeiten und bei praktischen Übungen zu bekommen.

München war damals auch die Hochburg einer der vielen kleinen Randgruppen des politischen Geschehens: der Nationalsozialistischen Deutschen Arbeiterpartei (NSDAP). Die bayerische Moral war 1918 früher erschüttert worden als die des übrigen Deutschland. Es waren bayerische Truppenteile gewesen, die sich in den Schützengräben der Westfront über Befehle hinweggesetzt hatten. Darüber war zumindest ein Soldat der 1. Kompanie des 16. Bayerischen Infanterieregiments der Reserve, 6. Bayerische Division, VII. Korps der 6. Armee, empört: der Gefreite Adolf Hitler. Trotz der Erfahrungen, die er selbst mit der bayerischen Gleichgültigkeit gegenüber der Sache Deutschlands gemacht hatte – und diese Sache hatte er verinnerlicht, obwohl er in der Gegend von Linz in Österreich geboren und aufgewachsen war –, verbreitete er den Mythos, die Politiker hätten 1918 dem »im Felde unbesiegten« Heer einen Dolchstoß in den Rücken versetzt.

Hitler hatte durchaus das Recht, sich zu beklagen, hatte er der deutschen Sache doch so hingebungsvoll gedient, daß er trotz seines niedrigen Dienstgrades zweimal das Eiserne Kreuz erhalten hatte: einmal das EK II im Jahre 1914, als diese Auszeichnung noch etwas galt – später hat ein österreichischer Offizier geäußert, man könne ihr nur noch dadurch entgehen, daß man Selbstmord verübe –, und dann das EK I, das immer eine besondere Auszeichnung für einen einfachen Soldaten war.

Hitler war den ganzen Krieg über Meldegänger seiner Kompanie gewesen, der Nachrichten und Befehle unter direktem Beschuß zu übermitteln hatte. Leider war er von keiner der vielen Kugeln, denen er bei seinem hochgefährlichen Dienst ausgesetzt gewesen war, tödlich getroffen worden, obwohl er an der Somme am Bein verwundet und bei der letzten deutschen Offensive im Oktober 1918 südlich von Ypern in Belgien in einen Gasangriff der Briten geraten und zeitweilig erblindet war. Hitler, ein übellauniger Einzelgänger, den seine Kameraden langweilig gefunden und den seine Offiziere wegen seiner exzentrischen Züge nicht für beförderbar gehalten hatten, war mit Leib und Seele Soldat gewesen, den die Niederlage völlig aus der Bahn geworfen hatte. Niemand nahm sich Deutschlands Niederlage mehr zu Herzen als dieser ehemalige Österreicher und jetzige Wahlbayer.

Nach der gefährlichen Offensive, die General Erich Ludendorff im März 1918 eröffnet hatte, waren deutsche Truppen schließlich bis auf 65 Kilometer an Paris herangekommen. Nach sechsmonatigen schweren Kämpfen war der Angriff jedoch zusammengebrochen. Es war die deutsche Zivilregierung, der die Generäle das Aushandeln der Friedensbedingungen überließen. Obwohl der erste Reichskanzler ein Prinz war, Max von Baden, waren es die Sozialdemokraten, die sich dieser undankbaren Aufgabe unterzogen und nach achtmonatigen Verhandlungen, bei denen den rachsüchtigen Alliierten häufig bittere, einseitige Zugeständnisse gemacht werden mußten, in Versailles zögernd den Friedensvertrag schlossen.

Nach einem kurzen Lazarettaufenthalt im weit entfernten Pommern kehrte Hitler Ende 1918 wieder nach München zurück und wurde Wachposten in einem Kriegsgefangenenlager, bis es im Januar geschlossen wurde. München wurde bald darauf das Ziel chaotischer Bemühungen, eine kommunistische Herrschaft zu errichten. Am anderen Ende Deutschlands hatte der Matrosenaufstand, der dem Waffenstillstand vorausging, bereits den Anstoß zur Gründung einer »Republik von Oldenburg« gegeben; Arbeiter- und Soldatenräte hatten dort versucht, die Macht zu übernehmen. Nun bemühten sich Anarchisten und Kommunisten, in Bayern ein Rätesystem nach russischem Vorbild zu schaffen.[8] München wurde vom politischen Aufruhr erfaßt, bevor es in Berlin losging. In der Nacht vom 13. zum 14. März 1920 aber setzten bayerische Verbände der neuen Reichswehr der etwa einmonatigen kommunistischen »Herrschaft« gewaltsam ein Ende. Eine Rechtskoalition unter Gustav Ritter von Kahr als »Generalstaatskommissar« übernahm die Macht. Linke und Gemäßigte waren ohne Berücksichtigung der Wahlergebnisse ausgeschlossen.

Als es in Berlin und an anderen Orten gärte und die öffentliche Propaganda sich zunehmend gegen die SPD richtete, übte München auf rechtsorientierte Agitatoren im ganzen Land eine große Anziehungskraft aus. Zu ihnen gehörten gewalttätige Extremisten ebenso wie Mitglieder der Freikorps, paramilitärischer Einheiten, denen unzufriedene Desperados und nationalistisch gesinnte Kriegsveteranen angehörten. Die Freikorps erlebten Anfang der zwanziger Jahre eine kurze und gefährliche Blütezeit. Oft wurden sie in geheimer Absprache mit der Reichswehr eingesetzt, deren auf 100000 Mann begrenzte Stärke von den Behörden nicht für ausreichend angesehen wurde, um die Unruhen im Land unter Kontrolle zu halten. Die extreme Linke war kampfbereit, um Institutionen des für den verheerenden Krieg verantwortlichen alten Regimes wie den Reichstag hinwegzufegen, der jetzt von der gemäßigten SPD beherrscht war; die extreme Rechte war kampfbereit, um für Deutschland nach einem Krieg, in dem das Heer »im Felde unbesiegt« geblieben war, das zurückzuerobern, was Deutschland infolge eines von der SPD unterzeichneten Vertrages verloren hatte. Fatalerweise waren sich rechte und linke Extremisten in ihrem Haß auf die SPD und auf Versailles einig.

Auf Grund seines politischen Interesses erhielt Hitler einen Posten bei der Aufklärungs- und Propagandaabteilung des Münchener Gruppenkommandos der Reichswehr. Im Herbst wurde er beauftragt, als »Vertrauensmann« einen möglichen Unruheherd, eine gewisse Deutsche Arbeiterpartei (DAP), unter die Lupe zu nehmen. Diese war im März des Vorjahres von Anton Drexler, einem Werkzeugschlosser, gegründet worden. Obwohl nur etwa zwei Dutzend Zuhörer an der Zusammenkunft teilnahmen, die Hitler am 12. September besuchte, war diese Partei bereits ein Zusammenschluß zweier Grüppchen. Die Zusammenkunft fand in einer Münchener Bierwirtschaft statt. Hitler stand auf und hielt aus dem Stegreif eine kurze, leidenschaftliche Rede, in der er sich gegen die Loslösung Bayerns vom unruhigen Deutschland und gegen die Union mit Österreich wandte. Spätere Ereignisse haben gezeigt, daß er vom Gegenteil – von der Notwendigkeit einer Eingliederung seines Geburtslandes Österreich in ein größeres Deutschland – überzeugt war. Nach seinem Auftritt lud man ihn sofort dazu ein, der DAP als Ausschußmitglied Nr. 7 neben Hauptmann Ernst Röhm, einem Kriegs- und Freikorpsveteranen, der von Hitlers Rede beeindruckt war, beizutreten.

Hitler bemächtigte sich bald dieser Organisation, als er im Oktober eine flammende nationalistische Rede hielt. Vor dem Kriegsende hatte Österreich eine eigene DAP, die sich im Mai 1918 in die Deutsche Nationalsozialistische Arbeiterpartei (DNSAP) umwandelte und das Hakenkreuz, ein altindisches Sonnensymbol, zu ihrem Emblem machte. Die DNSAP war inoffiziell mit der DAP verbunden. Diese benannte sich auf Hitlers Drängen im April 1920 in NSDAP um. Zu dieser Zeit verließ er die Reichswehr, um sich als Organisator der Partei vollständig der Politik zu widmen. Als es Hitler gelang, seine Stellung in der Partei zu festigen, trat Karl Harrer, Vorsitzender der DAP, aus Protest zurück.

Hitler war für die Parteipropaganda verantwortlich, als er auf der ersten Großveranstaltung der Nazis vor über 2000 Personen sprach, die sich am 24. Februar 1920 im Festsaal des Hofbräuhauses versammelt hatten (Nazi war ein Akronym analog zu dem Wort »Sozi«, Sozialist; ein anderes Beispiel für solche Kurzwörter war Gestapo, gebildet aus der Bezeichnung »GEheime STAats-POlizei«). Röhm erwies sich für die Partei insofern als nützlich, als er den mit ihm befreundeten Oberst Franz-Xaver Ritter von Epp, Kommandeur der Infanterie des VII. Heeresbezirks, dafür gewann, die Nazis zu schützen und diesen sogar mit Geldern aus Heeresfonds heimlich finanziell unter die Arme zu greifen; ohne diese Hilfe wären die Nazis vielleicht untergegangen – dies bildete den Kern einer stets ambivalenten Verbindung.

Die Ideologie der NSDAP war genauso wie die anderer faschistischer Parteien ein ekklektisches Sammelsurium. Hitlers 25 Punkte umfassendes Parteiprogramm war, passend zum Namen der Partei, sowohl nationalistisch als auch sozialistisch. Es war vor allem gegen den Versailler Vertrag gerichtet und antisemitisch, aber auch gegen die Klasse der Herrschenden, die Bourgeoisie, gegen Christen, Kommunisten, Ausländer, Intellektuelle, Grundbesitzer, Rentiers, den Modernismus in der Kunst, das Monopol, Preußen, Russen, weitere Slawen und Sozialdemokraten. Es war unter anderem für Autarkie, Großdeutschland, eine Landreform, Gesetz und Ordnung, »Lebensraum« (ein Euphemismus für Eroberungen im Osten), Mutterschaft und Rassenreinheit.

Die nationalsozialistische Hauptdoktrin, der Antisemitismus, hatte komplizierte Wurzeln. Es genügt, hier darauf hinzuweisen, daß die Juden jahrhundertelang Europas Sündenböcke waren, da sie a) als fremd und antichristlich, b) als unverdientermaßen reich und c) als leicht angreifbar angesehen wurden. Die Nazis besserten ihre Parteikasse schon 1920 durch den Verkauf einer Tabaksorte auf, die »Antisemit« hieß.

Hitler war seit seiner ärmlichen Jugend in Linz und Wien, wo viele leicht an ihrem Äußeren erkennbare orthodoxe Juden lebten, auf die »Judenfrage« fixiert. Mit nur allzu vielen Leuten innerhalb und außerhalb Deutschlands war er der Meinung, daß »die Juden« als Verräter mit ausländischen Verbindungen, als Kriegsgewinnler, blutsaugende Kapitalisten oder – auf einer anderen Ebene – als unsaubere Konkurrenten bei der Suche nach Arbeit und einem Dach über dem Kopf oder auch als kleine Geschäftsleute, die die Armen ausbeuteten, anzusehen seien. Ein weiteres wichtiges Element des Antisemitismus war die von Generationen katholischer Priester wie evangelischer Pfarrer geschürte atavistische Verdammung der Juden als »Mörder Christi«. Obwohl Hitler sein hochgeschätztes EK I, das er immer an seiner schmucklosen Uniform trug, einem Juden verdankte (Hauptmann Hugo Guttmann, jenem Adjutanten seines Regiments, der ihn mehrfach zur Auszeichnung vorgeschlagen hatte), erklärte er einem Journalisten im Jahre 1922 – drei Jahre, bevor »Mein Kampf« geschrieben wurde: »Sobald ich wirklich an der Macht bin, wird meine erste und vordringliche Aufgabe die Vernichtung der Juden sein.«[9]

Ein solcher Wunsch muß zu jener Zeit wie ein schlechter Witz geklungen haben, den der aufgeblasene Führer einer der vielen nationalistischen Splittergruppen gemacht hatte. Nach den Münchener Ereignissen vom 8. zum 9. November 1923 hätte diese Äußerung allerdings einen noch übleren Beigeschmack gehabt. Die NSDAP besaß damals bereits ihre eigene paramilitärische Organisation: die von Ernst Röhm befehligten Sturmabteilungen, abgekürzt SA. Ihre Aufgabe bestand darin, Parteiveranstaltungen und Parteiführer zu schützen und gewaltsam gegen die – ebenfalls paramilitärisch organisierten – Gegner der Partei vorzugehen. Hitler hatte erkannt, daß politische Gewalt ein zweischneidiges Schwert ist, aus dieser Binsenwahrheit aber eine Schlußfolgerung gezogen, die das genaue Gegenteil von dem war, was jeder vernünftige Mensch gedacht hätte: Er begrüßte die politische Gewalt, weil sie zeige, daß die Partei meine, was sie sage, weil jedes Aufsehen, das erregt wird, gut sei und weil in einer Zeit, in der die Regierung schwach war und auf jede Autorität verzichtete, direktes Handeln verständlich, ja sogar attraktiv sei. Die SA machte die Nazis ganz einfach zu einer Kraft, mit der zu rechnen war. Sie sorgte dafür, daß Hitlers Stimme inmitten des anderen politischen Getöses gehört wurde.

Es war der 8. November 1923. Etwa 600 SA-Leute in Braunhemden riegelten den Bürgerbräukeller, einen der großen Bierkeller Münchens, ab. An die 3000 Menschen waren gekommen, um eine Rede des Generalstaatskommissars Kahr zu hören, den die führenden Persönlichkeiten von Militär und Polizei des Staates Bayern flankierten. Hitler ahmte bewußt den fehlgeschlagenen Kapp-Putsch vom März 1920 nach: Nach ihrem Einsatz beim Sturz der Räteregierung in München hatte Kapitän Hermann Ehrhards Freikorpsbrigade – Hakenkreuz am Stahlhelm – versucht, die SPD-Regierung in Berlin zu entmachten, war aber durch einen Generalstreik verjagt worden. Als Kahr und sein Gefolge von SA-Männern aufgehalten wurden, schoß Hitler mit seiner Pistole in die Luft und verkündete, er werde zusammen mit Ludendorff eine neue Regierung bilden. Dabei war er aber so unverschämt (und unklug) gewesen, diesen vorher nicht zu konsultieren. Das wütende alte Schlachtroß entschloß sich trotzdem, bei dem darauffolgenden Zusammenstoß mit hundert Polizisten auf dem Odeonsplatz im Zentrum von München zu Hitler und dessen 3000 Gefolgsleuten der Nazis zu halten. Die Polizei eröffnete das Feuer und tötete 16 Demonstranten. Ludendorff marschierte unbehelligt durch die Polizeiabsperrung hindurch, während Hitler in einem Auto floh, das bereitgestanden hatte.

Es war ein Fiasko, aber es machte Hitler berühmt. Als er am 24. Februar 1924 mit neun anderen, darunter auch Ludendorff, damals noch immer ein Nationalheld, wegen Hochverrats vor Gericht stand, trug er sein Eisernes Kreuz und dominierte den Prozeß: Er ergriff die Gelegenheit, vor hundert Reportern auf der Weltbühne sein Debüt zu geben. »Es gibt keinen Hochverrat bei einer Handlung, die sich gegen den Landesverrat von 1918 wendet«, erklärte er. »Ich fühle mich nicht als Hochverräter, sondern als Deutscher, der das Beste wollte für sein Volk.« Das waren nur zwei »Perlen« aus der Verteidigungsrede, die vier Stunden dauerte. Er beschuldigte die SPD, ein Volk von siebzig Millionen zu vernichten. Den »Dolchstoß in den Rücken« und den Kommunismus verdammend, gab er der SPD nicht nur die Schuld für die Unruhen, zu denen die Nazis einen ungeheuerlichen Beitrag leisteten, sondern auch für alles andere, angefangen von der Entartung der Kunst in Berlin bis zur jüngsten Hyperinflation (zumindest das war ein berechtigter Vorwurf). Er erklärte dem Marxismus den Krieg. Zugleich verkündete er, daß seine und Deutschlands Stunde kommen werde.

Es war der elektrisierende Auftritt eines politischen Emporkömmlings, der diese günstige Chance mit seinem natürlichen Instinkt für Massenwirksamkeit nutzte und nie rückwärts blickte.

Hitler wurde am 1. April wegen Hochverrats verurteilt. Doch statt »lebenslänglich« bekam er die Mindeststrafe von fünf Jahren Festungshaft, die ihn lediglich zu einem Märtyrer machte. Während der neunmonatigen Haft auf der Festung Landsberg, nach der ihn eine nachsichtige Obrigkeit wieder freiließ, diktierte er seinem Mithäftling, Sekretär und späteren Stellvertreter Rudolf Heß »Mein Kampf«. Heß redigierte und verbesserte den Text beim Tippen.

In diesem geifernden Buch, das leider, wenn auch verständlicherweise, der am wenigsten gelesene Bestseller war, der je verfaßt worden ist, sind Hitlers rassistische Ansichten ebenso wie sein entsprechendes Programm ausführlich dargelegt, desgleichen die Absichten, die er in bezug auf die marxistische Sowjetunion hegte, sowie sein Haß auf Juden, Demokraten, Liberale, Sozialisten, die römisch-katholische Kirche und Frankreich. »Mein Kampf« faßte die Vorurteile und Befürchtungen von Millionen zusammen, die mit ihrem Schicksal in einem Deutschland haderten, das durch die Niederlage von 1918, die 1919 in Versailles erlittene Demütigung und den Zusammenbruch des Währungssystems im Jahre 1923 in eine schwere Krise geraten war. Der bevorstehende Kollaps konnte die Angst nur verschlimmern und dazu führen, daß man sich im ganzen Land nach Sündenböcken umsah und nach Sicherheit sehnte. Die Botschaft wurde trotz des unverdaulichen Textes verstanden. Es gab mehr als genug wohlwollende Kommentatoren, die die Nazibibel vereinfachten, zusammenfaßten, aufpolierten und die Pille des revanchistischen Nihilismus, der diesem Werk zugrunde lag, versüßten. Die NSDAP hatte in Joseph Goebbels (Doktor der Philosophie der Universität Heidelberg und der intelligenteste Mann in der Naziführung, der er seit 1924 angehörte) bereits ihr Propagandagenie gefunden. Hitler war ein schlechter Schreiber, aber ein Meister des gesprochenen Wortes, der seine Botschaft so formulierte, daß sie bei vielen verschiedenen Zuhörern – Staatsmännern, Studenten, Stahlarbeitern – ankam. Inzwischen bereiteten ganze Kohorten eifriger Herolde, bei weitem nicht nur Nazis, den Boden für ihn vor, während er sich daranmachte, die Deutschen für sich zu gewinnen.

Es gibt keinen Beleg dafür, daß Speer von der ganzen brodelnden Unruhe, die der »Bürgerbräuputsch« und das anschließende Gerichtsverfahren, das zu einem Schauprozeß – für die Angeklagten – wurde, überhaupt Notiz nahm. Das kann natürlich nicht als Beweis dafür gelten, daß er überhaupt nichts von der Sache mitbekam, sondern höchstens, daß er diese Dinge in seinen Briefen an Gretel nicht erwähnt hat, weil er von Natur aus alles genau voneinander trennte. Nachdem er rechtzeitig zu Beginn des zweiten Semesters im Frühjahr in München eingetroffen war, studierte er hier pflichtbewußt ein Jahr lang. Danach entschloß er sich, 1925 nach Berlin zu gehen, um an der dortigen Technischen Hochschule zu Ende zu studieren.

Mit seinen Briefen an Gretel verhielt es sich genauso wie mit seinen Memoiren: Die Zeit von der Schule in Heidelberg über Karlsruhe und München bis Berlin wird nur kurz gestreift.[10] Wie er schreibt, habe er davon, daß Hitler wieder von sich reden machte, nichts wahrgenommen, da er nur die Arbeit und das Ziel vor Augen hatte, in drei bis vier Jahren zu heiraten. Er stellt sich selbst als völlig apolitisch in diesem Lebensabschnitt dar, da er sich ganz auf seine unmittelbare Aufgabe konzentriert und sich für die weitere Welt wenig interessiert habe. Dies paßt natürlich genau zu dem Eindruck, den er in Nürnberg und in seinen Büchern zu erwecken suchte: Er war der Mann, der immer viel zu beschäftigt war, als daß er etwas anderes als ein apolitischer, wenn auch amoralischer Technokrat sein konnte.

In den Ferien hatten Speer und Gretel keine Schwierigkeit, zusammenzukommen und gemeinsam mit anderen jungen Leuten ausgedehnte Touren durch die Wälder oder in die Alpen zu unternehmen, wie es in Deutschland vor und nach dem Ersten Weltkrieg en vogue war. Das Land von Goethe und Beethoven war durch die Nachwirkungen der Niederlage außerdem eher geneigt, den teutonischen Trompetenklängen von Wagner und dessen Schwiegersohn, Houston Stewart Chamberlain – einem geborenen Engländer, doch naturalisierten deutschen Prediger arischer Überlegenheit – zu lauschen. Dieser gefährliche Unsinn spielte in den idealistischen Diskussionen, die in der Zeit zwischen den beiden Weltkriegen auf solchen Ausflügen geführt wurden, eine große Rolle: Auch das bereitete den Boden für Hitler vor.

Die naiven jungen Teilnehmer an solchen ernsthaften Debatten – in Deutschland wurden sie besonders ernsthaft geführt, weil dort würdevolles Gehabe mit Ernsthaftigkeit verwechselt wird – wagten es nie, Autoritäten anzuzweifeln; außerdem wurden sie weder in der Schule noch zu Hause dazu angehalten, über Probleme der Gesellschaft nachzudenken. Nach 1918 wurde die Idee »Zurück zur Natur« von vielen Studentengruppen, Jugendklubs, ja sogar nationalen »Verbänden« aufgegriffen. Diese Tendenz kam den Nazis mit ihren »Blut-und-Boden«-Parolen (diese Schlagworte bedeuteten lapidar »reine Rassen« und »zurück zum Landleben«) sehr zupaß und wurde von ihnen besonders gern ausgenutzt. Schließlich wurden nach 1933 Millionen von Jugendlichen in die Hitlerjugend (HJ) oder den Bund Deutscher Mädel (BDM) getrieben. Nicht weniger eifrig wurde die Jugend in kommunistischen und anderen totalitären Staaten mobilisiert. Die deutschen Bewegungen begannen spontan, waren aber bald straff durchorganisiert und von einem teutonischen Pseudomystizismus durchdrungen. Sie standen daher einer totalitären Machtübernahme aufgeschlossen gegenüber und nützten ihr.

Speer, seine Verlobte und deren Freunde gehörten keiner solchen offiziellen Organisation an, sondern organisierten ihre Bergwanderungen, ihre Bootsfahrten, ihre Übernachtungen in Zelten, ihre Radtouren oder Skiausflüge selbst. Für sie wie für die meisten anderen Teilnehmer diente die Begegnung mit der Natur dazu, den Belastungen der zeitweiligen und letzten Endes unvollkommenen nationalen Rekonvaleszenz nach dem Kriege zu entrinnen. Als Student trat der zurückhaltend veranlagte Speer nirgends hervor, weder in Klubs noch in den Burschenschaften an den Hochschulen, und er mied auch den Mannschaftssport, der soviel von seiner Zeit als Schüler in Anspruch genommen hatte. Aber unverändert war er seiner Gretel, der freien Natur, der Musik und dem Theater zugetan. Auch war er nicht abgeneigt, seine Freizeit in Gesellschaft zu verbringen. Dabei kam ihm zugute, daß er ein Auto besaß – damals eine Seltenheit.

Nach einem weiteren Sommer intensiver Kulturerlebnisse trafen Speer und mehrere Münchener Kommilitonen, darunter Rudolf Wolters, Anfang des neuen Studienjahres in Berlin ein. Sowohl Wolters als auch Speer wollten bei Professor Hans Poelzig Architekturzeichnen studieren. Poelzig war der Architekt des Großen Schauspielhauses in Berlin, das mit seinem Interieur, das einer Eishöhle glich, im Jahre 1919 eine Sensation gewesen war.[11] Aber der Andrang war groß, die Teilnehmerzahl des Entwurfsseminars von Professor Poelzig beschränkt und Speers zeichnerische Begabung nicht ausreichend. Speer konnte diesen für einen Architekten ziemlich gravierenden Mangel später dadurch ausgleichen, daß er andere Studenten dafür bezahlte, Zeichnungen für ihn anzufertigen, aber in der Zwischenzeit mußte er während seines ersten Semesters in der Hauptstadt anscheinend etwas warten, bevor er sich bei einem anderen Professor einschreiben ließ. Speer erwähnt nicht, wie er das »verlorene« Semester verbracht hat, doch stand es ihm frei, jede beliebige Vorlesung zu besuchen, wo noch ein Platz frei war.

Er schreibt jedoch, daß er bei Professor Daniel Krencker – einem Elsässer von Geburt, der deutscher war als die Deutschen, in den Nachschlagewerken jedoch anscheinend durch die Zeilen gerutscht ist – Geschichte der Architektur studierte. Krencker ist in diesem Zusammenhang von größtem Interesse, da er für Speer der Anlaß war, einen weiteren leidenschaftslosen Brief an Gretel zu schreiben, diesmal über den Wert der Rassenmischung als eines Faktors, der die deutsche Rasse eher gestärkt als geschwächt habe, wobei Krencker die Meinung vertrat, daß sich die Deutschen auf dem absteigenden Ast befänden, weil ihre Kräfte durch die jüngste Geschichte aufgebraucht seien.

Dies war eine These, die den Nazis wahrscheinlich nicht gefallen hat, die aber für einen Deutschfranzosen offensichtlich von Interesse war, da er aus einem Gebiet stammte, wo sich die beiden rivalisierenden Nationen teilweise überschnitten. Die Rassenfrage spielte also in den Gedanken und Gesprächen des Paares und seiner Zeitgenossen eindeutig genau so eine Rolle wie für viele andere, ältere Deutsche aller Lebensbereiche vor und nach dem Ersten

Weltkrieg. Zumindest in dieser Hinsicht sind Speer und seine Verlobte weit davon entfernt gewesen, anomal zu sein, und falls sie ein brennendes politisches Tagesproblem diskutierten, haben sie es kaum vermeiden können, alle anderen Fragen anzusprechen.

Nachdem Speer und Wolters bei Poelzig abgewiesen worden waren, ergriffen sie die Gelegenheit und ließen sich für ein Seminar von Professor Heinrich Tessenow einschreiben. Dieser war im Frühjahr 1929 auf den Lehrstuhl für Konstruktion und Bauten berufen worden. Tessenow wandte sich vom Klassischen ab und tendierte zum Naturalistischen (und Nationalistischen) in der Architektur, indem er einfache, aufs sparsamste reduzierte Konstruktionen bevorzugte. Er lehnte die Nazis ab, und diese revanchierten sich dafür, aber gleichzeitig gefiel ihnen die puritanische Sentimentalität seiner Architektur, und einige von ihnen nahmen an seinem Seminar teil. Auch die »Roten« wurden von Poelzigs Seminar angezogen. Die Nazis verstanden nichts von Kunst und verhielten sich in diesen Fragen widersprüchlich: Einerseits betrachteten sie Tessenow fälschlicherweise als einen Modernisten, andererseits plagiierten sie seine Ideen, wenn es ihnen paßte.

Speer war von seinem neuen Lehrer hell begeistert, und seine Verehrung von Tessenow wurde nur noch von seiner Bewunderung Hitlers übertroffen.[12] Die beiden Mentoren Speers auf dem Gebiet der Architektur konnten bis auf einen Punkt kaum unterschiedlicher sein: Jeder hatte einen starken Willen und war außerordentlich loyal. Zwischen den Studenten Speer und Wolters bildete sich ein noch engeres Verhältnis heraus, als sie beide miteinander um den ersten Platz in den Prüfungen wetteiferten: Gewöhnlich gewann Speer, während Wolters Zweiter wurde.[13] Wolters sah sich selbst eher als Intellektuellen, der weniger an Sport interessiert war und eine breite, historisch geprägte Weltsicht besaß, während Speers Standpunkt vom Pragmatismus bestimmt war.[14]

Wolters hat damit auf ein zukunftsweisendes Merkmal Albert Speers hingewiesen. Wie viele andere zurückhaltende Menschen war dieser nicht nur besonders empfänglich für eine stärkere Persönlichkeit wie die von Tessenow, er war auch ein Opportunist.

Außerdem bemühte er sich, ganz undeutsch und unordentlich auszusehen, wobei er mit seiner zerknitterten Kleidung und mit der schief herabhängenden Krawatte wie die Karikatur eines chaotischen Studenten wirkte. In puncto Arbeit scheint er sich kein Bein ausgerissen zu haben: Unbekümmert ließ er die ihm unangenehmen zeichnerischen Aufgaben für ein paar Mark von anderen erledigen und schwänzte oft Vorlesungen. Trotzdem schnitt er gut ab, und da er nicht das Architekturgenie war, für das Wolters ihn anfänglich in Momenten unkritischer Bewunderung gehalten hat, muß Speer gearbeitet haben, wenn es niemand sah, wahrscheinlich spät in der Nacht. Sein ständiges Bestreben, den Eindruck zu erwecken, daß ihm alles mühelos gelinge, hat sicherlich nicht zu seiner Beliebtheit bei den Kommilitonen beigetragen. In der kurzen Glanzzeit, die Berlin in den Jahren der Weimarer Republik trotz zunehmender Unsicherheit und politischer Krawalle erlebt hat, nutzte er begeistert die zahllosen Möglichkeiten, Konzerte und Theateraufführungen einschließlich Revuen zu besuchen. Speers Aufmerksamkeit waren die Münchener Ereignisse sicherlich entgangen, in Berlin dagegen nahm er von der Armut und dem »Niedergang« um ihn herum offenbar keine Notiz. Er hätte aber ein Einsiedler sein müssen, um all dem nicht zu begegnen.

Eine andere Eigenschaft, die ihn damals und später auszeichnete, war Großzügigkeit. Speer verhielt sich vielleicht betont gelassen, höflich-kühl und distanziert, wenn nicht gar reserviert, und nie war er Motor und Seele der Gruppe, doch konnte man sich darauf verlassen, daß er einem Kommilitonen helfen würde, der eine Pechsträhne hatte. Er war materiell viel besser gestellt als die meisten Studenten, doch ließ er sich immer leicht anpumpen. Man konnte ihm nie vorwerfen, er wolle sich Beliebtheit erkaufen; sie interessierte ihn nicht (Wertschätzung war eine andere Sache). Er verhielt sich niemals protzig oder verschwenderisch, sondern im Gegensatz zu anderen hatte er einfach Geld. Dabei war ihm Geld eigentlich gleichgültig, vorausgesetzt, er hatte für seine bescheidenen Bedürfnisse genug davon. Das traf auch für manche anderen Dinge des Lebens zu, die andere für wichtig hielten.

Wolters machte finanziell eine schwierige Zeit durch und erinnerte sich daran, wie Speer ihm immer gegen Monatsende Geld borgte, das zurückzuzahlen war, sobald der Westfale, der immer knapp bei Kasse war, den nächsten Scheck erhielt. Für diesen Gefallen, den Speer ihm erwies, hat er sich später revanchiert.

Die beiden Männer beendeten ihr Studium und bestanden im Sommer 1927 ihre Diplomprüfung. Speer erhielt im Februar 1928 offiziell sein Diplom und durfte sich fortan Diplomingenieur (Dipl.-Ing.) nennen. Wolters entschloß sich, weiter an der Hochschule zu bleiben, um seine Promotion vorzubereiten. Speer hatte das gleiche vor, aber im Frühjahrssemester machte ihn Tessenow, (damals) noch immer Speers Idol, zu seinem Assistenten. Als solcher bezog er obendrein ein bescheidenes Gehalt – eine seltene Ehre für einen frischgebackenen Hochschulabsolventen.

Der glückliche junge Mann hatte es außerordentlich gut getroffen: Nach nur neun Semestern hatte er sein Diplom mit sehr guten Zensuren und danach eine Assistentenstelle bei einem der namhaften Professoren des Landes bekommen. All das trug sich zu, als Deutschland dank solcher Köpfe wie Walter Gropius und Ludwig Mies van der Rohe und dank der bemerkenswerten Ansammlung von Talenten im Werkbund und im Bauhaus auf dem Gebiet der modernen Architektur führend war.

Die Vorzeichen standen für Speer als einen Mann von dreiundzwanzig Jahren, der gerade sein Hochschuldiplom erworben hatte und sich in einer bevorzugten sozialen Lage befand, tatsächlich sehr gut. Er hatte jedoch nicht erkennen lassen, daß er ein vielversprechender angehender Architekt war. Vielmehr hatte er lediglich – mit ein wenig Unterstützung von seinen Freunden, die ihm seine Schwäche im Architekturzeichnen verbergen halfen, sein Talent bewiesen, glatt durch Prüfungen zu kommen. Er bewunderte Tessenow, und dieser schätzte ihn, sonst hätte ihm der Professor die Stelle nicht angeboten. Daß er den schlecht bezahlten Posten annahm, war vom Standpunkt seiner Karriereplanung aus betrachtet zweifellos vernünftig. Geld war kein Problem, da Speers stolzer Vater ihm weiterhin Unterhalt zahlte.

Speers Kindheit und Erziehung hatten ihn gelehrt, sich allem gegenüber gleichmütig zu verhalten. Seine Gefühle waren verschüttet, wenn nicht gar erloschen, da er zu Hause keine Liebe erfahren hatte. Es gab auch eine neue allgemeine Amoralität, zu der das Versailler Verdikt »Alle Deutschen sind schuldig« beigetragen hatte. Hinzu kam die große Inflation – eine der Folgen des Versailler Vertrages. Sie belohnte die Unehrlichen und ruinierte die anständigen Leute, darunter einen Großteil der Bourgeoisie. Die gesellschaftlichen, ökonomischen und kulturellen Auswirkungen waren tiefgreifend. Die Angst ging um im deutschen Volk.

Am Ende hatte jede architektonische Inspiration Speers, wie man im nächsten Kapitel sehen wird, eher quantitativen als qualitativen Charakter. Er hatte seinen Professor beeindruckt und war von diesem beeindruckt; aber Tessenow war abgesehen von seiner Qualität als Hochschullehrer ein eher mittelmäßiger Architekt, der einen spartanisch-volkstümlichen Geschmack hatte und in einem Land voller ausgezeichneter Praktiker von vielen übertroffen wurde. Speer hatte auf dem Gebiet, das er zögernd erwählt hatte, nicht mehr als nur eine durchschnittliche Ausbildung erhalten und sie dank, mit und wegen seiner Mittelmäßigkeit glänzend abgeschlossen.

Zu Tessenows ersten Studenten hatten nicht nur Speer und Wolters gehört, sondern auch mehrere andere junge Männer, die später im Sog seines Aufstiegs Karriere machten. Er hatte keine anderen Freunde, auf die er zurückgreifen konnte. Einer davon war Willi Schelkes, Sohn eines österreichischen Seilers. 1904 in Freiburg im Breisgau geboren, studierte er erst Landschaftsgärtnerei und dann Landschaftsarchitektur in München, bis er 1929 ebenfalls nach Berlin ging, wo er in Tessenows Seminar kam und die Gastfreundschaft des charmanten, gelassenen jungen Assistenten des Professors genoß.[15]

Sechs Monate nachdem Speer seine erste Anstellung erhalten hatte, verwirklichte er Teil zwei seines acht Jahre zuvor begonnenen Programms zur Vorbereitung auf das Leben. Seine Jugendliebe kam nach Berlin, und sie heirateten – ohne ihre Familien vorher zu informieren – am 28. August 1928 in der Gedächtniskirche – heute ein doppeltes Memorial: Ursprünglich zum Gedenken an Kaiser Wilhelm I. erbaut, wurde die Kirche im Zweiten Weltkrieg von Bomben schwer getroffen; ihr stehengebliebener Turm dient als Mahnung an jenen Krieg.

Die Familien Speer und Weber in Heidelberg waren daher überrascht, als sie gleichlautende Telegramme erhielten: »Heute geheiratet. In Liebe. Albert und Gretel.« Die Speers hatten weder die Braut ihres mittleren Sohnes noch deren Familie je kennengelernt. Wie bei den meisten Ereignissen in seiner Privatsphäre geht Speer in seinen Memoiren nur ganz kurz auf seine Heirat ein.

Die Zeit zwischen der Währungsreform Ende 1923 und dem großen Börsenkrach in der Wallstreet im Oktober 1929 war für Deutschland nicht hoffnungslos – ganz im Gegenteil. Die eben flügge gewordene Sowjetunion hatte durch den Abschluß des zweiseitigen Rapallovertrages im Jahre 1922 die außenpolitische Isolierung der Weimarer Republik beendet – auch wenn andere Länder das Abkommen nur als gegenseitige Anerkennung von zwei Paria-Staaten ansahen, die ihre Beziehungen offiziell regelten. Die französische Ruhrbesetzung, die 1923 wegen ausbleibender Reparationslieferungen erfolgt war, endete 1925, nachdem der multilaterale Locarnopakt unterzeichnet worden war, der die deutsche Grenze bestätigte und Deutschland den Beitritt zum Völkerbund ermöglichte.

Die Triumphe Gustav Stresemanns, des hervorragenden Außenministers der Weimarer Ära, erstreckten sich sogar auf die Reparationslast. Sie wurde auch dank amerikanischer Initiative 1929 vermindert; die günstigen Auswirkungen dieser Maßnahme wurden leider bald durch den Börsensturz zunichte gemacht. Der Versailler Vertrag blieb zwar weiter in Kraft, aber den gutwilligen Deutschen zuliebe war ihm der Stachel gezogen. Hindenburg, einstmals das Symbol des deutschen Militarismus, wurde 1925 zum Reichspräsidenten gewählt und hatte sich verpflichtet, der Weimarer Republik zu dienen. Hitler kam mit dem ersten Teil von »Mein Kampf« (1925 veröffentlicht) aus Landsberg zurück und reorganisierte die Nazipartei, die durch den Konflikt zwischen deren »nationalem« und »sozialistischem« Flügel gespalten war. Hitler hatte seinen Rivalen absichtlich gestattet, während seiner Inhaftierung übereinander herzufallen, so daß er nach seiner

Rückkehr das Kommando nach seinem Willen wieder übernehmen konnte.

In einer Zeit, da die Luftfahrt täglich neue Schlagzeilen machte, trug das Luftschiff »Graf Zeppelin« mit seinen Flügen über den Atlantik und um die ganze Welt dazu bei, Deutschlands Ansehen zu stärken. Während im Oktober die Kurse an der New Yorker Börse stürzten, wurde die Maginotlinie an der Grenze zwischen Frankreich und Deutschland gebaut. 1930 verließ die französische Armee jedoch endgültig das Rheinland, womit die Nachkriegsbesetzung beendet war. Der Überseedampfer »Europa« vollbrachte eine weitere Ruhmestat für Deutschland, indem er das Blaue Band für die schnellste Überquerung des Nordatlantik errang, das zuvor die britische »Mauretania« innehatte. Als aber Deutschland stärker als jede andere Industriemacht von der Wirtschaftskrise heimgesucht wurde, die der »Schwarze Freitag« an der Wallstreet ausgelöst hatte, errangen die Nazis, die vorher nur zwölf Mandate besessen hatten, bei den Septemberwahlen im Jahre 1930 107 Sitze im Reichstag – gegenüber nur 77 der Kommunisten. Die SPD mußte Stimmenverluste hinnehmen, und der Zentrumspolitiker Heinrich Brüning, seit März Reichskanzler, sah sich im Parlament extremistischen linken und rechten Minderheiten gegenüber, die sich wild triumphierend gebärdeten. Er brachte keine tragfähige Mehrheit zustande und bemühte sich deshalb darum, die Zustimmung des Reichspräsidenten Hindenburg zur Anwendung des Artikels 48 der Weimarer Verfassung, das Notverordnungsrecht zu erhalten, um per Dekret regieren zu können. Hindenburg stimmte zu. Dieser Artikel lieferte paradoxerweise das Mittel, um jede demokratische Sicherung, die jenes an sich bewundernswerte Dokument enthielt, außer Kraft zu setzen.

Von nun an wurden die Auseinandersetzungen in der deutschen Politik auf der Straße ausgetragen. Die Hochschulen der Großstadt wurden zu Brutstätten von Intrigen, Demonstrationen, Ausschreitungen. In seinen Memoiren erwähnt Speer diese gärende Unruhe vor (und manchmal in) den Vorlesungssälen nur am Rande. Er kann aber die Tatsache nicht übersehen haben, daß der NS-Studentenbund bei den Wahlen zu den Studentenvertretungen große Stimmengewinne verzeichnen konnte: 1929 38 Prozent der abgegebenen Stimmen und 1930 60 Prozent. Seine eigenen Studenten, wie zum Beispiel Peter Koller, der gerade Mitglied der NSDAP geworden war, diskutierten in den Architekturseminaren über Politik.[16]

Speer hat offenbar interessiert zugehört; denn am 4. Dezember 1930 ließ er sich dazu überreden, zusammen mit einigen seiner nationalsozialistisch gesinnten Studenten und 5000 weiteren Zuschauern an einer Großveranstaltung der Nazis als Teil einer weiteren Kampagne für die Studentenschaftswahlen teilzunehmen. Sie fand in der »Neuen Welt«, einem Bierlokal in der Hasenheide im Berliner Stadtteil Neukölln, statt. Im riesigen Saal wurden Speer und seinen Studenten Plätze neben anderen Akademikern auf der Tribüne zugewiesen.

Adolf Hitler ließ seine Zuhörer wie gewohnt warten, während seine Lakaien die Spannung im Saal anheizten. Ein Studentenführer der Nazis berichtete mit emotionsgeladenen Worten über die angebliche Ermordung zweier SA-Männer durch Kommunisten. Die Hauptattraktion des Abends sprach dagegen ruhig und vernünftig; seine Rede war ganz auf seine jungen und begeisterten, aber intelligenten Zuhörer zugeschnitten, von denen viele aus gebildeten Schichten stammten. Er appellierte an ihre Ideale und forderte dazu auf, zu den traditionellen Werten von Tapferkeit und Ehre zurückzukehren und mit der Spaltung, dem Konflikt und den Normen des Mittelmäßigen Schluß zu machen. Er rief dazu auf, dafür zu sorgen, daß die korrupte und selbstsüchtige Republik von Schwächlingen und Feiglingen der Vergessenheit anheimfalle, die sie verdiene. Zum Schluß wurde ihm jubelnd gedankt.[17]

Anschließend unternahm Speer eine Spazierfahrt, um seiner Verwirrung Herr zu werden. Das gelang ihm nicht. Im neuen Jahr bewarb er sich um die Mitgliedschaft in der Nazipartei.

Pfeiler aus Licht (1931–33)

Albert Speer wurde mit Wirkung vom 1. März 1931 Mitglied der NSDAP.[1] Während er auf die Bestätigung seines Aufnahmeantrages wartete, fühlte er sich für kurze Zeit von einer anderen Nazi-Veranstaltung angewidert, die typischer war als die erste, doch war der negative Eindruck, den sie beim ihm hervorrief, nicht stark genug, um einen Sinneswandel herbeizuführen. Es handelte sich um eine Kundgebung im Sportpalast. Dort sprach Joseph Goebbels, Nazigauleiter von Berlin und offizieller Propagandachef der Partei seit 1929. Obwohl die Teilnehmer rasten und tobten, war das Ganze eine Demonstration wohlkalkulierter Demagogie. Speer fiel es leichter, seinen Widerwillen zu unterdrücken, als er erlebte, wie berittene Polizei gegen die Menge vorging und wahllos mit dem Gummiknüppel auf sie eindrosch. Daß er seine Abscheu überwand, war sein Glück; denn Goebbels, der für den Messias Hitler Johannes den Täufer spielte, hatte großes Interesse daran, daß der künftige Architekt des Führers rasch aufstieg.

Speers freiwilliger Eintritt in die Partei erfolgte zweiundzwanzig Monate vor Hitlers Ernennung zum Reichskanzler. Es ist daher unbestritten, daß eher Überzeugung Speers Motiv für den Beitritt war als Eigennutz. Alle diejenigen, die nach dem 30. Januar 1933 – dem Tag, an dem Hitler an die Macht kam – den Aufnahmeantrag stellten, waren besonders in den Augen der alten Garde zweitklassige Parteigenossen, bloße Trittbrettfahrer, die gewartet hatten, bis sich der Wind in der Politik gedreht hatte. Goebbels und andere Mitglieder der alten Garde sahen aber auch auf die »Septemberlinge« verächtlich herab – das heißt auf jene, die nach dem Wahlerfolg vom September 1930 der Partei beigetreten waren. Die Crème de la crème der Nazis waren in Hitlers Augen die »alten Kämpfer« aus den zwanziger Jahren, an die er gewöhnlich rührselig dachte – außer in der Zeit, da er solche Leute wie den SA-Führer Ernst Röhm wegen angeblichen Verrats umbringen ließ.

Speer hat bestimmt nicht übersehen, daß die Naziflut im Steigen begriffen war. Er muß die gärende Unruhe an der Universität bemerkt haben, selbst wenn er sonst mit geschlossenen Augen durch Berlin gegangen sein sollte, und er hat als Opportunist, der er war, rechtzeitig den Entschluß gefaßt, sich von der neuen politischen Welle nach oben tragen zu lassen. Die Mitgliedsnummern wurden strikt in der Reihenfolge des Parteibeitritts vergeben. Speer hatte in der Partei, die später auf rund sieben Millionen Mitglieder anwuchs (das heißt jeder zehnte Deutsche oder einer von sieben Erwachsenen gehörte ihr an) die Mitgliedsnummer 474 481. Und da er sich aus freien Stücken zu diesem Schritt entschlossen hatte, gehörte er unweigerlich auch manchen der vielen »Front«-Organisationen an, die die Nazis – in bewußter Nachahmung des sowjetischen Kommunismus – geschaffen hatten, um Einfluß auf jeden Aspekt des nationalen Lebens zu erlangen.

Eine solche Organisation war das neugegründete NSKK (Nationalsozialistisches Kraftfahrerkorps), das unter der Oberhoheit der SA entstanden war. Speer wurde Leiter (und vorerst einziges motorisiertes Mitglied) der Sektion Wannsee im Südwesten Berlins, wo er und Gretel eine Wohnung hatten.[2] Seine einzige Qualifikation war, ein Auto zu besitzen. Das NSKK sollte letztlich dazu dienen, junge Männer paramilitärisch auf einen motorisierten Krieg vorzubereiten, während das NS-Fliegerkorps die Aufgabe hatte, Flugzeugbesatzungen auszubilden.

Als Architekt war er bereits Mitglied des Bundes deutscher Architekten, trat aber sofort auch dem nationalsozialistischen Kampfbund Deutscher Architekten und Ingenieure (KDAI) bei. Der KDAI hatte 1932 rund zweihundert Mitglieder, das heißt ihm gehörten weniger als ein Prozent der Vertreter jener Berufe an, die er erfassen wollte. Als er im Mai 1934 Goebbels' Reichskulturkammer (RKK, im September 1933 gegründet) unterstellt wurde, stieg seine Mitgliederzahl rapid an. Denn seit es die RKK gab, mußte jeder, der einen künstlerischen Beruf ausübte, Mitglied der entsprechenden Sektion sein, um arbeiten zu dürfen. Ein Ausschluß bedeutete das berufliche Aus und war eine kalkulierte Bedrohung, um die Leute unter Kontrolle zu halten. Dies war das unverkennbare Ziel der nationalsozialistischen Gleichschaltung, durch die der einzelne ebenso wie Organisationen auf die zentral festgelegte Linie gebracht wurden. Speer wurde auch Mitglied der Deutschen Arbeitsfront (ihr mußte jeder Arbeitnehmer und Arbeitgeber beitreten), der NS-Volkswohlfahrt und sogar des Reichsluftschutzverbandes.

Speer nannte drei Gründe für seinen Beitritt zur Nazipartei. In seinen »Erinnerungen« (1969) und an anderen Stellen erklärte er, er habe sich von der Furcht vor dem Kommunismus leiten lassen, der einzigen erkennbaren Alternative in einem Land, in dem die drückenden sozialen und wirtschaftlichen Verhältnisse zur schärfsten politischen Polarisierung geführt hatten. Obwohl er immer betonte, er habe sich in seiner Jugend nie sehr für Politik interessiert und sei, als er für das Hitlerregime arbeitete, viel zu beschäftigt gewesen, hat er zumindest die Zeit gefunden, die nicht unwichtige respektive nicht unpolitische Schlußfolgerung zu ziehen, daß der Marxismus eine reale Gefahr sei, der er persönlich entgegentreten müsse. Wie oberflächlich seine Gedankengänge in bezug auf diese weitreichende Gefahr auch immer gewesen sein mögen, das von ihm gebrauchte Adjektiv »undramatisch« paßt nicht zur Charakterisierung seines Entschlusses, der Partei beizutreten.[3]

Zweitens war er, wie er selbst bekannt hat, von Hitler und dessen geschickter Demonstration ruhiger Vernunft auf der Veranstaltung in der Hasenheide »fasziniert«: eher von dem Mann als von dem Programm, über das Speer, wie er selbst zugegeben hat, sehr wenig wußte. Wir werden auf Hitlers rätselhaftes Charisma später zurückkommen, eine Eigenschaft, die unzählige Zeitgenossen bestätigt haben, die jedoch für Nichtdeutsche und auch die heute lebenden Deutschen kaum nachvollziehbar ist: Film- und Tondokumente, die den Diktator in voller Fahrt als Redner zeigen, lassen sie kalt. Schließlich hat Speer 1979, wie oben bereits erwähnt, noch einen weiteren Grund genannt: die Ablehnung der Schuld, die Versailles den Deutschen zugewiesen hatte und die Hitler auszulöschen versprach.

Ob Opportunist oder nicht, Speer kann nicht vorgeworfen werden, er sei drei Jahre vor der Zeit, da die NSDAP an die Macht kam, der Partei beigetreten, um Karriere zu machen. Es gibt weder einen Beweis für ein solches Motiv noch einen Grund, seine Version anzuzweifeln: Er ging, wie so viele vor ihm, einfach zu einer Kundgebung, war, wiederum wie viele vor ihm, von Hitler beeindruckt, stellte seinen Aufnahmeantrag und hatte außer den Organisatoren unter den Studenten keinen höheren Naziführer, geschweige denn die Nazigrößen ganz oben, kennengelernt. Er war jedoch überrascht, als er erfuhr, daß seine Mutter, inspiriert von einem Aufmarsch der Nazis, in Heidelberg der Partei beigetreten war, ohne zu irgendeiner Kundgebung zu gehen oder ihre Familie über ihren Schritt zu informieren. Auch Speer hielt seine Parteizugehörigkeit vor seinen Eltern verborgen, bis die Nazis an die Macht kamen. Albert sen., der Hitler für einen »kriminellen Emporkömmling« hielt, ist nie der Partei beigetreten. Der alte Mann begegnete ihm nur einmal in Begleitung seines Sohnes in einem Berliner Theater und wurde vor Schreck fast ohnmächtig. Sie haben nie über den Vorfall geredet.[4]

Speer hatte ungewollt eine schlechte Zeit gewählt, um sein Glück als Architekt zu versuchen. Sein noch nicht so enger Freund Wolters hatte die klügere Entscheidung getroffen, indem er sich dazu entschlossen hatte, weiterzustudieren und sich auf die Promotion vorzubereiten. Die Stelle bei Tessenow verschaffte Speer Ansehen, und er erhielt rund 300 Reichsmark Gehalt – genug für ein kinderloses Ehepaar, um in Berlin ein bescheidenes Leben führen zu können. Sie nahm aber weniger als die Hälfte seiner Zeit in Anspruch. Mit fünf Monaten Ferien und wöchentlich zwei freien Tagen war das keine Arbeit für einen Erwachsenen. Aus diesem Grund wollte Speer sich gleichzeitig als selbständiger Architekt etablieren. Noch bevor er 1928 bei Tessenow Assistent geworden war, hatte er sich um eine Stelle in Kabul beworben, wo sich Khan Aman Ullah, der erste Herrscher Afghanistans nach Erringung der Unabhängigkeit, mit ehrgeizigen Modernisierungsplänen trug. Aber die vorherrschenden konservativen Elemente in diesem unregierbaren Land zettelten 1928 eine Stammesrevolte an und zwangen den Khan 1929 zur Abdankung. Anstatt im Schatten des Himalaja als Stadtplaner, Architekt und Ausbilder zu wirken, gab Speer die wenigen Bücher über Afghanistan wieder zurück, die er und Gretel in Bibliotheken aufgetrieben hatten. Und das junge Ehepaar beschloß, sich in der hektischen Hauptstadt häuslich niederzulassen. Fortan fuhr er immer von Wannsee nach Charlottenburg, dem Stadtteil im Stadtzentrum, in dem die Technische Hochschule Berlin gelegen ist.

Nach seiner »Erleuchtung« auf der Kundgebung in der Hasenheide ließ Speer sich dazu überreden, an der Zusammenkunft einer anderen Nazivereinigung, des Kampfbundes deutscher Kultur, teilzunehmen. Dort wurde Tessenows Kunstauffassung auf dem Gebiet der Architektur angegriffen, wobei sogar die Ausfälle gegen seinen Mentor Speer nicht davon abhielten, weiter Parteimitglied zu bleiben. Die Tatsache, daß der Professor zum Regionalismus und zur Einfachheit tendierte, wurde, ob bewußt oder aus Unwissenheit, mit dem Modernismus der übrigen Mitglieder der Architektenvereinigung »Der Ring« verwechselt, der solche führenden Persönlichkeiten wie Gropius, Mies van der Rohe, Poelzig und auch Tessenow angehörten. Speer berichtet[5], daß einer seiner Studenten an Hitler schrieb und den Professor verteidigte. Der Brief hatte zur Folge, daß die Partei offiziell antwortete, man zolle Tessenows Wirken Achtung. Nachdem die Nazis aber an die Macht gekommen waren, fiel Tessenow in Ungnade und durfte nicht mehr lehren.

Speer behauptete, er habe, nachdem er in Nazikreisen einen gewissen Einfluß erlangte, erreichen können, daß sein alter Chef wieder eingesetzt wurde und seinen Lehrstuhl bis Kriegsende behielt. Nach dem Krieg gelangte Tessenow zu hohen Ehren und wurde zum Rektor der Technischen Hochschule Berlin gewählt. Speer zufolge war der Professor alles andere als arbeitswütig; er hielt keine Vorlesungen, sondern erschien jede Woche nur einige wenige Stunden, um Aufgaben zu verteilen und Arbeiten zu zensieren. Er überließ es seinen jungen Assistenten, die Studenten die Grundlagen der Architektur zu lehren.[6]

Offenbar fand Speer seine Lehrtätigkeit wegen seiner Schüchternheit anstrengender, als ihm das als Student erschienen war. Dies ist eine Erfahrung, die alle jungen Lehrkräfte machen. Unterdessen kamen seine Bemühungen, an seinem Geburtsort Mannheim und auch in Berlin als Architekt tätig zu werden, nicht vom Fleck. Seine Schwiegereltern taten ihr möglichstes, ihm großzügig zu helfen, und erteilten ihm einen seiner ersten Aufträge: den Bau des neuen, aber unauffälligen Familienhauses am Ackerweg in Heidelberg im Jahre 1930. In Berlin gelang es ihm, sowohl Aufträge für zwei Garagenanbauten für Wannsee-Villen zu bekommen als auch mit der originelleren Aufgabe betraut zu werden, den Berliner Sitz des Akademischen Austauschdienstes herzurichten.[7]

Als sich die Wirtschaftskrise im besonders anfälligen, weil noch immer rekonvaleszenten Deutschland verschärfte, erhielt er bei Wettbewerben nur unbedeutende (dritte) Preise. Das betraf solche kleinen Aufträge wie die Innengestaltung einer Kirche in Rheinfelden an der Schweizer Grenze in der Nähe von Basel und eines Gemeindesaales in Mannheim im Jahre 1931. 1932 wurde er mit dem Umbau eines Ladens in Mannheim beauftragt, und im darauffolgenden Jahr wurde er zur Umgestaltung eines Gutshauses in Perleberg an der Prignitz im Nordwesten des Landes Brandenburg herangezogen. Das Grundstück gehörte Dr. Robert Frank, Generaldirektor der Preußischen Elektrizitätswerke, bis es die Nazis beschlagnahmten. Speer konnte später Frank vor Übergriffen schützen, und dieser vergalt es ihm, indem er Speers Familie 1945 in Norddeutschland bei sich aufnahm.

Als Leiter der Sektion Wannsee des Nationalsozialistischen Kraftfahrerkorps war Parteigenosse Speer dazu verpflichtet, sich gelegentlich unter strikter Beachtung der Parteihierarchie bei der Kreisleitung West zu melden. Für sie war Karl Hanke zuständig, ein sympathischer junger Mann, der schon als Müllergeselle gearbeitet, dann aber weiterstudiert hatte, um Lehrer an einer technischen Fachschule zu werden; er war 1928 in die Partei eingetreten. Nach den großen Stimmengewinnen bei den Wahlen am 14. September 1930 (an denen die Speers nicht teilgenommen hatten, da sie gerade in Österreich mit ihren Faltbooten Urlaub auf der Donau machten) hatte Hanke im Zuge der administrativen Expansion der Partei eine Villa als künftiges Quartier seiner

Kreisorganisation im Stadtteil Grunewald gemietet. Er forderte den begeisterten Speer auf, die Villa herzurichten.[8]

Das war Albert Speers bescheidene erste Arbeit für die NSDAP. Als Freiwilliger bekam er nicht einmal ein Honorar für die vollständige innenarchitektonische Gestaltung. Speer erwähnt, daß er dem gutwilligen Hanke empfahl, die neuesten Bauhaustapeten zu wählen, obwohl es »kommunistische« Tapeten seien. Denn die Naziideologen hielten alles »Moderne« in der Kunst für dekadent, undeutsch, bolschewistisch oder jüdisch. Eine Saite war angeschlagen, und Speer sollte noch oft von ihm hören. Was Speers Beziehungen zur Partei betraf, so wurde Hanke für ihn in der Anfangszeit eine wichtige Kontaktperson.

Als über Deutschland die große Wirtschaftskrise hereinbrach, wurde Speer zu Beginn des Jahres 1932 mitgeteilt, die Mittel des preußischen Staates seien wegen des drastischen Rückganges der Staatseinnahmen auf Grund der schlechten Wirtschaftslage so knapp, daß er, Speer, nach dreijähriger Arbeit für Tessenow eine Gehaltskürzung hinnehmen müsse. Speer beriet sich mit Gretel und kündigte. Sie faßten den Entschluß, nach Mannheim zu ziehen. Er hoffte, durch die Verwaltung der im Familienbesitz befindlichen Häuser dort finanziell gesichert zu sein und sich gleichzeitig stärker um die Beschaffung von Aufträgen für seine Architektentätigkeit kümmern zu können. Diese waren aber, wie bereits erwähnt, dünn gesät. Selbst der bescheidene Auftrag zum Umbau eines Ladens kam nur durch elterliche Beziehungen zustande: Das Geschäft befand sich in einem der Mietshäuser, die Speers Familie besaß. Speer, der noch immer auf die finanzielle Unterstützung durch seinen Vater angewiesen war, bot dem stellenlosen Willi Schelkes, der 1931 seine Diplomprüfung abgelegt hatte, ein monatliches Gehalt von 150 Reichsmark an. Das ist vielleicht das erste Beispiel für seine Begabung, hervorragende Mitarbeiter auszuwählen. Schelkes blieb einer seiner meistgeschätzten und tüchtigsten Mitarbeiter auf dem Gebiet der Architektur. Die Speers hatten eine kleine Wohnung in dem Haus, in dem Speer geboren war, und durften das Wochenende bei seinen Eltern in Heidelberg verbringen.

Das NSKK hatte keine Sektion im weit entfernten Mannheim. Deshalb wurde er von der Parteizentrale in Berlin der Motor-SS als zeitweiliger Gast »zugewiesen«. Wie er in seinen »Erinnerungen« schreibt, wurde er aber nicht in die SS aufgenommen, die zu dieser Zeit noch immer eine kleine, wenn auch ständig wachsende interne Polizeitruppe war, die der Partei und zugleich dem persönlichen Schutz Hitlers diente, aber im Schatten von Röhms aufgeblähter SA stand.[9] Es gibt keinen Beweis, der Speers Behauptung widerlegt, er habe nie danach getrachtet, der SS anzugehören. Später lehnte er einen hohen Ehrenrang ab, woraufhin der Reichsführer SS, Heinrich Himmler, Speer ungefragt in die Liste seiner Berater aufnahm.

Da Gretel ihn bei der schlechten Auftragslage ohnehin nicht von der Arbeit ablenken konnte, nahm er sie im Juli 1932 nach Berlin mit und überließ es Schelkes, den fast leeren Laden in Mannheim zu hüten. Der junge Speer hatte seine politische Indifferenz inzwischen eindeutig überwunden. Er und Gretel kehrten zu dem Zweck nach Berlin zurück, kurz vor den Wahlen selbst an einem Wahlkampf teilzunehmen, der damals als entscheidend angesehen wurde und sich hinterher als entscheidend erwiesen hat. Die Nazis gingen daraus als bisher stärkste Partei mit 270 Sitzen im Reichstag hervor. Sie besaßen damit beinahe die Mehrheit der Mandate, und immerhin hatte der Führer der stärksten Partei laut Verfassung das Recht, vom Reichspräsidenten mit der Regierungsbildung beauftragt zu werden.

Als treues Mitglied der NSKK stellte Speer der Partei sein Auto zur Verfügung. Am 27. Juli fuhr er zum Flugplatz Berlin-Staaken, um einen Nazimelder abzuholen und nach der westlich von Berlin gelegenen Stadt Brandenburg zu befördern. Im dortigen Stadion sollte Hitler auf seiner zweiten Kundgebung an diesem Tag sprechen. Speer sah aus einiger Entfernung, daß der Parteiführer bereits auf dem Flugplatz angekommen war. Hitler war wütend und schlug mit einer Hundepeitsche gegen seine hohen Stiefelschäfte, weil seine Kraftwagen noch nicht eingetroffen waren. Speers Passagier war in Parteiuniform, und als sie auf dem Höhepunkt des Wahlkampfes die Stadt erreichten, stießen einige Passanten Schmähungen aus. Hitler, der mit seiner Wagenkolonne jetzt dicht hinter Speer fuhr, stand, als sie durch die Vorstadt brausten, aufrecht in seinem Mercedes, bis das Auto wegen der vielen linken Demonstranten nur noch langsam vorankam. Hitler bewies damit mehr Mut als nach dem Bürgerbräuputsch in München: Auch als das Auto nur noch im Schrittempo durch die feindselige Menschenansammlung fuhr, blieb Hitler weiter im Wagen stehen und blickte auf die Menge herunter. Hitler war nun auf der Höhe seiner demagogischen Macht, und das überfüllte Stadion jubelte ihm zu. In noch größerem Maßstab wiederholte sich das gleiche Schauspiel bei seiner stark verspäteten Ankunft in einem Berliner Stadion, wo die nächste Wahlkundgebung, die dritte an diesem Tag, stattfand. Erneut mußten Nazifunktionäre stundenlang dafür sorgen, daß das Interesse der Menge nicht nachließ, während diese auf Hitler wartete.[10]

Diese Wahlveranstaltungen waren eindrucksvolle Beispiele geschickter Demagogie. Parteikader heizten die Wut gegen die Linken, die Juden, die Westmächte und die Kapitalisten an, um die richtige Stimmung für Hitlers Ankunft zu erzeugen. Sobald der »Führer« unterwegs war, wurde er durch zahlreiche Meldungen angekündigt. Auf diese Weise erfuhr die wartende Menge, daß er immer näher kam und schließlich draußen eingetroffen war. Bei seinem Erscheinen auf der Tribüne brach ein Beifallssturm los, und Hitler begann die Zuschauer »einzustimmen«, als ob er der Dirigent wäre und sie das Orchester. Er ließ sie lange warten, bis er instinktiv spürte, daß er sie in die höchste Aufnahmebereitschaft versetzt hatte. Wenn auf der Tribüne Platz war, ging er, das Kinn auf die Hand gestützt, tief in Gedanken versunken und den Blick auf den Boden geheftet, auf und ab.

Er fing ganz leise zu sprechen an, so daß sich die Zuschauer konzentrieren mußten, um ihn zu hören, wodurch sich natürlich eine vollkommene Stille ausbreitete. Doch das anschließende politische und rhetorische Spektakel war durchaus einem sexuellen Akt vergleichbar, angefangen vom stimulierenden Vorspiel über eine zarte und sich steigernde Erregung bis zum orgastischen Crescendo. Wenn man sich die merkwürdigen Filmsequenzen ansieht, die Hitler am Rednerpult zeigen, so braucht man kein Anhänger Freuds zu sein, um eines zu erkennen: Wenn er und eine Menge zusammenkamen, so geschah dies auf eine Weise, die ambivalent war.

Irgendwo hier liegt der Schlüssel zum Geheimnis, das Hitlers Charisma umgibt und über das sich seit seinem Tod so viele den Kopf zerbrochen haben: Hitlers Anziehungskraft war eindeutig parasexuell, und sinnliches Verlangen ist bekanntlich irrational. Falls wir uns jemals die Frage gestellt haben, wieso jemand eine Person begehren kann, die wir selbst abstoßend finden, und zu dem Schluß gelangt sind, daß es sich über Geschmack nicht streiten läßt, dann sind wir der Lösung des Mysteriums so nahe gekommen, wie es jemals möglich sein wird – des Geheimnisses der Anziehungskraft, die Hitler auf eines der begabtesten Völker der Erde ausgeübt hat, das durch eine Reihe schwerer traumatischer Erlebnisse – Krieg, Niederlage, soziales Chaos, Hyperinflation, Wirtschaftskrise – anfällig geworden war. Das »Geheimnis« rührt nur daher, daß die größtenteils akademische Diskussion auf der falschen Ebene, auf der intellektuellen nämlich, geführt wurde. Für Millionen Deutsche war es Liebe, und Liebe ist blind. Sie kann jedoch rational erfaßt werden. Leider verliebten sie sich in einen zynischen Verführer statt in einen ernsthaften Freier. So erging es auch Speer, dessen Verblendung fast vierzehn Jahre lang dauerte.

Statt bis zur Wahl am Sonntag, dem 31. Juli, zu warten, hatten Albert und Gretel Speer bereits ihre Vorkehrungen getroffen, um in ihren geliebten Bootsurlaub an die Masurischen Seen in Ostpreußen zu fahren. Sie hatten bereits ihre Fahrkarten gelöst und ihre Faltboote und Reisetaschen in der Gepäckaufbewahrung des Bahnhofes deponiert, denn sie wollten am Donnerstag, dem 28. Juli, den Berliner Nachtzug nehmen. Karl Hanke, inzwischen Organisationsleiter des Gaues Berlin unter Goebbels und Reichstagsabgeordneter, erreichte sie mittags telefonisch und bat Speer, ihn im neuen Gauhaus der Nazis in der Voßstraße aufzusuchen, das einfallslos in Adolf-Hitler-Haus umbenannt worden war. Rund fünfzig Jahre alte imposante Gebäude säumten die Straße, die im administrativen Zentrum der Stadt am südöstlichen Rand des Tiergartens vorbeiführte (die dortige Gegend wurde im Zweiten Weltkrieg zerstört). Speer wurde aufgefordert, das ganze Haus sobald wie möglich innenarchitektonisch neu zu gestalten. Da Arbeit so schwer zu finden war, freute er sich riesig. Der Urlaub wurde abgesagt.

Speer hat diesen ziemlich bescheidenen, wenn auch zeitlich günstigen Auftrag später als den großen Wendepunkt in seiner Laufbahn angesehen.[11] Wer sich mit Speers Leben und Zeit befaßt, wird beim besten Willen nicht verstehen können, warum er dieser Ansicht war. Sein achtzehn Monate zuvor gefaßter Entschluß, der Nazipartei beizutreten, war bestimmt nicht weniger bedeutsam, und sein erster größerer Auftrag von Goebbels und sein Essen bei Hitler – auf beides wird hier noch eingegangen werden – scheinen noch wichtiger gewesen zu sein.

Die Partei war auf Grund ihrer Ausgaben für die endlosen Wahlkämpfe der damaligen Zeit, ganz zu schweigen vom Erwerb der Renommierimmobilie inmitten der Stadt, völlig pleite. Mit diesem Gebäude wollte sie der Machtzentrale so nahe wie möglich sein. Speer arbeitete rund um die Uhr. Das gleiche taten die Bauhandwerker, die ebenfalls treue Parteimitglieder waren. Sie alle mußten auf ihr Geld warten. Die für den 6. November 1932 geplanten demokratischen Wahlen – für 17 Jahre die letzten in Deutschland – hatten die Parteikasse der Nazis über Gebühr strapaziert. Außerdem mußte sich Goebbels um dringendere Angelegenheiten kümmern. Hitler dagegen nahm sich die Zeit, das in neuem Glanz erstrahlende Haus, das nach ihm benannt war, zu besichtigen und sich sehr lobend darüber zu äußern. Speer allerdings war nicht zugegen. Er war wieder nach Mannheim zurückgekehrt, um zu versuchen, in seinen heimatlichen Gefilden, wenn möglich, weitere Aufträge zu bekommen.

Seit den Wahlen vom September 1930 hatte der Zentrumspolitiker Heinrich Brüning Deutschland mit Notverordnungen regiert. Er hatte die Novemberwahlen ausgeschrieben, nachdem der Reichstag ihm im Juli die Zustimmung zu seinem Budget verweigert hatte. Die Arbeitslosigkeit wuchs unaufhaltsam und überstieg

Anfang 1932 die Sechs-Millionen-Grenze (in einem Land mit einer Bevölkerung von 70 Millionen) – verglichen mit den 1,3 Millionen vor dem Börsensturz an der Wall Street im Oktober 1929 eine ungeheuere Zahl. Dabei bezogen sich die Angaben nur auf die registrierten Arbeitslosen, nicht auf die viel größere Zahl der Arbeitssuchenden.

Brüning erzielte gegenüber dem Young-Plan, der 1929 eine Verminderung der (in Versailles auf 132 Milliarden Goldmark festgelegten) Reparationslast vorgesehen hatte, insofern entscheidende Fortschritte, als er in den im Frühjahr 1932 in Lausanne geführten Verhandlungen mit den Großmächten die Streichung der Reparationszahlungen erreichte. Dieser bemerkenswerte Erfolg wurde jedoch von der großen Wirtschaftskrise und ihren entsetzlichen sozialen Auswirkungen in der ganzen industrialisierten Welt völlig überschattet.

Nachdem der sklerotische Reichspräsident Hindenburg im April 1932 Hitler im zweiten Wahlgang mit einer Stimmenmehrheit von sechs Millionen besiegt hatte (Hindenburg erzielte 53% und Hitler 37% der gültigen Stimmen), ließ er es zu, daß er der politische Gefangene des nationalistisch-militaristischen rechten Flügels wurde. Brüning plante, den sogenannten Osthilfe-Skandal aufzuklären. Hierbei ging es um die private Veruntreuung von Geldern, die dazu vorgesehen waren, die großen landwirtschaftlichen Güter in Ostpreußen, die durch den polnischen Korridor von der übrigen dahinsiechenden deutschen Wirtschaft abgeschnitten waren, zu retten. Hindenburg und noch mehr sein Sohn, die das riesige Gut Neudeck besaßen, fühlten sich durch den Skandal bedroht; der alte Präsident verlangte am 30. Mai Brünings Rücktritt. Die ganze Affäre war ein weiteres markantes Beispiel für den damaligen Verfall der Moral.

Die Nachricht wurde von der »Harzburger Front«, einem ultrarechten Bündnis, das 1931 geschaffen worden war, um Brüning zu stürzen und eine »wahrhaft nationale Regierung« zu gründen, mit Freuden begrüßt. Ihm gehörten führende Militärs und Industrielle, Pangermanen, einige Junker, der nationalistische »Stahlhelm« (Bund der Frontsoldaten), die Nationalsozialisten und die von Alfred Hugenberg geführten Deutschnationalen an; Hugenberg – ein Industrie-, Presse- und Filmmagnat – führte auch den Vorsitz.

Nachdem Hitler durch die Begegnung mit diesen gesellschaftlich akzeptablen Erzkonservativen politisch quasi gesellschaftsfähig geworden war, beschloß er, den Vorstoß in die große Politik zu wagen. Mit Hilfe des machiavellischen Goebbels hatte er inzwischen erreicht, daß die »nationale« Strömung in der Partei die Oberhand über die »sozialistische« gewonnen hatte. Diese Strömungen wurden durch die Brüder Gregor und Otto Strasser repräsentiert). Ermutigt durch die jüngsten Wahlerfolge, war Hitler fest entschlossen, die Demokratie auf demokratischem Wege zu beseitigen und, gestützt auf die Verfassung, Reichskanzler zu werden. Obwohl er immer dazu bereit war, Zweckbündnisse einzugehen, um seine Ziele zu erreichen, war er nicht gewillt, sein Streben nach absoluter Macht dadurch aufs Spiel zu setzen, daß er sich durch eine offizielle Koalition festlegte. Er wollte keinesfalls von anderen benutzt werden, sondern selbst die anderen benutzen.

Auf Brüning folgte Franz von Papen, ein westfälischer Adliger und ehemaliger Stabsoffizier – ein Mann mit ultrakatholischen, monarchistischen, nationalistischen und antidemokratischen Anschauungen. Reich und persönlich charmant, verfügte dieses politische Leichtgewicht über keinerlei ministerielle Erfahrungen. Doch Papen wurde von Reichswehrminister Kurt von Schleicher unterstützt, einem General, der in jenen letzten Tagen der Weimarer Republik einen entscheidenden Einfluß auf den altersschwachen Hindenburg ausübte. Schleicher, der erst geholfen hatte, Brüning für kurze Zeit an die Macht zu bringen – und dann abzuhalftern –, wollte jetzt Papen vor den eigenen Karren spannen, um letztlich selbst Kanzler zu werden. Schleicher versuchte auch die Nazis zu manipulieren und bewog Papen, die Verbotsmaßnahmen gegen Hitlers paramilitärische Verbände SA und SS aufzuheben. Damit waren die Braunhemden vor den Novemberwahlen 1932 in großer Zahl wieder auf den Straßen.

Papens einziger Erfolg bestand darin, den von seinem Vorgänger vorbereiteten Weg weiterzugehen und den Erlaß der Reparationszahlungen auch offiziell durchzusetzen. Per Notverordnung löste er auch die demokratisch gewählte SPD-Regierung Preußens auf und ernannte sich selbst zum Reichskommissar für diesen größten deutschen Teilstaat. Das war sogar Schleicher zuviel. Der nutzte ein weiteres Mal seinen Einfluß auf Hindenburg und sorgte dafür, daß Papen am 3. Dezember abgehalftert wurde. An seiner Stelle wurde er, Schleicher, selbst – zum letzten Reichskanzler der Weimarer Republik.

Aber Papens Rolle bei der Zerstörung dieser Republik war noch nicht beendet. Um sich an Schleicher zu rächen, schlug er Hitler ein Bündnis vor. Als sie sich einig geworden waren, wurde nicht Papen zum Reichskanzler ernannt, sondern Hitler, der Führer der größten im Reichstag vertretenen Partei – eine Lösung, die Hindenburg, gedrängt von Papen, schließlich am 30. Januar 1933 vorschlug. Papen, der zum Vizekanzler ernannt worden war, dachte, er und seine ultranationalistischen Verbündeten würden, wenn sie denn erst regierten, imstande sein, den »Parvenü« zu bändigen. Sie wurden bald eines Besseren belehrt.

In einer bemerkenswerten Anwandlung von Mut oder Dummheit hielt Papen im Juni 1934, als das Dritte Reich bereits 18 Monate alt war, eine Rede an der Marburger Universität. Hierbei verurteilte er die Exzesse der Nazis und forderte die Rückkehr zu einer konstitutionellen Ordnung. Doch im Gegensatz zu Schleicher kam er am 30. Juni in der »Nacht der langen Messer«, in der Hitler eine Säuberungsaktion gegen die SA im allgemeinen und ihren Stabschef Röhm im besonderen durchführen ließ, mit dem Leben davon.

Der führende Mann der Nazi-Schlägertruppe, klein, fett, aber kampfgestählt, hatte zu einer »zweiten Revolution« aufgerufen, um der »sozialistischen« Strömung des Nationalsozialismus Nachdruck zu verleihen. Unter den etwa zweihundert hingemetzelten Opfern der Säuberungsaktion befanden sich auch Gregor Strasser, desgleichen Gustav Ritter von Kahr, der den Bierkellerputsch von 1923 hatte scheitern lassen – Hitler war für seine Rachsucht bekannt –, sowie Exkanzler Schleicher, der zusammen mit seiner Frau in ihrer Villa erschossen wurde. Das geschah wahrscheinlich auf Befehl Görings, der Schleicher als einen potentiellen Rivalen angesehen und gemeinsam mit Goebbels und Himmler in Hitlers Auftrag das Blutbad organisiert hatte. Speer war in Berlin und bemerkte zwar die angespannte Lage, war aber ansonsten ein unwissender Zuschauer.[12]

Um diese Zeit stiegen aber seine Aktien in der Partei rasch. Sein letzter privater Auftrag war der oben erwähnte Umbau des Gutshauses in Perleberg im Jahre 1933 gewesen. Sein erster Auftrag für die Hitlerregierung kam von Goebbels, der zu diesem Zeitpunkt vermutlich reichlich Zeit hatte, um Speers Arbeit im Gebäude der NSDAP in Augenschein zu nehmen, in dem Hanke als Organisationsleiter des Berliner Gaues saß. Der »Doktor«, wie man Goebbels in der Partei nannte – er war der einzige hohe Nazi mit Doktortitel – wurde nach den einzigen Wahlen in der Geschichte des Dritten Reiches am 5. März 1933 zum Minister für Volksaufklärung und Propaganda ernannt. Als solcher trug er die Hauptverantwortung für die nationalsozialistische Politik der Gleichschaltung in Kultur und Gesellschaft. Er wollte ein Ministerium haben, das seiner neuen Aufgabe würdig war, und veranlaßte Hanke, sowohl sein nunmehriger Adjutant und persönlicher Sekretät im Ministerium als auch Organisationsleiter seines Gaues, Speer in Mannheim anzurufen. Er und Gretel warfen ein paar Sachen in ihren kleinen BMW und fuhren die Nacht hindurch nach Berlin.

Diesmal war es ein Auftrag, der eines Architekten würdig war: der Umbau und die Neueinrichtung eines imposanten Gebäudes am Wilhelmsplatz. Der ehrwürdige Bau war von Karl Friedrich Schinkel entworfen worden, dem führenden preußischen Architekten des 19. Jahrhunderts, von dem vor allem viele wichtige öffentliche Gebäude in Berlin und Potsdam stammten. Speer fuhr direkt zum Gebäude und kam zur gleichen Zeit an wie der neue Hausherr, der es noch nicht besichtigt hatte. Der große, hagere, zerzauste Architekt und der kleine, drahtige hinkende Erzdemagoge wanderten durch das Gebäude und besprachen Änderungen, bis Goebbels Speer beauftragte, unverzüglich mit der Arbeit zu beginnen, wobei Geld keine Rolle spiele.

Wie Speer berichtet hat, war Goebbels ironischerweise von den

Ergebnissen nicht beeindruckt, denn nach einigen Monaten ließ er die Räume ohne Rücksicht auf Schinkels ursprüngliche Innenarchitektur noch einmal umgestalten – im »Dampferstil«.[13]

Ganz anders verlief die Geschichte, als Speer zufällig die Pläne für die auf dem Tempelhofer Feld vorgesehene nächtliche Massenkundgebung zum 1. Mai 1933 sah. Dieser nahe dem Berliner Stadtzentrum gelegene Flughafen war einzigartig wegen seines Vordaches, unter dem die Flugpassagiere nahe den Eingängen des Flughafengebäudes in die Flugzeuge ein- und aussteigen konnten.

Die schwarzweißrote Fahne des Kaiserreiches war noch in Gebrauch, und Speer ließ zwei davon hochziehen, so daß die Streifen vertikal verliefen. Jede Fahne war so hoch wie ein zehngeschossiges Haus; dazwischen hing eine fast ebenso lange Nazistandarte – rot, mit schwarzem Hakenkreuz auf weißem Grund. Das Ganze war hell angestrahlt und bildete den Hintergrund für eine hohe und breite Tribüne, von der aus Paraden abgenommen und Reden gehalten werden konnten. Die rings um das Flugfeld aufgestellten 150 Scheinwerfer – der ganze damalige Bestand der Luftwaffe – schossen ihre Strahlen rund zehn Kilometer hoch in den Himmel, um einen »Lichtdom« zu bilden: Die Großkundgebung der Nazis, wie sie in geschichtlicher Erinnerung geblieben ist, war geboren.

Die Nazis – Hanke, Goebbels und auch Hitler – liebten derart theatralische Inszenierungen, und Speer wurde »Beauftragter für die künstlerische und technische Gestaltung von Großkundgebungen und Aufmärschen der Partei« – so lautete sein erster offizieller Titel unter dem Naziregime, auch wenn es eher eine Parteifunktion als ein staatlicher Posten war.

Das war tatsächlich ein Wendepunkt in seiner Laufbahn: Er spielte eine zentrale Rolle bei der Selbstdarstellung der NSDAP gegenüber dem deutschen Volk und der Welt. Zweifellos war es das, was er am besten konnte und was er in keiner Hinsicht von Hitlers Ideen abgeleitet hatte. Das entscheidende Element war Riesenhaftigkeit, der Eindruck von einem endlosen Raum, der die Besucher winzig erscheinen ließ, die zu Tausenden gezwungen waren, hinaufzuschauen – dorthin, wo vor einem Hintergrund von Rot und Schwarz, von Blut und Eisen, in Licht getaucht der Führer stand, über sie hinwegblickend und sie beherrschend. Hier war die ganze Welt tatsächlich eine Bühne, und alle Männer und Frauen waren lediglich Akteure. Ihre Unvollkommenheiten deckte die Dunkelheit des Kundgebungsplatzes zu, der durch die Lichtsäulen ringsum noch dunkler wirkte. Es war ein erstaunlicher Effekt.

Der unerprobte Architekt Albert Speer war bislang noch nicht damit beauftragt gewesen, ein richtiges Gebäude zu entwerfen, zumindest nicht eines, das größer oder anspruchsvoller gewesen wäre als die Vorstadtvilla seiner Schwiegereltern. Goebbels kann mit Speers Arbeit doch nicht so unzufrieden gewesen sein, wie man auf Grund der Tatsache vermuten würde, daß er die respektvolle Umgestaltung des Propagandaministeriums durch den jungen Mann abgelehnt hatte.

Der »Doktor« sammelte wie viele andere Naziführer, von denen Hermann Göring der schlimmste war, Titel und Funktionen von Staat und Partei, soviel er nur kriegen konnte. Hugenberg war bei den Nazis in Ungnade gefallen und wurde am 26. Juni 1933 aus dem Ministerium für Ernährung entlassen. Dieses hatte man Hugenbergs Deutschnationalen entsprechend den Absprachen der moribunden Koalition zugesprochen, durch die Hitler an die Macht gekommen war. Goebbels schluckte es – und beauftragte ein weiteres Mal Speer damit, die durch den Weggang Hugenbergs freigewordene Ministerwohnung umzugestalten und zu erweitern.[14] Speer versprach, die Arbeit innerhalb von zwei Monaten zu erledigen, und erregte damit sowohl bei Goebbels als auch bei Hitler Zweifel. Speer schaffte es, diesen Termin zu halten, indem er die Handwerker in drei Schichten rund um die Uhr arbeiten ließ. Schließlich setzte er ein großes Gebläse ein, damit der Putz, der Anstrich und die Tapeten trocknen konnten, bevor die Möbel eilig aufgestellt und Bilder aufgehängt wurden.

Bei diesem letzten Detail machte Speer jedoch einen großen Fehler, indem er gegen Hitlers puritanische Auffassungen von Kultur verstieß. Speer hatte ahnungslos einige Bilder aus der Berliner Nationalgalerie ausgewählt, die stolz darauf war, eine Sammlung expressionistischer Aquarelle von Emil Nolde zu besitzen. Goebbels und seine Frau Magda liebten sie – bis Hitler kam und die Bilder aufs schärfste mißbilligte. Darin lag eine gewisse Ironie, da Nolde politisch so rechts stand, wie nur irgend möglich, und zur gleichen Zeit wie Hitler 1920 der NSDAP beigetreten war. Der expressionistische Maler dänischer Abstammung (er war in Nolde in Schleswig-Holstein nahe der dänischen Grenze geboren, und sein richtiger Name war Hansen) verwendete leuchtende Farben, malte verzerrte Gestalten mit dicker schwarzer Farbe und stellte mystisch-übernatürliche Themen dar. Man muß sich vorstellen, wie perplex der gute Nazi war, als tausend seiner Bilder – bei weitem die größte Anzahl von Werken eines jener 112 deutschen und ausländischen bildenden Künstler, die in die Schußlinie geraten waren – während der von Hitler 1936 entfesselten nationalsozialistischen Kampagne gegen »entartete Kunst« beschlagnahmt wurden. Der Schöpfer dieser Bilder wurde mit einem Arbeitsverbot belegt.

Der »Führer«, ein enttäuschter Architekt und Maler, der in seiner Jugend einfarbige Postkarten koloriert und für ein, zwei Groschen auf den Straßen Wiens verkauft hatte, forderte Realismus in der Kunst und verdammte alle modernen Richtungen, wie Expressionismus, Kubismus, Dadaismus, ja sogar die vergleichsweise zarten Werke der Impressionisten. Noldes Bilder sind sogar noch ausdrucksstärker als die des faschistischen norwegischen Malers Edvard Munch und bewirken, daß die Werke solcher Künstler wie van Gogh und Gauguin blaß wirken (obwohl auch sie verboten wurden).

Goebbels' Begeisterung verflog augenblicklich. Er ließ Speer kommen, um ihm einen Anpfiff zu verpassen, und befahl ihm, die widerlichen Noldes der Nationalgalerie zurückzugeben. Aber die Neugestaltung der Ministerwohnung mit der großen neuen Wohnhalle fand die Billigung des Doktors.

Nachdem Speer mit seinen Fahnen und den Pfeilern aus Licht am 1. Mai so großen Eindruck gemacht hatte, wurde er im Juli nach Nürnberg gerufen, um den gleichen Zauber für den Parteitag zu inszenieren, den ersten, den die Nazis als Regierungspartei abhalten wollten. Es sollte eine gigantische Siegesfeier zu Ehren der legalen Revolution werden, durch die sie zur Macht gelangt waren. Das dortige Büro der Gauleitung wagte nicht, über das Hauptelement von Speers Entwurf für die Festdekoration selbst zu entscheiden, einen goldenen Naziadler von dreißig Metern Spannweite, der an einem hölzernen Gerüst über der Tribüne auf dem Zeppelinfeld in Dutzendteich angebracht werden sollte, einem riesigen Park im Südosten der alten Stadt, die 1935 zum ständigen Veranstaltungsort der nationalsozialistischen Parteitage geweiht werden sollte. Die Nazis hatten dort schon 1923, 1927 und 1929 Parteitage abgehalten, und am letzten hatten 150 000 Mann teilgenommen. Die alte Reichsstadt war nicht nur ein geschichtsträchtiger Ort, sondern zugleich ein Eisenbahnknotenpunkt, an dem nicht weniger als sieben Strecken zusammenliefen, auf denen die Teilnehmer zu Hunderttausenden herangeschafft werden konnten.

Speer wurde mit seiner Mappe voller Skizzen an die Parteizentrale in München verwiesen. Sein Begleitschreiben von der Berliner Parteizentrale verschaffte ihm Zutritt zum Büro von Rudolf Heß, dem Mitverfasser von »Mein Kampf«, der erst vor kurzem zum Stellvertreter des Führers avanciert war. Heß erklärte, daß nur der Führer so etwas Wichtiges entscheiden könne, und ließ Speer in einem Auto der Partei zu Hitler bringen. Dessen Wohnung befand sich im ersten Geschoß eines herrschaftlichen Mietshauses am Prinzregentenplatz Nr. 16 in der Nähe des Prinzregententheaters.[15] Der neue Reichskanzler reinigte gerade eine zerlegte Pistole und forderte den Besucher auf, die Zeichnungen auf den Tisch zu legen. Er schob die Teile der Pistole beiseite, betrachtete schweigend, aber aufmerksam den Entwurf und sagte dann: »Einverstanden.« Danach wandte er sich wieder ganz seiner Waffe zu. Ein Blickkontakt fand nicht statt.

Speer verließ den Raum, kehrte nach Nürnberg zurück und wies die örtlichen Parteifunktionäre an, seinen Entwurf peinlich genau auszuführen. Sie waren erstaunt, daß es ihm gelungen war, von Hitler persönlich die Zustimmung zu bekommen, aber der Parteitag war für Hitler, der auf dem Höhepunkt einer solchen

Veranstaltung stets eine Marathonrede hielt, von größter Bedeutung. Das gleiche galt für die Architektur, wie Speer nach und nach feststellte, und ebenso für das Theater, bei dem zwei Leidenschaften Hitlers, Manipulation der Massen und Raumgestaltung, miteinander verschmolzen.

Der Parteitag fand vom 31. August bis zum 3. September unter der Parole »Kongreß des Sieges« statt. Eine halbe Million Anhänger nahmen teil. Sie schliefen wie eine Armee auf dem Marsch in Zelten oder in beschlagnahmten öffentlichen und kommerziellen Gebäuden wie Warenhäusern, Kirchen, Sälen und Fabriken. Die Verpflegung der 500 000 (ganz zu schweigen von der Wasserversorgung und den sanitären Einrichtungen) war ein Wunderwerk an Organisation, ein deutsches Talent, das viel wichtiger ist als die vielgerühmte »Tüchtigkeit«, die den Deutschen so oft nachgesagt wird.

Eine große Zuschauertribüne im Luitpoldhain, einem anderen großen offenen Gelände nahe dem Zeppelinfeld, wurde buchstäblich über Nacht errichtet. Sie bot etwa 60 000 Mann Platz. Am 1. September wurden die Parteibanner bei einer Zeremonie »geweiht«, bei der ein einzelner schwarzgekleideter SS-Mann zur Plattform hinaufstieg und die »Blutfahne« der Partei entrollte. Dann verlas Ernst Röhm im Braunhemd die Liste der ruhmreichen Opfer von Schlägereien wie zum Beispiel den von Horst Wessel, einem SA-Mann, der von einem Kommunisten auf erbärmliche Weise, wenn auch nicht unverdientermaßen ermordet worden war. Da er die nach ihm benannte Parteihymne verfaßt hatte, machte ihn Goebbels zum Hauptmärtyrer der Partei.

Der bierbäuchige SA-Führer ahnte wohl kaum, daß dies sein letzter Parteitag sein würde. Nicht einmal sein Name wurde im darauffolgenden Jahr mehr erwähnt.[16] Der 2. September war für Paraden von Formationen der Parteiorganisationen bei Tageslicht und bei Fackelschein vorgesehen, gefolgt von einem Feuerwerk. Am letzten Tag war das Feuerwerk rhetorischer Natur, als der Parteitag in einer Tirade Hitlers gegen die in- und ausländischen Feinde der Nazis gipfelte, wobei die Juden wie immer an erster Stelle rangierten. Noch einmal wirkten die Massen durch Speers

Inszenierung mit Bannern und unzähligen, endlosen Lichtsäulen geradezu winzig. Das hatte eher mit Bühnengestaltung zu tun als mit Architektur, aber sie war wie die Baupläne für Berlin, die von Hitler bald skizziert und im Detail von Speer entworfen wurden, durch einschüchternde, erdrückende Größe gekennzeichnet.

Der Architekt wurde erneut gerufen, um für ein anderes großes Fest der Nazis, das Erntedankfest in Bückeburg westlich von Hannover in Niedersachsen wirksam in Szene zu setzen. Er half auch, die Reichsfunkausstellung im immer hektischer werdenden Jahr 1933 architektonisch zu gestalten. Speer erhielt danach von Hitler persönlich den Auftrag, beim Umbau der Reichskanzlerwohnung in Berlin mitzuwirken.

Diese Aufgabe war Professor Paul Ludwig Troost übertragen worden, jenem in München ansässigen westfälischen Architekten, der das »Braune Haus« – der Name bezog sich auf die Farbe der Parteiuniform und nicht auf die des Gebäudes –, Sitz der Parteizentrale in der Briennenstraße in der »Hauptstadt der Partei«, und das dazu passende »Haus des Führers« in der Arcisstraße gebaut hatte (beide Gebäude werden heute von der Münchener Universität genutzt). Troosts Bauleiter kam aus München und kannte Berlin nicht. Daher wurde Speer beauftragt, ihm zu helfen.

Die Berliner Residenz, die sich am Ende der Wilhelmstraße am Wilhelmplatz befand und die die ehemalige Weimarer Republik dem Hauptschuldigen an deren Untergang zur Verfügung gestellt hatte, war völlig heruntergekommen, vernachlässigt und primitiv eingerichtet. Hitler hauste im oberen Stockwerk in der früheren Wohnung des Staatssekretärs der Reichskanzlei, und er wünschte wie bei allen von ihm initiierten Projekten, daß der Umbau sofort in Angriff genommen werden sollte. Hitler, Speer und einige Begleiter unternahmen einen dreistündigen Rundgang durch das Gebäude, wobei genau notiert wurde, was verändert werden sollte. Sie waren überrascht, als sie erfuhren, daß es eine Verbindung gab, die vom angrenzenden Außenministerium durch das Dachgeschoß bis zum Hotel Adlon auf der anderen Seite reichte, damit der Reichskanzler im Ernstfall den Demonstranten entkommen konnte, die zur Zeit der Weimarer Republik so oft die Gebäude belagert hatten. Als die Arbeit in einem fieberhaften Tempo begonnen hatte, machte Hitler es sich zur Gewohnheit, fast jeden Tag einen Inspektionsrundgang zu unternehmen, wobei er sich jedes geänderte Detail merkte und seine Meinung äußerte. Er drängte auf schnellstmöglichen Abschluß der Arbeiten, um einen offiziellen Wohnsitz zu haben, mit dem er Besucher beeindrucken konnte.

Nachdem Speer Hitler mehr als zwanzigmal auf solchen Rundgängen begleitet hatte, wandte sich dieser an seinen jungen Hilfsarchitekten und fragte fast schüchtern: »Kommen Sie heute mit zum Essen?«

Mit dem Teufel essen (1933–37)

In Kapitel 3 seiner »Erinnerungen« schildert Speer auf einer knappen Seite, wie er zum ersten Mal an Hitlers Tafel erschien. Eine andere Schilderung aus erster Hand existiert darüber nicht. Es ist ein nüchterner Bericht, dem man anmerkt, daß ihm nicht spontan ein paar Farbtupfer aufgesetzt wurden, obwohl der prominente deutsche Journalist, Autor und Historiker Joachim Fest, ein führender Analytiker der Nazizeit, Speer erheblich geholfen hat, seine Memoiren lebendiger zu gestalten und aufzupolieren. Es ist klar, daß Speer geraten wurde, das, was aller Wahrscheinlichkeit nach ursprünglich die verstaubte Beschreibung eines entscheidenden Ereignisses im Leben eines jungen Mannes war, mit möglichst viel menschlich Interessantem aufzuwerten.

Speer schreibt, seine Kleidung sei in einem besonders unordentlichen Zustand gewesen, da etwas feuchter Putz auf ihn gefallen war. Hitler habe ihm daher versprochen, ihm aus der Verlegenheit zu helfen. Er habe ihm eine Jacke geliehen, an der sich auch das goldene Parteiabzeichen befand, das nur der Führer trug. Goebbels bemerkte das Abzeichen, und zu seinem Verdruß saß Speer als Ehrengast an Hitlers rechter Seite. Auf diese Weise war Speer in der glücklichen Lage, den »Führer« daran zu erinnern, daß er für die vielbewunderte Gestaltung sowohl der Großkundgebung am 1. Mai als auch des Parteitages in Nürnberg verantwortlich gewesen war. Speer berichtet außerdem, Hitler habe ihm Jahre später erzählt, daß er ihn, Speer, während der Arbeit an der Reichskanzlerwohnung als denjenigen auserkoren habe, dem er seine Lieblingspläne anvertrauen könne. »Nach Jahren des vergeblichen Bemühens war ich voller Tatendrang und achtundzwanzig Jahre alt. Für einen großen Bau hätte ich wie Faust meine Seele verkauft. Nun hatte ich meinen Mephisto gefunden. Er schien nicht weniger einnehmend als der von Goethe.«[1]

Fest, der – viel eleganter – über diese Begegnung schreibt, schlußfolgert, die beiden Männer »verliebten sich auf den ersten

Blick ineinander«; später nimmt er überhaupt nicht unbegründet an, daß beim ersten wirklichen Zusammentreffen dieser beiden mittelmäßigen Architekten ein Element von homoerotischer (im Unterschied zu homosexueller) Anziehung eine Rolle spielte. Das Psychologenkauderwelsch hat dafür den modernen Begriff »männliche Bindung« parat. Doch nicht ihre »Beziehung« oder deren Ursprung waren außergewöhnlich, sondern die Teilnehmer der Begegnung. Speer hat Hitler auch als einen Katalysator bezeichnet. Ehe darauf eingegangen wird, wie Speer von ihm seinen ersten großen Bauauftrag erhielt, muß ein kurzer Blick auf die Entwicklung der Architektur geworfen werden.

Im 18. Jahrhundert reagierte die westliche Welt auf die barocke Architektur und ihren allzu verspielten Sprößling, das Rokoko. Die amerikanische und die Französische Revolution sowie die Wiederentdeckung des italienische Renaissancearchitekten Palladio waren weitere Einflüsse, die zu einer Wiederbelebung der Klassik mit griechischen Säulen und römischen Rundbögen führten. Die Reaktion auf diese Reaktion war die Wiederbelebung gotischer Formen im 19. Jahrhundert. Doch die industrielle Revolution mit ihren Fortschritten auf dem Gebiet des Maschinenbaus, der Fertigungsverfahren und der Werkstoffe führte zu den ersten Experimenten auf dem Gebiet der industriellen Bauweise, zum Beispiel in dem aus Glas und Eisen errichteten Kristallpalast in London um die Mitte des vorigen Jahrhunderts und später im stählernen Eiffelturm. Damals leitete auch der bürgerliche Prototyp eines Sozialisten, William Morris, Architekt und Maler, auf dem Gebiet der Innenarchitektur und Möbelgestaltung eine Umwälzung ein. Er und seine Sympathisanten standen an der Spitze einer Reaktion auf industrielle Massenproduktion, Standardisierung und den von beiden inspirierten Kapitalismus. Morris' Mischung von Rationalismus und Romantizismus mit nationalen Reverenzen wurde in ganz Europa aufgegriffen und ist als Inspiration der modernen Architektur anerkannt.

Die Gründung des Deutschen Reiches im Jahre 1871 war der Zenit der Gründerzeit. In ihr schossen neue Gebäude, von denen einige hervorragend, aber viele schlampig gebaut waren (daher auch der Ausdruck »Bruchbude«), im ganzen Reich wie Pilze aus dem Boden. Unzählige neue Fabriken und Arbeitersiedlungen entstanden, die expandierende Mittelklasse baute Villen und Mietshäuser, Bahnhöfe wurden überall errichtet, und zweckmäßig gebaute Bürogebäude begannen das Erscheinungsbild der Städte mit zu bestimmen. Der Architekt Peter Behrens gründete den Deutschen Werkbund, und zu ihm stießen Walter Gropius, Ludwig Mies van der Rohe und der aus der französischen Schweiz stammende Le Corbusier.

Die Grundidee dieser modernen Bewegung war die Verschmelzung von Architektur und Maschine zur »maschinellen Ästhetik«. Gropius sah es als unehrlich an, die Stahlskelettbauweise, wie damals allgemein üblich, zu verdecken, und entwarf genauso wie bald darauf Mies van der Rohe die abstrakt-funktionalen nackten Bauten aus Stahl und Glas, wie sie uns heute vertraut sind. Der Expressionismus war eine Reaktion auf die strengen Linien des Werkbundes und favorisierte einen romantischeren, individualistischeren Ansatz.

Zu den wichtigsten übergreifenden Trends gehörte der Funktionalismus, der unter deutschen Bedingungen eine Verschmelzung der neuen maschinellen Ästhetik mit dem preußischen Neoklassizismus bedeutete. Ein führender Exponent dieser Richtung war Mies van der Rohe. Zu den bevorzugten Merkmalen gehörten armierte Beton-, Glas- und flache Dächer, weiße Stuckwände und ungewöhnliche Formen. Flache Dächer wurden bei Regenwetter undicht, wenn die Bauweise nicht von höchster Qualität war.

Kurz nach dem Ersten Weltkrieg gründete Gropius die berühmteste und einflußreichste Kunstschule auf dem Gebiet der Architektur, das Bauhaus. Dessen Doktrin war eine neue Rationalität in Architektur, Innengestaltung und Einrichtung – die Anwendung von Wissenschaft und moderner Technik auf die Gestaltung. Das Bauhaus, das ursprünglich seinen Sitz in Weimar hatte, war gezwungen, 1924 Thüringen zu verlassen, nachdem Ultrarechte die Staatsregierung übernommen hatten. Die Schule zog nach Dessau in Sachsen-Anhalt und baute sich ein eindrucksvolles, doch im wesentlichen funktionales, weiß stukkiertes, nicht übermäßig hohes Gebäude mit einem Flachdach, runden Ecken und großen, rechteckigen Fenstern mit vielen, von schwarzem Stahl gerahmten Scheiben. Es stellte eine der spektakulärsten Leistungen von Walter Gropius dar und hat nicht nur den Krieg, sondern auch vierzig Jahre kommunistischer Herrschaft in Ostdeutschland unbeschadet überstanden.

Den Einfluß dieses »internationalen Stils« kann man in ganz Europa wiederfinden. Er reicht von Häusern an der Küste von Northumberland bis zu den Bahnhöfen in ganz Italien und ist auch bei sehr vielen Hotels, Fabriken, Mietshäusern und Bürogebäuden erkennbar. Ähnlich groß ist der Bauhaus-Einfluß auf Möbel: Jedem Besucher von Dessau werden dort die meisten Möbel sofort vertraut vorkommen. Es ist kaum zu glauben, daß der »moderne« niedrige, armlose quadratische Stahlrohrsessel mit rechteckigen angeschraubten Lederkissen auf dem Sitz und am Rücken von Ludwig Mies van der Rohe für die Weltausstellung in Barcelona im Jahre 1929 entworfen wurde. Der gleiche Architekt war von 1930 an Leiter des Bauhauses, bis die Nazis dessen Schließung im Jahre 1933 erzwangen, nachdem es erneut verlegt worden war – nach Berlin. 1937 emigrierte er in die USA, nicht aus Protest gegen die Nazis, sondern aus Protest gegen deren Weigerung, ihm trotz seiner hartnäckigen Bitten Arbeit zu geben.

Die Entwicklung der Ideen auf dem Gebiet von Architektur und Design zwischen den Kriegen spiegelte die instabilen, unsicheren Verhältnisse in der Weimarer Republik wider und hilft zu erklären, warum Deutschland von der Verherrlichung der hohenzollerschen Monarchie im Jahre 1871 bis zur Machtergreifung Hitlers im Jahre 1933 bei der Entwicklung der modernen Kunst mit an vorderster Stelle gestanden hat. Die Nazis nahmen mit allen Mitteln Einfluß auf die Architektur, wie sie es auf so vielen anderen Gebieten taten, wobei sie das »Moderne« oft als fremd, jüdisch, marxistisch oder einfach dekadent verunglimpften. Sie bevorzugten den romanischen Stil für öffentliche Gebäude, wie zum Beispiel die Parteizentrale in München, und den ländlich-bayerischen Stil für die Zentralen der Hitlerjugend; aber zugleich gingen sie bei Görings Luftfahrtministerium und zahllosen anderen öffentlichen Gebäuden zu einer funktionellen Bauweise über, da dieser Stil ordentlich, praktisch und effizient war und noch viele andere deutsche Tugenden aufwies. Die nationalsozialistische »Politik« auf dem Gebiet der Architektur läßt sich am besten folgendermaßen auf einen Nenner bringen: Wenn den Nazis etwas von Nutzen war, so nutzen sie es.[2]

Aber wie bei so vielen anderen Aspekten der nationalsozialistischen Ideologie galt zunächst die Meinung des Führers – oder das, was durch falsch verstandene oder übereifrige Interpretation daraus wurde. Hitlers Architekturverständnis beschränkte sich auf romanische, neoklassizistische, überladen neobarocke, vor allem aber pompöse Bauten des 19. Jahrhunderts. Der selbsternannte »Bauherr des Dritten Reiches« ließ sich gern neben den großen Modellen seiner von Speer entworfenen Berliner Bauten fotografieren, als ob er die Nachwelt daran erinnern wollte, daß er sogar größer gewesen sei als diese. Vor allem der Ring – die Straße im Herzen Wiens – inspirierte seine architektonischen Vorstellungen, da er sie aus erster Hand gut kannte. An zweiter Stelle kam bei ihm das Zentrum von Paris, wie es Haussmann für Napoleon III. erbaut hatte, einschließlich des Arc de Triomphe, des Pantheons und des großen Invalidendoms über dem Grabmal Napoleons. In seiner Privatbibliothek überwogen Bücher über Krieg und Architektur. Hitler besaß auf beiden Gebieten ein enzyklopädisches Wissen, wie es für begeisterte Autodidakten typisch ist.

Durch genaue Kenntnis wird man bekanntlich noch kein Experte, aber Hitlers Skizzenbücher waren voller Zeichnungen von Schlachtschiffen und riesigen Kuppelbauten. Sein Wissen war geringer als die Summe seiner Teile. Dennoch verblüffte er Speer und andere damit, daß er jedes strukturelle Detail der Pariser Oper und anderer berühmter Theater kannte, obwohl er fast keinen dieser Bauten je besucht hatte. Offenbar konnte er die Maße ihrer Proszeniumbögen bis auf den Zentimeter genau herunterrasseln. »Moderne Kunst«, was immer sie auch sein mochte, war, wie schon erwähnt, von vornherein dekadent, weil der Führer, der selbsternannte erste bildende Künstler der Nation, es gesagt hatte. Wahre deutsche Kunst dagegen ging geradewegs auf arische

Kulturen zurück und war deshalb genauso wie das reinrassige deutsche Blut von Natur aus überlegen.

Es muß erwähnt werden, daß diese angebliche Reinheit der Ableitung von arischen Vorbildern (zu denen nicht nur griechische und römische Monumente gehörten, sondern auch indische und nahöstliche) eine Idee war, die viel älter war als die Hitlers und aus der Anfangszeit des deutschen Nationalismus stammte. Seine Ansichten von Kunst und sein Interesse an großen Schlachtschiffen ähnelten auffallend denen von Kaiser Wilhelm II.

Da das so war, konnte deutsche Kunst je nachdem, woher der Wind wehte, entweder gut sein, weil sie deutsch, oder schlecht, weil sie modern war. Diese auf Bigotterie und Totalitarismus beruhende launenhafte Haltung erklärt den oft widersprüchlichen Standpunkt der Nazis zu solchen Fragen. Der Fremdenhaß, eine natürliche Konsequenz des Antisemitismus und der Erbitterung über Versailles, richtete sich gegen jeden deutlich erkennbaren ausländischen, modernistischen Trend. Abstrakte Kunst hatte, weil sie erklärt werden mußte, etwas mit Elitedenken zu tun und schien Chaos und Revolution zu verkörpern und anzukündigen. Flache Dächer wurden als »orientalisch« und moderne Gemälde und Skulpturen als seelenlos angesehen. Deutschland sollte, wie die Nazis verkündeten, statt dessen dem Modernismus den Rücken zuwenden und zur Natur zurückkehren. Die Preußische Akademie wurde von solchen Künstlern wie Emil Nolde gesäubert; unter den rund fünfzig Ersatzmännern befanden sich Architekten wie Hermann Giesler, dem wir noch begegnen werden, – und Albert Speer.

Die Nazis zögerten unterdessen nicht, die Ideen des Bauhauses zu plagiieren. Die Funktionsprinzipien wurden ungeniert bei Industriebauten, Fritz Todts Autobahnnetz mitsamt den dazugehörigen Brücken – das große Fortschrittssymbol des neuen Deutschland – und dem kühn konzipierten Tempelhofer Flughafengebäude mit Vordach von Ernst Sagebiel (der auch das Reichsluftfahrtministerium entwarf) angewandt. Architekten wie Tessenow und Behrens wurden kritisiert, durften aber weiter Gebäude entwerfen. Der Stil der nationalsozialistischen Architektur entwickelte sich zu einem beschränkten Neoklassizismus, bei dem die Betonung auf Größe lag. Der neoklassizistische Stil wurde wie in anderen Ländern, einschließlich der führenden Demokratien, für öffentliche Gebäude gewählt, weil er imposant war. In Deutschland und im faschistischen Italien waren solche Bauten ein Mittel, dem Volk den Willen des Diktators aufzuzwingen. Ihre übertriebenen, unmenschlichen Dimensionen brachten nicht Pomp und Prunk einer gütigen, anerkannten Obrigkeit zum Ausdruck, sondern das Verlangen eines autoritären Regimes nach Einschüchterung seiner Untertanen. Die gleiche Absicht steckte hinter der starren, genau reglementierten Planung der Industrie- und Wohnanlagen in Salzgitter mit seinen gigantischen Stahlwerken sowie in Wolfsburg mit seiner riesigen Volkswagenfabrik – beides »neue Städte« der Nazis: Hier machte man keine Reverenzen an das Volkstümlich-Ländliche.

Paul Ludwig Troost, Hitlers erster Architekt, ein unversöhnlicher Feind des Modernismus, war 1924 der NSDAP beigetreten. Nachdem er den Bau der beiden Parteigebäude in München unter direkter Oberaufsicht Hitlers geleitet hatte (das Braune Haus wurde auf den Fundamenten des Palais Barlow errichtet und war eine Schenkung von Fritz Thyssen, dem Stahlmagnaten und frühen Nazianhänger), baute er zwei Ehrentempel für die NS-Märtyrer des Bürgerbräuputsches. Als nächstes entwarf er das schwerfällig wirkende neoklassizistische »Haus der Deutschen Kunst«. Es wies einen hohen »griechischen« Säulengang von insgesamt 175 Meter Länge auf und war lediglich ein Abklatsch der vom großen Architekten Karl Friedrich Schinkel erbauten Museen in Berlin. Troost erlebte seine Fertigstellung nicht. Eine weitere Aufgabe, die ihm in München übertragen wurde und für die sich Hitler persönlich stark interessierte, war die Errichtung eines weiteren noch häßlicheren Denkmals für die Toten des Bürgerbräuputsches in der Feldherrnhalle.

Troosts besondere Verantwortung für München, Deutschlands neue Kunst- und Parteihauptstadt, ging auf Hermann Giesler über. München sollte zu der Handvoll von Städten zählen, die durch gigantische Bauvorhaben gefördert werden sollten. Diese

Projekte wurden nie realisiert, und nur wenige wurden überhaupt in Angriff genommen. Zu den ersten drei Städten – Berlin, Nürnberg und München – kamen schließlich 27 weitere hinzu, darunter Linz, Hamburg, Köln, ja sogar Dresden mit seiner einzigartigen Sammlung von Gebäuden im Stil des »Lumpenbarocks« und mit der berühmten Semperoper.[3] 1941 wurde die norwegische Stadt Trondheim dazu auserkoren, als nördlicher Haupthafen für Großdeutschland bedeutend erweitert zu werden. Sogar in den letzten katastrophalen Kriegswochen studierte Hitler stundenlang Pläne und Modelle für den Umbau von Städten, die längst zerbombt waren.

Troost hatte auch an den Plänen für ein ständiges Parteitagsgelände in Nürnberg gearbeitet. Was ursprünglich ein Sportfeld gewesen war, wurde zu einem Gelände ausgebaut, das fünfmal so groß war und eine Fläche von 16,5 Quadratkilometern einnahm. Speer wurde auf Grund seines großen Erfolges mit den Licht- und Fahneneffekten der Auftrag erteilt, an den Entwürfen für das riesige Partteitaggelände weiterzuarbeiten. Hitler überarbeitete die Skizzen, die er während seiner Haft im Jahre 1925 angefertigt hatte, verlangte zehn Millionen Mark von der Stadtverwaltung und befahl Speer, der inzwischen Troosts Platz als Hauptarchitekt des Führers eingenommen hatte, mit der Arbeit zur Erweiterung der vorhandenen Arena im Luitpoldhain als erste Etappe zu beginnen. Aber diese Anlage konnte »nur« 200 000 Personen fassen.

Speer entwarf deshalb eine weitere Anlage für das angrenzende Zeppelinfeld – mit einem Fassungsvermögen von 340 000 Personen. Das Stadion – ein mit geschwungenen Ecken versehenes Quadrat von Steinterrassen, die eine ebene Rasenfläche umgaben – war so riesig, daß das in der Nachkriegszeit erbaute Sportfeld für Leichtathletik, das jetzt den südöstlichen Abschnitt des Stadions beansprucht (die Zuschauer stehen oder sitzen nur an einer Ecke der Terrassen, von denen der Rest mit Gras überwachsen ist), weniger als ein Achtel von Speers Plan einnimmt.

Die Tribüne lag an der nordöstlichen Seite – der riesige Adler, der die Tribüne krönte, und die Pylonen an ihren beiden Enden wurden 1945 von den Amerikanern abgerissen. An der Rückseite der Tribüne ließ Speer eine Reihe hoher Pfeiler aufstellen – die die Stadtverwaltung 1967 sprengen ließ. Das kleine Podest mit seinem stählernen Geländer, von dem aus Hitler seine Ansprachen hielt, kann dagegen noch besichtigt werden. Es ragt aus der Mitte der hohen steinernen Plattform hervor. Von hinten sah die Tribüne wie eine Festung aus; in ihr befanden sich die »Ehrenhalle« und eine kleine »Kapelle«, die keine religiöse Bedeutung hatte. Wenn man dort steht, wo Hitler gestanden hat, und den Blick über die Überreste der Anlage schweifen läßt, kann man sich schwer die Größe der von Fackeln erleuchteten Szenerie vorstellen, über die Hitler von seinem Podest aus hinwegschaute.

Aber es existiert ein hervorragendes und schauriges Dokument, mit dessen Hilfe man sich ein Bild davon machen kann, was sich in Nürnberg abspielte: »Triumph des Willens«, der brillante Propagandafilm, den Leni Riefenstahl drehte. Musik von Wagner, Hitlers Lieblingskomponisten, der wie er Antisemit war, begleitet die Ankunft des Diktators mit dem Flugzeug in Nürnberg. Sie erinnert den Kinobesucher daran, daß das Naziregime als erstes die moderne Technik bis zum Äußersten ausnutzte. Die vielen Zuschauer, deren Zahl in die Hunderttausende ging, und die im Stechschritt marschierenden Teilnehmer – allein 50 000 Mitglieder der Deutschen Arbeitsfront hatten blitzende Spaten statt Gewehre geschultert –, die unzähligen Flaggen, die schier endlosen Kolonnen, die in der Nacht mit Fackeln vorüberzogen, all das wurde 1934 gefilmt, als die Massenveranstaltung zum ersten Mal eine ganze Woche dauerte.

Der Parteitag von 1935, für den das Stadion auf dem Zeppelinfeld fertiggestellt wurde, war noch größer. Jedesmal borgte Speer sich die Flakscheinwerfer der Luftwaffe für die Gestaltung seiner »Kathedrale aus Eis«[4]. Aber kaum hatte man die Arena auf dem Zeppelinfeld vollendet und zum ersten Mal genutzt, hielt man auch sie für unzureichend. Speer wurde damit beauftragt, auf dem angrenzenden Märzfeld eine noch größere zu errichten. Sie sollte offiziell eine halbe Million Menschen fassen. Die Arbeiten begannen 1938, aber das Projekt wurde durch den Krieg für immer gestoppt; nach dem September 1938 gab es keine Nürnberger

Parteitage mehr. Die Paraden hatten mittlerweile einen militärischen Charakter angenommen: In ungeheurer Breite kamen Panzer angerollt und Truppenformationen anmarschiert, während Stukas über den Köpfen dröhnten und sowohl die Zuschauer am Ort als auch diejenigen, die sie in der ganzen Welt in der Wochenschau sahen, erschreckten.

Eine weitere Monstrosität, die für den Parteitagskomplex geplant wurde, war das Deutsche Stadion für 400 000 Besucher, das man aus Granit bauen wollte: Es sollte so groß sein, daß man Ferngläser austeilen wollte, damit die Zuschauer das Geschehen verfolgen konnten. Unterdessen war die Megalomanie der Nazis vollends außer Kontrolle geraten: Das Stadion sah mehrere steinerne Türme vor, die 100 Meter hoch sein sollten (doppelt so hoch wie der Arc de Triomphe). Auf ihrer Spitze sollte der Parteiadler angebracht werden.

Den ganzen Wahnsinn des Nürnberger Bauprogramms erhellt eine Akte des Stadtarchivs.[5] Sie dokumentiert erschöpfend den Kauf eines Hengstes namens Rheinfried; das Pferd wurde für 1715 Mark für den Bildhauer Josef Thorak, Professor an der Münchener Hochschule für Graphische Kunst, angeschafft. Der Kauf war von Hitler persönlich befohlen, der – in Geldangelegenheiten immer sehr penibel – von der Organisationsabteilung der Parteitage die Rückerstattung des Geldes verlangte. Der Zweck dieser Extravaganz bestand darin, dem Professor zu helfen, Pferdestatuen für das Stadion zu schaffen. Die für das Bauprogramm verantwortlichen Verschwender waren offensichtlich nicht auf die Idee gekommen, daß er sich mit seinem Skizzenbuch vielleicht eine Stunde in einem Gestüt hätte aufhalten können. Zu guter Letzt stritt sich Thorak mit Speer, weil die Dienststelle, die für die Parteitage zuständig war, die Zahlung seines Honorars für zwei Bronzepferde mit Reitern und acht Figuren sehr lange hinauszögerte. Die Rechnung belief sich auf 600 000 Mark, und die letzte Rate wurde erst im Oktober 1942 gezahlt; die Statuen freilich wurden nie aufgestellt, weil das Stadion nie gebaut wurde.

Ein Hauptmerkmal der Naziführer bestand, wie bereits erwähnt, darin, daß sie Ämter, Titel und Funktionen geradezu sammelten. Das führte sowohl zu einem großen Durcheinander der Verwaltung als auch zu erbitterten Streitereien der Satrapen über Zuständigkeiten. Hitler förderte diese Tendenzen, da er dadurch besser teilen und herrschen konnte. An einem industriellen Großprojekt konnten zum Beispiel Hermann Göring als Beauftragter für die Durchführung des Vierjahresplanes, Robert Ley als Führer der Deutschen Arbeitsfront, Walther Funk als Reichswirtschaftsminister, Fritz Sauckel als Generalbevollmächtigter für die besetzten Ostgebiete – und Heinrich Himmler als Reichsführer-SS beteiligt sein, da die SS innerhalb und außerhalb der Konzentrationslager ein paralleles Wirtschaftssystem aufgebaut hatte und überall gern ihre Hände mit im Spiel hatte. Das gleiche traf auf Martin Bormann als Reichsleiter der NSDAP und somit Vorgesetzten der Gauleiter zu. Damit war die Liste der miteinander rivalisierenden Funktionäre, die bei einem Projekt mitreden wollten, keineswegs zu Ende. Nach Speers Ernennung zum Minister für Bewaffnung und Munition im Jahre 1942 wurde auch er in die endlosen Kämpfe um Zuständigkeiten und Macht verwickelt und konnte sich entweder irgendeinem oder mehreren dieser Rivalen beugen oder ihnen gegenüber Lippenbekenntnisse abgeben, um seine eigenen Ziele weiter verfolgen zu können. Es war ein Spiel, in dem er ein Meister wurde: Albert Speer, immer darauf bedacht, sich apolitisch zu geben, erwies sich als ein »Naturtalent« der inter- und intraministeriellen Politik und war dabei genauso rücksichtslos wie alle Gegenspieler.

Das Streben, Verantwortungen auszuweichen, sich aber eigene Imperien aufzubauen, war nicht auf die höchsten Ränge beschränkt, sondern reichte bis zur untersten Ebene der nationalsozialistischen Machtstruktur hinab. So kam es, daß Speer zu Beginn seiner Karriere im Dritten Reich dem Posten des Hofarchitekten bald den des Beauftragten für die Ausgestaltung der Parteitage hinzufügen konnte. Im Januar 1934 erhielt er zwei weitere Posten.

Hitler liebte es, wenn seine Entourage bei öffentlichen Anlässen Uniform trug; der große und unordentliche Zivilist Speer hob sich von den Würdenträgern im Parteibraun, Wehrmachtsgrau oder SS-Schwarz ab. Hitler verschaffte ihm durch die Ernennung zum Leiter der Bauabteilung im Stab seines Stellvertreters Heß eigentlich eine Sinekure. Er war nun berechtigt, schwarze Schaftstiefel, ein hellbraunes Hemd, einen Uniformrock und Reithosen mit einer dazu passenden Uniformmütze sowie einen Mantel zu tragen, dazu einen sechs Zentimeter breiten Ledergürtel mit Pistolenhalfter, in dem sich eine kleine automatische Walther PPK, Kaliber 7,2 mm befand.[6] Im Frühjahr verlieh ihm Goebbels als Anerkennung für die Tätigkeit als Chefarchitekt der Großkundgebungen den gleichen Rang in seinem Ministerium. Die Verleihung solcher Ämter, die schon fast einen Ehrentitel darstellten, war auch eine Methode, Einfluß auf deren Inhaber auszuüben und sich ihrer Loyalität zu versichern.

Am 30. Januar 1934, dem ersten Jahrestag der Machtergreifung der Nazis, wurde Speer die Leitung einer Abteilung der Deutschen Arbeitsfront übertragen, die den merkwürdig klingenden Namen »Schönheit der Arbeit« (SdA) trug. Das war jedoch keine Sinekure, sondern eine Idee, die ganz im Einklang mit der Sozialpolitik Bismarcks stand. Während die besser bekannte und oft verspottete Organisation »Kraft durch Freude« (KdF) sich daranmachte, die Freizeit der Arbeiterschaft zu organisieren, wollte sich die SdA um deren Arbeitsbedingungen kümmern. Die hinter beiden Programmen steckende Absicht war die gleiche: Indem man die Arbeiter bei Laune hielt, ablenkte und beschäftigte, wollte man sie dazu bringen, daß sie mehr arbeiteten und weniger Schwierigkeiten bereiteten.

Bismarck lancierte sein Sozialistengesetz, gründete aber als Ausgleich für die Sozialistenverfolgung paternalistisch den deutschen Wohlfahrtsstaat. Die Nazis beseitigten die Gewerkschaften, kopierten aber mit der KdF-Organisation, die für ein reichhaltiges Programm von Urlaubsreisen per Eisenbahn und sogar per Ozeandampfer sorgte – es wurden eigens zwei Schiffe gebaut –, Mussolinis Faschisten in Italien. Dr. Ley von der Arbeitsfront hatte die Oberaufsicht über das Programm, das er als einen Hauptschlag gegen das Klassensystem ansah – in diesen Programmen zeigte sich die nie ganz ausgetilgte »sozialistische« Seite des Nationalsozialismus.

Der VW-Käfer war ursprünglich als »KdF-Wagen« aus der Taufe gehoben worden. Professor Ferdinand Porsches unsterbliche Konstruktion wurde vom Naziregime subventioniert und Arbeitnehmern in Aussicht gestellt, die bereit waren, wöchentlich eine kleine Summe für die spätere Lieferung eines Autos einzuzahlen, das seinen Besitzern auf den neuen Autobahnen das Gefühl der Freiheit vermitteln sollte. Aber die Fabrik in Wolfsburg stellte 1939 ihre Fertigung auf Rüstungsproduktion um, und kein Privatauto wurde je ausgeliefert. Auch das eingezahlte Geld wurde nie rückerstattet.

Im Rahmen der KdF wurden den Mitgliedern der Arbeitsfront organisierter Sport auf den verschiedensten Gebieten, Wanderausflüge (die, wie wir gesehen haben, damals sehr beliebt waren), Konzert- und Theaterbesuche, Volkstanz und Weiterbildungskurse angeboten. Alles war vom Staat stark subventioniert, wenn nicht gar kostenlos. Eine solche organisierte Freizeitgestaltung wurde aus den gleichen Gründen auch von der Sowjetunion und den mit ihr verbündeten kommunistischen Regimen betrieben und war Bestandteil des totalitären Systems zur Lenkung der Massen. Sie war im weitesten Sinne gut für die Gesundheit der Arbeiter und damit für die Wirtschaft als Ganzes – ein Beispiel für das aufgeklärte Eigeninteresse des »Ammenstaates«.

Ein weiteres Beispiel für die Sozialpolitik der Nazis war ihr großes Arbeitsbeschaffungsprogramm in Form von öffentlichen Aufträgen. Der Straßenbau hatte dabei den sehr nützlichen Nebeneffekt, daß die Infrastruktur modernisiert wurde und nicht einfach nur Truppenbewegungen, wie von den Zynikern behauptet, erleichtert wurden. Das Dritte Reich kehrte nicht nur in der Architektur zum römischen Imperium zurück.

Indessen waren Beschäftigungsprogramme der öffentlichen Hand nicht das Monopol totalitärer Regime, obwohl diese besser in der Lage sind, die Gesellschaft durch Verordnungen zu regieren. Zu Beginn der dreißiger Jahre wurde von der ersten Regierung unter Franklin D. Roosevelt die Politik des New Deal beschlossen. Roosevelt schreckte dabei nicht davor zurück, seine großzügige Arbeitsbeschaffung auf die Rüstung auszudehnen: Er ließ seine geliebte US-Marine zum Nutzen des arbeitsextensiven Schiffbaus und der damit verbundenen Industriezweige großzügig ausbauen.

Die SdA kümmerte sich um die Verbesserung der Bedingungen am Arbeitsplatz. Robert Ley war von holländischen Beispielen beeindruckt, und so begann man außerhalb der deutschen Fabriken Blumenbeete anzulegen. Herrenloser Boden wurde aufgeräumt und nutzbar gemacht, und sei es als Wiese für die Mittagspause der Arbeiter bei schönem Wetter. In den Betrieben wurden Büros und Kantinen neu hergerichtet und mit mehr Fenstern, moderner Belüftung, künstlicher Beleuchtung und frischem, hellem Anstrich versehen. Die SdA ließ billige, doch freundlich wirkende und robuste Möbel für die Industrie entwerfen und in großer Stückzahl produzieren. Vieles davon hätte aus einem Bauhaus-Katalog stammen können. Speer vermerkt in seinen Memoiren in einer Fußnote stolz das Lob von Sir Neville Henderson, von 1937 bis zum Kriegsausbruch britischer Botschafter in Berlin.[7] Hitler, so fügt er hinzu, war an diesen Dingen nicht interessiert. Die SdA war vielleicht die nützlichste Seite und sinnvollste Leistung in Speers zwölfjährigem Wirken als hoher Nazifunktionär.

Hitler zeigte jedoch Interesse am Wohlbefinden der Arbeiter, die die Autobahnen bauten, und beauftragte Speer damit, Musterbaracken mit einer guten Grundausstattung zu entwerfen. Man könnte annehmen, daß es eher die Bauten als ihre Bewohner waren, die Speers allmächtigen Auftraggeber interessierten, doch Hitler ließ sich über die Reaktion der Bauarbeiter berichten.

Während die Arbeit an der Reichskanzlei fortschritt, wurde Speer, der noch immer sein privates Büro benutzte, das gerade in die nahe gelegene Behrensstraße verlegt worden war, ein häufiger Gast an Hitlers Tafel. Dieser hatte während des Umbaus seiner eigenen Wohnung die Wohnung des Staatssekretärs (später Ministers) der Reichskanzlei, Hans Lammers, beschlagnahmt, und dort nahmen höchstens zehn Personen an der Mittags- oder Abendtafel teil. Hitler ließ an seine Wohnung einen Balkon anbauen, um die Huldigungen der Menge besser entgegennehmen zu können, die sich in der Anfangszeit seiner Regierung häufig unter seinem Fenster versammelte.

Hitler, persönlich ein enthaltsamer, abstinenter Vegetarier und Nichtraucher, gab sich an der Tafel, von der Beamte aus Furcht vor Klatsch ausgeschlossen waren, gelöst. Göring und Goebbels, die begriffen hatten, wie wichtig es war, möglichst oft bei Hofe zugegen zu sein, waren die ranghöchsten Paladine, die regelmäßig erschienen. Zur Mittagstafel kamen entweder Hitlers ständige Begleiter oder Parteifunktionäre der mittleren Ebene, der »alten Garde«. Mit diesen sprach er – allerdings nur im ersten Jahr nach der Machtübernahme – über die guten alten Tage in München. In späteren Jahren waren sie ihm lästig und wurden ferngehalten, aber sein persönliches Gefolge – Adjutanten, Fahrer, Sekretäre, der »Hoffotograf« Heinrich Hoffmann und einige andere, nicht zu vergessen Eva Braun, die Geliebte, der Hitler in der Öffentlichkeit nicht einen Funken Zuneigung erwies – blieb fast das gleiche. An den Abenden saß er mit seinen alten Kumpanen da und sah sich mit ihnen gemeinsam die Wochenschau und ein bis zwei Filme an, die Goebbels in einen Projektor in der Wohnung einlegte.

Göring, der nie eine Gelegenheit zur Selbststilisierung verpaßte, bat Hitler eines Abends um die Erlaubnis, seine Wohnung durch Speer, offiziell noch immer Architekt mit einem privaten Architektenbüro, neu gestalten zu lassen. Als Ministerpräsident Preußens hatte er sie zwar erst kurz zuvor umbauen lassen. Aber er, der als »zweiter Mann« Hitlers galt, wollte seine Wohnung nur von der des Führers übertroffen wissen. Das aufgeblasene ehemalige Fliegeras hatte Speers Einfluß bei Hofe bemerkt und wollte davon profitieren. Speer wurde nach seiner Meinung zur Bitte, die gewährt wurde, überhaupt nicht gefragt.

Bei einem offiziellen Empfang im Frühjahr 1934 war Hitler überrascht, als ihm Frau Margarete Speer vorgestellt wurde. Er war ihr vorher nicht nur nicht begegnet, sondern hatte nicht einmal gewußt, daß Speer verheiratet war. Hitler, der sich immer galant gab, küßte ihr die Hand und murmelte irgendwelche Komplimente. Er fragte, ob das Ehepaar Kinder habe, und als sei sie davon inspiriert worden, brachte Gretel in den folgenden neun Jahren sechs Kinder zur Welt. Da das erste Kind drei Monate nach dieser Begegnung geboren wurde, kann den Speers wenigstens nicht vorgeworfen werden, es sei auf Befehl des Führers gezeugt worden.

Wenn Hitler in den ersten Jahren seiner Herrschaft München besuchte, traf er sich dort mit einem ähnlichen Kreis von engen Vertrauten in der »Osteria Bavaria«, einem Künstlerlokal, oder in dem einen oder anderen Café dieser Stadt. Wieder nach Berlin zurückgekehrt, erhielt Speer zahlreiche offizielle Einladungen zu Empfängen und zu Essen in der Reichskanzlei, zu denen jetzt auch Gretel geladen wurde.

Hitlers Architekturbesessenheit war so geartet, daß Professor Troost einer der wenigen war, zu denen er aufblickte, und Speer einer der wenigen, die er liebte. Speer hatte sicherlich recht, als er Hitler, Troost und sich selbst als Trio ansah, in dem Hitler Troost als seinen Meister betrachtete und Speer als seinen Schüler, der nach seinem Willen geformt werden mußte. Speer begleitete Hitler auf mancher Reise, die dieser unternahm, um die neuen Parteigebäude zu inspizieren. Dabei hatte der enge Kontakt zu Troost zur Folge, daß dieser große, schlanke Mann mit seinem glattrasierten Schädel und seiner Vorliebe für einen nackten Neoklassizismus auf Speer einen ebenso großen Einfluß ausübte wie Tessenow. Das wurde deutlich, als Troost im Januar 1934 nach kurzer Krankheit starb. Treffend, wenn auch geschmacklos bemerkte Walther Funk, der ehemalige Journalist, der damals Goebbels' Staatssekretär im Propagandaministerium war, zu Speer: »Ich gratuliere! Jetzt sind Sie der Erste!«[8]

Speers Arbeitslast wuchs erheblich, obwohl er vorläufig keinen neuen Titel beziehungsweise keine neue Ernennung bekommen hatte: Noch immer erhielt er als freiberuflicher Architekt einen Auftrag nach dem anderen. Er arbeitete hart an den Entwürfen für das Zeppelinfeld und ließ sich dabei vom Pergamonaltar inspirieren, dem klassischen griechischen Bauwerk, das man im Nordwesten der Türkei ausgegraben und für ein Museum nach Berlin gebracht hatte, das von Schinkel erbaut wurde. Das Nürnberger Straßenbahndepot war bereits gesprengt, um für das letzte große sinnlose Bauvorhaben Platz zu schaffen.

In dieser Zeit formulierten Hitler und Speer das sogenannte »Ruinengesetz«; es bedeutete, daß sie unter Berücksichtigung der fernen Nachwelt bauen wollten. Die Überreste des Reiches sollten die Größe derer, die diese Bauten errichtet hatten, sogar noch dann eindrucksvoll demonstrieren, wenn sie in tausend Jahren als von Efeu überwucherte Ruinen emporragten. Diese morbide Romantik war von den Relikten antiker Kulturen, wie zum Beispiel dem Pergamonaltar, den Pyramiden und den Monumenten inspiriert, die die Römer in ganz Europa hinterlassen hatten. Speer, der nie ein guter Zeichner gewesen war, ließ die Ruinen des Zeppelinfeldes zeichnen, wie sie nach seiner Vorstellung in tausend Jahren aussehen würden. In Wirklichkeit dauerte es nur ein Dutzend Jahre, bis dieser Zustand unter Zuhilfenahme von etwas Sprengstoff herbeigeführt war. Hitler billigte die Zeichnung und lieferte damit dem Psychologen Erich Fromm einen weiteren überzeugenden Beweis für seinen Todestrieb.[9]

Viel realistischer war die Überlegung, die Speers Idee einer von Fackeln erleuchteten Abendveranstaltung zugrunde lag: Indem er die Teilnehmer auf einem schlecht beleuchteten Feld aufmarschieren ließ, verdeckte er ihre Bierbäuche und ihre unheldischen Gestalten. Viele waren Bayern und damit Angehörige eines Volkes, das dem Scheinideal des großen, blonden nordischen Germanen im allgemeinen nicht gerecht wird.

Unmittelbar nach der blutigen »Säuberung«, die Ende Juni 1934 unter der SA-Führung durchgeführt worden war, wurde Speer damit beauftragt, das Borsig-Palais, in dem Vizekanzler Papen seine Büros hatte, zur Zentrale der verbliebenen SA-Führung umzubauen. Hitler wollte die Spitzen seiner »Sturmabteilungen« von München nach Berlin verlegen, um sie künftig besser unter Kontrolle zu haben. Papen war klug genug, zu verschwinden, als sein Personal auf Hitlers Befehl vertrieben wurde. Speer bemerkte das Blut eines Mitarbeiters des Vizekanzlers auf dem Fußboden eines Büros und kam so zum ersten Mal mit der Brutalität des Regimes in Berührung.

Speers Talent für Bühnendekorationen war im August 1934 erneut gefordert, als Reichspräsident Hindenburg im Alter von siebenundachtzig Jahr gestorben war. Seine sterblichen Überreste wurden beim Denkmal für den größten Sieg, den er 1914 bei Tannenberg in Ostpreußen über die Russen errungen hatte, feierlich beigesetzt. Auf Speers Geheiß hingen lange schwarze Fahnen von den Türmen des riesigen Monuments. Diesmal prangten keine Hakenkreuze an den Masten. Es war keine Veranstaltung der Partei, und das berüchtigte Emblem hatte noch nicht die schwarzweißrote Nationalfahne verdrängt. Hitler rühmte öffentlich den Generalfeldmarschall, dessen Tod den Weg zur totalen Macht über die dynamischste Nation in Europa auf bequeme Weise freimachte, und ließ sich unverzüglich sowohl zum Staatsoberhaupt als auch zum Regierungschef und zum Führer der Partei ernennen.

Bei der Arbeit an den Entwürfen für den Parteitagskomplex in Nürnberg interessierte sich Speer mehr für griechische Vorbilder als für römische, und seine Vorliebe galt den dorischen Bauwerken, dem einfachsten klassischen Stil. Er und Gretel tourten auf ihrer ersten Auslandsreise im Mai 1935 durch Griechenland und studierten die Ruinen. Speer übernahm für sein Deutsches Stadion in Nürnberg die Hufeisenform statt des Ovals der römischen Arena. Es ist freilich sehr schwer vorstellbar, wie jemand die Ruinen von Epidaurus und Delphi betrachten und behaupten konnte, er habe solche monströsen Bauten nach ihrem »Vorbild« gestaltet. Das mag zwar der Wahrheit entsprechen, aber in ästhetischer Hinsicht führte die völlige Mißachtung des griechischen Sinns für Proportionen im Deutschland des 20. Jahrhunderts zu grotesken Resultaten.

Nach der Rückkehr der Speers wurde deren in den Ausmaßen bescheideneres neues Haus im waldigen »Seengebiet« im Südwesten Berlins fertig. Es befindet sich an der Südspitze der AVUS (die Abkürzung für Automobil-Verkehrs- und Übungsstrecke), einer rund 9,8 Kilometer langen kreuzungsfreien Autostraße, die bei Autorennen manchmal für den öffentlichen Verkehr gesperrt ist. Manche sagen, die Autofahrer hätten sie das ganze Jahr als

Rennstrecke angesehen, und sie tun das noch heute. Speer, der schnelle Sportwagen liebte, wohnte nun so, daß er mit einem beachtlichen Tempo in sein Büro fahren konnte.

Um diese Zeit hatte ihr erstes Kind, das unvermeidlich Albert hieß und am 29. Juli 1934 geboren war, seinen ersten Geburtstag. Das Leben in Mietwohnungen hatte seinen Reiz verloren, daher wandte Speer 70 000 Mark für sein bescheidenes neues Heim auf, das er selbst entworfen hatte. Es wurde durch Bomben zerstört, aber der Verkauf des Grundstückes nach dem Kriege besserte die Finanzen der Familie beträchtlich auf. Das Haus wies 125 Quadratmeter Wohnfläche auf, und Speer borgte sich 30 000 Mark von seinem Vater. Albert sen. nahm dafür eine Hypothek auf, die sein Sohn neben seiner eigenen bis zum Kriegsende abzahlte.[10]

Das Haus, das die Speers nach ihrer ersten Auslandsreise bezogen, hatte ein Eß- und ein Wohnzimmer sowie drei Schlafzimmer. Es stand in bewußtem Gegensatz – wie Speer in seinen Memoiren schrieb – zu den Luxusvillen, von denen die Naziführer Besitz ergriffen hatten, sobald sie an die Macht gekommen waren. In diesem Stadium seiner Karriere war Speer natürlich noch der halb distanzierte Architekt, der zwar einen festen Platz an Hitlers Hof, aber noch keinen hohen Regierungs- oder Parteiposten besaß: ein Emporkömmling, der noch nicht ganz oben angekommen war. Aber von 1936 an begann sich seine Arbeit über die Grenzen des Reiches hinaus zu erstrecken: Er erhielt repräsentative Aufträge, zu denen auch die Renovierung der deutschen Botschaft im Londoner Bezirk Belgravia im Sommer jenes Jahres gehörte. Im gleichen Jahr rettete er den Entwurf Otto Marchs für das Berliner Olympiastadion in Spandau. Die Pläne, die einen modernistischen Bau in Glas und Beton vorsahen, erzürnten Hitler so, daß er die Olympischen Spiele absagen wollte. Speer zeichnete eine Skizze, die eine Umkleidung des bereits errichteten Stahlgerippes mit Naturstein und den Wegfall der Verglasung vorsah; die Spiele waren damit für weitere triumphale Erfolge der Regisseurin Leni Riefenstahl – und für den aus NS-Sicht bedauerlichen persönlichen Triumph eines schwarzen amerikanischen vierfachen Goldmedaillengewinners – gesichert. Das Stadion wird immer noch genutzt.

Speer, der sein Privatleben äußerst selten erwähnt hat, gibt in seinen Memoiren an einer Stelle zu, daß er in dieser Zeit seine Familie der Arbeit wegen vernachlässigte. Am Ende eines langen Tages war er so müde, daß er keine Kraft mehr hatte, sich um Gretel und das Baby zu kümmern. Diese Vernachlässigung, der die aufgezwungene und nicht wiedergutzumachende zwanzigjährige Trennung nach Nürnberg folgte, bedeutete, daß Speer fast keinen engen Kontakt zu seinen Kindern hatte, bevor sie erwachsen und nicht mehr bei ihm waren – eine bemerkenswerte Tatsache für einen Vater von sechs Kindern und ein klassisches Beispiel dafür, wie jemand die Zukunft um der Gegenwart willen geopfert hat. Er war damit den eigenen Kindern wohl ferner, als ihm seine Eltern in seiner Kindheit je gewesen waren. Diese allzu bekannte Tendenz eines aufstrebenden jungen Mannes wurde durch Speers Arbeitswut und seinen Hang zum Opportunismus zweifellos noch verstärkt: Er glaubte keinen Auftrag der neuen Herren Deutschlands ablehnen zu dürfen. Und obwohl er oft geäußert hat, daß er die Vaterbeziehung zu seinen Kindern vermißt habe, gibt es nicht eine Spur von Beweis dafür, daß er sich über sie gefreut oder daß er eine passende Gelegenheit ergriffen hätte, mehr Zeit mit seiner Familie zu verbringen.

Anfangs verzichtete Speer zum Erstaunen Görings bei staatlichen Bauaufträgen auf sein Honorar, obwohl er dankbar das Geld für die Arbeit annahm, die er für die Nürnberger Parteitage leistete. Er bekam schließlich ein einmaliges Honorar von insgesamt 30000 Mark für die von ihm bis 1. Januar 1935 geleisteten Arbeiten und von da an die auskömmliche Summe von jährlich 40000 Mark plus 54000 Mark für laufende Ausgaben wie Gehälter und Bürokosten. Außerdem erhielt er beim Abschluß jeder Etappe eine Sondervergütung und dazu 0,2 Prozent Provision bemessen an den Gesamtkosten. Er erinnerte sich, daß sein Honorar für die Nürnberger Bauten 1000 Mark monatlich betrug, aber aus den Unterlagen des Stadtarchivs geht hervor, daß seine Vergütung für die Nürnberger Parteitage viel höher lag.[11] Er räumt auch ein, daß er durch seine Architektentätigkeit bis Kriegsende ein persönliches Vermögen von 1,5 Millionen Mark erworben hatte und daß die nicht gezahlten Honorare annähernd eine weitere Million ausmachten.[12]

Obwohl er nach einem anstrengenden Arbeitstag, dem sich oft noch ein Abendessen mit dem »Führer« anschloß, zu müde war, um mit seiner Frau zu sprechen, fand er noch Kraft, fünf weitere Kinder zu zeugen – drei vor dem Krieg und zwei während des Krieges. Hilde wurde am 17. April 1936, Friedrich am 6. Mai 1937 und Margret am 19. Juni 1938 geboren. Aber weder seine Frau noch eines seiner Kinder geschweige denn seine Eltern kommen im Register seiner Autobiographie »Erinnerungen« vor, und im Text sind sie nur flüchtig erwähnt. Hinweise auf das emotionale und geistige Leben des Autors sind in jenem Buch kaum oder überhaupt nicht vorhanden, die »Spandauer Tagebücher« schneiden in dieser Hinsicht etwas besser ab. Ohne die Vorschläge seines ursprünglichen Verlegers Wolf Jobst Siedler und seines Verlagsberaters, des Journalisten und Historikers Joachim Fest, hätte er tatsächlich auch einschneidende Ereignisse, deren Zeuge er war, unerwähnt gelassen, so zum Beispiel die berüchtigte Reichskristallnacht vom 9. November 1938, die ebenfalls im Register fehlt.[13]

Die Bauten der gesamten Anlage für die Nürnberger Parteitage, wie sie 1935 geplant waren, hätten an die 800 Millionen Mark gekostet; davon hätte das Stadion, für das Hitler 1937 den Grundstein legte, ein Viertel bis zu einem Drittel verschlungen. Die Dimensionen des unvollendet gebliebenen Projekts – nur das Zepellinfeld und der granitene Rohbau der Kongreßhalle mit 50 000 Sitzen, die eine halbrunde Form wie ein römisches Theater hat, wurden fertiggestellt – ließen die größten Baudenkmäler der Antike und der heutigen Zeit, angefangen von der Cheopspyramide bis zur Freiheitsstatue, klein erscheinen. Speer ließ ein Modell bauen und im deutschen Pavillon auf der Pariser Weltausstellung von 1937 ausstellen, wo er zu seiner und Hitlers Überraschung eine Goldmedaille erhielt.

Die Ausstellung in Paris wurde für ihn zu einem doppelten Triumph, da er auch den Pavillon entworfen hatte. Die französischen Organisatoren hatten den beiden miteinander rivalisierenden totalitären Mächten – Hitlers Reich und Stalins Sowjetunion – zwei

Bauplätze zugewiesen, die sich am rechten Seineufer vor dem Palais de Chaillot genau gegenüberlagen. Hitler war erst sehr erbost, bis sich Speer bei einem Besuch in Paris zufällig in einen Raum »verirrte« und einen Entwurf des sowjetischen Pavillons sah: Auf einer hohen steinernen Plattform stand ein zehn Meter hohes Figurenpaar im Stil des »sozialistischen Realismus«, das so dargestellt war, als ob es auf den deutschen Pavillon zuschritte.

Speers Reaktion bestand einfach darin, daß er viel höher, fast siebzig Meter hoch baute. An der Vorderfront des Pavillons wurde ein längliches Bauwerk mit vier quadratischen Säulen auf jeder Seite und drei davor errichtet. Es glich in seinen Proportionen (und zumindest auch in seiner Eleganz) ein wenig einer Telefonzelle und wurde von einem schweren Sims gekrönt, auf dem ein Adler mit hochgezogenen Flügeln und einem Hakenkreuz in den Fängen hockte, als wolle er sich auf das sowjetische Paar stürzen. Das Ganze war nachts von innen durch Lichtsäulen à la Nürnberg beleuchtet. Zu Füßen dieses vulgären und bombastischen Baus stand eine siebeneinhalb Meter hohe, roh behauene Bronze von Josef Thorak, die eine Familie von drei Ariern darstellte. An Kosten wurde nicht gespart: Damaligen Berichten zufolge wurden mit 1000 Eisenbahnwaggons 100 000 Tonnen Steine für den Pavillon nach Paris geschafft.

Die Franzosen waren sorgsam darauf bedacht, sich unparteiisch zu verhalten: B. M. Iofan, der Architekt des sowjetischen Pavillons, der vom deutschen überragt wurde, erhielt auch eine Goldmedaille. Um Eindruck zu schinden, wetteiferten die Großmächte also wie Schuljungen miteinander.[14]

In der Zeit, in der Speer sich als führender Architekt des Naziregimes etablierte, verdunkelte sich der Himmel international genauso rasch wie über Deutschland. Es gab ein Bauwerk, für dessen Umgestaltung Speer keinen Auftrag erhielt: das geschwärzte Reichstagsgebäude. Angeblich war es von einem geistig behinderten holländischen Kommunisten vier Wochen nach der Machtergreifung der Nazis in Brand gesteckt worden, aber wahrscheinlich steckte Göring hinter dieser Sache. Dieser war neben seinen vielen Ämtern auch Präsident des deutschen Parlaments.

Nur vier Wochen später stimmte der Reichstag dem Ermächtigungsgesetz zu, das Hitler diktatorische Vollmachten gab.

Schon im Juli war Deutschland ein Einparteienstaat, und im Oktober trat es aus dem Völkerbund aus. Einen Monat nach der »Juninacht der langen Messer« [der Röhm-Affäre. Der Übers.] scheiterte trotz der Ermordung des österreichischen Bundeskanzlers Dollfuß der erste Versuch der Nazis, Österreich zu erobern. Im Mai 1935 wurde die allgemeine Wehrpflicht eingeführt; im September wurden die antisemitischen »Nürnberger Rassengesetze« verkündet. Die Demokratien, die sich vor einem Krieg fürchteten und sich zum Nachgeben entschlossen, schwiegen 1936 zu Hitlers Einmarsch im Rheinland, während der spanische Bürgerkrieg ausbrach und die Italiener sich auf ihr abessinisches Abenteuer einließen. Das große Spiel um die Zukunft Europas hatte begonnen.

Neugestaltung Berlins (1937–38)

Die Besetzung des entmilitarisierten Rheinlandes war ein Bluff Hitlers, der lediglich eine Paradearmee aufbieten konnte. Er hätte nur drei kampfstarke Divisionen in den Kampf schicken und einer entschiedenen Gegenreaktion der Franzosen nicht standhalten können. Es war also ein Wendepunkt für das Dritte Reich: Hitler hatte zum ersten Mal die Sieger von 1918 in einer wichtigen Frage mit militärischen Mitteln geschlagen und war ungestraft davongekommen. Es war kein Zufall, daß der »Führer« gerade zur Zeit dieses riskanten Triumphs seine Gedanken auf die Verwirklichung der architektonischen Träume richtete, die er hinsichtlich Berlins hegte. Sein erster Sieg auf der Bühne der Weltpolitik verstärkte seine Ambitionen: Schon lange bevor er angefangen hatte, sich ein eigenes Denkmal zu »verdienen«, hatte er sich damit beschäftigt, es zu entwerfen. In dieser Hinsicht handelte er wie ein Spieler, der bereits vor Beginn eines Glücksspiels verkündet, was er mit seinem Gewinn anstellen wird. Viele Leute prahlen damit, was sie tun würden, wenn sie in der Lotterie gewönnen – oder zum Diktator würden. Hitler gehörte dazu. Aber durch bloße Willenskraft wurde er tatsächlich Diktator und bewies damit leider, daß er ein Mann war, der Wort hielt.

Es ist leicht, rückwärts zu blicken und zu sagen, hier, im Rheinland im März 1936, sei der Moment gewesen, in dem entschlossenes Handeln der Demokratien dem braunen Spuk Einhalt geboten hätte. Aber dabei würde man übersehen, daß Hitler in den ersten Jahren seiner Herrschaft genauso geschickt die Stimmung führender ausländischer Politiker erfaßte, wie er sein einheimisches Publikum manipulierte. Frankreich und Großbritannien hatten weniger als zwanzig Jahren zuvor eine Generation junger Männer verloren – Deutschland hatte den gleichen Verlust erlitten, doch ohne den Trost, dabei den Sieg errungen zu haben. Von den Führern des Westens war es keineswegs unvernünftig, unter Berücksichtigung der öffentlichen Meinung in ihren Ländern die

Vermeidung eines weiteren allgemeinen Krieges in Europa an die Spitze aller anderen Überlegungen zu stellen. Dabei verschlossen sie die Augen auch vor der Tatsache, daß Italien Abessinien die Unabhängigkeit geraubt und Franco mit nationalsozialistischer und faschistischer Unterstützung der spanischen Republik den Todesstoß versetzt hatte. Die Politik des Appeasement – des Nachgebens – war keineswegs unpopulär, wie dies ex post facto behauptet wird, wenngleich sie heute vielleicht, gefiltert durch die Deutschfeindlichkeit von Politikern wie Winston Churchill, als unanständig angesehen wird.

Auch die Amerikaner waren (im Unterschied zu ihrem Präsidenten) noch stark isolationistisch eingestellt. Das war eine andere Haltung, deren praktische Folgen in Europa nicht abschätzbar waren. Leider spornte das Nachgeben Hitler zu immer mehr und immer größeren Forderungen an und bewirkte, daß er im In- und Ausland schließlich unbesiegbar schien. Die Politik des Appeasement mögen diejenigen, die sie praktizierten, vielleicht für einen vernünftigen Kurs gehalten haben – obwohl sie oft den Fehler machten, ihr Nachgeben mit hoher Moral zu rechtfertigen. Aber sie lieferte damit, daß sie Aggressoren half, ein schlechtes Beispiel. Im vorliegenden Fall wurde mit einer milden Antwort nicht einmal die Wut besänftigt. Kompromiß war ein Begriff, der den Nazis genau so fremd war wie ihren Zeitgenossen in der japanischen Militärjunta.

Hitler hatte Ziele – die Vernichtung des Judentums, die Gewinnung von »Lebensraum« im Osten, die Wiederherstellung und Ausdehnung von Deutschlands Macht –, und er hatte den unbeugsamen Willen, diese Ziele zu erreichen, egal mit welchen Mitteln. Statt darauf zu »warten, daß etwas geschieht«, das ihm hülfe, aus einer schwierigen Lage herauszukommen, wartete er, bis seine Gegner durch ihre Schwächen in Schwierigkeiten geraten waren, um dann ihre Situation rücksichtslos auszunutzen. Nachdem er in Deutschland an die Macht gekommen war, konnte ihn nur noch eine Verschwörung, eine unheilbare Krankheit, der Tod oder eine überlegene äußere Macht stoppen. Die Linke hätte das vor 1933 noch tun können, wenn Stalin und die deutschen Kommunisten sich nicht mit den Nazis gegen die SPD verbündet hätten; die Wehrmacht hätte ihm einen Strich durch die Rechnung machen können, doch ließ sie sich durch die Aussicht auf massive Expansion und Aufrüstung verlocken. Wären die Franzosen bereit gewesen, wegen des Rheinlandes in den Krieg zu ziehen, hätte Hitler das vorausgeahnt und wäre zu einem anderen Punkt seiner unveränderlichen Tagesordnung übergegangen: Immerhin erlitt er 1934 in Österreich eine Niederlage, doch wiederholte er 1938 seinen Versuch und verleibte sich seine Heimat durch den »Anschluß« ein. Da er selbst ein Meister des Bluffs war, wußte er instinktiv, ob andere blufften oder drohten. Das andere Geheimnis seines Anfangserfolgs war, daß er so unnachgiebig war wie seine japanischen Verbündeten.

Auf Grund der Fertigstellung des Zeppelinfeldes konnte Albert Speer als Architekt Hitlers endlich ein großes, komplettes steinernes Bauwerk vorweisen, selbst wenn der größte Teil des Areals die riesige leere Fläche in der Mitte war, der es genauso an Substanz mangelte wie seinen »Lichtdomen«.

Aber trotz seiner Größe war der Nürnberger Entwurf, verglichen mit Hitlers Plänen, die er seit seiner Festungshaft in Landsberg im Jahre 1925 für Berlin skizziert hatte, eine architektonische Nebensache. Die zentrale Idee war eine große Versammlungshalle mit einer Kuppel von 250 Meter Durchmesser, die den Petersdom in Rom hätte winzig erscheinen lassen, sowie ein Triumphbogen von 48 Meter Länge, der wie ein Säulengang aussehen sollte. Beide Bauwerke sollten durch eine in Nord-Süd-Richtung verlaufende Prachtstraße verbunden werden, die zweieinhalbmal so lang sein sollte wie die zwei Kilometer langen Champs Élysées – und natürlich im Verhältnis 120 : 100 breiter. Die große Halle sollte 150 000 Menschen fassen, die sich auf einer 38 000 Quadratmeter großen Fläche stehend versammeln. In den Granit des Triumphbogens sollten die 1 800 000 Namen der deutschen Gefallenen von 1914–18 gemeißelt werden.

Als Speer, ausgehend von den Ideen Hitlers, einen Plan ausarbeitete, der ganz Berlin betraf, wurde in Zusammenarbeit mit der Eisenbahnverwaltung der Abriß der zwölf Kopfbahnhöfe Berlins

ins Auge gefaßt. Sie sollten durch zwei Bahnhöfe, einen nördlichen und einen südlichen, ersetzt werden; das würde die ganze Neugestaltung der Stadt erleichtern.

Ohne Übertreibung kann man feststellen, daß Speer, der fast unbeschränkte Vollmachten von Hitler bekam, die Pläne seines Gönners noch übertraf, indem er die Maße der Kuppel und andere wichtige Details vergrößerte. Ohne Zweifel war Megalomanie die Triebkraft. Aber dadurch, daß sich die Einwohnerzahl Berlins von 800000 im Laufe eines Dreivierteljahrhunderts deutscher Einheit verfünffacht hatte, waren sehr schwierige Verkehrsprobleme entstanden. Eine Regierung und Stadtverwaltung nach der anderen hatte seit 1910 über Lösungen gegrübelt.

Oberbürgermeister von Berlin war Dr. Julius Lippert, ein Nazi der alten Garde, der 1937 einundvierzig Jahre alt war und sich seiner Stadt verbunden fühlte. Er hatte erkannt, daß die ehrgeizigen Bauvorhaben der Nazis Berlins Budget zu verschlingen drohten. Lippert, ein Jurist, Journalist und Protegé von Goebbels (der noch immer Gauleiter von Berlin war), war in der typischen Nazimanier des Ämtersammelns zugleich Chefredakteur der Zeitschrift »Der Angriff«, des Naziwochenblattes für Berlin. Er erwies sich als unfähig, in so großen Dimensionen wie Hitler oder Speer zu denken. Aufgefordert, Pläne für eine 120 Meter breite Prachtstraße vorzulegen, ließ er eine Straße von 100 Meter Breite zeichnen; beim zweiten Mal tat er das gleiche, worüber Hitler sich sehr aufregte. Nicht allein Speer wunderte sich darüber, daß Hitler diesen Widerstand vier Jahr lang duldete.[1]

Der Diktator überließ Lippert vorläufig sich selbst, umging aber in der typischen Art der nationalsozialistischen Machtpolitik einfach die Stadtverwaltung und übertrug Speer die Verantwortung für die gesamte Berliner Planung. Er gab seinem jungen Architekten zwei Postkarten, auf die er gut ein Jahrzehnt zuvor seinen Kuppelbau und seinen Triumphbogen gezeichnet hatte. »Wir müssen Paris und Wien übertreffen«, sagte Hitler. Um auf die widerborstigen Stadtväter Berlins Druck auszuüben, ließ er verlauten, er würde vielleicht eine völlig neue Hauptstadt bauen lassen, wie es die Amerikaner in Washington getan hatten.[2]

Speer wurde offiziell zum »Generalbauinspektor für die Reichshauptstadt« (GBI) im Rang eines Staatssekretärs der Reichsregierung ernannt. Aber durch die entsprechende Anordnung vom 30. Januar 1937, dem vierten Jahrestag der Machtergreifung Hitlers, wurde Speer, noch nicht zweiunddreißig Jahre alt, Hitler direkt unterstellt und war niemandem sonst, weder Oberbürgermeister Lippert noch Gauleiter Goebbels gegenüber, verantwortlich. Auf eigenen Wunsch behielt Speer sein privates Architekturbüro – eine verfassungswidrige Anomalie, der zuliebe seine neue Dienststelle als Forschungsinstitut eingestuft wurde. Er bezog ein Monatsgehalt von 1500 Mark (genausoviel wie Lippert) plus Spesen und Autos – im Vergleich zu seinen laufenden Einkünften als freiberuflicher Architekt eine eher unbedeutende Summe. Hitler überließ es seinem Staatssekretär in der Reichskanzlei, Hans Lammers, die Einzelheiten mit Speer zu klären, der nun gleichrangig war mit Fritz Todt, dem Generalinspektor für das Deutsche Straßenwesen.

Speer stellte bald sein bemerkenswertes Organisationstalent unter Beweis, das ihm sehr zugute kommen würde, als er später die viel weiter gehende Verantwortung als Minister übernahm, der für die ganze Rüstungswirtschaft zuständig war. Seine neue Dienststelle war für ihn Neuland, aber anscheinend brauchte ihm nicht beigebracht zu werden, wie sie zu etablieren war. Diese Fähigkeit zu organisieren, die zweifellos einer der Schlüssel seines Aufstiegs zu Macht und Einfluß war, hatte er offensichtlich auf Grund der Notwendigkeit entwickelt, die rasche Erledigung der Aufträge zu gewährleisten, die ihm durch die Launen des Diktators zufielen.

Alles schien er in größter Eile durchführen zu müssen, ganz gleich, ob es sich nun um Goebbels' Amtssitz, Hitlers offizielle Wohnräume, das Zeppelin-Stadion oder den Pariser Pavillon handelte. Stets waren die Lieferung riesiger Mengen von Baustoffen, die Bereitstellung sehr vieler Transportmittel und die Beschaffung einer großen Anzahl von Arbeitskräften zu organisieren. Die Tatsache, daß er Hitlers persönliche Vollmacht für seine Aufgaben hatte, reichte nicht aus, um seine Fähigkeit zu erklären, die rechtzeitige Durchführung so komplizierter Aufträge zu koordinieren. Wichtige Männer wie Göring und Todt konnten für sich dieselbe Vorrangstellung beanspruchen, ohne ähnlich effektiv zu sein. Hitler verhalf Speer zu einem guten Start, indem er die Akademie der Künste aus ihrem Gebäude am Pariser Platz Nr. 4 vertrieb. Gleich daneben, in Nr. 3, befand sich Todts Dienststelle; die Reichskanzlei lag in südlicher Richtung, hinter den Gärten, die der Öffentlichkeit nicht zugänglich waren; beide Dienststellen befanden sich östlich vom Brandenburger Tor.

Speer sah für sein neues Amt drei Hauptabteilungen vor: das Hauptbüro (für Verwaltung und Finanzen), das Planungsbüro und die Allgemeine Bauleitung. An die Spitze der letztgenannten Hauptabteilung stellte er Walter Brugmann, einen höheren Staatsbeamten aus Nürnberg, während das Hauptbüro von dem Finanzexperten Professor Karl Maria Hettlage geleitet wurde, einem Katholiken, der vom Nationalsozialismus nicht begeistert war. Er sagte einmal zu Speer: »Sie sind Hitlers unglückliche Liebe«, nachdem er die beiden zusammen gesehen hatte. Zur Mitarbeit im Planungsbüro zog er zwei ehemalige Kommilitonen heran: Rudolf Wolters und Willi Schelkes, der sicher bereitwillig von Mannheim nach Berlin kam. Wolters hatte in Sibirien nützliche Erfahrungen auf dem Gebiet der Stadtplanung gesammelt und in Berlin für die Reichsbahn gearbeitet. Beide Männer wurden im Planungsbüro Abteilungsleiter, desgleichen Hans Stephan, Architekt und Beamter der Stadtverwaltung, und Gerhard Fränk, ein Fachmann auf dem Gebiet des Verwaltungsrechts. Wolters, dem Speer den Tip mit der Promotion gegeben hatte, kündigte bei der Reichsbahn, um im Januar 1937 seine Arbeit beim »GBI« aufnehmen zu können.

Alle diese begabten alten Freunde bezogen Gehälter, die über dem üblichen Niveau lagen. Sie verdankten das der Tatsache, daß Lammers Speers Forderung, die besten verfügbaren Leute einstellen zu dürfen, akzeptiert hatte. 1938 belief sich die jährliche Gehaltssumme für die 37 GBI-Leute auf 425 000 Mark.[3]

Speer gewann auch Annemarie Wittenberg zur Mitarbeit; sie war eine junge Angestellte in Goebbels' Ministerium, die Speer geholfen hatte, als er dort tätig gewesen war. Sie wurde seine Privatsekretärin – ein Schritt, der ihr ganzes restliches Leben bestimmte.

Die früheren Ausstellungsräume in der ehemaligen Akademie dienten dazu, Modelle aufzustellen und eine große Gesamtansicht von Berlin zu zeigen. Alles lag auf zusammengerückten Tischen in Hüfthöhe. Von den entworfenen Gebäuden wurden im Hause Modelle angefertigt, damit immer etwas Neues da war, das sich Hitler bei seinen häufigen Besuchen anschauen konnte. Speers Mitarbeiterstab arbeitete von morgens bis abends und wurde von der Bürokratie des Staates und der Partei in Ruhe gelassen, da man wußte, daß Speers Leute mit Plänen zur Veränderung des Gesichts von Deutschland beschäftigt waren, an denen Hitler ein besonderes Interesse hatte. Das durchschnittliche Alter von Speers »Kindergarten« lag nur wenig höher als das von Speer selbst, der Anfang dreißig war. Der Krieg hatte zur Folge, daß sie von der regulären Bürokratie nie in Anspruch genommen wurden.

Es war eine gute Arbeitsstelle – vorausgesetzt, die Mitarbeiter lebten für ihre Arbeit. Der Arbeitstag war lang, aber die Atmosphäre war ungezwungen, und der Chef war es auch. Speer bevorzugte Leute ohne Parteibuch, da die Parteiverpflichtungen sich nicht mit den langen Arbeitszeiten vertrugen. Hitler hatte nichts dagegen, daß er talentierte Leute einstellte, die keine Nazis waren. Dadurch wurde das Amt des GBI für einige eine Art politisches Asyl. Wolters sympathisierte zwar, wie er selbst zugab, sehr mit den Nazis, hielt es aber nicht für erforderlich, in die Partei einzutreten. Das war für ihn nach dem Krieg von Vorteil. Dafür war er Speer sehr dankbar, zumindest bis zu dem Zeitpunkt, wo sie sich überwarfen, doch dies geschah erst viele Jahre später.[4]

Speers junge Mannschaft entwickelte bald ein ausgeprägtes Elitebewußtsein und einen eigenen Korpsgeist: Stephan, ein begabter Amateurkarikaturist, zeichnete von seinen Kollegen Karikaturen, die Speer gewöhnlich selbst betextete und am Schwarzen Brett der Dienststelle anbrachte. Die Männer des GBI waren hochprivilegiert und nahmen wenig oder überhaupt keine Notiz von den Dingen, die sich außerhalb der abgeschlossenen Welt der Stadtplanung abspielten und einen immer unangenehmeren Verlauf nahmen. Es scheint deshalb nur allzu plausibel, daß sich Speers Behauptung in Nürnberg, er habe von den Exzessen des Regimes nichts gewußt, auf dieses Refugium zurückzuführen: Was aber in diesem Zusammenhang mehr zählte, war seine Zeit an Hitlers Hof und sein ständiger Kontakt mit der Naziführung. Hitlers bekannte Passion für Architektur und Bauwesen schützte das Amt des GBI gewöhnlich vor jeder Einmischung von außen. Zu den Nutznießern gehörte Marion Rießer, Wolters' langjährige Sekretärin, die Halbjüdin war. Später konnte sie sich für das, was Speer ihr Gutes erwiesen hatte, revanchieren.

1937 schickte Speer manchmal einen oder zwei Kollegen, die Schlüsselpositionen innehatten, zur Erholung von der langen und anstrengenden Arbeit ins Ausland oder nahm sie selbst auf Auslandsreisen mit. Wolters fuhr nach Amerika, um dort moderne Verkehrssysteme zu studieren. Speer und Schelkes wohnten während einer mehrtägigen Touristenreise in der deutschen Botschaft in London; Schelkes begleitete auch Speer und Gretel nach Italien. Schelkes, Wolters und Stephan leiteten eine Gruppe, die zur Weltausstellung nach Paris fuhr. Wolters war in der Dienststelle des GBI für die Organisierung von Ausstellungen über die deutsche Architektur zuständig. Die entscheidende Hauptabteilung war auf 91 Mitarbeiter, darunter 28 Architekten, angewachsen, als Deutschland 1939 in den Krieg eintrat.

Das Amt des GBI konnte ohne weiteres auch jeden beliebigen Architekten für Sonderaufgaben in Berlin einstellen. Der Plan für die Neugestaltung Berlins sah eine große Anzahl repräsentativer öffentlicher Gebäude vor. Speer beschäftigte angesehene ältere Architekten wie Peter Behrens, Paul Bonatz und Wilhelm Kreis und betraute auch Männer seines Alters, darunter ehemalige Kommilitonen wie Friedrich Tamms, mit größeren Aufträgen. Sie und andere entwarfen neue Ministerien, militärische Dienststellen, Bürogebäude für führende Unternehmen und andere Bauten, die das Gesicht des neuen Stadtzentrums von Berlin prägen sollten. Quer zur Nord-Süd-Achse sollte es eine Ost-West-Achse geben; beide sollten sich bis zum Autobahnring der Stadt erstrecken. Die Achsen sollten von Bürogebäuden gesäumt sein, von denen jedes niedriger als das vorangehende sein sollte, je weiter man sich vom Zentrum entfernte. Am Ende jeder der vier »Speichen« sollte sich ein Flugplatz befinden. Aus dem futuristischen Flughafen Tempelhof nahe dem Stadtzentrum sollte ein Park werden; damit sollte der Fluglärm von der Stadt ferngehalten werden.

Hitlers morbides Interesse daran, sich wie ein moderner König Mausolos noch zu seinen Lebzeiten sein eigenes Denkmal errichten zu lassen, war die Triebkraft von Speers überwältigendem Planungswerk für die ganze Stadt. Die Kuppelhalle im Norden mußte offensichtlich durch eine gewaltige Prachtstraße mit dem Triumphbogen im Süden verbunden werden. Dabei sollte durch die Verewigung der Namen derjenigen, die in Deutschlands großem verlorenem Krieg gefallen waren, Siege gefeiert werden, die erst noch errungen werden mußten – ein unwiderlegbarer Beweis für Hitlers Entschlossenheit, die Niederlage wettzumachen. Der entsprechend riesige Große Platz – Fassungsvermögen eine Million Menschen –, an dessen Nordseite die Kuppelhalle stehen sollte, sollte verkehrsfrei sein. Die Ost-West-Achse war bereits vorhanden. Sie verlief von der Frankfurter Allee im Osten über die Straße Unter den Linden im Stadtzentrum bis zur Heerstraße im Westen und sollte die Strecke der Nord-Süd-Achse südlich vom Großen Platz kreuzen. Die Nord-Süd-Achse sollte bis zum südlichen Hauptbahnhof weitergeführt werden.

Damit öffentliche Gebäude entlang der Nord-Süd-Achse errichtet werden konnten, mußte im Stadtzentrum eine riesige freie Fläche geschaffen werden. Speers zügellose Umsetzung der Vorstellungen Hitlers von der Großen Straße mit ihren Riesenmonumenten bedeutete, daß etwa 50000 Wohnungen in der Nähe des Stadtzentrums abgerissen werden mußten. Hitler wird das keine schlaflosen Nächte bereitet haben, denn es war klar, daß nicht er, sondern Speer für das viele Leid, das damit über die Menschen gebracht wurde, direkt und persönlich verantwortlich gemacht werden würde. Schließlich war es Speer, der die Anordnungen für die

Zwangsräumung und den Abriß unterschrieb und damit die Leute aus ihren angestammten Wohnungen trieb.

In einer Diktatur braucht man nicht Jahre für Planungsgenehmigungen, öffentliche Prüfungen, Appelle und Gegenappelle: Es wurde alles durch Anordnung erledigt. Fast in der Hälfte der Wohnungen, die abgerissen werden mußten, lebten Juden, das heißt man brauchte sich über die akute Not oder das künftige Schicksal der Vertriebenen noch weniger den Kopf zu zerbrechen. Speer nutzte seine Vollmachten als GBI, um die gewaltsame Vertreibung von Zehntausenden von Juden anzuordnen – eine Aktion, die, wie sich später herausstellte, nur die erste Etappe einer Fahrt in die Hölle war, von der Speer, wie er ständig beteuerte, damals nichts gewußt hatte. Diese massenhaften Zwangsräumungen sind auch das erste Glied einer Kette von Beweisen dafür, daß er ein Lügner war.

Speer plante nördlich des riesigen Kuppelbaus einen länglichen See, den man in nordnordwestlicher Richtung anlegen wollte und in dem sich die große Versammlungshalle genau so spiegeln sollte, wie es beim Schloß von Versailles, beim Hampton Court Palace und beim Denkmal von Washington der Fall ist. Der große Nordbahnhof sollte sich am nördlichen Ende dieser Wasserfläche befinden. Am östlichen Rand des Sees sollte das neue Gebäude des Oberkommandos der Marine stehen, und die westliche Seite sollten das Rathaus und das Polizeipräsidium von Berlin einnehmen. An der Südseite des von Speer konzipierten Großen Platzes gegenüber der Kuppelhalle waren das Führerpalais – 150mal so groß wie das von Bismarck – und in südwestlicher Richtung eine neue Reichskanzlei vorgesehen, nicht zu verwechseln mit dem gleichnamigen Gebäude, das Speer 1938 tatsächlich gebaut hat und das weiter unten beschrieben wird. Das Oberkommando der Wehrmacht beanspruchte die südöstliche Seite. Diese bombastischen Gebäude wurden alle von Speer entworfen. Nur in einem einzigen Fall ließ er es zu, daß sich jemand in seine Arbeit an seinem Meisterwerk einmischte: Den Anbau an das Reichstagsgebäude, der an der nordöstlichen Ecke vorgesehen war, entwarf er gemeinsam mit Woldemar Brinckmann.

Alle diese Bauwerke sollten das Brandenburger Tor überragen, das sich auf der Ost-West-Achse südwestlich vom Großen Platz befand. Sogar ohne seine jüngsten Brandspuren hätte der in seiner heutigen Gestalt recht imposante Reichstag, der zum Teil umgebaut ist und frei steht, ähnlich klein und zweitrangig auf der östlichen Seite des Platzes ausgesehen – eine genaue Widerspiegelung seiner Rolle im Dritten Reich. Paradoxerweise war es Speer, der den Abbruch des Reichstages vorschlug, wohingegen Hitler das untersagte: Er wollte, daß das Gebäude als Versammlungsort für die Abgeordneten eines zahlenmäßig stark vergrößerten, obwohl politisch eingeschränkten Reichstages in seinem riesigen neuen Gebäude weiterexistierte. Der erhalten gebliebene Reichstag beanspruchte gerade ein Fünfzigstel des Volumens der vorgesehenen großen Halle. An der Nordseite des Großen Platzes sollten Wohnkomplexe gebaut werden, die viel mehr Menschen Wohnraum bieten konnten als jene, die niedergerissen wurden, um den Weg zur neuen Hauptstadt »Germania« zu bereiten. Wir können allerdings sicher sein, daß es im neuen Wohnviertel keinen Platz für Juden gegeben hätte.[5]

Speers Musikidol und Freund Wilhelm Furtwängler sagte voller Bewunderung zu Speer, als dessen anmaßender Plan bekannt wurde, wie herrlich es sein müsse, in so großem Stil nach seinen eigenen Ideen bauen zu können. Der Dirigent der Berliner Philharmoniker entlockte Speer eine Antwort, die aus zweierlei Gründen bemerkenswert ist: Sie zeigt, daß Speer sogar im Augenblick seiner architektonischen Apotheose sowohl die Gigantomanie als auch die Hybris seines Planes voll begriffen hatte, und es ist der einzige bekannt gewordene Fall von Selbstironie: »Stellen Sie sich vor, jemand würde sagen: ›Es ist mein unerschütterlicher Wille, daß die Neunte [Sinfonie von Beethoven] von nun an nur auf der Mundharmonika aufgeführt werden darf.‹«

Aber der Plan für die Stadt Germania, die 1950 fertiggestellt sein sollte, scheiterte durch Hitlers Krieg, ehe noch irgend etwas gebaut worden war. Der eine sichtbare Teil des wahnsinnigen Plans war die Verlegung des Standorts der Siegessäule, die zur Feier der Niederlage Frankreichs im Jahre 1871 erbaut worden war;

das Bauwerk wurde westwärts an seinen jetzigen Standort verrückt, da es die vorgesehene Kreuzung der beiden Achsen behinderte. Das andere sichtbare Relikt von Speers Rolle als Architekt und GBI ist eine Reihe gußeiserner doppelarmiger Straßenlaternen an der Straße des 17. Juni, der westlichen Verlängerung der berühmten Straße Unter den Linden, die die breiteste Avenue der deutschen Hauptstadt war und bleibt. Das Haus, das Speer für sich und Gretel 1935 zwischen den Berliner Seen gebaut hat, wurde von Bomben zerstört, obwohl noch Fotos und Baupläne davon übriggeblieben sind.[6]

Die US-Armee sprengte den anderen Wohnsitz, den er für sich entworfen hatte – sein Ateliergebäude in Hitlers Refugium auf dem Obersalzberg, einer Enklave im Südosten Bayerns, die vom Gebiet der österreichischen Heimat Hitlers umgeben ist. Speer hatte 1935 im gleichfalls in den bayerischen Alpen gelegenen Ostertal ein kleines Jagdhaus ausfindig gemacht, einen Ort, wohin er seine sich vergrößernde Familie mitnehmen und wo er ohne Ablenkung durch sein Amt arbeiten konnte. Hitler hörte davon und machte ihm einen Vorschlag, den er wie immer nicht ablehnen konnte: Er sollte in ein Haus in der Nähe von Hitlers Berghof ziehen (benannt nach einem Gasthof, der sich dort befunden hatte, bevor Hitler ihn erwarb).

Das fragliche Haus war eine Villa, die der Familie des Pianoherstellers Bechstein gehört hatte – die zu den ersten Förderern Hitlers aus der Oberschicht gehörte –, bis sie es ihm zum Geschenk machte. Speer entwarf 1936 ein Gebäude, das besser seinen beruflichen Erfordernissen entsprach, und Hitler befahl Bormann, es bauen zu lassen. Bormann und Göring waren außer Speer die einzigen, die ein Haus innerhalb des drei Kilometer langen Drahtzaunes hatten, der den inneren Sicherheitsbereich um den Berghof umgab – ein Gelände, das 1940 Meter über dem Meeresspiegel liegt und zum Schluß eine Fläche von sieben Quadratkilometern umfaßte. Das war ein weiterer unmißverständlicher Beweis für Speers Status.

Hitler hatte sein Haus in allen Details selbst entworfen und ließ es um das kleine Berghaus herum bauen, das er ursprünglich erworben hatte. Dazu gehörte ein großes Panoramafenster, das sich im Fußboden versenken ließ, damit man an klaren Tagen einen ungehinderten Blick auf Berchtesgaden und das entfernte Salzburg in Österreich hatte. Speer spottet in seinen Memoiren darüber, daß Hitler das Haus wie ein drittklassiger Architekturstudent über seiner Garage gebaut hatte, so daß es in der Wohnhalle bei Nordwind nach Benzin roch.[7] Vom bedeutend erweiterten Berghaus hatte man auch einen Blick auf den Untersberg, in dem der Sage nach Karl der Große schläft und darauf wartet, die Größe des Reiches wiederherzustellen. Hitler fand diese Sage überwältigend.

Die Gesellschaft, mit der sich Hitler als Gastgeber bei seinen häufigen Besuchen auf dem Obersalzberg umgab, war weniger anziehend. Speer ist nicht nur der einzige Zeitzeuge der riesigen Langeweile, die an Hitlers Hof herrschte, er war auch am besten in der Lage, eine genaue Beschreibung davon zu liefern.[8] Der weitgehend gleichbleibende Kreis der Besucher bestand aus den Gefolgsleuten, die Hitler in den langen Nächten in Berlin und den endlosen Abendessen in München Gesellschaft leisteten; der Berghof war jedoch ein Ferienhaus, und daher waren wenigstens auch Frauen dabei. Dazu gehörten Eva Braun, Hitlers Geliebte, und einige wenige Sekretärinnen. Der abstoßende Bormann, ursprünglich Sekretär und Stabsleiter des »Stellvertreters des Führers« Rudolf Heß, dann Privatsekretär und Vermögensverwalter Hitlers und schließlich, nach der Flucht von Heß im Jahre 1941, Leiter der »Parteikanzlei«, war der wahre Herr des Berghofes und für dessen Bau, Erweiterung und Unterhalt verantwortlich. Das war eine seiner Methoden, sich unentbehrlich zu machen – eine Strategie, durch die er (niemals Speer) zum mächtigsten Mann des Reiches nach Hitler avancierte, da er den Zugang zu Hitler unter Kontrolle hatte. Wo Hitler war, da war morgens, mittags und abends auch Bormann. Der vornehme Architekt Speer konnte den vulgären Bauern nicht ausstehen, und dieses Gefühl beruhte auf Gegenseitigkeit. Bormann war auch der einzige führende Nazi, den Speer weder manipulieren noch bestechen, noch sonstwie für sich einnehmen konnte.

Hitler stand spät auf, ließ sich kurz über Neuigkeiten informieren und präsidierte bei einem langen und späten Mittagessen, das von robusten Mitgliedern der SS-Leibstandarte serviert wurde, die fast aus ihren Dieneruniformen platzten. Es folgte gewöhnlich ein halbstündiger Spaziergang zum Teehaus, zu dem ein schmaler Weg führte und das auf einem Felsen über Berchtesgaden thronte. Besonders hier führte Hitler gern seine endlosen Monologe, die so langweilig waren, daß er zuweilen selbst dabei einschlief.

Gegen 6 Uhr nachmittag erhob sich die Gesellschaft und ging zum zwanzig Minuten entfernten Parkplatz, um sich von der Wagenkolonne zu Hitlers Haus zurückbringen zu lassen. Die Autos fuhren dabei über Bormanns gewundene und teure Bergstraßen. Zwei Stunden später versammelten sich die üblichen Gäste zu einem langen Abendessen im Speiseraum. Danach folgte, wie es auch zu den Abendgepflogenheiten Hitlers in Berlin gehörte, eine Filmvorführung im Salon. Hitler ging selten vor 2 Uhr 30 morgens zu Bett. Danach begaben sich die erschöpften »Überlebenden« des Abends hinunter, um noch ausgiebig etwas zu trinken, bevor sie nach Hause torkelten. Wer wichtige Arbeiten zu erledigen hatte, fuhr so selten wie möglich zum Berghof.

Speer schrieb, daß Hitler, der immer ein Kleinbürger blieb, Eva Braun anwies, sich fernzuhalten, wenn ihn deutsche oder ausländische Würdenträger besuchten. Konnte Speer sich loseisen, dann leistete er der zurückhaltenden Lehrerstochter in ihrem privaten Wohnzimmer Gesellschaft. An der Spitze des Dritten Reiches herrschte also ein geistiges Vakuum. Die gedämpfte Stimmung im engsten Kreis der Gefolgsleute Hitlers lockerte sich selten – Eva und sein Mitarbeiterstab waren die einzigen, denen Hitler erlaubte, sich in der Unterhaltung gewisse Freiheiten herauszunehmen, wahrscheinlich deshalb, weil das seine totale Kontrolle über ihr Leben nicht beeinträchtigte. Bei jedem anderen wäre es eine unvorstellbare Majestätsbeleidigung gewesen. Hitler liebte es zu dominieren.

Abgesehen von anderen nachteiligen Konsequenzen bedeutete dies, daß er ausgesprochen intelligente Frauen um sich herum nicht duldete. Dieser Umstand verstärkte noch die Banalität und Langweiligkeit seines Hofes. Ein wenig Erleichterung brachten die persönlichen Freundschaften, die sich unter manchen Gefolgsleuten entwickelten. Die Speers waren mit dem SS-General Dr. Karl Brandt befreundet, ein Begleitarzt Hitlers und Hauptverantwortlicher für das Euthanasieprogramm und die Unterkühlungsexperimente, die an Häftlingen durchgeführt wurden. Gretel Speer und Anni Brandt wurden enge Freundinnen; sicherlich gingen sie nicht näher auf Brandts spezielle Beiträge zur entsetzlichen Geschichte der deutschen Ärzteschaft ein, für die er nach dem Prozeß gegen die SS-Ärzte in Nürnberg gehenkt wurde. Speers engster Freund bei Hofe war Hitlers adeliger Luftwaffenadjutant, Oberstleutnant Nicolaus von Below.

Hitler ging nie aus der Reserve, und es gab kaum ein Dutzend Leute, mit denen er per du war. Speer gehörte nicht zu Hitlers Dutzfreunden.[9] Im Kapitel »Obersalzberg« seiner Memoiren schlußfolgert Speer vernünftig, daß er nie die letzte Barriere der Distanz durchbrochen hat, wodurch er wirklich Hitlers Freund in dem Sinne geworden wäre, in dem man eine solche Beziehung gewöhnlich versteht.

Obwohl es viele laszive Spekulationen gibt, ist fast nichts über den Charakter von Hitlers intimer Beziehung zu Eva Braun bekannt. Speer erwähnt bloß daß diese erstaunlich temperamentvolle Frau genügend Humor hatte, um sich selbst ironisch als »Landesmutter« zu bezeichnen, während Hitler sie sein »Tschapperl« nannte (österreichisch für einen lieben, aber unbeholfenen Menschen).

Da Gretel Speer von 1934 an ständig ein oder mehrere Kinder zu betreuen hatte, kam sie wenig dazu, ihre Zeit auf dem Berghof zu vertrödeln. Das gleiche galt für ihren arbeitswütigen Mann, der geschrieben hat, wie sehr er die ungeheure Verschwendung von Zeit und Energie bedauerte: Er hat sich darüber beklagt, daß er von Hitlers übereifrigen Adjutanten, die geneigt waren, eine zufällige Frage »Wo ist Speer?« als einen »Führerbefehl« zu interpretieren, häufig zum Berghof bestellt wurde. Egal, wo er gerade sein mochte – sie ließen ihn sofort mit dem Flugzeug holen. Wenn er dann atemlos ankam, war Hitler oft erstaunt, ihn zu sehen, und hatte eigentlich gar nichts mit ihm zu besprechen.

Speers Zeit war ein Jahr nach seiner Ernennung zum GBI für Berlin besonders knapp bemessen. Ende Januar 1938 beauftragte ihn Hitler – nicht in Form eines Befehls –, ihm bis zum 10. Januar 1939, dem Datum des Neujahrsempfangs für das diplomatische Korps, eine riesige neue Reichskanzlei zu bauen. Speer verschlug es die Sprache; ein solcher Plan war nicht einmal andeutungsweise erwähnt worden, und der Termin war eine ungeheuere Herausforderung. Trotzdem nahm Speer sie nach einigen Stunden Bedenkzeit an und versprach, den Bau bis zum 9. Januar fertigzustellen. Ihm wurde die Voßstraße in ihrer ganzen Länge als Südseite eines 16 Hektar großen, rechteckigen Bauplatzes, einschließlich eines dazugehörigen Gartens an der Nordseite, zur Verfügung gestellt. Der Bauplatz befand sich etwas südöstlich vom geplanten Großen Platz, und das lange, relativ niedrige Gebäude war der einzige Teil der gigantischen Berlinpläne, der realisiert wurde: Das Gebäude wurde errichtet und genutzt, wenngleich es nach Fertigstellung von »Germania« eine unbedeutendere Funktion gehabt hätte, da Speer eine noch größere Reichskanzlei plante. Nach dem Kriege wurde der Bau gesprengt, und bis zum Fall der Berliner Mauer im Jahre 1989 war alles ein grasbedeckter Schutthaufen.

Die nur drei Stockwerke hohe neue Reichskanzlei an der Voßstraße blieb nichtsdestoweniger dem von Speer und seinem Auftraggeber geförderten hemmungslosen Gigantismus treu. Ihre Frontseite war 400 Meter lang und erstreckte sich vom Wilhelmplatz, Ecke Wilhelmstraße im Osten bis zum Rand des Tiergartens im Westen. Das rechteckige Gebäude mit einem Volumen von 360 000 Kubikmeter sollte 420 Räume haben.

Durch den repräsentativen Eingang am Wilhelmplatz gelangten offizielle Gäste in einen »Ehrenhof«, wo sie empfangen wurden. Zu den überdimensionalen Besonderheiten des Gebäudes gehörte eine südwärts liegende Marmorgalerie, die – da Größe alles war – mehr als doppelt so lang war wie der Spiegelsaal von Versailles. Hinter dem breiten Mittelteil dieser Galerie befand sich an der Nordseite Hitlers riesiges Arbeitszimmer – es maß 27 mal 14,5 Meter, war zwei Stockwerke hoch und hatte fünf Paar hohe Türen, die auf eine Terrasse hinausgingen, von der man nach Norden über den Garten hinweg blickte. Auf der Terrasse stand ein Paar überlebensgroßer Bronzepferde von Josef Thorak, der für Hitlers Geschenk, den überteuerten Hengst Rheinfried, anscheinend einen weiteren Verwendungszweck gefunden hatte.

Außen war die Reichskanzlei im nüchternen neoklassizistischen Stil gestaltet. Die südöstliche Ecke, einschließlich der dem Wilhelmplatz zugekehrten Fassade, wurde nicht völlig neu gebaut. Speer gliederte die Außenfront eines Gebäudes in die Reichskanzlei ein, das der wilhelminische Architekt Eduard Jobst Siedler entworfen hatte. Seine Fenster hatten Firste mit römischen Bögen und waren von Stützpfeilern mit Ziergiebeln in griechischem Stil flankiert. Er ließ doppelte Eingangstore durch die Mauern auf der dem Wilhelmplatz zugekehrten Seite brechen und fügte auch einen Balkon im ersten Stock hinzu, damit Hitler direkt aus seinem Wohnbereich heraustreten konnte, um eine Menschenmenge zu begrüßen.

Zur Bronzetür des eigentlichen Gebäudes gelangte man, indem man den ostwärts gelegenen Ehrenhof überquerte und die zehn Stufen einer Freitreppe hinaufstieg; sie führte zu einer Terrasse mit schmucklosen Säulen. Der Eingang wurde von zwei geschmacklosen, finsteren Bronzegestalten flankiert, die mehr als doppelt so groß waren wie lebendige Menschen. Jede stellte einen nackten Mann mit gewölbter Brust und kräftigem Hals in einer ziemlich lächerlichen Pose dar; der ausgestreckte äußere Arm hielt eine Fackel empor, während der andere Arm unnütz in Hüfthöhe verharrte. Auf Fotografien sehen diese totalitären Statuen so aus, als ob sie sich ihrer Nacktheit schämten – mit gutem Grund. Über der von ihnen bewachten Tür befand sich ein Basrelief, das einen Steinadler mit halbgeöffneten Schwingen darstellte. Die Terrasse und die mit Pfeilern versehenen Nischen an der langen Mauer des Ehrenhofes wurde, wie bei Speers Pariser Pavillon ein Jahr zuvor, nachts von verdeckten Lampen beleuchtet. Der Boden des Hofes war mit Steinplatten aus hellem, aus den Dolomiten stammendem Kalkstein bedeckt, die längs und quer von dunklen Linien durchzogen waren. Diese bildeten ein Muster von Quadraten, die wiederum durch Quadrate unterteilt waren, genauso wie Speers Fenster.

Speer trug auch die Gesamtverantwortung für die Innenarchitektur dieses höchst anspruchsvollen Bauvorhabens. Die Innenausstattung war wohldurchdacht, aber es ist sehr interessant, daß er dabei wahrscheinlich unabsichtlich auf die Arbeit seines Vaters zurückgegriffen hat. Albert Speer sen. war dreißig Jahre zuvor beauftragt worden, für die Rheinische Creditbank in Mannheim ein neues Gebäude zu entwerfen. Einem bebilderten Artikel zufolge, der in der Berliner Zeitschrift »Wohnungskunst« im Jahre 1917 erschien, wies die Bank Terrassentüren und Kronleuchter auf, die eindeutig von Versailles beeinflußt waren; hinzu kamen verzierte Decken, Stützpfeiler und romanische Charakteristika. Der Gesamteindruck ließ eindeutig, wenn auch in einem vergleichsweise bescheidenen Umfang, die allzu überladen wirkende Reichskanzlei des Sohnes vorausahnen. Die Gigantomanie seines Sohnes hat Albert sen. allerdings nie verstanden. Als man ihm die Pläne für die Neugestaltung Berlins zeigte, lautete sein einziger überlieferter Kommentar: »Ihr seid komplett verrückt geworden!«

Speer wählte bronzene Türen mit ornamentalen Umrandungen, die vage an klassische oder altägyptische Vorbilder erinnerten. Verschwenderisch wurden die teuersten Marmorsorten für Fußböden und Wände verwendet.[10]

Besondere Aufmerksamkeit widmete er den Fenstern, die alle genau rechteckig und durch bronzierte Metallrahmen in Quadrate unterteilt waren (Speer hatte für eine Doktorarbeit über die Geschichte des Fensters einige Studien unternommen, die er später im Gefängnis fortsetzte, bis er diese Arbeit ganz aufgab). Hätte Speer ein stilistisches Markenzeichen benötigt, so wären diese rechteckigen Fenster mit ihren quadratischen Scheiben in Frage gekommen: Er verwendete sie fast bei jedem Gebäude, das er entwarf, darunter bei seinen eigenen Häusern in Berlin und auf dem Berghof, bei der Orangerie der Reichskanzlei und anderswo. Im Gegensatz dazu bevorzugte das Bauhaus horizontale rechteckige

Unterteilungen bei Fenstern, verwendete jedoch ebenfalls Metallrahmen.

Von der Reichskanzlei des Jahres 1938 sind viele Fotos, darunter auch einige Farbaufnahmen, erhalten geblieben.[11] Der Einfluß von Versailles ist beim ganzen Interieur, besonders aber bei der überlangen Marmorgalerie deutlich erkennbar. Diese hatte einen glänzend grünen Fußboden und eine lange Reihe tief zurückgesetzter Terrassentüren, die ebenso wie die anderen Türen von rötlichem und grünem Marmor umrahmt waren; dazwischen waren an den Wänden Bündel von senkrechten elektrischen »Kerzen« angebracht. Trotz der vielen Terrassentüren, des reflektierenden Fußbodens und der hellen Stukkatur an den Decken und Wänden, die mit großen Gobelins statt mit Spiegeln bedeckt waren, war der Gesamteindruck selbst bei Sonnenschein erdrückend. Die angrenzende Halle, die Hermann Kasper entworfen und mit Mosaik ausgekleidet hatte, machte sogar einen noch düstereren Eindruck; die lichtdurchlässige, von hinten beleuchtete Glasdecke konnte das Fehlen von Fenstern nicht wettmachen. Eine Farbfotografie, die das Innere der angrenzenden Rotunde zeigt, scheint wie durch eine rosarote Brille gemacht: Auf Grund der verschwenderischen Verwendung von dunkelrotem Marmor gewinnt man den Eindruck, als ob Blut die Wände herabrinne und eine Kapelle in ein Schlachthaus verwandelt worden sei.

Hitlers Arbeitszimmer war nicht weniger überwältigend: Seine Wände waren mit rotem Marmor aus Limburg ausgekleidet, und seine Kassettendecke bestand aus hellen Rosenholzpaneelen, die von dunklerem Palisander umrahmt waren. Die Haupttür befand sich an der Südseite, und ein Besucher war gezwungen, einige Dutzend Meter bis zum Schreibtisch zurückzulegen, der in der nordwestlichen Ecke stand – eine Form von tyrannischem Pomp, die hervorragend von Charlie Chaplin im »Großen Diktator« parodiert wurde. Dieses unförmige Möbelstück war dem Westen zugekehrt und vier Meter lang. Ein gepolsterter Ledersessel mit hoher Rückenlehne, der aus dem Bauhaus hätte stammen können, stand dahinter, zwei bis drei mit Brokat bezogene Armsessel davor. Eine große Schreibtischlampe aus Messing krönte die Tischplatte, ein bukolischer Wandteppich hing hinter dem Arbeitsplatz, ein Teppich mit geometrischem Muster lag darunter.

Der Schreibtisch und ein dazu passendes Büfett mit einer überdimensionalen Sturzuhr aus Goldbronze erinnerten an den Empirestil, nur daß die Möbel im Vergleich zu ihrer Höhe zu lang oder im Vergleich zu ihrer Länge zu niedrig waren.

Bemerkenswert für das Jahr 1938 war, daß an der nördlichen Wand ein 16 Meter langer marmorner Kartentisch stand, der Hitler ohne Zweifel sehr zupaß kam, da er kurz nach dem Einzug in die neue Reichskanzlei Europa zu verschlingen begann. Rechts vom Kartentisch befand sich vor einem gigantischen Kamin der Bereich für Besprechungen; gegenüber der Feuerstelle stand ein Sofa, das so lang war wie der Kartentisch und um das sich auf beiden Seiten entsprechende Sessel gruppierten. Ein riesiger Globus stand in der nordöstlichen Ecke des Raumes und wartete auf die Zeit, da Hitler den Versuch unternahm, die Welt zu beherrschen. Es ist zu vermuten, daß der »Führer« selbst diese militärisch nutzbaren Einrichtungsgegenstände bestellt hatte; Speer hatte keinen Grund, sich dieses Arbeitszimmer als Kommandozentrale für Kriegsvorbereitungen vorzustellen. Die 14 Zentimeter dicke und 1,65 Meter breite Platte des Kartentisches bestand aus einem einzigen Stück Marmor; sie ruhte auf fünf massiven Böcken und einer einzigen Stütze an jedem Ende; alles war mit eingelegtem dunklerem Marmor verziert. Der Kartentisch stand vor dem mittleren Fenster, das auf die Orangerie hinausging.

Hitler erschien häufig unangemeldet, um seine neue Arbeitsstätte zu besichtigen, schlug aber kaum irgendeine Änderung vor. Speer schrieb[12], daß es einen tieferen Grund dafür gab, daß Hitler die Errichtung des Gebäudes so ungeduldig vorantrieb: Der »Führer« war ein ausgeprägter Hypochonder. Was anscheinend lediglich ein »nervöser Magen« oder eine chronische Verdauungsstörung war, veranlaßte Hitler zu der Annahme, er habe nicht mehr lange zu leben. Er schlug den Rat seines jungen Arztes Dr. Brandt in den Wind, sich einer gründlichen Untersuchung durch erfahrene Internisten zu unterziehen. Statt dessen versuchte er sich mit exzentrischen Diäten, die er sich selbst verordnete, zu kurieren und wandte sich dann an Dr. Theodor Morell, einen Freund von Heinrich Hoffmann, Hitlers persönlichem Fotografen, der nach seiner Genesung von einer schweren Krankheit auf diesen Arzt schwor. Morell war nicht mehr als ein kurpfuschender Bakteriologe, der Hitler verschiedene Patentrezepte verordnete, die er ihm in Form von Tabletten oder Injektionen verabreichte. Das Befinden des »Führers« scheint sich dadurch anfangs gebessert zu haben. Göring, dem Tabletten und Injektionsspritzen gleichfalls nicht fremd waren, gab Morell den Spitznamen »Reichsspritzenmeister«. Morell gehörte zum inneren Kreis Hitlers bis zu dessen Ende und leistete wahrscheinlich einen wichtigen Beitrag zur Niederlage Deutschlands.

Auch Speer besuchte in dieser Zeit die vornehme Privatpraxis von Dr. Morell am Kurfürstendamm, da er sich auf Grund der Überarbeitung schlecht fühlte. Ihm wurde ein Cocktail von Tabletten und Vitaminen verschrieben, doch konsultierte er vorsichtshalber noch einen zweiten Arzt, Professor Gustav von Bergmann, einen Internisten, der ihm empfahl, einfach sein Arbeitspensum zu vermindern. Speer erholte sich rasch und erklärte heuchlerisch, dies sei Dr. Morells Tabletten zu verdanken, die er in Wirklichkeit gar nicht geschluckt hatte. Morell stieg darauf noch mehr in Hitlers Achtung. Eva Braun dagegen hielt Morell nur für eine schmutzige Figur.[13]

Hitler ging es nur vorübergehend besser, und er sagte ständig seinen baldigen Tod voraus. Diese Furcht verstärkte noch seine innere Unrast, mochte es sich um die Fertigstellung der Reichskanzlei oder um die geplanten Eroberungen handeln. Mit einem bereits im November 1937 formulierten politischen Vermächtnis hatte er sich bemüht, seinen eventuellen Nachfolger auf ein Programm für die Erringung der Weltherrschaft festzulegen; sein Testament machte er im Mai 1938. Es kann nicht ausgeschlossen werden, daß zwischen der Geistesverfassung des Führers, wie sie damals von seinen körperlichen Beschwerden beeinflußt war, und der Tatsache, daß sich die politischen Ereignisse im In- und Ausland immer schneller und bedrohlicher entwickelten, ein Zusammenhang bestand.

Speer standen zum Bau der Reichskanzlei 8000 Handwerker und Arbeiter zur Verfügung. Sie arbeiteten in zwei Schichten, wobei 4500 direkt auf der Baustelle tätig waren und die übrigen anderswo mit der Bearbeitung von Materialien oder mit Installationen und Tischlerarbeiten beschäftigt waren. Er hielt sein Versprechen, daß die neue Reichskanzlei bis zum 9. Januar fertig sein würde. Der Auftrag war sogar schon am 7. erfüllt, da Speer die beiden Tage des Wochenendes als Reserve einkalkuliert hatte, um mit eventuellen Probleme noch rasch fertig zu werden. Es gab aber keine, obwohl Speer in seinen Memoiren erwähnte, daß Arbeiter beim Umzug ins neue Gebäude eine Büste Bismarcks fallen ließen, so daß der Kopf abbrach. Speer verheimlichte das »böse Omen« und beauftragte den damals führenden Bildhauer, Arno Breker, von der Büste eine genaue Kopie anzufertigen, die durch Einlegen in Tee »gealtert« wurde.[14]

Hitler flog am 7. von München ab, um von seinem Gebäude Besitz zu ergreifen, und war von Speers unglaublicher Pünktlichkeit überrascht. Er wandte nur ein, daß der Empfangssaal die dreifache Größe haben müßte. Die Sache wurde innerhalb eines Jahres erledigt.

Da der »Führer« immer zur Schadenfreude neigte, amüsierte es ihn sehr, daß Speer besorgt war, ausländische Würdenträger könnten bei einem Empfang auf ihrem langen Marsch auf dem polierten, nackten Boden der festlichen Räume ausrutschen. Hitler war der Meinung, Diplomaten müßten in der Lage sein, auf jedem unsicheren Boden zu verhandeln. Ihm gefiel auch die Intarsie seines Schreibtisches mit der Darstellung des halb aus der Scheide gezogenen Schwertes. Jedem Diplomaten, der es geschafft hatte, sich auf den Beinen zu halten, mußte dieses Motiv einen Schrecken einjagen. Speer erklärt nicht, wie dieses aggressive Symbol dorthin gekommen war, obwohl er es für nötig hielt, die Darstellung der vier Tugenden »Weisheit, Besonnenheit, Tapferkeit und Gerechtigkeit« zu erwähnen, die von den Feldern über den Türen des Arbeitszimmers herabblickten.

Auch der kaum weniger luxuriöse, aber deutlich kleinere Kabinettssitzungssaal wurde sehr bewundert, aber nie für die gedachten offiziellen Zwecke benutzt. Es gab kein funktionsfähiges Kabinett mehr in Deutschland.

Der momentan zufriedengestellte Kunde belohnte seinen Architekten mit einem Festmahl, dem Goldenen Parteiabzeichen und einem seiner eigenen Aquarelle, die er 1909 in Wien gemalt hatte (Speer bezeichnete es später unfreundlich als unpersönlich). Hitler eröffnete das Gebäude offiziell am 10. Januar und gab am gleichen Tag den Neujahrsempfang für die ausländischen Diplomaten in den Marmorhöhlen seines neuen Hauptsitzes. Zu diesem gehörte ein Luftschutzbunker, der beim Ausheben der Fundamente gebaut worden war: Man hatte die Tatsache, daß die Luftwaffe im April 1937 Guernica in Spanien bombardierte, in weiser Voraussicht als böses Omen erkannt.

Vertreibung der Juden (1938–41)

Nach der militärischen Besetzung des Rheinlandes im März 1936 wurde das Bündnis der Parias geschmiedet, das bei der Aggression im Zweiten Weltkrieg eine entscheidende Rolle gespielt hat. Mussolinis faschistisches Italien brach mit der nationalen anglophilen Tradition und bildete gemeinsam mit den Nazis die Achse Rom–Berlin; das entsprechende Abkommen wurde im Oktober 1936 unterzeichnet. Genau einen Monat später, am 25. November, schlossen Deutschland und Japan den Antikominternpakt, ein politisches Bündnis gegen die Sowjetunion und den internationalen Kommunismus. Dieses Dreigestirn war durch zügellosen Expansionismus gekennzeichnet, der fast alle anderen Großmächte alarmierte und sie schließlich gegen die Achse einte.

Nachdem Hitler seine Diktatur im Inland dadurch gefestigt hatte, daß er das Ermächtigungsgesetz von 1934 im Januar 1937 verlängern ließ, verbrachte er den Rest des Jahres mit Kriegsvorbereitungen. Im September kündigte er den Versailler Vertrag auf und beseitigte alle Rüstungsbeschränkungen. Nachdem er die auf verhängnisvolle Weise gespaltene Linke als einzige politische Rivalin im Kampf um die Macht erledigt hatte, wandte er sich dem Militär zu als der einzigen Institution, die in der Lage war, seiner Herrschaft ein Ende zu setzen. Der Reichswehrminister und Oberbefehlshaber der Wehrmacht, Generalfeldmarschall Werner von Blomberg, und der Oberbefehlshaber des Heeres, Generaloberst Werner Freiherr von Fritsch, wurden im Februar 1938 entlassen, der eine, weil er eine angebliche Prostituierte geheiratet hatte, und der andere unter dem unzutreffenden Vorwurf der Homosexualität. Hitler übernahm in diesem Monat persönlich das Oberkommando der Wehrmacht. Die Soldaten wurden nun auf die Person Hitlers vereidigt und nicht mehr auf den Staat, wie es seit Hindenburgs Tod im Jahre 1934 der Fall gewesen war.

Im gleichen Jahr hatte Hitler seinen ersten Versuch unternommen, sich Österreichs zu bemächtigen, ein Vorhaben, das durch die Nachkriegsregelungen ausdrücklich verboten war. Zur Zeit der Auflösung des österreich-ungarischen Imperiums hatten die meisten Deutsch-Österreicher die Vereinigung mit Deutschland befürwortet. Diese Idee des »Anschlusses« war ein Problem, das bereits lange vor Hitlers Machtergreifung existiert hatte. Die Weimarer Republik und die Wiener Regierung waren im März 1931 übereingekommen, eine Zollunion – die Vorläuferin einer politischen Einheit, der deutschen im 19. Jahrhundert genauso wie der europäischen Ende des 20. Jahrhunderts – vertraglich zu vereinbaren. Sowohl die Franzosen als auch ehemalige Teile des Habsburger Reiches, und zwar die Tschechoslowakei, Rumänien und Jugoslawien (die »kleine Entente«), erhoben Einspruch. Der Internationale Gerichtshof in Den Haag erklärte auf Grund des Versailler Vertrags das Vorhaben für völkerrechtswidrig – mit einer Mehrheit von acht zu sieben Richterstimmen.

Hitler, den diese laue Abfuhr kaltließ, nahm sich des »Anschlusses« an, sobald er an die Macht gekommen war. Durch seine Politik ermuntert, ermordeten österreichische Nationalsozialisten am 25. Juli 1934 den österreichischen Bundeskanzler Engelbert Dollfuß in dessen Amtssitz. Der nachfolgende Putsch wurde von der Polizei niedergeschlagen. Obwohl Hitler 1936 einen Vertrag unterschrieb, mit dem Österreichs Unabhängigkeit anerkannt wurde, unterstützte er die österreichischen Nazis weiter. Im Februar 1938 wurde der Nachfolger von Dollfuß, Kurt von Schuschnigg, nach Berchtesgaden eingeladen und dort von seinem ehemaligen Landsmann, der für die Nationalsozialisten Zugeständnisse forderte, eingeschüchtert. Schuschnigg wußte, daß er wegen der unrühmlichen Politik des Appeasement nicht auf britische oder französische Unterstützung hoffen konnte. Aus diesem Grund gab er nach, doch als er nach Hause zurückkam, verfügte er beherzt die Durchführung einer Volksbefragung über die nationale Unabhängigkeit.

Hitler ließ Truppen an der Grenze aufmarschieren und forderte am 11. März ultimativ Schuschniggs Rücktritt zugunsten des Führers der österreichischen Nationalsozialisten, Arthur Seyß-Inquart. Schuschnigg ließ, um Hitler zu besänftigen, die Volksbefragung absagen und dankte ab. Auf Görings Vorschlag forderten die Österreicher die Wehrmacht heraus, »Ruhe und Ordnung wiederherzustellen«. Die plumpe Annexion wurde im nachhinein durch eine andere Volksbefragung »legitimiert«: Über 99 Prozent der wahlberechtigten Bürger antworteten angeblich auf eine einzige Frage mit »Ja« und billigten damit den Anschluß und die Liste der Nazipartei mit den österreichischen Kandidaten für den großdeutschen Reichstag.

Genauso wie Hitler die Oberhoheit über das Rheinland dadurch wiedererlangt hatte, daß er kühn und entschlossen handelte, während andere schwankten, gewann er diese auch über Österreich. Riesige Menschenmengen begrüßten die deutschen Soldaten und gaben damit später Anlaß zu der bissigen Bemerkung, die Österreicher würden sich nicht entscheiden können, ob sie 1945 besiegt oder befreit worden seien. Jedenfalls gab es sicherlich keine Nazis, die begeisterter gewesen wären als die österreichischen.

Hitlers Programm der schrittweisen Expansion Deutschlands sah jetzt die Einverleibung jener Teile anderer Länder vor, die einmal deutsch gewesen waren oder die große deutsche Minderheiten hatten, die er vor seinen Wagen spannen konnte. Der nächste Punkt auf dieser recht logischen, wenn auch brutalen Tagesordnung war das Sudetenland, der größtenteils deutschsprachige Bogen von Westböhmen in der Tschechoslowakei. Dort lebten über drei Millionen Deutsche, die fast ein Viertel der tschechoslowakischen Bevölkerung ausmachten, mehr als genug, um die von Konrad Henlein geführte sudetendeutsche Nazipartei begeistert zu unterstützen. Die Region war reich an Bodenschätzen, und durch geschickte Manipulation der Landkarte ließ sich nachweisen, daß sich dort das tschechoslowakische Äquivalent der Maginotlinie befand, ein Netz von massiven Befestigungsanlagen im böhmischen Bergland, in die im Kriegsfall 35 Divisionen einrücken sollten – ein beachtliches Aufgebot für einen kleinen, aber effizienten Staat.

Die Prager Regierung von Präsident Benesch versuchte ebenfalls, den Konflikt durch Zugeständnisse zu entschärfen, aber je mehr Konzessionen sie den Sudetendeutschen und ihren deutschen Helfern machte, desto mehr forderten sie. Doch im Unterschied zu Österreich wurden die Grenzen der Tschechoslowakei sowohl von Frankreich als auch von der Sowjetunion garantiert.

Aber noch bevor Hitler Österreich an sich gerissen hatte, hatte er im Reichstag von den »furchtbaren Bedingungen« der Deutschen in Böhmen geredet und ihnen offen versprochen, sie zu »schützen«. Ein Grenzzwischenfall, bei dem mehrere Deutsche getötet wurden, lieferte ihm den Vorwand, Truppen an die Grenze zu schicken. Die tschechoslowakische Armee mobilisierte entschlossen 400 000 Mann und besetzte ihre Bunker. Die Franzosen und die Russen veröffentlichten diplomatische Proteste, während die Briten von ihrem bisherigen Standpunkt abrückten, daß es absolut unmöglich sei, in einem so weit entfernten Land, von dem sie so wenig wüßten, militärisch einzugreifen.

Hitler wich zurück – vorläufig. Er überließ es Henlein, die Lage noch weiter anzuheizen, indem der im April 1938 die volle Autonomie für die Sudetendeutschen forderte. Prag erklärte sich bereit, das Land nach dem Vorbild der Schweiz zu föderalisieren, um den Sudetendeutschen Autonomie zu gewähren, doch nichts konnte Hitler jetzt zufriedenstellen. Seinen Generalen hatte er am 30. Mai insgeheim mitgeteilt, daß er am 1. Oktober gegen die Tschechoslowakei losschlagen wolle.

Mitte September befahl Hitler ostentativ, die Arbeiten an der Siegfriedlinie, dem Gegenstück zur Maginotlinie im Westen, zu forcieren, und erklärte, daß er den Sudetendeutschen beistehen wolle. Neville Chamberlain, der britische Premierminister, flog nach Berchtesgaden, um mit Hitler »vernünftig zu reden«. Bei seiner Rückkehr nahm sich Chamberlain nur die Zeit, sich mit Edouard Daladier, seinem französischen Amtskollegen, und mit seinem eigenen Kabinett zu beraten, und forderte dann die Tschechoslowaken am 20. September auf, Europa zuliebe nachzugeben. Präsident Benesch, laut Verfassung Oberbefehlshaber des tschechslowakischen Heeres, einer der bestgerüsteten Armeen der Welt, erklärte sich dazu bereit: Sein Kabinett trat zurück.

Doch Hitler war nicht zufrieden, als Chamberlain in Bad Godesberg am Rhein erneut mit ihm zusammentraf. Er legte eine

Karte des Sudetenlandes vor, die so großzügig gezeichnet war, daß sie die Befestigungsanlagen umfaßte, und erklärte, er werde am 1. Oktober einmarschieren, wenn nicht alle markierten Gebiete abgetreten würden. Benesch lehnte das ab. Mussolini berief eine Konferenz für den 29. September ein, um zu »vermitteln«. Hitler hielt jedoch eine honigsüße Rede im Sportpalast. Nachdem er Chamberlains Zustimmung erhalten hatte, erklärte er, daß das Sudetenland die letzte territoriale Forderung sei, die er stelle.

Der glücklose Premierminister bat noch einmal um Gnade, diesmal in München, von wo er am 29. mit jenem Stück Papier abreiste, das »Frieden in unserer Zeit« versprach. Die Rest-Tschechoslowakei war wehrlos, und die Deutschen beherrschten Mitteleuropa. Niemand war erstaunt, als die Wehrmacht am 15. März 1939 Böhmen und Mähren zu einem deutschen »Protektorat« machte. Speer besichtigte zu jener Zeit gerade die klassischen Ruinen in Süditalien. In seiner Begleitung waren einige seiner Architekten, Dr. Brandt und die unglückliche Magda Goebbels, die von ihrem sexbesessenen Krüppel von Mann regelmäßig betrogen wurde und sich mit Karl Hanke, Speers erstem Gönner in der Naziführung, tröstete.

Die Tschechoslowakei, zwanzig Jahre lang der erfolgreichste und fortschrittlichste Nachfolgestaat des österreichischen Imperiums, war von der Landkarte verschwunden. Acht Tage später marschierte die Wehrmacht von Ostpreußen aus in das Memelgebiet ein, das deutsch gewesen war, bevor es 1919 an Litauen gefallen war. Die Besetzung von Prag führte jedoch dazu, daß in Großbritannien ein Schlußstrich unter die Politik des Appeasement gezogen wurde. Die Aufrüstung, die 1936 zögernd begonnen hatte, wurde jetzt beschleunigt fortgesetzt.

Der nächste Punkt auf Hitlers Tagesordnung war klar: Er hatte ihn ja entgegenkommenderweise angekündigt. Er war eindeutig entschlossen, die Ergebnisse von 1918 rückgängig zu machen. Am spektakulärsten war der Verlust der Region Danzig–Posen (Gdansk–Poznan), wodurch Polen, seit 1917 unabhängig von Rußland, Zugang zur Ostsee erhalten hatte. Am 24. Oktober 1938 – weniger als einen Monat nach seiner »letzten« territorialen Forderung, verlangte Hitler die Rückgabe der damals überwiegend von Deutschen bewohnten großen »freien« Stadt Danzig (heute polnisch Gdansk) an der Ostseeküste sowie eines Landstreifens für eine Autobahn und eine Eisenbahnstrecke, die Ostpreußen mit dem übrigen Deutschland verbinden sollten: einen deutschen Korridor durch den polnischen Korridor. Aus Scham wegen München bot Chamberlain den Polen eine Garantie für ihre Grenzen an und trug so zur Wiederbelebung des zögerlichen französischen Engagements für Osteuropa bei.

Diplomatie zog bei Hitler nicht, weil er Kompromissen nicht zugänglich war. Die Briten und Franzosen, gewohnt in politischen Kompromissen zu denken, konnten Polen aus geographischen Gründen weder direkt, zum Beispiel durch einen Angriff auf Deutschland vom Westen her, noch aus psychologisch-politischen Gründen indirekt helfen. Sie wußten einfach keine Antwort auf die Aggression der Nationalsozialisten, da sie nicht begreifen wollten, daß Hitler völlig skrupellos war und nie seine Ziele aufgeben würde, wenn man ihn nicht sofort stoppte. Würde ihm ein Strich durch die Rechnung gemacht, wie es in Österreich und in der Tschechoslowakei geschah, so würde er den für ihn günstigen Zeitpunkt abwarten und dann sobald wie möglich wieder seine Forderung stellen in der festen Überzeugung, daß seine Gegner klein beigeben würden.

Das deutsche Volk wollte keinen Krieg und war sehr erleichtert, als er nicht ausbrach. Dieses Gefühl wurde von Goebbels in einen Triumph über die Einverleibung der Tschechoslowakei umgemünzt. Bevor Hitler seine Truppen nach Prag entsandte, ließ er Präsident Emil Hácha aus der »Resttschechei« in sein überdimensionales Arbeitszimmer in der neuen Reichskanzlei kommen und setzte ihm so zu, daß der Tscheche eine Herzattacke erlitt. Dr. Morell brachte ihn so weit wieder auf die Beine, daß Hitler ihn weiter bearbeiten konnte, bis er dem Einmarsch der Wehrmacht »zustimmte«. Die »Resttschechei« wurde liquidiert, die übriggebliebene Slowakei zu einer Marionette; die östlichste Provinz der ehemaligen Tschechoslowakei, Ruthenien, wurde an Ungarn abgetreten, dessen Loyalität sich die Nazis damit erkauften.

Das versetzte sie wiederum in die Lage, Einfluß auf das benachbarte Rumänien auszuüben, dessen Regierung das Land mit seinen reichen Erdöl- und Getreidereserven nicht ungern in der Einflußsphäre des neuen Großdeutschland sah. Ohne auch nur einen einzigen Schuß abgefeuert zu haben, hatte Hitler jetzt ein Gebiet unter seine Kontrolle gebracht, das fast so groß war wie das der Mittelmächte (Deutschland und Österreich-Ungarn) im Jahre 1914. Die Kapitulation der Demokratien in München gab der allgemeinen Amoralität in Deutschland einen neuen mächtigen Antrieb.

Politischen Erschütterungen und Umbrüchen im Ausland standen nicht weniger unheilverkündende Entwicklungen in Deutschland gegenüber. Dem neuen Generalstabschef des deutschen Heeres, General Ludwig Beck, wird es immer zur Ehre gereichen, daß er am 18. August 1938 wegen der tschechoslowakischen Frage zurücktrat. Kein anderer General unterstützte sein Bemühen, Hitlers Programm der kalkulierten Aggression zu stoppen; das letzte Hemmnis im Inland war dadurch weggefallen. Beck erschoß sich, als das Attentat vom 20. Juli 1944 fehlschlug, das ihn zum Staatsoberhaupt machen sollte.

Als ein deutscher Jude im November 1938 einen der Diplomaten des Außenministers Joachim von Ribbentrop in Paris erschoß, benötigte Goebbels nur zwei Tage, um eines der dramatischsten und finstersten Ereignisse in Deutschlands Vorkriegsgeschichte zu organisieren: den landesweiten Pogrom, der unter dem Namen »Reichskristallnacht« bekannt geworden ist – ein schauerlicher Hinweis auf die Unmengen von Glas, die in ganz Deutschland die Straßen bedeckten, nachdem Nazibanden Synagogen in Brand gesteckt, jüdische Geschäfte und sogar Wohnungen verwüstet und mindestens hundert Juden ermordet hatten.

All das berührte Speer anscheinend nicht, da er Tag und Nacht arbeitete, um seine Reichskanzlei fertigzustellen. In den Entwürfen für seine Memoiren hat er diesen Wendepunkt in der Geschichte des Dritten Reiches nicht erwähnt. Erst auf Drängen seines redaktionellen Mentors Joachim Fest hat er eine Passage über die Ereignisse vom 9. November 1938 in seinen letzten Entwurf eingefügt.[1] Doch selbst jetzt ist sie kurz und uninteressant, und Speers Schilderung seiner eigenen Reaktion, wonach ihn die ganze »Unordnung« störte, wirkt banal und deutlich indifferent.[2]

Dem Grad, dem Umfang und der Bedeutung nach stellte der Pogrom all die vielen anderen Untaten der Jahre 1933 und 1934 weit in den Schatten: die von Goebbels inszenierte öffentliche Verbrennung liberaler beziehungsweise »jüdischer« Literatur und die »Nacht der langen Messer«, in der die Nazis ihre eigenen Dissidenten liquidierten. Speer schrieb, daß sich Hitler bei der Zerstörungsorgie die Hände in Unschuld wusch und Goebbels, einem der fanatischsten Antisemiten unter den Nazis, vorwarf, ihn vor vollendete Tatsachen gestellt zu haben. Speer benutzt diese Greueltat als eine von vielen Möglichkeiten, uns an sein »apolitisches« Verhältnis zu seiner Arbeit zu erinnern: »Die Aufgabe, die ich zu erfüllen habe, ist eine unpolitische«, wie er Hitler in einem Memorandum erst 1944 mitteilte.

Der entsprechende Abschnitt in Kapitel 8 seiner »Erinnerungen« verdient es, zur Vorbereitung auf die weiter unten in diesem Buch dargelegte persönliche Verstrickung Albert Speers in die Judenverfolgung genau analysiert zu werden. Er schreibt, er habe Hitlers Judenhaß zögernd als Teil seines Charakters akzeptiert, als etwas Selbstverständliches, das Hitler selbst selten erwähnte, wenn er mit seinen Gefolgsleuten zusammen speiste und sich mit ihnen unterhielt – eine Behauptung, die durch Goebbels' Tagebücher widerlegt ist. Speers Fähigkeit zu separieren ermöglichte es ihm, die Arbeit, die er für das Regime leistete, von dessen Charakter sowie vom Charakter des Mannes an der Spitze dieses Staates zu trennen. Wir können ihm aufs Wort glauben, wenn er schreibt, er sei durchaus in der Lage, das »ordinäre Geschäft« der abstoßenden antisemitischen Schmierereien (und offiziellen Bemerkungen, Parolen und Spruchbänder), der Verwüstung jüdischer Wohnungen und der ausgebrannten Mauern der Synagogen von dem »idealisierten« Bild Hitlers zu trennen. Er fährt fort:

»In den Jahren nach meiner Entlassung aus Spandau bin ich immer wieder gefragt worden, ... was mir von der Verfolgung, der Verschleppung und der Vernichtung der Juden bekannt ist; was ich hätte wissen müssen und welche Konsequenzen ich mir abverlangte.«

Ja, in der Tat, das ist der springende Punkt, mit dem Speers Glaubwürdigkeit steht und fällt:

»Ich gebe die Antwort nicht mehr, mit der ich die Fragenden, vor allem aber mich selbst so lange zu beruhigen versuchte: daß im System Hitlers, wie in jedem totalitären System, mit der Höhe der Position auch die Isolierung und damit die Abschirmung wächst; daß mit der Technologisierung des Mordvorganges die Zahl der Mörder abnimmt und damit zugleich die Möglichkeit größer wird, nicht zu wissen; daß die Geheimhaltungsmanie des Systems Grade des Eingeweihtseins schafft und damit einem jeden Gelegenheit zur Flucht vor der Wahrnehmung des Unmenschlichen offenhält.«

All das war nicht mehr als eine »legalistische Rechtfertigung«. Er konnte nicht wissen, daß der Pogrom zu Auschwitz führen würde – aber er akzeptierte, daß er den Folgen ausgewichen war.

»Ob ich gewußt oder nicht gewußt, und wieviel oder wie wenig ich gewußt habe, wird ganz unerheblich, wenn ich bedenke, was ich an Furchtbarem hätte wissen müssen und welche Konsequenzen schon aus dem wenigen, was ich wußte, selbstverständlich gewesen wären.«[3]

Dieser Gedankengang, ausgelöst durch den Hinweis, er solle auf ein Ereignis, das so folgenschwer war wie die Reichskristallnacht, wenigstens Bezug nehmen, ist die Quintessenz jenes Bildes, das Speer, wie wir noch sehen werden, seit seiner Verhaftung im Mai 1945 der Welt von sich präsentiert hat. Schon allein die Tatsache ist aufschlußreich, daß man ihm nahelegen mußte, jenes Ereignis überhaupt zu erwähnen. Es konnte kaum seiner Aufmerksamkeit entgangen sein, daß die Ermordung eines Diplomaten, die zum Pogrom führte, bald dazu benutzt wurde, ein weiteres Bündel von antisemitischen Paragraphen zu rechtfertigen, durch die die Nürnberger Gesetze von 1935 ergänzt wurden.

Im Ausland ging Hitler weiterhin nach dem Prinzip »Zuckerbrot und Peitsche« vor, um die Welt in die Irre zu führen. Man fragte sich, welches sein nächster Schachzug sein würde. Im Dezember 1938 hatte er einen Nichtangriffspakt mit Frankreich geschlossen, das dabei für immer auf Elsaß-Lothringen verzichtete; drei Monate später vollendete er gnadenlos die Unterwerfung der Tschechoslowakei, des ehemaligen Vertragspartners Frankreichs. Im April 1939, sechs Monate nach dem Beharren auf der Rückgabe Danzigs, kündigte Hitler den deutsch-polnischen Nichtangriffspakt, den er, begleitet von zynischen Äußerungen auf beiden Seiten und zum Erstaunen anderer Staaten, im Januar 1934 geschlossen hatte: Beide Vertragspartner hatten gewußt, daß der Pakt die Kraftprobe um den Korridor eher hinauszögern als beenden würde.

Chamberlain bot unter dem Einfluß des großen Stimmungsumschwungs in der Öffentlichkeit, der ein Abgehen von der Politik des Appeasement bewirkte, nicht nur Polen eine Beistandsgarantie an, sondern auch Rumänien und Griechenland. Doch Hitler nahm den Mitunterzeichner des jämmerlichen Münchner Abkommens begreiflicherweise nicht ernst. Die Parteipresse entfaltete eine wütende Kampagne wegen der teils angeblichen, teils aber durchaus realen Verfolgung der deutschen Minderheit durch die Polen; die Polen reagierten darauf mit einer Teilmobilisierung. Hitler beauftragte die Wehrmacht, den Plan für den »Fall Weiß«, für den Überfall auf den östlichen Nachbarn, auszuarbeiten, und schloß im Mai den »Stahlpakt« mit Mussolini.

Es gab noch einen weiteren zweiseitigen Vertrag, der noch immer als der zynischste von allen erscheint, obwohl inzwischen Jahrzehnte vergangen sind. Am 23. August 1939, genau zu der Zeit, in der die Engländer und Franzosen danach trachteten, eine Übereinkunft mit der Sowjetunion herbeizuführen, schlossen Hitler und Stalin den nationalsozialistisch-sowjetischen Nichtangriffspakt im vollen Bewußtsein der Tatsache, daß auch er nur eine Verzögerung und nicht die Verhinderung einer Konfrontation bedeutete. Japan, Deutschlands Verbündeter im Rahmen des Kominternpaktes, war sprachlos; als Tokio sich im April 1941 revanchierte, indem es ein ähnliches Abkommen mit Moskau traf, ohne sich mit Berlin zu konsultieren, schien Hitlers Schicksal besiegelt. Aber außer seinem Pakt mit Stalin existierte noch ein geheimes

Zusatzprotokoll, das die Aufteilung Polens regelte und Stalin in den drei kleinen baltischen Staaten (Estland, Lettland und Litauen) freie Hand ließ. Diese waren wie Polen und Finnland selbständig geworden, nachdem die Revolution den Zar vom Thron gefegt hatte. Am 1. September 1939 griff die deutsche Wehrmacht nach einem fingierten Grenzzwischenfall an. Der polnische Widerstand, der in Fotos von der Kavallerie verewigt ist, die todesmutig deutsche Panzer angreift, brach innerhalb weniger Tage zusammen.

Hitler war wirklich überrascht, ja laut Speer sogar betroffen, als Großbritannien und Frankreich am 3. September Deutschland wegen des Angriffs auf Polen den Krieg erklärten. Polen wurde jedoch gnadenlos zerstückelt: Einen Teil beanspruchte das Reich, einen anderen die Sowjetunion, und aus dem kläglichen Rest wurde die Marionette der Nazis, das »Generalgouvernement«, gebildet.

Nachdem sie der polnischen Unabhängigkeit, die nur zwanzig Jahre gedauert hatte, gewaltsam ein Ende bereitet hatten, schlossen Hitler und Stalin am 28. September einen dritten Pakt, einen Freundschafts- und Grenzvertrag. Stalin glaubte mit dieser Rückendeckung am 30. November Finnland angreifen zu können. Er mußte jedoch feststellen, daß die Finnen durch eine brillante Verteidigung die durch Stalins Säuberungen ihrer fähigsten Offiziere beraubte Rote Armee der Lächerlichkeit preisgaben. Sie verteidigten sich dreieinhalb Monate lang gegen vielfache Übermacht, bis sie gezwungen waren, die Waffen zu strecken. Das neutrale Finnland verlor seine Ostgebiete an Rußland und wurde nach dem Prinzip »Der Feind meines Feindes ist mein Freund« wohl oder übel Hitlers Verbündeter, als dieser im Juni 1941 die Sowjetunion überfiel.

Im Westen bezog, wie schon 1914, ein kleines britisches Expeditionskorps auf dem linken Flügel der französischen Armee Stellung. Sieben Monate lang fand ein »passiver« Krieg statt; dann begann Hitler nach seinem polnischen Modell einen weiteren »Blitzkrieg«, indem er im April 1940 Dänemark und Norwegen angriff. Die britisch-französische Reaktion war ineffektiv und chaotisch. An die Stelle von Chamberlain, der durch Norwegen und seine

Unfähigkeit diskreditiert war, trat Winston Churchill, ein unnachgiebiger Mann, der seit Jahren gegen die »Appeasers« opponiert hatte. Das geschah am 10. Mai, genau an dem Tag, an dem Hitler in einer dritten Runde des »Blitzkrieges« die Wehrmacht gegen die Niederlande, Belgien und Luxemburg – alles neutrale Staaten – sowie Frankreich in Marsch setzte.

Die Strategie bestand – wie 1914 – darin, im Westen einen schnellen Sieg zu erringen, bevor man sich auf die Hauptsache konzentrierte, den Überfall auf die Sowjetunion, um sich »Lebensraum« zu verschaffen. Die Eroberung Polens hatte bereits den Weg bereitet. Man hatte nun nicht nur eine gemeinsame Grenze zum sowjetischen Territorium, sondern auch Zugriff auf einen Großteil der Juden, die vernichtet werden sollten: Die erste Maßnahme, die außerhalb Deutschlands gegen sie ergriffen wurde, war die Schaffung des hermetisch abgeriegelten Ghettos in Lódz im April 1940.

Frankreich wurde förmlich überrannt und kapitulierte am 22. Juni, wodurch Hitler die Möglichkeit erhielt, die Niederlage von 1918 in aller Form umzukehren. Er verlangte, daß das Waffenstillstandsabkommen mit den Franzosen am gleichen Ort und im gleichen Eisenbahnwaggon wie 1918 unterzeichnet wurde: im Wald von Compiègne nördlich von Paris. Großbritannien wies trotz des Rückzugs seiner waffenlosen Armee über den Kanal alle schmeichlerischen Angebote der Nazis zurück und stand genau ein Jahr lang allein da, bis Hitler den Fehler Kaiser Wilhelms II. wiederholte, indem er eine zweite Front eröffnete, ohne die erste zu schließen.

Unterdessen ließ Professor Albert Speer – der Titel war ihm von Hitler persönlich als Ausdruck seiner Wertschätzung 1936 verliehen worden – seine Muskeln spielen: Er war ein immer wichtiger werdender Spieler beim Poker um die politische Macht in Berlin. Als »apolitischer Technokrat« nahm er seine Aufgabe als hoher Staatsfunktionär wahr, als ob er dafür geboren sei, und flößte damit dem erlesenen Kreis von Architekten und anderen Personen, die er um sich geschart hatte, seit er Hitlers Lieblingsarchitekt geworden war, großen Respekt ein. Daß er kein harmloses

Schaf bei den internen politischen Kämpfen war, die durch Hitlers kalkulierte Verteilung von Verantwortungsbereichen gefördert wurde, zeigt die Rolle, die Speer spielte, als Dr. Lippert, der Oberbürgermeister von Berlin, abserviert wurde, nachdem er es gewagt hatte, sich Speers grandiosen Plänen für die Hauptstadt zu widersetzen. Es war ein klassischer Streitfall, der auf Grund der absichtlich ungenau abgesteckten Grenzen zwischen den miteinander rivalisierenden Domänen entstanden war.

Die Konfrontation erreichte Mitte 1938 ihren Höhepunkt, als Speers Amt die Absicht verkündete, das Gebäude des Berliner Verbandes Deutscher Architekten und Ingenieure abreißen zu lassen, um Platz für einen Neubau zu schaffen. Ein höherer Beamter und Ingenieur, Dr. Konrad Nonn, der dies von Dr. Lippert erfahren hatte, protestierte beim Innenminister Wilhelm Frick. Ein Appell fand bei Speer selbstverständlich kein Gehör. Goebbels, Lipperts Gönner, vermerkte am 1. Januar 1939 in seinem Tagebuch mißbilligend: »Hanke [jetzt Staatssekretär im Propagandaministerium] ... berichtet mir über einen infamen geplanten Angriff Speers in der Presse gegen Lippert. Ich mache aus meiner Meinung dagegen gar keinen Hehl. Das ist richtig: zu feige zu sein, offen anzugreifen und dann heimtückisch in den Rücken fallen. Das haben wir gerne. Bei mir kann man mit so etwas nicht mehr landen.«[4]

Am 1. Juni 1940 schrieb Speer an Lippert und teilte ihm arrogant mit, er werde die Angelegenheit auf dem Verordnungswege regeln, da sie sich über die Neugestaltung Berlins nach dem Kriege nicht einigen könnten. Die Arbeit, so behauptete Speer, habe absolute Priorität, und durch sein Amt als GBI habe er hierbei höchste Vollmachten; ein Kompromiß, irgendwelche Verhandlungen oder Absprachen seien nicht möglich. Lippert erwiderte, er sei zur Zusammenarbeit durchaus bereit, doch würden die Bauvorhaben den Haushalt der Stadt übermäßig belasten. Außerdem schreibe das Gesetz eine einheitliche Verwaltung und klare Linien der Verantwortung in den städtischen Angelegenheiten vor; hier aber zwinge eine außenstehende Behörde einer Abteilung der Stadtverwaltung ihren Willen auf.

Vier Tage später, am 28. Juni, zitierte Speer Hitlers Erlaß von 1938, der ihn zum Generalbauinspektor für Berlin mit besonderen Rechten gemacht hatte. Das heißt, er war berechtigt, dem Oberbürgermeister Weisungen sowohl hinsichtlich der Nord-Süd- und der Ost-West-Achse, der neuen Wohngebiete und des Universitätsgeländes als auch hinsichtlich mehrerer städtischer Wohnbezirke zu erteilen.

Speer nutzte bei seinem nächsten Besuch auf dem Obersalzberg am 16. Juli rücksichtslos die Gelegenheit, sich bei Hitler über Lipperts angebliche Widersetzlichkeit und Sturheit zu beschweren. Hitler beauftragte Bormann als seinen Sekretär damit, dem zum Minister der Reichskanzlei avancierten Lammers mitzuteilen, daß Lippert zu entlassen sei. Der Oberbürgermeister wurde weisungsgemäß gefeuert, womit auch Goebbels eine schwere Niederlage erlitt.

Als Nachfolger von Paul Ludwig Troost in der Rolle des persönlichen Architekten Hitlers war Speer hauptsächlich für die Stadt Nürnberg verantwortlich gewesen, bis er Generalbauinspektor wurde, wodurch er die noch wichtigere, ideologisch entscheidende Aufgabe erhielt, Berlin in Germania umzugestalten. Dadurch bekam er viel mehr Macht und Einfluß, als Troost je besessen hatte. Trotzdem wurde München, das als »Hauptstadt der Bewegung« hinter Berlin den zweiten Rang unter den deutschen Städten einnahm und ursprünglich zu Troosts besonderen Obliegenheiten gezählt hatte, nicht Speer als Troosts Nachfolger anvertraut, sondern Hermann Giesler, dem autodidaktischen Architekten und Bruder des Gauleiters von München. Speer vertrat jedoch die Auffassung, daß er auch für München zuständig sein müsse, da Troost dafür zuständig gewesen sei.

Aber der 45jährige Giesler war durch einen »Führererlaß« im Dezember 1938 als »Generalberater für das Bauwesen der Hauptstadt der Bewegung« bestätigt worden, genauso wie der eifersüchtige Speer zum GBI für Berlin ernannt worden war. Das Ganze war eine weitere Demonstration von Hitlers Vorliebe für das »Teilen und Herrschen«, wobei er einen Amtshalter gegen den anderen aufhetzte. Sogar seinem Lieblingsarchitekten blieb es nicht erspart, auf diese Weise eifersüchtig gemacht zu werden. Auf Geheiß des »Führers« sollte auch München seine große Achse haben, die von übergroßen Gebäuden wie der KdF-Zentrale und einem Parteiverlag gesäumt sein sollte, dazu Denkmäler an beiden Enden und einen neuen Bahnhof mit einer riesigen Kuppel. Die vorhandenen Gleisanlagen sollten beseitigt werden, um Platz für die Neugestaltung zu schaffen. Auch ein 250 Meter hohes »Siegesdenkmal« der Partei und ein Autobahnring waren in der bayerischen Metropole vorgesehen, die zugleich ein »Zentrum der europäischen Kultur« werden sollte. Die Einzelheiten überließ man Giesler. Die Bedeutung Münchens hatte bereits in Troosts Bauten in der Gegend um den Königsplatz, einschließlich der Häuser der Partei und des Führers, der Parteiheiligtümer und des Hauses der Kunst, sichtbaren Ausdruck gefunden.[5]

Giesler hatte mit seinen Entwürfen für die Eliteschule der NSDAP in Sonthofen und andere Bauten der Partei in den Gauhauptstädten Augsburg in Bayern und Weimar in Thüringen Hitlers Gunst errungen. Als Hitler Giesler im Herbst 1940 auch noch die Hauptverantwortung für die Neuplanung von Linz übertrug, wurde Speer wirklich unruhig. Linz war Hitlers bevorzugte österreichische Stadt. Dort wollte er sich zur Ruhe setzen, und dort wollte er auch mit den im Krieg geraubten Kunstschätzen eine große Galerie einrichten.

Speer begann den bayerischen Architekten als gefährlichen Rivalen zu betrachten, der in seine Schranken gewiesen werden mußte. Er bereitete deshalb einen Erlaß vor, der ihn ermächtigen sollte, alle geplanten Großbauten im Reich als »Beauftragter des Führers für architektonische Kunst und Stadtplanung« zu überwachen. Diese Funktion ging über die Parteivollmachten auf dem Gebiet des Städtebaus hinaus.

An diesem Punkt jedoch machte Bormann, der selbst neidisch auf Speers raschen Aufstieg zu Macht und Ansehen blickte, hinter den Kulissen seinen Einfluß geltend. Seine Sympathie für Giesler war so groß, daß er sich dazu hinreißen ließ, schriftlich gegen Speers offenkundigen Versuch zu protestieren, sich ein eigenes Imperium zu errichten. Speer begriff daraufhin, daß er zu weit gegangen war. Er machte einen Rückzieher, indem er einen »Überblick« über die großen Bauprojekte auszuarbeiten begann, die für die 41 Gauhauptstädte vorgesehen waren (zu denen alle Städte gehörten, die schließlich als »Neugestaltungsstädte« eingestuft wurden), und seine direkte Zuständigkeit auf Nürnberg und Berlin beschränkte. Er war an die Grenze seiner Macht und seines Einflusses in der byzantinischen Welt der Naziintrigen gestoßen, und diese Grenze hieß Bormann.

Gegenüber Hitler begründete Speer im Januar 1941, nachdem er sich gerade langsam von einer Nierenentzündung erholt hatte, auf dem Obersalzberg seinen Rückzug rational.[6] Er vertrat jetzt offiziell den Standpunkt, daß es für ihn unpassend wäre, die Verantwortung für die städtischen Bauvorhaben der Partei bis ins einzelne zu übernehmen. Ein erfolgreich verwirklichter Plan würde dem betreffenden Architekten als Verdienst angerechnet werden, wohingegen ein Mißerfolg ihm, Speer, zur Last gelegt würde – nicht gerade die Argumentation eines naiven, apolitischen Technokraten. »Es wäre daher eine undankbare Aufgabe.« Hinzukomme daß diese direkte Oberaufsicht zu einer großen Belastung führen würde; ein offizieller Auftrag, der diesen Auftrag erweitere, würde die Dinge nur verschlimmern. Sowohl im Interesse der entsprechenden Aufgabe als auch für ihn selbst wäre es besser, »wenn ich von diesen Pflichten weitgehend Abstand nehmen könnte«. Er, Speer, könne sich dann auf sein Lebenswerk, die Berliner und die Nürnberger Bauten, konzentrieren.

Im offiziellen Protokoll über seine »Führerbesprechungen« vermerkt Speer, daß der »Führer« nachdrücklich und herzlich mit diesem Schritt einverstanden gewesen sei, wobei er geäußert habe, daß es schade wäre, wenn er sich in allgemeine Dinge verlieren würde, auch wenn er es nicht vermeiden könnte, »von Zeit zu Zeit einen Rat zu erteilen«. Hitler verfügte, daß es Speer überlassen bleibe zu entscheiden, wann und wie er das tue. Speer gab auch seine Parteiämter bei der »Schönheit der Arbeit« und als »Beauftragter für die Bauten der Partei und der Arbeitsfront« auf.[7]

Speer und Giesler blieben jedoch erbitterte Feinde. Dies zeigt die Tatsache, daß Bormann Speer ein ganzes Jahr später, Ende Januar 1942, bat, sich mit dem Bayern wieder zu versöhnen.[8] Im März räumte Speer schließlich ein, es sei absurd, daß die beiden Architekten einander bei öffentlichen Anlässen noch immer ignorierten; es wäre gut, wenn die kollegialen Beziehungen wiederhergestellt würden. Er widerrief offiziell seine Behauptung, Giesler habe gegen ihn intrigiert, und erklärte, er habe nie die fachliche Kompetenz seines Rivalen bestritten. Aber Speer wies sein Architektenteam an, nicht ohne seine Erlaubnis bei einem Projekt von Giesler mitzuarbeiten.

Giesler (sein Name ist in Speers Memoiren, in denen der Streit nur nebenbei erwähnt wird, falsch geschrieben) gefährdete Speers Position als führender Architekt bei Hofe nie, obwohl seine Arbeitslast auf dem Gebiet der Bauplanung nicht geringer war. Zusätzlich zu solchen Lieblingsprojekten Hitlers wie München und Linz war Giesler für die großen Bauvorhaben in Weimar, Goethes Wirkungsstätte, verantwortlich. Hitler wollte auch dieser Stadt, in der die Verfassung der untergegangenen Republik angenommen worden war, seinen Willen aufzwingen; Thüringens Juwel bekam daher einen eigenen Adolf-Hitler-Platz.

Speer war so gerissen und kleinlich, daß er 1939 seine Kontrolle über die Zuteilung von Materialien wie Baustahl benutzte, um Gieslers Arbeit in München zu behindern.[9] Doch beide mußten gute Miene zum bösen Spiel machen, als sie aus einem einzigartigen Anlaß zusammentrafen. Damals befand sich Hitlers zeitweiliges Hauptquartier in einem Dorf in der Nähe der nordfranzösischen Stadt Sedan, des Schauplatzes so vieler blutiger Kämpfe zwischen Franzosen und Deutschen; der am 22. Juni 1940 vereinbarte Waffenstillstand sollte in den frühen Morgenstunden des 25. in Kraft treten. Speer war wie Giesler am 24. ins Hauptquartier beordert worden, damit er Hitler auf einem privaten Ausflug ins besiegte Paris begleite. Speer fragte, ob auch Deutschlands führender zeitgenössischer Bildhauer, Arno Breker, als Kunstexperte mitkommen könne. Dem wurde stattgegeben. Dies bot Speer die seltene Gelegenheit, seine Schadenfreude und seinen Sinn für grobe Späße unter Beweis zu stellen, obwohl diese Anekdote in seinen Memoiren nicht erwähnt ist.[10]

Speer bat hinterlistig die Gestapo, loszufahren und Breker zu holen. Aus Sicherheitsgründen lehnten die Beamten es ab, Breker zu sagen, wohin sie ihn mitnahmen. Das muß dem nationalsozialistischen »Hammer-und-Meißel-Künstler« ein paar schlimme Stunden beschert haben. Speer aber fand diesen grausamen Scherz höchst amüsant.

In seinem Bericht über die kurze Reise nach Frankreich erwähnt er, daß er am vorangegangenen Abend mit Hitler und seinen Generalen in einem beschlagnahmten Bauernhaus getafelt habe. Selbst für jemanden, der sich in so großer Nähe zum Machtzentrum im Dritten Reich befunden hatte und so unemotional war wie Speer, muß das Ganze ein besonderes Erlebnis gewesen sein. Kurz bevor am 25. um 1 Uhr 35 die Waffenruhe in Kraft trat, befahl Hitler, das Licht zu löschen und die Fenster zu öffnen. Ein Trompeter blies draußen das traditionelle Signal zur Feuereinstellung. In der Ferne zuckte ein Wetterleuchten.[11]

Speers Empfänglichkeit für Vorzeichen wurde zur Zeit der Unterzeichnung des nationalsozialistisch-sowjetischen Paktes nicht weniger gut befriedigt, als über dem Berghof, ungewöhnlich weit südlich, Nordlichter gesehen wurden. Während er darauf wartete, Hitler nach Paris zu begleiten, ergriff er die Gelegenheit, Reims zu besuchen, wo die französischen Könige gekrönt und beigesetzt wurden und wo sie die Oriflamme, ihre nationale Kriegsfahne, aufbewahrten.

Schließlich fuhren Hitler und sein dreiköpfiges Künstlergefolge am 28. Juni um 3 Uhr morgens mit einer Wagenkolonne zu einem nahe gelegenen Militärflugplatz und flogen von dort zum Flughafen Le Bourget am Rande von Paris. Das Trio trug Offiziersuniformen, da Hitler es nicht zugelassen hätte, im eroberten Gebiet zusammen mit Zivilisten gesehen zu werden. Sie fuhren in drei Mercedes-Benz-Limousinen ins Stadtzentrum. In Paris war es durch den frühen Tagesanbruch um die Zeit der Sonnenwende bereits hell, aber es herrschte eine vollkommene Stille. Die kleine Gruppe der Deutschen, die Reitstiefel trugen, gehörte so zu den wenigen, die den Place de la Concorde ohne Verkehr und Fußgänger gesehen haben.

Während der dreieinhalbstündigen Besichtigungsfahrt ließ Hitler das erste Mal bei der überreichlich verzierten Pariser Oper halten, um dort in Erinnerungen zu schwelgen. Obwohl er vorher nie in Paris gewesen war, kannte er jeden Winkel des Theaters und selbstverständlich alle Maße des neobarocken extravaganten Gebäudes von Charles Garnier. Hitler liebte es und war hochentzückt von dem langersehnten Erlebnis. Dem französischen Logenschließer, der das »Herrenvolk« herumführte, gereicht es für immer zur Ehre, daß er Hitlers Trinkgeld in Höhe von fünfzig Mark – zweimal – ablehnte. Das zweite Mal ließ Hitler beim Eiffelturm halten, der als größte Metallkonstruktion der Welt ohne Zweifel sehr beeindruckend war. Dann war der Invalidendom an der Reihe. Hitler blieb dort lange am Sarkophag Napoleons stehen – des einzigen, der in der Neuzeit wie er Europa mit Gewalt hatte einen wollen. Kirchgänger beachteten geflissentlich Hitler und sein Gefolge nicht, als diese kurz die Basilika »Sacre Cœur«, die im 19. Jahrhundert erbaute süßliche Nachahmung mittelalterlicher Kirchen, auf dem Montmartre besichtigten. Es war die letzte Unterbrechung während des einzigen Besuchs, den Hitler Paris abstattete.

Nach der Rückkehr ins beschlagnahmte Bauernhaus war Hitler erneut von übermäßiger Freude über den Sieg erfüllt. Noch am selben Abend befahl er Speer, einen Erlaß über die Wiederaufnahme der Bauarbeiten in Berlin vorzubereiten. Er habe sich entschlossen, erklärte er hochmütig, in Berlin Haussmann zu übertreffen, statt dessen Paris zerstören zu lassen. Der Erlaß wurde von Hitler eigenhändig auf den 25. Juni, das offizielle Datum der Erniedrigung Frankreichs, zurückdatiert.

Die Tatsache, daß die Franzosen besiegt waren und er von ihrer schönen Hauptstadt persönlich Besitz hatte ergreifen können, war geeignet, den Sieger in Ekstase zu versetzen. Der Krieg sollte die Berliner Pläne keineswegs verzögern. Speer entschied, sich auf das zu konzentrieren, was er als das »Sofortprogramm des Führers« bezeichnete: die Bauten rund um den Adolf-Hitler-Platz. Göring zweigte heimlich 84 000 Tonnen Stahl von der Rüstung ab und gab vor, sie seien für die Reichsbahn und für Wasserstraßen bestimmt. Trotzdem wurde nie ernsthaft mit dem Bauen begonnen, und bald sorgten die Bomber der Alliierten dafür, daß der ganze vorbereitende Abbruch angesichts des allgemeinen Ausmaßes der Zerstörung sinnlos wurde.

Drei Monate später unterzeichneten Deutschland, Italien und Japan ihren Drei-Mächte-Pakt. Er war eher ein politisches Dokument als ein Militärbündnis. Ein solches ist zwischen Japan und seinen europäischen Verbündeten niemals geschlossen worden – eine Unterlassung, die die Situation der Alliierten im Nahen Osten und in Indien sehr erleichtert hat. Zu dieser Zeit konzentrierten sich die Kampfhandlungen gerade auf den Mittelmeerraum und die angrenzenden Gebiete, während Hitler sein größtes Vabanquespiel und die schwierigste Etappe des »Blitzkrieges« vorbereitete: den Angriff auf die Sowjetunion.

Ende 1940 schlug Rudolf Wolters Speer vor, mit einer »Chronik« des GBI zu beginnen. Speer war einverstanden und wies die Leiter der Abteilungen und Sektionen an, Wolters Material für dieses halboffizielle Tagebuch der Dienststellen Speers zur Verfügung zu stellen. Diese Chronik ist daher eine viel wichtigere weil zuverlässigere historische Quelle für Speers Staatskarriere als seine eigenen Memoiren. Die Chronik wurde von jemand anderem geführt, auch wenn dieser – damals – ein Bewunderer Speers war, bestand aus eigenen und anderen Originalbeiträgen und war nicht für die Öffentlichkeit bestimmt. Das heißt nicht, daß die Chronik nicht geschrieben wurde, ohne an die Nachwelt zu denken – ganz im Gegenteil. Aber sie enthielt ziemlich riskantes Material, das nie in die offiziellen Protokolle des Dritten Reiches mit seiner Spitzelkultur und seiner brutalen Abrechnung mit Andersdenkenden Eingang gefunden hätte.

Bevor von Speers Haupttätigkeit für Hitler die Rede sein wird, jenen drei Jahren, in denen er das Herz der Kriegswirtschaft leitete, soll an den Stellen auf die Chronik eingegangen werden, wo sie zu einer entscheidenden Quelle wird. Mindestens drei Gründe gibt es dafür, so zu verfahren: Im Unterschied zu den anderen Hauptquellen – der riesigen Menge von Unterlagen von Speers Amt, den Protokollen seiner Zusammenkünfte mit Hitler, weiteren Quellen von Partei und Regierung sowie Speers Schriften – war die Chronik zur Zeit ihrer Abfassung erstens nicht für Außenstehende gedacht. Zweitens wurde sie von einem Mann geführt, der sich im Mittelpunkt jener Ereignisse befand, von denen die Chronik handelt; sie wurde aus den Berichten derjenigen zusammengestellt, die die entsprechenden Maßnahmen angeordnet hatten, und bildeten das inoffizielle Gegenstück zum offiziellen Protokoll, wobei dieses Pendant nicht nur von den Mitarbeitern kontrolliert wurde, sondern auch von Speer. Schließlich bilden die Chronik sowie der mißlungene Versuch von Wolters und Speer, sie zu »bereinigen«, den Hauptbeweis für die Heuchelei Speers als »selbsternannten Sündenbockes der Nation« in Nürnberg und als »Bundesbüßers vom Dienst« bei seiner Freilassung aus dem Spandauer Gefängnis (beide Ausdrücke wurden von Wolters geprägt). Die nicht gereinigte Version der Chronik ist der Hauptteil von Wolters' Hinterlassenschaft, die in ihrer Gesamtheit beweist, daß Speers »Reue« geheuchelt war und daß er log, als er während seines Prozesses und in seinen Memoiren behauptete, er trüge keine persönliche Verantwortung für die Verbrechen des Hitlerreiches, sondern als hochrangiger Naziführer nur die Verantwortung für seinen Anteil an der kollektiven Verantwortung – nostra, aber eindeutig nicht mea culpa.

Hier folgt zum Beispiel jene Stelle, die Wolters in Speers Interesse in der Chronikeintragung für den Monat April 1941 wegließ. Speer stimmte dieser Passage zur Zeit ihrer Niederschrift zu, billigte aber später die Auslassung, indem er dem Bundesarchiv in Koblenz die gekürzte Fassung übermittelte. Der entlarvende Abschnitt – die erste von vielen Weglassungen – schildert die Tätigkeit der Hauptabteilung Umsiedlung des GBI, die im Frühjahr 1939 gebildet und von Dietrich Clahes, dem ehemaligen Ministerpräsidenten von Braunschweig, geleitet wurde. Die besagte Stelle lautet folgendermaßen:

»Seit Jahresbeginn war in verstärktem Maße mit der Räumung der Abrißbereiche und Umsiedlung der Bereichsmieter in Judenwohnungen begonnen worden. Die von den Bereichsmietern ermieteten Judenwohnungen wurden geräumt und die jüdischen

Mieter in jüdischen Wohnraum jüdischen Grundbesitzes geschachtelt. Kriegswichtiger Zweck dieser Räumung der Bereiche war, die geräumten Bereichswohnungen der Reichshauptstadt für Katastrophenzwecke (Fliegerschäden) zur Verfügung zu stellen. In der Zeit vom 1. 1. bis 15. 4. 41 wurden in den Bereichen 4, 9, 12, 14 und 25 insgesamt 366 Mieter zur Umsiedlung aufgefordert. Ferner wurden in der gleichen Zeit an ca. 50 Dienststellen, Betriebe usw. rund 1000 Räume für kriegswichtige Zwecke zugewiesen.«

Inzwischen hatten die Briten den Italienern in Nordafrika heftig zugesetzt, bis die Deutschen auf dem Kriegsschauplatz erschienen. Rommels Afrikakorps wurde nach Lybien entsandt, um im Februar 1941 eine in Auflösung begriffene italienische Armee zu unterstützen. Es folgten sowohl britische Niederlagen in Griechenland und auf Kreta als auch ernsthafte Rückschläge in Nordafrika.

Zur gleichen Zeit etablierte sich Speers gefährlichster Feind in der Nazihierarchie, Martin Bormann, im Zentrum der Macht. Das geschah, genauer gesagt, im Mai 1941, als der unausgeglichene »Stellvertreter des Führers«, Rudolf Heß, in einer erfolglosen »Friedensmission« allein nach Großbritannien flog. Dieser Versuch, am Vorabend des Einmarsches in Rußland zu einer Verständigung mit Großbritannien zu gelangen, mochte vielleicht dem Hirn eines Wahnsinnigen entstammen, doch stimmte er völlig mit dem oft geäußerten Wunsch Hitlers überein. Trotzdem sagte sich dieser sofort von Heß los. Nachdem Bormann als Nachfolger von Heß Hitlers Privatsekretär geworden war, wurde er auch in der Partei der zweite Mann, allerdings mit einem anderen Titel: Leiter der Partei-Kanzlei. Zugleich hatte er als Reichsleiter den höchsten Rang der Partei inne. Damit unterstanden ihm die 41 Gauleiter. Noch wichtiger war, daß er für Hitlers Terminkalender zuständig war. Niemand, ausgenommen vielleicht Speer, wenn er eine Rolle Bauzeichnungen mit sich führte, konnte zu Hitler gelangen, ohne vorher Bormann aufgesucht zu haben. Auf Grund dieser Tatsache war er bis zum Ende des Dritten Reiches der mächtigste Mann bei Hofe.

Anfang 1941 war bereits eine »Transportstandarte Speer« und eine »Transportflotte Speer« gebildet, und beide nahmen rasch an Umfang zu. Die erstere verfügte über viele Hunderte und später Tausende schwerer LKWs, während die zweite 280 ursprünglich für die Invasion in Großbritannien vorgesehene Lastkähne erwarb, um Steine, Marmor und andere Baumaterialien nach Berlin zu transportieren. Es gab bereits Pläne, diese Flotte auf 1000 Kähne zu erweitern. Es existierte auch ein »Baustab Speer«, der in der Lage war, 6000 Arbeiter abzustellen, um Bombenschäden in Berlin zu beseitigen, da die Royal Air Force immer schwerere Zerstörungen anrichtete. So vermerkte die Chronik sarkastisch nach einem schweren Nachtangriff im April 1941: »Die Engländer leisteten also eine wertvolle Vorarbeit für die Neugestaltung.« Der Chronist Wolters erhielt von Speer im Juni 1941 die zusätzliche Aufgabe, die spezielle Abteilung eines staatlichen Verlags zu leiten, die unter der Schirmherrschaft des GBI Bücher sowohl über Architektur als auch Gravierungen herausbringen sollte.

Will Nagel, der als Chef des Nationalsozialistischen Kraftfahrerkorps in Westberlin einmal der erste Vorgesetzte Speers in der NSDAP gewesen war, wurde nun sein Stabschef und zugleich Leiter der »Transportbrigade Speer«. Mitte 1941 umfaßte die Brigade bereits drei uniformierte »Regimenter«, die halbmilitärisch geleitet wurden und zum größten Teil aus Reichsarbeitsdienstpflichtigen bestanden. Alle drei Einheiten wurden bald nach dem massiven Angriff auf Rußland an die Ostfront entsandt. Ein viertes Regiment wurde für den Einsatz in Nordafrika und ein fünftes für den Einsatz auf Kreta und in Sizilien aufgestellt. Die Brigade operierte nahe der Front und arbeitete eng mit der Luftwaffe zusammen, die den größten Teil ihrer Ausrüstungen im Austausch für die Beförderung von Munition und Treibstoff transportierte.

Bis August 1941 hatte der GBI in Berlin 30 000 Luftschutzeinrichtungen zusätzlich zu den bereits vorhandenen geschaffen, wodurch die Kapazität für etwa 1 887 000 Menschen oder fast die Hälfte der Einwohner reichte. Speer erhielt nun von Generalfeldmarschall Erhard Milch, dem Generalinspektor der Luftwaffe und engen Verbündeten, den Auftrag, noch weitere 83 000 Luftschutzeinrichtungen zu bauen, damit zweieinhalb von den vier Millionen Einwohnern Schutz vor den ständig zunehmenden Luftangriffen finden konnten.

Im gleichen Monat startete Speer in seiner eigenen Dienststelle eine Kampagne gegen den zunehmenden »bürokratischen Schlendrian«, offenbar der gefährlichste Feind seiner Vorliebe für organisierte Improvisation, seine wichtigste administrative Begabung. Die drei Spitzenleute seiner Dienststelle – Hettlage, Brugmann und Fränk – begleiteten ihn ins Restaurant Horcher – das exklusivste von Berlin, zugleich Görings Lieblingsrestaurant, wo eine seltsame kleine Feier stattfinden sollte. Speer hatte zuvor seine Pläne dargelegt, wonach alle Entscheidungen mit Ausnahme der allerwichtigsten künftig von seinen verschiedenen Hauptabteilungen getroffen werden sollten. Die Abteilungen sowie die Außenprojekte sollten alle selbständig werden. Das halbe Dutzend Chefs begab sich danach zu seinem »Leichenschmaus« ins Restaurant: Hettlage holte einen kleinen Sarg hervor, in dem sich die in Papier gewickelte »Bürokratie« befand. Später wurde dieser Sarg ständig in Hettlages Büro ausgestellt, um an die guten Absichten zu erinnern.[12]

Die Maschinerie des GBI zur Judenvertreibung widersetzte sich jedoch schamlos dieser antibürokratischen Tendenz, wie die nachfolgenden Passagen aus der Chronik beweisen:[13]

»Gemäß Speer-Anordnung wird eine weitere Aktion zur Räumung von rund 5000 Judenwohnungen gestartet. Der vorhandene Apparat wird entsprechend vergrößert, damit die Judenwohnungen trotz der allseits bestehenden Schwierigkeiten infolge der Kriegslage schnellstens instandgesetzt und mit Abrißmietern aus den vordringlich zu räumenden Bereichen belegt werden können. Durch diese Maßnahmen werden die Judenwohnungen ihrem vorbestimmten Zweck zugeführt und auf der anderen Seite weitere Leerwohnungen für Katastrophenzwecke bereitgestellt [August 1941].

In der Zeit vom 18. Oktober bis 2. November wurden in Berlin rund 4500 Juden evakuiert. Dadurch wurden weitere 1000 Wohnungen für Bombengeschädigte frei und vom Generalbauinspektor zur Verfügung gestellt. Die Wohnungen werden später wieder zur Unterbringung von Abrißmietern bereitgestellt.

Ende November wurde die dritte Großaktion der Entmietung von Judenwohnungen eingeleitet. Nach Verhandlungen mit den beteiligten Dienstbehörden stellte der Generalbauinspektor für die Unterbringung eventueller Bombengeschädigter weitere 3000 Judenwohnungen zur Verfügung« [beide Stellen stammen aus der Eintragung für November 1941].

Am 22. Juni 1941 wurde beim »Unternehmen Barbarossa« die Hauptmacht des deutschen Heeres gegen die Sowjetunion in Marsch gesetzt. Diese mußte genauso schwere Schläge einstecken wie Rußland 1914. Innerhalb weniger Monate standen die Deutschen vor den Toren Moskaus. Aber die Japaner hatten sich für die nationalsozialistisch-sowjetische Annäherung von 1939 gerächt. Am 13. April 1941 hatte Außenminister Matsuoka Yosuke einen Nichtangriffspakt zwischen Moskau und Tokio geschlossen. Er konnte das deswegen tun, weil die Russen Angst vor einem Krieg mit Deutschland hatten und weil die Japaner befürchteten, daß es nicht bei nur einem Krieg bleiben würde, bei dem Stalin freie Hand für eine militärische Intervention im Nahen Osten hätte, sobald Japan sich auf Grund der westlichen Interessen im Pazifik im Krieg befände.

Hitler war nicht informiert worden und zeigte sich zu Recht wütend, dachte aber nicht einmal daran, seinen Überraschungsangriff auf die Russen zu verschieben oder gar abzublasen. Das Abkommen mit den Japanern ermöglichte es Stalin, Marschall Schukows Panzer und Geschütze vom Fernen Osten abzuziehen, um Moskau zu retten und den Deutschen einen schweren Winter zu bereiten, der den Russen die dringend benötigte Atempause verschaffte.

Als ob der enge Zusammenhang zwischen »Lebensraum« und Antisemitismus, wie in »Mein Kampf« dargelegt, bewiesen werden sollte, gab Göring nach dem Beginn des »Unternehmens Barbarossa« der SS den Befehl, die »Evakuierung« der Juden Europas in die Hand zu nehmen. Die ersten Versuche zur Massenvergasung fanden im September in Auschwitz-Birkenau statt.

Trotz einer Bitte Alfred Rosenbergs, des übergeschnappten Nazi-»Philosophen«, der zum Minister für den neuen »Lebensraum« im Osten ernannt worden war, lehnte Speer im November 1941 die Leitung des Baus neuer Städte in den besetzten Ostgebieten ab. Statt dessen unternahm er in jenem Monat seine letzte Kunstreise für ein Vierteljahrhundert und besuchte im Zusammenhang mit den von Wolters vorbereiteten deutschen Architekturausstellungen das neutrale Portugal und Spanien.

Als ob er vorausahnte, daß ihm auf dem Gebiet der Rüstung, von der er zu diesem Zeitpunkt nicht die blasseste Ahnung hatte, eine Ministerrolle zufallen würde, unternahm Albert Speer Schritte, die sich aus der Ausdehnung seines Tätigkeitsgebiets als GBI ergaben: Im Dezember 1941 besuchte er Generaloberst Friedrich Fromm, Oberbefehlshaber des Ersatzheeres, um ihm die Dienste seiner Organisation, seiner Ingenieure und Bauarbeiter für kriegswichtige Aufgaben anzubieten. Die Dienststelle des GBI hatte unvermeidlich Bauaufträge für die Wehrmacht im Berliner Raum übernehmen müssen und verfügte Ende 1941 hierfür über 26000 Arbeiter. Die Beseitigung von Bombenschäden und der Bau von Luftschutzeinrichtungen fiel ebenfalls in den Verantwortungsbereich des GBI, der Ende 1941 den neuen Titel »Beauftragter für Rüstungsbauten« erhielt.

Architekten der Dienststelle Speers arbeiteten an Plänen für drei Fabriken, die in Brünn, Wien und Graz für die Produktion des zweimotorigen Bombers Ju 88 errichtet wurden. Der Dienststelle wurden in diesem Stadium auch Bauarbeiten auf dem Raketenversuchsgelände in Peenemünde in Vorpommern übertragen – ein typisches Beispiel für die chaotische Von-der-Hand-in-den-Mund-Methode der Zuweisung von Aufgaben im Nazi-Reich –, die logischerweise in die Zuständigkeit von Fritz Todt fielen.

Im November 1941 befahl Hitler, die Produktion von Flugzeugen zu steigern, da er vorhatte, die Schlacht um England wieder aufzunehmen, sobald der Sieg in Rußland sichergestellt wäre. Todt, den das Elend der Truppen im gefrorenen Morast Rußlands bedrückte, pochte auf den Vorrang der Wehrmacht. Als Speer Ende Juli Todt vorgeschlagen hatte, alle Bauten, die nicht unbedingt kriegswichtig seien, stillzulegen, hatte dieser sich ebenso geweigert wie Hitler, der der Luftverteidigung den Vorrang vor der Heeresrüstung gab. Während eines Besuchs bei Junkers in Dessau bekam Speer geheime Schätzungen über die britische und amerikanische Flugzeugproduktion der nächsten Jahre zu Gesicht. Speer fand diese Angaben niederschmetternd, aber niemand in der Naziführung nahm die nüchterne Prognose ernst oder behelligte Hitler damit.

Im Januar 1942 wurde Speers Amt mit der Reparatur und Erweiterung der Bahnanlagen in den von den Nazis besetzten Gebieten Rußlands betraut, um den Truppentransport und den Nachschub zu erleichtern. Speer, dessen Amt damals insgesamt 65 000 Arbeiter beschäftigte, stellte 30 000 Mann für diese Aufgabe zur Verfügung. Techniker des GBI wurden dem »Baustab Speer« zugeteilt und mußten die Anlagen reparieren, die die Russen bei ihrem Rückzug zerstört hatten. Todt bat Speer, die Wiederherstellung der Bahnanlagen in der ganzen Ukraine zu übernehmen.

Speer flog deshalb in der Maschine des Generals der Waffen-SS Sepp Dietrich mit, um eine Inspektionsreise im Raum Dnjepropetrowsk durchzuführen. Nach seiner Ankunft wurde er von einem Schneesturm aufgehalten. Als es ihm nicht gelang, mit einem Zug in den Westen durchzubrechen, nahm er das Angebot des von Sepp Dietrichs Piloten an, ihn, sobald sich das Wetter besserte, beim Rückflug zur »Wolfsschanze«, Hitlers Hauptquartier für den Ostfeldzug, nach Rastenburg in Ostpreußen mitzunehmen. Von dort beabsichtigte Speer, nach Berlin zurückzukehren. Er bekam den »Führer« aber nicht zu sehen, da dieser den ganzen Abend eine Besprechung mit Todt abhielt, dessen Hauptfunktion die des Ministers für Bewaffnung und Munition war. Erst spät abends erschien Todt, der sehr erschöpft aussah, um mit Speer noch etwas zu trinken.

Als er zu Bett ging, bot der Chefingenieur des Reiches dem Chefarchitekten des Reiches an, ihn in seinem Flugzeug nach Berlin mitzunehmen. Speer akzeptierte das Angebot – doch wurde er wenige Augenblicke später zu Hitler bestellt, um ihm zu berichten, was er in Südrußland gesehen hatte. Die Besprechung begann um ein Uhr morgens und endete um drei. Speer war so müde, daß er sich entschloß, einige Stunden zu schlafen und dann im Laufe des Tages eine andere Möglichkeit für die Rückreise nach Berlin zu suchen.[14]

Trotzdem wurde er um 8 Uhr 30 durch ein schrilles Klingeln des Telefon neben seinem Bett geweckt. Es war Dr. Brandt, der ihm die schockierende Nachricht überbrachte, daß Fritz Todt tot war.

Die Maschine, die Todt an jenem Tag zur Verfügung gestanden hatte, war ein für Passagiere umgebauter zweimotoriger Bomber vom Typ Heinkel He 111. Sie war ihm vom Feldmarschall der Luftwaffe, Hugo Sperrle, geliehen worden, da sich seine eigene Maschine in Reparatur befand. Das Flugzeug war etwa um 8 Uhr gestartet, hatte in der Luft gewendet, als ob es wieder landen wollte, und war nach einer Explosion brennend abgestürzt. Bei der offiziellen Untersuchung, die von Hitler angeordnet und von Generalfeldmarschall Erhard Milch, Staatssekretär im Reichsluftfahrtministerium, durchgeführt wurde, konnten keine Ursachen festgestellt werden; man schloß aber einen Pilotenfehler und vereiste Tragflächen nicht aus. Wie immer nach einem solchen Unglück gab es viele Gerüchte: Göring sei es gewesen, der Todts Imperium haben wollte; Speer wollte das gleiche; es sei Bormann gewesen, der verhindern wollte, daß Todt dem Beispiel von Heß folgte; Todt sei ein feindlicher Agent gewesen; es sei die SS gewesen, die Todt für seine Zweifel am Endsieg bestrafen wollte – die überzeugendste Verschwörungstheorie. Die Absturzursache wurde indessen nie geklärt.

Der Minister

In Todts Fußstapfen (1942)

Hitler, der wie gewöhnlich lange geschlafen hatte, schien wie betäubt, als er ungefähr eine Stunde nach Brandts Anruf bei Speer über Todts Tod informiert wurde. Am Mittag desselben Tages, am 8. Februar 1942, wurde Speer in Hitlers Arbeitszimmer gerufen. Nun war die Reihe an Speer, Bestürzung zu zeigen, als Hitler ihm erklärte, er solle alle Ämter Todts übernehmen, nicht nur die Bauaufgaben. Der apolitische Speer erkühnte sich sogar, um eine schriftliche Order zu bitten, die Hitler sogleich diktierte.

Speer wurde am 15. im Führerhauptquartier bei Rastenburg (heute Ketrzyn in Polen) vereidigt; von da an hatte er alle Ämter und Titel des verstorbenen Dr. Todt inne. Die Ernennung wurde fünf Tage später bekanntgegeben. Göring, der am 8. hastig nach Rastenburg geeilt war, um zu sehen, was er von Todts Imperium ergattern könnte, war sprachlos, als er erfuhr, daß Speer, erst 36 Jahre alt, alles bekommen und somit der jüngste Minister des Dritten Reiches werden sollte.

Fritz Todt war wie Speer ein Schwabe aus Baden, einer von einer Handvoll wirklich überzeugter Nazis, und er war auch ein begnadeter Improvisator und ein Verwaltungsgenie. Als Sohn eines Fabrikanten in Pforzheim geboren, hatte er Tiefbau studiert – vor dem Ersten Weltkrieg an der Technischen Hochschule in München und danach an der Technischen Hochschule in Karlsruhe. Seinen Doktortitel hatte er 1920 erworben. Während des Krieges hatte er an der Westfront gekämpft und war schließlich zum Fliegerkorps gekommen; er wurde verwundet. Nach 1920 arbeitete er erfolgreich in einem privaten Unternehmen, fühlte sich aber von der »sozialistischen« Seite des Nationalsozialismus angezogen. Im Januar 1923 wurde er zusammen mit seiner Frau Mitglied der

NSDAP und half der Partei, in Schwaben eine Ortsgruppe aufzubauen. Nachdem er bald darauf zum Ehrenstandartenführer in Ernst Röhms SA avanciert war, leitete er die Fachgruppe Bauingenieure des Kampfbundes Deutscher Architekten und Ingenieure und stand unter anderem zahlreichen technischen Organisationen und Ämtern des Führerstellvertreters Rudolf Heß und des Leiters der Deutschen Arbeitsfront Robert Ley vor. Er wurde ein eifriger Befürworter der Arbeitsbeschaffung durch öffentliche Bauten – eine der wenigen positiven Leistungen der Nationalsozialisten und den Ergebnissen der Politik des New Deal von Roosevelt vergleichbar.

Am 30. Juni 1933 wurde Todt zum Generalinspektor für das deutsche Straßenwesen einschließlich des gewaltigen Unternehmens »Reichsautobahnen« ernannt und erhielt so die Möglichkeit, seine Beschäftigungstheorien im ganzen Land praktisch zu verwirklichen. Fünfzehn Oberste Bauleitungen kontrollierten die Verwirklichung eines einzigartigen Straßenbauprogramms; Todts erster Autobahnabschnitt Frankfurt–Darmstadt–Heidelberg war bis Ende September 1933 fertig. Drei Jahre später bauten 125 000 Mann die neuen Betonstraßen, und weitere 120 000 waren in Nebenbetrieben, wie zum Beispiel in Steinbrüchen, beschäftigt. Im September 1939, zu Beginn des Krieges, waren 3065 Kilometer Autobahn fertiggestellt und weitere 1689 Kilometer im Bau. Die schwungvollen, der Landschaft angepaßten Autostraßen mit doppelter Fahrbahn waren zu einem wirkungsvollen Symbol des neuen Deutschland geworden.

Todt, der damals vermutlich größte Verbraucher von Beton in der Welt, übernahm nahtlos andere große Bauvorhaben, wozu auch der Westwall gehörte, mit dessen Bau im Mai 1938 begonnen wurde, als sich die tschechoslowakische Krise zuspitzte. Der Westwall war die Antwort der Wehrmacht auf die Maginotlinie auf der anderen Seite der deutsch-französischen Grenze. Hitler, unzufrieden mit dem langsamen Bautempo, befahl Todt, die Leitung des Bauvorhabens zu übernehmen; im Oktober 1938 hatten, wie bekanntgegeben wurde, 1000 Firmen mit 430 000 Mann, die täglich dreizehn Stunden arbeiteten, 5000 Betonbauten der Siegfriedlinie fertiggestellt. Göring, der oberste Gebieter des Vierjahresplanes, machte Todt zu seinem »Generalbevollmächtigten für die Regelung der Bauwirtschaft« (GB-Bau) – ein klassisches nationalsozialistisches Amt mit nicht klar abgesteckten Kompetenzen, das jedoch Todts Pläne für die Revolutionierung der Bauindustrie nicht behinderte.

Dessen Aufgabenbereich dehnte sich, beginnend beim Straßenbau, immer weiter aus und umfaßte auch Befestigungen, Docks und Häfen, Wasserwege und damit zusammenhängende Anlagen, danach Rüstungsfabriken und schließlich Arbeiterwohnungen. Die Produktivität stieg, und die Materialvergeudung sank. Hitler höchstpersönlich prägte im Mai 1938 den Begriff »Organisation Todt« (OT) für das mächtige Bauimperium des persönlich bescheidenen Ingenieurs, dessen große Armeen uniformierter Arbeiter glaubten, eine nationale Aufgabe zu erfüllen. Große Scharen von ihnen folgten beim »Blitzkrieg« der Wehrmacht auf dem Fuße, um Straßen und Bahnanlagen wieder instand zu setzen und Flugplätze und Stützpunkte zu bauen. Die Organisation Todt verfügte Ende 1941 in Rußland über 800000 Arbeitskräfte – und selbst das war, wie wir gesehen haben, noch nicht alles. Eine Viertelmillion Arbeitskräfte war zur gleichen Zeit mit dem Bau des Atlantikwalls beschäftigt. Innerhalb eines Monats verarbeiteten sie an der Kanalküste 800000 Tonnen Beton für den Bau von Geschützstellungen, Bunkern, Bunkeranlagen für Unterseeboote und ähnlichem.

Am 7. März 1940 wurde Fritz Todt durch einen weiteren Erlaß zum Minister für Bewaffnung und Munition befördert – eine zusätzliche, nicht alternative Aufgabe für das produktivste Individuum in der Naziführung. Todt war von seinem neuen Amt nicht begeistert, da ihm die nötige fachliche Qualifikation fehlte: Er war Bauingenieur, kein Waffenexperte. Seine Ernennung wurde von den entsprechenden Industrien dennoch vorsichtig begrüßt; sie hatten bemerkt, welch riesige neue Möglichkeiten er den Bauunternehmen durch die gründliche Reorganisation der Arbeitspraktiken erschlossen hatte; davon waren die Betriebsführungen genauso betroffen wie die Arbeiter. Selbst diese zusätzliche schwere

Verantwortung Todts genügte seinem Herrn nicht; dieser ernannte ihn am 29. Juli 1941 durch einen weiteren Erlaß zum Generalinspektor für Wasser und Energie. Das war seine letzte Ernennung, die ihm jedoch willkommen war, weil sie die logische Erweiterung der bisherigen Zuständigkeiten der Organisation Todt war und seinen Fähigkeiten als Ingenieur entsprach. Allerdings konnte er in den sechs Monaten, in denen er diesen Titel führte, davon nicht viel Gebrauch machen.

Die Art und Weise, in der Todt die Aufgaben der Rüstungsindustrie anpackte, beunruhigte die Wehrmacht. Er begann einen pragmatischen Kompromiß zwischen den Forderungen der Truppe und den Möglichkeiten der Industrie herzustellen, statt zuzulassen, daß die Wehrmacht der Industrie die Produktion einer endlosen Liste von ständig wechselnden Artikeln, Modellen, Typen oder Marken vorschrieb. Er veranlaßte auch, daß Betriebe mit gleichartiger Fertigung in weitgehend selbständigen Arbeitsgemeinschaften und Ausschüssen zusammengefaßt wurden, die die Aufgabe hatten, die Produktion in den Hauptsektoren der Rüstungsindustrie zu koordinieren. Das Grundprinzip war die Selbstverwaltung der Industrie. Solange ein Industriesektor sein Produktionssoll erfüllte, konnte er selbst entscheiden, wie er die gestellten Aufgaben bewältigte, und blieb von der Einmischung von Generälen, Bürokraten oder gar Parteibonzen verschont.

Es gab jedoch zwei Hauptschwierigkeiten, die Todt daran hinderten, dieses grundsätzlich vernünftige System in der kurzen Zeit, die ihm zur Verfügung stand, zur Vollendung zu bringen. Erstens die ständige Einmischung Hitlers in die Waffenbeschaffung: Dessen außerordentliche Detailkenntnis verleitete ihn dazu, sich für den größten Experten zu halten, und bei Streitigkeiten zwischen verschiedenen Dienststellen mit übergreifenden Kompetenzen war er bereits die letzte Instanz. Zweitens der nicht endende Einzug von Facharbeitern zur Wehrmacht – unersetzlicher Arbeitskräfte, die man als unabkömmlich hätte einstufen müssen.

Im Unterschied zu Speer war Todt kein Höfling oder Manipulator, sondern in erster Linie Techniker. Er verfügte nicht über das Geschick, verrückte Einfälle des Diktators abzubiegen oder mächtige Konkurrenten, die Arbeitskräfte, Rohstoffe und Betriebe forderten, auszumanövrieren. Seine Bescheidenheit und Zurückhaltung wirkten sich für ihn sowohl positiv als auch negativ aus: Hitler betrachtete ihn nicht als eine Gefahr, sondern schätzte ihn hoch und verlieh ihm als erstem den »Deutschen Orden« für hervorragende nichtmilitärische Verdienste um Volk und Reich. Aber das bedeutete nicht, daß er immer oder auch nur meistens auf Todt gehört hätte. Speer bezeichnete sich selbst ständig als »apolitischen Technokraten«, aber auf seinen Vorgänger hätte diese Charakterisierung weit besser gepaßt. Todt war ein der Partei treu ergebener Mann, beteiligte sich aber nicht an den inneren Kämpfen und Rankünen der Naziführung; diese gefährdeten seiner Ansicht nach in höchstem Maße die Effizienz, die, wie er wußte, für den militärischen Erfolg entscheidend war.[1]

Auf Grund seines Pragmatismus', seiner organisatorischen Fähigkeiten, seines Fachwissens und seiner Erfahrung verlor Todt früher als jeder andere nationalsozialistische Satrap den Glauben an ein positives Ergebnis der abenteuerlichen Politik Hitlers. Seine Befürchtungen wuchsen, als der Vormarsch der Wehrmacht durch den Schlamm immer langsamer wurde und schließlich im Schnee und in der strengen Kälte im weiten Rußland zum Stillstand kam. Sie erreichten wahrscheinlich ihren Höhepunkt, als Hitler wenige Tage nach dem japanischen Angriff auf Pearl Harbor im Dezember 1941 den USA voreilig den Krieg erklärte. Todt wußte: Selbst wenn Deutschland mit den erschreckenden demographischen und geographischen Vorteilen der Sowjetunion fertig werden würde – dem amerikanischen Industriepotential hatte es nichts Vergleichbares entgegenzusetzen. Er war bestürzt über die schlechte Behandlung der russischen Kriegsgefangenen, die durch die (von Moskau nicht ratifizierte) Genfer Konvention nicht geschützt waren und von den Naziideologen als Untermenschen angesehen wurden; er vermochte Hitler auch nicht davon zu überzeugen, daß die sowjetischen Panzer besser waren als die deutschen, und er konnte ihn nicht dazu bewegen, alle Ressourcen auf das Wohl des deutschen Heeres zu konzentrieren, das in der großen Kälte buchstäblich festgefroren war. Vor dem Abend des

7. Februar 1942 hatte er mindestens zweimal versucht, Hitler klarzumachen, daß der Krieg nicht zu gewinnen war.[2]

Hitler hatte einen Heidenrespekt vor wirklichen Experten wie Todt (aus diesem Grund mied er auch ihre Gesellschaft und suchte ihren Rat nicht), besaß aber zugleich die unheimliche Fähigkeit, den meisten selbständig denkenden Gesprächspartnern seinen Willen aufzuzwingen. Diese vermieden es deshalb möglichst, unter vier Augen mit ihm zusammenzukommen.[3]

Zu einer solchen Besprechung unter vier Augen empfing Hitler an jenem bitterkalten Februarabend Todt zum letzten Mal. Todt hatte eher hartnäckig als demonstrativ eine Aufstellung mitgenommen, die in einigen wichtigen Punkten nachwies, daß Deutschland beim Vergleich seiner Industrieproduktion mit der der Alliierten ungünstig abschnitt. Das Treffen, über das keine protokollierte Aussage vorliegt, dauerte etwa sechs Stunden und verlief sicherlich stürmisch, da Adjutanten durch die geschlossenen Türen hindurch laute Stimmen gehört hatten. Als Todt herauskam, um mit Speer noch etwas zu trinken, ehe er gegen ein Uhr morgens schlafen ging, machte er einen erschöpften und niedergeschlagenen Eindruck. Weniger als zwölf Stunden später wurde Speer ein weiteres Mal aufgefordert, die Nachfolge eines Toten anzutreten.

Speers offizielle Verpflichtungen bildeten Ende 1941, wie aus Wolters' Chronik ersichtlich, bereits einen ganzen Komplex verschiedener administrativer Kompetenzen. Mit beeindruckender Geschmeidigkeit war er von der Architektur zur Stadtplanung übergewechselt und spielte, nachdem der Krieg begonnen hatte, eine zunehmend wichtigere Rolle auf dem Bausektor. Sein wachsendes Engagement auf diesem Gebiet war nicht nur eine logische Erweiterung seiner Funktion als GBI für Berlin, sondern wurde von Todt auch als große Erleichterung empfunden. Dessen riesiges Bauimperium, das unter anderem für die Wehrmacht tätig war, hatte im russischen Winter 1941/42 die absolute Grenze seiner Leistungsfähigkeit erreicht. Gieslers Bautrupps wurden an die Nord- und Mittelabschnitte der Ostfront geworfen, während Speers Bautrupps in die Ukraine und an den südlichen Frontabschnitt entsandt wurden, der in strategischer Hinsicht am wichtigsten war.

Daher war Hitlers Entschluß, Speer zum Nachfolger Todts zu ernennen – womit er zweifellos eine glänzende Entscheidung traf –, gar keine so ausgefallene Idee, wie man dies gewöhnlich dargestellt hat. Im Frühjahr 1939 hatte Speer Hitler auf einer Fahrt zur Besichtigung der Siegfriedlinie begleitet (wo die britischen Truppen ihre Wäsche zum Trocknen aufhängen wollten, wie sie mehr oder weniger melodisch verkündet hatten). Bei dieser Gelegenheit hatte Hitler schon einmal verlauten lassen, er, Speer, werde Todts Aufgabe auf dem Bausektor übernehmen müssen, falls sich das irgendwann einmal als nötig erweisen sollte. Im Sommer 1940 war es Speer gelungen, Hitler davon abzubringen, ihm einen Großteil der wachsenden Bürde Todts, darunter den Bau des Atlantikwalls, zu übertragen. Speer wußte, daß Todt, den er aufrichtig bewunderte und respektierte, überhaupt nicht das Gefühl hatte, am Ende seiner Kräfte zu sein, und Todt hätte sich gekränkt gefühlt, wenn Hitler wohlmeinend versucht hätte, ihm auf diese Weise das Leben zu erleichtern.

Als Todt starb, wurde also nicht irgendein Architekt ohne einschlägige Erfahrungen zum Hauptverantwortlichen für Bauwesen und Rüstung ernannt. Speer hatte zwar nur erwartet, der Nachfolger Todts in bezug auf dessen Bauaufgaben zu werden, die mindestens genauso wichtig waren wie sein Amt als Rüstungsminister, ja sogar noch zeitaufwendiger. Hitler aber vertrat zweifellos den Standpunkt, daß Speer die Aufgaben sowohl zu Ende führen als auch Todts Ministeramt übernehmen sollte. Überraschend war, wie schnell Hitler diese Entscheidung getroffen hat, weshalb Verschwörungstheoretiker geschlußfolgert haben, er habe seine Wahl bereits vor dem Tode Todts – und daher in Kenntnis desselben – getroffen.

Der Schachzug war ohne Zweifel einer der administrativen Glückstreffer Hitlers, ließ er doch solchen unverbesserlichen Machtmenschen wie Göring und Himmler, die sich eigene kleine Imperien geschaffen hatten, keine Möglichkeit, sich Teile der Hinterlassenschaft des Toten unter den Nagel zu reißen.[4]

Todt war zwar als Mensch scheu und unaufdringlich (auch wenn er in seinen Anschauungen allzu unnachgiebig war), aber er war eine Persönlichkeit, der das öffentliche Interesse galt. Seine großen bautechnischen Leistungen waren unbestritten und landauf, landab sichtbar. Daher hatte die Nazipropaganda sie im In- und Ausland als große Errungenschaften des neuen Regimes gepriesen. Unzählige deutsche Arbeiter verdankten es dem emsigen Ingenieur, daß sie wieder in Arbeit und Brot standen. Kaum ein anderer hatte etwas Vergleichbares vorzuweisen.

Obwohl Speer vieles mit Todt gemeinsam hatte – er stammte aus der gleichen Region, kam ebenfalls aus einem wohlhabenden Elternhaus, hatte studiert, besaß große organisatorische Fähigkeiten und konnte trotz seiner zurückhaltenden Art andere begeistern –, war er kein Mann, der in der Öffentlichkeit gern in Erscheinung trat: Er haßte es, Reden zu halten, und war an Ruhm nicht interessiert. Zur Macht hatte der neue Minister allerdings eine andere Einstellung, und so bemühte er sich rasch um Konsolidierung seiner hohen Position.

Die deutsche Wirtschaft, in der Albert Speer nunmehr der entscheidende Mann wurde, war durch den Ersten Weltkrieg schwer in Mitleidenschaft gezogen. Nach einem zehnjährigen Kampf, der durch die Reparationen und die große Inflation enorm erschwert war, hatte die Produktion erst 1928 wieder den Stand von 1914 erreicht. Aber es verging kaum ein Jahr, da ereignete sich im Oktober 1929 der große Börsenkrach in der Wall Street, und die Wirtschaft geriet 1932 mit sechs Millionen Arbeitslosen wieder in die Krise. 1933 kamen die Nazis an die Macht und legten ein Arbeitsbeschaffungsprogramm auf, das sie genauso energisch verwirklichten wie das Programm zur Judenvernichtung und zur Landeroberung im Osten. Auf Grund der starken Wiederbelebung der amerikanischen Wirtschaft während der Zeit des New Deal, aber auch auf Grund der raschen Expansion der Wehrmacht war die Arbeitslosigkeit bis 1936 so weit gesunken (auf etwa 1,7 Millionen), daß man sie einigermaßen in den Griff bekam. In den letzten Friedenstagen Europas war Arbeitslosigkeit im Dritten Reich faktisch unbekannt. Diese Umwandlung hatte mit den gewaltigen Arbeiten der öffentlichen Hand begonnen, die Todt, aber auch Göring, Speer und andere in die Wege geleitet hatten, und war schließlich von der verstärkten Rüstungsproduktion gekrönt.

Aus der Zeit von 1914 bis 1918 hatten die Nazis den Glaubenssatz abgeleitet, daß man in einem künftigen Krieg wirtschaftlich autark sein müsse. Hitler war sich völlig darüber im klaren, daß er den angestrebten »Lebensraum« nicht kampflos würde bekommen können, obwohl er allein schon durch Drohungen erreicht hatte, daß ein Großteil der verlorengegangenen deutschen Gebiete an das Reich zurückgefallen war. Mit diesen Drohungen hatte er gearbeitet, solange er nicht über die Mittel verfügte, sie wahr zu machen. Aber längerfristig bluffte er nicht: Er irrte sich nur in seiner Zeitplanung, weil er die latente Entschlossenheit der Briten unterschätzte; davon zeugt die Tatsache, daß er Admiral Raeder 1939 versicherte, es werde vor 1944/45 keinen Krieg mit Großbritannien geben. Das heißt aber, daß er von der Unvermeidlichkeit eines solchen Krieges ausging.[5]

Die Erinnerungen an die Auswirkungen der strategisch entscheidenden britischen Seeblockade auf die Lebensmittelversorgung und auf andere Bereiche waren lebendig geblieben, und die Triebkraft hinter der Forderung nach »Lebensraum« war die Absicht, die Versorgung mit Nahrungsmitteln und Rohstoffen auch für den Konfliktfall sicherzustellen. Was Rohstoffe betraf, so galt dies besonders für Eisenerz und andere Mineralien, die durch nichts ersetzt werden konnten, sowie für Öl und Kautschuk, die sich zwar synthetisch herstellen ließen, aber nicht zu ökonomisch vertretbaren Kosten.

Die Lehre, die man aus dem Jahr 1918 gezogen hatte, nämlich, daß man wirtschaftlich autark sein müsse, um Krieg führen zu können, hatte sich auch die japanische Militärjunta zu eigen gemacht. Diese hatte bereits ein Programm zur Erlangung der wirtschaftlichen Unabhängigkeit beschlossen, die durch Eroberungen auf dem ostasiatischen Festland gesichert werden sollte. Was man dabei aber völlig in den Wind schlug, waren andere entscheidende Lehren wie zum Beispiel, daß man keinen Zweifrontenkrieg führen, sich nicht mit einer übermächtigen Koalition von Feinden anlegen und nicht die Gesetze der Kriegführung (und der Logik) ignorieren darf. Das Paradoxe an diesem Autarkiestreben war, daß sowohl Deutschland als auch Japan, indem sie die Streitkräfte aufbauten, die erforderlich waren, um die Versorgung mit Ressourcen sicherzustellen, damit man nicht mehr von ausländischen Rohstofflieferanten abhängig war, sogar noch mehr in Abhängigkeit von diesen Lieferanten gerieten.[6] Deutschland war bei mehr als der Hälfte seiner strategischen Rohstoffe von ausländischen Rohstoffquellen abhängig, und als der Krieg in Europa ausbrach, hatte man diese Abhängigkeit nur auf 45 Prozent reduzieren können. Vorratsbildung konnte nur ein Notbehelf sein, und die schlechten Ernten in den Jahren 1934 und 1935 hatten zur Folge, daß auf den Kapitalmärkten eine große Nachfrage nach ausländischen Zahlungsmitteln bestand.

Hitlers Einmarsch ins Rheinland im Jahre 1936 hatte daher sowohl ökonomische als auch politische Gründe: Hitler erstrebte die totale Kontrolle über die Ruhr mit ihren Kohlevorkommen und ihrem riesigen Industriepotential. Ausländische Rohstofflieferanten, die eine deutsche Wiederaufrüstung befürchteten, reduzierten bereits die Lieferung wichtiger Grundstoffe. Die Reichswehr hatte schon 1926 begonnen, die deutsche Industrie auf das Problem lebenswichtiger Rohstoffe wie Erdöl und Kautschuk hinzuweisen. Bevor die Nazis ans Ruder kamen, waren die Pläne für die Herstellung synthetischer Ersatzstoffe bereits genauso weit gediehen wie die Programme für die Produktion von Panzern, Flugzeugen, großen Kriegsschiffen und Unterseebooten. Wie bereits erwähnt, war der Wille, den Versailler Vertrag zu umgehen, zu unterminieren oder für null und nichtig zu erklären, bereits vor Hitler überall in Deutschland lebendig. Und dank dem deutsch-russischen Rapallovertrag von 1922 übten die Deutschen vor und nach 1933 in der Sowjetunion den Panzer- und Luftkrieg. Noch in den letzten Stunden vor seinem Überfall lieferte die Sowjetunion Nahrungsmittel und Rohstoffe nach Deutschland.

Die Nazis hatten das Glück, daß ihnen mit Dr. Hjalmar Horace Greeley Schacht, einem Ökonomen, Bankier und überzeugten

Nationalisten, ein Wirtschafts- und Finanzexperte von Weltgeltung zur Verfügung stand. Schacht war der führende Kopf bei der Währungsreform gewesen, die der großen Inflation von 1923 ein Ende bereitet hatte, und er war daraufhin Präsident der Reichsbank, der deutschen Zentralbank, geworden. 1930 war er aus Protest gegen die ständigen Reparationszahlungen und die wachsende Auslandsverschuldung der Weimarer Republik von seinem Posten zurückgetreten. Da er plötzlich nichts zu tun hatte, las er »Mein Kampf« und war von Hitlers Entschlossenheit, Deutschlands Probleme zu überwinden, beeindruckt – ein weiterer Beweis dafür, daß Ökonomen nicht klüger oder weniger leichtgläubig sind als andere Menschen auch. Schacht machte Hitler 1930 in einem für das Schicksal der Partei entscheidenden Moment mit einigen führenden rheinischen Industriellen bekannt, und als Hitler an die Macht kam, war es selbstverständlich, daß Schacht wieder auf seinen früheren Posten bei der Reichsbank zurückberufen wurde.

Von August 1934 an war er auch Reichswirtschaftsminister. Als solcher war er in der Lage, die Aufrüstung zu finanzieren. Er setzte dafür voll auf die Mittel und den Einfluß der Reichsbank. (Das ist auch der Grund, weshalb deren Nachfolgerin, die Deutsche Bundesbank, heute laut Grundgesetz von der deutschen Regierung unabhängig ist.) In typischer Nazimanier bekam der oberste Gebieter über die finanziellen und ökonomischen Belange des neuen Deutschland zugleich den speziell geschaffenen Posten des »Generalbevollmächtigten für die Kriegswirtschaft«. Das war keine Sinekure und kein bloßer Titel, denn Schacht gab der deutschen Rüstung mit dem geheimen Reichsverteidigungsgesetz vom März 1935 einen starken Rückhalt. Den Titel bekam er, ohne daß dieser ihm besondere Vollmachten verlieh oder gar Pflichten auferlegte. Also mußte er sich wie alle Paladine der Nazis in den Dschungel der miteinander konkurrierenden Einflußsphären der Nazigrößen begeben. Im Gegensatz zu Göring, Bormann oder Himmler gefiel ihm das nicht.

Der brillante Schacht glaubte jedoch auch fest an eine vernünftige Wirtschaftspraxis, wie man sie damals verstand. Er hatte keine grundlegenden Einwände gegen solche Keynesschen Ideen wie die Defizitfinanzierung, das einzige Mittel zur Finanzierung großer öffentlicher Aufträge und Rüstungsprogramme. Der Mann, der die Hyperinflation besiegt hatte, war aber zugleich für eine gesunde Geldpolitik im Inland und im Interesse der Verminderung der Abhängigkeit vom Ausland für eine minimale Auslandsverschuldung. Das Drucken von Papiergeld zur Finanzierung der Staatsverschuldung war ihm genauso ein Greuel wie die rücksichtslose Steigerung der Importe zum Ausgleich schlechter Ernten oder zur Schaffung von Vorräten an lebenswichtigen Rohstoffen. Voller Ungeduld befahl Hitler Göring, sich um die Beschaffung von Devisen und um die ausländischen Rohstofflieferungen zu kümmern. Dies war ein weiteres krasses Beispiel für die Nazimanier, Verantwortungsbereiche durcheinanderzubringen. Der dicke Maulheld, der in jenen Anfangsjahren der Naziherrschaft noch voller Energie war, verlor keine Zeit, um den Experten beiseite zu schieben.

Schacht trat im November 1937 als Wirtschaftsminister und Chef der Kriegswirtschaft ab, doch genoß er so hohes Ansehen, daß er aufgefordert wurde, als Minister ohne Geschäftsbereich im Kabinett zu bleiben, und als sein Fünfjahresvertrag als Reichsbankpräsident im März 1938 auslief, bestätigte Hitler ihn erneut in diesem Amt. Walther Funk war sein Nachfolger als Wirtschaftsminister und Bevollmächtigter. Schacht sagte sich von Hitler los, als die Nazis den Krieg begannen, und war offenbar nicht mit dem Einsatz der Waffen einverstanden, zu deren Herstellung er mit seinen Finanztricks beigetragen hatte. 1944 landete er schließlich im Konzentrationslager, da er im Verdacht stand, in die Verschwörung vom Juli verwickelt zu sein. Nach dem Krieg wurde er in Nürnberg und vor westdeutschen Gerichten von der Anklage freigesprochen, Kriegsverbrechen begangen zu haben.

Im Sommer 1936 entwarf Hitler eine Denkschrift über einen Vierjahresplan für die deutsche Wirtschaft, dessen erklärtes Ziel es war, 1940 autark zu sein. Dieses Memorandum war an Göring und den damaligen Reichswehrminister Blomberg gerichtet. Wie vorauszusehen, wurde darin mehr »Lebensraum« für die »endgültige Lösung« (!) der Nahrungsmittel- und Rohstoffprobleme Deutschlands gefordert. Ein solches Problem gab es aber nur unter dem Aspekt eines bevorstehenden Krieges; denn in Friedenszeiten hatte Deutschland keine ernsthaften Schwierigkeiten, das, was benötigt wurde, auf den Weltmärkten zu bekommen, und zwar in Mengen, die mit vernünftigen Haushaltsprinzipien vereinbar waren. Hitler sah es auch nicht für notwendig an, Vorräte für einen längeren Krieg anzulegen, da ein solcher keinesfalls gewonnen werden konnte; er hatte vor, durch »Blitzkriege«, die nacheinander gegen die einzelnen Nachbarstaaten geführt werden sollten, Deutschland unangreifbar zu machen. Das tat schließlich die Wehrmacht, die sich begeistert die neue Taktik des Panzer- und Luftangriffs zu eigen gemacht und auf dem realen Testgelände, das der spanische Bürgerkrieg bot, praktisch erprobt hatte. Benötigt wurde eine Rüstungsindustrie, die in der Lage war, rasch kleine Munitionsserien zu produzieren. Das aber war nur eine Frage der Organisation und des Willens.[7]

Aus diesem Grund verkündete Hitler im September 1936 auf dem Nürnberger Parteitag den »zweiten Vierjahresplan« (der erste war seinerzeit so nicht genannt worden, doch handelte es sich dabei um das Arbeitsbeschaffungsprogramm, das er bei seinem Amtsantritt im Jahre 1933 bekanntgegeben hatte). Göring wurde zum Bevollmächtigten für den Plan ernannt und mit Vollmachten zur Koordinierung der Arbeit aller entsprechenden Instanzen in Partei, Staat und Volk ausgestattet. Es war eine bombastische, typisch Hitlersche Ernennung, die großspurige Geste eines Diktators, der seinem Paladin einen so gewaltigen Auftrag erteilte, daß ihn auch ein anderer nicht hätte bewältigen können. Diesen Auftrag erhielt freilich jemand, der völlig unfähig war, etwas anderes zu befehligen als ein Doppeldeckergeschwader (Göring war gegen Ende des Ersten Weltkrieges Nachfolger des legendären »Roten Barons« Manfred von Richthofen geworden, Deutschlands bestem Kampfflieger). Die Folge war ein wüstes Durcheinander, in dem nicht einmal Albert Speer richtig Ordnung schaffen konnte – und ein wesentlicher Beitrag zur Niederlage, die Deutschland schließlich erlitt.

Der Vierjahresplan war nicht den Fünfjahresplänen der Sowjetunion vergleichbar. Bei diesen handelte es sich um rigide Maßnahmen einer Planwirtschaft. Hitlers Wirtschaftsplan war dagegen ein rollendes Programm für wirtschaftliche Autarkie, die mit allen Mitteln erreicht werden sollte. Reichswehr- und Reichswirtschaftsministerium wurden durch das neue Betätigungsfeld des Reichsmarschalls – er war bereits oberster Chef der Zivilluftfahrt und der Luftwaffe – an den Rand gedrängt. Die deutsche Industrie war nicht begeistert, weil sie die massive Einmischung der Nazis in ihre Belange befürchtete und weil Göring auch zu einem unberechenbaren Konkurrenzfaktor wurde.

Im Sommer 1937 gründete der »Reichsmarschall« die Hermann-Göring-Werke in Salzgitter, einen Hütten- und Stahlkomplex, der rasch zu einem der größten Unternehmen der Welt wurde und in drei Teile gegliedert werden mußte, damit er sich überhaupt führen ließ. Aber auch dadurch wurde Deutschland bis Kriegsausbruch in der Stahlerzeugung (oder der Aluminiumproduktion) nicht autark; Göring, die Wehrmacht und auch die Industrie mußten, ob sie wollten oder nicht, zum Mittel der Vorratsbildung greifen – keine effiziente Praxis. Es gelang ihnen bis Herbst 1939 gerade noch, Reserven an Chrom und Wolfram für sechs Monate, an Eisenerz für zehn Monate und an Mangan für eineinhalb Jahre anzulegen. In der Kohleförderung und Stickstoffproduktion war Deutschland vollständig autark.[8]

Um den Wirrwarr noch zu vergrößern, wurde mittels eines weiteren Wehrgesetzes vom September 1938 dem (von Hitler selbst geleiteten) Oberkommando der Wehrmacht (OKW) die oberste Kontrolle über alle Rüstungsbetriebe übertragen. Danach war Funk nur noch für nichtmilitärische Wirtschaftsangelegenheiten zuständig, was ihn nicht daran hinderte, die Nahrungsmittelversorgung Deutschlands während des Krieges sicherzustellen – unter den gegebenen Umständen eine beachtliche Leistung. Am 29. August 1939, drei Tage vor dem Überfall auf Polen, traten die Bestimmungen für die Kriegswirtschaft in Kraft; Ende des Jahres gingen die restlichen Vollmachten Funks in der Wirtschaft an Göring über, der dadurch (auf dem Papier) Herr über die ganze deutsche Kriegsindustrie wurde. Es gab jedoch keine totale Mobilisierung der Industrie, die der Mobilmachung der Wehrmacht von 1939 bis 1941 entsprochen hätte. Die Produktionskapazität des Reiches hatte Breite, aber keine Tiefe. Es gab zwar Vorräte, aber keinen lang- oder gar mittelfristigen Plan für eine stabile Massenfertigung. Schichtarbeit war eigentlich unbekannt.

Jeder Wehrmachtsteil hatte sein eigenes Rüstungsamt, und das OKW hatte ein eigenes Wehrwirtschafts- und Rüstungsamt, an dessen Spitze General Georg Thomas stand, ein Mann, auf den genauso wie auf Dr. Todt das alte russische Sprichwort zutraf: »Ein Pessimist ist ein gut informierter Optimist« –, und der dann, wie zu erwarten, bei Hitler in Ungnade fiel. General Thomas erklärte vor dem Überfall auf Rußland, daß das Autarkieprogramm durch die Kriegswirtschaft behindert worden sei; mit synthetischen Verfahren könne man nicht genug Treibstoffe und Kautschuk herstellen, und durch die bisherigen Eroberungen hätte man andere Defizite nicht beseitigt.

Der Anschluß Österreichs und die Besetzung der Tschechoslowakei hatten durch das österreichische Eisenerz und die Rüstungs- und Fahrzeugfabriken der Tschechoslowakei, einschließlich ihrer Rohstoffe, zu einer beträchtlichen Stärkung des deutschen Kriegspotentials geführt. Die polnische Industrie, die ohnehin nicht so modern war, wurde aus ideologischen Gründen vernichtet. Mit der Besetzung Dänemarks und Norwegens sicherte man die lebenswichtige Route für die Belieferung mit schwedischem Eisenerz, von dem die deutsche Rüstungsindustrie in hohem Maße abhängig war. In den Niederlanden und in Frankreich nahm man weitere Rohstoffquellen in Besitz, im übrigen war die Kriegsbeute enttäuschend. Denn die französische Munition war genausowenig zu gebrauchen wie das, was die britische Armee an Ausrüstungen in Dünkirchen zurückgelassen hatte. Das Beutematerial paßte nicht, war primitiv oder einfach veraltet. Die Kohlengruben und die Stahlwerke in den Niederlanden hingegen waren offensichtlich wertvoll.

Auf Grund dieser Eroberungen und der Verträge, die mit neutralen Ländern über die Lieferung weiterer Rohstoffe bestanden, wuchsen die entsprechenden Vorräte des Reiches sowie das Potential seiner Grundstoffindustrie von 1938 bis zum Sommer 1941 um ein Drittel, doch der Bedarf war sogar noch rascher gestiegen, und als die Wehrmacht in Rußland einfiel, war er überhaupt nicht mehr zu befriedigen. Deutschland brauchte noch einen weiteren schnellen Sieg, um unangreifbar zu werden. Großbritannien mit seinem abgerüsteten kleinen Heer hatte zwar nicht kapituliert, aber die Luftwaffe konnte durch die Zerstörung seiner Schlüsselindustrien und seiner Schiffe seine Fähigkeit zunichte machen, den Krieg durchzustehen.

Im Februar 1941 hatte Hitler seinen Invasionsplan restlos aufgegeben. Seit Ende 1940 hatte er sich gedanklich immer mehr auf das letzte, größte Ziel konzentriert: Die Sowjetunion verfügte über alle Ressourcen, die Deutschland für sein langfristiges Überleben benötigte: Land, Getreide, Erdöl, Chrom, Mineralien aller Art, sogar Gold. Hitler war so sehr von einem schnellen Sieg überzeugt, daß er vor dem »Unternehmen Barbarossa« tatsächlich vierzig Divisionen auflöste. Trotzdem übertraf die Kampfstärke der Wehrmacht an der Ostfront die Zahl der an der Westfront stationierten sowjetischen Streitkräfte, die sich auf drei Millionen belief, um eine Viertelmillion.

Die wachsende Zahl der Rüstungsinstanzen interessierte sich genauso wie Hitler hauptsächlich für die technischen Aspekte und die Qualität der Waffen, wußte aber nicht, welche Auswirkungen ihre Anforderungen auf die Industrie haben würden, und machte sich darüber auch keine Gedanken. Hitler verschärfte die Situation, indem er sich ständig einmischte und die Prioritäten wechselte. Die Folgen waren Mängel, Engpässe, Doppelentwicklungen, Verschwendung, Verzögerungen, fehlende Standardisierung und eine verwirrende Vielfalt von Flugzeug-, Fahrzeug- und anderen Typen. Hitlers Lösung bestand darin, einen anderen obersten Rüstungschef einzusetzen: Niemand anders als Fritz Todt wurde am 17. März 1940 zum Minister für Bewaffnung und Munition ernannt.

Als solcher übernahm er die volle Verantwortung für den Atlantikwall (sowohl für dessen Bewaffnung als auch für die Anlagen) und für den Bau von U-Boot-Bunkern an der französischen Atlantikküste, vor allem in Brest (wo die französische Marine diese Anlagen noch heute für ihre Atom-U-Boote benutzt).

Der hochtrabende Titel wurde jedoch den wahren Kompetenzen nicht ganz gerecht. Seine Rolle als Hauptverantwortlicher für Bewaffnung beschränkte sich auf die Waffen des Heeres, obwohl es natürlich den größten Bedarf an Kriegsmaterial hatte. Görings Luftwaffe und Raeders Kriegsmarine gingen ihre eigenen Wege; ihre Rüstungsämter wurden von Generalfeldmarschall Erhard Milch beziehungsweise Generaladmiral Karl Witzell geleitet. Der Chef des Heereswaffenamtes, General Karl Becker, der sich ohne Rücksicht auf Produktionsschwierigkeiten auf technische Spezifikationen konzentriert hatte, sah seine Kompetenzen auf Forschung und Entwicklung reduziert; Todt war auch berechtigt, sich in diese Bereiche einzumischen, wenn dies aus Produktionsgründen erforderlich schien. Becker fühlte sich dadurch in seiner Ehre gekränkt, und da ihn auch familiäre Probleme bedrückten, brachte er sich um. Sein Nachfolger wurde General von Leeb.

Als oberster Technokrat des Hitlerregimes war Todt zugleich Leiter des »Hauptamtes für Technik« der NSDAP, außerdem war er Generalmajor der Luftwaffe und avancierte zum SA-Obergruppenführer (besaß aber nie einen Ehrenrang der SS). Todt war derjenige, der das System der Industrieautonomie als erster einführte. Speer, der sich selbst in hohem Maße darauf stützte, hat anständigerweise bestätigt, daß Deutschland diesem System den raschen Anstieg der Produktion für einen lange dauernden Krieg verdankte.

Der eigentliche Urheber der »industriellen Selbstverantwortung« war jedoch Walther Rathenau, der Industrielle und Generaldirektor des von seinem Vater gegründeten Elektrokonzerns AEG. Nachdem dieser 1914 die Leitung der neuen Rohstoffabteilung im Kriegsministerium übernommen hatte, rationalisierte er die Produktion so, daß sich die Produktivität bei gleichbleibenden Produktionsanlagen und gleichbleibenden Arbeitskosten verdoppelte. Er hatte nach dem Krieg gerade seinen Posten im Ministerium für Wiederaufbau aufgegeben, um Außenminister zu werden, als er im Juni 1922 von Rechtsextremisten in Berlin erschossen wurde, weil er Jude und für die Reparationszahlungen zuständig gewesen war. Es entbehrt nicht einer gewissen Ironie, daß gerade Rathenau 1916 den Einsatz von 700 000 Belgiern als Zwangsarbeiter in der deutschen Industrie befürwortet hatte – ein Präzedenzfall in der modernen Geschichte und ein weiteres Beispiel, das sich die Nazis im allgemeinen und Speer im besonderen zum Vorbild nahmen.[9] In den 22 Monaten, in denen Todt an der Spitze des Ministeriums stand, hielt er resolut die Bürokratie in Schach; er stützte sich dabei auf ein Dutzend Fachberater und schaffte es mit Leichtigkeit, ohne den pedantischen und schwerfälligen Beamtenapparat auszukommen, der in anderen Ministerien zu finden war. Postenjäger und Streber konnte er genausowenig gebrauchen wie Speer, dessen Entourage nur deswegen zahlreicher war, weil er noch viel mehr Ämter hatte.

Hitler hatte Göring gegenüber unmißverständlich klargestellt, daß Speer alle Ämter Todts übernehmen würde. Dazu gehörte auch der pompöse Titel des »Generalbevollmächtigten für die Regelung der Bauwirtschaft im Vierjahresplan«, den Todt innegehabt hatte. Die spektakuläre Entwicklung der Organisation Todt hatte die Eifersucht des Reichsmarschalls erregt, und beide Männer waren oft aneinandergeraten. Zum Teil geschah das, weil ihre Charaktere gegensätzlich waren, zum Teil aber auch, weil ihre Verantwortungsbereiche unklar abgegrenzt waren und sich überschnitten.

Speer war aber in seiner Vorkriegszeit als Architekt und GBI zeitweise das Objekt der Bewunderung Görings gewesen – und diese war manchmal so überschwenglich ausgefallen, daß Wolters sich bemüßigt fühlte, ein solches Beispiel von Schmeicheleien aus seiner Chronik zu entfernen.[10] Hitler machte bei dieser Gelegenheit von Anfang an klar, daß er Speer unterstützen würde. Der »Führer« hatte gar keine andere Wahl, als ihn zu unterstützen, nachdem er ihm Todts Aufgaben übertragen hatte. Hitler konnte Göring als Nazi der »alten Garde«, der alle streng gehüteten Geheimnisse kannte, zwar nicht feuern, aber seine Unzufriedenheit mit dem Reichsmarschall begann mit dessen Mißerfolgen im Luftkrieg gegen Großbritannien, wenn nicht schon früher. Hitler wußte, daß sein offizieller Kronprinz ein unzuverlässiger Mensch war.

Speer unterhielt auch gute Beziehungen zu Görings zweitem Mann in der Luftwaffe, Erhard Milch. Daraus war eine echte Freundschaft geworden, die sich für Speer bald auszahlte. Dieser Kontakt war durch die enge Zusammenarbeit zwischen der Luftwaffe und Speers Bau- und Transportbrigaden in Berlin und an der russischen Front entstanden. Der Generalfeldmarschall war genauso wie Speer gern dazu bereit, Göring zu überlisten.

Der neue Minister war von Anfang an sehr auf die Respektierung seiner Autorität bedacht. Er verhehlte seinen Ärger nicht, als ein Mann namens Konrad Haasemann am 9. Februar 1942 im Hauptquartier eintraf, um ihn über die Arbeitsweise seines neuen Ministeriums zu instruieren. Der unglückliche Haasemann war Todts persönlicher Adjutant gewesen und hatte es nicht weiter als bis zum Personalchef des Ministeriums gebracht. Speer betrachtete seinen Auftritt als Provokation der Führungsriege Todts und fuhr noch am selben Abend mit dem Nachtzug nach Berlin, um das Kommando zu übernehmen. Die Morgenzeitungen, die er am Bahnhof kaufte, bejubelten auf Geheiß des Propagandaministeriums Speers Ernennung. Goebbels notierte in seinem Tagebuch, Speer sei »wahrscheinlich der einzige Mann, der in der Lage ist, [Todts] großes Erbe unter Wahrung seines Zieles weiterzuführen«. Die von der NSDAP herausgegebene Tageszeitung »Völkischer Beobachter« und die Regionalblätter enthielten auffallend ähnliche Berichte und Porträts.

Speer fuhr müde zum Pariser Platz Nr. 3, wo sich gleich neben seinem GBI-Büro das Hauptgebäude des Ministeriums befand. Er stattete den Leitern der Hauptabteilungen kurze Besuche ab. Dieses unförmliche Vorgehen, das für Speers Arbeitsweise typisch war, ersparte es ihm, einen nach dem anderen in der gebührenden Rangfolge zu sich zu bestellen – und nahm ihnen die Möglichkeit, ihn an jenem Tag zu brüskieren, ihm auszuweichen oder ihm in geschlossener Front gegenüberzutreten. Todts Führungskräfte waren ihrem ehemaligen Chef absolut ergeben, und einige von ihnen vermochten es nie, ihre Loyalität auf Speer zu übertragen. Dazu gehörten vor allem Xaver Dorsch, Todts Leiter der Bauorganisation, und Karl Otto Saur, Leiter des Technischen Amtes. Die drei wichtigsten Mitarbeiter des Ministeriums waren Speer gegenüber feindlich gesinnt; der dritte, Dr. Walter Schieber, Leiter des Zulieferungsamtes im Rang eines Staatssekretärs, sagte nach der Zusammenkunft mit Speer: »Ihm fehlt Todts menschliche Wärme. Sogar sein Herz ist kalt.«[11]

Speer war vernünftig genug, das Ministerium nicht durch eine sofortige Reorganisation und durch Massenentlassungen durcheinanderzubringen. Er ließ auch Todts unelegantes Büro unangetastet, aber bald plazierte er zwei seiner Schlüsselfiguren aus dem Amt des GBI in der Führungsetage: Hettlage als Leiter für Finanzen und Willy Liebel, Oberbürgermeister von Nürnberg, als Leiter des Zentralamtes. Speer ließ nur einen einzigen leitenden Mitarbeiter versetzen: Günter Schulze-Fielitz, den Todt gerade erst zum Staatssekretär befördert hatte, wurde als Leiter des Amtes für Wasser und Energie, das Speer ebenfalls von dem Toten geerbt hatte, nach München geschickt. Gleichzeitig gab er seinem vertrauten Freund Wolters Posten im Ministerium und im Pressebüro der Organisation Todt; das entsprach einer der Aufgaben, die Wolters im Amt des GBI wahrgenommen hatte. Für einen halb offiziellen Chronisten war dies von Nutzen, und es war auch für Speer von Nutzen, einen ihm ergebenen Beobachter, um nicht Spion zu sagen, in strategisch wichtigen Positionen zu wissen.

Todts sterbliche Überreste trafen am 11. Februar mit der Eisenbahn in Berlin ein, und Speer befand sich an der Spitze der offiziellen Abordnung, die den Sarg auf dem Bahnhof feierlich empfing. Hitler, den Tränen nah, war der Hauptredner bei der Totenfeier, die am nächsten Tag im Mosaiksaal der Reichskanzlei abgehalten wurde. Unaufrichtig versicherte Xaver Dorsch während der Begräbniszeremonie Speer leise seiner Loyalität. Kurz danach saß Speer auf Görings Einladung im Büro des Reichsmarschalls. Der Mißmut, der Göring erfüllt hatte, als Hitler ihn über die Ernennung Speers informierte, war der heiteren, schlitzäugigen Jovialität gewichen, die der berechnende Flieger gewöhnlich zur Schau stellte. Er holte ein Schriftstück hervor, das

Speer unterschreiben sollte, und erklärte, es ähnle der schriftlichen Vereinbarung zwischen ihm und Todt. Damit war Todt Göring als Bevollmächtigtem für den Vierjahresplan unterstellt worden, was zu vielen Reibereien geführt hatte.

Speer nahm das Dokument an sich, ohne es unterschrieben zu haben, als beide sich lächelnd und die Hände schüttelnd voneinander verabschiedeten. Speers Gedanken beschäftigten sich mit der bevorstehenden Sitzung im Luftfahrtministerium, zu der ihn Milch im Auftrag Görings geladen hatte. Sie sollte am nächsten Tag – am Freitag, dem 13. Februar – unter Teilnahme führender Vertreter der Wehrmacht und der Industrie stattfinden. Mit ihnen sollten Fragen der Rüstung besprochen werden. Speer besuchte vor dieser Taufe vorsichtshalber Hitler und pochte auf die versprochene Hilfe. Der »Führer« erklärte ihm, er solle, falls es irgendwelche Schwierigkeiten hinsichtlich der Anerkennung seiner Ernennung geben sollte, alle Teilnehmer einfach in den selten genutzten Reichskabinettssaal laden, und er, Hitler, würde ihn dann unterstützen.

Unter den dreißig Anwesenden befanden sich Milch als Vorsitzender, der Wirtschaftsminister Walther Funk, Generaloberst Fromm (Chef des Ersatzheeres), General Thomas (Chef des Wehrwirtschafts- und Rüstungsamtes des OKW), General Leeb (Chef des Heereswaffenamtes), Generaladmiral Witzell sowie führende Männer der Industrie. Hauptpunkt der Tagesordnung war die Frage, wie man den ständigen Konflikt zwischen den unterschiedlichen Anforderungen der Waffengattungen überwinden könnte. Die Teilnehmer waren dafür, daß eine einzige Instanz, ein Mann, diese Seite der Gesamtrüstung unter Kontrolle haben sollte. Funk schlug Milch vor. Dieser lehnte klugerweise ab. Daraufhin gab Speer bekannt, Hitler erwarte die Teilnehmer im Kabinettssaal, um über seine, Speers, Rolle zu sprechen.

Hitler drückte sich absichtlich unklar aus, beschwor aber die Teilnehmer: »Verhalten Sie sich fair zu Speer!« Milch versprach, daß das Gerangel zwischen der Luftwaffe, die in bezug auf ihre Rüstung noch immer unabhängig war, und den anderen Waffengattungen ein Ende haben sollte, während die Vertreter der Wehrmacht und des Heeres ihre volle Unterstützung zusagten. Die Sitzung wurde vertagt. Als sie am 18. Februar in Speers Ministerium fortgesetzt wurde, erreichte der, was er wollte. Er griff zu einem ungewöhnlichen Mittel und ließ ein Schriftstück, das seine Vollmacht zu einer einheitlichen Führung der Rüstung bestätigte, zur Unterschrift herumgehen. Am meisten zögerte Generaladmiral Witzell, aber auch er unterschrieb. Das Tor zu einer standardisierten und rationalisierten Rüstungsproduktion war nun geöffnet, obwohl noch viel harte Arbeit geleistet werden mußte.

Die Botschaft war eindeutig: Speer hatte das Sagen. Hinzu kam wie ein Extrabonus, daß Speer nach Hitlers einstündiger Rede auf der Sitzung am 13. noch Gelegenheit gehabt hatte, in Gegenwart des »Führers« mit Bormann zu sprechen. Als Opportunist, der er war, hatte er sich bemüht, den Segen beider Männer zu seiner Absicht zu erhalten, zur Lösung seiner Aufgaben die besten Experten der Industrie heranzuziehen, ganz gleich, ob sie der Partei angehörten oder nicht. Dazu führte er an, daß fachliches Können wichtiger sei als offenes politisches Engagement. Da Hitler Speer gerade geraten hatte, sich absolut auf die Besten in der Industrie zu verlassen statt auf die Bürokraten, die sie beide haßten, konnte Bormann kaum etwas dagegen sagen. Es gibt keinen Beweis dafür, daß Speer sich tatsächlich so verhalten hat, doch hatte er jeden Grund, sich über diesen frühen Sieg zu freuen, den er über den Chef des Parteiapparats errungen hatte – gleichsam als Vergeltung für die Niederlage, die er dank Bormann im Streit mit Giesler erlitten hatte.

Nachdem der neue Reichsminister so ermuntert worden war, hielt er am Sonnabend, dem 14., vormittags vor dem Personal des Ministeriums eine Ansprache. Es war seine erste öffentliche Rede, und sie bestand aus Plattheiten, lobenden Worten über seinen Vorgänger und einer Aufforderung zur Zusammenarbeit. Dorsch als dienstältester Beamter warnte in seiner Antwort offen und rüde: »Vertrauen kommt nicht von selbst; es muß verdient werden.«

Dieser frühe Test war anders als Speers erster (dank Hitler und Milch erfolgreich verlaufener) Vorstoß in die Raffinessen der Nazipolitik schlecht ausgegangen. Speer ließ auch eine Botschaft an die Einheiten der Organisation Todt (OT) an der Front senden. Darin teilte er ihnen mit, er werde als Ausdruck seiner Hochachtung vor seinem Vorgänger seinen eigenen Baustab in die OT eingliedern. Dieser taktvolle Schritt wurde natürlich aus Gründen der Effizienz unternommen.

Der nächste Meilenstein in der mühseligen Eingewöhnungsphase des neuen Ministers war seine »Führerbesprechung« am 19. Februar, die erste in einer langen Reihe von Beratungen; ihre Protokolle sind eine Hauptquelle für die Erforschung sowohl der deutschen Kriegsanstrengungen als auch der Rolle, die Speer in diesem Zusammenhang gespielt hat.[12] Die Besprechung fand im Hauptquartier bei Rastenburg statt, und Speer wurde von Milch und zwei Generälen begleitet: Von Anfang an war es bei diesen Beratungen Usus, daß Speer Experten zu den verschiedenen Tagesordnungspunkten mitbrachte. Das ersparte ihm, der gern Aufträge an andere delegierte, aber keineswegs nachlässig in bezug auf das Aufnehmen und Verarbeiten von Informationen war, viel Vorbereitungsarbeit. Zugleich nutzte er Hitlers Zurückhaltung Experten gegenüber aus: Es war möglich, ihn trotz seiner außergewöhnlichen Fähigkeit, sich Einzelheiten zu merken, mit wissenschaftlichen Ausführungen zu blenden. Hitler verlegen zu machen, war eine Methode, die Speer bewußt anwendete, um den »Führer« zu manipulieren.

Das Protokoll über die erste Beratung zeigt, wie rasch und radikal Speer die beängstigende Aufgabe anpackte, die Rüstungsproduktion unter effizienter Ausnutzung der vorhandenen Ressourcen zu reorganisieren. Er nahm den Entwurf eines drakonischen Erlasses über die Bestrafung von Rüstungsproduzenten mit, die falsche Angaben über die benötigten Arbeitskräfte, Roheinzelteile, Maschinen oder Rohstoffe machten. Die angedrohten Strafen reichten von Zuchthaus bis zur Todesstrafe. Speers Ministerium würde allein über die Anklagen entscheiden, die vor dem berüchtigten »Volksgerichtshof« verhandelt werden sollten. Der Erlaß war bis Ende 1942 in Kraft und muß als klassisches Beispiel für den Naziterror Schrecken in der ganzen Rüstungsindustrie und den mit ihr verflochtenen Industriezweigen verbreitet haben.[13] Gegen den Entwurf wurden ernste Einwände erhoben: zum einen von Otto Thierack, Justizminister und Präsident des Volksgerichtshofes, weil er den Erlaß als Eingriff in seine Sphäre ablehnte, dann von Hans Lammers, Reichsminister und Chef der Reichskanzlei, weil er nicht konsultiert worden war, schließlich von Göring, weil der Erlaß Bereiche der Wirtschaft betraf, die in seine Zuständigkeit als Beauftragter des Vierjahresplanes fielen. Als dem verbesserten, aber immer noch rigiden Text alle Seiten zugestimmt hatten, ergänzte Speer ihn rasch noch durch einen Zusatz, damit er auch für die Bauwirtschaft galt.

In seinen »Erinnerungen« vertuscht er diesen Erlaß, der ihn bloßstellt, und erwähnt auch mit keiner Silbe die erste Maßnahme, die er gegen diese Art von Korruption ergriff: Ohne Gerichtsverfahren brachte er zwei Betriebsleiter, die »UK gestellte«, das heißt vom Wehrdienst befreite, Facharbeiter als Hausangestellte beschäftigt hatten, ins KZ. Sogar in Nazideutschland war eine so anmaßende Handlung einer nicht zuständigen Instanz gesetzwidrig. Nach der Vertreibung der Berliner Juden stellt dieser Fall Speers zweites Verbrechen dar und ist ein weiterer Grund dafür, daß seine Behauptung zurückgewiesen werden muß, er selbst habe keine Verbrechen begangen.

Durch sein Vorgehen im Streit mit dem unglücklichen Berliner Oberbürgermeister Lippert hatte man bereits einen Vorgeschmack von Speers Rücksichtslosigkeit bekommen, die später in seinem »Erlaß zum Schutze der Rüstungsindustrie« und seinem Vorstoß zur Sicherung seiner Herrschaft über diesen Bereich der Wirtschaft zum Ausdruck kam. Wehe dem, der versuchte, seine Autorität anzutasten, wie er sie verstand. Speer begriff instinktiv die Funktionsweise des nationalsozialistischen Systems und bediente sich mit Freuden seiner Macht. Es ist überflüssig, auf seine absurde Behauptung einzugehen, er sei apolitisch gewesen; weitere Beispiele werden an anderer Stelle folgen.

Bei seiner ersten Ministerberatung mit Hitler, der mit seinen führenden Untergebenen gewöhnlich separat verhandelte und so die für das Führerprinzip wichtige Trennung der einzelnen Machtressorts wahrte, wurde außerdem der Straßenbau in Rußland, der wachsende Bedarf der Luftwaffe an Arbeitskräften, die Energieversorgung, die Panzerherstellung in Polen, die Rationierung der Lebensmittel, Auszeichnungen für gute Arbeiter und ein Dutzend anderer Punkte behandelt, die die Kriegsanstrengungen, den Einsatz von Arbeitskräften, die Einstellung unnötiger Bauten und die Planung für die Nachkriegszeit betrafen. In dieser verwirrenden Vielfalt von Informationen fand sich Speer zur Zufriedenheit seines Dienstherrn offensichtlich rasch zurecht, dieser aber verhielt sich seinem Protegé gegenüber distanzierter, als es bei ihren vertrauten Gesprächen über Architektur bisher der Fall gewesen war. Da sich der Charakter ihrer Zusammenkünfte im gleichen Maße geändert hatte wie Speers Rolle und da bei ihren Beratungen jetzt auch andere zugegen waren, war diese Abkühlung der Atmosphäre anscheinend völlig logisch, und es liegen keine Beweise dafür vor, daß Speer damals deswegen beunruhigt war. Es gab schließlich ganz andere Dinge, die ihm Sorgen bereiteten und die er zu erledigen hatte.

Obwohl er es vielleicht nicht gewöhnt war, öffentlich zu reden, besaß Speer den richtigen Instinkt für Imagepflege. Binnen einer Woche nach seiner Ernennung saß der maschinenbegeisterte Speer an den Steuerknüppeln eines Panzers und fuhr ein Halbkettenfahrzeug mit Höchstgeschwindigkeit, um zu demonstrieren, daß er seine Schlüsselrolle im Krieg ernst nahm.

Binnen kurzem hatte Speer Todts System der Ausschüsse in der Industrie bereits erheblich ausgebaut. Es gab bald 13 »Hauptausschüsse« für die verschiedenen Waffenarten – Todt hatte drei gegründet: für Panzerbau, Munition und Waffen –, von denen jeder einzelne Sonderausschüsse kontrollierte, die für bestimmte Endprodukte verantwortlich waren. Für die Zulieferindustrie, ganz gleich, ob sie Roheinzelteile oder Rohstoffe lieferte, sollten »Ringe« gebildet werden (vier bis April 1942); diese wiederum sollten eine Fülle von Fachgruppen bilden, wie Speer Hitler erklärte.[14] Zwischen Sonderringen und Unterausschüssen traten unvermeidlich einige Überschneidungen auf, da das Endprodukt einer Gruppe Bestandteil einer anderen Erzeugnisgruppe sein konnte. Die Ausschüsse und Ringe wurden zu »ausführenden Organen«

des Ministeriums Speer; sie wurden von technischen Fachleuten geleitet und waren berechtigt, der Industrie Anweisungen zu geben und Aufträge zu erteilen. Führungskräfte des autonomen Systems, die das Alter von 45 Jahren überschritten hatten, mußten einen Stellvertreter bestimmen, der nicht älter als vierzig Jahre war.

Als das System vollständig etabliert war, waren mehr als 10 000 Mitarbeiter und Techniker der Industrie als ehrenamtliche Kräfte für Speer tätig, während das eigentliche Ministerium, das bald ein mächtigeres Imperium war als das von Todt, 1944 maximal 218 Beamte hatte. Die ehrenamtlichen Kräfte spielten eine ähnliche Rolle wie Roosevelts »Dollar-a-Year-Männer« [amerikanische Großindustrielle, die für das symbolische Gehalt von einem Dollar pro Jahr während des Krieges für die US-Regierung tätig waren – Anm. d. Ü.], die die amerikanische Kriegsproduktion leiteten.

Die Verantwortungsbereiche und Aufgaben der Ausschüsse und Ringe waren in einem Ministererlaß (dem Lieblingsinstrument der Nazis) dargelegt, der von Speer bereits am 20. April 1942 unterschrieben wurde. Speer stand an der Spitze eines Systems mit über dreißig Industriellen als Leiter der Hauptausschüsse und Hauptringe und mit zehn Amtschefs des Ministeriums (bei Todt vorher drei). Sie alle waren Speer direkt unterstellt und nicht einem Staatssekretär. Dadurch stand er ständig in enger Verbindung mit den führenden Männern der Rüstungsindustrie und war so in der Lage, die Produktion ohne umständliche Formalitäten sehr rasch dem Bedarf anzupassen.

Karl Saur war Chef der Waffenherstellung, während Dr. Schieber für die Zulieferung von Rohstoffen und Roheinzelteilen verantwortlich war. Das von Oberbürgermeister Willy Liebel geleitete Zentralamt dehnte seine Verwaltungskompetenz auf Planung aus; Liebel zog nach Berlin, um ständig für Speer zu arbeiten, und überließ seine Amtsgeschäfte in Nürnberg seinem Stellvertreter.

Die Waffenanwender sollten dem Ministerium ihren Bedarf melden; dieses leitete die Aufträge an die Industrie weiter und übernahm die Verantwortung für die Lieferung der bestellten

Produkte. Das neue System gestattete es dem Ministerium, einen Überblick über den Bedarf an Endprodukten und Zulieferungen zu gewinnen. Zugleich ermöglichte es ihm, die militärischen Spezialaufträge sowohl der Kapazität der Industrie und umgekehrt die Produktionsmethoden, die Standardisierung und die Massenfertigung den militärischen Anforderungen anzupassen.

Im September 1942 wurde die Struktur durch Entwicklungskommissionen ergänzt; Offiziere des Heeres und Konstrukteure der Industrie saßen zusammen, um die Ausrüstung zu verbessern und neue Ideen zu entwickeln. Es gab zum Beispiel die Kommission für die Entwicklung von Panzern, die von Professor Ferdinand Porsche, dem Genius der Automobilindustrie, geleitet wurde. Andere waren für Waffen, Munition, Artillerie und Militärfahrzeuge zuständig. Diese Kommissionen spielten bei der Koordinierung der militärischen Erfordernisse eine zentrale Rolle, indem sie die Entwicklung neuer Waffen bis zur Erprobungsphase kontrollierten und dann beschlossen, was in die Massenfertigung gehen sollte.

Die Ausschüsse und Ringe hatten regionale Sektionen, und bald ernannte Speers Ministerium regionale Beauftragte in den Wehrbezirken (nicht zu verwechseln mit der parallelen Parteiorganisation in diesem Bereich, wie sie weiter unten beschrieben wird). Die Wehrmacht, vertreten durch General Thomas, den Leiter ihres Wehrwirtschafts- und Rüstungsamtes, kontrollierte jedoch ein Netz von Rüstungsinspektionen und -kommandos, das sich über das ganze Reich erstreckte. Im März 1942 entwarfen Speer und Thomas gemeinsam ein System für ihr Zusammenwirken, aber bald verdrängte Speer den realistisch denkenden General, der nach Speers Auffassung zuviel rechnete.

Das Inspektionssystem wurde Speer im Mai unterstellt, als Hitler einen Erlaß bekanntgab, den Speer zu diesem Zweck entworfen hatte. Die Rolle der Wehrmacht auf dem Gebiet der Waffenbeschaffung wurde rasch eingeschränkt. General Thomas, jetzt ein Beamter des Ministeriums, wurde im November 1942 entlassen und landete bald in einem KZ. Es gibt keinen Beweis dafür, daß Speer für Thomas' Schicksal verantwortlich war. Aber seine

Gesundheit war ruiniert, und den Hinauswurf wie die Folgen hat er Speer nie verziehen. Thomas starb kurz nach der deutschen Kapitulation in einem amerikanischen Kriegsgefangenenlager.

Sein Nachfolger war der farblose Generalmajor Waeger, ein Beschwichtigungsmittel für das OKW. Speer war eindeutig ein Mann, dem man nicht in die Quere kommen durfte, doch ist bekannt, daß seine Drohungen an die Adresse von Hamsterern und Betrügern, abgesehen von den beiden Fällen, in denen er erwiesenermaßen Leute ins KZ gebracht hat, nur zu drei Anklagen vor dem Volksgerichtshof geführt haben; eine Klage wurde zurückgezogen, während der Ausgang der beiden anderen Fälle unbekannt ist.[15]

Hitler unterstützte voll und ganz Speers Vorschlag vom 19. Februar 1942, der ein sofortiges Verbot aller Planungen der Industrie für die Nachkriegsproduktion unter Androhung harter Strafen vorsah. Göring ließ in seiner Eigenschaft als Bevollmächtigter des Vierjahresplanes einen entsprechenden Erlaß bekanntgeben, aber es war Speers Idee. Gleich bei seiner ersten Führerbesprechung begannen die langen, enttäuschenden Bemühungen Speers um die UK-Stellung von Arbeitern, die für die Rüstung wichtig waren. Hitler verlangte zu diesem Zeitpunkt, daß die Organisation Todt 10000 junge Männer für den Wehrdienst freigab, erlaubte aber, daß eine gleich große Zahl älterer Männer, die kriegswichtige Bauten ausführten und faktisch unter Speer arbeiteten, von der Bauindustrie abgezogen wurden.

Einen Monat später stimmte Hitler generell dem Vorschlag Speers zu, das System der »Selbstverwaltung« auf die Seerüstung auszudehnen. Der Hamburger Schiffbauer Hermann Blohm von Blohm und Voß wurde zum Vorsitzenden des Hauptausschusses für Schiffbau ernannt; Großadmiral Raeder, Oberbefehlshaber der Marine, stimmte grundsätzlich der Erweiterung des Systems auf den U-Boot-Bau zu – aber damit sollte nicht sofort begonnen werden. Was die Wehrmacht betraf, so unterstand Speer 1942 die Rüstung für das Heer. Er arbeitete eng mit der Kriegsmarine und etwas weniger eng, aber durchaus nicht ineffektiv, mit der Luftwaffe zusammen. Bei der letzteren verdankte er dies seinen guten

Beziehungen zu Milch, der in der Luftwaffe bereits ein vergleichbares System eingeführt hatte. Da sich Speers Kompetenz auf Rohstoffe, von Steinen bis zum Stahl, erstreckte, erlangte er direkten Einfluß auf die Arbeit vieler anderer Organisationen, wie zum Beispiel Gieslers Bautrupps, ja sogar auf die SS, die angefangen hatte, unter Ausnutzung der Arbeitskräfte in den Konzentrationslagern ein eigenes Wirtschaftsimperium aufzubauen, und ihren Kontaktpersonen in der Industrie Ehrenränge verlieh.

Einer der ersten Erfolge, die sich dank der Neuordnung der Rüstungsproduktion unter Speer einstellten, war die Standardisierung der Munition. In einem Gespräch mit dem britischen Historiker Lord Bullock im Jahre 1979 sagte Speer, bevor er gekommen sei, wäre es »wie in einem Bäckerladen« zugegangen: Die Armee habe erst den einen Typ und dann, ohne Planung und ohne die Berücksichtigung äußerer Faktoren, plötzlich einen anderen bestellt.[16] Viele Fabriken hätten nur schleppend und nicht auf Hochtouren gearbeitet. Ein weiterer Faktor, der sich auf die Munitionsproduktion frühzeitig sehr positiv auswirkte, ohne daß man große zusätzliche Ausgaben benötigte, waren die Materialvorräte, die plötzlich überall vorhanden waren. Die Androhung schwerer Strafen für das Horten, das Verheimlichen oder die Zweckentfremdung von Material und Produktionsanlagen sowie die Hilfe der ehrenamtlichen oder teilweise hauptamtlich für Speer arbeitenden Fachberater führte dazu, daß riesige Reserven zum Vorschein kamen, die eine enorme Produktivitätssteigerung ermöglichten.

Innerhalb von sechs Wochen, so brüstet sich Speer in seinen Memoiren, stieg die Munitionsherstellung um 97 Prozent; die Produktion von Geschützen erhöhte sich um 27 und die von Panzern, die in Rußland dringend benötigt wurden, um 25 Prozent. Der hocheffiziente Hauptausschuß für Panzerbau wurde von Dr. Walter Rohland geleitet, einem Stahlmagnaten und technischen Fachmann, den Todt für diesen Auftrag gewonnen hatte und der einer der wichtigsten Helfer Speers wurde. Die Gesamtleistung der Rüstung stieg um rund 60 Prozent. Erst jetzt kam Deutschland an die jährlichen Wachstumsraten heran, die es im Ersten Weltkrieg aufgewiesen und in den Jahren 1940 und 1941 nicht erreicht hatte. Bald danach wurden die Hauptkennziffern der Produktion noch beträchtlich übertroffen. Die Kriegsanstrengungen waren jedoch, wie bereits erwähnt, an den »Blitzkrieg« gekoppelt, bis die Wehrmacht in Rußland zum Stillstand kam, und 1940 hatte Hitler alle Forschungs- und Entwicklungsarbeiten an Projekten verboten, die nicht innerhalb eines Jahres zum Abschluß gebracht werden konnten.

Ein weiteres wichtiges Element der hektischen Eingewöhnungsphase Speers war sein Versuch, die Parteiführer für sich einzunehmen. Das erste Mal präsentierte er sich ihnen am 24. Februar 1942 in München. Anwesend waren Reichsleiter (der höchste Rang in der NSDAP, den Leute wie Bormann, Hitlers bester Funktionär, oder Robert Ley, der Leiter der Arbeitsfront, innehatten) und Gauleiter, die Regionalbosse der Nazipartei. Zu den letzteren gehörten einige Freunde und Bewunderer Speers, wie zum Beispiel Goebbels (Berlin), Karl Hanke (Niederschlesien) und Karl Kaufmann (Hamburg). Die meisten von ihnen waren jedoch genauso wie die Reichsleiter gegen seine wachsende Autorität in der Industrie, die von den meisten als saftige Weiden der Partei – eine Hauptquelle von Schmiergeldern, Einfluß und Macht – angesehen wurde.

Alle Gauleiter waren in Parteiangelegenheiten Bormann, aber in ihrer anderen Funktion als Reichskommissar der (zivilen) Landesverteidigung in ihrem Gau dem Ministerium des Innern verantwortlich – ein weiteres typisches Beispiel für das Überlappen von Verantwortungsbereichen und eine Quelle möglicher Konflikte wegen Speers Rolle in der Industrie. Ein großer Teil der Macht der Gauleiter beruhte darauf, daß sie die Verfügungsgewalt über die örtlichen Arbeitskräfte hatten, und kaum war die Tinte auf dem Führererlaß über das Verbot unwichtiger Vorhaben trocken, bemühten sie sich, Ausnahmegenehmigungen zu erhalten. Bormann ließ auf dem Obersalzberg, Hitlers Zuflucht in den Bergen, weiterbauen, während Fritz Sauckel, der Gauleiter von Thüringen, die Fortsetzung der Arbeiten zur Neugestaltung Weimars plante.

Speers Antrittsrede vor seinen neuen Mitarbeitern war langweilig gewesen, aber als er vor den Parteisatrapen aufstand, befand er sich in einer kämpferischen Stimmung. Örtliche Bauvorhaben, sogar diejenigen, die ihnen am meisten ans Herz gewachsen seien, könnten wegen der Kriegsanstrengungen nicht fortgesetzt werden, sagte er ihnen. Sämtliche Bauten für die Friedenszeiten müßten eingestellt werden. Er forderte seine Zuhörer auf, von jeglichen Anträgen zur Genehmigung spezieller Vorhaben abzusehen, soweit diese nicht ein direkter Beitrag zu den Kriegsanstrengungen wären. Auch er selbst habe große, aber nun unwichtige Pläne vorläufig ad acta gelegt. Er appellierte an die Teilnehmer, mitzuhelfen, mehr Arbeitskräfte für die Rüstung, für kriegswichtige Bauten und die Organisation Todt zu rekrutieren. Danach umriß er sein System der »Selbstverantwortung«, das sowohl für große Bauvorhaben wie die Verstärkung des Westwalls als auch für die Rüstungsproduktion gelte. Die Partei könne helfen, die Moral der deutschen Arbeiter zu heben.

Speer betonte die Bedeutung der vorgesehenen neuen Strafen für das Horten von Arbeitskräften und Material. Er war nun in seinem Fahrwasser und erklärte, die sowjetischen Kommunisten seien den Deutschen in einer wichtigen Sache voraus: Sie zögerten nicht, Verbrechen gegen den Staat zu bestrafen, und Deutschland solle das in seinem Bemühen, die Rüstung zu steigern, auch tun. Auf dieser entscheidenden Sitzung wurde dem »jungen, dynamischen Minister«, wie Goebbels ihn in der von der Partei gesteuerten Presse charakterisierte, viel Beifall gespendet, aber die Sympathie, die ihm entgegengebracht wurde, sollte bald nachlassen – jedenfalls nach der zweiten Rede, die er vor dieser Zuhörerschaft am 18. April 1942, zwei Tage vor dem offiziellen Inkrafttreten seines komplizierten, aber zielgerichteten Systems der »Selbstverantwortung der Industrie« hielt.

An jenem Februarabend stattete Speer in euphorischer Stimmung oder zumindest im Gefühl, daß er alles bewältigen könne, der in München lebenden Witwe Todts einen Besuch ab. Zum ersten Mal nach vielen Monaten traf er dort Hermann Giesler wieder, dessen Bruder Paul der dortige Gauleiter war. Unter den gegebenen Umständen verhielten sich die beiden rivalisierenden Architekten wenigstens kollegial zueinander. Speer traf bereits Vorkehrungen, um seine Verantwortung als GBI seinen besten und ältesten Freunden, darunter Schelkes und Wolters, zu übertragen, auch wenn er wie ein echter Nazi den Titel des GBI weiter behielt. Am 2. März lud er die führenden Männer des Amtes zu einem »Abschiedsessen« ins Restaurant Horcher ein.

Am selben Tag hatte Speer General Thomas, Chef des Rüstungsamtes der Wehrmacht, seinen Plan für eine neue oberste Behörde mitgeteilt. Diese Einrichtung für die Rüstungswirtschaft sollte »Zentrale Planung« genannt werden. Am Vortag hatte Speer Göring ausgetrickst, indem er diesen dazu gebracht hatte, ihn zum Generalbevollmächtigten für Rüstungsaufgaben im Vierjahresplan zu ernennen. Mit seinem freiwilligen Kotau besänftigte er bis zu einem gewissen Grad den Neid und Ärger des Reichsmarschalls, der darüber verstimmt war, daß der junge Minister massiv in »seinen« Wirtschaftsbereich eindrang, obwohl er ihn weiter vernachlässigte.

Die Idee der zentralen Planung beruhte auf Speers Überzeugung, daß die Kontrolle der Rohstoffe die unabdingbare Voraussetzung für die Zentralisierung der Rüstungsproduktion war. Seine Ernennung zum obersten Chef der Rüstung war zwar vage definiert, klang aber furchteinflößend, so daß sie einige seiner Rivalen in anderen Ministerien beeindruckte. Er gründete deshalb einen Dreierausschuß, dem er selbst, Milch, Chef der Waffenbeschaffung für die Luftwaffe, und Wilhelm Körner, Staatssekretär des Reichsmarschalls, angehörten. Er baute darauf, daß Göring zufrieden sein würde, wenn zwei seiner führenden Männer in der Zentralen Planung säßen, während Speer sich auf seine guten Beziehungen zu Milch verlassen konnte, wodurch er ständig über eine De-facto-Mehrheit verfügte. Weitere hohe Beamte sollten im Bedarfsfall kooptiert werden.

Am 3. März machte sich Speer mit einigen Beamten auf den Weg, um Göring in seinem umwerfend vulgären »Jagdhaus« Karinhall zu besuchen, das etwa eine Autostunde nördlich von Berlin gelegen war. Der Minister stellte den Reichsmarschall vor vollendete Tatsachen, als er ihm mitteilte, Hitler habe ihn beauftragt, eine zentrale Planungsbehörde zu schaffen. In den umfangreichen Protokollen über die vielen Führerbesprechungen Speers ist eine solche Anordnung nirgends erwähnt, was freilich nicht bedeutet, daß das Ganze erfunden war; aber eine solche Entscheidung scheint viel zu wichtig, als daß sie einfach vergessen werden konnte. Wie dem auch sei, auf Speers Mitteilung konnte es nur eine Antwort geben: Görings Zustimmung. Gegen Speers anfängliche Einwände bestand dieser darauf, daß Körner dem Dreiergremium angehörte; Milch überzeugte Speer davon, daß von Körner keine Gefahr ausgehen würde, sondern daß er ein nützlicher Verbindungsmann zu Göring sei, der von Speer völlig ausmanövriert und zur Seite gedrängt worden war. Hitler bestätigte die Übereinkunft einige Tage später durch einen Erlaß, der festlegte, daß die Zentrale Planung nicht eine repräsentative Institution, sondern eine supraministerielle Instanz war, die den verschiedenen Größen des Reiches übergeordnet war. Speer war fest entschlossen, sich, wenn nötig, rücksichtslos über seine Rivalen hinwegzusetzen. Die Kriegsmarine war verschnupft, da sie in diesem Gremium nicht vertreten war, aber Hitler unterstützte Speer, der sich weigerte, die kleine Gruppe zu erweitern.

Die Zentrale Planung, die von Speer von Anfang an dominiert wurde, entschied, wie der Kuchen aufgeteilt werden sollte, war aber nicht dazu da, sich mit der Beschaffung der Zutaten zu befassen. Durch diese Instanz nahm die Bedeutung des Wirtschaftsministeriums von Funk noch mehr ab; es hörte jetzt eindeutig auf, eine effektive Behörde zu sein. Außerdem ermöglichte es die Zentrale Planung Speer, im Herbst 1942 das Amt des Bevollmächtigten für Eisen und Stahl abzuschaffen, das der von Göring ernannte General Hermann von Hanneken innehatte.

Genauso wie Todt war sich Speer darüber im klaren, daß für eine erfolgreiche Rüstung die Koordination der Rohstoffversorgung, der Waffenproduktion, des Transportwesens – und der Arbeitskräfte erforderlich war. Die horizontal organisierten Ringe kümmerten sich um die Beschaffung und Verteilung von Material und Roheinzelteilen, während die vertikal operierenden Ausschüsse die Produktion überwachten. Der Erfolg dieser Organisation machte bald den von Speer gegründeten koordinierenden Rüstungsrat überflüssig (und auch den noch bestehenden analogen Industrierat des Luftfahrtministeriums), da deren Mitglieder als technische Experten sowieso in den Hauptausschüssen und Hauptringen zusammenarbeiteten. In dieser Beziehung, wie auch in anderer Hinsicht, war Deutschland überorganisiert, wobei die nationale Tradition einer weitverzweigten Bürokratie durch die Vorliebe der Nazis für Führer, Leiter und andere große Bonzen wie den Reichsmarschall Göring, den einzigen Sechs-Sterne-General der Welt, noch verstärkt wurde. Sie alle zeichneten sich dadurch aus, daß sich ihre Kompetenzen überschnitten. Einen Großteil ihrer Zeit verbrachten sie damit, sich in die Quere zu kommen und gegeneinander zu intrigieren.

Der Schlüssel zu Speers System der Rüstungsproduktion war Improvisation; sie erforderte Flexibilität, Initiative und ein Minimum an Bürokratie – daneben Handlungsfreiheit, was in einem totalitären Staat sehr viel, um nicht zu sagen der Gipfel war. Hitler respektierte jedoch, wie wir gesehen haben, Fachleute und hatte eine besondere Hochachtung vor Speer, dem er deswegen einen Spielraum ohnegleichen zubilligte – zumindest solange sein Protegé erfolgreich war.

Es war sicherlich eine Ironie des Schicksals, daß Improvisation jetzt der Schlüssel zur Fähigkeit des überorganisierten Deutschland wurde, sich im Kampf gegen eine wachsende und weit überlegene Schar von Feinden längere Zeit zu behaupten, wohingegen die schusseligen Demokratien, besonders Großbritannien, in einem nie gekannten Maße Mittel der Planwirtschaft für ihre Kriegsanstrengungen anwendeten. Merkwürdigerweise entwickelte auch Stalins Sowjetunion ein erstaunliches Talent zur Improvisation und entwickelte stürmisch die Produktivität der Industrie, noch bevor die Russen ihre Gedanken auf die Gefahr konzentrierten, von den Nazis besiegt zu werden.

Trotzdem übertraf das »tüchtige« Deutschland (70 Millionen Einwohner) erst 1944 das »liberale« Großbritannien (45 Millionen Einwohner) auf dem Gebiet der Flugzeugproduktion. Aber im Unterschied zu den Deutschen hatten die Briten von Anfang an weit vorausgedacht. Die Münchener Krise vom Herbst 1938 hatte sie dazu veranlaßt, mit der zwanzigjährigen Vernachlässigung der Verteidigungsfähigkeit Schluß zu machen, und in einigen Bereichen, wie zum Beispiel in bestimmten Berufen, wurden lange vor dem Krieg wichtige Vorsichtsmaßregeln getroffen. Speer dagegen stand zweieinhalb Jahre nach Kriegsbeginn vor der gewaltigen Aufgabe, das an Menschen weit überlegene Deutschland nach den schnellen Erfolgen des Blitzkrieges an einen anhaltenden Kriegszustand anzupassen, in dem die Erfolge bei viel größeren Anstrengungen und Opfern viel geringer sein würden. Rückschauend erkennen wir die Klugheit und Tapferkeit des von Zweifeln erfüllten Generals Thomas und des pessimistischen Dr. Todt, die, als der Vormarsch der Wehrmacht vor den Toren Moskaus stockte und Hitler den USA übereilt den Krieg erklärte, sahen und sagten, daß Deutschland den Krieg nicht gewinnen könne.

Speer begriff, daß die Arbeitskräfte entscheidend waren. Um für ein integriertes Rüstungsprogramm genügend davon zu haben, das heißt gelernte deutsche und ungelernte ausländische Arbeiter, war, wie Speer richtig erkannte, das Wohlwollen der Gauleiter mit ihrer Macht über die regionalen Arbeitskräfte sehr wichtig. Doch der Herr über das Parteisystem zur Kontrolle der Basis durch die Gauleiter war Martin Bormann, der Chef des Parteiapparats. Speer wußte aus eigener Erfahrung, daß Bormann, der wegen seiner Macht und seiner Machenschaften hinter den Kulissen den Spitznamen »die braune Eminenz« trug, nicht nur schwer zu beeinflussen, sondern auch Hitlers einflußreichster Höfling und Drahtzieher war: Er allein kannte die größten Geheimnisse Hitlers – und war auf Speers aufgehenden Stern neidisch.

Speer, der ein gebranntes Kind war und es geschickt verstand, andere zu manipulieren, machte alles richtig, indem er über Nacht die einschüchternde Sprache der Nazis erlernte und die Gauleiter demonstrativ ins Vertrauen zog, indem er ihnen seine Pläne erklärte, bevor er sie öffentlich kundtat. Aber sein Versuch, Bormann genauso an der Nase herumzuführen, wie er es bei Göring gemacht hatte, ging schief. Speer schlug Hitler vor, einen Generalbevollmächtigten für Arbeitseinsatz zu ernennen, und im gleichen Atemzug empfahl er als seinen Kandidaten einen Gauleiter, mit dem er ein gutes Einvernehmen hatte: Karl Hanke aus Niederschlesien. Aber dieser war als Speers Freund bekannt, der in dessen Laufbahn eine wichtige Rolle gespielt, indem er ihm den ersten Auftrag für die Partei verschafft hatte. Bormann durchschaute sofort Speers Manöver und schlug einen anderen Kandidaten vor: Fritz Sauckel, seinen eigenen Nachfolger als Gauleiter von Thüringen und, wie er selbst, ein Mitglied der alten Garde in der NSDAP (Mitgliedsnummer 1395). Hitler und sogar Göring, der sich sicher geschmeichelt gefühlt hatte, weil man ihn gefragt hatte, waren mit Speers Vorschlag einverstanden – bis Bormann intervenierte.

Es gab natürlich ein Reichsarbeitsministerium mit Robert Ley an der Spitze. Dieser frühere Gauleiter von Köln war Reichsleiter und Leiter der Deutschen Arbeitsfront geworden, jener Organisation, die sich nach der gewaltsamen Eingliederung der Gewerkschaften und der Unternehmerverbände, der Arbeitnehmer- und der Arbeitgeberorganisationen gleichermaßen, mit allen Problemen der Arbeitswelt befaßte. Leiter des Reichsarbeitsamtes, der Dr. Ley direkt unterstand, war Dr. Friedrich Syrup. Dieser erkrankte 1941 und wurde von einem gewissen Dr. Mansfeld abgelöst. Geblendet von ihren Blitzkriegserfolgen hatten die Nazis bis zum ersten Rückschlag in Rußland eine laxe Haltung zum effizienten Einsatz der Arbeitskräfte. Sie waren mit einem Arbeitsbeschaffungsprogramm an die Macht gekommen, das sich stark auf öffentliche Aufträge stützte und absichtlich jene Art von industrieller »Rationalisierung« vermied, die Arbeitsplätze vernichtete. Bis zum Kriegsausbruch hatte die Aufrüstung dazu beigetragen, daß Arbeitslosigkeit etwas war, das der Vergangenheit angehörte.

Ein Gesetz von 1938 berechtigte Göring dazu, Arbeiter für staatspolitisch wichtige Aufgaben zu rekrutieren. Aber sogar wenn ein tüchtigerer Mann als er Leiter des Vierjahresplanes gewesen wäre, hätte das in keiner Weise genügt, um eine effizientere Nutzung der Arbeitskräfte herbeizuführen. Zur Zeit des Einmarsches in Rußland verfügte Deutschland über 1,5 Millionen Arbeiter – Kriegsgefangene – die Genfer Konvention gestattete deren Einsatz in nichtmilitärischen Industriezweigen – und echte Freiwillige. Viele Arbeiter waren im Zuge der Aufrüstung von 1935 an aus Polen, Holland und Frankreich nach Deutschland ausgewandert. Rund sechs Millionen Deutsche dienten inzwischen in der Wehrmacht. Die Rüstungsindustrie glich die Verluste dadurch aus, daß sie Arbeitskräfte aus weniger wichtigen Wirtschaftsbereichen, einschließlich des Handels, rekrutierte.

Als neuer Chef der Heeresrüstung, des anspruchsvollsten Sektors der Kriegswirtschaft, trachtete Speer danach, mit Hilfe eines mit entsprechenden Vollmachten ausgestatteten Beauftragten die benötigten Teile der Arbeiterschaft fest, wenn auch flexibel im Griff zu haben. Um Göring zu gefallen und dem Vorwurf zu entgehen, er, Speer, werde zu mächtig, kam er auf die Idee, daß dieser Bevollmächtigte rein organisatorisch zum Bereich des Vierjahresplanes gehören, aber Arbeitskräfte in der Hauptsache auf Anforderung von Speers Ministerium bereitstellen sollte. Dr. Ley schlug sich selbst für diesen Posten vor, aber Speer lehnte ihn ab, um einen Interessenkonflikt zu vermeiden: Ley sollte bereits die Arbeiterschaft, die Unternehmer und den Staat auf dem Arbeitsmarkt vertreten. Außerdem war Ley bekanntermaßen unfähig, und Bormann war dagegen, daß ihm irgendwelche Vollmachten auf Kosten seiner Gauleiter übertragen wurden.

Harte Arbeit (1942–1943)

Hitler bestellte am 19. März 1942 Fritz Sauckel zum Generalbevollmächtigten für Arbeitseinsatz. Speer kannte den Mann nicht und war bereit, das Beste aus dieser Ernennung zu machen. Bormann hatte verhindert, daß Hanke befördert wurde, aber ein nicht minder neidischer Lammers, Chef der Reichskanzlei, erhob Einspruch dagegen, daß der neue Beauftragte Speers Weisungen befolgen sollte. Bormann stimmte diesem Einwand zu – ein zweiter Rückschlag für Speer. Der dritte war Hitlers Entscheidung, daß Sauckel für die Beschaffung von Arbeitskräften für die gesamte Wirtschaft, statt nur für die Rüstung, verantwortlich sein sollte. Speer mußte sich auf eine »kollegiale Zusammenarbeit« mit dem neuen Oberboß der Arbeitskräfte einstellen, der als diensttuender Gauleiter zwar noch immer Bormann und organisatorisch auch Göring als dem Bevollmächtigten für den Vierjahresplan verantwortlich war, nicht aber Speer.

Hitler erweiterte 1942 seinen Auftrag noch in dem Sinne, daß es Sauckel überlassen blieb, wie er Arbeitskräfte beschaffte; er war nur dazu verpflichtet, Hitler zu konsultieren und ihn auf dem laufenden zu halten. So wurde Sauckel zu einem mächtigen Mann im Dritten Reich, der sich nur Hitler gegenüber verantworten mußte. Göring löste sofort seine eigene Sektion für Arbeitseinsatz auf und lieferte damit das seltene Beispiel eines Naziführers, der spontan etwas gegen die Verdopplung einer Institution auf Kosten seiner Einflußsphäre unternahm.[1] Sauckel wurde also auf Vorschlag Speers mit einer kriegswichtigen Aufgabe betraut, wobei Hitler seinen Auftrag auf die ganze Wirtschaft ausdehnte; zugleich war Sauckel Speer gegenüber in keiner Weise verantwortlich, obwohl dieser bald Deutschlands wichtigster Arbeitgeber wurde.

All das wird durch die Worte Hitlers bestätigt. Als dieser Sauckel am 21. März 1942 in Gegenwart von Speer die Ernennungsurkunde überreichte, beschwor er ihn: »Tun Sie für den Rüstungsminister, was Sie können.« Das kann nur bedeutet haben, daß Hitler Sauckel ernannte, damit er sich um viel mehr kümmern sollte, als nur Arbeitskräfte für die Rüstungsproduktion zu beschaffen[2], und daß er nicht nach Speers Pfeife tanzen sollte.

Ernst Friedrich (Fritz) Sauckel wurde am 27. Oktober 1894 in Haßfurt am Main in Nordbayern geboren. Sein Vater war Postbeamter und seine Mutter Näherin. Er war intelligent, so daß er die Oberschule besuchen konnte, aber er verließ sie im Alter von fünfzehn Jahren, um auf skandinavischen Schiffen zur See zu fahren. Bei Ausbruch des Ersten Weltkrieges lag sein Schiff in einem französischen Hafen. Als er während des Krieges als feindlicher Ausländer in Frankreich interniert war, ließ er sich zum Dreher ausbilden und arbeitete danach in der Industrie. 1923 trat er der NSDAP bei. 1927 wurde er in den thüringischen Landtag gewählt, im gleichen Jahr zum Gauleiter des Landes ernannt. Er war Vorsitzender der NSDAP-Fraktion im Landtag, und nachdem die Nazis 1932 die Wahlen in Thüringen gewonnen hatten, wurde er thüringischer Ministerpräsident. Nachdem solche demokratischen Posten 1933 abgeschafft waren, wurde er zum Statthalter von Thüringen und Braunschweig ernannt und erhielt auch einen Sitz im Reichstag, was von 1933 an eine Sinekure ohne Macht war (Speer hatte auch einen). Sauckel, der im Rang eines ehrenamtlichen SS-Obergruppenführers stand, war auch Reichswehrbeauftragter für den Wehrbezirk Kassel. Genauso wie sein bewunderter Parteichef Bormann war Sauckel liebevoller Vater von zehn Kindern.

Wie immer im Dritten Reich stellte sich bald heraus, daß Sauckels »Blankoscheck« für die Rekrutierung und Zuteilung von Arbeitskräften im kleingedruckten Text viele Einschränkungen enthielt. Was Speer mit am meisten beklagte, war, daß sich seine Nazikollegen hartnäckig weigerten, deutsche Frauen in der Rüstungsindustrie einzusetzen. Der Rüstungsminister wies vergeblich auf die entsprechenden Beispiele Großbritanniens, der Sowjetunion und der USA hin sowie auf die Tatsache, daß sich die Zahl der Hausgehilfinnen in Deutschland während des ganzen Krieges kaum änderte und sich auf etwa 1,4 Millionen belief. In

Großbritannien wurden zwei Drittel der weiblichen Hausangestellten in der Kriegswirtschaft eingesetzt, wodurch ihre Zahl auf 400 000 sank. Im Ersten Weltkrieg arbeiteten mehr Frauen in der deutschen Industrie als im Zweiten. Hitler, Göring, Bormann, die Generäle und viele andere waren aus zwei Gründen gegen die Mobilisierung weiblicher Arbeitskräfte für den Einsatz in der Industrie: Sie wollten die deutsche Bevölkerung nicht gegen sich aufbringen, und sie glaubten an die »drei Ks«, »Kinder, Küche, Kirche«, die eigentlichen Aufgabengebiete der Frau, wobei das letztere weniger, das erstere dagegen besonders erwünscht und die Küche wörtlich zu verstehen war. Schließlich wurde eine halbe Million weiblicher Arbeitskräfte aus der Hauswirtschaft herausgenommen und in die Fabriken geschickt – nur um sie durch eine ähnlich große Zahl von Frauen zu ersetzen, die aus der militärisch besetzten Ukraine geholt wurden.

Dort übernahm der Baustab Speer, der bisher an den Bahnstrecken im südliche Abschnitt der russischen Front gearbeitet hatte, auch Aufgaben im Straßenbau und allgemeine Bauaufträge, obwohl er inzwischen in die Organisation Todt eingegliedert war. Unter Speer expandierte die OT und wies schließlich sieben große Einsatzgruppen auf – drei hinter den Hauptabschnitten der deutschen Front in der UdSSR (nördlicher, mittlerer und südlicher Abschnitt), eine vierte arbeitete dort in der vordersten Linie, eine im hohen Norden (Norwegen, Finnland und Nordrußland), eine in Westeuropa und die siebente in Südosteuropa. Jede Gruppe hatte ihren eigenen kleinen logistischen Stab in Berlin; er arbeitete selbständig, unterstand aber Speer über Dorsch, den Leiter seines Baustabs. Speer selbst leitete einen OT-Kommandostab, der aus fünf Mann, darunter auch Dorsch, bestand und die Aufgabe hatte, die sich immer weiter ausdehnende Organisation zu führen. Es war die größte Bauorganisation, die es je im militärischen Bereich gegeben hat. An Tempo und Leistungsfähigkeit – wenn auch nicht an Größe – konnten es nur die »Seabees« (CBs: Abk. f. construction battalions) der US-Marine im pazifischen Raum mit ihr aufnehmen. Die Hinterlassenschaft dieser kolossalen Verkörperung der »Bunkermentalität« der Nazis, die sicherlich auf die Erfahrungen zurückzuführen war, die Naziführer, besonders Hitler, in den Schützengräben des Ersten Weltkrieges gemacht hatten, ist bis heute verblüffend. In vielen Teilen Europas, von Aldernay auf den britischen Kanalinseln bis zu den Alpen und darüber hinaus, kann man noch heute Verteidigungsanlagen, Artillleriestellungen, Bunker und bombensichere Unterkünfte sehen, die von den Deutschen mit ihren Sklaven für die OT gebaut wurden, und die so groß und stabil sind, daß man sie nicht sprengen oder völlig beseitigen kann.

Eine der ersten Arbeitsbesprechungen Speers fand mit General Jacob, Kommandeur der Pioniere, und Generaloberst Friedrich Fromm, Oberbefehlshaber des Ersatzheeres und bereits ein Verbündeter Speers, statt, um sicherzustellen, daß sich die Bauarbeiten der OT und der Wehrmacht nicht überschnitten. Die OT stellte bereits die Arbeit des Militärs auf diesem Gebiet in den Schatten; diese beschränkte sich bald auf örtliche und gerade anfallende Aufgaben. Hitler favorisierte stets die OT und räumte ihrer ständigen Erweiterung absolute Priorität ein. Er war schließlich der größte persönliche Verbraucher von Beton in der Weltgeschichte und ließ für sich regelrechte Bunkersysteme in Berlin, Berchtesgaden und Rastenburg und mehrere andere zeitweilige oder ständige Hauptquartiere bauen. Sogar als von April 1942 an alle überflüssigen Bauten verboten waren, wuchs die OT immer weiter.

Obwohl der absolut zuverlässige und energische Walter Rohland von der Stahlindustrie an der Ruhr als Leiter des Hauptausschusses für Panzerbau für Speer arbeitete, entschloß sich dieser, selbst ein Experte auf dem Gebiet dieses wichtigsten Waffensystems eines modernen Heeres zu werden.[3] Im März 1942 sagte er zu Wolters, er glaube, er könne erst dann alles richtig in den Griff bekommen, wenn er ein großes Waffensystem vollständig verstanden habe. Er entschied sich für die Panzer, und zwar nicht nur deshalb, weil er Maschinen liebte – vor allem wenn er auf dem Fahrersitz saß –, sondern weil auch Hitler, wie man durchaus folgern kann, an dieser Waffengattung besonders interessiert war und sehr detaillierte Kenntnisse darüber besaß. Speer war ganz zufrieden, daß er die Arbeit auf diesem Gebiet, wie in allen anderen Fällen, Fachleuten übertragen konnte. Er stattete sowohl Ausbildungs- und Erprobungsstätten als auch Montagebetrieben, Motorenwerken, Geschützlieferanten und militärischen Konstruktionsbüros persönlich Besuche ab, um sicherzugehen, daß er sich in bezug auf Panzer bestens auskannte. Wie wir gesehen haben, bestand eine seiner ersten offiziellen Handlungen darin, einen Panzer zu fahren. Innerhalb einer Woche wiederholte er das, und am 5. März führte er mit Hitler geheime Besprechungen, bei denen er über den Panzerbau sprach, als ob er dafür geboren wäre.

Die Chronik von Speers Behörde im Frühjahr 1942 vermittelt uns ein wenig glaubhaftes Bild von der hektischen Aktivität, die Speer entfaltete, als er seine neuen, gewaltigen Aufgaben übernahm. Daß er alles sehr gründlich machte, ist anderen, offiziellen Quellen zu entnehmen, so zum Beispiel den Protokollen seines Ministeriums und seiner Besprechungen mit Hitler. Aber am 10. April, dem Tag nach der ersten Pressekonferenz, die er als Minister gab, nahm er sich die Zeit, den Vorsitz bei einem inoffiziellen Treffen alter und neuer ranghoher Kollegen im Gästehaus für Ingenieure am Wannsee südwestlich von Berlin zu führen. Etwaige Befürchtungen, es würde Spannungen zwischen Speers alter Clique und Todts Leuten geben, erwiesen sich als grundlos, und alle amüsierten sich gut.

Speers Schadenfreude und Vorliebe für derbe Späße äußerten sich im gefühllosen Gelächter, das erklang, als ein vertraulicher psychiatrischer Bericht über Walter Brugmann, Speers Leiter der Bautrupps in der Ukraine, am Tisch herumgereicht wurde: Es war nicht verwunderlich, daß die kolossalen neuen Aufgaben des Ingenieurs zu einem Nervenzusammenbruch geführt hatten.

Als der Haushalt für wichtige Bauten, die nicht den Kriegsanstrengungen dienten, für den Rest des Jahres auf zwei Milliarden Mark reduziert wurde, unterschrieb Speer am 14. April einen Erlaß, der die Materialzuteilungen an die Liefermöglichkeiten koppelte. Die Gesamtzuteilung sollte vom Volumen der Gesamtbereitstellung abhängen; die einzelnen Zuteilungen durften die Produktionskapazität der Empfänger im gegebenen Zeitraum (gewöhnlich ein Monat) nicht überschreiten. Am 17. teilte Speer den versammelten Wirtschaftsberatern der Gauleiter mit, daß die Rüstung den Vorrang vor der ganzen übrigen Industrie habe und daß er die Transport- und Arbeitskräftefrage als die beiden größten mittelfristigen Probleme ansehe. Da die Mittel für den Bau neuer Rüstungsfabriken von elf auf drei Milliarden Mark zusammengestrichen waren, wies Speer darauf hin, daß es viel wirtschaftlicher sei, in den vorhandenen Fabriken die Schichtarbeit einzuführen oder sie zu erweitern als neue Fabriken zu bauen.

Es ist noch immer erstaunlich, daß so etwas in Deutschland nach zweieinhalb Jahren Krieg gesagt werden mußte. Speer hatte festgestellt, daß Fabriken im Zweischichtsystem arbeiteten, die in drei Schichten hätten arbeiten können und müssen, und daß sogar in den wichtigsten Rüstungsbetrieben in der Regel noch immer nur in einer Schicht gearbeitet wurde – während die Truppen in Rußland über Engpässe klagten. Speer schlußfolgerte, daß sich die Rüstungsproduktion mit nur 80000 zusätzlichen Arbeitskräften verdoppeln ließe – vorausgesetzt, alle Arbeitskräfte würden sinnvoll eingesetzt. Der Mangel an Lokomotiven und Waggons konnte sich ebenso lösen lassen.

Als Speer am 18. wieder im Gästehaus für Ingenieure war, wettete er mit Dr. Rohland – um zwei Zentner Obst –, daß dank seiner Reformen zur Steigerung der Arbeitsproduktivität die Belegschaft der Waffenfabriken innerhalb von sechs Monaten um 300000 Mann erhöht werden und daß danach insgesamt sechs Millionen Arbeitskräfte in Rüstungsfabriken, in der Chemieindustrie und im Lokomotiv- und Waggonbau – in Speers damaligem Industrieimperium – beschäftigt sein würden. Er gewann die Wette. Trotzdem drängte er noch im Februar 1943 auf die Stillegung überflüssiger Betriebe und den Einsatz von noch mehr Arbeitskräften in der Rüstung. Gleichzeitig ließ er einen Stempel »Zurück an den Absender! Nicht kriegsentscheidend!« für sein Büro herstellen. Er befahl auch dem GBI-Büro, die letzten verbliebenen Arbeiten an Germania, sogar die abstrakte Planung und die Anfertigung von Architekturzeichnungen, einzustellen. Als Musikliebhaber hatte Speer sicher gemischte Gefühle, als er am 12. Dezember 1942 an der Wiedereröffnung der Berliner Staatsoper teilnahm, deren von Bomben getroffenes Gebäude auf Betreiben Görings repariert worden war.

Speers Geburtstagsgeschenk für Hitler am 20. April 1942 waren zwei Panzer – aus der ersten Fertigung der legendären »Tiger«-Panzer. Ihr Konstrukteur, Professor Porsche, war für seine Bemühungen hoch dekoriert worden. Sechs Tage später hielt Speer eine außergewöhnliche Rede im Reichstag, in der er die totale Mobilisierung der Wirtschaft forderte. Das war jetzt eines seiner Lieblingsthemen, da er das Problem immer klarer erkannte. Goebbels forderte am 18. Februar 1943 im Sportpalast in Gegenwart von Speer noch immer vergebens das gleiche; beide Minister mußten mehr als ein Jahr lang darauf warten.

Speer unternahm am 30. Mai 1942 seinen ersten Hauptvorstoß in der Transportfrage, als er mit Göring in Karinhall die Steigerung der Lokomotivherstellung besprach. Zwei Tage später rief Speer Julius Dorpmüller, den über siebzig Jahre alten Reichsverkehrsminister, an, um mit ihm das gleiche Problem sowie die Gründung eines Hauptausschusses für Lokomotivbau zu erörtern. All das zeugte davon, welche Bedeutung er dem Güterverkehr beimaß. Als Oberbürgermeister Liebel Mitte April seinen Wohnsitz in Berlin nahm, übernahm er auch die Leitung einer neuen Abteilung des Ministeriums, die für Transport, Kohle und Energie zuständig war.

In einem Führererlaß vom 7. Mai 1942 wurde verfügt, daß die Aufgaben der Wehrmacht auf dem Gebiet der Rüstungsinspektion dem Ministerium zu übertragen sind. Dies erfolgte bei einer Zusammenkunft aller militärischen Rüstungsinspektoren und des Generals Thomas im Oberkommando der Wehrmacht in Gegenwart von Generalfeldmarschall Wilhelm Keitel. Thomas blieb noch eine Zeitlang in seiner Funktion, unterstand aber offiziell nicht mehr Keitel, sondern Speer. Keitel war einer der engsten Berater Hitlers und ein typischer preußischer General, aber seine Unfähigkeit, beim »Führer« nein zu sagen, hatte ihm im Heer den Spitznamen »Lakeitel« eingebracht. Obwohl er zusammen mit Hans Lammers und Martin Bormann ein Mitglied des Dreigestirns war, das als Hitlers ausführendes Organ für Wehrmacht, Regierung und Partei fungierte, war er in puncto militärischer Einfluß und Beratung weniger wichtig als Generaloberst Alfred Jodl, Chef des Wehrmachtsführungsstabes. Hitler selbst war der Oberkommandierende der Wehrmacht, genauso wie er der Oberkommandierende des Staates und der Partei war.

Im Juni 1942 besuchte Speer das Raketenversuchsgelände des Heeres in Peenemünde, wo General Walter Dornberger und Dr. Wernher von Braun an der später unter dem Namen V 2 bekannt gewordenen ersten ballistischen Rakete der Welt mit dem Codenamen A4 und an anderen Raketenprojekten arbeiteten. Zu diesen gehörten auch Boden-Luft-Raketen, die für die Luftwaffe im Kampf gegen die Bomberflotten der Alliierten und für die Marine, deren U-Boote den zunehmenden Luftangriffen der Alliierten ausgesetzt waren, von viel größerer Bedeutung gewesen wären als die V 2 und die heute zu einer entscheidenden Waffe geworden sind. Daß der von der Wehrmacht gebrauchte Begriff »Vereinigtes Kommando« eine Farce war, beweisen sowohl die Tatsache, daß weder die Luftwaffe noch die Marine viel darüber wußte, was das brillante Team des Heeres in Peenemünde machte, als auch Speers ständiger Kampf gegen die Rivalität zwischen den Wehrmachtsteilen. Diese grundlegende Ineffizienz war bei allen großen kriegführenden Mächten zu finden, besonders in den USA und in Japan.

Die »fliegende Bombe« V 1 – der erste Marschflugkörper (Cruise missile) der Welt – wurde von der Luftwaffe selbständig entwickelt. Beide V-Waffen (das V war die Abkürzung für »Vergeltung«), vor allem aber die V 2, beanspruchten Ressourcen und Arbeitskräfte in einem Maße, das in keinem Verhältnis zu ihrem militärischen Wert stand. Himmlers SS, die immer nach Möglichkeiten für die Erweiterung ihres quasiautonomen militärisch-industriellen Komplexes Auschau hielt, schaffte es, sich in Peenemünde mit dem Angebot »einzukaufen«, dort mit Arbeitssklaven aus den Konzentrationslagern zusätzliche Anlagen zu bauen. Speer muß das (spätestens) bis August 1943 gewußt haben, da sein Büro die Arbeit und die Arbeitspraktiken des SS-Brigadeführers

Hans Kammler, Chef der Bauverwaltung der SS an der Ostseeküste und anderswo, inzwischen gründlich kennengelernt hatte.[4]

Nur ein persönlicher Besuch des Ministers in einem Konzentrationslager ist aktenkundig: Am 30. März 1943 besuchte er Mauthausen bei Linz. Es war auf alle Fälle ein bizarrer Anlaß. Der anstrengende Tagesausflug in die »Ostmark« (Österreich nach dem Anschluß) begann mit der Besichtigung des Hermann-Göring-Stahlwerkes in Linz und des Nibelungen-Stahlwerkes in St. Valentin und endete mit dem Besuch des Klosters St. Florian und der Gewehrfabrik in Steyr. Den Mittelpunkt des Programms bildete Mauthausen, ein Name, bei dem Speer an die Steinbrüche für die Steine zu manchen seiner großen Bauvorhaben gedacht haben muß.[5] Als der Rüstungsminister weniger als eine Stunde lang in Mauthausen herumgeführt wurde, das in der Chronik als »SS-Fabrik« bezeichnet wurde, machte es auf ihn einen so positiven Eindruck, daß er kurze Zeit später in einem vom 5. April 1943 datierten Schreiben an Himmler gegen die »mehr als großzügige« Bauweise protestierte, die er dort habe feststellen müssen. Er schlug vor, eine kleine Gruppe aus Vertretern seines Ministeriums und der SS solle die Konzentrationslager inspizieren, um zu ermitteln, welche Einsparungen vorgenommen werden könnten. Die SS solle zur »Primitivbauweise« übergehen, die ein »Minimum an Material und Arbeit« erfordere, schrieb er tadelnd, nachdem er im selben Monat einen Erlaß herausgegeben hatte, wonach alle Kriegsbauten provisorisch und aus den einfachsten Materialien errichtet werden sollten.

Dieser Gefühlsausbruch hatte paradoxerweise eine wütende schriftliche Reaktion von SS-Obergruppenführer Oswald Pohl zur Folge, Himmlers beschränktem und brutalem Verwaltungs- und Wirtschaftschef, der von Amts wegen auch Chef der Industrieproduktion in den Lagern war. Alle Bauvorhaben seien ordnungsgemäß ausgeführt worden, und Speer selbst habe am 2. Februar 1943 die Genehmigung erteilt, schrieb Pohl aufgebracht in einem Brief an Himmlers Adjutanten, Dr. Rudolf Brandt:

»Der Reichsminister Speer scheint nicht zu wissen, daß wir zur Zeit über 160 000 Häftlinge haben und dauernd gegen Seuchen und hohe Sterblichkeit ankämpfen, weil die Unterbringung der Häftlinge einschließlich sanitärer Anlagen völlig unzureichend ist.«[6]

Das Spektakel, das SS-Obergruppenführer Pohl (der wegen Kriegsverbrechen als einer der letzten Nazi-Größen noch 1951 gehenkt wurde) aufführte, indem er sich gegen unverschalte Holzwände in den KZ-Baracken mit der Begründung wandte, sie würden sogar noch mehr »sozial unerwünschten Personen« das Leben kosten, als es bei den geltenden Normen der SS-Gastlichkeit ohnehin schon der Fall war, erscheint als Gipfel der Heuchelei. Bald nach dem Briefwechsel unternahmen zwei von Speers Leuten, Desch und Sandler, mit Kammler persönlich eine Inspektionsreise, die, wie es sich gehörte, »ein durchaus positives Bild« ergab. Da war nur eine Ausnahme: »In Auschwitz«, so schrieb Speer in seinem Buch (Albert Speer, Der Sklavenstaat, Stuttgart 1981) über das Wirtschaftsimperium der SS, »haben sie katastrophale sanitäre Verhältnisse aufgedeckt.« Er sagte allerdings nicht, um welches Auschwitz es sich handelte; es gab drei getrennte Lager, erstens das Basislager, zweitens das Lager für Massenhinrichtungen (das berüchtigte Todeslager Auschwitz-Birkenau) und drittens das Arbeitslager für die Kriegsproduktion. Es ist anzunehmen, daß er das letztere meinte. Am 30. Mai 1943 steigerte er jedenfalls die Stahlzuteilungen für Bauvorhaben in Konzentrationslagern im allgemeinen und bewilligte eine besonders große Menge von Stahlerzeugnissen, 2400 Tonnen, speziell für Auschwitz. Es darf angenommen werden, daß er mit dieser Förderung einer verbesserten Bauweise in Auschwitz nicht die Verhältnisse im Todeslager verbessern wollte. Es ist jedoch schwer zu glauben, er habe zu diesem Zeitpunkt nichts von dessen Existenz gewußt.

Wir wollen weiter bei dieser Frage verweilen und können hier erwähnen, daß die Chronik eine harmlos scheinende Eintragung für den 28. April 1942 enthält. Es handelt sich um einen der immer seltener werdenden Hinweise auf die Arbeit der GBI-Behörde, die noch immer ein Teil des Imperiums von Speer war:

»Die Aktion der Vergabe von Wohnungen an Ritterkreuzträger in Berlin wurde von Herrn Clahes eingeleitet. Bis Anfang Mai wurden insgesamt an 13 Ritterkreuzträger in Berlin, darunter drei mit dem Eichenlaub mit Schwertern, Wohnungen abgegeben.«

Die Leser der von heiklen Stellen gesäuberten Kopie sind vielleicht über diese anscheinend nebensächliche Bemerkung verwundert, aber alles wird klar, wenn man eine frühere Eintragung liest, die in der ursprünglichen Fassung enthalten ist und vom 21. Januar 1942 datiert:

»Der Generalbauinspektor ordnete an, daß der Kreis der Berechtigten für freiwerdende Judenwohnungen (Abrißmieter, Bombengeschädigte) erweitert werde auf Schwerkriegsbeschädigte, Soldaten und Unteroffiziere, die mit dem EK I, und Offiziere, die mit dem Ritterkreuz ausgezeichnet sind. Die im Gang befindliche Umsiedlungsaktion wurde daher abgestoppt.«

Ohne diese Stelle erweckt die gekürzte Fassung den Eindruck, als ob sich Speer, der sich – wie zitiert – beim Chef der Reichskanzlei, Lammers, über die Umwandlung von Wohnungen in Büroräume beschwert, große Sorgen um die Notlage der Wohnungslosen mache. In Wirklichkeit bestand seine Hauptsorge darin, sicherzustellen, daß deutsche Medaillenträger als erste das Anrecht auf Wohnungen erhielten, aus denen Berliner Juden gewaltsam vertrieben wurden. Das Thema »Umsiedlung« kommt sogar in der ungekürzten Fassung der Chronik selten vor. Erst die letzte Eintragung, die die Eintragung vom 25. Oktober 1942 ergänzt, liefert einen guten Überblick über Albert Speers direkte Verwicklung in die Verfolgung der Berliner Juden:

»Nachdem der Generalbauinspektor die Umsiedlungsangelegenheiten abgegeben hatte, berichtete Vizepräsident Clahes abschließend über die Arbeiten der Hauptabteilung Umsiedlung für die Zeit vom 1. Februar 1939 bis zum 15. November 1942. In diesem Bericht heißt es u.a.: Aufgabe der Umsiedlungsabteilung war es, sämtliche im Gebiet der Reichshauptstadt vorhandenen Judenwohnungen zu erfassen, sie zu räumen und den Mietern zuzuweisen, die durch Maßnahmen der Neugestaltung ihre Wohnungen verloren hatten. Insgesamt wurden erfaßt 23 765 jüdische Wohnungen. Der Kreis der zu Betreuenden wurde auf Vorschlag des Generalbauinspektors durch Führerbefehl erweitert auf kriegsversehrte Soldaten, Ritterkreuzträger und mit dem EK I ausgezeichnete Mannschaften und Unteroffiziere. Von den erfaßten Judenwohnungen wurden 9000 Wohnungen vergeben, die Behausungen der Umgesiedelten neu instandgesetzt. Für die Unterbringung etwaiger Bombengeschädigter wurden 3700 teilmöblierte Wohnungen bereitgestellt.«[7]

Die Juden hatte man auch aus der deutschen Wissenschaft vertrieben, womit man von vornherein Deutschlands Fähigkeit geschwächt hatte, erfolgreich einen längeren Krieg zu führen: Auf Grund der Nürnberger Rassengesetze von 1935 verloren nicht weniger als ein Viertel aller deutschen Physiker ihre Arbeit, weil sie jüdisch waren.

Die große Masse der deutschen Wissenschaftler war konservativ und national gesinnt. In dieser Hinsicht bildeten sie in Deutschland nach Versailles kaum eine Ausnahme, doch sprach das auch nicht für ihre geistige Liberalität. Ihre Kollegen in den alliierten Staaten tendierten dazu, sie auf Grund des »Manifests an die zivilisierte Welt« zu boykottieren. Dieses war von namhaften Gelehrten wie dem durch seine Quantentheorie berühmten Max Planck und Wilhelm Röntgen, dem Entdecker der Röntgenstrahlen, unterschrieben worden und hatte bestritten, daß deutsche Truppen zu Beginn des Ersten Weltkrieges in Belgien Greueltaten begangen hatten. Werner Heisenberg, der 1925 das »Unschärfeprinzip« auf dem Gebiet der Teilchenphysik formulierte, diente nach dem Krieg als Freiwilliger in jenem nationalistischen Freikorps, das den kommunistischen Aufstand in Bayern niederschlug. Er war auch entfernt mit Heinrich Himmler verwandt, was ihm zwar nicht angelastet werden kann, aber seiner Karriere sicher nicht geschadet hat.

Ein Kopf wie Albert Einstein war in der brillanten deutschen Physikszene weniger wegen seiner revolutionären Relativitätstheorie und keinesfalls wegen seiner jüdischen Abstammung eine bemerkenswerte Erscheinung, sondern eher, weil er als einer von wenigen Wissenschaftlern die Weimarer Republik unterstützte. Nach Hitlers Machtergreifung 1933 emigrierte er in die USA, und viele namhafte Kollegen folgten seinem Beispiel. Zum Glück für die Zivilisation wurde die Nuklearphysik, darunter die Atomwaffenforschung, vom deutschen wissenschaftlichen Establishment in ihrer Bedeutung großenteils unterschätzt und vor allem von den Nazis als »jüdische Wissenschaft« abgetan.

Unter der Oberaufsicht der 1911 gegründeten Kaiser-Wilhelm-Gesellschaft für die Förderung der Wissenschaft wurde 1937 der neue Gebäudekomplex des Kaiser-Wilhelm-Instituts für Physik fertiggestellt (Einstein war von 1914 bis 1937 Direktor des Instituts gewesen). Max Planck aber, dessen größter Wunsch ein solches Institut gewesen war, legte 1937 wegen mangelnder Unabhängigkeit von den Nazis sein Amt als Präsident der Kaiser-Wilhelm-Gesellschaft nieder.

Das Kaiser-Wilhelm-Institut für Physik wurde im Oktober 1939 vom Heereswaffenamt beschlagnahmt. Direktor des Instituts war damals Peter Debye aus Holland (das zu dieser Zeit noch neutral und nicht besetzt war). Man ließ ihn wissen, er solle die deutsche Staatsbürgerschaft an- oder seinen Hut nehmen. Debye wählte einen vorteilhaften Kompromiß, ließ sich beurlauben und ging an die Cornell-Universität in die USA – als Gastprofessor bei voller Bezahlung! Sein Nachfolger wurde Kurt Diebner, Leiter eines Atomforschungsprogramms, das vom Heereswaffenamt unterstützt wurde. Dieser betraute Otto Hahn (der 1938 zusammen mit Straßmann die Kernspaltung entdeckt hatte) und Professor Heisenberg, Direktor des Instituts für Theoretische Physik an der Universität Leipzig und Nobelpreisträger von 1932, mit der Leitung des Kernforschungsprogramms des Kaiser-Wilhelm-Instituts für Physik.

Ende 1939 waren in Amerika, Großbritannien, Frankreich, Japan, Rußland und auch Deutschland geheime Arbeiten zur Erforschung der Kräfte im Gange, die im Uranisotop 235 schlummern. In Deutschland wurde im April die Urangesellschaft gegründet, der die auf diesem Gebiet tätigen Wissenschaftler angehörten. Aus Angst davor, daß die Nazis in der Lage sein könnten, Atomwaffen zu entwickeln, richtete Einstein zwei Warnungen an die Regierung der USA, die mit ihren unbegrenzten Ressourcen – und mit Hilfe jüdischer Exilanten – den Wettlauf auf dem Gebiet der Entwicklung der Atombombe und auch des Kernreaktors gewannen.

Speer als Rüstungsminister oblag neben seinen vielen neuen Aufgaben auch die Kontrolle über das bescheidene deutsche Atomforschungsprogramm. Die Deutschen waren an beiden Anwendungsmöglichkeiten der gerade erst entdeckten nuklearen Kettenreaktion sehr interessiert. Bevor eine Methode zur Urananreicherung gefunden war, die es ermöglichte, gewöhnliches Wasser als Kühlmittel zu verwenden, war ein »Moderator« erforderlich, der die Kettenreaktion in einem Reaktor verlangsamte: entweder Graphit, das sich nur unter hohem Kostenaufwand reinigen ließ, oder schweres Wasser, das aus Norwegen eingeführt wurde, bis Deutschland das Land besetzte und die geringen Mengen des von der Firma Norsk Hydro produzierten schweren Wassers beschlagnahmte. Im Sommer 1940 eignete sich Deutschland den belgischen Vorrat an Uranoxid aus dem Kongo an (bis dahin hatten die Deutschen nur geringe Mengen in der Tschechoslowakei gewonnen) und nutzte das Pariser Zyklotron. Man kam jedoch nur schleppend voran. Glänzende Begabungen waren durch den Antisemitismus verlorengegangen, und dazu kam die Einberufung junger Wissenschaftler zum Wehrdienst, die Speer fortwährend Kopfschmerzen bereitete. Als weiteres Hemmnis für das Programm erwies sich Hitlers Erlaß von 1940, nach dem alle Forschungsarbeiten verboten wurden, von denen nicht zu erwarten war, daß sie innerhalb eines Jahres zu Ergebnissen führen würden. All das änderte sich, als Speer die Sache übernahm und als das Heeresamt der Kaiser-Wilhelm-Gesellschaft wieder die Verantwortung für die Kernforschung übertrug. Es hatte im Grunde genommen bereits beschlossen, sein Geld in die V 2 zu stecken.

Das deutsche Interesse an der Kernforschung verringerte sich im gleichen Maße wie die Höhe der Mittel und die Zahl der auf diesem Gebiet arbeitenden Wissenschaftler (von 70 Wissenschaftlern, die sich meist nur teilweise mit Kernforschung beschäftigten, bis zu 44 im Jahre 1942). Trotzdem war das reduzierte Programm noch als kriegswichtig, aber nicht als kriegsentscheidend eingestuft. Das Kaiser-Wilhelm-Institut für Physik hielt

Ende Februar 1942 eine geheime Konferenz über Kernforschung ab. Doch aus ideologischen Gründen runzelte man in Nazikreisen noch immer die Stirn über die Physik allgemein und die Kernphysik insbesondere – mit dem Erfolg, daß es vor 1940 in Deutschland auf diesem Gebiet fast keine Hochschulabsolventen mehr gab. Die Nazis befürworteten eine biedere »deutsche Physik« und lehnten die unheimliche »jüdische Physik« der Quanten- und die Relativitätstheorie ab.

Den Schwerpunkt der Konferenz bildete die Kernenergie, die immerhin so viel Interesse erweckte, daß Görings Reichsforschungsrat auf das Forschungsprojekt aufmerksam wurde. Es wurde der Kaiser-Wilhelm-Gesellschaft und dem Ministerium für Erziehung und Wissenschaft entzogen und Göring unterstellt. Heisenberg avancierte zum Direktor des Kaiser-Wilhelm-Instituts und wurde Professor für Physik an der Berliner Universität. Damit hatten die Nazis verspätet die Bedeutung der neuen Physik anerkannt – vorausgesetzt, der »Relativitätsjude« Einstein wurde nie erwähnt. Die wenigen Wissenschaftler, die sich mit ihr befaßten, darunter auch Heisenberg, dem wegen seiner Begeisterung für die Kernphysik und wegen seiner Abneigung gegen eine »deutsche« Physik gerade erst ein Lehrstuhl in München verweigert worden war, konnten jetzt Arbeit finden, und zwar an der neuen Reichsuniversität in Straßburg, das wieder zu Deutschland gekommen war.

1942 hatten die Wissenschaftler große Hoffnungen auf Speer gesetzt. Generaloberst Fromm, der als Oberbefehlshaber des Reserveheeres in der Zeit vor Speer die Rüstungsinteressen des Heeres vertreten hatte, und Albert Vögler, Präsident der Kaiser-Wilhelm-Gesellschaft, suchten Speer im April auf. Als durch und durch moderner Technokrat war Speer an der Kerntechnologie wirklich interessiert, gelangte aber frühzeitig zu dem irrigen Schluß, daß sie weder für Deutschland noch für irgendeine andere kriegführende Macht kriegsentscheidend sein werde. Heisenberg rühmte in einer privaten Reprise seines Konferenzbeitrages Speer gegenüber die Möglichkeiten der Kernenergie als eines Ersatzes für fossile Brennstoffe, hielt aber Kernsprengstoffe im derzeitigen Krieg für ein unerreichbares Ziel. Tatsächlich stimmte das, soweit es den europäischen Kriegsschauplatz betraf; Deutschland hat mehr als zwei Monate vor dem ersten Atombombenversuch kapituliert.

Nach dem Krieg hat Heisenberg versucht, die Tatsache, daß er und seine Kollegen Speer geraten hatten, die Atombombe zugunsten der Kernenergie aufzugeben, zu einer Manifestation des Widerstandes der Wissenschaftler gegen Hitler hochzustilisieren. Die Wissenschaftler hatten die USA unterschätzt und waren vor den Kosten und den gewaltigen industriellen Anstrengungen, die erforderlich gewesen wären, um in Anbetracht der immer mißlicheren Lage Deutschlands noch rechtzeitig eine Bombe herzustellen, zurückgeschreckt. Nachdem Heisenberg sich vom Schock erholt hatte, den die Nachrichten über Hiroshima hervorgerufen hatten, brauchte er nur wenige Tage, um den Aufbau der ersten Bomben exakt herauszufinden. Diese Tatsache beweist, daß die Deutschen, die schließlich die Kernspaltung entdeckt hatten, das nötige Wissen zum Bau der Bombe besaßen. Fest steht aber auch, daß Heisenberg kein Held war, der Widerstand leistete. Wie Ludwig Mies van der Rohe hatte ihn die Zurücksetzung durch die Nazis tief verletzt, aber er war durchaus bereit, für sie zu arbeiten, und im Unterschied zum Architekten gab man ihm Arbeit. Heisenbergs wahre Haltung wird wahrscheinlich genauso unklar bleiben wie sein berühmtes Prinzip.[8]

Speer hat in seinen Memoiren geschrieben, daß Heisenberg die Idee einer Atombombe faktisch für unrealistisch hielt, selbst als Speer ein deutsches Zyklotron bei Krupp in Auftrag gab und Geld und Materialien für die Forschung in Aussicht stellte. Er war erstaunt über die Geringfügigkeit der Forderungen, als die Wissenschaftler ihm eine Aufstellung der Maßnahmen, Geldsummen und Materialien vorlegten. Diese aber handelten so, weil sie wußten, daß sie aus technologischen und nicht aus finanziellen Gründen bescheiden anfangen mußten. Hitler, der Liebhaber der Details, hatte wenig Verständnis für moderne wissenschaftliche Theorien und war von dem Gedanken, eine Kettenreaktion könne außer Kontrolle geraten und die Erde verglühen lassen, nicht begeistert. Diese Befürchtung hegten übrigens auch einige der am amerikanischen »Manhattan-Projekt« beteiligten Wissenschaftler. Es ist jedoch undenkbar, daß er aus moralischen Gründen gezögert hätte, eine Atombombe bauen und abwerfen zu lassen, wenn er dies für machbar angesehen hätte.

Über die Bombe wurde Ende Juni 1942 auf einer Führerbesprechung kurz diskutiert, doch Speer scheint die Idee im Herbst aufgegeben zu haben, obwohl das Interesse an »Wunderwaffen« angesichts der immer prekäreren militärischen Lage Deutschlands sogar wuchs. Erst im Mai 1944, als Speer das deutsche Zyklotron in Heidelberg besichtigte, fand in diesem Beschleuniger die erste Spaltung eines Atomkerns statt. 1943 wurden drei Millionen Mark für die Kernforschung bewilligt, und 1944 war es eine etwas größere Summe, aber das Schwergewicht wurde auf die Entwicklung eines Reaktors gelegt, den Heisenberg zu Recht als ein Mittel ansah, Schiffe anzutreiben. Die Alliierten torpedierten jedoch dieses bescheidene Programm, indem sie die Anlage von Norsk Hydro und die Forschungszentren in Hamburg und Kiel angriffen.

Speer schrieb, daß durch die Neutralität Portugals im Sommer 1943 die Wolframimporte abrissen. Daraufhin ordnete er an, die deutschen Uranvorräte für die Produktion von Hartkernmunition zu verwenden, die für Panzerabwehrkanonen gebraucht wurde. Seine Behauptung, dies beweise, daß Deutschland den Gedanken an eine Produktion von Atombomben aufgegeben habe, ist nicht nachprüfbar. Diejenigen, auf die die Granaten abgefeuert wurden, bemerkten die neuen, ultraschweren Geschoßkerne offensichtlich nicht; diese wurden wahrscheinlich auch nur versuchsweise verwendet.

Selbstverständlich ist es wider jede Vernunft, für den Antisemitismus Nazideutschlands (oder jede andere Form von Rassismus) dankbar zu sein. Trotzdem könnte die engstirnige, geringschätzige Haltung, die das Hitlerregime aus ideologischen Gründen allem Jüdischem gegenüber einnahm, darunter auch der Kernphysik, Großbritannien, Rußland und die ganze Welt vor einer nuklearen Katastrophe bewahrt haben; diese hätte vielleicht sogar jene Massaker an den Juden und anderen übertroffen, derentwegen der Nazismus auf ewig verflucht sein wird.

Die Methode der Westalliierten, Deutschland mit Spreng- und Brandbomben ununterbrochen aus der Luft anzugreifen, erwies sich bereits einige Monate nach Speers Ernennung als ziemlich sinnlos. Die wenig durchdachte alliierte (besonders britische) Strategie der Flächenbombardierungen bewirkte, daß zwar die deutschen Städte in Schutt und Asche fielen, die Rüstungsproduktion aber nicht nur weiterlief, sondern in vielen Teilen Deutschlands erstaunlicherweise anstieg, bis sie im September 1944 – als die Luftangriffe das Transportwesen lahmzulegen begannen – ihren Höhepunkt erreichte. Vom 30. Mai 1942 an, als die Royal Air Force (RAF) alle ihre Reserven aufbot, um den ersten »1000-Bomber-Angriff« zu fliegen (in Wirklichkeit waren es 1046 Flugzeuge, von denen einige besser eingesetzt gewesen wären, wenn sie die ständig gefährdeten Schiffskonvois auf dem Atlantik geschützt hätten), wurden die Bombardierungen ein immer ernster zu nehmender Faktor im Wirtschafts- und zivilen Leben Deutschlands. Bei diesem Angriff wurden im Raum Köln Bomben wahllos abgeworfen, wobei man sogar den herrlichen gotischen Dom der Stadt verfehlte.[9]

Der Luftangriff war ein Propagandacoup des fanatischen Luftmarschalls und Oberbefehlshabers der britischen Bomberflotte Sir Arthur Harris, »Bomber-Harris«, und sorgte für einen Krach im Oberkommando der Wehrmacht, der besonders für Göring unangenehm war, weil dieser ja als Oberbefehlshaber der Luftwaffe für die Luftabwehr und den Luftschutz verantwortlich war. Göring hatte einmal geprahlt: »Wenn ein einziges englisches Flugzeug die Luftabwehr durchbrechen kann, wenn eine einzige Bombe auf Berlin fällt, will ich Meier heißen.« Im Gegensatz zu Hitler scheute Göring sich nicht, bombardierte Stadtteile zu besuchen. Als er bald nach dem Beginn der Luftangriffe der RAF durch die Straßen einer heimgesuchten Stadt fuhr, rief prompt jemand in der Menschenmenge: »Meier!«

Die Bombenangriffe der Alliierten hatten auf die deutsche Zivilbevölkerung eine ähnliche Wirkung wie der vorherige deutsche

Luftkrieg auf die britische (auch wenn dessen Wirkung sicher geringer war) – ein weiteres Beispiel für die verfehlte Denkweise von Harris, die mit der von Haig, dem britischen Oberbefehlshaber an der Westfront im Ersten Weltkrieg, ziemlich übereinstimmte. Das Bomberkommando hatte von allen Teilen der britischen Streitkräfte im Zweiten Weltkrieg die höchsten Opfer an Menschenleben zu beklagen. Ein sehr hoher Prozentsatz davon waren Offiziere, die am besten ausgebildeten jungen Männer des Landes. In menschlicher Hinsicht waren sie natürlich genauso wichtig wie die Marineangehörigen oder die Infanteristen, aber dem Aufwand nach stellten sie genauso wie die Infanterieoffiziere, die im Ersten Weltkrieg zu Tausenden sinnlos verheizt wurden, eine besonders wichtige Investition des Landes dar. Da die Amerikaner nicht bereit waren, ihren Verbündeten ihr relativ präzises Bombenzielgerät »Norden« zur Verfügung zu stellen, ließ auch die Treffsicherheit der RAF viel zu wünschen übrig.

Um aus der Not eine Tugend zu machen, wandte die RAF offiziell die Methode der »Flächenbombardierungen« gegen die Städte an, was den Vorteil hatte, daß jede Bombe, die innerhalb eines Radius von fünf Meilen von einem Ziel entfernt einschlug, als Treffer gewertet wurde. Die Briten waren an den meisten Tagen unfähig, ein Ziel zu treffen, das kleiner war als eine Stadt, doch nachts war ihre Zielsicherheit noch geringer. Sie bevorzugten die Nachtflüge deswegen, weil es ihnen an Jagdflugzeugen großer Reichweite zum Schutz der Bombergeschwader mangelte. Daher trösteten sich die Strategen mit der Theorie, daß sie, wenn sie schon die Fabrik nicht zu treffen vermochten, wenigstens die Wohnungen der Arbeiter (und wahrscheinlich die Arbeiter mit dazu, um die Wahrheit zu sagen) vernichten und so die Produktion unterbrechen konnten.

Das fast lächerliche Zartgefühl, mit dem die Briten den Krieg begonnen hatten, indem sie Flugblätter statt Bomben abwarfen und Luftangriffe gegen die norwegischen Flugplätze unterließen, um nicht zufällig Zivilisten zu töten, hatte einer rücksichtslosen Brutalität Platz gemacht. Das war auf die britische Entschlossenheit zurückzuführen, sich gegen einen Feind zu wehren, der sich zum größten Teil außerhalb der Reichweite ihrer Navy befand und viel zu stark für ihre Armee war.

Als die Amerikaner mit ihren Bombenangriffen anfingen, bevorzugte sogar Portal, der Chief of Air Staff, zusammen mit einigen seiner Luftmarschälle die punktgenaue Bombardierung ausgewählter strategischer Ziele, wie zum Beispiel kriegswichtiger Fabriken. Der Fehler, den die Anhänger dieses durchdachteren Konzepts begingen, bestand in der Überschätzung ihres eigenen Erfolges und in der Unterschätzung des deutschen, das heißt zum größten Teil des Speerschen Einfallsreichtums, dank dem beschädigte Fabriken sehr rasch – oft mehrere Male hintereinander – wieder instand gesetzt und Baracken für ausgebombte Arbeiter buchstäblich über Nacht errichtet wurden. Die Amerikaner bombardierten solche lohnenden Ziele wie die Kugellagerfabriken in Schweinfurt (am 17. August 1943) gewöhnlich am Tage. Sie verwendeten ihre »Fliegenden Festungen«, die B 17, und andere schwerbewaffnete Bombertypen, die soweit wie möglich von Begleitjägern geschützt wurden, doch erlitten sie schwere Verluste, bis der Langstreckenjäger »Mustang« zum Einsatz kam.

Die Aufklärung pflegte schwere Zerstörungen zu melden, aber die Deutschen kehrten rasch in die Ruinen zurück, um die Arbeit fortzusetzen, und dem ersten Luftangriff folgten in der Regel keine häufigen Wiederholungen, die verhindert hätten, daß die Fabriken weiterproduzierten. Erst im Winter 1943/44 wurden die Bombenangriffe gegen die Kugellagerfabriken wiederholt, und sogar dann stellten die Amerikaner sie vorzeitig wieder ein. Speer gestand der RAF 1946 ein, daß die Rüstungsproduktion durch unaufhörliche Bombenangriffe auf die Kugellagerindustrie nach etwa vier Monaten völlig zum Stillstand gekommen wäre. Er reagierte rasch mit einer typischen Improvisation und ernannte einen besonders energischen Industrieführer, Philipp Keßler, zum Sonderbeauftragten für die Produktion der Kugellager, damit er die Produktion wieder in Gang brachte.

Wurde eine Fabrik eines bestimmten Industriezweiges angegriffen, so bombardierte man selten gleichzeitig auch andere Fabriken des gleichen Produktionssektors, um Druck auf den Feind auszuüben. In dieser Hinsicht verfügten die Amerikaner also über eine halbe Strategie, während die Briten eigentlich gar keine hatten. Sie stellten große Bombergeschwader zusammen, die im Dunkeln schreckliche, aber strategisch wirkungslose Angriffe durchführten. Ein solches Beispiel ist die Bombardierung Hamburgs im Juli 1943. Doch selbst das war ein Einzelfall; die RAF flog danach keine weiteren Angriffe gegen die Hansestadt. Die Deutschen konnten daher massive Hilfe auf die zerstörte Stadt konzentrieren, deren Industrie – im Gegensatz zu den Wohn- und Handelshäusern – in bemerkenswert kurzer Zeit wieder funktionsfähig war. Selbstverständlich wurde auch Peenemünde angegriffen, es war aber fast bis Kriegsende in der Lage, seine Aufgaben zu erfüllen.

Auch das, was bis heute in Großbritannien als die kühnste und spektakulärste Bombermission angesehen wird, der »Dambuster Raid« (»Dammknackerangriff«) in der Nacht vom 16. zum 17. Mai 1943, war weit weniger wirksam, als es den Anschein hatte. Neunzehn Lancaster-Bomber des 617. Geschwaders unter Wing Commander Guy Gibson waren mit einer besonders konstruierten Bombe ausgerüstet und erhielten den Befehl, die fünf wichtigen Talsperren des Ruhrgebiets anzugreifen. Die Bomben mußten in Baumwipfelhöhe abgeworfen werden, um schräg in die Staumauern einzuschlagen, worauf die Flugzeuge steil hochziehen und abdrehen sollten. Der größte Staudamm des Ruhrgebiets, die Möhnetalsperre, brach, und eine große Flutwelle überschwemmte das Ruhrtal. Der Staudamm der Sorpetalsperre, hinter dem sich das größte Wasserreservoir befand, wurde zwar getroffen, hielt aber: Wäre er zerstört worden, dann wäre die Industrie des Ruhrgebiets den ganzen Sommer über ausgeschaltet gewesen. Die Briten, die fast 40 Prozent Verluste erlitten, begingen jedoch den Fehler, ihre Kräfte aufzuteilen. Einige Bomber griffen die Edertalsperre an, die für die Wasserversorgung der Ruhrindustrie keine Bedeutung hatte. Sie diente nur dazu, die lokalen Wasserstraßen schiffbar zu halten. Somit wurde der kühnste Präzisionsangriff der RAF, der mit einer geringen Zahl von Flugzeugen unternommen wurde, nur annähernd ein strategischer Erfolg, aber wegen eines kleinen Irrtums verpuffte die ganze Aktion. Die Höhe des Schadens und die Zahl der Opfer unter der Zivilbevölkerung waren groß, aber das Ziel der Ausschaltung des Ruhrgebiets wurde nicht erreicht, wie Speer bei einer Besichtigung am Morgen nach dem Fliegerangriff erleichtert feststellte.

Eine weitere Improvisation Speers als Reaktion auf die zunehmende Zahl der Bombenangriffe war die Bildung des »Ruhrstabes« im Juli 1943 in Kettwig. Dessen Aufgabe bestand darin, die Wiederherstellung der beschädigten Fabriken und Arbeiterwohnungen im wichtigsten Industriegebiet Deutschlands zu organisieren, das ständigen Flächenbombardierungen ausgesetzt war (allein die Briten flogen in ihrer »Schlacht um die Ruhr« mehr als 40 Einsätze). Speer hätte gern weitere 39000 Mann aufgeboten, um die Produktion im Ruhrgebiet am Laufen zu halten, aber der Ruhrstab bildete »fliegende Einsatzkommandos«, um die Lücken zu schließen.

Weitere Störungen wurden durch ständige Gerüchte hervorgerufen, die von der britischen Propaganda und von der Widerstandsbewegung verbreitet wurden. Es hieß, Männer, die in diesem Gebiet oder am Atlantikwall arbeiteten, sollen nach Rußland geschickt werden, um dort von der Organisation Todt eingesetzt zu werden: Die Zahl der französischen, belgischen und holländischen Arbeiter verringerte sich immer mehr, so daß schließlich weitere 60000 Mann fehlten. Die großen und die kleinen Städte, die Kohlengruben, die Stahlwerke und andere Produktionsbetriebe im bevölkerungsreichen Gebiet nahe der holländischen Grenze lagen so dicht beieinander, daß die RAF durchaus das eine Ziel verfehlen und dennoch einen anderen kriegswichtigen Betrieb treffen konnte. In dieser Zeit wurde insgesamt etwa eine halbe Million deutscher Arbeiter von der zivilen in die Waffenendfertigung umgesetzt.

Von wachsender Sorge über die rapide Zunahme der Transportstaus erfüllt, stattete Speer Reichsminister Dorpmüller einen Besuch ab. Dieser schien der Probleme nicht mehr Herr zu werden. Seine Darstellung der Transportlage gegenüber Speer am 21. Mai 1942 kam einer Bankrotterklärung der Deutschen Reichsbahn gleich. Dorpmüller bot seinem jungen, dynamischen Kollegen die Leitung des Verkehrswesen an. Speer, der am nächsten Tag den Reicheisenbund gründen wollte, um die Stahlerzeugung und -verteilung zu rationalisieren, lehnte ab. Doch vier Tage später ernannte Hitler ihn und Milch zu »Koordinatoren« des Verkehrswesens. Die beiden Kollegen, deren Freundschaft immer enger wurde, entwarfen ein Programm für die beschleunigte Reparatur beschädigter Waggons und Lokomotiven. Bis zum 29. hatte Speer Professor Thiesen, den Mann, der im Ersten Weltkrieg den deutschen Binnenverkehr organisiert hatte, ausfindig gemacht und ihn gebeten, diese Aufgabe erneut zu übernehmen. Gleichzeitig ernannte Speer einen seiner wenigen Freunde unter den Gauleitern, Karl Otto Kaufmann, Gauleiter von Hamburg, zum Beauftragten für Schiffahrt. Dr. Theodor Ganzenmüller – nach erfolgreicher Durchführung einer sehr schwierigen Aufgabe, der Wiederherstellung zerstörter Eisenbahnstrecken in Rußland, von Hitler unvermittelt und ohne vorherige Konsultation, zum Staatssekretär in Dorpmüllers Ministerium ernannt – wurde beauftragt, die Leitung der ganzen Deutschen Reichsbahn zu übernehmen. Die Gebietskommandeure der Wehrmacht mußten die Verantwortung für die Eisenbahnstrecken in den besetzten Ostgebieten an die Reichsbahn abtreten.

In ähnlicher Weise wurde Speer als Minister und Generalinspektor für Straßenwesen, Wasser und Energie in ganz Deutschland die Leitung der Wirtschaftsgebiete Ost übertragen. Innerhalb von Deutschland wurde ein Reichsverbundnetz zum Ausgleich der Stromverteilung geschaffen; der Stromverbrauch wurde durch Stromsperren rationiert. Unterdessen war die Firma Opel angewiesen worden, die Produktion schwerer LKWs zu steigern. Am 22. Juni begann der Hauptausschuß für Lastwagen die Anordnungen Speers zum Bau nur eines Typs von Kleinlastern in jeder der drei Kategorien (Eineinhalb-, Drei- und Viereinhalbtonner) durchzusetzen. Ein Programm zur Entwicklung und Herstellung von benzinfreien Kfz-Antriebssystemen wurde in Angriff genommen. Zur gleichen Zeit erließ Speer eine Flut von Anordnungen, um die Struktur der Organisation Todt zu vereinfachen:

Xaver Dorsch wurde jetzt der Leiter der straffer organisierten OT-Zentrale, und Dr. Gerhard Fränk, ein früherer enger Mitarbeiter von Speer, wurde sein Stellvertreter in der Verwaltung.

Die Einstellung des Straßenbauprogramms in Deutschland für die Dauer des Krieges ermöglichte es Speer, die auf diese Weise freigesetzten Arbeitskräfte zum Bau von Straßen für die Wehrmacht nach Rußland zu entsenden. Das war eine diktatorische Entscheidung, die natürlich viele der Betroffenen verärgerte und an anderen Orten Arbeiter veranlaßte, ähnliches zu befürchten. Die von Will Nagel geleiteten Transportbrigaden Speer wurden mit den Brigaden der Organisation Todt vereinigt und bildeten unter Leitung von Nagel, der zum Gruppenleiter befördert worden war, eine einheitliche Transportgruppe Todt. Außerdem wurden der OT, der es in der Sowjetunion sehr an Arbeitskräften mangelte, im Juli 1942 50000 russische Kriegsgefangene zugewiesen. Eine aus russischen LKW-Fahrern bestehende »Legion Speer« wurde gebildet, die im Westen des Reiches eingesetzt wurde, wo ein großer Mangel an LKW-Fahrern herrschte. Gleichzeitig forderte Speer einen Plan zur Vereinfachung der Schreibarbeiten in seinem sich immer weiter ausbreitenden Imperium.

Speer und Milch waren in der Zentralen Planung offiziell Kovorsitzende des Führungsstabes für das Verkehrswesen mit nicht weniger als vier Staatssekretären, darunter Ganzenmüller von der Reichsbahn, Gauleiter Kaufmann (Schiffahrt) und Oberbürgermeister Liebel (Verwaltung). Sie waren für alle Gebiete des Verkehrswesens zuständig. Nichts war so trivial, als daß es Speers Blick entgangen wäre. Auf einer Fahrt, die er Ende 1942 mit der Eisenbahn nach Rastenburg unternahm, schraubte er eigenhändig eine erstaunlich große Anzahl unnötiger Metallteile in seinem Erste-Klasse-Abteil ab: Kleiderhaken, die an der Wand befestigt waren, Leselampen, Taschenuhrhalter, Griffe am Waschbecken usw. Das Zugpersonal nahm diesen Vandalismus grimmig zur Kenntnis, Speer aber schickte seine Beute an Ganzenmüller mit der Bitte, solche Dinge aus den Zügen zu entfernen und bei der Buntmetallsammlung abzuliefern. Dieser unerwartete Ertrag war der Sorge Hitlers zu verdanken, der nicht wollte, daß Speer unnötige Risiken einging: So verbot er seinem Minister sogar, mit einem viermotorigen Flugzeug vom Typ Condor zu fliegen, damit er nicht abgeschossen würde, und untersagte ihm auch, Weihnachten 1942 OT-Einheiten in Nordfinnland, Lappland und Rußland zu besuchen. Speer reiste statt dessen nach Frankreich zu den Männern, die am Atlantikwall und an den Marinestützpunkten arbeiteten. Anschließend fuhr er auf den Obersalzberg, um dort das neue Jahr zu begrüßen.

Speer war im vierten Kriegsjahr offiziell noch nicht für die Marinerüstung verantwortlich, obwohl er durch die Erweiterung seiner Macht über Rohstoffe und Bauteile immer mehr Einfluß auf den Schiffbau erhielt. Er hatte den Befehlshaber der U-Boote, Karl Dönitz, im Juni 1942 in Paris besucht, wo der Admiral ein spartanisch eingerichtetes Apartment bewohnte – sein Hauptquartier befand sich in Lorient an der französischen Atlantikküste –, und sie diskutierten über solche Fragen von beiderseitigem Interesse wie den Bau der großen U-Boot-Bunker in Brest und anderswo oder über den Rückstand Deutschlands auf dem Gebiet der Radartechnik. Weitere Besprechungen folgten im Laufe des Jahres 1942. Die RAF hatte lange genug ihre Aufmerksamkeit auf die Flächenbombardierungen konzentriert, und erst jetzt bemerkte sie die Bunkeranlagen am Meer. Diese aber wiesen mit Sand gefüllte Betondecken auf, die fünf Meter dick und bombensicher waren.

Der Oberbefehlshaber der Kriegsmarine, Großadmiral Erich Raeder, verhielt sich gegenüber Speers wachsender Macht im Bereich der Rüstung zurückhaltend und mißbilligte die Kontakte seines erfolgreichsten Untergebenen zum Minister. Er verbot dem Chef der U-Boot-Fahrer sogar, technische Fragen mit ihm zu erörtern. Dönitz befehligte den einzigen Teil der deutschen Streitkräfte, der durch Unterbrechung der lebenswichtigen Verbindung zwischen Amerika und England in der Lage war, einen strategischen Sieg zu erringen, während das Heer in Rußland immer mehr ins Stocken geriet. Aber das Oberkommando der Marine verlor am 30. Januar 1943 seinen Chef, als sich einer der wohlkalkulierten Wutanfälle Hitlers gegen Raeder richtete: Raeder wurde abgesetzt. Der Grund war die Tatsache, daß schwächere britische Kräfte Ende Dezember einen Sieg über zwei schwere Kreuzer samt Geleitschiffen in der eisigen Barentssee errungen hatten. Hitler verlangte, alle Geschütze der Überwasserschiffe abzumontieren und zur Verteidigung Norwegens einzusetzen, die Schiffe dagegen zu sprengen. Raeder wies vergeblich darauf hin, daß dies einem großen strategischen Sieg der Royal Navy über die Kriegsmarine gleichkäme, deren restliche Großkampfschiffe durch ihre bloße Präsenz in den nördlichen Gewässern die britische Heimatflotte binden und die russische Konvoiroute bedrohen würde.

Wie so oft bei solchen Fällen gelang es dem neuen Mann – dem zum Großadmiral beförderten Dönitz –, eine Änderung der Entscheidung herbeizuführen, die zur Entlassung seines Vorgängers geführt hatte. Er überzeugte Hitler davon, daß die schweren Schiffsgeschütze, wenn sie schon alle nach Norwegen gebracht werden sollten, wenigstens auf ihren Schiffen bleiben müßten. Er leitete weiterhin die U-Boot-Flotte, die seine und Deutschlands ernstestzunehmende Waffe war; er unterstützte ihren brillanten Operationschef, Admiral Eberhard Godt, und überließ ihm die tägliche Einsatzführung.

Dönitz verstand sehr gut die Vorteile, die eine Verbindung der Marinerüstung mit der Heeresrüstung bot, und verständigte sich rasch mit Speer. Das Ergebnis war eine Art von Übereinkunft zwischen beiden Männern. Dafür, daß die Marinerüstung Speer übertragen wurde, konnte sich der neue Oberbefehlshaber der Marine über die Verdopplung des U-Boot-Baus von zwanzig auf vierzig Boote, einschließlich der großen Typen, freuen; die monatliche Gesamttonnage verdreifachte sich. Speer bestimmte Ende Juni 1943 Otto Merker von der Firma Magirus Deutz, einem Unternehmen, das Spezialfahrzeuge herstellte, zum Nachfolger des scheidenden Hermann Blohm im Hauptausschuß Schiffbau.

Merker folgte dem Beispiel des amerikanischen Schiffbaus und führte ein neues System für den Bau zweier völlig neuartiger U-Boote ein, die Professor Hellmuth Walter konstruiert hatte: des Typs XXI, eines hochseetüchtigen Bootes mit einer Wasserverdrängung von 1600 Tonnen im aufgetauchten Zustand, und des

Typs XXIII, eines im Küstenbereich operierenden U-Bootes (234 Tonnen). Deren hydrodynamische Form, die denen großer Meeressäuger angepaßt war, und die modernen Akkumulatoren mit gegenüber den bisherigen vervielfachter Kapazität ermöglichten es ihnen, getaucht doppelt so schnell zu fahren wie die früheren U-Boote und unter Wasser sogar schneller als auf dem Wasser. Sie waren eine neue, tödliche Gefahr für die alliierten Schiffskonvois, deren Verluste im Frühjahr 1943 deutlich geringer geworden waren, seit Langstrecken- und Trägerflugzeuge die Wirkung des Geleitschutzes gegen die U-Boote zum ersten Mal drastisch verbessert hatten – und den Sieg in der »Schlacht auf dem Atlantik« brachten.

Die neuen U-Boote und ihre Hauptkomponenten wurden in weit verstreut liegenden Fabriken im Binnenland gebaut und auf dem Wasser- und Landweg zur deutschen Ostseeküste transportiert, um dort in kurzer Zeit zusammengefügt zu werden. Dieses neue Verfahren war erdacht worden, um einigen Auswirkungen der zunehmenden Bombenangriffe der Alliierten zu begegnen. Mit dem Bau des ersten Modells wurde bereits im November 1943 begonnen, nachdem Speer und Dönitz den entsprechenden Erlaß im Juli 1943 unterzeichnet hatten. Zum Glück verursachten die Bombenangriffe in der zweiten Hälfte des Krieges so große Unterbrechungen sowohl beim Transport als auch bei der Herstellung und Montage, daß das »Elektroboot«-Programm um entscheidende sechs Monate verzögert wurde. Ein Drittel der fertigen neuen U-Boote wurde auf den Werften zerstört; viele weitere nie zu Ende gebaut. Wäre es möglich gewesen, Merkers Zeitplan einzuhalten, wären die neuen Boote den meisten Geleitschiffen entkommen und hätten der Schiffahrt erneut große Verluste zugefügt, wodurch die Vorbereitungen zur Landung der Alliierten auf dem europäischen Festland unterbrochen worden wären. Statt eine neue Generation teurer, schneller Geleitboote zu entwickeln – Tausende wären erforderlich gewesen –, hätten die Amerikaner vielleicht die ersten Atombomben gegen die U-Boot-Stützpunkte mit ihren dicken, gegen konventionelle Sprengstoffe sicheren Betondecken eingesetzt. Die Deutschen hatten sicher keinen Grund, für die unaufhörliche Bombardierung ihres Landes dankbar zu sein; diese paradoxe, aber alarmierende Retrospektive läßt die damaligen Ereignisse jedoch in einem anderen Licht erscheinen.[10]

Da Speer nun oberster Chef der OT war, mußte er oft an die Küste fahren. In der Hauptsache kontrollierte er den Fortgang der Arbeiten am Atlantikwall. Dieser war viel weniger dicht angelegt als der Westwall oder die Siegfriedlinie, die an der deutsch-belgischen und deutsch-französischen Grenze errichtet waren, und daher erforderte die Verteidigungslinie an der Küste nur etwa halb soviel Arbeiter, doch stand auch nur ein Viertel der Zeit wie für den Bau des Westwalls zur Verfügung. Die OT benötigte für die Erledigung ihres Auftrages weitere 80000 Mann. Diese wurden sowohl aus dem besetzten als auch aus dem unbesetzten Teil Frankreichs (der im November 1942 kurzerhand besetzt wurde, als die Amerikaner in Nordafrika landeten) und aus Algerien, das von dem mit den Nazis kollaborierenden Vichyregime regiert wurde, rekrutiert. Speer unternahm Ende Juli und danach wieder im August 1942 Inspektionsreisen. Ende August war er erneut an der Atlantikküste, in Dieppe, um den Schauplatz des Angriffs eines englisch-kanadischen Kommandos zu besichtigen. Dieser hatte für die Angreifer mit einem Desaster geendet, doch führte das Unternehmen auch zur Verstärkung der Befestigungsanlagen des Atlantikwalls und der dort stationierten Garnisonen. Speer nutzte die Gelegenheit, um einen eroberten britischen Churchillpanzer zu fahren, und stellte dabei fest, daß dieser den neuesten »Panther« und »Tiger« deutlich unterlegen war.

Am Jahresende war er wieder in Frankreich. Er befand sich in Begleitung von Wolters und einer Gruppe von Künstlern, die die Männer seiner OT-Brigaden zu Weihnachten zu unterhalten hatten. Er erklärte ihnen, daß der Atlantikwall bis Frühjahr 1943 fertig sein müßte. Sein Zweck sei der gleiche wie der des Westwalls zu Beginn des Krieges: die westlichen Alliierten aufzuhalten, um die Kriegsanstrengungen auf die Ostfront zu konzentrieren.

Trotz seines zurückhaltenden Wesens und seiner Scheu vor öffentlichen Reden schien es Speer, Wolters' Chronik zufolge, bei solchen Besuchen zu gefallen, im Mittelpunkt der Aufmerksamkeit der einfachen Mitarbeiter zu stehen. Die unglücklichen Künstler wurden gewöhnlich ignoriert, da die Arbeiter sich um Speer scharten und ihm ihre Ideen und Beschwerden vortrugen. Bei einem seiner früheren Besuche am Atlantikwall in der Gegend von Pas de Calais hatte man die Riesengeschütze am Kap Gris Nez ihm zu Ehren zweimal in Richtung Dover abgefeuert, und in der Kantine wurde er lärmend von den Männern der OT umringt. Speer verstand durchaus, wie wichtig es war, die Moral auf diese Weise zu stärken, selbst wenn ihm der enge Kontakt mit einer großen Schar von Menschen wahrscheinlich unangenehm war. Der gleiche zurückhaltende Charme, der ihm an der Hochschule viele Sympathien eingebracht hatte, erschloß ihm die Herzen seiner Untergebenen auf allen Ebenen, außer bei der Handvoll von Männern, die Dr. Todt treu ergeben blieben.

In einer seltenen Äußerung seiner Gefühle, die wegen ihres sentimentalen Inhalts in der gesäuberten Fassung der Chronik weggelassen wurde, bekundete Speer öffentlich seine Trauer über den Tod von Hans-Peter Klinke, der in Berlin an einer Kopfverletzung gestorben war, die er sich während seines Dienstes als Feldwebel der Waffen-SS in Stalingrad zugezogen hatte. Klinke, Jahrgang 1908, war ein außergewöhnlich begabter Student bei Speer und Tessenow gewesen. Speer hatte ihn sehr gern eingestellt und mit ihm zusammen genauso eng wie mit anderen an den großen Plänen für Nürnberg und Berlin gearbeitet. Speer hatte zweifellos eine hohe Meinung von seinem »ersten Kollegen« Klinke (oder ein schlechtes Gewissen) und überzeugte Hitler davon, ihm auf dem Totenbett den Titel eines Professors zu verleihen; sentimental bekannte er seine Schuld dem jungen Mann gegenüber, mit dem er nach dem Krieg die Arbeit als Architekt wieder aufzunehmen gehofft hatte.

Es ist nicht unbillig anzunehmen, daß Klinkes Entschluß, Soldat zu werden, mit der Einstellung der Architekturarbeiten für die Dauer des Krieges zusammenhing. Deswegen hatte ein begabter und engagierter Praktiker 1942 keine Arbeit mehr. Er trat daher Hitlers Leibstandarte bei, der elitärsten Einheit in der Waffen-SS, und wurde bald mit dem Eisernen Kreuz ausgezeichnet. Hitler schickte einen Kranz; der Musikliebhaber Speer überzeugte seinen Freund Wilhelm Furtwängler, Direktor der Berliner Philharmonie, einen Teil des Orchesters damit zu beauftragen, im GBI-Büro am Pariser Platz Bach zu spielen. Der Sarg stand dort im Modellraum auf einer Bahre. Die Trauerrede, in der nur das intime »Du« den in einem patriotischen Amtsdeutsch abgefaßten hölzernen Text schmückte, verdient es nicht, hier wiederholt zu werden. Man kann fairerweise hinzufügen, daß Speer, dem man nie falsche Bescheidenheit vorwerfen konnte, offen zugab, daß ihm andere bei der Rede geholfen hatten. Er besaß ohne Zweifel die Gabe, erstklassige Kollegen auszuwählen, zu inspirieren und zu führen. Diese bewahrten ihm oft für immer die Treue (und er ihnen ebenfalls, solange sie ihm von Nutzen waren).

Bei der Katastrophe von Stalingrad, die das Schicksal des Dritten Reiches besiegelte, verlor Speer seinen jüngeren Bruder Ernst, der als einfacher Soldat an der vordersten Linie bei der zum Untergang verurteilten Sechsten Armee diente. Sie hatten einander zum letzten Mal gesehen, als Ernst seinen hochgestellten Bruder in dessen Büro besuchte. Das geschah im August 1942 während seines Urlaubs kurz vor dem erfolglosen deutschen Zangenangriff auf die Stadt, die das Wolgagebiet beherrschte. Speer schaffte es, mit dem Bruder zwischen Terminen und Telefonanrufen einige wenige Worte zu wechseln, und versprach, ihm nach dem nächsten Feldzug eine Stellung bei einer Einheit der OT im Westen zu besorgen. »Ich hatte ihm nicht einmal die Hand geschüttelt.«[11] Aber es schien, als hätten sie einander nie nahegestanden.

Die Russen gingen im November zum Gegenangriff über. Sie umzingelten die Sechste Armee und schnitten sie ab, da Hitler ihr den Rückzug verboten hatte. Aus Briefen von Ernst an die Eltern in Heidelberg ging hervor, daß er an der Krankheit der Sechsten Armee – Gelbfieber – litt und in einem Feldlazarett hungerte und fror. Die Eltern Speer flehten Albert an, seinen persönlichen Einfluß geltend zu machen – was er eigentlich nie tat. Doch obwohl Ernst noch immer schwer krank war, stahl er sich zu seiner Einheit zurück. Generalfeldmarschall Milch versuchte persönlich, ihn zu finden, als er einen letzten Rettungsversuch für die eingeschlossenen Deutschen aus der Luft unternahm, indem er eine gewisse Menge an Nachschub in den Kessel hinein- und Schwerverwundete wie Klinke herausflog. Ernst Speer wurde als vermißt gemeldet und kehrte genauso wie die mehr als 200 000 Frontkameraden nie aus Stalingrad zurück. Im Februar 1943 ergaben sich 94 000 Überlebende der Roten Armee. Mehr als ein Zehntel der maximalen Frontstärke der Wehrmacht ging allein in dieser einzigen Schlacht unter schwierigsten klimatischen Bedingungen verloren – ein Schlag, von dem sich die Wehrmacht nie erholt hat. Die Verluste an Waffen, Munition, Material, Fahrzeugen und Flugzeugen waren schwindelerregend. Sie verlangten noch größere Anstrengungen von der deutschen Kriegswirtschaft und dem Mann, der rasch die Kontrolle über sie erlangte.

Als Minister für Bewaffnung und Munition hatte Albert Speer viele Probleme. Die Liste seiner Verpflichtungen, die genau ein Jahr nach seiner Amtsübernahme (Februar 1943) in der Chronik enthalten war, ist lang. Trotz der beherzten Versuche, die Organisation seines immer größer werdenden Imperiums zu vereinfachen und zu straffen, schwoll die Papierflut so an, daß das Personal sich bei der Zerstörung eines Ministeriums durch ein feindliches Flugzeug klammheimlich freute, weil dabei Papierkram stapelweise vernichtet worden war. Doch das am häufigsten wiederkehrende und schwierigste Problem in seinen ersten eineinhalb Jahren als Minister (bevor er der oberste Chef der gesamten Kriegswirtschaft einschließlich der nichtmilitärischen Produktion wurde) waren die Arbeitskräfte. Verschärft wurde es durch die sich ständig ändernden Prioritäten: Hitlers nicht vorhersehbare Einfälle, das wechselnde Kriegsglück auf den Schlachtfeldern, die wahllosen Auswirkungen der Bombenangriffe und die miteinander kollidierenden Erfordernisse im Osten und im Westen.

Speer hatte am 5. Mai 1942 mit dem neuernannten Generalbevollmächtigten für Arbeitseinsatz, Fritz Sauckel, eine dienstliche Besprechung über den Bedarf an Arbeitskräften für das Quartal von April bis Juni abgehalten. Speer hatte seinen Bedarf aufgelistet, und Sauckel versichert, er werde sich bemühen, die Masse der zusätzlichen Arbeiter aus den besetzten Ostgebieten zu beschaffen. Am 22. Mai meldete er, daß er in Frankreich 350000 Facharbeiter für die deutsche Waffenendfertigung rekrutiert habe. Speer hatte deswegen ein unbehagliches Gefühl, und in den ersten Junitagen begann er zu überlegen, ob es nicht möglich sei, den Arbeitern in ihrem eigenen besetzten Land, besonders in Frankreich, spezielle Aufgaben zuzuweisen: Die Arbeit solle zu den Arbeitskräften kommen und nicht umgekehrt.

Er erkannte frühzeitig, daß die massenhafte Zwangsverpflichtung von Arbeitskräften in den besetzten Ländern ein höchst wirksames Mittel zur Mobilisierung neuer Mitglieder für die sowjetischen und polnischen Partisanen und für die französische, holländische und sonstige Widerstandsbewegungen war. Mein eigener Vater hielt sich während des Krieges die meiste Zeit in Holland versteckt, um der Zwangsarbeit in Deutschland zu entgehen. Er hatte sich woanders auf den Boden gelegt, während sich ein Mieter hastig in den Fehlboden zwischen der Decke des Erdgeschosses und dem Fußboden des Obergeschosses zwängte, als Soldaten mit aufgepflanztem Bajonett hereinstürmten, um gegen den Putz zu stoßen und die Wände abzuklopfen. Lautsprecherwagen fuhren herum und forderten alle Männer zwischen achtzehn und vierzig Jahren auf, sich mit einer Decke, mit Kleidung zum Wechseln und Verpflegung für drei Tage am Ende der Straßen zu versammeln. Doch die Normen des Gehorsams wurden außerhalb von Deutschland viel weniger sklavisch befolgt als im Inland, und die wenigen, die sich nach der ersten Aufforderung einfanden, neigten meist dazu, den Dorftrottel zu spielen. Trotzdem wurden Hunderttausende zusammengetrieben, von denen eine große Anzahl niemals nach Hause zurückgekehrt ist.

Wir haben erlebt, wie Zehntausende von Männern durch ganz Europa hin und her geschickt wurden, sei es von Deutschland zum Straßenbau nach Rußland oder vom Atlantikwall zu dringenden Instandsetzungen ins Ruhrgebiet. Das Reich selbst aber saugte ständig zusätzliche Arbeitskräfte auf und verschärfte seine Probleme, indem es zuließ, daß Facharbeiter von der Wehrmacht eingezogen wurden, deren »Schwanz« von Nichtkombattanten mehr als dreimal so groß war wie die »Zähne« ihrer Frontlinie: Mehr als zehn Millionen Deutsche waren zur Wehrmacht eingezogen. 1942 ließ die Behörde des GBI in weniger als zehn Monaten ein riesiges Aufnahme- und Durchgangslager für Männer (und eine halbe Million Frauen) außerhalb von Berlin errichten. Sie waren aus dem Osten herangeschafft worden, um hier zu arbeiten. Das Lager betrieb die größte Entlausungsstation Deutschlands; sie hatte eine Kapazität von 1500 Personen täglich.

Als Sauckel im August freudig mehr Bestellungen entgegennahm, versprach ihm Speer als Belohnung einen Opernabend, sobald er ihm den zweimillionsten russischen Arbeiter geliefert hätte. Einerseits scheint Sauckel nicht der Mensch gewesen zu sein, der sich aus so etwas viel machte; andererseits brauchte er keinen Ansporn dieser oder jener Art. Als er sich über die wachsenden Schwierigkeiten bei der Beschaffung von Arbeitern im Osten beklagte, bemerkte Sauckel zu Speer: »Es mußten rigorose Maßnahmen ergriffen werden.«[12] Speer reagierte darauf, indem er Hitler darum bat, dem Beauftragten, von dem er so sehr abhing, noch größere Vollmachten zu erteilen.

Er hielt auch Besprechungen mit SS-Obergruppenführer Pohl und Brigadeführer Dr. Hans Kammler, den für Wirtschaft und Arbeitskräfte zuständigen Chefs der SS, ab. Das Ergebnis war eine Vereinbarung, wonach »KZ-Insassen für Rüstungsbetriebe zur Verfügung gestellt werden«. Inzwischen wurden 100 000 Algerier zusätzlich für den Bau des Atlantikwalls rekrutiert. Die OT zog Kriegsgefangene aus dem Osten für den Einsatz als Arbeitskräfte im Reich ab, und da sie von Sauckel nie genügend Arbeitskräfte geliefert bekam, bemühte sie sich selbst darum, in Frankreich welche zu finden. Etwa 450 Firmen wurde mitgeteilt, sie hätten bis Mitte November insgesamt 20 000 Männer zur Verfügung zu stellen.

Anfang Oktober wurden Speer bei einer Besprechung mit Sauckel weitere zwei Millionen ausländische Arbeiter zum 1. Mai 1943 fest zugesagt. Er konnte einfach nicht genug kriegen. Es gab jede Menge Arbeit für beliebig viele Personen, die in die Rüstungsindustrie gelockt oder gepreßt werden konnten. Einen Tag nach der Besprechung mit Sauckel rang Speer Hitler die Zusicherung ab, daß die Einberufung unabkömmlicher Arbeiter zur Wehrmacht blockiert werde, ein Versprechen, das bald darauf erneut in Vergessenheit geriet. Die Einberufung, Freistellung und erneute Einberufung solcher Facharbeiter verursachte enorme Störungen.

Gleichfalls im Oktober 1942 fanden weitere Verhandlungen mit der Wirtschaftsverwaltung der SS über den Einsatz von Arbeitskräften aus den Konzentrationslagern statt. In diesem Stadium glaubte Speer noch, daß es eine gute Idee sei, französische Arbeiter nach Deutschland zu schaffen, da sich die dadurch entstehenden offenen Stellen in Frankreich leichter besetzen ließen als in Deutschland. Im Herbst 1942 glaubte Speer noch immer fest daran, daß Sauckel seine Versprechungen erfüllen würde; Speer unterschätzte die Schwierigkeiten genauso wie der Generalbeauftragte: Sauckel jonglierte bald darauf mit der Statistik, um die Defizite in seinem großen Programm zu verheimlichen.

Mit dem Arbeitskräftemangel versuchte man je nach den örtlichen Bedingungen fertig zu werden. Die unzensierte Chronik enthielt in der Eintragung für Ende Juli 1943 den kurzen Vermerk:

»In der [OT-]Gruppe Südost [Rußland] war es möglich, den Einsatz von Arbeitskräften im Bauvorhaben Bor durch die Zuteilung von 3000 ungarischen Juden zu stabilisieren. Mit weiteren 3000 Hebräern ist für einen neuen Einsatz in Bor zu rechnen.«[13]

Das war auch das erste Mal, daß das Wort »Juden« in der gesäuberten Chronik verwendet wurde (obwohl der Ausdruck »Hebräer« natürlich weggelassen wurde). Die ursprüngliche Fassung der Chronik enthält für den März 1943 einen Hinweis darauf, daß nach Verhandlungen zwischen dem deutschen Auswärtigen Amt und der Budapester Regierung ungarische Juden eingesetzt wurden: Die OT, so heißt es dort, habe 6000 von ihnen in Baukompanien zusammengefaßt, von denen 4000 für das Kupferminenprojekt in Bor freigestellt werden konnten – »gegen die gleichzeitige Lieferung von 100 Tonnen gewaschenes Kupfererz monatlich«. Später sollte Adolf Eichmann ungarische Juden gegen Lastkraftwagen der Alliierten tauschen.

Speer ließ auf der Suche nach weiteren Arbeitskräften nichts unversucht, aber seine Bemühungen, deutsche Frauen zu mobilisieren, wurden, wie bereits erwähnt, ständig durchkreuzt. Sauckel lehnte bei einer Sitzung, die im Januar 1943 im Büro von Dr. Lammers in der Reichskanzlei stattfand, diese Idee erneut ab. Die Besprechung kam zu keinem Ergebnis und sollte an einem anderen Tag im Gästehaus für Ingenieure am Wannsee fortgesetzt werden. Die Frage des Einsatzes weiblicher Arbeitskräfte wurde im gleichen Kreis gegen Ende des Monats erneut erörtert. Arbeitskräfteprobleme nahmen auch auf Sitzungen der Zentralen Planung viel Zeit in Anspruch, und Anfang April 1943 leitete Göring höchstpersönlich eine Sitzung, auf der es um Maßnahmen ging, die angesichts des Arbeitskräftedefizits getroffen werden konnten, eines Defizits, das jetzt offiziell auf 2,1 Millionen geschätzt wurde, wobei es sich um fehlende Facharbeiter handelte. Speer, Lammers, Goebbels, Funk (Reichswirtschaftsminister), Himmler, Bormann, Milch und Sauckel waren anwesend. Erneut wurde die Mobilisierung deutscher Frauen abgelehnt: 211 000 Männer, die auf den Einberufungsbefehl warteten, wurden zeitweise für die Rüstung freigestellt. Mehr als eine Viertelmillion Männer arbeiteten jetzt am Atlantikwall.

Bis Juni 1943 hatte Sauckel jedoch die Zahl der in der Rüstung tätigen Kräfte um 23 Prozent gesteigert, wie Speer in einer Rede vor Rüstungsarbeitern im Berliner Sportpalast voller Dankbarkeit öffentlich erklärte. Seit er Minister geworden sei, fügte Speer hinzu, sei die Zahl der Rüstungsarbeiter um die Hälfte und der Umfang der Rohstofflieferungen um 132 Prozent gestiegen, die Zahl der monatlich hergestellten Geschütze habe sich vervierfacht und die Zahl der Panzer, die an die Front geliefert wurden, mehr als verzwölffacht. Allein im Mai 1943 seien mehr Panzer hergestellt worden als im ganzen Jahr 1941, und sie seien dank Todt, der die Voraussetzungen für den sprunghaften Anstieg der Produktion geschaffen habe, auch besser.

Am 23. Juni fand man Zeit für eine Sitzung auf hoher Ebene, bei der es um die Verbesserung der Rationen für Ruhrarbeiter, Ausländer in Rüstungsbetrieben und sogar russische Kriegsgefangene ging, deren Behandlung sich gewöhnlich nicht von der der KZ-Häftlinge unterschied. Speer unternahm eine Menge solcher Vorstöße, von denen in Nürnberg mehrere Fälle angeführt wurden. Er gab jedoch zu, daß sein Motiv nicht Mitleid war, sondern Eigeninteresse: Ein unterernährter Arbeiter leistete viel weniger als ein angemessen ernährter. Ende Juni trieb er noch einmal 100000 Männer zusätzlich für die Beseitigung von Schäden im Ruhrgebiet auf: Die Hälfte kam vom Atlantikwall, 30000 stellte das Bauwesen, und der Rest kam vom Reichsarbeitsdienst.

Gleichfalls im Juni wurde auf dem Gebiet der monatlichen Zementproduktion die Eine-Million-Kubikmeter-Marke übertroffen, und 170 Kilometer Draht wurden an der französischen Maginotlinie gewonnen. Am 13. Juli wurde den französischen Arbeitern der traditionelle Urlaub für den nächsten Tag – den französischen Nationalfeiertag – verweigert, da Sauckel zu Recht befürchtete, daß sie keine Lust haben würden, zurückzukehren. Speer änderte jetzt seine Meinung über den Import französischer Arbeitskräfte und teilte Sauckel am 23. mit, er wolle die französischen Fabriken, die kriegswichtige Erzeugnisse herstellten, zu »Sperrbetrieben« machen, um die französischen Arbeiter an sie zu binden und um sicherzustellen, daß sie nicht länger nach Deutschland geschafft werden müßten. Für die Arbeiter würde ein Anreiz geschaffen, zu Hause für Deutschland zu arbeiten, statt von ihren Arbeitsplätzen in Deutschland zu desertieren. Die sogenannten Sperrbetriebe wurden ein Lieblingsprojekt Speers, und mit ihnen wurde der gewünschte Effekt erzielt. Hohe Beamte versammelten sich einige Tage später in Speers Haus, um tiefe Einschnitt in die zivile Produktion zu beschließen, damit man eine halbe Million zusätzlicher Arbeiter für die Rüstung gewann.

Liest man die Chronik und die umfangreichen Protokolle über Speers Besprechungen mit Hitler während seiner ersten eineinhalb Jahre als Minister, so erhält man ein detailliertes Bild von einer kaum vorstellbaren Hyperaktivität auf unzähligen Gebieten. Immer mehr Leuten an der Spitze des kampfbereiten Reiches war klar, welche Bedeutung er für die Fortsetzung des Krieges hatte. Als der wichtigste »Krisenmanager« auf dem Gebiet der deutschen Kriegsanstrengungen arbeitete Speer nun sechzehn Stunden täglich. Er stellte sicher, daß die Wehrmacht reibungslos Waffen erhielt, die Industrie mit Arbeitskräften und Material versorgt wurde, der Rohstoffnachschub klappte und das Transportwesen trotz wachsender Schwierigkeiten funktionierte – es war eine ständige, sich immer weiter ausdehnende Krise. Das hinderte Hitler nicht, gegen Ende des Sommers 1943 den Entschluß zu fassen, sogar noch mehr von ihm zu verlangen.

Gipfel der Macht (1943)

Speer, der selten an falscher Bescheidenheit litt, wählte, um sich ins rechte Licht zu rücken, für das neunzehnte Kapitel seiner Memoiren die Überschrift: »Zweiter Mann im Staat«. Sein stärkster Widersacher an Hitlers Hof, Martin Bormann, erzählte seinen engsten Mitarbeitern im Sommer 1943, Speer strebe die Nachfolge Hitlers an:

»Er hatte mit dieser Vermutung nicht Unrecht. Ich erinnere mich, mit Milch einige Gespräche geführt zu haben.

Zweifellos war Hitler damals in Verlegenheit, wen er zu seinem Nachfolger auserwählen könnte... In mir hatte Hitler wahrscheinlich verwandte Züge entdeckt... Möglicherweise war ich in seinen Augen ein erfolgreiches in die Politik verschlagenes künstlerisches Genie und damit indirekt eine Bestätigung seines eigenen Lebenslaufes.«[1]

Nürnbergs künftiger apolitischer Technokrat, instinktiv ein Meister des politischen Taktierens, war von dem Augenblick an voll in die Machtpolitik involviert, da er die Nachfolge Fritz Todts angetreten hatte. Speer hatte Göring, seinen ersten Herausforderer, mühelos, wenn nicht sogar mit Wonne ausmanövriert und hatte sogar eine Methode gefunden, Hitler zu beeinflussen, indem er ihn bei jedem Hauptpunkt der Tagesordnung bei ihren Rüstungsbesprechungen mit möglichst vielen Experten konfrontierte. Der Umfang der Speerschen Delegation, die sich bei solchen häufigen Gelegenheiten vor Hitlers Tür versammelte – oft waren es zwölf bis fünfzehn Leute, manchmal sogar noch mehr –, war in den Führerhauptquartieren bereits sprichwörtlich oder, anders formuliert, zum Gespött geworden. Von den Nazigrößen war nur Bormann immun gegen Speers manipulatorischen Charme.[2]

Der Rückschlag, den die Wehrmacht im Winter 1941/42 vor den Toren Moskaus erlitt, und ihre entscheidende Niederlage bei Stalingrad ein Jahr später führten dazu, daß sich trotz der absoluten Diktatur, die im Nazideutschland herrschte, grundlegende

Zweifel an Hitlers Führung regten. Er war schließlich nicht nur der Oberbefehlshaber der Wehrmacht – ein Titel, der seiner Rolle als Staatsoberhaupt und Staatschef entsprach –, sondern auch der Oberbefehlshaber des deutschen Heeres – dessen Operationschef im wahrsten Sinne des Wortes. Luftwaffe und Marine hatten ihre Oberbefehlshaber und Stabschefs behalten, die in ihren Entscheidungen faktisch selbständig waren, aber das Heer wurde von Hitler selbst nur allzu aktiv geführt. Die beiden höchsten Generäle der Wehrmacht, Keitel und Jodl, waren nichts weiter als Stabschefs, deren Aufgabe am allerwenigsten darin bestand, über das Warum der zu treffenden militärischen Entscheidungen nachzudenken; ihre Aufgabe bestand im wesentlichen darin, den Kommandeuren an der Front die Führerbefehle zu übermitteln. Die Feldmarschälle hatten oft genausowenig Spielraum für Initiativen wie die ihnen unterstellten Generäle. Auf dem Gebiet der Strategie hatten sie nichts und auf dem Gebiet der Taktik nicht viel zu sagen, besonders wenn sich die Lage, wie bei Stalingrad, zuspitzte.

Goebbels war ein Meister der Manipulation, der in der Ausnutzung der Massenmedien unübertroffen war; er erlag jedoch nicht seiner eigenen Propaganda. Denn Hitlers fanatischster Helfer war auch ein großer Zyniker; der laute Verkünder des Endsieges war ein knallharter Realist, der als erster öffentlich zum totalen Krieg aufrief. Für Goebbels, der in seinem emsig geführten Tagebuch immer mehr dazu neigte, Speer zu loben, war das Desaster in Rußland nicht einfach nur Ausdruck einer Führungskrise, sondern einer Führerkrise: Nicht schlechte Führung hatte schuld, sondern der Führer höchstpersönlich. Hitlers getreuester Gefolgsmann sah Stalingrad als das Dünkirchen Deutschlands an, als den Moment, an dem sich der Krieg spürbar in einen Kampf um das nationale Überleben verwandelt hatte. Es ist durchaus möglich, daß er weiter an seine eigenen Prophezeiungen vom Endsieg glaubte, aber sicher wußte er eines: Deutschland mußte noch größere Anstrengungen unternehmen, um ihn zu erringen.

Goebbels trachtete nicht danach, sein Idol Hitler in dieser Krise zu entthronen oder gar zu ersetzen; seine Zielscheibe war die

Dreiergruppe, die nicht nur entschied, wer zu Hitler vorgelassen wurde, sondern auch, was ihm vorgetragen werden durfte: Lammers von der Reichskanzlei, Keitel von der Wehrmacht und Bormann – der Letzte und Wichtigste – von der Partei.

Goebbels wandte sich an die intellektuelle Elite des Regimes – per definitionem eine kleine Minderheit –, um ihre Unterstützung für die totale Mobilisierung der Kräfte zu erlangen, vor allem an Speer, den Reichswirtschaftsminister Walther Funk und den Reichsarbeitsminister Robert Ley. Sie alle hatten wie Goebbels Hochschulbildung und einen akademischen Titel. Diese vier kamen überein, sich in den Reichsausschüssen für harte Sparmaßnahmen in Wirtschaft, Verwaltung, Konsum und Kultur einzusetzen. Goebbels' Aufruf zum »totalen Krieg« folgte die Schließung von Luxusrestaurants und Vergnügungsstätten, um der Bevölkerung ein Beispiel zu geben.[3] Goebbels hatte auch persönliche Ambitionen, den Geschäftsbereich des übermäßig hofierten Reichsaußenministers Joachim von Ribbentrop zu übernehmen.

Nach Stalingrad waren im Führerhauptquartier Weinbrand und Champagner und auch andere alkoholische Getränke verboten. Doch Hitler lebte ohnehin abstinent, und auf »Frontoffiziere«, die selten genug in den weit hinter den Linien gelegenen Bunker kamen, machte dieses bescheidene Opfer keinen großen Eindruck. Goebbels wollte vor allem Göring mit seinen vielen vernachlässigten Ämtern in der Wirtschaft und auf zahlreichen anderen Gebieten des Lebens in Deutschland, einschließlich seines fiktiven Ranges als Hitlernachfolger, aus seiner Lethargie herausreißen. Er allein konnte ein Gegengewicht zur Dreiergruppe bilden, vorausgesetzt, er wurde genügend unterstützt und motiviert. Aus lauter Faulheit hatte Göring – zum Vorteil von Bormann (ganz zu schweigen von Speer) – an Macht und Einfluß verloren, aber er war ohne Zweifel ein Mann mit großen Fähigkeiten, der die enorme Machtfülle, die Hitler ihm Jahre zuvor verliehen hatte, nur wieder nutzen mußte.

Hitler war sich der Mängel Görings voll bewußt, äußerte sich aber selten darüber. Dank Hitlers ständiger Nachsicht »alten Kämpfern« gegenüber behielt Göring seine Stellung bei Hofe, doch verschlechterte sich seine Position immer weiter, teils durch die Tatsache, daß die Bomberverbände der Alliierten immer weiter ins Reichsgebiet vordrangen, teils durch solche furchtbaren Schläge wie die Luftangriffe auf Hamburg, die Ruhr-Talsperren und Schweinfurt. Die Teilnehmer einer Zusammenkunft in Goebbels' offiziellem Wohnsitz waren besonders daran interessiert, Görings Titel als »Vorsitzender des Ministerrates für die Reichsverteidigung« auszunutzen, um ein strenges Notprogramm durchzusetzen. Speer, Milch und Körner, die Mitglieder der Zentralen Planung unter Görings Schirmherrschaft, waren ebenso anwesend wie Funk, Ley und eine Handvoll hoher Ministerialbeamter.

Der dicke Reichsmarschall war über Goebbels verärgert, seit dieser das Horcher, Görings (und Speers) Lieblingsrestaurant in Berlin, hatte schließen lassen, doch als es als Klub der Luftwaffe wieder öffnen durfte, war er besänftigt. Aber auch jetzt hielten es die Intellektuellen, die sich bei Goebbels getroffen hatten, für das beste, wenn Speer sie repräsentierte und Göring Ende Februar 1943 am Obersalzberg besuchte.

»Erstmals trat ich durch diese Aktion aus meiner Reserve als Fachmann heraus, um mich in das politische Geschehen zu begeben. Ich hatte diesen Schritt immer sorgsam vermieden... Es war ein Trugschluß zu glauben, ich könne mich ausschließlich auf meine fachliche Arbeit konzentrieren. In einem autoritären System gerät man unvermeidlich in umkämpfte politische Kraftfelder, sofern man in der Führungsgruppe bleiben will.«

Mit anderen Worten, Speer wußte damals und später, daß er ex officio ein wichtiger Teilnehmer an den politischen Aktivitäten des Naziregimes war (und es sein mußte, wenn er sein Amt behalten wollte). Das Pokerspiel gegen Bormanns antichambrierende Mafia, auf das er sich nun eingelassen hatte, war für ihn so wichtig, daß er sich nicht von der Erscheinung im grünen Morgenrock aus Samt abschrecken ließ, die ihn an der Türschwelle des Reichsmarschalls begrüßte. Göring pflegte diese seine Aufmachung damit zu erklären, daß eine solche Kleidung aus anatomischen Gründen für einen Mann geeigneter sei als für eine Frau, zumal für einen Mann, der während des Bürgerbräukellerputsches von 1923 einen Schuß in den Unterleib erlitten hatte. Ein Schotte im Kilt hätte seine Ansicht vielleicht geteilt, wenn da außer dem lockeren Gewand nicht noch die rötlich lackierten Fingernägel, die mit Rouge bedeckten Wangen und übergroße Juwelen gewesen wären. Die Unterredung verlief so gut, daß Goebbels eingeladen wurde, am nächsten Tag selbst aus Berlin nach Berchtesgaden zu kommen, um an der Fortsetzung der Diskussion teilzunehmen. Der Reichsmarschall, angestachelt von den beiden Intellektuellen, war erneut von Energie und Begeisterung erfüllt, wie man dies seit 1940 selten bei ihm erlebt hatte. Den »Verschwörern«, falls man sie so nennen kann, wurde bald klar, daß sie sein Temperament vorsichtig zügeln mußten, damit er nicht den ganzen Plan durch einen unüberlegten Gefühlsausbruch zur falschen Zeit in Hitlers Gegenwart zum Scheitern brachte.

Speer gelang es, bei Hitler eine Einladung zu einem gemütlichen Mittagessen zu dritt zu erreichen. Es fand am 8. März 1943 im Hauptquartier in Rastenburg statt. Goebbels verstand es, Hitler zu unterhalten, um die Pille der Aktivierung des »Ministerrates für Reichsverteidigung«, die er dem »Führer« verabreichen wollte, elegant zu versüßen – bis plötzlich die Nachricht von einem schweren Luftangriff auf Nürnberg eintraf. Hitlers Stimmung schlug um. Er befahl, Generalmajor Karl Bodenschatz, Görings Chefadjutanten, zu wecken, und ließ an ihm statt an dessen Chef seine Wut aus. Es hatte nun keinen Zweck mehr, ein Wort für Göring einzulegen. Trotzdem brachten die »Verschwörer« Lammers über Göring dazu, eine Sitzung einzuberufen, die am 12. April in Berchtesgaden stattfinden sollte. Sie sollte die ständige Diskrepanz zwischen Sauckels Zahlen für das Arbeitskräfteaufkommen und den ziemlich bescheidenen Zuwächsen erörtern.

Die Differenz betrug inzwischen etwa eine Million Arbeiter, und sie war das Ergebnis eines statistischen Tricks, wodurch zum Beispiel jeder Arbeiter, der von einer Arbeitsstelle oder einem Arbeitsort woandershin wechselte, als zusätzliche Arbeitskraft gezählt wurde. Die Beschwerde, die berechtigt war, bedeutete eine

Herausforderung der Gruppe um Bormann, zu der sowohl Lammers als auch Sauckel gehörte.

Göring, Speer, Milch und andere trafen ein, doch unerwartet erschienen auch Bormann, Keitel und Himmler. Bormann trat selbstsicher auf, da er am selben Tag offiziell zum »Sekretär des Führers« ernannt worden war – in Anerkennung der bedeutenden Dienste, die er seit der Flucht von Heß Hitler erwiesen hatte. Goebbels dagegen, der eine gute Witterung für jede Verschiebung des Kräftegleichgewichts innerhalb des Regimes hatte, teilte aus der Ferne mit, er sei wegen einer Nierengeschichte »erkrankt« und könne nicht kommen – ohne Zweifel handelte es sich um eine diplomatische Krankheit.

Der unberechenbare Göring wich so stark vom vereinbarten Drehbuch ab, daß er für Sauckel Partei nahm und Milch (der leichter angreifbar war als Speer) attackierte, weil er Zweifel an Sauckel geäußert hatte. Speer und seine Bundesgenossen verlangten 2,1 Millionen zusätzliche Arbeiter. Das wurde von Sauckel wütend abgelehnt, und der unausgegorene Plan, Göring als eine gelenkte Speerspitze gegen die Dreiergruppe zu benutzen, scheiterte.

All das ist in Kapitel 18 der »Erinnerungen« dargelegt und spiegelt sich auch bis zu einem gewissen Grad in den Goebbels-Tagebüchern und in der »Chronik« wider (in der jede neue Eintragung von Speer unterschrieben wurde); doch die Hauptquelle für diese Geschichte ist Speer.[4] Heinz Höhne, ein führender Historiker für diese Periode, hat berichtet, daß Speer leitende Mitarbeiter fragte, ob er »führerfähig« sei, und sie antworteten tapfer mit ja. Aber das geschah erst im Sommer 1943, Monate nach dem Scheitern des angeblichen Flankenangriffs von Goebbels und Speer auf das antichambrierende Trio.

Speer hat 1978 Gitta Sereny seine Ambitionen anvertraut[5], die er natürlich in seinem eigenen Interesse in Nürnberg verschwiegen hat. Wir brauchen seine Ambition nicht in Zweifel zu ziehen, aber sein gegen Bormann gerichtetes Manöver mit Goebbels war sicherlich nichts weiter als ein politisches Pokerspiel, bei dem es um Macht und Einfluß ging und das Bormann mit Leichtigkeit gewann; dieser hatte Goebbels bis zum 12. April davon überzeugt, daß es besser sei, sich auf die Seite des Parteichefs zu schlagen, als zu versuchen, ihn im eigenen Spiel zu schlagen.

Speer hat das Komplott, das er gemeinsam mit Goebbels gegen Bormann schmiedete, nirgendwo als ersten Schritt eines gegen Hitler gerichteten Coups charakterisiert, obwohl der Propagandaminister nach Stalingrad angeblich von einer Führerkrise gesprochen hatte. Im Bericht, den Speer in Nürnberg zu Papier brachte, stellte er die Dinge so dar, als ob er damals die Initiative ergriffen hätte. Dagegen wird in den »Erinnerungen« die Sache mehr Goebbels als Verdienst angerechnet. Selbst dann kann das, was Speer als eine Art von Verschwörung schilderte, als übertrieben angesehen werden, als der Versuch, ein Manöver als ernsthaftes Komplott hinzustellen.

Speer hat, wie in diesem Buch später noch gezeigt werden wird, behauptet, er selbst habe ein Attentat auf Hitler geplant. Aus diesem Grund ist es angebracht, in seinem Protokoll über den Verlauf der »Führerbesprechungen« auf eine Stelle zu verweisen, die aus der Zeit des »Akademikerbündnisses« gegen die Gruppe um Bormann stammt. Dieses »Protokoll« wurde in Speers Auftrag von einer seiner Sekretärinnen angefertigt, sowohl um Fehlinterpretationen, Entstellungen, Irrtümer oder Auslassungen auszuschließen, als auch daran zu erinnern, daß noch weitere Personen, deren Namen am Rand vermerkt waren, über bestimmte Punkte informiert werden mußten. Hier geht es um Hitlers Zustimmung zu den Plänen für den großen Führerbunker unter der Reichskanzlei in Berlin und um Hitlers Wunsch nach weiterer Verstärkung des bereits vorhandenen Luftschutzraumes. Die Bedeutung der Stelle wird durch folgendes Zitat klar:

»Der Führer stimmt dem Vorschlag von Oberst Claus, die Ausführung der Lufteinrichtungen so auszubilden, daß eingespritzte Kampfstoffe nach unten wieder auslaufen, zu.«[6]

Kampfstoffe ist der Oberbegriff für chemische und biologische Waffen, wie zum Beispiel Giftgas. Die Eintragung beweist, daß Speer im Februar 1943 von dieser Vorsichtsmaßnahme gegen einen Gasangriff auf den Berliner Bunker wußte.

Weit entfernt von der klaustrophoben Welt der Bunker, den internen Machtkämpfen der Nazis und Speers unaufhörlicher Suche nach Verbündeten beim Aufbau seines Wirtschaftsimperiums, das Hitler selbst bald enorm erweiterte, nahm der Krieg für das Reich einen immer verheerenderen Verlauf. Im Januar 1943 vertrieben die Russen die Wehrmacht aus dem Kaukasus. Zur gleichen Zeit erklärte Roosevelt, daß die Alliierten von den Achsenmächten die bedingungslose Kapitulation verlangen. Der Stalingrader Katastrophe im Februar folgten mehrere sowjetische Gegenoffensiven und Siege. Die grausame Niederschlagung des Aufstandes im Warschauer Ghetto im Mai war ein schlechter Trost für die Kapitulation des Afrikakorps (das nicht mehr von Rommel befehligt wurde); sie war einige Tage zuvor, am 12., erfolgt. Die größte Panzerschlacht der Weltgeschichte, ein langer Kampf, der den ganzen Juli und August über im Gebiet von Kursk in Rußland tobte, endete mit der Niederlage der Wehrmacht, die damit ihre letzte große Gegenoffensive gegen die vorrückende Rote Armee unternommen hatte. Mussolini wurde Ende Juli gestürzt und mußte im September von SS-Kommandos gerettet werden. Zu dieser Zeit hatten anglo-amerikanische Verbände bereits Sizilien erobert und waren im Begriff, auf dem italienischen Festland zu landen.

Die meisten Minister mit Ausnahme von Speer spielten bei der Ausübung der Regierungsgewalt im Dritten Reich nur eine geringe Rolle. Das Kabinett als solches tagte nie. Statt dessen pflegte Dr. Lammers in Hitlers Auftrag die Arbeitsbesprechungen in der Reichskanzlei zu leiten, bei denen Gruppen von Ministern bestimmte Probleme berieten. Speer machte sich die »unpolitischen« beziehungsweise »Fach«-Minister, wie zum Beispiel Dorpmüller (Verkehrswesen), Funk (Wirtschaft) und Schwerin von Krosigk (Finanzen) zu Verbündeten. Sie konnten eher zu Speer gehen als zu Bormann, um irgend etwas durchzusetzen und bei Hitler Gehör zu finden. Göring war, wie wir gesehen haben, ein schwankendes Rohr im Wind. Seine grandiose Stellung als Beauftragter des Vierjahresplanes war durch die Ausdehnung der Macht Speers unterminiert und durch die Zentrale Planung, welche die Kontrolle über die ganze Versorgung ausübte, zum größten Teil usurpiert. Speer und seine ministeriellen Verbündeten waren, wie er später den alliierten Vernehmungsoffizieren gegenüber aussagte, »eine Gemeinschaft von Leidensgefährten, die ihre administrativen Schwierigkeiten miteinander besprachen und sich hin und wieder gegenseitig halfen. Wenn ich zum Beispiel feststellte, daß sich ein Gauleiter bei der Lebensmittelversorgung stur verhielt, konnte ich auf ihn Druck ausüben, indem ich ihm drohte, die Kohlelieferungen an seinen Gau zu kürzen. Wir versuchten also durch Anwendung primitiver erpresserischer Maßnahmen die fehlende Reichsautorität auszugleichen. Es war keine leichte Aufgabe, bombardiert vom Feind, von den hohen Tieren des Reiches nicht respektiert, bar jeder Unterstützung und für jeden Fehler scharf getadelt, in diesem Krieg ein Fachminister zu sein. Doch relativ gesehen war ich besser daran als die anderen.«[7]

Der letzte in der Gruppe der Fachminister um Speer war der Reichsernährungsminister und Reichsbauernführer Richard-Walther Darré, der auch Leiter des SS-Rasse- und Siedlungshauptamts (RuSHA) war. Als Parteischreiberling mit unausgegorenen Theorien über Rasse, Blut und Boden war er geistig genauso wenig beeindruckend und politisch bedeutsam wie Herbert Backe, der 1944 sein Nachfolger als Reichsernährungsminister wurde. Aber Speer nutzte beide weitgehend aus; denn eine seiner vielen Eigenschaften bestand auch darin, daß er andere gekonnt vor seinen Wagen spannte.

Viel wichtiger war ihm sein wachsender Einfluß auf den Generalstab des Heeres. Seine Verbündeten waren dort unter anderem die Generäle Kurt Zeitzler, Friedrich Fromm und Heinz Guderian. Was sie alle einte, war die gemeinsame Antipathie gegen Bormanns Verbündeten, Generalfeldmarschall Keitel. Dieser wirkte zwar imposant, hatte aber wenig zu sagen. Zeitzler war von 1942 an Generalstabschef des Heeres; Fromm befehligte das Ersatzheer und war wegen seiner Entscheidungsbefugnisse auf dem Gebiet der Heeresrüstung für Speer besonders wichtig. Guderian, der größte Panzerbefehlshaber und Stratege des Panzerangriffs, hatte im Blitzkrieg große Überraschungserfolge erzielt, bis – nicht durch seine Schuld – seine Panzer dreißig Kilometer vor Moskau zum Stehen kamen. Im Dezember 1941 wurde er zum Leiter der Panzerausbildung degradiert, bis Hitler ihn im Februar 1943 wieder aus der Versenkung holte und zum Generalinspekteur der Panzertruppen ernannte. Guderians Einwände gegen die schlecht geplante Operation bei Kursk im darauffolgenden Sommer wurden ignoriert, und das veranlaßte ihn, Speer zu bitten, ihn zu einem Gedankenaustausch mit Zeitzler zusammenzubringen. Die Vermittlung war notwendig, weil das Panzergenie und der Generalstabschef zerstritten waren.

Die beiden Männer begruben im Interesse der Beseitigung des Vakuums an der Spitze des kämpfenden deutschen Heeres den alten Streit. Hitler war, wie bereits erwähnt, der Oberbefehlshaber des Heeres, hatte aber so viele andere Dinge zu erledigen, daß er die vielfältigen Aufgaben dieses Postens vernachlässigte, deren kompetente Erfüllung in Kriegszeiten normalerweise schon für einen einzigen Mann zuviel gewesen wären. Trotzdem wollte Hitler niemandem den operativen Befehl anvertrauen. Guderian und auch Zeitzler wünschten, daß einer der vorhandenen erstklassigen Armeeführer zum neuen Oberbefehlshaber des Heeres ernannt würde. Das Heer hatte ihres Erachtens niemanden, der seine Belange gegen die der anderen Wehrmachtsteile und der SS energisch verteidigte. Diese hatten ihre eigenen Oberbefehlshaber oder entsprechende Ränge und weniger unter Einmischungen in ihre Angelegenheiten zu leiden.

Weder Keitel noch Jodl vertraten die besonderen Bedürfnisse des Heeres, obwohl sie aus ihm hervorgegangen waren. Speer und Guderian versuchten getrennt voneinander, Hitler auf die Ernennung eines neuen Oberbefehlshaber anzusprechen, der ihm die Last der aktiven und direkten Führung des Heeres erleichtern konnte. Sie scheiterten jedoch an der schroffen Abweisung durch den Führer, dem die Frage bereits lästig geworden war. Ohne daß sie etwas davon ahnten, hatten schon zwei Feldmarschälle einen Vorstoß in der gleichen Richtung unternommen: Kluge, der unbedeutende und gewöhnlich unterwürfige Befehlshaber der Heeresgruppe Mitte in Rußland (der einmal Guderian zum Duell gefordert, worüber Hitler einen Wutanfall bekommen hatte) und Manstein von der Heeresgruppe Süd, der wahrscheinlich der beste General seiner Generation war und dessen Skeptizismus dazu führte, daß er im März 1944 seines Postens enthoben wurde.

Wie wir gesehen haben, war Speer besser daran, da er dank Milch (doch nicht dank Göring) gute Beziehungen zur Luftwaffe und, nachdem Dönitz Ende Januar 1943 Raeder als Oberbefehlshaber abgelöst hatte, auch gute Beziehungen zur Marine unterhielt. Nachdem er die Kontrolle über die Marinerüstung erlangt hatte, und ungeachtet seiner vergeblichen Versuche, Bormann zu neutralisieren oder Hitler davon zu überzeugen, einem »richtigen General« die operative Führung des Heeres anzuvertrauen, schlug Speer Hitler im Juli 1943 kaltblütig vor, ihm die Macht über die ganze Industrieproduktion zu übertragen, damit er in der Lage wäre, die gesamte Fertigung im Interesse einer maximalen Effizienz der Rüstungsproduktion zu rationalisieren. Speer war davon überzeugt, daß er dadurch fast problemlos eine Million Rüstungsarbeiter zusätzlich bekäme. Eine solche Rationalisierung entsprach auch seinem und Goebbels' Glauben an die totale Mobilisierung. Die beiden Männer mußten notgedrungen gut miteinander auskommen, obwohl Goebbels jetzt Bormann schmeichelte, indem er Hitler seine Vorschläge über Bormanns Büro schriftlich unterbreitete, während Speer wie Himmler weiterhin unmittelbaren Zugang zum »Führer« hatte – ein Privileg, das niemand sonst in der Naziführung genoß. Viele Fabriken, so argumentierte Speer, ließen sich mit ihren Führungsstäben und Belegschaften rasch auf die rüstungsorientierte Produktion umstellen.

Das war keine neue Idee; Funk als Reichswirtschaftsminister hatte Ähnliches vorgehabt, war aber immer an den Gauleitern und deren mächtigen regionalen Interessen gescheitert. Dieser Interessenkonflikt mit den Gauleitern führte dazu, daß Bormann sich unvermeidlich einmischte, wie Speer bald merken sollte.[8]

Ein Memorandum machte die Runde, wobei alle Beteiligten dazu aufgefordert worden waren, ihre Bedenken und Bemerkungen einzureichen. Im darauffolgenden Monat berief Lammers eine Sitzung ein, die unter seiner Leitung am 26. August 1943 im Kabinettssaal in der Reichskanzlei stattfand, um die Angelegenheit endgültig zu klären. Funk unterstützte bereitwillig Speers Anliegen, seinem Ministerium auch dic ganze nichtmilitärische Produktion zu unterstellen, und alle anderen Anwesenden stimmten zu. Lammers informierte Hitler über das Ergebnis, und einige Tage später fuhr Speer zum »Führer«, um von ihm die endgültige Bestätigung zu erhalten.

Aber Bormann war ihm zuvorgekommen, wie Speer sich erinnerte. Er hatte Hitler sinngemäß mitgeteilt, Speer habe hinter dem Rücken von Lammers und Göring ein weiteres Komplott geschmiedet. Speer wies vergeblich darauf hin, daß die entsprechende Sitzung unter Lammers' Vorsitz stattgefunden und er (Speer) über die entsprechenden Kanäle alle konsultiert habe, die konsultiert werden mußten. Körner, Görings Staatssekretär, sei auch mit der Sache befaßt gewesen. Speer bat nun Funk, ihm dabei zu helfen, Göring zu besänftigen, und der Entwurf des Erlasses wurde durch einen Satz ergänzt, in dem festgestellt wurde, daß die Befugnisse Görings als Beauftragter des Vierjahresplanes unberührt blieben. Das machte keinen Unterschied, da Speer in der Praxis ohnehin alle wichtigen Bereiche des Vierjahresplanes bereits über die Zentrale Planung kontrollierte. Auf diese Weise zufriedengestellt, signierte Göring feierlich den Entwurf, der daraufhin Lammers übergeben wurde. Dieser konnte danach Hitler mitteilen, daß keine weiteren Hindernisse existierten. Am 2. September 1943 unterschrieb Hitler den Erlaß, durch den Speer zum Reichsminister für Rüstung und Kriegsproduktion ernannt wurde. Er tat dies bereitwillig, und was noch wichtiger war, er befahl Speer, seine erweiterten neuen Befugnisse auch in Italien zu nutzen, da die Wehrmacht sich dort sehr wirksame Verteidigungsstellungen gegen Landungsversuche der Alliierten geschaffen habe. Die Intrige des eifersüchtigen Bormann war diesmal gescheitert, aber es war nicht anzunehmen, daß er dies Speer vergessen würde. Die beiden Rivalen um Hitlers Gunst hatten ein Unentschieden erreicht.

Daß Speer im allgemeinen und von Hitler im besonderen hoch geschätzt wurde, zeigte die Reaktion jener Höflinge, die Bormann nicht in der Tasche hatte. General Schmundt, Adjutant des OKW bei Hitler, teilte Speer mit, das Heer stünde fest zu ihm. Zeitzler, der Stabschef des Heeres und Speers Verbündeter, zitierte Hitler, der gesagt habe, Speer sei »nach Göring eine neue Sonne«, die aufgegangen sei. Hitler selbst begrüßte Speer und Himmler vor Beginn einer der täglichen Lagebesprechungen damals mit »Ihr zwei Ebenbürtigen«.

Speer führt alle diese schmeichelhaften Reaktionen an, die auf die von ihm erbetene und von Hitler großzügigst gewährte Erweiterung seines Imperiums erfolgten, und gibt in diesem Zusammenhang zu, daß er, von seinem Erfolg inspiriert, sogar selbst erwogen hätte, ob es nicht ein erreichbares Ziel wäre, Nachfolger Hitlers zu werden.

Mittlerweile hatte Himmler einen weiteren Geschäftsbereich übernommen: Ende August 1943 war er zum Reichsinnenminister ernannt worden. Das war ein logischer Aufstieg für Hitlers wichtigsten Polizisten, Gefängnisaufseher, Folterer, Henker und Massenmörder. Himmler mißtraute Bormann gründlich, worüber Speer sich nur freuen konnte – der dem »Reichsführer SS« freilich nicht weniger suspekt war. Erst kurz zuvor hatte Himmler Speer ausdrücklich davor gewarnt, Göring noch einmal vor seinen Karren spannen zu wollen.

Trotz der zunehmenden Bombenschäden stieg die Arbeitsproduktivität in fast allen Industriezweigen weiter an. Solange das der Fall war, konnte sich Speer sogar vor den Machenschaften eines Martin Bormann ziemlich sicher fühlen. Auf Grund der unverhältnismäßig großen Verwüstungen, die der Fliegerangriff auf die Talsperren im Ruhrgebiet hervorgerufen hatte, und in Kenntnis dessen, daß der Schaden katastrophale Ausmaße hätte annehmen können, übernahm Speer im Juni 1943 auf eigene Initiative eine weitere Aufgabe: die Auswahl feindlicher, strategisch wichtiger Ziele der Luftwaffe. Zu diesem Zweck wurde in seinem Ministerium eine Kommission gebildet, die unter Leitung eines Fachmannes der Energiewirtschaft stand, der extra vom Militärdienst zurückgerufen wurde. Die Luftwaffe hatte inzwischen ihre Luftangriffe auf England aufgegeben und führte sie auch nicht in kleinem Umfang durch, da die dortige Luftabwehr zu stark geworden war.

Nur wenige Tage vor Gründung der Kommission für die Auswahl von Industriezielen für Punktangriffe aus der Luft hatte Speer die Steigerung der V-2-Produktion befohlen. Hitler war immer mehr von der Idee besessen, für die Bombenangriffe und die Beanspruchung von Ressourcen für die Luftverteidigung und andere Zwecke Vergeltung an Großbritannien zu üben. Die Briten besaßen außerdem ein nationales Verbundnetz für die Stromversorgung, das zum Schutz ihrer Energieversorgung aus vielen kleinen Kraftwerken gespeist wurde. Dieser Umstand machte es so schwierig, die dezentralisierte britische Industrie lahmzulegen. Die Wende, die im Frühjahr 1943 im U-Boot-Krieg eintrat, so daß die U-Boote zum ersten Mal in die Defensive gedrängt waren, brachte es mit sich, daß die Briten ihren Nachschub aus Nordamerika noch leichter durchführen konnten, mochte es sich um Waffen und Munition für sich selbst oder für die amerikanischen Streitkräfte in Großbritannien oder um Rohstoffe für die einheimische Rüstungsindustrie handeln. Die Russen dagegen waren auf eine Handvoll riesiger Kraftwerke im Ural und anderswo angewiesen, und manche ihrer lebenswichtigen Rüstungsbetriebe waren übermäßig konzentriert, während die sowjetische Luftverteidigung bestenfalls sporadisch war.

Speer interessierte sich persönlich für die Diskussion und Planung von Luftangriffen auf diese Kraftwerke; Göring gab den Befehl, ein spezielles Luftkorps mit Fernbombern für den Einsatz in Rußland auszustatten. Aber erneut waren es zu wenige, und das Ganze kam zu spät. Die Wehrmacht befand sich auf dem Rückzug, daher wurden die Entfernungen zwischen den noch in deutscher Hand befindlichen Flugplätzen und den Angriffszielen immer größer, während die Russen in der Luft immer stärker wurden. Die Luftwaffe sah sich einem Zermürbungskrieg an zwei Fronten, im Osten und im Westen, ausgesetzt, und der Bedarf an Flakgeschützen führte dazu, daß sich die Lieferung von Panzerabwehrgeschützen (im Grunde genommen die gleiche Waffe) an die Ostfront entsprechend verringerte; dort aber wurden die langen Hochgeschwindigkeitsgranaten genauso dringend benötigt wie im Ruhrgebiet, in Berlin und in anderen Gebieten Deutschlands, die Luftangriffen ausgesetzt waren. Das Luftkorps wurde also zweckentfremdet für die Bombardierung russischer Bahnstrecken und Rohstoffvorkommen in einer Zeit eingesetzt, da der Boden hartgefroren war.

Zumindest ein Gebiet gab es, auf dem Speers vielgepriesene, »sagenhafte« Produktionssteigerungen mit dem Bedarf nicht Schritt halten konnten. Hitler verlangte immer mehr und immer größere Panzer. Es wurde ein überschwerer Panzer »Maus« entworfen, der über 100 Tonnen wog, aber die damaligen technischen Möglichkeiten überstieg. Zugleich wurde mit den ersten vorbereitenden Arbeiten für »Mäuschen« begonnen. Das war der Codenamen für ein 1000 Tonnen schweres Ungetüm, das einen Schwarm von kleinen Fahrzeugen als Eskorte erfordert hätte, genauso wie ein Schlachtschiff Begleitzerstörer benötigt. Dieser Umstände wegen konnte Speer die Kapazitäten, die erforderlich waren, um Zehntausende von Geschützen zusätzlich herzustellen, nicht finden oder schaffen. Waffen und Gerät gingen in der Sowjetunion bergeweise verloren, aber der Nachschub an die Front scheiterte am Transportwesen, während die Truppen in Deutschland über die neuesten Ausrüstungen verfügten. Die Produktionsziffern für diesen Zeitraum, auf die Speer so stolz war, sind in der Tat beeindruckend, und auf einige davon werden wir weiter unten eingehen; aber die Verteilung der produzierten Rüstungsgüter war genauso wichtig, und Speer war auch dafür verantwortlich – allerdings mit deutlich weniger Erfolg.

Im August 1943 stand eine zweite Krise des Transportwesens ins Haus. Sie war viel größer als jene im Frühjahr 1942, bei der Speer und Milch es geschafft hatten, die meisten Staus bis zum Sommer zu beseitigen. Daraufhin waren Waggon- und Lokomotivbau sowie die Reichsbahn reorganisiert worden. Jedem Hauptausschuß und Hauptring wurde eine Transportorganisation beigeordnet, die die Aufgabe hatte, die Beförderung von Materialien und Fertigprodukten zu erleichtern. Doch Ende 1943 sah sich das deutsche Verkehrswesen einer Kombination verschiedener

Krisen gegenüber: der Kapitulation Italiens, die enorme Truppentransporte und Nachschublieferungen über die Alpen hinweg erforderte; den zunehmenden Zerstörungen und Produktionsausfällen, besonders bei der Kohleförderung und Stahlerzeugung, durch die Luftangriffe; der Sabotage durch Partisanen; der durch die Bombardierungen erforderlich gewordenen Verlagerung und Reorganisation der Industrie; der lebenswichtigen Ernte. In den besetzten Gebieten wurde das gesamte rollende Material beschlagnahmt – bei Kriegsende besaßen etwa die Niederlande nicht eine einsatzfähige Lokomotive. Doch die Transportkrise dauerte bis Kriegsende an. Die ständig zunehmenden Angriffe auf die Infrastruktur waren das Präludium für die Landung der Alliierten in der Normandie im Juni 1944, und danach wurde die Infrastruktur nicht nur aus der Luft zerstört, sondern in steigendem Maße auch durch die Artillerie der vorrückenden Armeen in Ost und West. Zum chronischen Erdölmangel kamen die wachsenden Schwierigkeiten der Erdölverteilung hinzu.[9]

Die Speersche Rationalisierung der Endfertigung hatte man bereits gut im Griff, bevor sein Ministerium erweitert wurde und seinen Namen änderte. Wir haben bereits das System der Sperrbetriebe erwähnt, die in Frankreich für Deutschland produzierten. Dieses System wurde bald auf Belgien und die Niederlande übertragen: Die Arbeiter stellten in ihren eigenen Ländern Güter für die deutschen Kriegsanstrengungen her, während sich die Deutschen und ihre Zwangsarbeiter und Arbeitssklaven sowohl aus den Konzentrationslagern als auch aus den besetzten Ländern auf die Rüstungsproduktion konzentrierten. Der französische Produktionsminister der Vichyregierung, Professor Jean Bichelonne, der wenige Tage nach Speers Beförderung als dessen Gast nach Berlin kam, wurde eher wie der Vertreter einer befreundeten Macht denn als Vasall aus einem eroberten Gebiet behandelt. Es war eindeutig das wirksamste Mittel, die französischen Arbeiter in die Kriegswirtschaft des Reiches einzuspannen: Wenn man die Franzosen vor Deportationen schützte und nicht zwang, Waffen für die Eroberer herzustellen, trieb man sie der Resistance nicht in so großer Zahl in die Arme.

Bichelonne bot seine volle Mitwirkung in der vorgeschlagenen deutsch-französischen Produktionskommission an, deren Kompetenz auch auf andere Teile ausgedehnt werden sollte. Die beiden jungen Minister sahen das Ganze sogar als eine Art Probelauf für eine wirtschaftliche Integration Europas an – Napoleon hatte nie verstanden, warum man seine Ideen der europäischen Integration außerhalb Frankreichs nie bereitwillig angenommen hatte. Das erstaunliche Ergebnis war, daß bald 10 000 französische Fabriken, große und kleine, unter dem Schutz Speers zivile Güter für Deutschland produzierten und daß Frankreich vor dem Zugriff Sauckels geschützt war. Das gleiche galt bald auch für die Niederlande.

Nach der Erweiterung seiner Machtbefugnisse sprach Speer genauso wie nach dem Antritt der Nachfolge von Todt vor den Gauleitern. Zufällig hatte Heinrich Himmler es so eingerichtet, daß er selbst am 6. Oktober 1943 die Hauptrede auf einer Konferenz der Reichsleiter und Gauleiter in Posen (heute polnisch Poznan) in Schlesien hielt. Die Einladung war von Bormanns Büro eine Woche vorher versandt worden. Die einzigen geladenen Minister waren Rosenberg (Besetzte Ostgebiete) und Speer. Dieser wollte die Gelegenheit nutzen, um den Leuten, die seine Rationalisierungspläne ständig behinderten, ein wenig die Augen über die wahre Lage zu öffnen. Die Gauleiter waren in ihrer Eigenschaft als regionale Parteichefs Bormanns Kreaturen, unterstanden aber als lokale Reichsverteidigungskommissare jetzt auch Himmler, dem neuen Innenminister.

Die Nazi-Satrapen erwartete ein Redemarathon, das von 9 Uhr vormittags bis 19 Uhr 30 abends dauern und nur von einer Mittagspause unterbrochen sein sollte. Für den Abend war ein geselliges Beisammensein vorgesehen. Das Vormittagsprogramm wurde von Speers Gruppe, sechs Referenten (mit ihm als Hauptredner), bestritten. Dazu zählte auch Dr. Walter Rohland, sein führender Fachmann für die Stahl- und Panzerproduktion, der das einzige Mal vor einer solchen Zuhörerschaft sprach. Die fünf Vorredner informierten die Parteiführer über verschiedene Aspekte der Kriegswirtschaft, einschließlich aller Schwierigkeiten und Mängel, und malten ein düsteres Bild von den wachsenden Problemen in bezug auf Rohstoffe, Versorgung, Arbeitskräfte und Verteilung. Da die Gauleiter das Haupthindernis für die gesamte Reorganisation der Industrie und des Arbeitskräfteeinsatzes bildeten, lief Speers fünfzigminütige Rede kurz vor der Mittagspause auf die knallharte Forderung nach dem totalen Engagement für das hinaus, was das Gesamtinteresse zu bilden habe und wofür die Partikularinteressen geopfert werden müßten: den totalen Krieg. Die ganze deutsche Wirtschaft, so legte Speer dar, müsse dazu übergehen, dem Krieg Vorrang einzuräumen, damit weitere eineinhalb Millionen Arbeiter aus der Verbrauchsgüterindustrie in die Rüstung überführt werden könnten; die Konsumgüter sollten dagegen von nun an in Frankreich für Deutschland hergestellt werden. Auch Goebbels war in seiner Eigenschaft als Gauleiter von Berlin anwesend und stimmte Speer voll und ganz zu. Speer schloß mit einer klaren Drohung an widersetzliche Gauleiter:

»Die bisherige Art, mit der sich einzelne Gaue von Stillegungen in der Verbrauchsgüterindustrie ausgenommen haben, kann und wird nicht mehr am Platze sein. Ich werde daher Stillegungen, soweit nicht die Gaue innerhalb von vierzehn Tagen meiner Aufforderung nachkommen, selbst aussprechen. Und ich kann Ihnen versichern, daß ich gewillt bin, die Autorität des Reiches durchzusetzen, koste es was es wolle! Ich habe mit Reichsführer-SS Himmler gesprochen, und ich werde von jetzt an die Gaue, die diese Maßnahmen nicht durchführen, entsprechend behandeln.«[10]

Himmler hatte eine andere Agenda: Bereits am 4. Oktober hatte er, ebenfalls in Posen, die höchsten Chargen seiner SS in das größte und dunkelste Geheimnis des Dritten Reiches eingeweiht – die »Endlösung«, den durchorganisierten Massenmord an rund zwölf Millionen Menschen, von denen etwa die Hälfte Juden waren. 1944 hielt er mehrmals vor Wehrmachtsgenerälen die gleichen furchtbaren Reden. Diese Ansprachen, in denen Himmler der obersten Führungsschicht schonungslos den Völkermord mitteilte, machte es später den Angeklagten in Nürnberg sehr schwer, zu behaupten, sie hätten von der sogenannten Endlösung nichts gewußt. Speer versuchte es trotzdem – und kam tatsächlich damit durch.

Als die Alliierten im Januar 1943 in Casablanca die bedingungslose Kapitulation der Achsenmächte zu ihrem Hauptkriegsziel erklärten, reagierte Hitler darauf mit der Bemerkung: »Die Brücken hinter uns sind abgebrochen.« Für Deutschland gab es damit nur noch zwei Möglichkeiten: entweder totaler Sieg über die weit überlegene Koalition der feindlichen Mächte oder katastrophale Niederlage. Es konnte keinen Kompromiß, keinen ausgehandelten Waffenstillstand, keine freiwillige oder an Bedingungen geknüpfte Kapitulation geben. Der Grund für diese Entscheidung war das Genozidprogramm, dessen Existenz (wenn auch nicht sein Umfang) den Alliierten bekannt war und auf das ihre Propaganda jetzt immer mehr hinwies. Sie hatten bereits vor Casablanca damit gedroht, daß die am Völkermord beteiligten Kriegsverbrecher vor Gericht gestellt würden.

Frage: »Was möchten Sie mit den Juden machen, wenn Sie einmal unbeschränkte Vollmachten haben?«

Antwort: »Sobald ich wirklich an der Macht bin, wird meine erste und vordringliche Aufgabe die Vernichtung der Juden sein.«

Der Fragesteller war ein Journalist namens Josef Hell, der Befragte war Adolf Hitler. Dieser gab die Antwort 1922, ein Jahr vor dem Bürgerbräukellerputsch, durch den Hitler im ganzen Reich bekannt wurde.[11] Wer diesen Teil des Interviews in einer obskuren Zeitschrift gelesen hatte, mochte ihn vielleicht als irres Gerede eines rassistischen Größenwahnsinnigen abgetan haben, und das war es in der Tat. Viele Leute sagten das gleiche nach dem Erscheinen des ersten Teils von »Mein Kampf«, in dem diese blutrünstigen Gedanken sehr ausführlich dargelegt waren.

Trotz dieser Absichtserklärungen, die an Deutlichkeit nichts zu wünschen übrigließen, zogen viele Deutsche es vor, die Augen vor der Realität zu verschließen, wenn sie gerüchteweise davon hörten, daß Juden und andere verfolgt wurden beziehungsweise daß ihnen noch Schlimmeres widerfuhr, oder wenn sie von 1933 an selbst Zeuge von Exzessen des Hitlerregimes wurden. Das gleiche taten auch die meisten ausländischen Beobachter. »Wenn das der

Führer wüßte...« – das pflegten viele Deutsche zu sagen, wenn ihre Kinder nach Hause kamen und erzählten, der kleine Isaak oder die kleine Miriam seien aus der Klasse »verschwunden«, oder wenn sie selbst bemerkten, daß die jüdische Familie von gegenüber aus ihrer Wohnung »verschwunden« war. Später erzählten Soldaten während ihres Heimaturlaubs mysteriöse Geschichten von SS-Sondereinheiten, Sonderzügen und Sperrgebieten, zu denen Soldaten keinen Zutritt hatten.

Die Teufel, die die Endlösung der Judenfrage leiteten, hängten dies nicht an die große Glocke. Ebenso ließ Hitler seine diesbezüglichen Befehle nicht protokollieren. Diejenigen, die solche Befehle erteilten, waren es gewohnt, sie mit dem Satz »Der Führer wünscht« einzuleiten. Der Wunsch des »Führers« war gleichbedeutend mit einem »Führerbefehl«, da der Name Hitlers nicht leichtfertig gebraucht werden durfte.

Das Nazisystem beruhte stark auf dem Prinzip der Separierung der Menschen und auf dem Grundsatz »Man muß nicht über alles Bescheid wissen«. Damals war es eine Binsenwahrheit, daß man sich am besten ausschließlich um seinen Kram kümmerte, wenn man sich Unannehmlichkeiten ersparen wollte. Wenn also viele Deutsche nach dem Krieg behaupteten, von den schlimmsten Exzessen des Regimes nichts gewußt zu haben, so sagten sie die Wahrheit, wenn auch, genaugenommen, nicht unbedingt oder nicht immer die ganze Wahrheit: Viele hatten ausgehend von dem, was sie wußten, erraten, daß außerhalb ihres Gesichtskreises schlimme Dinge geschahen. Sie hatten den Kopf eingezogen und so getan, als wüßten sie nichts. Sie hatten »Befehle befolgt«, da sie sich darüber im klaren waren, was es bedeutete, sich anders zu verhalten. Das sind akzeptable, entlastende Argumente der einfachen Menschen, solange diese nicht behaupten, anders gehandelt zu haben. Diejenigen, die nie in einer Diktatur gelebt oder nie eine fremde Okkupation kennengelernt hatten, neigen vorschnell dazu, von anderen moralische Stärke und Mut zu fordern, manchmal sogar im nachhinein. Das gleiche mangelnde Verständnis legten die Westdeutschen nach dem Fall der Mauer 1989 den Ostdeutschen gegenüber an den Tag.

Aber diese mildernden Umstände konnten nicht für die Angeklagten in Nürnberg gelten wie zum Beispiel für Speer. Sie hatten in Hitlers Namen Befehle erteilt, hatten aber auch Einfluß auf ihn ausgeübt und waren manchmal (wenn es ihnen gefiel) in der Lage gewesen, seine Befehle zu unterlaufen oder nicht zu befolgen – ein Umstand, auf den wir noch zurückkommen werden. Dem Wunsch, nichts zu wissen, kam entgegen, daß sich die Todeslager am östlichen Rand des Reiches befanden. Speer hat nie eines besucht – doch wurde er, wie wir noch sehen werden, ausdrücklich davor gewarnt, nach Auschwitz zu fahren. Er wußte persönlich von der Existenz der Konzentrations- und Arbeitslager, die manchmal kaum voneinander zu unterscheiden waren. Speer war nicht ehrlich, als er behauptete, er hätte mehr darüber in Erfahrung bringen können, doch habe er es vorgezogen, dies nicht zu tun. Wieviel er damals wirklich gewußt hat, wird sich niemals feststellen lassen; die Indizien dafür, daß er in Nürnberg gelogen hat, sind erdrückend, und die Posener Zusammenkunft vom 6. Oktober 1943 ist für diese Schlußfolgerungen von zentraler Bedeutung. Doch vorher mehr über das Genozidprogramm der Nazis.

Göring, der auf Grund eines Hitlererlasses vom Oktober 1936 neben seinen vielen verschiedenen Titeln auch den des »Beauftragten für die Endlösung der europäischen Judenfrage« besaß, hatte am 31. Juli 1941 an Reinhard Heydrich, den Chef des »Sicherheitsdienstes der SS« (SD), geschrieben und ihn mit der Ausarbeitung eines Planes für die »endgültige Lösung der Judenfrage« beauftragt. Im Labyrinth der Naziadministration hingegen waren sowohl Göring als auch Heydrich Himmler gegenüber für die Verwirklichung dieses Planes verantwortlich. Am 29. Januar 1942 fand in einer Villa in Wannsee eine Konferenz über die Durchführung dieses Auftrages statt. Die Teilnehmer waren Heydrich und 14 andere prominente Administratoren, darunter SS-Führer, Staatssekretäre, Gestapochef Heinrich Müller und sein Untergebener, Adolf Eichmann, Heydrichs Berater in Judenfragen. Im Unterschied zu Hitlers Befehlen an Himmler, die die Ausrottung der Juden und anderer »minderwertiger« Menschen, wie zum Beispiel Zigeuner und Behinderte, betrafen, wurde das Treffen protokolliert, wenn auch nur in gedrängter Form; es wurden dreißig Exemplare getippt. Niemand von Todts Ministerium (dem späteren Ministerium Speer) war unter den Teilnehmern. Heydrich erklärte, Hitler habe der »Evakuierung« aller Juden zugestimmt; diese sollten in großen Arbeitskolonnen nach dem Osten in Marsch gesetzt werden. Man rechnete damit, daß die meisten auf der Reise starben; die Überlebenden, die von vornherein als die gefährlichsten angesehen wurden, sollten »entsprechend behandelt« werden – sie sollten sich zu Tode arbeiten oder einfach umgebracht werden. Nach einer geheimgehaltenen separaten Diskussion über Mischlinge und Juden, die mit Ariern verheiratet waren, unterbrachen die Teilnehmer die Sitzung, um ein leichtes Mittagessen einzunehmen.[12]

Vier Einsatzgruppen der SS waren 1941 der Wehrmacht auf den Fersen gefolgt, um in Rußland die Juden auszurotten. Im Dezember 1941 begann die »Aktion Reinhard« mit der Eröffnung des ersten Todeslagers in Chelmno. Bald folgten Belsec, Sobibor und Treblinka, wo der Massenmord mit Hilfe von Kohlenmonoxid aus Autoabgasen begangen wurde. Danach wurden in Auschwitz und Majdanek Anlagen zur Massenvernichtung errichtet, in denen in der Hauptsache Blausäuredämpfe zum Töten verwendet wurden. Oft wird dabei vergessen, daß im besetzten Europa, vor allem in Osteuropa, genauso viele Nichtkombattanten durch Kugeln starben, wie Opfer in den Lagern auf andere Weise umgebracht wurden, und daß genauso viele Nichtjuden getötet wurden wie Juden, obwohl diese das erklärte Hauptziel des Genozids der Nazis waren.

Diese Fakten werden hier erwähnt, um dem Leser das ganze Ausmaß jenes Phänomens in Erinnerung zu rufen, dessen Kenntnis Albert Speer beharrlich geleugnet hat – trotz der Tatsache, daß er seine persönliche Verantwortung für den Einsatz von Zwangsarbeitern in ganz Europa zugegeben hat, trotz seiner häufigen Kontakte zu Himmler und dessen Lakaien, die für Wirtschaftsfragen zuständig waren, trotz der Sonderaufgaben seines Untergebenen und Leiters der Reichsbahn, Theodor Ganzenmüller, der die aus Viehwaggons bestehenden Züge rollen ließ, selbst wenn sie den Truppentransport und den Nachschub störten, trotz der Tatsache, daß Gretel Speers beste Freundin Anni Brandt war, die Frau des Leiters des »Euthanasieprogramms«, der auch die entsetzlichen Experimente an Gefangenen durchführen ließ, und trotz seiner erwiesenen Teilnahme am Posener Treffen, wo Himmler darlegte, was die Endlösung bedeutete. Dort erklärte der »Reichsführer-SS« unter anderem:

»Der Satz ›Die Juden müssen ausgerottet werden‹ mit seinen wenigen Worten, meine Herren, ist leicht ausgesprochen. Für den, der durchführen muß, was er fordert, ist es das Allerhärteste und Schwerste, was es gibt...

Ich bitte Sie, das, was ich Ihnen in diesem Kreis sage, wirklich nur zu hören und nie darüber zu sprechen. Es trat an uns die Frage heran: Wie ist es mit den Frauen und Kindern? Ich habe mich entschlossen, auch hier eine ganz klare Lösung zu finden. Ich hielt mich nämlich nicht für berechtigt, die Männer auszurotten – sprich also, umzubringen oder umbringen zu lassen – und die Rächer in Gestalt der Kinder für unsere Söhne und Enkel groß werden zu lassen. Es mußte der schwere Entschluß gefaßt werden, dieses Volk von der Erde verschwinden zu lassen...

Ich habe mich für verpflichtet gehalten, zu Ihnen als den obersten Willensträgern, als den obersten Würdenträgern der Partei, dieses politischen Ordens, dieses politischen Instruments des Führers, auch über diese Frage einmal ganz offen zu sprechen und zu sagen, wie es gewesen ist. Die Judenfrage in den von uns besetzten Ländern wird bis Ende dieses Jahres erledigt sein...

Daß ich große Schwierigkeiten mit Teilen wirtschaftlicher Einrichtungen hatte, werden Sie mir glauben. Ich habe in den Etappengebieten große Judenghettos ausgeräumt. In Warschau haben wir in einem Judenghetto vier Wochen Straßenkampf gehabt. Vier Wochen! Wir haben dort ungefähr 700 Bunker ausgehoben. Dieses ganze Ghetto machte also Pelzmäntel, Kleider und ähnliches. Wenn man früher dort hinlangen wollte, so hieß es: Halt! Sie stören die Kriegswirtschaft! Halt! Rüstungsbetrieb! – Natürlich hat das mit Parteigenossen Speer gar nichts zu tun. Sie können gar nichts dazu. Es ist der Teil von angeblichen Rüstungsbetrieben, die der Parteigenosse Speer und ich in den nächsten Wochen und Monaten gemeinsam reinigen wollen. Das werden wir genauso unsentimental machen, wie im fünften Kriegsjahr alle Dinge unsentimental, aber mit großem Herzen für Deutschland, gemacht werden müssen.

Damit möchte ich die Judenfrage abschließen. Sie wissen nun Bescheid, und Sie behalten es für sich... Ich glaube, es ist besser, wir – wir insgesamt – haben das für unser Volk getragen, haben die Verantwortung auf uns genommen (die Verantwortung für eine Tat, nicht nur für eine Idee) und nehmen dann das Geheimnis mit ins Grab.«[13]

Obwohl Himmler sich im Schlußteil dieser entsetzlichen Rede – die allerdings keine Einzelheiten nannte, wie die Juden ausgerottet wurden – direkt an Speer wandte und ihn mit Sie anredete, behauptete Speer stets, er sei nicht anwesend gewesen, als die Rede gehalten wurde. Professor Erich Goldhagen von der Harvard-Universität machte diese Rede ausfindig und benutzte sie als Ausgangsbasis für einen heftigen Angriff auf Speer: Er veröffentlichte 1971 einen Zeitschriftenartikel unter dem Titel »Albert Speer, Himmler and the Secret of the Final Solution«.[14] Leider tat die Zeitschrift des Guten zuviel, indem sie folgende Sätze in der Annahme veröffentlichte, sie würden aus der Rede Himmlers stammen: »Speer ist nicht aus dem Holz eines judenfreundlichen Obstruktionspolitikers der Endlösung gemacht. Er und ich werden gemeinsam den letzten lebenden Juden auf polnischem Boden den Händen der Wehrmachtsgeneräle entreißen, in den Tod schicken und damit das letzte Kapitel des polnischen Judentums abschließen.«

In der Rede, die im Bundesarchiv in Koblenz aufbewahrt ist, sind weder diese Worte noch ein Abschnitt mit dieser Bedeutung zu finden. Von Speer daraufhin angesprochen, gab Goldhagen zu, daß diese Passage lediglich habe verdeutlichen sollen, was Himmler wirklich gemeint hatte. Sie sollte nie in Anführungszeichen gesetzt werden; er habe vorgehabt, das zu korrigieren, sei aber nicht dazu gekommen.

Lassen wir die Fragen beiseite, die von solchen wissenschaftlichen Standards aufgeworfen werden, so können wir Goldhagen trotzdem glauben, denn er hätte wohl kaum ein so schlimmes »Zitat« in einer Fußnote zu einem Artikel untergebracht, in dem er die Memoiren Speers einer vernichtenden Kritik unterzog. [15]

Speer hat in seinen »Erinnerungen« nur die eigene Rede erwähnt, die er am selben Tag in Posen gehalten hatte, nicht aber Himmlers Ausführungen. Der Artikel von Goldhagen, besonders das obige Zitat, veranlaßte Speer, eiligst nach Koblenz zu fahren, wo er einen Großteil der folgenden eineinhalb Jahre damit verbrachte, nach Beweisen dafür zu suchen, daß er nicht anwesend gewesen war, als Himmler ihn erwähnte.

Das Ende vom Lied war, daß es ihm erging wie allen, die eine negative Behauptung zu widerlegen suchen: Er stellte fest, daß es keinen Beweis für seine Präsenz zur fraglichen Zeit gab. Leider gewinnt man bei der Lektüre der »Erinnerungen« einen ganz anderen Eindruck. Speer hat über den anschließenden Abend so geschrieben, als sei er noch in Posen gewesen. So erwähnt er, daß »... viele Gauleiter infolge ihrer alkoholischen Exzesse Hilfe in Anspruch nehmen [mußten], um zum Sonderzug zu gelangen, der sie in der Nacht zum Hauptquartier beförderte«. Es war ein abstoßendes Schauspiel, über das er sich am nächsten Tag vergeblich bei Hitler beklagte. Hätte er sich beschwert, wenn er das Ganze nicht selbst miterlebt hätte? Wäre er, wenn er am nächsten Morgen von dieser Geschichte nur gehört hätte, so empört gewesen, daß er beim »Führer« dagegen protestierte? Hatten denn die Gauleiter sich vorher noch nie betrunken?

Im Schlußteil dieses Buches wird gezeigt, wie Speer sich in diesen und anderen, noch ernsteren Fällen verhielt, wenn er mit der Wahrheit konfrontiert war und sie ihm keine Ruhe ließ, nachdem er sich selbst bereits in gedruckter Form festgelegt hatte. Hier sei erwähnt, daß Speer, 35 Jahre nach dem Ereignis, unterstützt von drei »Zeugen«, behauptete, er sei lange bevor Himmler sich um 17 Uhr 30 erhob, um die letzte Rede des Tages zu halten, zusammen mit Rohland abgereist und mit dem Auto in das 430 Kilometer entfernte Rastenburg gefahren, um mit dem »Führer« zu Abend zu essen.[16]

Die Kontroverse um die Rede Himmlers, in der dieser ihn mit »Sie« und »Parteigenosse Speer« angeredet hatte, das naive Argument, Himmler habe schlecht gesehen (obwohl er vermutlich seine Brille getragen hat, um besser zu sehen), die Berechnung der Zeit, die erforderlich war, um im Jahre 1943 von Posen zu Hitlers »Wolfsschanze« zu fahren, usw., all das ging an der eigentlichen Frage vorbei. Mußte Speer denn wirklich anwesend sein, als Himmler seine schockierende Rede hielt, oder hätte er ihren entsetzlichen Inhalt nicht in jedem Fall dank seiner Kontakte von Personen erfahren, die gehört hatten, daß sein Name in der Rede erwähnt wurde, zum Beispiel von seinen wenigen Freunden unter den Gauleitern – Hanke (Niederschlesien), Kaufmann (Hamburg) und Schirach (Wien)? Oder hat tatsächlich jeder, der an diesem so denkwürdigen Treffen teilgenommen hatte, niemals privat darüber gesprochen? Und hatten diejenigen, die lange genug dageblieben waren, um den »Reichsführer-SS« zu hören und das Saufgelage der Gauleiter mitzuerleben, wirklich nur die Biersäufer erwähnt und nichts weiter? Man kann einfach nicht glauben, daß Speer nach dem Posener Treffen im Oktober 1943 oder sogar viel früher nichts von der Endlösung gewußt haben soll.

Als Speer 1979 vom britischen Historiker Lord Bullock interviewt wurde, fragte dieser ihn, ob Hitler persönlich das Genozidprogramm befohlen habe. Speer antwortete, es sei undenkbar, daß er das nicht getan habe, und fügte hinzu, Himmler habe am 6. Oktober 1943 in Posen in Gegenwart früher Kampfgefährten Hitlers ganz klar gesagt, daß »die Juden und die Frauen und Kinder ermordet werden«. Hätte Hitler nichts von der Endlösung gewußt, so hätte Himmler sie nicht einer solchen prominenten Gruppe mitteilen können, da einige dafür gesorgt hätten, daß der Führer dies sofort erfuhr: »Er hat zwar gesagt, das sei ein Geheimnis, welches wir ins Grab nehmen müßten, wir dürften niemand etwas davon sagen.«[17]

Beachten Sie das zweimalige »wir«. Es kann nicht geleugnet werden, daß die Antwort so klingt, als sei Speer dagewesen, als die zitierten Worte geäußert wurden. Wenn das Obige ein Versprecher Speers war, so war es sicherlich eine Freudsche Fehlleistung.

Bevor Himmler den Gauleitern sein letztes Geheimnis eröffnete, verriet Speer ihnen vor der ersehnten Mittagspause ein anderes dramatisches Geheimnis. Es hatte mit der Rache an England, der Heimat der verhaßten Bomber, zu tun. »Wir haben ein nationales Geheimnis, ein Geheimnis, das dem ganzen deutschen Volk verschwiegen worden ist«, führte er aus. Es gebe jedoch wichtige Gründe, noch nicht über den endgültigen Einsatz der neuen Waffen zu reden, die entwickelt worden seien und jetzt erprobt würden. Er wolle diese Versuche mit der erfolgreichen Erprobung eines Rennautos vergleichen, bei der es darum gehe, die bei einzelnen Modellen erzielte Leistung auf die Fertigung eines normalen Autos zu übertragen und dann die gleiche Leistung wie zuvor zu erreichen. Dieser Übergang von der Spitzenqualität zur Massenfertigung werde wahrscheinlich einige Schwierigkeiten bereiten, die überwunden und am Anfang durch einen relativ großen Ausstoß von Quantität überspielt werden müßten.

Deutsche Waffen hätten eine hervorragende Qualität, doch würden davon noch größere Mengen benötigt. Aus diesem Grund sei die Rekrutierung von Arbeitskräften so wichtig. Italiens Arbeiter, die nach dem Sturz Mussolinis zwangsverpflichtet wurden, hätten die Lücke eine Zeitlang geschlossen, doch noch immer würden viele junge Rüstungsarbeiter zur Wehrmacht eingezogen. Deutsche Arbeiter, die einberufen wurden, seien durch ausländische Arbeiter ersetzt worden, doch müsse man sicherstellen, daß dabei die Qualität erhalten bleibe. Man müsse Mittel und Wege finden, um jene zusätzliche zehnprozentige Leistungssteigerung zu erzielen, die von den deutschen Arbeitern noch zu erwarten sei, wenn man sie an den Betrieb binde und energisch gegen Faulenzer und Simulanten vorgehe. Arbeiter, die dem Betrieb fernblieben, nachdem sie ausgebombt wurden, könne man durch Sonderrationen zurückholen. Die entsprechenden Berechtigungsscheine sollten nur in den Fabriken ausgegeben werden, damit die Arbeiter gezwungen seien, sich zur Arbeit zu melden. Die Prämien für Ideen der Belegschaft sollten erhöht werden.

Er wies darauf hin, daß er nicht nur widersetzliche Gauleiter und faule Arbeiter durch die SS zur Rechenschaft ziehen lassen wolle, sondern auch korrupte Betriebsführer, die »unter der Hand« verbotene Verbrauchsgüter für ausgewählte Kunden fertigten. Er habe Reichsführer-SS Himmler gebeten, ihm den SD zur Verfügung zu stellen, um solche Praktiken auszumerzen, und mit dem SD eine Vereinbarung getroffen, wodurch dieser Zugang zu allen Rüstungsfabriken erhalte, um das nötige Beweismaterial zu sammeln. Der SD solle in den Städten, die für die Rüstung arbeiteten, auch nach Verbrauchsgüter produzierenden Betrieben fahnden und dort Razzien durchführen. Solche Betriebe sollten vom Rüstungssektor übernommen oder geschlossen und ihre Arbeitskräfte für die Kriegsanstrengungen eingesetzt werden. »Höllenhunde« der Rüstungsindustrie sollten Blitzaktionen gegen nutzlose oder illegale Fertigungen durchführen.

Speer machte seiner Enttäuschung über die große Anzahl von »Luxusgütern« Luft, die noch immer in Deutschland produziert würden, wie zum Beispiel Schreibmaschinen, Vervielfältigungsgeräte, Radios, Heizkissen, Kühlschränke und andere Haushaltsgeräte. Die Wehrmacht erhalte noch immer überflüssige Luxusgüter wie zum Beispiel hochwertige Stoppuhren und Armbanduhren oder lederne Reitstiefel für Offiziere. Außerdem beanspruche die Truppe elf von zwölf Kilogramm produzierten Büromaterials. Eine einzige Fabrik habe 80 Tonnen Papier zum Einwickeln von Würfelzucker verbraucht – dabei seien schon allein die Zuckerwürfel eine Vergeudung. Gleiche Standards in der Heimat und an der Front sollten die Norm sein. Wenn mit der Verschwendung Schluß gemacht würde, könnten zwanzig zusätzliche Divisionen aufgestellt werden.[18]

Die Gauleiter – »das schwierigste Publikum in Deutschland« – spendeten Speer nur wenig Beifall dafür, daß er die mangelnde Einsatzbereitschaft im totalen Krieg so laut angeprangert hatte.

Nachdem er die Gauleiter auf diese Weise indirekt, aber unmißverständlich gerüffelt hatte, erhielt er fünf Tage später durch einen Führererlaß einen weiteren Auftrag, der für diese von unmittelbarem Interesse war: die Planung des Wiederaufbaus der Städte nach dem Krieg, eine Aufgabe, die Speer, wie bereits erwähnt, Rudolf Wolters übertrug. Nur eine Woche nach Posen erhielt Speer Informationen über den Widerstand der Gauleiter gegen die Schließung entbehrlicher Betriebe. Er erließ eine Anordnung gegen das Horten von Gütern durch die Wehrmacht. Außerdem startete er eine Aktion gegen unnötige Druckaufträge in der Hoffnung, dadurch mehr Facharbeiter für die Rüstung freizusetzen.

Produktionsspitzen (1943–1944)

Die Erweiterung und gleichzeitige Reorganisation des Ministeriums Speer führten dazu, daß sich Ende Oktober 1943 der zuvor schon bitter beklagte Papierkrieg noch ausweitete. Die Neuverteilung der wirtschaftlichen Verantwortlichkeiten für die Kriegsanstrengungen wurde endlich am 29. Oktober in einem offiziellen Dokument festgelegt, das so umfangreich war, daß ihm Speers Arbeitsstab den Spitznamen »Bandwurmerlaß« gab. Seine Fertigstellung, bei der man sich über die neue Abgrenzung vom verkleinerten Reichswirtschaftsministerium geeinigt hatte, wurde von Wolters als »ein historischer Tag« gerühmt.

Speers Imperium gliederte sich nun vertikal in sieben Hauptabteilungen: Zentralamt; Rohstoffe; Rüstungszulieferungen; Verbrauchsgüterfertigung; technisches Amt für Rüstungsproduktion; Bauwesen und Energieversorgung. Sechs »horizontale« Sektionen befaßten sich mit Aufgaben, die alle sieben Hauptabteilungen betrafen: Produktionsplanung; Rüstung; Technologie; Bedarfsdeckung; Wirtschaft und Finanzen; Kultur (einschließlich Presse und Information). Zu den führenden Männern in dieser neuen Struktur gehörten der zuverlässige Oberbürgermeister Liebel (Zentralamt); Hans Kehrl (Abteilung Rohstoffe und Sektion Planung); Karl Saur von der Organisation Todt (sowohl technisches Amt als auch technische Sektion) sowie Karl Hettlage (Wirtschaft und Finanzen).

In Teil zwei des »Bandwurmes« waren die Aufgaben der Hauptausschüsse (Fertigung) und Hauptringe (Versorgung) sowie der Wirtschafts- und der Fachgruppen einschließlich der Kommissionen weiterentwickelt und in der endgültigen Version des Systems der »Selbstverantwortung« der Fertigungsindustrie in der Kriegswirtschaft verankert. Teil drei betraf die internen Beziehungen zwischen den verschiedenen Einrichtungen, die das Ministerium Speer auf allen Ebenen geschaffen hatte, auf der einen Seite und die externen Beziehungen zwischen diesen Einrichtungen und anderen Instanzen, einschließlich der Gauleiter, die gleichzeitig Reichsverteidigungskommissare waren, sowie allen anderen Organen, die in der Kriegswirtschaft eine Rolle spielten, auf der anderen Seite.

Bevor dieser Erlaß herausgegeben wurde, war Speer an die Ostseeküste gefahren, um an einer Arbeitsberatung der Rüstungsinspektoren teilzunehmen. Dort sollten die Auswirkungen der nächsten Einberufungswelle diskutiert werden. Die Konferenz wurde in einem Eisenbahnzug abgehalten, der zum Schutz vor Fliegerangriffen auf einem Gleisanschluß des Stettiner Hafens abgestellt war; es waren so viele Teilnehmer anwesend, daß zwei auf einen Sitzplatz kamen und in den Speisewagen eine unerträgliche Hitze herrschte. Speer nutzte die Gelegenheit, um einen Abstecher nach dem nahe gelegenen Peenemünde zu machen, wo er die Raketen inspizierte, und auch die Gegend von Gotenhafen zu besuchen, wo er die U-Boote besichtigte und mit einigen hochdekorierten Seeoffizieren dinierte.

An dem Tag, an dem der Erlaß bekanntgegeben wurde, sah sich Speer eine Modenschau für Herrenbekleidung an. Ihn interessierte, ob durch Vereinfachung der Produktion dieses Firlefanzes Fachleute für die Rüstung gewonnen werden konnten. Er bemerkte dazu ironisch, die Anzüge, die die Industrie produzieren wolle, würden von den kräftigsten Burschen getragen, während Männer, die für den Wehrdienst zu alt waren, den Rest vorführten.

Speers wirtschaftliche Vollmachten, Interessen und Verantwortlichkeiten schienen unbegrenzt zu sein. In der ersten Novemberwoche entwarf er einen Erlaß, der die Wehrmacht zu einer besseren Ausnutzung ihrer Arbeitskräfte verpflichtete, damit mehr Männer, die bereits die Uniform trugen, an die Front geschickt werden konnten. Hitler signierte ihn, so daß er am 28. November in Kraft treten konnte. An einem düsteren Novemberabend besichtigte Speer eine Ausstellung von Haushaltswaren wie Kochtöpfe, Eimer und Eßbestecke, und erneut überraschte ihn die unnötige Qualität und Vielfalt dieser Gegenstände für den täglichen Gebrauch. Seine Berliner Bauinspektion stellte einen neuen Bunker für Goebbels fertig, und dieser freute sich sehr darüber.

Froh waren auch die 3,7 Millionen Berliner (von insgesamt vier Millionen), die vom 1. November an Zugang zu Luftschutzbunkern hatten.

Speer hatte am 8. einen optimistischen Bericht über den Stand der V-2-Entwicklung erhalten. Seine Experten wiesen jedoch darauf hin, daß die im Bereich von Forschung und Entwicklung tätigen Leute zu Übertreibungen neigten und rieten dazu, den Bericht mit Vorsicht zu genießen. Am 16. informierte ihn SS-Gruppenführer Kammler über die Fortschritte beim Bau der unterirdischen V-2-Fabrik, die von Zwangsarbeitern im Harz errichtet wurde. Zwei Tage später leitete Speer die Überführung von Arbeitern aus dem Schiffbau in die Stahlindustrie in die Wege, um die dezentralisierte Vorfertigung von U-Boot-Teilen zu fördern.

Am 22. November 1943 erlebte Berlin den bisher schwersten Nachtangriff des Bomberkommandos der Royal Air Force. Ihm fielen das Gebäude des Ministeriums Speer und Speers offizielle Wohnung zum Opfer, und er kostete ihn selbst fast das Leben, da er darauf bestand, das todbringende Schauspiel von einem zentralen Berliner Flakturm aus zu beobachten. Dieser Turm war mit Flakgeschützen und -scheinwerfern ausgerüstet, um einen wirksamen Luftschutz inmitten der umstehenden hohen Gebäude zu gewährleisten. Schwere Einschläge erschütterten den Turm, während das benachbarte Ministerium niederbrannte, wobei eine Unmenge von Akten vernichtet wurde – was Speer später als einen weiteren Schlag gegen die Bürokratie, den ewigen inneren Feind, pries. Er suchte unter einem S-Bahn-Bogen Schutz, als starke Winde die Löscharbeiten der überforderten Feuerwehrleute unterbrachen.

Nach der furchtbaren Nacht, in der rund 3500 Berliner umkamen und 400 000 obdachlos wurden, war Speer gezwungen, zu seinem alten Büro am Pariser Platz Nr. 4 zurückzukehren. Das Personal des Ministeriums wurde auf unbeschädigte Gebäude verteilt, und Speer hielt zur Koordinierung der Arbeit täglich mittags eine Sitzung der Abteilungsleiter ab, da durch den Bombenangriff auch viele Telefonverbindungen unterbrochen waren. Die schweren Schäden, die das Schienennetz und das rollende Material der Hauptstadt erlitten hatten, veranlaßten Speer, die Umleitung der ostwestlichen Züge anzuordnen, die nicht in Berlin halten mußten. Am 1. Dezember wurden die verschiedenen zeitweiligen Außenstellen des Ministeriums in drei benachbarten Gebäuden am Potsdamer Platz im Herzen Berlins untergebracht und dadurch wieder miteinander vereinigt.

Acht Tage später befand sich der rastlose Speer weit weg von Berlin im Harz im Herzen Deutschlands. Er besuchte die Dienststelle seines Ministeriums in Blankenburg, wo die neue Generation der Walter-U-Boote in Vorbereitung war. Otto Merker, der neue, dynamische Leiter des Hauptausschusses für Schiffsbau, hatte die Planung dadurch beschleunigt, daß er alle Schiffswerften, die am Projekt beteiligt waren, an einer Stelle zusammenfaßte, wodurch ein sechsmonatiges Durcheinander vermieden wurde. Immerhin war es bereits möglich, Speer und Dönitz an jenem Nachmittag das Holzmodell eines der künftigen »Elektroboote« vorzustellen, bevor ein festlicher »Kameradschaftsabend« im Kino der Stadt begann.

Die Chronik äußert sich begeistert über dieses Vergnügen, aber bei jedem geselligen Beisammensein, an dem Speer und (besonders) Dönitz als Ehrengäste teilnahmen, dauerte es bestimmt eine ganze Weile, ehe Stimmung aufkam – obwohl die Ausgelassenheit einer Gruppe deutscher Amtsträger, denen gestattet wird, aus sich herauszugehen, nicht unterschätzt werden sollte. Speer war jedenfalls nicht der einzige Beobachter, der feststellte, daß auf allen Ebenen des Nazireiches, darunter auch (trotz Hitlers Abstinenz) ganz oben, der Alkoholkonsum überhandnahm.

Speer hielt sich in dieser Hinsicht natürlich zurück und litt am Morgen des 10. Dezember nicht unter einem Kater, was sich offenbar als segensreich erwies. Seinen nächsten Besuch stattete er der V-2-Fabrik in Nordhausen im Harz ab. Der Betrieb, der den Namen »Mittelwerk« trug, war ein Höhlensystem, das vor dem Krieg zur sicheren Aufbewahrung kriegswichtiger Chemikalien angelegt worden war. Speer gab offen zu, daß ihn das Entsetzen packte, als er zum ersten Mal die Hölle erblickte, die diese Fabrik darstellte. In ihr arbeiteten die Sklaven von »Lager Dora«.

Die RAF hatte auch Angriffe gegen Peenemünde geflogen, das in Reichweite ihrer Bomber lag. Daraufhin wurde die V-2-Fertigung im August 1943 unter die Erde verlegt. Das auf einer Insel befindliche Raketenversuchsgelände, das 1936 feierlich eingeweiht worden war, bot das seltene Schauspiel einer Einrichtung, die von den sich ständig bekriegenden Wehrmachtsteilen gemeinsam genutzt wurde. Die Luftwaffe nutzte die westliche Startbasis für die V 1 – die in der Hauptsache im Volkswagenwerk in Fallersleben gefertigt wurde – und das Heer die östliche Startbasis für die V 2. Im Sommer 1943 zerstörte die RAF die ursprüngliche V-1-Fabrik in Friedrichshafen.

Die beiden Waffensysteme hatten Fürsprecher, die heftig miteinander rivalisierten: einmal Karl Saur, Speers Untergebener, der seinem Chef nicht wohlgesinnt, aber ein begnadeter Ingenieur war (V 2), zum anderen Erhard Milch, Görings Rüstungschef, zugleich Speers Freund und Verbündeter (V 1).

Himmler, der immer bestrebt war, sein Wirtschaftsimperium zu erweitern, machte auf einer Beratung, die am 22. August 1943 mit Hitler und Speer stattfand, den Vorschlag, die V 2 mit Hilfe von Arbeitskräften aus den Konzentrationslagern zu fertigen. Die Einzelheiten sollten mit dem eiskalten Kammler besprochen werden, der, blond und blauäugig, geradezu als Doppelgänger von Reinhard Heydrich, dem SD-Chef, erschien, der einem Attentat zum Opfer gefallen war. Speer hatte sich damals bereits daran gewöhnt, mit Kammler und dessen Vorgesetzten Oswald Pohl, Chef der Wirtschaftsverwaltung der SS, zu tun zu haben. So hatte sich diese Dreiergruppe beispielsweise am 15. September 1942 getroffen, um die Erweiterung von Auschwitz zu besprechen, das, wie bereits erwähnt, eine aus drei Teilen bestehende Einrichtung war: das Basislager, das Todeslager und das Lager der Arbeitssklaven. Die SS verwaltete alle drei Lager, Speer dagegen war für die Produktion des dritten verantwortlich, zu dessen wichtigsten Produkten Buna, der synthetische Kautschuk, gehörte, der dort nach einem Verfahren der IG Farben hergestellt wurde. Da Deutschland keinen Zugang zu Naturkautschuk hatte, wurde dieser Ersatzstoff im Laufe des Krieges immer wichtiger. Das hinderte die

SS nicht daran, zusätzlich zu den Millionen Menschen, die in Auschwitz II umgebracht wurden, 30000 Zwangsarbeiter in Auschwitz III »durch Arbeit zu vernichten«. Beide Lager wurden unter Kammlers Leitung errichtet.

Auf dieser Beratung bewilligte Speer zusätzliches Material für den Bau von 300 neuen Barackenblocks für 132000 Häftlinge in Auschwitz III. Er bedauerte dies nach seinem Besuch im KZ Mauthausen im Frühjahr 1943, da er, wie bereits erwähnt, zu der Schlußfolgerung gekommen war, daß die SS zu aufwendig baue. Man muß Speer dabei jedoch zugute halten, daß er sich in seinem Schriftverkehr mit den SS-Führern darüber beklagte, daß die Sklavenarbeit, wie er sie in der V-2-Fabrik mit eigenen Augen gesehen hatte, ineffizient war.

Speers Ministerium trug durch seinen technischen Leiter, Karl Saur, die Gesamtverantwortung für die V 2 und war auch für die Zulieferungen und die Finanzierung verantwortlich. Zu dieser Zeit bot Himmler Speer den Ehrenrang eines SS-Oberstgruppenführers an, der dem Rang eines Generalobersten entsprach, doch Speer lehnte höflich ab. Himmler stufte ihn trotzdem, ohne daß der Minister es damals wußte oder daß er zugestimmt hätte, offiziell in die Gruppe seiner persönlichen Berater ein.

Ein Resultat der Einigung zwischen Speer und Kammler war das »Lager Dora«, benannt nicht nach einer Dame, sondern nach der Bezeichnung des Buchstabens D im Fernmeldealphabet. Es befand sich ebenfalls unter der Erde neben der Fabrik. Die Arbeitskräfte kamen in der Hauptsache aus dem KZ Buchenwald bei Weimar. Die Bedingungen in Buchenwald waren jedoch wesentlich besser als im Lager Dora. Die schwere Arbeit in Peenemünde hatten von Mai 1942 an gleichfalls KZ-Häftlinge geleistet. Sie waren jedoch aus anderen Lagern gekommen.

Dr. A. Poschmann, der leitende Mediziner der Organisation Todt, war keine absolute Karikatur seines Berufs wie so viele andere Ärzte des Dritten Reiches, darunter auch Speers Freund Dr. Karl Brandt, für die ein spezieller hippokratischer Eid hätte verfaßt werden müssen. Er war wenige Tage vor seinem Minister im Lager Dora gewesen und bereitete Speer darauf vor, daß das

»Lager« in Wirklichkeit aus mehreren Tunneln mit vier Ebenen von Schlafhöhlen bestand, die in die Tunnelwände gehauen worden waren. Es erinnere ihn an Dantes »Inferno«, meinte Poschmann. Der Leiter des ganzen Komplexes war Gerhard Degenkolb, einer von Kammlers Gefolgsleuten, den Speer als Leiter des Sonderausschusses A 4 (Codename für die V 2) auswählte. Generalmajor Walter Dornberger und Dr. Wernher von Braun, die künftigen führenden Köpfe des Raketen- und Raumfahrtprogramms der USA, standen für die Überwachung der komplizierten technischen Seite der Raketenherstellung zur Verfügung. Beide hatten seit 1932 an der V 2 gearbeitet.

Die aus einem Dutzend Länder stammenden Häftlinge schufteten bis zu achtzehn Stunden täglich und schliefen unter Tage. Es gab keine Heizung, keine Lüftung und kein Trinkwasser – nur das Wasser, das an den Wänden herablief. Die »sanitären Anlagen« waren halbierte Fässer, alle Häftlinge hatten Durchfall, das Essen schmeckte abscheulich – Speer probierte es –, und die Männer sahen den Himmel nur wöchentlich einmal beim Sonntagsappell.

Speer war entsetzt. Die Chronik berichtet davon, daß einige Mitarbeiter, die ihn begleitet hatten, in Urlaub geschickt werden mußten, damit sie sich vom Schock erholten. Speer wandte sich von vornherein gegen die Absicht der SS, wahllos Häftlinge hinzurichten, um die bis zum Skelett abgemagerten, stinkenden Arbeiter von Sabotageakten abzuhalten. Später gab er offen zu, daß sein Motiv lediglich aufgeklärtes Eigeninteresse gewesen sei: Da die Arbeit getan werden mußte, sollten die Arbeiter in einer körperlichen Verfassung sein, die es ihnen ermöglichte, ihre Aufgabe ordentlich zu erledigen. Aus dem gleichen Grund hatte er während des Krieges schon früher versucht, bessere Bedingungen für ausländische Arbeiter, einschließlich der russischen, durchzusetzen. Das war ein Thema, über das er sich mit Sauckel und anderen wiederholt gestritten hatte.

Poschmanns Forderungen nach elementaren sanitären Bedingungen und ausreichender medizinischer und zahntechnischer Betreuung wurden nach seinen und Speers Besichtigungen erfüllt. Jauchewagen sollten die Fäkalien fortschaffen, die die Luft von

Dora verpesteten. Speer bat sogar Dr. Brandt, seinen Einfluß bei der SS geltend zu machen, damit die Arbeiter besser behandelt würden, und der SS-Giftmörder im weißen Kittel machte für seinen Freund eine Ausnahme.

Doch Kammlers SS-Leute waren weiter die Bewacher, und der Befehl zur humaneren Behandlung der Arbeitssklaven wurde nur zähneknirschend befolgt. Als Speer das Lager Dora besuchte, arbeiteten dort 11 000 Männer; bei Kriegsende waren 60 000 durch diese Hölle auf Erden gegangen; davon war die Hälfte nach mehr oder weniger kurzer Zeit gestorben. Im Dezember 1943 starben noch 5,7 Prozent der vorhandenen Belegschaft, im August 1944 war die monatliche Todesrate auf 0,8 Prozent zurückgegangen. Speer erklärte vor dem Nürnberger Gericht, er habe nie ein Arbeitslager besichtigt – vielleicht hat er Dora in seiner Erinnerung als ein Konzentrationslager wie Mauthausen eingestuft. Es bestand in dieser Hinsicht ein feiner Unterschied, doch hatte dieser für die Lagerinsassen wenig Bedeutung.[1]

Das V-2-Programm verschlang eine Unmenge von Arbeitskraft und war materiell wie finanziell sehr aufwendig, aber das Paradoxe daran war, daß es besonders für die ohnehin überlastete chemische Industrie eine reine Vergeudung von Kapazität und Anstrengungen bedeutete. Jede der dreizehn Tonnen schweren Raketen beförderte 750 Kilogramm Sprengstoff und konnte natürlich nur einmal verwendet werden. Eine amerikanische Fliegende Festung kostete sechsmal soviel, ließ sich aber leichter fertigen und konnte dreimal soviel Sprengstoff über eine noch größere Entfernung befördern, und das viele Male; die Lancaster-Bomber der RAF konnten immerhin die doppelte Menge befördern. Auch wenn die Deutschen den angreifenden Bombern zeitweilig mehr als 20 Prozent Verluste zufügen konnten, wobei viele Flugzeuge der Alliierten erst abgeschossen wurden, nachdem sie ihre Bombenlast abgeworfen hatten, waren schwere Bomber nach wie vor die bessere Investition. Deutschland vernachlässigte diese Waffenart: Seine Hauptanstrengungen auf diesem Gebiet konzentrierten sich auf die Heinkel He 177, den sogenannten Amerikabomber. Aber er war eine Fehlkonstruktion, deren Mängel im

Krieg viel zu spät beseitigt wurden, als daß dies sein Schicksal beeinflussen konnte. Die Hauptlast der deutschen Luftangriffe trugen deshalb die mittelschweren Bomber.

Innerhalb von sieben Monaten wurden etwa 5000 V-2-Raketen, die 3680 Tonnen Sprengstoff beförderten, auf London, Antwerpen und Lüttich abgefeuert. Viele waren Blindgänger. Über Berlin, das kleiner war als die britische Hauptstadt, wurden im Laufe von fünf Jahren 50 000 Tonnen Bomben in immer rascherer Folge abgeworfen. Sogar die sehr ungenaue V 1, eine fliegende Bombe, war nicht zuletzt aus psychologischen Gründen eine lohnendere Investition als die leise, unsichtbare V 2: Dem dumpfen Röhren des »Doodlebug«, wie die V 1 von den Engländern genannt wurde, folgte eine furchterregende Stille, sobald der Antrieb aussetzte, die Bombe herabstürzte und an einer nicht vorauszusehenden Stelle explodierte. Die V 1 kostete auch viel weniger und beförderte eine größere Menge Sprengstoff – eine Tonne. Etwa 9500 wurden auf Südengland abgefeuert, davon wurde fast die Hälfte abgeschossen, und 6500 auf Antwerpen. Die Alliierten dagegen warfen allein 36 000 Tonnen Bomben auf die Abschußbasen ab.

Speer gab in seinen »Erinnerungen« und bei vielen nachfolgenden Interviews zu, daß vor allem die V 2 einer der größten Fehler der deutschen Rüstungsplanung gewesen sei und dazu beigetragen habe, daß die Anstrengungen nicht auf viel nützlichere Entwicklungen konzentriert worden seien wie zum Beispiel die Boden-Luft-Rakete »Wasserfall« aus dem Jahre 1942, bei der sich der große Vorsprung Deutschlands auf dem Gebiet des Rückstoßantriebs viel mehr ausgezahlt hätte. Denkbar wäre auch ein Flugzeug mit Strahltriebwerk gewesen, das aus der Messerschmidt Me 163 hätte entwickelt werden können, an der in Peenemünde trotz der ständig auftretenden technischen Probleme gearbeitet wurde.

Speer ging noch weiter und gestand ein, daß die V 2 vor allem sein Fehler war, selbst wenn Hitler, der wie immer zuerst an den Angriff und dann an die Revanche, aber nicht an den Schutz der eigenen Bevölkerung dachte, die Entscheidungen über den Bau der Vergeltungswaffe gefällt hatte. Speers ungebremster Enthusiasmus für die V 2 machte den Irrtum noch größer, genauso wie er die Dimensionen der Architektur Hitlers noch mehr vergrößert hatte. Sein Engagement führte zu einer Erwartungskrise, da Goebbels Deutschlands »geheime Waffen« publik gemacht hatte, die, wie er immer wieder versprach, bald die Wende an der Front herbeiführen würden. Hitler hatte den Glauben der Verzweiflung; Goebbels war sicherlich zu zynisch, um in diesem späten Stadium an »Wunderwaffen« zu glauben; Speer scheint allzu leichtgläubig gewesen zu sein.[2]

Es existierten Pläne für eine Super-V-2, die gegen die USA eingesetzt werden sollte, und für eine V 3 und V 4. Sie wurden jedoch nicht realisiert. Die V 3 war eine »Superkanone« mit einem überlangen Rohr (sie gehörte zur selben Kategorie wie das Geschütz, das der irakische Präsident Saddam Hussein noch in den achtziger Jahren bauen lassen wollte). Die Kanone sollte von einer Stellung bei Mimoyecques am Pas de Calais 600 riesige Geschosse pro Stunde auf England abfeuern. Um die erforderliche Mündungsgeschwindigkeit zu erreichen, sollte die Wirkung des Treibsatzes durch Preßluft erhöht werden, während das Geschoß das 130 Meter lange Kanonenrohr passierte.

Die V 4 sollte ein glattes Geschützrohr und eine ähnliche Antriebsmethode wie die V 3 zum Abschuß eines langen, dünnen Projektils mit Flügeln oder Flossen verwenden; diese sollten sich nach dem Abschuß öffnen, damit das Geschoß Flugstabilität und Treffgenauigkeit erlangte. Diese Pfeilbombe sollte eine steile Flugbahn und eine große Durchschlagskraft haben, damit sie auch gegen Befestigungen wie Gibraltar eingesetzt werden konnte. Aber die V 4 hätte man leicht nachbauen können, und so wurde diese Waffe aus Angst vor Vergeltungsschlägen genauso wie die von den Deutschen entwickelten Giftgase und Nervengifte nicht eingesetzt. Die V 3, von der drei Stück gebaut wurden, funktionierte nicht, und die Entwicklungsarbeiten wurden eingestellt.

Was die deutsche Rüstung hätte erreichen können, wenn die Ressourcen nicht für unrealistische Ziele eingesetzt worden wären, das zeigen die Steigerungen, die unter Speers Leitung bei der Herstellung der konventionellen Hauptwaffen erzielt wurden. Die Produktion von Kampfflugzeugen stieg um mehr als das Dreifache: von 11030 Flugzeugen (20100 in Großbritannien) im Jahre 1941 auf 14700 (23600) im Jahre 1942, 25220 (26000) im Jahre 1943 und 37950 (26500 in Großbritannien, aber 110752 in den USA) im Jahre 1944. Im Rahmen der deutschen Produktionsziffern wuchs die Herstellung von Jagdflugzeugen von 1941 bis 1944 um mehr als das Fünfzehnfache, obwohl durch den lähmenden Streit um die Rolle des ersten einsatzfähigen strahlgetriebenen Jägers Me 262 ein effektiver Ersatz für die veralteten Me 109 und Fw 190 nicht in Stückzahlen produziert wurde, die den Kriegsverlauf hätten beeinflussen können.

Speer konnte zu Recht einen Großteil des Ruhmes für die Flugzeugproduktion in Anspruch nehmen, obwohl diese ihm erst im letzten Jahr direkt unterstellt wurde. Trotz aller Meinungsverschiedenheiten in bezug auf die V 1 und V 2 arbeiteten er und Milch, Görings Stellvertreter für die Luftrüstung, in der Zentralen Planung eng zusammen. Gemeinsam legten sie die Prioritäten fest, und gemeinsam bewilligten sie die Materiallieferungen für die Rüstungserfordernisse, darunter auch für die Luftwaffe.

Deutschland versechsfachte von 1941 bis 1944 seine Produktion an mittlerschweren und schweren Panzern: 1941 wurden 2875, 1942 5673, 1943 11897 und 1944 17328 Panzer ausgeliefert – ein Ergebnis, das den besonderen Bemühungen von Speer, Rohland und solchen erstklassigen Beratern wie Porsche zu verdanken war. Dabei übte Hitler ständig Druck auf sie aus.

Beim U-Boot-Bau erhöhten sich die Kapazitäten dagegen nur mäßig: Die Produktion stieg – ausgedrückt in Tonnen Wasserverdrängung – von 161716 im Jahre 1941 um bescheidene 19 Prozent auf 193000 im Jahre 1942, um weniger als 15 Prozent auf 221093 im Jahre 1943 und um weniger als 6 Prozent auf 233551 Tonnen im Jahre 1944, in dem das Schwergewicht auf die neuen Walter-U-Boote gelegt wurde.

Von 1941 bis 1944 stieg auch die Munitionsfertigung um das Sechsfache. Zugleich sei die Produktionsziffer für 1940 als Beispiel dafür erwähnt, wie kurzfristig die deutsche Kriegsplanung angelegt war, bis Ende 1941 der Rückschlag in Rußland kam. 1940 genügten 865 000 Tonnen Munition für die Besetzung Dänemarks, Norwegens, Belgiens, Luxemburgs, der Niederlande und Frankreichs. 1941 wurden trotz der Vorbereitungen auf die Operation »Barbarossa« nur 540 000 Tonnen Munition produziert. Die Ziffer für 1942 – 1 270 000 Tonnen – klingt bescheiden, wenn man die Größe der Sowjetunion und die Tiefe des Eindringens der Wehrmacht in dieses Land sowie die immer erbitterter geführten Kämpfe berücksichtigt. 1943 erhöhte sich die Produktion verständlicherweise um mehr als das Doppelte und betrug 2 558 000 Tonnen. Und als sich Deutschland 1944 an allen Fronten in der Defensive befand, stieg die Munitionsfertigung auf 3 350 000 Tonnen. Diese Menge war trotzdem nicht ausreichend, wenn man zum Beispiel an den unstillbaren Bedarf an Flakgeschossen denkt.

Besonders die Zahlen für 1944 sind um so bemerkenswerter, als man in Betracht ziehen muß, daß die Bombenangriffe der Alliierten den geplanten Ausstoß auf allen Gebieten der Rüstung um ein Drittel oder noch mehr verminderten. Speers Kriegsmaschinerie produzierte über das Jahr 1944 hinweg eine solche Menge an Kriegsgerät, daß allein das Heer 225 Infanterie- und 45 Panzerdivisionen damit hätte ausrüsten oder neu bewaffnen können – in einer Zeit, in der es nicht mehr als 150 Divisionen auf dem Schlachtfeld hatte.[3]

Manche dieser Ausrüstungen waren jedoch von zweifelhafter Qualität: Speer ließ für das Ersatzheer die britische »Sten gun«, Churchills »billige und tückische« Maschinenpistole, die außerordentlich unzuverlässig war, nachbauen und in Massen herstellen. Hitler war jedoch so sehr auf die Schaffung großer Bestände an schweren Waffen bedacht gewesen, daß Ende 1943 ein spürbarer Mangel an leichten Infanteriewaffen eintrat. Eine weitere Steigerung der Rüstungsproduktion war erforderlich, und einige Fabriken waren gezwungen, ihre Fertigung auf solche Grundausrüstungen wie Gewehre umzustellen.

Gegen Ende jenes schicksalsschweren Jahres hatten die Luftangriffe der Alliierten immer ernstere Auswirkungen auf die deutsche Rüstungswirtschaft, obwohl diese ihre höchste Produktivität zu erreichen begann. Die »New York Times« berichtete selbstbewußt am 10. April 1943, die deutsche Kohleförderung und Stahlerzeugung seien durch die angloamerikanischen Luftangriffe inzwischen auf die Hälfte zurückgegangen.

In Wirklichkeit waren die Einbußen viel geringer. Hitler befahl, auf diesen allzu optimistischen Lagebericht nicht zu reagieren, und hoffte, die Alliierten würden an ihrer eigenen Propaganda ersticken.

Die Stimmung unter der deutschen Bevölkerung war trotz der Bombardierungen erstaunlich gut, ausgenommen in Berlin, das nun ständig angegriffen wurde. Die amerikanischen Bombenangriffe, die bei Tage durchgeführt wurden, waren genauer und konzentrierter, aber die britischen Nachtangriffe mit ihrer Kombination von Spreng- und Brandbomben forderten mehr Opfer. Die deutsche Zivilbevölkerung und ihre Führer bezeichneten sie als »Terrorangriffe«, und das war nicht übertrieben – im Hinblick sowohl auf die Auswirkungen als auch auf die Absichten des Stabes der RAF.

Hitler waren die zunehmenden Luftangriffe nicht egal, jedenfalls nicht was seine eigene Person anging. Seine Vorliebe für Bunker mit immer dickeren Wänden und für immer mehr Bunker wuchs im gleichen Maße. Dagegen ließen ihn die Folgen der Bombardierungen für die Bevölkerung völlig kalt, wie selbst der reservierte Speer damals bemerkte. Seit der Katastrophe von Stalingrad, der Niederlage in Nordafrika und der Kapitulation Italiens hatte sich Hitler in der Öffentlichkeit nicht mehr blicken lassen und auch nur noch gelegentlich im Rundfunk gesprochen. Die Tatsache, daß er sich hartnäckig weigerte, nach Bombenangriffen die Straßen Berlins zu besichtigen, stand in deutlichem Gegensatz zum Verhalten von König Georg VI. und Königin Elisabeth und auch von Premierminister Churchill in London. Dort konnte das kurze Erscheinen einer führenden Persönlichkeit die persönliche Tragödie eines Bürgers leicht in ein Ereignis verwandeln, das – wie der neidische Goebbels als erster erkannte – das Solidaritätsgefühl, den Patriotismus und sogar den Stolz der Menschen förderte. Die Berliner wie die Londoner konnten alles standhaft ertragen, aber ihr Führer, immerhin ein Veteran des Gemetzels in den Schützengräben von 1914 bis 1918, vermochte das erwiesenermaßen nicht. Wenn er schnell im Auto an den Ruinen vorbeifuhr, wendete er die Augen ab. Gleichzeitig schien Hitlers äußere Zuversicht, wie Speer in Kapitel 21 seiner »Erinnerungen« bestätigt, zuzunehmen, während er andererseits immer unzugänglicher wurde.

Die Tatsache, daß sich das Verhalten seines Helden auch ihm gegenüber änderte, führt Speer auf die wachsende Überforderung Hitlers zurück: Ein Dilettant, an eine schubweise Erledigung seiner Geschäfte mit dazwischenliegenden Trägheitsphasen gewöhnt, war nun gezwungen, immer härter zu arbeiten, um der wachsenden Probleme Herr zu werden. Das war wider seine Natur. Er zeigte keine Neigung mehr, Aufgaben anderen zu übertragen, und seine angeborene Unentschlossenheit wurde durch ständige Erschöpfung verstärkt. Das führte zu Reizbarkeit und Abgestumpftheit und bewirkte, daß er zuweilen wie versteinert war, ausgenommen in den Zeiten, wo er mit seiner Schäferhündin Blondi zusammen war. Er war von Natur aus nie zu einer herzlichen Unterhaltung fähig. »Die Art jedoch, in der er mit mir oder anderen sprach, wirkte unpersönlich und distanziert«, schrieb Speer in seinen »Erinnerungen«.[4]

Hitler hatte sich im Grunde genommen in einen Gefangenen verwandelt. Die Teestunden bei ihm wurden immer langweiliger. Sie konnten um zwei Uhr morgens beginnen und um vier Uhr früh enden – in dieser Zeit entspannte er sich etwas. Immer häufiger grübelte er über die Neugestaltung von Linz nach, der Stadt in Österreich, in die er sich im Alter zurückziehen wollte; Hermann Giesler, der Architekt, der mit der Aufgabe ihrer Umgestaltung betraut worden war, wurde häufiger als Speer, der Planer des neuen Berlins, zu Hitler gerufen. Aber wenn ihm die täglichen Berichte über die Luftangriffe gebracht wurden, interessierte ihn die Zahl der Opfer nicht. Statt dessen konnte es vorkommen, daß er vielleicht den sofortigen Wiederaufbau irgendeines Theaters befahl. Nachdem er sich von allem abgeschottet hatte, fällte »Hitler alle Entscheidungen, ohne Fachunterlagen, selbst«.[5]

Diese düstere Atmosphäre voller Mißtrauen und Gereiztheit wirkte sich unvermeidlich nachteilig auch auf das Verhältnis zwischen Hitler und Speer aus.

»Bis zum Sommer 1943 rief Hitler mich zu Beginn jedes Monats an, um sich die neuesten Produktionszahlen telefonisch durchgeben zu lassen... Ich gab die Zahlen in der vorgesehenen Reihenfolge durch, und Hitler quittierte meist mit Ausrufen wie: ›Sehr gut!... Also ich danke für den Anruf. Empfehlung an Ihre Frau Gemahlin‹...

Die Anrufe hörten allmählich auf... Ab Herbst 1943 [hatte] Hitler die Gewohnheit angenommen, sich mit [Karl] Saur zur Durchgabe der Monatsmeldungen verbinden zu lassen.«

Paranoia kann ansteckend wirken. Speer vermutete zu Recht, wie noch gezeigt werden wird, daß Saur, sein technischer Leiter, den er von Todt übernommen hatte, sich ihm gegenüber nicht loyal verhielt und in seinem Ministerium sogar als Spion Bormanns fungierte. Speer war auch durchaus bekannt, daß Walter Schieber, sein Chef für die Rüstungszulieferungen und Ehrenbrigadeführer der SS, Himmlers Spion war.

Erschöpft von diesen ständigen Intrigen, von Hitlers endlosen Sinnesänderungen bei den Produktionsprioritäten und zweifellos auch auf Grund seiner kolossalen Arbeitsbelastung unternahm Speer seinen dritten Versuch, am Ende des Jahres 1943 nach dem hohen Norden zu reisen. Aus Sorge um seine Sicherheit hatte Hitler ihm Ende 1942 nicht gestattet, Einheiten der Organisation Todt und Stellungen der Wehrmacht in Nordnorwegen, Finnland und Rußland zu besuchen, und das gleiche war ihm bereits 1941 widerfahren. 1943 hingegen gab es keine Einwände. Diese riskante, wenn auch völlig freiwillige Weihnachtsreise erscheint merkwürdig. Immerhin unternahm sie ein Vater von sechs Kindern, alle unter zehn Jahren – Ernst, der Jüngste, war erst im September 1943 geboren worden –, mitten im Krieg, wo die zu Hause verbrachte Zeit ohnehin auf ein Mindestmaß beschränkt war. Einem kalten Fisch wie Speer machte das offenbar nicht viel aus, und vielleicht waren schreiende Babys das letzte, was Hitlers überanstrengter Rüstungsminister in diesem Stadium ertragen konnte. Trotzdem verzichtete der arbeitswütige Speer jetzt auf die voraussichtlich letzte Chance, mehr als nur ein oder zwei kurze Stunden bei seiner Familie zu verbringen, bevor seine Kinder groß wurden. Das ist keine nachträgliche Erkenntnis; denn der Krieg nahm unverkennbar einen verhängnisvollen Verlauf, und jeder Mann, der seine Familie liebt, hätte sicherlich die Möglichkeit genutzt, zu Weihnachten einige Tage zu Hause zu verbringen, da doch die Zukunft so düster aussah. Wäre die Abwesenheit zu Weihnachten unvermeidlich gewesen – sie war es nicht –, so wäre sicherlich ein Neujahrsurlaub möglich gewesen oder umgekehrt. Als Speer seine Flugreise nach dem Norden unternahm, war er ein getreuer Anhänger Hitlers, wie er es immer gewesen war. Aber seine Reise war der Auslöser einen ganzen Kette von Ereignissen, die diese unbestrittene Haltung radikal änderten.

In Vorbereitung seines Urlaubs rief Speer etwa hundert seiner leitenden Mitarbeiter zusammen, um ihnen für ihre Arbeit im erweiterten Ministerium zu danken. Dabei wies er darauf hin, daß ihre Belastung mit den Schwierigkeiten Deutschlands noch zunehmen würde. Die unverminderten Spannungen zwischen dem Ministerium und dem Bereich OT unter Leitung von Xaver Dorsch bewogen Speer, die Männer, die er in die Zentrale der OT entsandt hatte, in seine eigene Zentrale zurückzuholen: Dr. Gerhard Fränk, Erwin Bohr und Dr. Rudolf Wolters. Einige andere Vertraute, wie zum Beispiel Professor Karl Hettlage, der Finanzexperte (und spätere Staatssekretär im westdeutschen Ministerium der Finanzen), Dietrich Clahes, der Verantwortliche für die Vertreibung der Berliner Juden, und Will Nagel, der Chef des Transportwesens, erhielten ebenfalls Posten im Zentralamt, um es zu vergrößern und zu verstärken, damit es seiner Aufgabe der obersten Leitung der OT sowie der Ressorts Straßenwesen, Wasser und Energie, besser würde gerecht werden können. Eine lang anhaltende Dürre hatte dazu geführt, daß die Pegel der Gewässer im ganzen Land gesunken waren. Das lähmte das immer wichtiger werdende Netz der Wasserstraßen (das Luftangriffen gegenüber weniger anfällig war als die Eisenbahn und die Straße) sowie die Wasserkraftwerke. Die Chronik vermerkte, daß sich unter den Beamten des Ministeriums bei der Berichterstattung über diese Probleme Pessimismus und Passivität ausbreiteten.[6] Am Abend des 21. Dezember aß Speer gemeinsam mit seinen Vorzimmerdamen, bis zum heutigen Tag die traditionellen Wächterinnen der deutschen Chefs. Zu ihnen gehörten die ihm immer treu ergebene Annemarie Kempf geborene Wittenberg, die einmal in Goebbels' Büro gearbeitet hatte, und Edith Magira, die ihre Ergebenheit für Fritz Todt ganz auf Albert Speer übertragen hatte.

Am Morgen des 22. Dezember flog er in seiner neuen offiziellen Maschine, einer Focke-Wulf 200 Condor, von Berlin ab. Am Steuer saß der ehemalige Lufthansakapitän Hermann Nein, sein persönlicher Pilot. Speer wurde von einem kleinen Stab, darunter der Chronist Wolters und die Sekretärin Kempf, sowie zwei Unterhaltungskünstlern – Siegfried Borries, einem namhaften Geiger, und dem Zauberer Helmut Schreiber (der nach dem Krieg unter dem Künstlernamen Kalanag bekannt wurde) begleitet. Sie sollten den Kampf- und Arbeitsbataillonen im kalten Norden eine Freude bereiten. Unter den Luxusartikeln, die zum gleichen Zweck mit an Bord genommen worden waren, befanden sich alkoholische Getränke und Zigarren.

Der Flug wurde zum ersten Mal auf einer Baustelle der OT in Ostpreußen und dann tief im Innern von Estland unterbrochen, wo man ohne großen Erfolg versuchte, aus den dortigen Kalksteinschichten ausreichende Mengen von Schieferöl zu gewinnen. Es wurde wirklich nichts unversucht gelassen, um dem permanenten Treibstoffmangel abzuhelfen. Tatsächlich lief Deutschland Gefahr, allein aus diesem Grund den Krieg zu verlieren. Deshalb hatten die Nazis von 1933 an die Kohlehydrierung, die Umwandlung von Kohle in Benzin, gefördert. Ihre Hoffnungen, das Treibstoffproblem durch die Eroberung des Kaukasus mit seinen reichen Erdölfeldern lösen zu können, begannen auf Grund der Pattsituation im südlichen Abschnitt der Ostfront im Jahre 1943 zu schwinden.

Von Estland aus setzte die Condor ihren Flug über den Finnischen Meerbusen in nördlicher Richtung fort. Sie überflogen in geringer Höhe Finnland, bis Nein in der ganztägigen Dunkelheit auf einer mit Petroleumlampen gekennzeichneten provisorischen Landebahn bei Rovaniemi am nördlichen Polarkreis sicher landete. Am nächsten Tag flogen sie 600 Kilometer weiter nach Norden bis Petsamo (heute Petschenga in Rußland), um die dortigen Stützpunkte zu besuchen, darunter Linachamari an der Küste der Barentssee. Von dort war es nur ein Sprung bis zu den befestigten Außenposten auf der Fischerhalbinsel (heute russisch Rybatschij Poluostrow). Dies war der nördlichste Abschnitt der deutschen Ostfront; er war nur 80 Kilometer von Murmansk entfernt, dem einzigen nördlichen Hafen, der im Winter eisfrei war und deshalb den Endpunkt der schrecklichen Route der englisch-russischen Schiffskonvois bildete. Es erübrigt sich fast zu erwähnen, daß die Organisation Todt und die Wehrmacht in diesem sehr unwirtlichen Gebiet ein ganzes Netz von Stützpunkten mit sozialen Einrichtungen und vielen Barackenreihen geschaffen hatten. Deutsche Ingenieure hatten im Gebiet von Petsamo Straßen in einer Länge von Tausenden von Kilometern, einschließlich mehrerer Brücken, gebaut. Die Finnen hatten dieses Gebiet nach dem verlorenen »Winterkrieg« an die Russen abtreten müssen, die Deutschen hatten es übernommen, doch die Russen bekamen es 1945 zurück.

Speer freute sich darüber, daß er selbst durch das gefährliche Gebiet fuhr und schließlich, begleitet vom dortigen Kommandeur, General Hengl, auf Skiern bis zu den vorgeschobenen Stützpunkten gelangte. Deutsche Artilleristen feuerten von ihrer Stellung aus mit einem 15-cm-Infanteriegeschütz auf einen sowjetischen Unterstand auf der gegenüberliegenden Seite und zerstörten ihn. Es war der erste scharfe Schuß, den er erlebte – die riesigen Granaten, die man bei einer früheren Gelegenheit ihm zu Ehren an der französischen Kanalküste abgefeuert hatte, wurden ins Meer und nicht auf Dover geschossen, von wo aus die Briten vielleicht das Feuer erwidert hätten. Unmittelbar danach erlebte Speer das erste Mal die Nähe des Todes, als der Gefreite, der unmittelbar neben ihm stand, von einem Scharfschützen getroffen zusammenbrach.

Am meisten klagten die Fronttruppen über den Mangel an leichten Infanteriewaffen, besonders Maschinenpistolen; sie waren größtenteils darauf angewiesen, sich diese bei den Russen zu erbeuten. Speer machte sich Notizen in der Absicht, die Sache nach seiner Rückkehr zu korrigieren.

Das eigentliche Ziel der Winterreise Speers war die Besichtigung des Bergbaukomplexes am Fluß Kolosjokki – der einzigen Nickelquelle des Dritten Reiches; Nickel ist ein sehr wichtiger Bestandteil hochwertiger Stähle. Er stellte fest, daß ein großer und wachsender Vorrat an Erz vorhanden war – ein zu großer, da es nicht genug Transportmittel gab, um das Erz in den Süden zu schaffen; das war darauf zurückzuführen, daß der Bau eines bombensicheren Kraftwerkes als vordringlich eingestuft war. Speer griff ein, und mit den Nickellieferungen für die deutsche Industrie klappte es wieder.

Inzwischen waren in der verschneiten Einöde die Kameradschaftsabende an der Reihe. Speers Gruppe kehrte von Petsamo zum Inari, dem größten See im finnischen Teil von Lappland, zurück. Zu ihrer Unterhaltung wurde auf einer Waldlichtung ein großes Lagerfeuer angezündet. Deutsche Arbeiter der OT und finnische Holzfäller wärmten sich innerlich mit Schnaps und äußerlich an den Flammen, während Borries auf seiner Geige Bach, Mozart und Paganini spielte. Zum Schluß führte Schreiber seine Zauberkunststücke vor. Speers Gruppe fuhr auf Skiern weiter, um in einem Zelt zu übernachten, wie es die Lappen benutzten. Unter einer Öffnung im Zeltdach brannte ein Feuer. Sie legten sich mit den Füßen zu den Flammen hin und bildeten gleichsam die Speichen eines Rades. Die Reithosen eines Majors fingen dabei Feuer und mußten gelöscht werden. Es kam Wind auf, bei dem an Schlafen fast nicht zu denken war. Er füllte das Zelt mit dichtem Rauch, und alle Leute hatten rußgeschwärzte Gesichter. Die verhinderten Schläfer stürzten mehrmals hinaus, um frische Luft zu atmen, und um drei Uhr morgens flüchtete Speer vor dem Rauch ins Freie, wo er es vorzog, den Rest der Nacht in einem Schlafsack aus Rentierfell zu verbringen. Als er aufstand, spürte er stechende Schmerzen im linken Knie.

Speers Gruppe verbrachte die nächste Nacht bequemer in der Blockhütte des kommandierenden Generals der Eismeerfront,

Generalleutnant Dietl. Danach kehrte sie kurz nach Rovaniemi zurück. Von dort aus fuhr sie am 24. Dezember los, um den OT-Stützpunkt bei Kirkenes, der nördlichsten Siedlung im besetzten Norwegen westlich der sowjetischen und finnischen Grenze, zu erreichen. Speer war in seinem Element, als er am Steuer eines Autos mit starkem Motor saß und auf der 500 Kilometer langen, menschenleeren, aber schwierigen Straße von Rovaniemi zum Stützpunkt an der »Eismeerautobahn« brauste. Etwa 500 OT-Leute kamen von den Außenposten, um an der Weihnachtsfeier im Hangar des Hauptquartiers im »Wikinger«-Bezirk teilzunehmen. Speer hielt eine kurze Ansprache, die mit dem obligatorischen »Heil Hitler, OT-Männer« begann, das ein kurzes Echo auslöste. Eine Militärkapelle sorgte für eine geselligere Atmosphäre, indem sie Weihnachtslieder und andere Weisen spielte, und eine einundzwanzigjährige OT-Zeichnerin, die seit zwei Jahren in dieser Gegend arbeitete, zog ein Weihnachtsmannkostüm an und überreichte den Besuchern aus Deutschland Geschenke. Diese revanchierten sich mit Weihnachtspaketen, die Wein, Schokolade, Kuchen, Zigaretten und eine Weihnachtskerze enthielten.

Speer und seine Mitarbeiter verließen die Feier um elf Uhr abends, um sich in ihre Unterkünfte zu begeben. Am ersten Weihnachtsfeiertag besuchten sie die Flieger auf dem Rollfeld von Kirkenes, die von dort aus Murmansk bombardierten und die Schiffskonvois der Alliierten angriffen. Sie übernachteten auf dem Luftstützpunkt und fuhren in den darauffolgenden Tagen zu weiteren OT- und Militäreinrichtungen, um dort Grüße zum Jahreswechsel zu überbringen. Speer verbrachte seine letzte Nacht in Lappland in Skoganvarra, bevor er am Silvestermorgen die Condor bestieg, um nach Deutschland zurückzufliegen. Sogar jetzt sollte seine Familie ihn nicht sehen: Flugkapitän Nein landete auf der Rollbahn bei Rastenburg, da Speer Hitler auf mehreren Beratungen Bericht zu erstatten hatte.[7]

Diese kombinierte Besprechung, die Bormann organisiert hatte, begann mit einem Bericht über die Verwirklichung des Rüstungsprogramms, das im Februar 1942 beschlossen worden war, als Speer den Ministerposten übernommen hatte. Er berichtete, daß es in allen Punkten erfüllt worden sei, und stieß auf keine Widerrede. Am 2. Januar 1944 standen unter anderem die Stromerzeugung, der Schiffsbau und die Marinerüstung auf der Tagesordnung. Speer traf sich am nächsten Tag mit Göring und Dönitz, um über die Planung von Forschung und Entwicklung zu sprechen; danach folgte eine Sitzung über die Arbeitskräftesituation in Frankreich. All das fand vor dem Mittagessen mit Hitler statt. Anschließend begab sich die Dreiergruppe zu General Zeitzler, dem Generalstabschef des Heeres, und dann zu Himmler. Dabei ging es noch immer um die Deportation französischer Arbeitskräfte. Die Chronik berichtet nur kurz über diese Besprechungen: Die Arbeit in Speers Sperrbetrieben in Frankreich und in den Niederlanden klappe mittlerweile, so heißt es, wie am Schnürchen, aber wenn man zwischen den Zeilen der Januareintragung liest, so merkt man, daß die Franzosen noch immer gezwungen wurden, in Deutschland zu arbeiten, was zweifellos viele dazu veranlaßte, sich dem Maquis, der Widerstandsbewegung, anzuschließen.

Die Hauptfrage der ersten Führerbesprechung des Jahres war Deutschlands Bedarf an Arbeitskräften für 1944, das fünfte volle Kriegsjahr. Die Zurückhaltung der Chronik steht hier im Gegensatz zu Speers »Erinnerungen« (Kapitel 22), wo er schildert, daß er mit allen, vom Generalbevollmächtigten für den Arbeitseinsatz, Sauckel, bis Hitler, uneinig war.

Der »Führer« griff auf dieser Besprechung selbst zu Papier und Bleistift, notierte genau, wie viele Arbeiter jeder Fachminister 1944 haben wollte, und addierte dann die Zahlen. Dann fragte Hitler Sauckel, ob er vier Millionen Arbeiter beschaffen könne.

Ja, so lautete die prahlerische Antwort, doch brauche er dazu freie Hand in den besetzten Gebieten Europas. Keitel und Himmler wurde befohlen, Sauckel zu unterstützen. Speer erhob Einwände, wurde aber schroff abgewiesen. Dennoch entlockte er Sauckel die fragwürdige Zusicherung, seine Sperrbetriebe bei der Dienstverpflichtung von Arbeitern nach Deutschland etwas zu schonen. Speer behauptete, er habe durch seine eigenen Vertreter in den besetzten Gebieten und durch seine Freunde in der Wehrmacht die neuen Pläne für die Zwangsrekrutierung von Arbeitern zu durchkreuzen versucht, doch habe schließlich der negative Verlauf des Krieges dazu geführt, daß das von Sauckel angekündigte Programm scheiterte. In jenem Jahr, in dem die Alliierten vom Osten, Süden und schließlich auch Westen zu Lande vorstießen, wurden nur noch etwa 100 000 Menschen zur Zwangsarbeit nach Deutschland verschleppt.

Speer hatte mit seiner Feststellung, er sei Gauleiter Sauckel und dessen mächtigem Verbündeten Bormann in der Auseinandersetzung über das vertrackte Arbeitskräfteproblem unterlegen, zweifellos recht. Die letzte Galafeier in der Geschichte des Dritten Reiches – Görings Geburtstagsparty, die am 12. Januar 1944 in seinem Jagdschloß Karinhall im üblichen prunkvollen Rahmen stattfand, wobei die kostbaren Geschenke in groteskem Gegensatz zu den vornehm-bescheidenen Erfrischungen standen – vermochte Speer nicht aus seiner gedrückten Stimmung zu reißen. Mit seinem linken Knie hatte er schon in der Kindheit Probleme gehabt. Die heftigen Schmerzen, die sich zum ersten Mal wieder in Lapplands Schnee bemerkbar gemacht hatten, peinigten ihn jetzt ständig und waren von einer bedenklichen Schwellung begleitet. Dr. Brandt bestand darauf, daß Speer sich in einem Krankenhaus behandeln ließ. Am 18. Januar wurde er völlig erschöpft in eine Klinik in Hohenlychen nördlich von Berlin eingeliefert. Sie gehörte dem Roten Kreuz, wurde aber von der SS verwaltet.[8]

Dr. Karl Gebhardt hatte als Spezialist für Knieverletzungen die Karriere mancher Sportstars gerettet und vielen anderen, darunter dem König der Belgier, geholfen, beweglich zu bleiben. Er war auch ein enger Vertrauter Himmlers und Gruppenführer der SS. In dieser Eigenschaft führte er an KZ-Häftlingen Experimente durch, doch davon wußte Speer damals nichts. Die Erkrankung war für Speer ohne Zweifel ein großes Problem, aber später machte er mehr daraus, als dem Anlaß angemessen war.

Wollte jemand auf Dauer Hitlers Gunst genießen, mußte er, wie in jeder Diktatur von Alexander dem Großen bis Saddam Hussein, dem Despoten ständig zur Hand sein. Bormann verstand dieses Prinzip und profitierte davon am meisten. Aber auch andere wie Himmler, Goebbels oder Speer, die mit Hitler mehr Zeit verbrachten als jeder andere führende Nazi, der in der Welt außerhalb des Bunkers eine Funktion hatte, kannten das sehr wohl. Nur Bormann und das Gefolge des »Führers« – Eva Braun, seine Adjutanten, Sekretärinnen und Diener – sahen ihn noch häufiger. Speer konnte wenigstens weiter die Zügel in der Hand halten und verwandelte sein Krankenzimmer auf der Station 1 unverzüglich in ein Büro. Er arbeitete wie immer von früh bis Mitternacht und hielt sein Personal in den beiden Nebenzimmern voll auf Trab.[9]

Seine Gesundheit war nie sonderlich robust gewesen. Auf die Ohnmachtsanfälle und unklaren »Kreislaufstörungen« in der Kindheit waren klaustrophobische Attacken oder Angstzustände im Erwachsenenalter gefolgt. Diese waren sicherlich psychosomatischer Natur und durch Streß oder Sorgen verursacht, da seine Aufgaben lawinenartig wuchsen. Es wurden keine körperlichen Ursachen gefunden, und seine Ärzte beschränkten sich gewöhnlich darauf, ihm vernünftige Ratschläge zu erteilen. 1936 hatte sich Speer mit seinen damaligen Kreislaufproblemen und gastritischen Beschwerden an Dr. Theodor Morell gewandt, einen Berliner Modearzt, der sich auf das Gebiet der Bakteriologie, Urologie und der Geschlechtskrankheiten spezialisiert und Heinrich Hoffmann, Hitlers Hoffotografen, 1935 das Leben gerettet hatte. Hoffmann hatte dem Vegetarier Hitler von Morells Fähigkeiten berichtet und Hitler den Arzt wegen seiner gastritischen Probleme und Darmbeschwerden konsultiert – Beschwerden, wie sie anscheinend in den höheren Nazikreisen endemisch waren. Denn Himmler und Göring zählten ebenfalls zu den Leidenden.

Morells Injektionen von Vitaminen und Mineralien regten Hitlers Appetit wieder an und bewirkten, daß er sich viel besser fühlte. Bevor er tablettensüchtig wurde, machte er Morell zu seinem Leibarzt. Dr. Brandt, der andere Leibarzt, begleitete Hitler auf dessen Fahrten, während Morell zu Hause blieb.

Speer befolgte Morells Rat, kürzer zu treten, auch wenn er die von ihm verschriebenen Pillen nicht einnahm. Er erholte sich und gewann so viel Vertrauen zum Pillendoktor, daß er sich 1941 wieder an ihn wenden wollte, als er wieder an Verdauungsbeschwerden litt. Da aber Morell nicht erreichbar war, ging er zu Professor

Henri Chaoul, einem Radiologen, der seinen Magen-Darm-Trakt röntgte und Dr. Morell die Ergebnisse mitteilte, ohne irgendwelche Empfehlungen zu geben. Morell diagnostizierte eine Entzündung und eine mögliche Blinddarmreizung, verordnete jedoch nur eine strenge Diät und Tabletten gegen Würmer. Der Patient erholte sich wieder völlig. Er zögerte nicht, im Februar 1943 seine ältere Tochter Hilde zu Morell zu schicken.

Sobald Speer darniederlag, versammelten sich die Aasgeier der Nazihierarchie. Einer der geheimen »Verbindungsleute« (Spione) der NSDAP in seinem Ministerium, Xaver Dorsch, Leiter des Bausektors der OT und glühender Verehrer des verstorbenen Dr. Todt, versuchte gar, einen verschlossenen Aktenschrank aus dem Personalbüro abtransportieren zu lassen. Dorsch vertrat im Ministerium offiziell den Deutschen Beamtenbund, der genauso von der NSDAP gesteuert wurde wie jede andere Organisation. Er selbst war dort »Sonderabteilungsleiter«. Erwin Bohr, der anstelle des inzwischen entlassenen Konrad Haasemann neu ernannte Personalchef der Zentrale, rief Speer im Krankenhaus an und informierte ihn über den Ärger mit dem Aktenschrank. Speer befahl, den Schrank zu öffnen, und erfuhr, daß er Dossiers über viele leitende Mitarbeiter des Ministeriums enthielt – fast durchweg negative Urteile. Dorsch und Haasemann, der bereits entlarvt und unschädlich gemacht worden war, hatten die Dossiers für Parteizwecke anlegen lassen. Damit war Speer klar, welche Rolle Dorsch insgeheim gespielt hatte. Die Dokumente zeigten, wie die Agenten der NSDAP und Bormanns Speers Absicht, einen Beamten zu befördern, vereitelt hatten. Speer rief Goebbels an und erreichte, daß Dr. Fränk, ein Speer absolut ergebener Mann, die Stelle des Parteibeauftragten im Ministerium besetzte.

Speer beschwerte sich wiederholt schriftlich bei Hitler über die Machenschaften des Parteiklüngels, die blockierte Ernennung, die Dorschclique, Sauckels Einmischung in den Sektor Rüstungsarbeiter, die Obstruktion der Gauleiter. Drei Schreiben von insgesamt 23 Schreibmaschinenseiten wurden in vier Tagen verfaßt und während des Krankenhausaufenthalts von Speer abgeschickt. Die Schreiben dürfen nicht als verzweifelte Versuche eines bettlägerigen Mannes oder eines sich zurückgesetzt fühlenden Favoriten abgetan werden, an seine Existenz zu erinnern, obwohl sie durchaus in einem flehenden Ton geschrieben sind: Seit Bormann das Komplott von Goebbels und Speer gegen die von ihm selbst angeführte Dreiergruppe um Hitler geschickt abgefangen hatte, war es üblich geworden, Schreiben über Bormann an Hitler zu senden, wenn man den Diktator auf sich aufmerksam machen wollte. Im letzten dieser vier Schreiben (von dem eine Kopie an Bormann geschickt wurde) teilte Speer Hitler seine Absicht mit, Dorsch zu entlassen, obwohl jeder derartige Schritt bei einem leitenden Beamten der Zustimmung Hitlers bedurfte – die dieser nicht erteilte. Hitler zog sich aus der Affäre, indem er seinem einstigen Favoriten einfach nicht antwortete.

Dorsch, ein Parteigenosse der »alten Garde« und gleichzeitig ein Bauingenieur mit überragenden Fähigkeiten, blieb weiter auf seinem Posten und wurde während der Abwesenheit Speers in den inneren Kreis von Hitlers Beratern aufgenommen. Speer erlebte jetzt die schlimmste aller Welten: Er war krank und erschöpft, rackerte sich aber noch immer als Minister ab und wurde dabei von Hitler völlig im unklaren gelassen. Hitler schrieb jemanden, der nicht mehr präsent war, oft als nicht existent ab. Speer dagegen war nicht in der Lage, sich zu entspannen, während er mehr als genug Zeit hatte, nachzugrübeln und in Depressionen zu verfallen. In Wahrheit konnte er bei Hitler, seiner »unerwiderten Liebe«, nicht so in Ungnade gefallen sein, wie er selbst damals vermutete. Immerhin ließ sich der Diktator über Dr. Morell persönlich alle Krankenberichte über Speer senden.[10] Hitler rief ihn auch einige Male an und schickte ihm Blumen – allerdings mit einer maschinengeschriebenen Notiz ohne Unterschrift.

Drei Wochen lang lag Speer mit eingegipstem Bein unbeweglich im Bett, und als er wieder aufstehen durfte, verspürte er heftige Schmerzen in der Brust und im Rücken. Er hatte auch Fieber, Atemnot, eine starke Blaufärbung und blutigen Auswurf. Dr. Gebhardt unterließ es, an ihm herumzuexperimentieren, und verschrieb nur unwirksame Mittel. Gretel Speer zog Dr. Brandt zu Rate, der Professor Friedrich Koch, einen Internisten, nach Hohenlychen schickte. Dieser diagnostizierte eine Lungenembolie. Obwohl Speer so schwer krank war, daß er sich dem Tode nahe fühlte – er halluzinierte, wie er selbst berichtet hat –, entdeckte er eine Verschwörung, an der Gebhardt, Morell, Himmler, Bormann, Göring, Ley und Sauckel, dazu Dorsch und Saur aus seinem Ministerium, beteiligt waren.

Man kann die von der SS zur Verfügung gestellten Ärzte in schwarzer Uniform für inkompetent halten; man kann ebenso als sicher annehmen, daß sich die Naziführer für gewöhnlich wie Aasgeier verhalten haben, die darauf hofften, im Falle seines Todes oder während seiner Arbeitsunfähigkeit ein Stück von Speers Imperium ergattern zu können. Zufällig aufgeschnappte Bemerkungen, die Himmler und Gebhardt fallenließen und die später Speer hinterbracht wurden, veranlaßten ihn, wie aus seinen »Erinnerungen« ersichtlich, zu der Annahme, daß ein Anschlag auf sein Leben beabsichtigt war. Wenn das stimmt, so legte der private Pflegedienst der SS, ganz zu schweigen von deren skrupelloser Führung, eine untypische Zaghaftigkeit an den Tag, da sie ihren heimtückischen Plan gegen den bisherigen Liebling des Führers nicht ausführten, obwohl sie das leicht gekonnt hätten.

Ganz gleich, ob es sich um ein paranoides Hirngespinst oder tatsächlich um eine Verschwörung gehandelt hat – das angebliche Komplott gegen Speer konnte auch auf dessen übersteigertes Ego zurückzuführen sein, das einer beispiellosen Belastung ausgesetzt war. Eine solche Konspiration könnte trotzdem als Zeichen für Speers außerordentliche Bedeutung angesehen werden.

Sei es, wie es sei: Der Patient erholte sich erstaunlich schnell, innerhalb von wenigen Tagen: Das Fieber war am 15. Februar abgeklungen.

Professor Koch empfahl Speer, Hohenlychen mit seinem feuchten Klima im Winter zu verlassen und, sobald er sich stark genug fühlte, nach Meran zu reisen, um dort die Bergluft zu genießen. Das war schließlich am 18. März, einen Tag vor seinem neununddreißigsten Geburtstag, möglich. Ein kleines, barockes Palais in der Nähe von Salzburg war fünf Tage lang sein Domizil, dann folgten sechs Wochen in Meran. Gretel und die Kinder konnten bei ihm sein. Es war die längste Zeit, die er je mit ihnen verbracht hat.

Sobald er die Folgen der Embolie überwunden hatte, ließ sich Speer ständig über seine Dienstobliegenheiten auf dem laufenden halten. Persönliche Mitarbeiter wie Wolters und Frau Kempf und wichtige Besucher, darunter Milch und Dönitz, gingen in der Klinik bei ihm ein und aus. Hitler selbst kam vom nahe gelegenen Obersalzberg, um seinen kranken Minister sofort nach seiner Ankunft am Abend des 18. März zu besuchen. Am selben Tag brachte Gretel die Kinder, damit sie in der ersten (österreichischen) Etappe seiner Genesung bei ihm waren. Bormann und Keitel kamen ebenfalls. Danach bemerkte Hitler ihnen gegenüber: »Er wird nicht mehr.«

Speer hat Dr. Gebhardt in seinen »Erinnerungen« vorgeworfen, er habe Göring, Dorsch und General Zeitzler falsch informiert, als er ihnen mitteilte, er, Speer, sei »schwer herzkrank«. Professor Koch stellte eine andere Diagnose: Speers Herzschlag war normal, und alle Röntgenbefunde waren zufriedenstellend, als er Hohenlychen mit einer SS-Eskorte, einschließlich Gruppenführer Gebhardt, verließ.

Speer berichtet, daß er ein komisches Gefühl hatte , als er Hitler zum ersten Mal nach zehn Wochen wiedersah:

»Ich... verspürte ein seltsames Gefühl der Fremdheit... Es war sein Gesicht. Ich sah es an und dachte: ›Mein Gott, dieses abstoßende Gesicht, die häßliche breite Nase, die grobe, bleiche Haut. Wer ist dieser Mann?‹«

Hitler kam ein zweites Mal, als Speer sich anschickte, nach Meran zu fahren:

»Am 23. März stellte sich Hitler schließlich noch einmal, nun zu einem Abschiedsbesuch, ein, als ob er die Entfremdung spüre, die bei mir während meiner Krankheit eingetreten war. In der Tat hatte sich, trotz der nun mehrfach gezeigten Beweise [!] alter Herzlichkeit, meine Beziehung um eine spürbare Nuance verändert.«[11]

Das heißt, es hatte eine gewisse Ernüchterung eingesetzt. Desillusionierung wäre in diesem Zusammenhang ein zu starker Begriff, da Speer noch eine Zeitlang, zumindest für die Öffentlichkeit, seinen unveränderlichen Glauben an den Endsieg demonstrierte, wie das nächste Kapitel zeigen wird. Aber seine Beziehungen zum »Führer«, dessen Wankelmütigkeit er erkannt hatte, hatten sich ohne Zweifel geändert: Sie würden nie mehr so sein, wie sie einmal gewesen waren. Speer wurde dadurch weder das Herz schwerer noch war er froher.

Auf der Burg Goyen über Meran verbrachte er jedoch die sechs schönsten Wochen seiner Ministerzeit. Die Machenschaften bei Hofe hielten unterdessen an. Göring nahm, Speer zufolge, Saur und Dorsch unter seine Fittiche und nahm sie zu Führerbesprechungen mit. In Wahrheit war das nicht so bemerkenswert. Denn irgendwer mußte ja über die Rüstungsproduktion und die Bauarbeiten berichten, und das taten eben die beiden Amtschefs.

Während der Genesungszeit Speers errang Dorsch, zu dem Speer nun um so mehr ein gespanntes Verhältnis hatte, einen neuen Erfolg. Im Sommer 1943 hatte Hitler den Bau eines halben Dutzends von Großbunkern befohlen, in denen Flugzeugfabriken untergebracht werden sollten. Diese Großbunker waren Dorschs Erfindung. Das Verfahren sah vor, einen riesigen Erdhügel aufzuschütten, ihn mit einer sechs oder sieben Meter dicken Schicht Beton zu bedecken, die so entstandene Schale fest werden zu lassen und dann die Erde zu entfernen.

Der Nachteil dieser ebenso kühnen wie einfachen Idee war, daß sie gigantische Mengen Beton erforderte. Deutschland ist erstaunlich reich an natürlichen Höhlen und anderen geologischen Besonderheiten, die man durch Ausschachten statt durch Verwendung von Unmengen kostbaren Baumaterials in geschützte Anlagen verwandeln konnte. Speer verschob daher den Bau der Großbunker. Aber Hitler empfing Göring und Dorsch am 14. April 1944, um einen Bericht über die erzielten Fortschritte entgegenzunehmen, während Speer noch in den Dolomiten weilte. Hitler befahl Dorsch, sobald wie möglich zehn Großbunker zu bauen, und verkündete, die OT würde alle künftigen großen Bauten innerhalb und außerhalb des Reiches errichten. Speer wurde nicht konsultiert.

In einem anderen Schriftstück, das vom 19. April, einen Tag vor Hitlers fünfundfünfzigstem Geburtstag, datiert war, wollte er mit seinem Rücktritt drohen. Doch Walter Rohland, Speers engster Mitarbeiter auf dem Gebiet der Panzerfertigung, der ihn gerade besuchte, redete ihm aus, das Schreiben abzusenden, und meinte, es sei seine Pflicht, in Deutschlands schwerer Stunde auf seinem Posten zu bleiben.

Hitler war die zunehmende Unzufriedenheit seines Architekten und Rüstungsministers nicht so gleichgültig, daß er sie hätte völlig ignorieren wollen. An seinem Geburtstag bat er in Berchtesgaden Generalfeldmarschall Milch, als Freund Speers bekannt, zwischen ihm und Speer zu vermitteln. Milch trat energisch für den Freund ein, den er mehrere Male besucht hatte, bestand darauf, daß Dorsch ihm als Minister unterstellt bliebe, und wagte es sogar, Hitler zu drängen, dem auf seiner Burg wartenden Minister eine Botschaft zu senden, die ihn davon überzeuge, daß er ihn nicht verstoßen habe. »Sagen Sie Speer, daß ich ihn liebe«, knurrte Hitler schließlich unwirsch.

Als Speer in den Morgenstunden des 21. April diese Worte vernahm, erwiderte er: »Der Führer kann mich am Arsch lecken.« Der Generalfeldmarschall erklärte seinem gereizten Freund offen, daß er einfach nicht so bedeutend sei, als daß er Hitler eine solche Botschaft senden könne, und weigerte sich, sie zu übermitteln. Der Riß wurde notdürftig gekittet, und Speer bereitete für Hitler ein an Dorsch gerichtetes Schreiben vor, worin dieser aufgefordert wurde, wie ursprünglich geplant, sechs Großbunker zu bauen. Dorsch wurde im Ministerium offiziell Speers Stellvertreter für den Bausektor, behielt aber gleichzeitig seinen Posten als Leiter des Baustabes der OT. Aber mit der quasi Freundschaft zwischen Hitler und Speer war es vorbei. Von nun an standen Speers eigene Interessen an oberster Stelle. Sein maßloses Ich hatte nur noch ein Ziel – die Rettung Albert Speers.[12]

›Pfeiler aus Licht« – mit Hilfe von Flakscheinwerfern zauberte Albert Speer eindrucksvolle Kulissen für die Selbstdarstellung der NSDAP, hier auf dem Reichsparteitag in Nürnberg 1937

Rudolf Wolters, Speers ältester Freund, der während der Spandauer Jahre unermüdlich für seinen ehemaligen Chef tätig war, ehe er sich wegen dessen öffentlich gezeigter Reue von ihm distanzierte. Sein Nachlaß enthält Schlüsseldokumente, die Speers Glaubwürdigkeit erschüttern

Karl Hanke, Speers bester Freund in der Parteihierarchie, Gauleiter von Unterschlesien

›rei mehr oder weniger berufene Architekten bei der Inspektion der Baufortschritte am Haus der Deutschen Kunst« in München. Von links nach rechts: Professor Gall, Hitler nd Speer

Hitler und Speer diskutieren die Pläne für ihre Traumstadt »Germania«

Links: Speers Interpretation von Hitlers Vorstellung der Nord-Süd-Achse in der projektierten Reichshauptstadt »Germania«. Die Pläne, Berlin unter großzügiger Zerstörung der historischen Bausubstanz als »Germania« im nationalsozialistischen Monumentalstil neu entstehen zu lassen, zeugen von der Gigantomanie Hitlers. Auf dem Modell blickt man aus dem Stadion über den Triumphbogen zur Kuppelhalle

So sollte »Germania« aussehen: Blick aus dem Triumphbogen auf die große Kuppelhalle

Als Touristen im eroberten Paris. Im Juni 1940 ließ sich der Diktator mit seinen künstlerischen Paladinen, dem Architekten Albert Speer (links) und dem Bildhauer Arno Breker (rechts) – beide auf Befehl Hitlers in Uniform –, vor dem Eiffelturm ablichten

400 000 Personen sollte das Stadion fassen, dessen Bau in Nürnberg geplant war

Speer pflegte ein freundschaftliches Verhältnis zu Eva Braun, Hitlers Freundin und Ehefrau der letzten Stunde. Hier 1941 in Berchtesgaden

Der uniformierte Speer 1942 im Gespräch mit Hitler bei einem Spaziergang nahe dessen zeitweiligem Hauptquartier in der Ukraine

Der fette »Reichsmarschall« Hermann Göring im Gespräch mit dem frischgebackenen Reichsminister, der bereits die Armbinde der »Organisation Todt« trägt

Speer bei Probefahrten mit einem »Kettenkrad«, einem Spezialfahrzeug, das 1942 für die Schlammpisten in Rußland entwickelt wurde

Schnelle Autos gehörten zu seinen Leidenschaften. Speer mit fünf von seinen sechs Kindern am Steuer eines eleganten Cabriolets. Albert junior und Hilde besetzen den Beifahrersitz, während Fritz, Arnold und Margret im Fond Platz gefunden haben. Das Foto wurde etwa zur Zeit der Geburt des sechsten Kindes, Ernst, also im Sommer 1943 aufgenommen

Zusammen mit dem örtlichen Gauleiter inspiziert Speer 1944 ein Stahlwerk bei Linz. Bei den Arbeitern handelt es sich überwiegend um Arbeitssklaven aus dem nahegelegenen Konzentrationslager Mauthausen

Rechts: Das blieb von Speers Architektenträumen – die zerstörte Halle der Reichskanzlei bei Kriegsende 1945

Das Ende des Dritten Reiches: Speer, Dönitz und Keitel (von links) im Mai 1945 nach ihrer Verhaftung durch britische Einheiten in Norddeutschland

Der Angeklagte Albert Speer bei seinem Schlußwort vor dem Internationalen Militärgericht in Nürnberg im August 1946

Während der zwanzigjährigen Haft im Spandauer Gefängnis fand Speer ein wenig Zerstreuung bei der Arbeit im Gefängnisgarten. Der Schnappschuß entstand in den frühen sechziger Jahren

Speer mit seiner Frau Margarete unmittelbar nach seiner Haftentlassung, die in der Nacht zum 1. Oktober 1966 Punkt Mitternacht stattfand

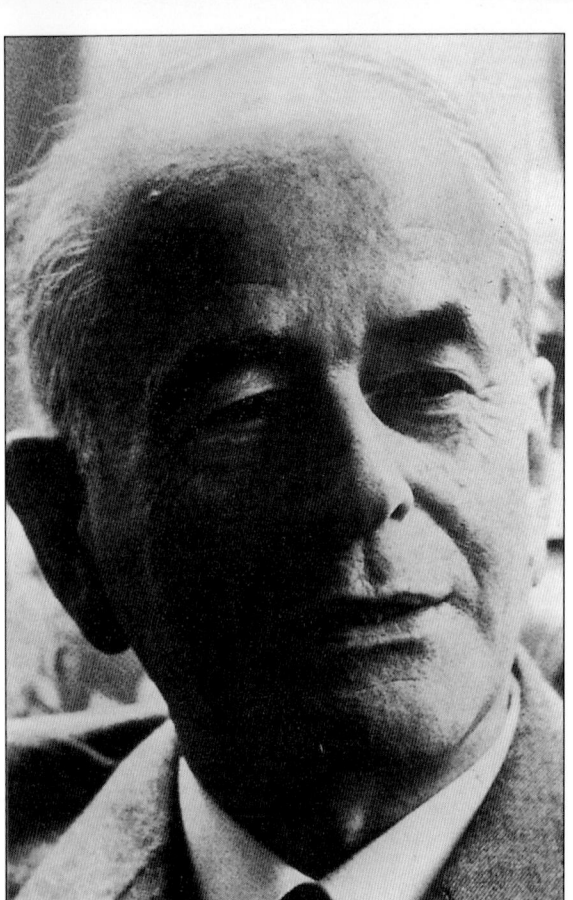

Albert Speer 1981 kurz vor seinem Tod

Unten: Alles, was von Speers architektonischem Werk überdauert hat, ist eine Doppelreihe eleganter Straßenlaternen entlang der Straße des 17. Juni in Berlin

Kampf und Widerstand (1944)

Während seiner langen Rekonvaleszenz erhielt Speer von einer unerwarteten Seite ein ungewöhnliches Kompliment – vom Feind. Die renommierte Sonntagszeitung »Observer« veröffentlichte am 9. April 1944 einen außerordentlich gut informierten und scharfsinnigen Artikel unter der Überschrift »Albert Speer – Dictator of Nazi Industry«. Er erschien unsigniert, wie sich das bei einem klassischen englischen Zeitungsporträt gehört, und war von Sebastian Haffner geschrieben, einem deutschen Journalisten und Emigranten, der vor dem Nationalsozialismus geflohen war und sich in London als Kommentator und Historiker einen Namen gemacht hatte. Im Anschluß an den auffallend präzisen Lebenslauf mit einer Charakteristik Speers, die Haffner auf unerfindlichen Wegen von dessen akademischem Mentor, Professor Tessenow, erhalten hatte – »ein begabter... ziemlich selbstbewußter... bescheidener, fügsamer, aber unternehmungslustiger junger Mann« –, zog Haffner die Schlußfolgerung, daß Speer keineswegs ein typischer Nazi, aber als Lenker der Kriegsmaschinerie für die Nazis sogar wichtiger als Hitler sei. Speer sei »geradezu die Verkörperung der ›Managerrevolution‹... [der] sich sicher jeder anderen politischen Partei hätte anschließen können, soweit sie ihm Arbeit und Karriere gab«:

»Er symbolisiert eher einen Typus, der in steigendem Maße in allen kriegführenden Staaten wichtig wird: den reinen Techniker, den klassenlosen, glänzenden Mann ohne Herkommen, der kein anderes Ziel kennt, als seinen Weg in der Welt zu machen, nur mittels seiner technischen und organisatorischen Fähigkeiten.

Gerade das Fehlen von psychologischem und seelischem Ballast und die Ungezwungenheit, mit welcher er die erschreckende technische und organisatorische Maschinerie unseres Zeitalters handhabt, läßt diesen unbedeutenden Typ heutzutage äußerst weit gehen. Das Schicksal fast aller dieser jungen Männer ist durch die Tatsache gekennzeichnet, daß sie es erst sehr schwer haben, ihren Lebensunterhalt zu verdienen, und es dann sehr leicht haben, sich die Welt zu erobern. Dies ist ihre Zeit. Die Hitler und die Himmler mögen wir loswerden, aber die Speers, was auch immer im einzelnen mit ihnen geschieht, werden lange unter uns sein.«

Speer hörte bald von diesem insgesamt nicht zweifelhaften Kompliment und war offenbar davon so angetan, daß er es prompt nutzte. Er behauptet in seinen Memoiren, er habe, um Bormann zuvorzukommen, Hitler eine vollständige Übersetzung des 1500 Worte umfassenden Artikels persönlich überreicht und einige humorvolle Bemerkungen gemacht, als Hitler ihn aufmerksam las. Hitler schien beeindruckt, sagte aber kein Wort.[1]

Aus dem, was Speer in den »Erinnerungen« über den Artikel geschrieben hat, geht jedoch hervor, daß er ihn aufgehoben hat, um ihn Hitler Mitte Mai – etwa fünf Wochen nach seinem Erscheinen – zu zeigen. Das deutet sicherlich darauf hin, daß er den Artikel für besonders wichtig hielt – aber auch darauf, daß Bormann nicht versucht hatte, ihm zuvorzukommen, um ihm eins auszuwischen, woraus sich wiederum schließen läßt, daß Bormann den Artikel entweder gar nicht gekannt oder nicht für erwähnenswert gehalten hat. Das Porträt erschien gerade in der Zeit, da Speer auf dem Höhepunkt seiner Querelen wegen Dorsch und nach der langen Trennung von der Quelle seines Prestiges und Einflusses von Hitler enttäuscht war.

Die Würdigung, die er durch den »Observer« erfahren hatte, muß ihn wochenlang stark beschäftigt haben. Zu Recht kann gefolgert werden, daß er das Erscheinen des Artikels als ein Geschenk des Himmels ansah, da ihm immer klarer wurde, daß der Krieg verloren war und der schreckliche Tag der Abrechnung immer näher rückte. Der Haffner-Artikel ist die erste bekannte Veröffentlichung, in der Speer als typischer Manager und Organisator eingeschätzt wurde, als der apolitische Technokrat, den, wenn man Haffners Analyse erweitert, sein Fleiß und seine Absorption von der Arbeit fraglos daran hinderte, das ganze Ausmaß und die moralischen Folgen der Politik seines »Arbeitgebers« und seiner Parteigenossen wahrzunehmen. Wir können sicher sein, daß Haffner nicht die Absicht hatte, Speer zu entschuldigen, ganz im

Gegenteil. Aber wenn wir sowohl den Zeitpunkt des Erscheinens des Artikels als auch dessen Wirkung in Betracht ziehen, so können wir folgern, daß er den Grundstein seiner Verteidigung in Nürnberg bildete, wenn er ihn nicht überhaupt zu seiner Verteidigung inspirierte. Das erste bekannte Echo dieser nützlichen Einschätzung Speers ist in einem Memorandum zu finden, das zufällig auch das erste Beweisstück war, das er zu seiner Entlastung in Nürnberg anführte. Es heißt darin: »Die Aufgabe, die ich zu erfüllen habe, ist eine unpolitische. Ich habe mich so lange in meiner Arbeit sehr wohlgefühlt, als meine Person und auch meine Arbeit nur nach der fachlichen Leistung gewertet wurde.«[2]

Speer kam in der zweiten Aprilhälfte 1944 – etwas früher, als von ihm beabsichtigt – von seinem hohen Roß herunter. Wegen der neuen Regelungen, die Dorsch betrafen, schrieb er erneut an Hitler. Er wollte jetzt, daß Dorsch Hitler direkt unterstellt sein sollte und nicht ihm, um nicht verantwortlich zu sein, falls irgend etwas mit den großen Bunkeranlagen oder mit anderen Bauvorhaben schiefging, deren riesiger Bedarf an Material und Arbeitskräften sich entweder auf die unterirdischen Produktionsanlagen oder auf die anderen Bauprojekte negativ auswirken konnte. Speer zerriß den Brief, weil er zu der Auffassung gelangt war, daß so etwas besser von Angesicht zu Angesicht geklärt werden sollte.

Dr. Gebhardt war dagegen, daß er über die Alpen zum Obersalzberg flog, Professor Koch war dafür. Gebhardt konsultierte Himmler, der sich mit dem Flug unter der unmedizinischen Bedingung einverstanden erklärte, daß Speer beim Reichsführer-SS vorbeischaue, bevor er zu Hitler ginge. Himmler warnte Speer davor, wegen Dorsch weiter Schwierigkeiten zu machen, da Göring, Bormann und er selbst bereits beschlossen hätten, daß der Chef des Baustabes der OT eine neue Aufgabe außerhalb des Speerschen Imperiums übernehmen solle.

Speer hatte sein Haus am Obersalzberg am Nachmittag des 24. April nach viermonatiger Abwesenheit kaum betreten, als er von Hitler schon zur Teestunde eingeladen wurde. Speer teilte dem Adjutanten, der die Einladung überbrachte, mit, er sei gekommen, um den Führer um eine Audienz zu bitten.

Hitler empfing Speer zum ersten Mal so, wie es das Zeremoniell vorsah: in Uniform vor den Stufen zum Berghof und geleitete ihn wie ein Staatsoberhaupt, das ihn besucht, ins Haus. Er versprach, das Bauwesen nicht Speers Zuständigkeit zu entziehen. Noch wichtiger war, daß gegen drei Amtschefs, die sich wegen ihrer angeblich nur mäßigen Begeisterung für das Regime – Willy Liebel vom Zentralamt, Walter Schieber vom Sektor Rüstungslieferungen und General Kurt Waeger vom Sektor Rüstung – Himmlers und Bormanns Mißfallen zugezogen hatten, keine Maßnahmen ergriffen werden sollten. Himmler war über vage Drohungen bereits hinausgegangen, als er am 14. März den Raketeningenieur Wernher von Braun und zwei Mitarbeiter hatte verhaften lassen, weil sie ihre Zeit angeblich für Friedensprojekte vergeudet hätten. Das war ein direkter Schlag gegen Speers Ansehen als übergeordneter Verantwortlicher für das von der SS verwaltete V-2-Programm. Als Hitler am 18. März 1944 nach Salzburg kam, hatte Speer ihn erfolgreich um die Freilassung der Verhafteten ersucht, obwohl Hitler dieser Bitte nur ungern nachgekommen war. Erleichtert wegen Hitlers Bereitschaft zu Zugeständnissen und in dem Glauben, er habe einen Sieg über seine Hauptrivalen Bormann und Himmler errungen, blieb Speer zu einem der bekanntermaßen langweiligen Abende des Diktators da, wobei sich die gleichen alten Höflinge wieder um den Kamin versammelten.

Am 25. war er wieder auf dem Berghof, um sich den Sieg über Dorsch bestätigen zu lassen, den er Hitler jetzt als neuen Leiter des Bauwesens offiziell vorstellte, der mit Wirkung vom 1. Mai unter seiner, Speers, ministerieller Oberhoheit sein Amt antrat. Das heißt Dorsch leitete alle Bauvorhaben sowohl der OT als auch des Ministeriums und darüber hinaus der Luftwaffe; Speer ernannte Dorsch sogar zu seinem Vertreter in Bausachen des Vierjahresplanes, ohne vorher Göring zu fragen, der diese Impertinenz hinnahm. Himmler behielt seine Meinung für sich, und Bormann strahlte neue Herzlichkeit aus, wie Speer befriedigt feststellte.[3] Er kehrte mit dem Nachtzug nach Meran zurück und verließ den Tiroler Erholungsort Ende der ersten Maiwoche, um an der Feier zum 81. Geburtstag seines Vaters in Heidelberg teilzunehmen; am

Montag, dem 8. Mai, war er endlich wieder einmal in seinem Büro in Berlin.[4]

Seine Abreise von Meran setzte den – realen und eingebildeten – Komplotten und Intrigen, ganz gleich, ob sie von den »großen Drei« oder Sauckel oder den Gauleitern oder tatsächlich von den schwarzgekleideten Ärzten geschmiedet wurden, ein Ende. Daß sich die medizinische Komponente dieser sogenannten Machenschaften eher auf Verfolgungswahn als auf Fakten gründete, zeigt ein vom 21. Februar 1944 datierter Brief Gebhardts an Himmler. Darin schrieb Gebhardt, Speer habe den SS-Arzt und dessen Familie gebeten, ihn nach Meran zu begleiten, um ihm zu helfen, sich den dortigen klimatischen Verhältnissen anzupassen.[5] Und wenn die vorangegangenen Erfahrungen in Hohenlychen so bedrohlich gewesen wären, hätte Speer es sicherlich nicht für nötig gehalten, dort ein hervorragendes Abschiedskonzert mit dem namhaften Pianisten Wilhelm Kempff als Dankesbezeigung dem medizinischen Personal der SS gegenüber zu organisieren.

Nicht weniger merkwürdig ist, daß Gebhardt Speer am 28. April einen Brief schrieb, in dem er Speer aus Anlaß seiner Abreise überschwenglich für die Freundlichkeit und Kameradschaft dankte, die er ihm und seiner Familie in Meran habe zuteil werden lassen. Und es konnte nicht reine Schmeichelei gewesen sein, wenn Speer im Juni 1944 Gebhardt in übertriebener Weise zu einer hohen Auszeichnung gratulierte – oder wenn er seinen Ministerkollegen und Freund, Jean Bichelonne, im Oktober 1944 zu einer Knieoperation zu Dr. Gebhardt nach Hohenlychen schickte, wo der Franzose seltsamerweise einige Wochen später an einer Lungenembolie starb. Mit Dr. Morell stand Speer bis Kriegsende auf gutem Fuße.[6]

Dorsch, Speers oberstem Bauleiter, wurde auch, wie oben erwähnt, die Bautätigkeit der Luftwaffe unterstellt, und das war logisch, da die großen unterirdischen Bunker für die Produktion von Jagdflugzeugen genutzt werden sollten. Das zeigt, daß während der Erkrankung Speers und kurz danach ein Wechsel in der Zuständigkeit für die Rüstungsproduktion erfolgte: Die Luftrüstung, die, einschließlich des Flugzeugbaus, bisher Görings Ministerium unterstanden hatte, wurde in das von Speer eingegliedert, wodurch die Zusammenfassung der Rüstungsproduktion für alle Wehrmachtsteile in seiner Hand vollzogen wurde. Die Idee stammte von seinem alten Freund und Kollegen Generalfeldmarschall Milch, der während eines Besuchs in Hohenlychen Ende Februar 1944 die Bildung eines Jägerstabes analog dem Ruhrstab vorschlug, das heißt die Schaffung einer Schaltstelle für eine Sache, die von entscheidender strategischer und wirtschaftlicher Bedeutung war. Göring war selbstverständlich gegen das, was in Wirklichkeit nichts weiter als eine De-facto-Partnerschaft von Milch und Speer in der Zentralen Planung war. Speer war damit über Görings Kopf hinweg Hitler direkt unterstellt.

Speer ging aber wieder zu weit, indem er Karl Hanke, einen seiner wenigen Freunde unter den Gauleitern, der den erkrankten Liebel vertreten hatte, zum Leiter der Jägerproduktion vorschlug. Es entbehrt nicht einer gewissen Ironie, daß Hitler die Ernennung Sauckels zum Generalbevollmächtigten für Arbeitseinsatz als Beweis dafür anführte, daß es unklug sei, solche Posten Gauleitern zu geben; denn er selbst hatte ja Sauckel ernannt. Hitler erklärte, Speer möge statt dessen einen anderen Karl mit der Aufgabe betrauen: Saur, Speers Amtschef für den ganzen technischen Bereich, der wie Dorsch während der Erkrankung des Ministers versucht hatte, sein Schäfchen ins trockene zu bringen.

Milch billigte diese Entscheidung, daher unternahm Speer nichts dagegen. Saur wurde also unter Speers und Milchs Oberhoheit Chef des Stabes, der die Aufgabe hatte, die Auswirkungen der ständigen Luftangriffe der Alliierten auf die Produktion von Jagdflugzeugen zu begrenzen. Saur, ein meisterhafter Krisenmanager wie sein Minister, schuf sofort ein Gremium von Fachleuten für Flugzeugproduktion, Planung, Ausrüstung, Fertigung und alle anderen Aspekte der Produktion von Jagdflugzeugen. Jedem Flugzeugwerk wurde ein Sonderbeauftragter beigeordnet, der dafür zu sorgen hatte, daß die Produktion lief und wieder in Gang gebracht wurde, falls sie durch irgend etwas unterbrochen worden war. Parallel dazu hatte jeder Flugzeughersteller einen Vertreter im Jägerstab, um die Fertigung und die Maßnahmen zur

Wiederherstellung der Produktion zu koordinieren. Saur hielt jeden Vormittag um zehn Uhr eine inoffizielle Besprechung ab, um alles, was sich in den vergangenen 24 Stunden ereignet hatte, zu erörtern. Sogar unter den sich rapide verschlechternden Bedingungen in dieser Etappe des Krieges waren die erzielten Ergebnisse erstaunlich. Im März 1944 wurden 2200 Jagdflugzeuge zusätzlich produziert oder wieder einsatzfähig gemacht, 1670 davon waren neue Flugzeuge. In den vergangenen sieben Monaten waren dagegen im Durchschnitt monatlich nur 1100 Jagdflugzeuge zusätzlich bereitgestellt worden. Saur war stolz darauf, Hitler solche Zahlen melden zu können; dieser reagierte begeistert darauf und wandte Saur seine Aufmerksamkeit zu, was Speers Eifersucht weiter steigerte.

Jetzt war es offensichtlich nur noch eine Frage der Zeit, wann die ganze Luftrüstung in Speers Ministerium eingegliedert werden würde. Speer war genügend couragiert, Hitler dies am 4. Juni in Berchtesgaden direkt vorzuschlagen. Ihm wurde geantwortet, er solle Göring aufsuchen, der sich damals auch gerade am Obersalzberg aufhielt, und die Einzelheiten mit ihm besprechen. Damit der Reichsmarschall sein Gesicht wahren konnte, wurde ihm erlaubt, selbst den betreffenden Erlaß herauszugeben. Der Jägerstab setzte seine Arbeit, die von unschätzbarem Wert war, gesondert fort, bis Hitler schließlich am 1. August die Vollmachten Speers als Herr der Gesamtrüstung in einem Erlaß bestätigte: Daraufhin wurde der Rüstungsstab gebildet, der das, was der Jägerstab bisher für kurze Zeit für die Produktion von Jagdflugzeugen geleistet hatte, für den gesamten Bereich der Rüstung in Angriff nahm.

Die Rüstungsproduktion erreichte im Jahr 1944 ihren Höhepunkt, begann aber nach dem September dramatisch zu sinken. Der Rüstungsstab war also gerade rechtzeitig geschaffen worden, um einen sterbenden Gaul anzutreiben. Jetzt hatte alles Vorrang, das heißt, nichts hatte mehr Vorrang. Es war die letzte große Reform der deutschen Rüstungsproduktion. Diese war jetzt so verheerenden Schlägen ausgesetzt, daß der Rüstungsstab, wie zuvor der Jägerstab, in einem Eisenbahnzug arbeitete, wo er weniger durch Luftangriffe unterbrochen wurde.

Zu dieser Zeit begannen die administrative Reform und die Leistungssteigerungen innerhalb des Ministeriums Speer an Einfluß auf die Kriegsanstrengungen zu verlieren. Das Reich torkelte auf Grund der unaufhörlichen Bombenangriffe der westlichen Alliierten von einer Krise in die andere, bis die von verschiedenen Seiten näher rückenden Armeen in Deutschland einfielen. Speer erklärte den amerikanischen Vernehmern vom US Strategic Bombing Survey unmittelbar nach der deutschen Kapitulation, daß die Alliierten zuviel Zeit und Mühe auf die Bombardierung der deutschen Rüstungsproduktion an deren »Flußmündung« statt an der »Quelle« verwandt hätten. 1943 zerstörten die britischen Flugzeuge, die die Talsperren angriffen, nicht genügend Staudämme, und dem amerikanischen Luftangriff, der die Kugellagerindustrie fast lahmgelegt hatte, waren nicht genügend massierte Angriffe gefolgt oder diese wurden nicht rechtzeitig wiederholt. Im Februar 1944 hatten Bomber die deutsche Flugzeugindustrie angegriffen, aber statt der viel wichtigeren Motorenwerke die Fabriken bombardiert, die die Flugzeugzellen herstellten und sich leichter dezentralisieren ließen.[7]

Im Frühjahr 1944 hatten die Luftangriffe ein solches Ausmaß erreicht, daß ihre kumulativen Auswirkungen in ganz Deutschland zu spüren waren, und am 12. Mai 1944, als die Amerikaner massierte Angriffe sowohl gegen die deutschen Hydrierwerke als auch die rumänischen Erdölfelder flogen, gelangte Speer, nach viermonatiger Abwesenheit gerade wieder in sein Büro zurückgekehrt, zu dem Schluß: »Der technische Krieg war entschieden.«

Vom Desinteresse Hitlers an wirksamen Mitteln gegen Luftangriffe, wie zum Beispiel Abfangjägern und Boden-Luft-Raketen (eine Ausnahme bildeten die Flakgeschütze, die auch zur Panzerbekämpfung eingesetzt werden konnten), sowie von seinem launischen Verhalten in Fragen der Rüstungsproduktion, das zur jähen Änderung der Prioritäten und zu einer Überbetonung der Vergeltungswaffen, besonders der V 2, führte, war bereits die Rede. Letztere ist nach übereinstimmender Meinung das wichtigste Beispiel dafür, daß Hitler, mit Speers Unterstützung, zuviel auf falsche Karten setzte. Es gab aber noch einen anderen Fehler, der ins Auge springt: Man unterließ es, genug auf die richtige Karte zu setzen. Es war allein Hitlers Entscheidung, daß auf den knappen, aber technisch entscheidenden Vorsprung Deutschlands auf dem Gebiet der Düsenflugzeuge in dem Augenblick verzichtet wurde, als die Bombenangriffe eine strategische Wirkung zu erzielen begannen.

Willy Messerschmitt, Sohn eines Weingroßhändlers in Frankfurt am Main, war erst 25 Jahre alt, als er eine Flugzeugfirma in Augsburg gründete, die 1926 ein erstes Ganzmetallflugzeug, die M 18, produzierte. 1930, im Alter von 32 Jahren, erhielt er bereits eine Professur an der Technischen Hochschule in München. Später erwarb er die Bayrischen Flugzeugwerke (daher die Abkürzung »Bf« bei seinen ersten Fertigungsmodellen) mit Produktionsstätten in München und Bamberg. Damals bedeutete Messerschmitt für die Flugzeugtechnik das gleiche wie Porsche für den Automobilbau; während der letztere 1934 am »VW Käfer« tüftelte, arbeitete der Erstgenannte am Prototyp des erfolgreichsten deutschen Jägers, der Messerschmitt Bf 109. Im Jahre 1935 erflog sich diese hohe Anerkennung, und zwei Jahre später wurde sie für die Luftwaffe produziert. Diese setzte das Flugzeug im spanischen Bürgerkrieg ein und besaß von diesem Typ 1939 bereits 1000 Stück.

Die Me 109 war bis zur Schlacht um England im Sommer 1940 auf der ganzen Linie erfolgreich. Dann erwies sich die Spitfire der RAF, die ebenfalls eine Geschwindigkeit von über 560 Stundenkilometer erreichte, in ihrer Manövrierfähigkeit und Steigleistung als überlegen. Ihr Hauptvorzug bestand darin, daß sie das erste radargeleitete Flugzeug der Welt war; die Me 109 war in Höhen bis zu 7000 Meter, beim Sturzflug und hinsichtlich ihrer Feuerkraft im Vorteil. Aber eine der Schwächen der deutschen Rüstungsproduktion war die verwirrende Vielfalt der Flugzeugtypen, der untergeordneten Typen und der Sonderfertigungen. Nicht einmal Speer konnte etwas gegen dieses Diktat der Militärs über die Produktion ausrichten. Der Zwang zur Standardisierung als einer unbedingten Voraussetzung für die Steigerung der Produktion kollidierte letzten Endes mit der Unbeweglichkeit der Wehrmachtsführung, die stur an ihren Sonderwünschen festhielt und von Hitler häufig darin unterstützt wurde. Diese Tendenz machte es Messerschmitt als genialem Konstrukteur noch schwerer, sich den Erfordernissen der Massenfertigung in Kriegszeiten unterzuordnen. Trotzdem wurden 1943 mehr als 6400 und 1944 mehr als 14 200 Me 109 G hergestellt; 1945 ging die »standardisierte« Me 109 K verspätet in Produktion. Die Gesamtzahl der während des Krieges produzierten Flugzeuge der verschiedenen Baureihen überstieg dennoch die 30 000-Stück-Marke. Von ihrer noch besseren und wendigeren Nachfolgerin, der Focke-Wulf 190, wurden immerhin noch 20 000 Stück gebaut.

Willy Messerschmitt, der sich durch die Mißerfolge der mit Mängeln behafteten Zerstörer Bf 110 und Me 210 und des schwerfälligen sechsmotorigen Transportflugzeuges Me 323 nicht entmutigen ließ, konstruierte den raketengetriebenen Abfangjäger Me 163, der mit einer Geschwindigkeit von über 960 Stundenkilometern fliegen konnte – allerdings nur acht Minuten lang –, sowie seine technische Meisterleistung, die Me 262, das erste einsatzfähige Düsenflugzeug der Welt. Die Entwicklungsarbeiten waren 1938 abgeschlossen, und der erste Prototyp flog 1941. Aber Göring und sein inkompetenter Stellvertreter für Luftrüstung, Ernst Udet, der 1941 Selbstmord beging, waren nicht besonders an alternativen Antrieben interessiert. Aus diesem Grund wurde das erste Düsenflugzeug, ein von Ernst Heinkel entwickeltes Versuchsmodell, das schon im August 1939 flog, erst gar nicht zur Produktionsreife weiterentwickelt. Es fiel wie so viele andere Entwicklungen dem eingefleischten Konservativismus der an der Spitze der Luftwaffe stehenden Fliegerasse aus dem Ersten Weltkrieg sowie dem übertriebenen deutschen Selbstvertrauen auf Grund der Blitzkriegserfolge von 1939 bis 1941 zum Opfer. Weitere Ursachen, die eng damit zusammenhingen, waren die Vernachlässigung der langfristigen Forschung und der Kriegswirtschaft.

Etwa zu der Zeit, da die Me 262 ihre Leistungsfähigkeit bewies, war ein Stimmungswandel eingetreten: Heinkel war in Ungnade gefallen, und Messerschmitt stand mit der Naziführung, mit Ausnahme von Milch, aber einschließlich Hitlers und Speers, auf gutem Fuß. Die Me 262 hatte bis November 1943 Schwierigkeiten mit ihren BMW-003-Triebwerken beziehungsweise deren Äquivalenten von Junkers. Aber zu diesem kritischen Zeitpunkt ließ sich Hitler, besessen von dem Gedanken, Vergeltung für die pausenlosen Bombenangriffe der Alliierten zu üben, dazu verleiten, sich auf die V 1 und die V 2 zu konzentrieren, und befahl im September 1943, daß die Me 262 nicht, wie von Milch geplant, vorrangig produziert werden sollte. Die gegen ihren Erfinder empfundene Abneigung hielt Milch nicht davon ab, von diesem Flugzeug begeistert zu sein.[8]

Im Januar 1944 änderte Hitler erneut seine Meinung, nachdem er einen britischen Pressebericht über die erfolgreiche Entwicklung des Düsenjägers Gloster Meteor gelesen hatte. Ein Prototyp dieser Maschine war im März 1943 zum erstenmal geflogen. Das Strahltriebwerk war 1936 von Frank Whittle in England erfunden worden, aber die Briten hatten wie immer zu spät die Bedeutung ihrer eigenen Entdeckung erkannt. Hitler verlangte nun die forcierte Produktion der Me 262 – aber als Bomber. Dies verschlimmerte nur den Fehler, denn bei diesem Einsatzzweck gingen die Vorteile der Konstruktion wieder verloren. Speer, Milch, die Luftwaffenkommandeure und vor allem Galland, der 31 Jahre alte Generalinspekteur der Jagdgeschwader, protestierten vergebens. Sie alle erkannten, welche Möglichkeiten im Düsenjäger, als der er ursprünglich konzipiert war, steckten: Mit ihrer hohen Geschwindigkeit und überlegenen Feuerkraft war die Me 262 ein unschlagbarer Abfangjäger, der für die langsameren Langstreckenjäger, die die Bombengeschwader begleiteten, ziemlich unerreichbar und für die verfluchten Bomber eine tödliche Gefahr war.

Sogar Göring protestierte Ende Juni 1944 gemeinsam mit Speer gegen die falsche Verwendung des von Messerschmitt erzielten Durchbruchs. Jagdflugzeuge hätten, erklärten sie, weiterhin absoluten Vorrang unter den Kampfflugzeugen. Aber das Fiasko der Me 262 muß, abgesehen von seinen vielen negativen Nebenwirkungen, auch die Produktion anderer Jäger beeinträchtigt haben. Gleichzeitig verlangte Hitler inzwischen die forcierte

Produktion eines halben Dutzends neuer Panzertypen, als ob ihm Jahre statt Wochen zur Verfügung gestanden hätten, um die Armeen der Alliierten abzuwehren.

Die Me 262 A2 mit improvisierten Bombenaufhängevorrichtungen, die Stabilität und Geschwindigkeit des Flugzeugs beeinträchtigten, erschien zur falschen Zeit, am falschen Ort und in der falschen Rolle – verspätet an der Front, statt über den deutschen Städten und den strategisch wichtigen Produktionsanlagen. So konnte sie den Kriegsverlauf nicht ändern. Sie war nur imstande, auf jeder Seite eine einzige Bombe mit einer maximalen Bombenlast von 500 Kilogramm, oder zwei Dritteln der sowieso bescheidenen Nutzlast einer V 2, zu tragen. Mit ihrer geringen Nutzlast und ihrem primitiven Bombenzielgerät konnte sie gegen ein geschütztes Ziel nicht viel ausrichten. Mit Bomben bestückt, sank ihre potentielle Höchstgeschwindigkeit von 870 Stundenkilometern so weit ab, daß sie wieder in Reichweite der schnellsten alliierten konventionellen Jagdflugzeuge geriet, die auch schnell genug waren, die V 1 abzufangen. So wurden rund 120 Me 262 – meist in der mißlungenen Bomberversion – abgeschossen, das heißt mehr als die Hälfte der 220 insgesamt eingesetzten Maschinen dieses Typs. Obwohl 1433 Stück produziert wurden, endete der Krieg, bevor genügend Piloten ausgebildet werden konnten, um sie zu fliegen.

Die Me 262 wurde in drei von Dorschs unterirdischen Flugzeugfabriken gefertigt, die im einzelnen vom Professor Franz Dischinger entworfen und im Mai 1944 in Auftrag gegeben worden waren. Die erste riesige Anlage war im November fertig und befand sich in einem Kiefernwald außerhalb von Landsberg. Der Landsberger Großbunker und sein mit Erde und umgepflanzten Bäumen bedecktes Betondach wurden von 10000 deutschen Handwerkern und ebenso vielen Juden, die die SS aus Ungarn, der Tschechoslowakei und von anderswo herangeschafft hatte, gebaut. Speer besichtigte die Fabrik und die dazugehörigen Arbeitslager im Februar 1945 und sah die schrecklichen Bedingungen, unter denen die Juden arbeiteten, lebten und nur allzu häufig starben.

Es war eine Szene, die seine Erinnerungen an »Dora« wieder lebendig werden ließ, die er zweifellos verdrängt hatte. Aber diesmal schien er angesichts der unbeschreiblichen Verkommenheit und Brutalität des SS-Systems zu resignieren und sagte lediglich zu einem Offizier, er solle wegen des Zustandes, in dem sich die Juden befanden, mit Himmler Kontakt aufnehmen.[9] Diese Haltung war sicherlich sowohl ein Zeichen des Pessimismus als auch der Abgestumpftheit in jenem Stadium des Krieges: Welchen absehbaren ökonomischen Nutzen hätten angesichts der drohenden Niederlage Arbeitskräfte gebracht, die besser behandelt worden wären? Gab es einen Nutzen, der es gerechtfertigt hätte, sich wegen der Behandlung der Sklavenarbeiter auf einen Streit mit der SS einzulassen? Der aufgeklärte Eigennutz, der Speer bei früheren Gelegenheiten dazu veranlaßt hatte, um der Steigerung der Arbeitsproduktivität willen etwas zur Linderung der Leiden der Zwangsarbeiter zu unternehmen, hätte 1945 wenig Sinn gehabt.

Etwa zu der Zeit, da Speer zur ersten Me-262-Fabrik fuhr, wurde der Chef der Jagdflieger, Generalleutnant Galland, zu einem Opfer des Streites, der wegen des Einsatzes der Düsenflugzeuge entbrannt war. Galland hatte sich noch immer an die erfolgreiche Verteidigung Großbritanniens durch die Jäger der RAF im Jahre 1940 erinnert. Göring akzeptierte ziemlich bald Hitlers strategischen Fehler, der in der falschen Verwendung der Me 262 als Bomber bestand, und entließ Galland im Januar 1945 wegen Verweigerung des Gehorsams. Hitler erkannte viel zu spät den wahren Wert der Me 262 und befahl erst am 22. März 1945, die Produktion auf die Jägerversion umzustellen. Der »Führer« warf dem besten und berühmtesten Kampffliegerkommandeur des Krieges einen elenden Brocken hin, als er ihn als Oberst zu den Fahnen zurückholte. Er sollte die neu aufgestellte Jägergruppe 44 leiten, faktisch eine Kamikazeeinheit, bestehend aus anderen entehrten »Delinquenten«. Die Formation flog den Jäger Me 262 B und gab Galland die Chance zu zeigen, was diese Flugzeuge leisten konnten und hätten leisten können. Das Ergebnis seines Einsatzes war für seine Angriffsziele verheerend, spielte aber in diesem Stadium des Krieges keine Rolle mehr: Nichts konnte an der Lage Deutschlands noch etwas ändern. Die Vernichtung aus der Luft dauerte an und erreichte mit der grundlosen Zerstörung Dresdens durch angloamerikanische Bomber im Februar 1945 ihren Höhepunkt. Der beste Kampfflieger der Welt wurde Ende April von einem amerikanischen Flugzeug abgeschossen, dabei aber nicht ernsthaft verletzt.[10]

Die Fehlschläge bei der V 2 und der Me 262 waren die Folge von Fehldispositionen und Unterlassungen und alles in allem beachtliche Beiträge, die die Naziführer selbst zur Niederlage Deutschlands leisteten. Ohne solche Irrtümer hätten die Deutschen noch länger Widerstand leisten können – nicht zuletzt auf Grund der Anstrengungen, die Speer, seine Untergebenen und Millionen deutscher und ausländischer Arbeiter unternahmen, um die Kriegsmaschinerie der Wehrmacht in Gang zu halten. Aber die Ereignisse nach der deutschen Kapitulation bei Stalingrad und in Nordafrika Anfang 1943 hatten die militärische Lage an allen Fronten Europas in eine riesige Rückzugsaktion verwandelt, die allerdings trotz der immer häufigeren Fehlentscheidungen des Oberkommandierenden Hitler bisweilen brillant durchgeführt wurde. Noch als die große Antihitlerkoalition mit ihrer überlegenen militärischen Stärke und ihren riesigen Ressourcen sich auf den Sieg zubewegte, durften die Deutschen nicht unterschätzt werden. Sie produzierten rasch die ersten Cruise Missiles, die ersten ballistischen Raketen, die ersten Düsenflugzeuge und die ersten hydrodynamischen Unterseeboote der Welt, stellten auch neue Panzer und andere Waffen her, leisteten entschlossenen Widerstand in Norditalien, hielten die vorrückende Rote Armee viel länger auf, als nach Stalingrad für möglich gehalten wurde, machten Montgomerys Versuch zunichte, mit einem Vorstoß durch die Niederlande zum Rhein den Krieg zu verkürzen (die Arnheimer Operation vom September 1944) – und erzielten mit ihrer letzten Gegenoffensive in den Ardennen Ende 1944 einen taktischen Erfolg.

Die Lage der Deutschen in der letzten Phase des europäischen Krieges glich in vieler Hinsicht der der amerikanischen Südstaaten im Endstadium des amerikanischen Bürgerkrieges, als sich die

Übermacht des Nordens nur im Schneckentempo gegen den erfolgreichen und entschlossenen Feind durchsetzen konnte: Sie hielten sich noch lange, nachdem ihre Lage bereits aussichtslos geworden war. Als die Amerikaner und ihre britischen Verbündeten im Januar 1944 bei Anzio in Süditalien landeten, überwanden die Russen endlich die Blockade Leningrads, und als die Deutschen im Mai Monte Cassino nach einem der härtesten Rückzugsgefechte des Krieges aufgaben, eroberte die Rote Armee am südlichen Abschnitt der deutschen Ostfront die Krim zurück.

Das militärische Hauptereignis des Jahres 1944 war aber die Landung der westlichen Verbündeten am 6. Juni in der Normandie. Stalin und einflußreiche Kräfte in der amerikanischen Führung hatten seit mehr als einem Jahr gefordert, die »Festung Europa« vom Westen her anzugreifen. Die Briten, die das Sprungbrett bilden, die Operation von See her sichern und darüber hinaus starke Bodentruppen und Luftstreitkräfte bereitstellen mußten, waren vorsichtiger. Sie bevorzugten Churchills weiche Strategie, den Gegner vom Süden her an seiner Schwachstelle anzugreifen. Aber genauso wie ihr Flankenangriff gegen die »schwache« Türkei 1915 durch einen unerwartet zähen Gegner bei den Dardanellen zum Stehen gekommen war, hielten die Deutschen im August 1944 die »Gotenlinie« in Italien und verstärkten sie noch. Das verhinderte ein schnelles Aufrollen der italienischen Front.

Die Amerikaner hielten am Konzept des Frontalangriffs gegen die Hauptkräfte des Hauptgegners fest und verließen sich auf ihre Feuerkraft und ihre Ressourcen. Damit folgten sie dem Rat des preußischen Strategen Clausewitz und dem Beispiel des Generals Ulysses S. Grant, Architekt des Sieges im amerikanischen Bürgerkrieg. Die britische Vorsicht war zu einem großen Teil durch Ereignisse vor und nach der brillant durchgeführten Invasion in der Normandie gerechtfertigt. Die Amerikaner waren 1943 sogar weniger als die Briten dazu bereit, es mit der besten Armee der Welt aufzunehmen, hatten doch in Afrika weit unterlegene deutsche Kräfte nach der amerikanischen Landung im November 1942 noch volle sechs Monate lang durchgehalten, und danach verlangten sie 1944 einen hohen Preis für Süd- und Mittelitalien. Und genau sechs Tage nach der Landung amerikanischer, britischer und kanadischer Divisionen in Frankreich schlug die erste V 1 in London ein, womit im fünften Kriegsjahr der zweite »Blitz«, die zweite Serie von Luftangriffen auf die leidende britische Hauptstadt, begann. Diese waren zwar nicht so flächendeckend wie beim ersten Mal, und die von beiden Vergeltungswaffen angerichteten Zerstörungen entsprachen nur einem Bruchteil der Bombenschäden von Berlin, aber die psychologische Wirkung der vom Himmel kommenden neuen, unheimlichen Gefahr zu einem Zeitpunkt, wo der Sieg bereits in Sicht schien, war enorm. Das Entsetzen verdoppelte sich, als die erste V 2 einschlug.

Als General Eisenhower den Befehl gab, im Morgengrauen des 6. Juni 1944 die Invasion zu beginnen, befanden sich Hitler und sein Gefolge im Berghof auf dem Obersalzberg, während sein Hauptquartier »Wolfsschanze« in Rastenburg ein weiteres Mal mit Unmengen von Beton verstärkt wurde. Die erste Reaktion des »Führers« und seiner Adjutanten – die beim Eintreffen der Nachricht aus der Normandie beschlossen, ihn weiterschlafen zu lassen – war, daß es sich bei der Landung um einen Scheinangriff handle. Wochen zuvor hatten alliierte Bomber die deutschen Funkmeßstationen an der Küste durch den Abwurf von Störfolie entlang der ganzen Küste der »Festung Europa« geblufft. Ich selbst kann mich noch gut an die blitzenden Metallstreifen erinnern, die über meiner Heimatstadt Alkmaar im Nordwesten von Holland herabregneten. Auch Aufklärungsflugzeuge waren verstärkt geflogen, und die Geheimdienste der Alliierten hatten die verschiedensten Fehlinformationen – grobe wie sehr subtile – in Umlauf gebracht. Zur Verblüffung und zum Verdruß der deutschen Lauscher sendete die BBC haufenweise offensichtlich sinnlose Mitteilungen an Geheimagenten und Widerstandsgruppen.

Es war eine Ironie des Schicksals, daß Hitler ursprünglich vorausgesagt hatte, daß die Normandie das Zielgebiet der Invasion sein würde. Aber hatten nicht weniger als sieben Nachrichtendienste, die geheime Informationen sammelten und vom Auswärtigen Amt beziehungsweise vom Oberkommando der Wehrmacht (der Abwehr), den drei Wehrmachtsteilen, Görings Forschungsbüro und der SS (dem RSHA – Reichssicherheitshauptamt) unterhalten wurden, andere Prognosen getroffen? Speer[11] zufolge handelte Hitler durchaus vernünftig, als er die widersprüchlichen Voraussagen der sich gegenseitig heftig bekämpfenden Nachrichtendienste zugunsten einer neuen eigenen Vermutung – Pas de Calais – verwarf. Er tat das nicht zuletzt deswegen, weil dieses Gebiet Großbritannien am nächsten lag und weil sich dort auch 55 Startrampen für die V 1 befanden, denen bereits das lebhafte Interesse der Royal Air Force galt. Hitler beging daher den verhängnisvollen Fehler, den Oberbefehlshaber West, Generalfeldmarschall von Rundstedt, daran zu hindern, die dortige strategische Reserve – zwei Panzerdivisionen – einzusetzen. Dies geschah erst am 7. Juni nach Tagesanbruch; zu dieser Zeit waren diese Verbände jedoch verwundbar und erlitten durch die Tiefangriffe der weit überlegenen taktischen Luftstreitkräfte der Alliierten hohe Verluste.

Inzwischen hatten die alliierten Streitkräfte ihren Brückenkopf an der Normandieküste gefestigt, und der Gegenangriff prallte ab. Hitler hielt an seiner Meinung fest, daß die Invasion in der Normandie nur ein Ablenkungsmanöver sei. Sie war in Wirklichkeit die größte in der Geschichte, obwohl die mit der Invasion zeitlich zusammenfallende Marineoperation »Forger« der Amerikaner im Pazifik gegen die Marianen nicht viel kleiner war. Während die alliierten Streitkräfte in Massen landeten, um an der Schlacht um die Stadt Caen teilzunehmen, ließ er es zu, daß die ganze 15. Armee untätig bei Calais wartete und allmählich von den alliierten Luftstreitkräften, die Zug um Zug Brücken und Straßen zerstörten, in diesem Gebiet abgeriegelt wurde. In weniger als drei Wochen nach dem »D-Day« war eine Dreiviertelmillion alliierter Soldaten an der normannischen Küste gelandet.

Hitlers dezidierte Meinung, die ganze Sache sei eine Scheininvasion, erklärt, weshalb man auf dem Berghof relativ gelassen darauf reagierte, daß alliierte Expeditionsstreitkräfte vier Jahre nach Dünkirchen, wo man ein anderes Expeditionsheer in die Flucht geschlagen hatte, in den Nordwesten Frankreichs zurückgekehrt waren. Sogar in der Rückschau mangelte Speer der Sinn für den dramatischen Charakter und die geschichtliche Bedeutung der Geschehnisse, wie dies auch ersichtlich wurde, als er gedrängt werden mußte, in seinen Memoiren auf die Reichskristallnacht einzugehen. So wird in Kapitel 24 seiner »Erinnerungen« auch der »D-Day« sehr undramatisch dargestellt. Der Leser kann daraus nur entnehmen, daß Hitlers Reaktion auf die Wiedereröffnung der Westfront nur ein schwacher Abklatsch seiner Reaktion auf die britisch-französische Kriegserklärung im Jahre 1939 war.

Die V 1 verbreitete inzwischen Angst und Schrecken in einem Maße, das in keinem Verhältnis zu ihrer Zahl stand, als die »Doodlebugs« mit ihren fauchenden Staustrahltriebwerken über London auftauchten und dann herabstürzten. Sechs der ersten zehn V 1, die in der Nacht vom 12. zum 13. Juni abgefeuert wurden, waren Fehlstarts oder stürzten ins Meer; vier schafften es, England zu erreichen, und eine tötete sechs Engländer. Doch am 18. Juni traf eine V 1 die Guard's Chapel an der Wellington-Kaserne in der Nähe des Buckingham Palace. Dabei wurden 119 Soldaten und Zivilisten während des Gottesdienstes getötet und 102 verletzt. Am Tag zuvor hatte Hitler einen seiner Befehlsbunker in der Nähe von Soissons in Frankreich kurz besucht – einst gebaut für die vorgesehene Landung in Großbritannien –, um sich über die Lage informieren zu lassen. Die Besprechung führte rasch zu einer Auseinandersetzung mit Rundstedt und Rommel (Befehlshaber der Heeresgruppe B). Beide wollten die deutschen Truppen aus dem Küstenbereich zurückziehen, den die britische Marine ständig unter schwerem Beschuß hielt; sie wollten die Verbände umgruppieren und einen Gegenangriff durchführen. Hitler lehnte dies, wie anzunehmen war, ab. Er beklagte ihren »Defätismus« und versprach Hilfe in Gestalt der Me 262. Kurz nachdem Hitler die beiden Feldmarschälle – zwei der besten Generäle Deutschlands – mit ihren Problemen allein gelassen hatte, erbebte sein Bunker, da eine vagabundierende V 1, die in der Nähe abgeschossen worden war, dessen dickes Betondach getroffen hatte. Hitler kehrte an jenem Abend nach Berchtesgaden zurück; Speer war noch immer da.

Etwa zu dieser Zeit wurden vor Arromanches und St. Laurent zwei künstliche Häfen angelegt. Sie ermöglichten es den Alliierten, auf die damaligen konventionellen Nachschubhäfen zu verzichten. Die deutschen U-Boote hatten indessen ihre französischen Stützpunkte verlassen. Am 22. Juni, dem dritten Jahrestag des »Unternehmens Barbarossa«, griffen die Russen mit 1,2 Millionen Mann am Mittelabschnitt der deutschen Ostfront an. Plötzlich war die Wehrmacht dort zahlenmäßig weit unterlegen: Das Kräfteverhältnis betrug 3 : 1.

Am selben Tag zeigte wiederum die Luftwaffe, daß sie noch schlagkräftig war: Mit 75 Flugzeugen griff sie einen sowjetischen Luftstützpunkt in der Nähe von Poltawa in der Ukraine an, auf dem eine Gruppe von B-17-Bombern der in England stationierten Achten Luftflotte der US Army nach einem strategischen Angriff auf ein deutsches Hydrierwerk gelandet war. 47 »Fliegende Festungen« wurden zerstört, weitere 26 bei der Explosion eines großen Treibstofftanks schwer beschädigt.

Was aber zweieinhalb Jahre früher ein schwerer Schlag von strategischer Bedeutung gewesen wäre – damals hatten die Japaner durch einen Bodenangriff auf 34 B-17-Bomber und etwa sechzig kleinere Flugzeuge auf den Philippinen die Luftüberlegenheit in diesem Raum gewonnen –, war für die Amerikaner nicht mehr als ein kleiner Rückschlag, da sie über riesige Vorräte für massive Operationen auf zwei 16000 Kilometer voneinander entfernten Kriegsschauplätzen verfügten.

Rundstedt, Rommel (der bald abgesetzt wurde) und Speer zählten zu denjenigen, die jetzt voll begriffen, was Hitler damit angerichtet hatte, daß er sich auf einen Kampf gegen eine solche Koalition von Gegnern eingelassen hatte: »In einem Teil meines Bewußtseins war die Erkenntnis ... vorhanden, daß nun alles zu Ende gehen müßte.«[12] Die Tatsache, daß die V 1 in den ersten drei Wochen zweitausend Londoner getötet und eine zweite Evakuierungswelle in der britischen Hauptstadt ausgelöst hatte, war ohne jegliche strategische Bedeutung – sie erhöhte höchstens die Kampfmoral der britischen Truppen. Hitler war jedoch bei weitem nicht der einzige, der die Hoffnung erweckte, Wunderwaffen würden es möglich machen, die große Koalition zu paralysieren, die Deutschland vom Osten und vom Westen her in die Zange genommen hatte. Er befahl eine Verfünffachung der Produktion von Flakgeschützen bis Dezember 1945, statt sich auf Jagdflugzeuge zu konzentrieren, deren Fertigung unverzüglich eingestellt werden sollte. Speer und Saur überzeugten ihn von der Notwendigkeit, das nicht erreichbare Ziel wenigstens zu halbieren, und beide kamen überein, die Anordnung zum Stopp der Produktion von Jagdflugzeugen – das indirekte Resultat des letzten Aufbegehrens Gallands – zu ignorieren. »Es war der erste Befehl Hitlers, den weder Saur noch ich befolgten.«[13] Sie ließen weiter Jagdflugzeuge am laufenden Band produzieren; in den letzten sechs Monaten des Jahres 1944 betrug der monatliche Ausstoß mehr als 2300 Stück.

Bei seiner Teilnahme am berüchtigten Posener Gauleitertreffen im Oktober 1943 hatte Speer mehr als deutlich zu verstehen gegeben, daß sich durch neue Wunderwaffen das Blatt für Deutschland wenden würde. Goebbels glaubte, zumindest vor den Augen der Öffentlichkeit – oder redete sich wie Hitler ein –, daß die V 1 und die V 2 die sich ständig verschlechternde Situation verbessern könnten. Speer unternahm nichts, um Goebbels' Begeisterung zu dämpfen, als er im besten Kino des Reiches einen spektakulären Film über mehrere Versuchsstarts der V 2 vorführen ließ. In Wirklichkeit war es ein und derselbe Start, nur von vielen verschiedenen Positionen aus aufgenommen. Goebbels verstieg sich im Juli 1944 in der Presse zu begeisterten, aber unspezifischen Äußerungen. Sie hatten nicht die gewünschte, sondern die gegenteilige moralische Wirkung, als die Bomber weiter angeflogen kamen und sich kein Wunder ereignete.

Auch Speer redete noch im August 1944 vom Sieg – sowohl auf einer Besprechung der Mitarbeiter des Ministeriums am ersten Tag des Monats als auch in einem Vortrag, den er am 31. vor Betriebsführern der Rüstungsindustrie hielt. Er erinnerte sie daran, was jetzt kommen würde: Düsenflugzeuge, neue, schnelle U-Boote, Vergeltungswaffen… Erst im November 1944 schrieb Speer schließlich an Goebbels, um ihm mitzuteilen, daß er es für unrealistisch halte, den Menschen weiterhin zu sagen, daß die Rettung durch Wunderwaffen kommen würde, denn dies bedeute, in ihnen falsche Hoffnungen zu wecken. Aber dieser neue Skeptizismus hinderte ihn nicht daran, den Mitarbeitern seines Ministeriums, Betriebsführern, Arbeitern, ja sogar Soldaten, mit denen er zusammentraf, einzubleuen, sie sollten weiterhin mit ganzer Kraft für den Sieg kämpfen.

Erst im Januar 1945 wandte Speer sich zum ersten Mal öffentlich gegen Spekulationen über geheime Waffen und leugnete, je für eine so irreführende Propaganda verantwortlich gewesen zu sein.[14] All das vergaß er aus gutem Grund, als er von alliierten Vernehmern im Mai und Juni 1945 befragt wurde. Diesen erklärte er, er habe spätestens im Frühjahr 1943 gewußt, daß der Krieg verloren sei. Hitler und Goebbels hätten die Schuld dafür getragen, daß man wider alle Vernunft mit der Chimäre des Sieges durch ein Wunder hausieren gegangen sei.

Mit größter Wahrscheinlichkeit war er sich bereits 1943 über die Wirklichkeit genügend im klaren, daß er erkannte, wie recht sein Vorgänger ein ganzes Jahr zuvor, schon vor der Katastrophe von Stalingrad, gehabt, als er erklärt hatte, daß der Krieg nicht zu gewinnen sei. Sicherlich wird aber durch die Lebensgeschichte Speers auch immer deutlicher, daß er die Fähigkeit der psychischen Verweigerung entwickelte, die Fähigkeit, der Wahrheit dadurch auszuweichen, daß er sie aus dem Bewußtsein verdrängte.

In puncto Verzweiflung konnten sich die Deutschen nicht ganz mit ihren japanischen Verbündeten messen. Sie experimentierten zwar mit Rammjägern und Selbstmordeinsätzen, aber in größerem Umfang gab es keine Kamikazetruppe bei den Nazis. Adolf Galland erhielt für seinen letzten Einsatz zumindest eine hervorragende neue Waffe und nicht, wie die japanischen Flieger, ein hölzernes Flugzeug mit einer eingebauten Bombe, mit dem sie sich auf Kriegsschiffe herabstürzten. Deutschland setzte jedoch 1944 und 1945 eine beachtliche Anzahl ausgefallener Waffen als letztes Aufgebot ein, wovon sehr wenige aus der von Speer kontrollierten Produktion stammten. Dönitz bestellte im April 1944 Einmann-U-Boote; das Heer orderte automatische Minipanzer, die mit

Sprengstoff gefüllt waren; große Hoffnungen wurden an die »Panzerfaust« geknüpft, eine tragbare Panzerabwehrwaffe, von der innerhalb von drei Monaten ab 1. November 1944 eineinhalb Millionen Stück hergestellt wurden. Sie sollten die Panzerabwehrkanonen ersetzen, die in immer größerer Zahl hätten produziert werden müssen, wenn da nicht Hitlers ständige Forderung nach immer mehr Flakgeschützen gewesen wäre, welche die gleichen Geschosse verwendeten. Aber die für den Nahkampf vorgesehene Panzerfaust war, selbst wenn sie in riesiger Zahl vorhanden war, kein Ersatz für die aus sicherer Entfernung abgefeuerten Panzergranaten eines genau schießenden Geschützes.

Hitler erinnerte sich an seine eigenen schlimmen Erfahrungen vom Ende des Ersten Weltkrieges und befahl im Herbst 1944 plötzlich die Massenproduktion von Gasmasken. Diese waren für eventuelle Gasangriffe des Feindes vorgesehen, dem dann auf gleiche Weise hätte geantwortet werden können, ohne die deutsche Bevölkerung in den Kampfgebieten auf dem Territorium des Reiches zu gefährden. Ebenso wäre denkbar, daß Hitler mit dem Gedanken spielte, Giftgas gegen die Invasoren, besonders die Russen, einzusetzen; es gibt aber keinen konkreten Beweis für eine solche Absicht.

In einem Krieg, der es mit sich brachte, daß Giftgas in einer nie dagewesenen, unmenschlichen Art und Weise in den Todeslagern angewendet wurde und in dem die Zivilbevölkerung in wachsendem Maße schonungs- und wahllosen Angriffen ausgesetzt war, ist es bemerkenswert, daß keine Seite auf dem Schlachtfeld oder bei Luftangriffen Giftgas einsetzte. Nachdem die Deutschen dieses Mittel im April 1915 eingesetzt hatten, hatte es sich immer wieder als ein zweischneidiges Schwert erwiesen, besonders wenn sich der Wind drehte. Trotzdem legte auch im Zweiten Weltkrieg jede Seite Vorräte an chemischen Kampfstoffen an für den Fall, daß die andere Seite zu diesem Mittel greifen würde. Bis zum Sommer 1944, wo die Angriffe der Alliierten auf die deutsche Chemieindustrie die Kampfstoffproduktion unterbrachen, hatten die Deutschen fünf Jahre lang 3100 Tonnen Senfgas, auch unter den Bezeichnungen Yperit oder Lost bekannt, und 1000 Tonnen des tödlichen Nervengases Tabun monatlich produziert. Die Tabunproduktion wurde Ende Oktober 1944 endgültig eingestellt, während die Senfgasproduktion um drei Viertel verringert wurde; in beiden Fällen war dies auf den Mangel an den chemischen Ausgangsstoffen zurückzuführen.[15] Speer schrieb, er habe die entgegengesetzte Anordnung Keitels vom OKW ignoriert und die Zuteilung der chemischen Grundstoffe nach eigenem Ermessen vorgenommen.

Im Sommer 1944 brach das deutsche Verkehrssystem – sowohl der Straßen- als auch der Schienentransport – zusammen. Mitte November 1944 war das Ruhrgebiet seit mehr als sechs Wochen verkehrstechnisch abgeriegelt. Kohle war daher sowohl innerhalb als auch außerhalb dieses Industriegebiets, das mehr als jedes andere Reichsgebiet davon förderte, äußerst knapp. Die Disziplin brach zusammen, und Kohlezüge erreichten nicht mehr ihren Bestimmungsort, da sie von den Gauleitern beschlagnahmt wurden. Lange Stromabschaltungen und der Mangel an Brennstoffen für die Haushalte und die Industrie wurden als immer unerträglicher empfunden, da früh ein ungewöhnlich kalter Winter einsetzte. Die ständigen Angriffe auf die Hydrierwerke und auf die Ölfelder auf dem Balkan kamen noch hinzu. Die Rüstungsindustrie konnte jetzt nur noch auf Grund ihrer Bestände an Material und Einzelteilen weiter produzieren – diese Vorräte erwiesen sich jedoch trotz der früheren Beschränkungen und der angedrohten Strafen für Hamsterei als ziemlich hoch. Das war die Basis für die letzte Rüstungsoffensive Nazideutschlands, bei der Hitler sich Ende 1944 sichtlich auf Saur stützte statt auf Speer.[16] Diesmal aber war der letztere keineswegs böse darüber, daß ihm das Heft aus der Hand genommen wurde und daß seinem Stellvertreter für technische Fragen der Schwarze Peter zugeschoben würde, falls etwas schiefging.

Als Hasardeur, der er immer gewesen war, entschloß sich Hitler dazu, alles auf die letzte Karte – eine Gegenoffensive im Westen – zu setzen. Diese Absicht, die er in den ersten Oktobertagen des Jahres 1944 gefaßt hatte, teilte er Speer am 12. unter dem Siegel strengster Geheimhaltung mit. Zwei Monate zuvor war Speer aufgefordert worden, eine Spezialeinheit motorisierter Bauarbeiter der Organisation Todt aufzustellen, um einen Gegenangriff in den Ardennen und einen Vorstoß auf Antwerpen zu unterstützen, das die Alliierten als ihren Hauptnachschubhafen auserwählt hatten. Die amerikanische Armee sollte zurückgedrängt und die britische Armee eingekreist und wie im Jahre 1940 ins Meer zurückgetrieben werden. Doch die Russen rückten mit gewaltiger Übermacht vor und bedrohten bereits das schlesische Industriegebiet, das in seiner Bedeutung für die deutsche Rüstung nur vom Ruhrgebiet übertroffen wurde.

Unvermeidlich breiteten sich Gerüchte über einen deutschen Gegenschlag aus – aber die, die nicht so privilegiert waren wie Speer, gingen davon aus, daß er sich gegen die Russen richten würde, deren zahlenmäßige Überlegenheit und deren Rachedurst sie zur größeren Gefahr machten.

Die Ardennenoffensive vom 16. Dezember 1944 erwies sich als überraschend gefährlich für die Alliierten. Sie überrumpelte die Amerikaner, die schon an ruhige Weihnachten dachten, und war in ihrer Wucht angesichts des zunehmenden Chaos und Mangels in Deutschland, den die Bombenangriffe der Alliierten verursachten, um so bemerkenswerter. In der Retrospektive scheint jedoch selbst der überraschende, wenn auch zeitweilige Sieg über die wachsenden Schwierigkeiten hinter der Front klein im Vergleich zur hohen Kampfmoral der Truppen unter dem Befehl von Generalfeldmarschall Walter Model – fünf Monate nach der Zerreißprobe, der die deutsche Wehrmacht durch das einzige ernsthafte Attentat der Deutschen auf Hitler ausgesetzt gewesen war.

Der Durchbruch in der Normandie und die sowjetische Offensive vom Juni 1944 hatten endlich einen kleinen Kreis deutscher Offiziere, meist adliger Herkunft, davon überzeugt, daß alles verloren war und daß etwas gegen Hitler unternommen werden mußte. Der Mut von Oberst Claus Schenk von Stauffenberg soll hier genausowenig in Frage gestellt werden wie der von Hans und Sophie Scholl, den Münchner Studenten, die 18 Monate, bevor die Wehrmachtsoffiziere handelten, gegen die Nazis protestiert hatten.

Die Geschichte kann dem deutschen Widerstand gegen Hitler vor allem vorwerfen, daß er zu schwach war und zu spät geleistet wurde. Es gab nie sehr viel Widerstand, so mutig einzelne Widerstandskämpfer auch waren und welch großen Gefahren sie sich auch aussetzten. Wenn es eine vorherrschende Tendenz der Geschichtsschreibung über den Zweiten Weltkrieg gibt, dann besteht sie darin, den Widerstand gegen die Nazidiktatur in seiner Bedeutung generell zu übertreiben. Diese Tendenz ist in Deutschland genauso ausgeprägt wie in Frankreich und in anderen ehemalig besetzten Ländern. Das gilt in anderer Weise auch für Großbritannien, das nicht von den Deutschen okkupiert war. Dort wurde die zweifelhafte Leistung der zentralen Leitung der Sondereinsätze, der Special Operations Executive, von einem Mythos ungetrübten Ruhmes umgeben, den man selten in Frage gestellt hat. Und doch ließ sich die Special Operations Executive zum Beispiel von der deutschen Abwehr so überlisten, daß sie dieser trotz Warnungen Dutzende von Agenten in den Niederlanden in die Fänge trieb. Hier genügt es festzustellen, daß es für den deutschen Widerstand genügend Grund gab, bescheiden zu sein und seine Taten nicht an die große Glocke zu hängen.

Die Tatsache, daß der Widerstand zu schwach war und zu spät kam, hängt offensichtlich damit eng zusammen, daß mehr Deutsche für Hitler gestimmt hatten als für jede andere Partei, als sie noch wählen durften, und daß noch mehr Deutsche – eindeutig die absolute Mehrheit der Bevölkerung – mit dem einverstanden war, was er angekündigt hatte und letzten Endes auch tat.

Ineffektive militärische Putschversuche hatten 1938 – dank Hitlers diplomatischem Sieg in München –, im November 1939 und auch im Januar 1943, als sich die Gefahr der Niederlage bei Stalingrad abzeichnete, zu nichts geführt. Zwei weitere Versuche von Offizieren schlugen im März 1943 fehl. Graf von Stauffenberg war aus härterem Holz geschnitzt und ergriff im Februar innerhalb einer Gruppe ernsthafter Verschwörer die Initiative. Das geschah zu einer Zeit, als auch einer der berühmtesten Soldaten Deutschlands, Generalfeldmarschall Erwin Rommel, schließlich von Hitlers militärischer Inkompetenz genug hatte und Generaloberst a. D. Ludwig Beck, dem Mann an der Spitze der enttäuschten Offiziere, seine Sympathie signalisierte.

Stauffenberg, Jahrgang 1907, war Stabschef von Generaloberst Friedrich Fromm, dem Oberbefehlshaber des Ersatzheeres, und er nahm in dieser Eigenschaft in Begleitung oder in Vertretung seines Generals häufig an Führerbesprechungen teil. Er stammte aus einer adligen bayerischen Familie, die monarchistisch gesinnt, konservativ und katholisch war. Selbst mit seiner Augenklappe und trotz seiner schweren körperlichen Gebrechen als Folge einer Verwundung war er eine sehr stattliche Erscheinung. Freunde hatten ihm den Spitznamen »Bamberger Reiter« verliehen, da er der mittelalterlichen Statue jenes unbekannten Helden im Bamberger Dom sehr ähnelte. Stauffenberg war als Berufsoffizier in ein bayerisches Kavallerieregiment eingetreten und hatte sich in der Blitzkriegsphase und in Nordafrika ausgezeichnet. Dort war er 1943 ins Maschinengewehrfeuer eines Jagdflugzeugs der Alliierten geraten. Als er das Lazarett verließ, hatte er nur noch ein Auge, einen Arm und eine halbe Hand und hinkte stark. Trotzdem wurde er zum Stabschef der Artillerie ernannt.

Stauffenberg war, nachdem er während seines monatelangen Lazarettaufenthalts – wie Speer – Zeit zum Nachdenken gehabt hatte, zu der Auffassung gelangt, daß etwas Entscheidendes gegen Hitler unternommen werden müßte. Bislang hatte er seine Abneigung gegen den Emporkömmling unterdrückt und die Haltung so vieler seiner Zeitgenossen auf allen Ebenen der Wehrmacht eingenommen, die es für ihre Pflicht hielten, ohne Vorbehalte ihrem Vaterland zu dienen. Nun erblickte er in Hitler den Antichrist und entschloß sich dazu, eine führende Rolle in der Widerstandsbewegung zu übernehmen. Er trat dem von Helmuth Graf von Moltke geführten Kreisauer Kreis bei, dem Theologen, Adlige, Diplomaten, Offiziere und Akademiker angehörten. Stauffenberg wurde kraft seiner Persönlichkeit die Leitung dessen übertragen, was kein Diskutierklub war, sondern eine wirkliche Verschwörung, die sich weit über Kreisau und die Gruppe der Andersdenkenden im Generalstab hinaus ausdehnte und Männer der Kirche, hohe Polizeioffiziere, Rechtsanwälte und Politiker umfaßte – jene Leute, die 1933 hätten handeln sollen. Es gehörten auch solche hervorragenden Persönlichkeiten dazu wie die Gebrüder Bonhoeffer (Theologe und Jurist) und Admiral Wilhelm Canaris, der Leiter der Abwehr.

Stauffenberg und seine Freunde beschafften sich aus einem Lager von Beutewaffen eine britische Zeitbombe, wie sie von Widerstandsgruppen verwendet wurde, und versteckten sie in der Aktentasche, die er bei den Besprechungen immer mitführte, an denen er mit oder ohne Fromm teilnahm. Mit seinen beiden verbliebenen Fingern trug er die Höllenmaschine am 20. Juli 1944 um 10 Uhr vormittag in den Raum, in dem im Rastenburger Hauptquartier in Ostpreußen die täglichen Lagebesprechungen abgehalten wurden. Er sollte im Zusammenhang mit dem »Unternehmen Walküre« einen Bericht über den Zustand des Ersatzheeres geben. Hierbei ging es um einen Plan zur Mobilisierung der Reserven für die Heimatverteidigung, der bereits in allen Instanzen bis zur Führerebene diskutiert worden war und den die Verschwörer als Deckmantel für den Staatsstreich nutzen wollten. Stauffenberg stellte seine Aktentasche auf den Fußboden unter einen großen Kartentisch, den 24 Teilnehmer umstanden, und ging gelassen hinaus, um »ein Telefongespräch zu führen«. Oberst Heinz Brandt, der stellvertretende Stabschef des Heeres (Operationen) stieß zufällig gegen die Tasche und beförderte sie ungehalten woanders hin. Sie befand sich nun auf der entgegengesetzten Seite eines massiven Tischsockels nahe der Stelle, wo Hitler zufällig stand.

Dem schweren Tischbein oder gar, wenn Sie so wollen, der »Vorsehung«, von der Hitler so häufig sprach, war es zu verdanken, daß er noch einmal mit dem Leben davonkam. Er befand sich um 12 Uhr 50 im Epizentrum der Explosion, und sein Gesicht und seine Kleidung waren versengt und pulvergeschwärzt. Aber dank jenem Tischbein überstand er ziemlich unverletzt die Detonation. Sie beschädigte die Holzbaracke, die Speers Männer errichtet hatten und die vorübergehend für Besprechungen genutzt wurde, während der Rastenburger Bunker auf Hitlers Befehl und nach Speers Anweisungen erweitert und noch stärker befestigt wurde.

Ein Mann wurde auf der Stelle getötet, drei andere, unter ihnen Brandt, starben an ihren Verletzungen. Hitlers rechter Arm war teilweise gelähmt, sein Haar hatte Feuer gefangen, und wegen der beschädigten Trommelfelle war er vorübergehend taub. Einige Verletzte waren buchstäblich durch die Fenster hinausgeschleudert worden.

Zum Zeitpunkt der Explosion seiner Bombe hatte Oberstleutnant Claus Schenk von Stauffenberg den befestigten Innenhof in Rastenburg bereits verlassen und war zum Flugplatz gefahren; er war bereits gestartet, um nach Berlin zu fliegen, und Stufe zwei der Verschwörung hatte begonnen. Zu diesem Zeitpunkt hätte Speer im Hauptquartier des OKW in der Bendlerstraße sein sollen, um mit Stauffenbergs Chef, General Fromm, einem langjährigen Freund, zu Mittag zu essen. Die Einladung war ihm von dessen Stabschef am 17. persönlich überbracht worden, doch Speer hatte einen anderen Termin: Er hatte auf einer Beratung von rund 200 Ministerkollegen und hohen Beamten der Regierung mit Betriebsführern der Industrie im Goebbelsschen Ministerium einen weiteren Vortrag über Rüstungsprobleme zu halten. So hatte er die Einladung abgelehnt, obwohl der verkrüppelte Oberst nachdrücklich auf die besondere Bedeutung der Besprechung hingewiesen hatte, die sich an das Mittagessen anschließen sollte.

Die Chronik über den 20. Juli 1944 ist eine der wenigen Quellen, die außer Speers eigenen Büchern Auskunft darüber geben, was er an jenem Tag, einem Tiefpunkt der deutschen Geschichte, unternahm. Der Bericht ist kurz und bündig und im historischen Präsens geschrieben, den deutsche Chronisten bevorzugen:

»Der 20. Juli ist zunächst ein Arbeitstag wie jeder andere. Auf Einladung von Reichsminister Dr. Goebbels spricht der Minister vor Mitgliedern der Reichsregierung im Propagandaministerium. Er zeigt anhand von Diapositiven die Leistungssteigerung der deutschen Rüstung...«

Speer rief wie gewöhnlich zur totalen Mobilisierung an der Heimatfront auf, und nach einigen Worten von Goebbels folgte die Mittagspause. Goebbels geleitete Speer und Funk, den Reichswirtschaftsminister, in sein riesiges Arbeitszimmer (oder bestellte sie laut Chronik kurze Zeit später dorthin). Der Lautsprecher auf Goebbels' Schreibtisch quakte, und Goebbels' Sekretärin sagte, Reichspressechef Dr. Otto Dietrich, ein wichtiger Mann im Propagandaministerium, sei in Rastenburg am Apparat und könne nicht warten. Goebbels erwiderte, er nehme den Anruf entgegen, und drückte den Knopf, so daß das anschließende kurze Gespräch nur auf seiner Seite zu hören war. Aber Speer konnte daraus entnehmen, daß ein Attentat auf Hitler verübt worden war, daß dieser eine Explosion in der Speer-Baracke in Rastenburg überlebt hätte – und daß Hitler nun die vielen hundert Männer der Organisation Todt, die an seinem Bunker arbeiteten, verdächtigte.[17]

Es ist in diesem Fall nicht weiter verwunderlich, daß der egozentrische Speer sofort an sich selbst und seine Lage dachte – seine Erinnerungen klingen an dieser Stelle sehr echt: Speer-Baracke, Speers OT-Arbeiter, deren Anwesenheit Goebbels offenbar als massiven Verstoß gegen die Sicherheitsvorschriften in Rastenburg ansah...

Speer hielt trotzdem seine Verabredung mit Oberst Gerhard Engel zum Mittagessen ein. Dieser hatte kurz zuvor den Posten eines Adjutanten bei Hitler aufgegeben und kommandierte nun eine Fronttruppe. Speer wollte mit diesem bewährten Offizier, der sowohl über Fronterfahrungen verfügte als auch die Stabsarbeit an der Spitze kannte, seine Denkschrift diskutieren, die zufällig das Datum des 20. Juli trug und eine Initiative zur Beseitigung der unübersichtlichen und schwerfälligen Struktur der Wehrmacht forderte. Die gegenwärtige Struktur brachte es mit sich, daß auf je zwei Frontsoldaten ein »Rattenschwanz« von nicht weniger als neun Männern in der Etappe entfiel. Sechs große Zentralen – der drei Wehrmachtsteile, der Waffen-SS, der OT und des Abeitsdienstes – sorgten dafür, daß getrennt voneinander und in riesigem Umfang Kräfte in der Etappe beschäftigt waren, die zusammengefaßt und radikal reduziert werden sollten, um Millionen zusätzlicher Männer sowohl für den Fronteinsatz als auch für die Industrie freizusetzen – von der Einsparung von Material und Ausrüstungen ganz zu schweigen.

Nach dem Mittagessen kehrte Speer in sein eigenes Büro zurück, um mit Minister Clodius, dem deutschen Gesandten im rumänischen Satellitenstaat, über die Wiederaufnahme und den Schutz der Öllieferungen nach den Luftangriffen zu sprechen, die die 15. Luftflotte der US Army von Italien aus durchgeführt hatte. Wegen dieser Angriffe, wegen der Verminung der Donau aus der Luft und wegen der allgemeinen Knappheit an Tankwaggons, die durch die Angriffe der RAF und der 8. Luftflotte der US Army auf das Verkehrsnetz noch verschärft wurde, sollte eine unterirdische Pipeline von Ploesti nach Deutschland gebaut werden. Das Gespräch wurde durch einen Anruf von Goebbels unterbrochen. Speer wurde gebeten, aus Gründen, die er, Goebbels, am Telefon nicht sagen konnte, sofort in die Residenz des Propagandaministers zu kommen.

Goebbels' offizielles Wohnpalais befand sich nahe der Südseite des Brandenburger Tores mitten im Regierungsviertel, das jetzt durch Soldaten des Ersatzheeres hermetisch abgeriegelt war. Speer zufolge wollte Goebbels ihn wegen seiner Ruhe dabeihaben, wenn er die Maßnahmen plante, die getroffen werden sollten, um den Militärputsch im Keim zu ersticken. Goebbels hatte mit Hitler bereits telefoniert – eine Tatsache, die er Speer bei seinem Eintreffen nicht gleich mitgeteilt hatte.

Erneut legte Speer in seinen »Erinnerungen« glaubhaft dar, daß er in erster Linie über seine eigene Situation besorgt war. Ihm waren auf einen Schlag alle Gespräche eingefallen, die er in letzter Zeit mit verschiedenen Generälen, darunter mit seinen engsten Freunden im Generalstab, mit Guderian, der kein Blatt vor den Mund nahm, mit dem nachdenklichen Zeitzler – und mit Fromm – geführt hatte. Dieser war am 20. Juli um 18 Uhr auf Befehl Hitlers verhaftet und als Oberbefehlshaber des Ersatzheeres durch den stets willfährigen Himmler ersetzt worden. Diese und andere Offiziere hatten in Speers Gegenwart offen kritische Bemerkungen über Hitlers militärische Führung gemacht.

Seine Memoiren lassen auch erkennen, daß Speer es tatsächlich gewöhnt war, mit seinen hochrangigen Freunden so gefährliche und verbotene Themen zu erörtern, wie Deutschlands immer hoffnungsloser werdende Lage im Krieg, die Übermacht der Feinde rundum, die Brennstoff- und Transportkrise und sogar Hitlers Inkompetenz sowie seine beleidigende Art so vielen Untergebenen gegenüber. Auf Grund der paranoiden Normen des Naziregimes war das Verrat. Wenn solche hochriskanten Fragen in seinem Kreis nicht tabu waren, muß es dem Leser seiner Bücher wirklich sehr schwerfallen, seine ständigen Beteuerungen zu akzeptieren, daß er angeblich niemals an Gesprächen teilgenommen habe, die ihm das Ausmaß der Naziverbrechen voll bewußt gemacht hätten, geschweige denn die Einzelheiten, die das Regime sorgfältig zu verheimlichen versuchte. Wir, Speers Publikum, sollen akzeptieren, daß es im Kreis um Speer bis zum Sommer 1944 üblich gewesen sei, am Endsieg zu zweifeln und sich respektlos über Hitler zu äußern, wohingegen keine nennenswerten Bemerkungen über die Behandlung der Kriegsgefangenen, die Insassen der Konzentrationslager, die ausländischen Zwangsarbeiter und die slawischen und jüdischen »Untermenschen« gefallen sein sollen, von denen so viele auf Speers Geheiß in den von ihm gelenkten Fabriken arbeiteten. Es ist aber nicht besonders glaubhaft, daß solche Themen ausgespart geblieben sein sollen.

Speer schrieb, daß er auf Goebbels' Bitte um Unterstützung sofort positiv reagiert habe: »Tatsächlich hielt ich einen Putsch in unserer Lage für katastrophal; seine Moral erkannte ich wieder nicht.«[18] So stand er an Dr. Goebbels' Fenster und sah auf den Potsdamer Platz hinunter. Er erblickte Gruppen schwerbewaffneter Soldaten mit Stahlhelmen. Sie umzingelten das Regierungsviertel und riegelten überall die Straßen in Sichtweite ab. Er konnte sehen, daß Soldaten in feldgrauen Uniformen sogar vor den Eingangstüren zu Goebbels' Haus Posten bezogen; der Propagandaminister eilte in sein Schlafzimmer und kam mit einer Handvoll Zyanidkapseln, wie sie zur Standardausstattung der Naziführer gehörten, wieder zum Vorschein. »So, dies für alle Fälle«, erklärte er. Der Propagandaminister stellte telefonisch fest, daß auch Truppen aus Potsdam, der südwestlich von Berlin gelegenen historischen Garnisonsstadt des deutschen Heeres, und aus anderen Garnisonen der Provinz anrückten.

Man will es kaum glauben, daß die Möchtegernputschisten gegen Hitler nicht versuchten, all jene Einrichtungen zu besetzen, die die heutigen Revolutionäre zuerst in ihre Gewalt zu bringen trachten, wie zum Beispiel den Rundfunk, die Telefon- und Telegrafenämter, die Zentralen des militärischen Fernmeldewesens und dergleichen, oder daß sie nicht solche wendigen Loyalisten wie Goebbels verhafteten, von denen man annehmen konnte, daß sie Gegenmaßnahmen treffen würden.

Am wahrscheinlichsten ist, daß die Verschwörer, die das »Unternehmen Walküre« vor der Explosion der Bombe, wie der Zeitplan es vorsah, in Gang gesetzt hatten, auf Grund der Nachricht vom Scheitern des Attentats verständlicherweise wie gelähmt waren. Die Tatsache, daß viele Truppen mobilisiert waren, beweist einmal die Ernsthaftigkeit der Verschwörung vom 20. Juli, zum anderen läßt sie erkennen, daß die früheren vergeblichen Versuche des Militärs ohne Bedeutung waren. Trotzdem war von der einzigen Gegenkraft, die der Wehrmacht durch entschlossenes Handeln hätte einen Strich durch die Rechnung machen oder dieser schließlich mit Waffengewalt hätte entgegentreten können – der von Himmler geleiteten Waffen-SS –, noch nichts zu hören und zu sehen. Himmler hätte als Innenminister und Chef aller Polizeikräfte des Reiches an vorderster Front zur Verteidigung des Regimes stehen müssen. Goebbels aber konnte nicht herausfinden, wo er steckte. Ebensowenig konnte Speer nach dem Verlassen von Goebbels' Arbeitszimmer seinen Freund Fromm in der Bendlerstraße telefonisch erreichen – er wußte ja nicht, daß der wankelmütige General, den die Nachricht vom Überleben Hitlers entmutigt hatte, von den Verschwörern arretiert worden war.

Genauso wie er 1938 die »Reichskristallnacht« inszeniert hatte, die die wahren Absichten der Nazis gegen die Juden offenbarte, ernannte sich Goebbels jetzt selbst zum wichtigsten Erretter des Regimes vor einem desillusionierten Offizierskorps. Er versuchte energisch, den Kommandeur der Einheit telefonisch ausfindig zu machen, die das Regierungsviertel umzingelt hatte: den 32jährigen Major Otto Ernst Remer, der sich als ein überzeugter Nazi erwies und dem Hitler persönlich das Ritterkreuz mit Eichenlaub und Schwertern, eine der höchsten Auszeichnungen des Reiches, überreicht hatte. Er befehligte das Gardebataillon »Großdeutschland«, eine Eliteeinheit von 500 Mann, die speziell zur Verteidigung Berlins gegen Revolten, besonders gegen Erhebungen ausländischer Arbeiter, ausgebildet war. Goebbels ließ Speer wieder hereinbitten, damit er bei der Unterredung zwischen dem Hauptapologeten des Nationalsozialismus und jenem einfachen Stabsoffizier zugegen war, der ein paar hundert Wehrmachtssoldaten befehligte. Diese konnten jetzt, ohne daß sie es wußten, das Dritte Reich entweder zugrunde gehen lassen oder retten. Goebbels überlegte kurz, dann informierte er Hitler und ließ ihn am Telefon in Rastenburg warten.

Sobald der nervöse Major Remer hereinmarschierte, erinnerte der kleine und ebenso nervöse Propagandaminister ihn an seinen Eid auf Hitler. Der Major erwiderte, nach dem tragischen Tod des Führers sei er dem Stadtkommandanten, Generalmajor Paul von Haase, zur Treue verpflichtet – dieser gehörte in Wirklichkeit zu den Verschwörern. »Aber Hitler lebt!« rief Goebbels, und nach einem kurzen Wortschwall streckte er mit seiner oft erprobten Theatralik die Hand nach dem Telefon aus, das bereits mit Rastenburg verbunden war.

Hitler war sofort am Apparat, und nach einigen Bemerkungen übergab Goebbels den Hörer dem Major, der sofort Haltung annahm, als er die vertraute Stimme hörte. Sie überzeugte Remer davon, daß sein geliebter »Führer« tatsächlich lebte. Hitler sagte, er befördere den Major zum Generalmajor, was den sofortigen Aufstieg um vier Ränge bedeutete, und befahl Remer, Haase als Kommandeur abzulösen und die Befehle von Goebbels zu befolgen. Der Aufstand brach bald zusammen, als Remer, unterstützt von einer Panzerbrigade, die ins Zentrum von Berlin gerollt war, mit jener Entschlossenheit handelte, die den Führern der Erhebung gefehlt hatte. Diese hatte die Nachricht niedergeschmettert, daß Hitler lebte. Stauffenberg, der als einziger unmittelbar sein Leben riskiert hatte, hätte sie mit neuem Elan erfüllen und veranlassen können, die Macht zu ergreifen, aber er wurde verhaftet, bevor er handeln konnte.

Remer, der sich über die Rolle des Oberbefehlshabers des Ersatzheeres bei der Verschwörung nicht im klaren war, befreite den angsterfüllten Fromm, der sich jetzt selbst zu retten versuchte, indem er die Wachen auf die vier Verschwörer aufmerksam machte, die sich in der Bendlerstraße befanden, darunter auf Stauffenberg, seinen eigenen Stabschef, und General Friedrich Olbricht, seinen Stellvertreter. Nachdem er so ein zweites Mal am selben Tag sein Mäntelchen nach dem Wind gedreht hatte, drängte er Beck erfolgreich dazu, Selbstmord zu begehen. Als dieser es auch beim zweiten Mal nicht geschafft hatte, sich mit seiner Pistole zu erschießen, erledigte ein Unteroffizier den alten General. Dann ließ er die vier verhafteten Offiziere vor ein Standgericht stellen und am späten Abend des 20. Juli im Hof des Hauptquartiers von einem Exekutionskommando erschießen.

Speer schaffte es, mit Fromm zu sprechen, als sich die beiden Männer in der Bendlerstraße im Gewühl der Soldaten trafen, die an jenem Abend hin und her liefen, aber es gelang ihm nicht, ihn von seinem Vorhaben abzubringen. Die Erschießung der vier Offiziere erwies sich jedoch ungewollt als ein Gnadenakt. Hitlers Rache war bestialisch. Fast 200 Personen, Mitglieder des Kreisauer Kreises und andere prominente Andersdenkende, wurden von der Gestapo gefoltert und mußten danach groteske Prozesse vor Roland Freislers Volksgerichtshof über sich ergehen lassen. Viele dieser Männer wurden stranguliert beziehungsweise vor einer laufenden Filmkamera mit Klavierdraht an Fleischerhaken gehenkt. Die Jagd nach Verrätern ging bis Kriegsende weiter. Fromm wurde auf Befehl von Goebbels in der Nacht des Komplotts erneut verhaftet, aber viel später verurteilt und erst im März 1945 hingerichtet.

Der Mann, der die unermüdliche Vergeltungsmaschine leitete, war Ernst Kaltenbrunner, der österreichische Chef des Reichssicherheitshauptamtes, dem auch die Gestapo unterstand. Kaltenbrunner war in Rastenburg, als Speer zusammen mit anderen Ministern auf Einladung Hitlers am 21. Juli dorthin flog, um an einem Empfang teilzunehmen, wo Hitler zu seiner Rettung gratuliert wurde. Zu Speers Mißvergnügen wurden (im Gegensatz zu anderen Ministerstellvertretern) auch Dorsch und Saur eingeladen. Speer hat sich in seinen »Erinnerungen« darüber beklagt, daß diese viel herzlicher begrüßt wurden als er, und angedeutet, der Grund für die Brüskierung sei der weitverbreitete Verdacht gewesen, daß er auch in die Verschwörung verwickelt gewesen sei. Das war ein nicht allzu geschickter Versuch, ein wenig am Nachkriegsruhm der Verschwörer zu partizipieren.

Der totale Krieg (1944–1945)

Die kühlen Beziehungen zwischen dem »Führer« und dem Minister dauerten nur einen Tag. Am 2. Juli 1944 leitete Hitler eine Besprechung von Speer, Bormann, Keitel, Goebbels und Himmler – der auf rätselhafte Weise am 20. Juli um Mitternacht wieder aufgetaucht war, nachdem der Putsch niedergeschlagen war. Der »Führer« erklärte, er habe sich entschlossen, Goebbels zum »Generalbevollmächtigten für die Führung des totalen Krieges« zu ernennen. In seinen »Erinnerungen« hat sich Speer darüber beklagt, daß ihm kein Dank für die Idee zuteil wurde, die er bereits Anfang Juli in einer Denkschrift an Hitler geäußert hatte. Es besteht gar kein Zweifel daran, daß er so etwas schon lange befürwortet hatte, aber die Idee stammte von Goebbels, der nun vor der Aufgabe stand, sie zu verwirklichen. Speer war fraglos der Meinung, daß er diesen Auftrag hätte bekommen müssen.

Als er am 24. Juli wieder in Berlin war, erschien Kaltenbrunner, der finstere Gestapochef mit dem pockennarbigen Pferdegesicht, unangemeldet in seinem Büro. Speer lag gerade auf einer Couch. Erneut litt er unter großen Schmerzen in seinem Bein. Das spricht für eine beträchtliche nervliche Belastung. Ohne um die Sache herumzureden, holte er die provisorische Kabinettsliste der Verschwörer hervor, die in einem Tresor in der Bendlerstraße zurückgelassen worden war. Historiker können sich nicht genug über die Leidenschaft der Nazis wundern, die Kopien von fast jeder Kleinigkeit aufbewahrten – eine Schwäche, die für die Nürnberger Ankläger genauso von Nutzen war wie für die Gestapo. Beck war als provisorisches Staatsoberhaupt vorgesehen, und Carl Friedrich Goerdeler, der aufrechte ehemalige Oberbürgermeister von Leipzig, war als amtierender Kanzler aufgeführt. Beim Wort »Rüstung« stand der Name »Speer«. Kaltenbrunner fragte Speer gleichmütig, ob er davon gewußt habe.

Anscheinend überzeugte Speers erschrockene Reaktion den Reichsinquisitor, der die ganze Zeit seine Stimme nicht erhob und sich bald höflich verabschiedete. Speer bemühte sich das ganze restliche Jahr, den Verdacht zu zerstreuen, der nach dieser sehr peinlichen und erschreckenden Entdeckung auf ihm lastete.

Für Kaltenbrunner war die mit Bleistift geschriebene Bemerkung »wenn möglich« neben Speers Namen wahrscheinlich überzeugender als Speers Erschrecken. »Ein Fragezeichen rettete den Hals des Ministers« – so hätte eine gute Schlagzeile lauten können. Die Verschwörer hatten sich eindeutig nicht an Speer gewandt, geschweige denn dessen Zustimmung erhalten, als sie ihn auf ihre Liste setzten. Sie trauten ihm offenbar nicht genug und zogen ihn deswegen vor dem Putschversuch nicht ins Vertrauen, aber sie sahen ihn als einen Opportunisten an, der wahrscheinlich eine Änderung des Regimes gleichmütig hingenommen hätte. Sie hatten recht:

»Nach allem, was ich heute über die Personen und Motive der Verschwörung weiß, hätte mich die Zusammenarbeit mit ihnen gewiß binnen kurzem aus der Bindung an Hitler gelöst und für ihre Sache gewonnen. Aber gerade dies hätte mein Verbleiben in der Regierung, schon aus äußerlichen Gründen vom ersten Augenblick an problematisch, auch innerlich unmöglich gemacht. Denn jede moralische Einsicht in die Natur des Regimes und meine persönliche Stellung darin mußten die Erkenntnis zur Folge haben, daß im Deutschland nach Hitler eine Führungsposition für mich nicht mehr denkbar war.«[1]

Dies hinderte Speer keineswegs daran, anschließend der kurzlebigen Regierung von Großadmiral Dönitz anzugehören oder sich darauf vorzubereiten, unter dem Besatzungsregime der Alliierten am Wiederaufbau Deutschlands nach dem Kriege teilzunehmen. Er rechnete lange damit, daß sie ihn für unersetzlich halten würden.

Selbst wenn Speer am Endsieg zweifelte und nicht mehr an Hitlers Fähigkeit glaubte, diesmal mit der Krise fertig zu werden, hätte er seinem Personal diese Meinung zu einem so heiklen und gefährlichen Zeitpunkt nicht anvertrauen wollen. Rund zweihundert leitende Mitarbeiter versammelten sich am 24. Juli, um seine Rede zu vernehmen, in der er den fehlgeschlagenen Staatsstreich als »einen Wendepunkt in unserem schicksalhaften Kampf...« bezeichnete. Er beendete seine Rede mit einem »Sieg Heil!«, obwohl er solche aggressiv-unterwürfigen Naziformeln sonst vermied.

Speers überschwengliches Treuebekenntnis in dieser Zeit läßt darauf schließen, daß er sich bemühte, Gerüchten entgegenzuwirken, er habe mit den Verschwörern sympathisiert. Eines dieser Gerücht wollte sogar wissen, er sei verhaftet worden. Wahrscheinlich war es auf Kaltenbrunners Besuch bei ihm zurückzuführen.

Trotzdem kann nicht geleugnet werden, daß Speer nach den Ereignissen den Mut hatte, für über ein Dutzend führender Mitarbeiter in der Industrie und für mindestens zwei Generäle, die unter Verdacht standen, zu intervenieren – mit Erfolg. Seine Appelle für seine engsten Freunde im Generalstab, Fromm und Zeitzler, fanden jedoch kein Gehör. Er erbot sich sogar, vor Gericht als Zeuge für Fromm aufzutreten, aber seine Bemühungen waren vergeblich. Diese untypisch-engagierten Interventionen helfen zu erklären, weshalb Speer es noch immer für erforderlich hielt, am 29. Dezember 1944 einen langen dementierenden Brief an Kaltenbrunner zu schreiben.

Ein Grund für die anhaltenden Gerüchte war paradoxerweise die Tatsache, daß seine Anfang Juli gemachten Vorschläge zur totalen Mobilisierung für den Krieg auch im Entwurf eines Erlasses enthalten waren, der vom 19. Juli, einen Tag vor dem Putschversuch, datierte und die Konzentration der Rüstungsproduktion zum Inhalt hatte. Dieser Erlaß wurde am 22. Juli, zwei Tage nach dem Attentat, veröffentlicht. Die Tatsache, daß Speer in dieser kritischen Periode bestrebt war, noch mehr Macht zu erlangen, daß er von den Verschwörern für wichtig angesehen worden war und daß er für viele Verdächtige hartnäckig interveniert hatte, muß zur Folge gehabt haben, daß man in der Gestapozentrale genau so ein Fragezeichen hinter seinen Namen setzte wie das, welches an den Rand der Kabinettsliste der Verschwörer geschrieben war. Daß die Sache schließlich für Speer gut ausging, kann darauf zurückzuführen sein, daß er sowohl für Hitler persönlich als auch für die Kriegsanstrengungen weiterhin unentbehrlich war.[2]

Aber die Ernennung von Goebbels zum Beauftragten für den totalen Krieg am 23. Juli wurde durch einen »Führerbefehl« vom 25. Juli abgerundet, der Göring zum Vorsitzenden des Reichsverteidigungsausschusses machte. Ihm wurde die Verantwortung für die Mobilisierung des öffentlichen Sektors für den totalen Krieg übertragen. Gleichzeitig wurde Bormann als Chef der Gauleiter dazu verpflichtet, mit Goebbels zusammenzuarbeiten. Diese erhielten beide bald das Recht, über wirtschaftliche Maßnahmen in ihren Bereichen informiert zu werden, was zur Folge hatte, daß die willkürlichen Eingriffe in die Rüstung ausgerechnet zu einer Zeit zunahmen, als das am allerwenigsten erwünscht war.

Die Realitäten des Krieges brachten es mit sich, daß Sauckel als Hauptbeschaffer von Arbeitskräften eine immer geringere Rolle spielte, da die Möglichkeiten, ausländische Arbeiter zwangsweise zur rekrutieren, mit dem zunehmenden Verlust der Gebiete, die unter deutscher Kontrolle standen, immer geringer wurden. Er wurde zu einer Randfigur. Himmler wurde am 2. August damit beauftragt, sich um die Einsparung von Arbeitskräften in der Wehrmacht, der Waffen-SS und der Polizei, aber auch in der Organisation Todt und im Arbeitsdienst zu kümmern. Das entsprach zwar dem in Speers Denkschrift vom 20. Juli enthaltenen Appell an Hitler, die Kräfte zu bündeln, führte aber auf Grund der Befehle, die dieser unmittelbar nach dem Juliputsch erteilte, zu beträchtlichen Eingriffen von Bormann, Goebbels, Himmler und Göring – bei diesem nur theoretisch, da er inzwischen zu konstruktiver Arbeit nicht mehr fähig war. Folglich fielen Speers Aktien im Führerhauptquartier. Doch alle Maßnahmen, die getroffen wurden, änderten nichts am Verlauf des Krieges.

Speers getreuer Chronist, Dr. Wolters, zweifelte nicht daran, daß das Scheitern des Putsches eine gute Nachricht war:

»Man schiebt die Schuld der schlechten Wochen und Monate auf das verborgene Geschwür [den Putschversuch vom Juli]. In den Tatkräftigen brennt von neuem die Flamme hell.«

Diese eilfertige Eintragung in der Chronik vom 27. Juli 1944 ist nur in deren unzensierter Fassung enthalten. In beiden Versionen wurde eine andere Notiz[3] weggelassen, die am 24. August an den

Chronisten geschickt wurde, die er lieber ignorierte: »Dr. Wolters: die Mitwirkung unseres Ministers an der Entwirrung des Rätsels um den ›20. Juli‹ war so aktiv, daß sie in der Chronik vermerkt werden sollte – was halten Sie davon? (die ›passive‹ Teilnahme ebenso).«

Die boshafte Notiz trug, aus gutem Grund, wie man sieht, keine Unterschrift.

Die Chronik für den August vermerkt die am 1. erfolgte Gründung des Rüstungsstabes. Die neue Gruppierung umfaßte die Beauftragten für Flugzeuge (Saur), U-Boote (Merker), Panzer (Rohland), Waffen, Munition, Fahrzeuge, Lokomotiven und Vergeltungswaffen sowie Beauftragte, die für Reparaturen verantwortlich waren. Diese vertikale Vertretung wurde wie gewöhnlich durch eine horizontale ergänzt, bei der jeweils eine der genannten Personen für Dinge verantwortlich war, die bei allen Programmen eine Rolle spielten, wie zum Beispiel Rohstoffe, Ersatzteile, Arbeitskräfte, Energie, Bauvorhaben, Transport usw. Das OKW und die drei Wehrmachtsteile waren im Rüstungsstab vertreten, der täglich um zehn Uhr vormittags zusammentrat. Die Montage blieben den Fragen der Flugzeugproduktion vorbehalten, die an anderen Tagen kurz behandelt wurden; dienstags waren Panzer und Panzergeschütze an der Reihe, mittwochs entweder die Kriegsmarine oder Lokomotiven und V-Waffen, donnerstags Waffen und freitags Munition. In den Stab wurde ein neuer »Beauftragter für die Anerkennung von Leistungen« aufgenommen, der sich um die Steigerung der Produktivität durch Anreize für die Arbeiter zu kümmern hatte.

Eines der ersten Probleme, mit denen sich der Rüstungsstab befaßte, war die Frage, wie man die Schäden und die Produktionseinbrüche, die der sowjetische Vormarsch verursachte, so gering wie möglich halten könne. Dieser bedrohte unter anderem das wichtige oberschlesische Industriegebiet. Die beiden entscheidenden Chemiekomplexe von Blechhammer und Heydebreck waren in Gefahr, und die Chronik warnte eindringlich vor den 140000 Sklavenarbeitern, die in Auschwitz schufteten und »die im Rücken eine große Gefahr sind, da der Feind näher rückt«.

Es gibt keinen Anhaltspunkt dafür, daß dies ironisch gemeint war (Dr. Wolters hatte, obwohl das für einen überzeugten deutschen Rechten ungewöhnlich ist, einen ausgeprägten Sinn für Ironie, und etwas davon kommt in der Chronik zum Ausdruck, wenn auch nicht an dieser Stelle).

Auschwitz war der ungenannte Ort, über den Speer und sein alter Parteigenosse und Freund Karl Hanke, Gauleiter von Niederschlesien und ein Mann, den er wegen seiner »sympathischen Art und Direktheit« schätzte, im Spätsommer 1944 sprachen. Hanke, der gerade aus dem Nachbargau Oberschlesien zurückgekehrt war, hatte Speer früher oft besucht, um mit ihm über seine neuesten Erfahrungen zu diskutieren:

»Dieses Mal aber war er verwirrt, sprach stockend, als er auf dem grünlichen Sessel der Sitzgruppe meines Arbeitszimmers saß. Nie solle ich einer Einladung folgen, im Gau Oberschlesien ein Konzentrationslager zu besichtigen. Nie, unter keinen Umständen. Dort hätte er etwas gesehen, das er nicht schildern dürfe und auch nicht schildern könne.

Ich fragte nicht Himmler, ich fragte nicht Hitler, ich sprach nicht mit persönlichen Freunden. Ich forschte nicht nach – ich wollte nicht wissen, was dort geschah. Es muß sich um Auschwitz gehandelt haben. In diesen Sekunden, als Hanke mich warnte, war die ganze Verantwortung erneut Wirklichkeit geworden.«

An diese schreckliche Warnung mußte Speer, wie er schrieb, denken, als er im Nürnberger Prozeß seinen Anteil an der Gesamtverantwortung für die Naziverbrechen übernahm. »Gerade weil ich damals versagte, fühle ich mich noch heute für Auschwitz ganz persönlich verantwortlich.«[4]

In diesem unaufrichtigen, scheinheiligen Abschnitt versuchte Speer den Eindruck zu erwecken, daß er vor Hankes undatierter »Enthüllung« im Sommer 1944 – weniger als ein Jahr vor Kriegsende – angeblich nichts von den Todeslagern gewußt habe. Daß seine Unwissenheit vorgetäuscht war, beweist das Wort am Ende des oben zitierten Abschnitts: »die ganze Verantwortung [war] erneut Wirklichkeit geworden«. Die einzige »Verantwortung«, die im Zusammenhang mit diesem entlarvenden Adverb gemeint ist,

ist sein von ihm selbst zugegebener Anteil an der Verantwortung für die Nazigreuel, an die er dank Hanke »erneut« erinnert wurde – was auf gut deutsch »nicht zum ersten Mal« bedeutet. Wie er hier selbst bekennt, hatte Speer bereits von Auschwitz-Birkenau und dessen Zweckbestimmung gewußt. Er erfuhr durch Hankes beunruhigenden Bericht – über eine offenbar entsetzliche Reise – nichts, das er nicht schon wußte. Speer hörte das, wie er schrieb, »erneut«.

Hanke sehnte sich danach, ein Kriegsheld zu werden. Nachdem er kometenhaft zum Staatssekretär in Goebbels' Ministerium aufgestiegen war, fiel er in Ungnade, als er Magda Goebbels in ihrem Kummer wegen der sexuellen Abenteuer ihres Ehemannes tröstete. Bei Kriegsausbruch diente er in einer Panzereinheit. Nachdem er 1941 durch seine Ernennung zum Gauleiter von Breslau wieder zu Ehren gekommen war, sagte er im Januar 1945 zu Speer, er wolle diese schöne Stadt bis zum letzten Atemzug verteidigen – womit er allerdings nicht seinen eigenen Tod meinte. Gegen Speers Einspruch erklärte er, den Russen dürfe die Parteizentrale, ein neoklassizistisches Meisterwerk von Schinkel, dem großen Vorbild Speers, niemals in die Hände fallen. Die Stadt starb nicht, wie es sich gehörte, und Hanke ließ ihren Bürgermeister hängen, weil er versucht hatte, die Stadt vor den Russen zu retten. Der Gauleiter selbst aber flüchtete mit einem der ersten Hubschrauber, die es damals gab, aus der belagerten und zerstörten Stadt in südlicher Richtung ins Sudetenland. Tschechische Partisanen nahmen ihn im Juni 1945 in SS-Uniform gefangen und sperrten ihn ein. Als er versuchte, aus einer Kolonne deutscher Kriegsgefangener zu fliehen, wurde er niedergeschossen und erschlagen.

Hankes Hubschrauber paßte schlecht zum Bild des Mannes, das er in den Augen Speers zu zeichnen versuchte: Er wollte ein moderner Simson sein, der entschlossen war, mit ein paar Philistern in den Trümmern des Breslauer Parteitempels zugrunde zu gehen. Wie viele andere Nazis verhielt er sich in Wahrheit wie ein Hund am Futternapf: Er war fest entschlossen, niemanden, am allerwenigsten alle zurückkehrenden rechtmäßigen Besitzer, in den

Genuß dessen kommen zu lassen, was er jetzt nicht mehr brauchte und aufgeben mußte. Dieser nihilistischen Denkweise zufolge wurden manche holländischen Deiche von den abziehenden Deutschen gesprengt. In diesem Sinne gab Hitler auch den Befehl, Paris zu zerstören. Dieser Befehl wurde freilich von General Choltitz, dem Stadtkommandanten, ignoriert: Bei der Kapitulation übergab er eine intakte Stadt.

Im Gegensatz zu den meisten seiner Lakaien beabsichtigte Adolf Hitler jedoch nicht, Simsons Beispiel zu folgen. Er wollte sich von den Ruinen Deutschlands begraben lassen, ohne zu versuchen, sich selbst zu retten. Erst am 19. März 1945 veröffentlichte er seinen berüchtigten »Verbrannte-Erde-Befehl«. Auf Grund dessen waren »alle militärischen Verkehrs-, Nachrichten-, Industrie- und Versorgungsanlagen sowie Sachwerte innerhalb des Reichsgebiets, die sich der Feind für die Fortsetzung seines Kampfes irgendwie sofort oder in absehbarer Zeit nutzbar machen kann ... zu zerstören«. Es gibt jedoch mehr als genug Beweise dafür, daß Hitler eine solche Politik von dem Augenblick an durchführen ließ, da die Rote Armee anfing, die von der Wehrmacht eroberten Gebiete zurückzuerobern. Vorher hatten die Russen selbst eine Politik der verbrannten Erde durchgeführt und damit Hitler Respekt abgenötigt.

Wie bereits erwähnt, hatte Hitler Anfang 1943, nach der englisch-amerikanischen Casablanca-Konferenz und vor der drohenden Katastrophe bei Stalingrad, erkannt, daß der Punkt, an dem es kein Zurück mehr gab, überschritten war (»Die Brücken hinter uns sind abgebrochen.«). Am 26. Juni 1944 sprach er auf Bitten Speers vor hundert führenden Industriellen. Diese waren über den »schleichenden Staatssozialismus« in einem großen Teil der Kriegswirtschaft, der unter dem Kommando des Regimes stand, sowie über die nicht gerade rosige Zukunft besorgt. Die Veranstaltung sollte eine beruhigende Wirkung auf sie ausüben, doch die weitschweifigen Bemerkungen eines müden Hitlers hatten die entgegengesetzte Wirkung: Es könne keinen Zweifel daran geben, daß das deutsche Geschäftsleben nicht überleben würde, wenn Deutschland den Krieg verliere. Denn mit der Vernichtung des ganzen deutschen Volkes würde das Geschäftsleben natürlich auch ausgelöscht werden, führte er aus.

Als die Alliierten von West und Ost immer näher rückten, veröffentlichte Hitler zwei Erlasse über die Verteidigung des Reichsgebiets, den einen über die Befehlskette und den anderen über die Zusammenarbeit zwischen den Partei- und Wehrmachtsinstanzen. Kurz darauf erließ Keitel als Chef des Oberkommandos der Wehrmacht einen ergänzenden Befehl zur Verteidigung des Reiches, in dem das Militär für die »Verlagerung, Evakuierung, Blockierung und Zerstörung« in den Operationsgebieten verantwortlich gemacht wurde, während den Reichskommissaren, das heißt den Gauleitern, die Durchführung der gleichen vier Aufgaben auf Befehl der entsprechenden Ministerien (einschließlich des Speerschen) in den frontnahen Gebieten oblag.

Unmittelbar nach der Juli-Verschwörung hatte Hitler zu seiner Entourage gesagt, wenn jetzt das deutsche Volk in diesem Kampf besiegt werden würde, sei es zu schwach gewesen und habe die Prüfung der Geschichte nicht bestanden. Es sei in diesem Fall zu Recht zum Untergang verurteilt.

Am 7. September 1944 veröffentlichte das führende Blatt der NSDAP, der »Völkische Beobachter«, auf Hitlers Geheiß einen Leitartikel. Der Feind, so war zu lesen, solle »jeden Steg… zerstört, jede Straße gesperrt vorfinden – nichts als Tod, Vernichtung und Haß wird ihm entgegentreten«. Hitler gelangte auch zu der Auffassung, es lohne sich nicht, sich den Kopf darüber zu zerbrechen, auf welcher Grundlage Deutschland nach dem Krieg leben solle. Das deutsche Volk habe es nicht verdient zu überleben. Dem erschütterten Speer gegenüber äußerte er diese Ansicht mündlich an dessen vierzigstem Geburtstag im März 1945:

»Wenn der Krieg verlorengeht, wird auch das Volk verloren sein… Denn das Volk hat sich als das schwächere erwiesen, und dem stärkeren Ostvolk gehört ausschließlich die Zukunft. Was nach diesem Kampf übrigbleibt, sind ohnehin nur die Minderwertigen, denn die Guten sind gefallen!«

In seinem Urteil über die Hauptkriegsverbrecher würdigte das Internationale Militärtribunal das Verdienst Speers, sich »unter beträchtlicher Gefahr für sich selbst« Hitlers Politik der verbrannten Erde sowohl in den besetzten westlichen Gebieten als auch in Deutschland widersetzt zu haben. Anfangs stützte sich Speer auf Hitlers eigene Versprechungen, daß alle verlorenen Gebiete bald wieder zurückerobert würden, und argumentierte, es sei kontraproduktiv, Anlagen zu zerstören, die bald wieder in deutsche Hände fallen würden. Speer trug damit dazu bei, daß ein großer Teil der französischen Industrie im August 1944 erhalten blieb. Als die Alliierten in Nordfrankreich vorrückten, gelang es ihm, Hitlers Einverständnis dafür zu erreichen, daß die Industrieanlagen nur zu lähmen statt zu zerstören seien.

Das gleiche Ergebnis erzielte er für die Kohle- und Stahlindustrie in Elsaß-Lothringen, der französischen Nachbarregion, die das vierte Mal innerhalb von 64 Jahren den Besitzer wechselte. Obwohl einige französische Bergwerke auf Strom aus dem deutschen Saargebiet angewiesen waren, wurden die Stromlieferungen nicht unterbrochen. Die Pumpen liefen weiter, und die Gruben blieben intakt.

Die deutschen Industriellen waren natürlich gegen die Zerstörung ihrer Fabriken aus politischen oder militärischen Gründen – zum Glück auch einige Gauleiter, die als Verteidigungskommissare für die totale Verwüstung hinter den Linien verantwortlich, sich aber über deren Folgen für ein Gebiet und deren Bewohner voll im klaren waren. Als die Aussichten auf die Wiedergewinnung verlorener Gebiete immer geringer wurden, führte Speer die künftigen Bedürfnisse statt der unmittelbaren ins Feld: Es wäre eine Wunde, die man sich selbst zufügen würde, wenn man frontnahe Fabriken zerstörte, die in der Lage seien, den deutschen Truppen bis zur letzten Minute Munition und andere notwendige Dinge zu liefern. Würden die Elektrizitätswerke außer Betrieb gesetzt, dann würden die Truppen, die dem vorrückenden Feind standzuhalten versuchen, die telefonischen Nachrichtenverbindungen verlieren.

Speer, der als Minister befugt war, den Gauleitern in diesen Fragen Anweisungen zu erteilen, ordnete an, bedrohte Fabriken nicht zu zerstören, sondern zu »lähmen«. Aber Speer vermochte nicht, Hitler dazu zu bewegen, eine entsprechende Grundsatzentscheidung zu treffen, und mußte von Fall zu Fall – nicht immer erfolgreich – versuchen, die Zerstörung von Industrieanlagen zu verhindern.

Mitte und Ende September unternahm Speer zwei längere Reisen an die Westfront und besuchte jedesmal Generalfeldmarschall Walter Model, der die Armeegruppe B von Rommel übernommen hatte. Dieser hatte auf Anordnung Hitlers, der ihn der Sympathie für die Verschwörung vom 20. Juli verdächtigte, Selbstmord begehen müssen. Obwohl Speer erkannt hatte, daß die alliierten Luftangriffe auf die Chemieindustrie und die Hydrierwerke gleichsam das Ende der deutschen Kriegswirtschaft einläuteten, tat er alles, was in seiner Macht stand, um die Rüstungsproduktion in den frontnahen Gebieten zu fördern und, wo möglich, zu steigern, damit die Waffen direkt an die kämpfende Truppe an der Front geliefert werden konnten. Das entsprach den Bemühungen des Ruhrstabes, die Schlüsselindustrien des wichtigsten deutschen Industriereviers, das jetzt in beunruhigender Nähe der Front lag und gleichzeitig pausenlos bombardiert wurde, so lange wie möglich in Gang zu halten, obwohl das Verkehrssystem, das für die Beförderung ihrer Produkte in die weiter entfernten Gebiete des Reiches notwendig war, unter dem Bombenhagel nicht mehr funktionierte.

Am 11. November versprach er Hitler in einer Denkschrift, nach besten Kräften mitzuhelfen, die »Schlacht um die Ruhr, die für das Schicksal unseres Reiches entscheidend ist«, zu gewinnen. Speer hielt sich bis Ende des Jahres innerhalb und außerhalb des bedrohten Industriegebiets auf, dirigierte soweit wie möglich sowohl die knappen Treibstoff-, Arbeits- und Materialreserven als auch Flakgeschütze und Jagdflugzeuge dorthin und stellte den Bau der Verteidigungsanlagen zugunsten der ständigen Reparatur von Straßen und Flugfeldern ein. Diese letzten enormen Anstrengungen, die unternommen wurden, um die Ruhr zu retten (und gleichzeitig zu nutzen), erstarben erst am 5. Januar 1945.

Speer tat alles, was in seiner Macht stand, aber er verlängerte damit den aussichtslosen deutschen Abwehrkampf und vergrößerte so den Schaden immer mehr, den er angesichts des unaufhaltsamen feindlichen Ansturms als sinnlos erkannt hatte. Indem er sich dem Chaos widersetzte, vergrößerte er es nur.

Paradox war, daß Speer Hitlers Politik der verbrannten Erde nur umgehen konnte, wenn er das sentimentale Wohlwollen des Diktators genoß, dessen Macht immer schwächer wurde und der entschlossen war, soviel wie möglich von Europa als Hintergrund für seine persönliche Götterdämmerung in Flammen aufgehen zu lassen. Speer versuchte vergeblich, Hitler davon zu überzeugen, daß er das vom westlichen Vormarsch bedrohte Gebiet persönlich besuchen müsse. Das einzige, was er tun konnte, war, unzählige Fernschreiben zu versenden, um den »Verbrannte-Erde-Befehl« dadurch zu unterlaufen, daß er »Lähmung« statt »Zerstörung« der gefährdeten Fabriken, Elektrizitätswerke und wichtigen Anlagen befahl. Sogar Bormann unterstützte ihn in seiner Gehorsamsverweigerung, indem er die Gauleiter anwies, die Anordnungen Speers zu befolgen.[5]

Bei Speer hatte die lange Erkrankung zu Beginn des Jahres 1944 dazu geführt, daß er sich über Hitler keinen Illusionen mehr hingab. Dies ging mit einer allgemeinen Ernüchterung einher, die zunächst sporadisch einsetzte und von theatralischen Treuebekundungen und Aufrufen zur letzten Großoffensive unterbrochen war, die den Sieg in einem Krieg bringen sollte, der, wie er selbst wußte, bereits verloren war. Diese Ernüchterung wurde jedoch immer stärker, je mehr sich die rauhe Wirklichkeit bemerkbar machte. Es folgte der aktive Ungehorsam in Gestalt seines erwiesenen wirksamen Widerstandes gegen Hitlers Politik der verbrannten Erde, verbunden mit einem klaren Dissens, der darin zum Ausdruck kam, daß er Hitler herausfordernde Memoranden schickte und seine tagtägliche Verantwortung für die Rüstungsproduktion an Saur abtrat.

Weniger gut dokumentiert, aber durchaus erwiesen ist Speers Loslösung von Hitler im letzten Stadium des Krieges: seine ausgesprochene Illoyalität. Das ist vielleicht ein schwacher Ausdruck für das, was Speer den Amerikanern anvertraute und was er später dem erstaunten Nürnberger Tribunal mitteilte, nämlich daß er die Absicht hatte, auf den »Führer« ein Attentat zu verüben. Dieses »Vorhaben« kann man jedoch nur mit einigem Zögern als Verrat bezeichnen.

Speer schildert in Kapitel 28 seiner »Erinnerungen«, wie ihn im Februar 1945, genau drei Monate vor der Kapitulation Deutschlands, Dr. Friedrich Lüschen besuchte, der damals siebzigjährige Entwicklungschef des Siemenskonzerns und Speers wichtigster Berater auf dem Gebiet der Elektrotechnik. Sie unterhielten sich in Speers bescheidener Wohnung im Hinterhaus seines Ministeriums am Potsdamer Platz in Berlin. Lüschen zog ein Blatt Papier mit Zitaten aus »Mein Kampf« hervor. Hitler hatte in seinem Werk nicht nur dargelegt, was für die Erhaltung und gegen den Untergang eines Volkes getan werden sollte, sondern auch geschrieben, daß das Volk rebellieren müsse, wenn seine Regierung es ins Verderben führt.

»Da war von Hitler selbst ausgesprochen, was ich in den letzten Monaten angestrebt hatte. Es blieb nur noch die Schlußfolgerung: Hitler übte – selbst an seinem politischen Programm gemessen – bewußt Hochverrat am eigenen Volk, das sich seinen Zielen geopfert hatte und dem er alles verdankte – mehr jedenfalls als ich Hitler zu danken hatte. In dieser Nacht faßte ich den Entschluß, Hitler zu beseitigen. Gewiß blieben meine Vorbereitungen in den Anfängen stecken und haben so einen Anflug des Lächerlichen.«

Das Motiv war eindeutig. Eine Gelegenheit zur Ausführung seines Vorhabens konnte der Mann, der noch immer Hitlers Architekt war, leichter finden als fast jeder andere persönliche Mitarbeiter Hitlers. Denn selbst in diesem Stadium des Krieges flüchteten der Architekt und Hitler manchmal vor der Realität, indem sie in den raren Stunden im Berliner Bunker über Baupläne für die Zeit nach dem Kriege diskutierten. Das Mittel, so entschied Speer, sollte das hochwirksame Nervengas Tabun sein, das er in den Luftschacht des Berliner Hitlerbunkers leiten wollte. Es war in Mengen vorhanden, war aber nie im Krieg eingesetzt worden.

Um an das Gas heranzukommen, wandte sich Speer an einen Mann, der ihm zu großem Dank verpflichtet war. Dieser war wegen einer realistischen Bemerkung, die er unvorsichtigerweise gemacht hatte, von der Gestapo des Defätismus bezichtigt worden, und Speer hatte sich erfolgreich für ihn eingesetzt. Es war der Industrielle Dietrich Stahl, Leiter des Speerschen Hauptausschusses Munition und des Sonderausschusses Leuchtspurmunition.

Als sie im Bunker des Ministeriums vor einem weiteren Luftangriff Schutz gesucht hatten, fragte Speer Stahl, ob er etwas Tabun beschaffen könne. Stahl war offenbar dazu bereit, wies aber auf bestimmte Nachteile hin. Das Gas, eine organische Phosphorverbindung, war so gefährlich, daß es aus zwei getrennten Komponenten bestand, die sich nur miteinander verbanden, wenn die Granate, die diese Bestandteile enthielt, beim Aufprall explodierte. Dadurch war es ziemlich schwierig, Tabun heimlich in einen Luftschacht einzuleiten, doch waren auch genügend tödlich wirkende »herkömmliche« Giftgase vorhanden. Speer sagte, er wolle sich als nächstes an den Chefingenieur der Reichskanzlei wenden, einen Mann namens Henschel, den er seit dem Bau der Reichskanzlei kannte. Er teilte ihm mit, die Luftfilter der Lüftungsanlage müßten nach so langem Gebrauch erneuert werden; der Führer habe sich wiederholt bei Speer über die schlechte Luft im Bunker beklagt. Allzu schnell für einen unvorbereiteten Speer baute Henschel die Filter aus und ließ die Anlage ungeschützt.

Als Speer eines Abends unter einem Vorwand das mit Erde bedeckte Dach des Bunkers im Garten der Reichskanzlei inspizierte, war er, wie er schrieb, »wie vor den Kopf geschlagen«, als er dort bewaffnete SS-Posten, neue Scheinwerfer – und einen funkelnagelneuen stählernen Kamin erblickte, der sich mehr als drei Meter über dem Lufteinlaß erhob. Dieser hatte sich vorher in Bodennähe befunden. Es war aber nur ein Zufall: »Hitler, im Ersten Weltkrieg nach einem Gasangriff vorübergehend erblindet, hatte den Bau dieses Kamins angeordnet, da Giftgas schwerer als Luft ist«, schrieb Speer.[6] Mit anderen Worten, wenn eine Gasgranate auf dem Bunkerdach explodiert wäre, hätte sich die Giftgaswolke am Boden ausgebreitet und nicht die Öffnung des Kamins erreicht.

Bei sorgfältiger Überlegung gelangt man zu dem Schluß, daß dieser »Plan, den Führer zu vergasen«, reiner Blödsinn war. Gab es denn für den riesigen Bunker nur einen Lufteinlaß? Bestand nicht die Gefahr, daß er durch Trümmer zugeschüttet worden wäre, wenn in seiner Nähe eine Sprengbombe oder Sprenggranate explodierte? War der aus Stahlblech gefertigte Kamin so dick und schwer, daß er nicht umgekippt oder abgebrochen werden konnte? Waren in Deutschland Leitern knapp geworden? Hitler, der die oberirdische Reichskanzlei nutzte, wenn keine Bomber über sie hinwegflogen, zog nicht vor Mitte März 1945 in sein letztes Bollwerk unter Berlin um.

Im vorhergehenden Kapitel war die folgende Stelle aus dem Protokoll einer Besprechung Speers mit Hitler zitiert, die im Februar 1943 stattgefunden hatte:

»Der Führer stimmt dem Vorschlag von Oberst Claus, die Ausführung der Lufteinrichtungen so auszubilden, daß eingespritzte Kampfstoffe nach unten wieder herauslaufen, zu.«

Genau zwei Jahre vor dem angeblichen Plan, Hitler (dazu Bormann, Goebbels und Ley, wie er hoffte) durch die Einleitung von Giftgas in die Lüftungsanlage zu beseitigen, hatte Speer Vorsichtsmaßnahmen genehmigt, die das ganze verrückte Vorhaben – ob mit oder ohne hohen Kamin, Scheinwerfern und SS-Patrouillen – überhaupt unmöglich machten. Vielleicht hatte er das vergessen. Auf jeden Fall verschwand »der Attentatsplan selber... aus meinen Überlegungen so schnell, wie er gekommen war«.

Speer erkannte, daß er nicht der Typ war, der eine Pistole auf Hitler richten und ihn erschießen konnte. Er besaß eine kleine automatische Pistole, die zur Uniform gehörte, und übte damit gegen Kriegsende, um sich schützen zu können. Also befaßte er sich mit noch größerem Eifer damit, die Politik der verbrannten Erde zu sabotieren. Die Attentatsstory kam ihm jedoch in Nürnberg gut zupaß, zumal sie von Stahl bezeugt wurde.

In den letzten Wochen und Tagen des Zweiten Weltkrieges in Europa, zu dessen Verlängerung Speer soviel beigetragen hatte, schwirrten noch andere Gedanken durch seinen Kopf, die sogar noch weniger realisierbar waren. Einer davon stammte von Oberst Werner Baumbach, einem erfolgreichen Sturzkampfflieger, der wie Galland zu einem unzufriedenen Kommandeur geworden war. Baumbach hatte Zugang zu einem Wasserflugzeug großer Reichweite, das dazu diente, von Norwegen aus eine deutsche Wetterstation in Grönland mit Lebensmitteln zu versorgen. Er schlug Speer vor, zusammen mit einigen ausgewählten Freunden in Grönland Zuflucht zu nehmen, bis der Krieg zu Ende wäre, und vielleicht von dort nach England zu fliegen, um sich dort gefangennehmen zu lassen. Speer plante, eine Menge Bücher, Dokumente und Schreibpapier mitzunehmen, um dort mit der Niederschrift seiner Erinnerungen zu beginnen. Er vertraute diese Spinnerei mit dem Codenamen »Winnetou« in der zweiten Aprilhälfte 1945 seinem alten Freund Milch an. Der Generalfeldmarschall der Luftwaffe erinnerte sich später, daß Speer, wie er ihm mitgeteilt hatte, die Absicht besaß, nach ein paar Monaten zurückzukehren, um in Deutschland die Regierung zu übernehmen.[7]

Baumbach und Galland diskutierten mit Speer gemeinsam einen Plan, Bormann, Goebbels, Himmler und andere zu verhaften. Speer erwähnt jedoch nicht, wer auf diese Idee gekommen war. Das sollte nachts geschehen, wenn diese Personen nach einem anstrengenden Tag, an dem sie Hitler geholfen hatten, den Krieg zu verlieren, von der Reichskanzlei zu ihren Zufluchtsorten in verschiedene, von Fliegeralarm verschonte Dörfer weit weg von Berlin gefahren wurden. Sie hatten offensichtlich die Gewohnheit, abseits der Straße Schutz zu suchen, wenn die britischen »Pfadfinder« ihre Leuchtbomben abwarfen, um den Bomberverbänden den Weg zur Hauptstadt zu zeigen. Speer und seine Freunde von der Luftwaffe sahen es als leicht an, den kleinen Autokolonnen zu folgen und mit Leuchtraketen der Wehrmacht (von denen ein Vorrat zu diesem Zweck in Speers Haus aufbewahrt wurde) den Eindruck zu erwecken, als ob die RAF Leuchtzeichen setze. Sorgfältig ausgewählte schwerbewaffnete Trupps der Luftwaffe sollten danach die Begleitkommandos und die Naziführer überwältigen. Der Plan sollte dazu dienen, diese VIPs daran zu hindern, sich durch Selbstmord ihrer Strafe zu entziehen.[8]

Dietrich Stahl war in diesen Plan eingeweiht, der, wie er dem amerikanischen Geheimdienst nach dem Krieg berichtete, ausgeführt werden sollte, wenn es mit dem Angriff auf den abgesicherten Bunker nicht klappte. Es war nicht verwunderlich, daß Speer sich von diesem Vorhaben abbringen ließ, als er General Wolfgang Thomale, Stabschef der Panzertruppe, den Plan anvertraute. Dieser riet ihm, die Entscheidung über das Schicksal der Naziführer Gott zu überlassen.

Aus mysteriösen Gründen tauchten damals vier Frontoffiziere ungebeten in Speers Haus in Schlachtensee auf, um ihn zu beschützen. Später erfuhr er, daß General Thomale diesen Schutz angeordnet hatte. Inzwischen war sein alter Freund, der legendäre Panzergeneral Heinz Guderian, der nach dem Putschversuch im Juli 1944 Zeitzler als Generalstabschef des Heeres abgelöst hatte, am 28. März 1945 abgesetzt worden, weil er einen Separatfrieden mit den westlichen Alliierten befürwortet hatte. Sein Delikt bestand nicht darin, daß er vorgeschlagen hatte, Stalins »antifaschistische Koalition« an ihrer schwächsten Stelle zu spalten, sondern daß er die Auffassung vertrat, daß der Krieg verloren war.

Speers letzter Besuch an der langsam zerfallenden deutschen Westfront endete in den frühen Stunden des 31. Dezember 1944. Nach einem Abendessen mit Generaloberst Sepp Dietrich, Befehlshaber der 6. SS-Panzerarmee, fuhr er zusammen mit Major Manfred von Poser, seinem Verbindungsoffizier zum Generalstab und einem engen Vertrauten Speers, zu Hitlers zeitweiligem Hauptquartier in der Nähe von Bad Nauheim in der Eifel. Hitler hatte von dort aus die Ardennenoffensive geleitet.

Speers dritter Versuch als Minister, Hitler persönlich zum Beginn des neuen Jahres zu gratulieren, scheiterte erneut. Er kam erst zwei Stunden nach Mitternacht an. Poser und er hatten 22 Stunden gebraucht, um 300 Kilometer zurückzulegen. Hitler war voller Optimismus, und diese seine Euphorie hielt den größten Teil der Woche an, auch als Goebbels vorschlug, daß eine »Levée en masse« endlich die Wende und den Endsieg bringen sollte, und Speer unter Hinweis darauf, daß die Industrie noch weiter zusammenbrechen würde, opponierte. Hitler zeigte deutlich, daß er in puncto Rüstung lieber auf den übertrieben optimistischen Karl Saur hörte als auf Speer. Obwohl die Rüstungsproduktion in einigen Gegenden, sogar in Frontnähe, noch erstaunlich gut funktionierte, begann sie insgesamt unaufhaltsam zu stocken.

Als die große sowjetische Offensive am 12. Januar 1945 begann und alles überflutete, entschloß sich Speer in Anbetracht der Tatsache, daß die Ruhr inzwischen vom übrigen Deutschland abgetrennt war, ins andere große Industrierevier, nach Oberschlesien mit seinem Kohlegürtel und seiner Schwerindustrie, zu fahren. Er wies Hitler am 16. Januar darauf hin, welche Bedeutung die unmittelbar bedrohte Eisenbahnlinie von Oppeln in Oberschlesien nach Gotenhafen (heute polnisch Gdynia) an der Ostseeküste für die Kohleversorgung Deutschlands hatte. Am 21. Januar teilte Speer Hitler per Fernschreiben mit, daß der ökonomische Kollaps folgen würde, wenn das ganze Gebiet verlorenginge. Er drängte Hitler, die Hälfte der dortigen Rüstungsproduktion direkt der Armeegruppe zur Verfügung zu stellen, die die zusammenbrechende Ostfront verteidigte.

Unterdessen versuchte Guderian, von Speer gedrängt, Hitler von der Notwendigkeit zu überzeugen, als letzte Möglichkeit, die Russen aufzuhalten, die Ostfront mit allen nur erdenklichen Reserven zu verstärken und im Westen eine Verständigung herbeizuführen. Speer lenkte selbst sein Auto, als er auf der Fahrt nach der Bezirkshauptstadt Kattowitz (heute polnisch Katowice) bei Glatteis mit einem Lastauto zusammenstieß. Poser blieb unverletzt, aber Speer trug durch den Aufprall auf das Lenkrad starke Prellungen an der Brust davon. Speer fuhr auf dem Rückweg nach Berlin, wo er Hitler Bericht erstatten wollte, über Breslau. Er traf dort, wie bereits erwähnt, Gauleiter Hanke zum letzten Mal. In Berlin unterstützte er vergeblich Guderians Strategie der Konzentration der Kräfte auf den Osten und legte Hitler Fotos vor, die er von Flüchtlingskolonnen hatte aufnehmen lassen. Statt dessen wetterte Hitler gegen einen solchen Defätismus, nannte ihn Verrat und drohte allen, die den Krieg für verloren hielten. Ein einziger Mann schwieg bei der täglichen Lagebesprechung: Kaltenbrunner.

Als ob er nicht genug zu tun hätte, schaffte Speer es irgendwie, in dieser gefahrvollen Situation Ende Januar 1945 einen vom

27. Januar datierten Rechenschaftsbericht über die Tätigkeit des Ministeriums abzufassen, den er seinen dreihundert wichtigsten Mitarbeitern zusandte. Dieser lange Bericht enthält eine Unmenge von Produktionsstatistiken, auf denen Speers Reputation als ökonomischer Wundertäter und vollendeter Krisenmanager beruhte. Wie bei so vielen Aspekten seiner Arbeit für Hitler und seiner Lebensgeschichte, wie er selbst und andere sie erzählt haben, ist Speer die Haupt-, wenn nicht die einzige Quelle, deren Fakten manchmal durch andere Zeugnisse bestätigt wurden, aber allzuoft ungeprüft blieben.

Auf die wichtigsten Behauptungen in dieser Zusammenfassung seiner Tätigkeit als Hitlers Rüstungsminister wurde oben bereits erschöpfend eingegangen, und die minutiösen statistischen Angaben in diesen Berichten sind bestenfalls langweilig, wenn auch korrekt. Aber sein Schluß ist interessant, weil daraus klar wird, daß der Bericht ein Abschiedsgruß und Dank an eine überaus erfolgreiche Gruppe von Kollegen war, die wegen des Kriegschaos nicht mehr zusammengerufen werden konnten. Der Schlußabsatz, genau hundert Tage vor Deutschlands bedingungsloser Kapitulation geschrieben, zeigt die widersprüchliche Verfassung, in der sich Speer in dieser kataklysmischen Zeit befand:

»Ich bitte Sie, meine Mitarbeiter, in diesen schwersten Stunden unseres Volkes: Seid Euch Eurer Verpflichtung bewußt, immer und in jeder Lage vorbehaltlos diesen Schicksalskampf unseres Volkes mit aller Kraft zu unterstützen. Helft alle auch weiter kameradschaftlich vereint mit – im Vertrauen auf eine höhere Gerechtigkeit –, das Schicksal zu meistern, um damit unserem Volke die Voraussetzungen zu seinem Leben zu erhalten.«

Drei Tage später schickte Speer, der trotz seiner oft verkündeten Abneigung gegen die Bürokratie selbst unermüdlich Dokumente produzierte, Hitler eine weitere Denkschrift sowie Kopien an sechs führende Generäle, wie zum Beispiel Guderian. Er forderte ihn dazu auf, das Wohl der Menschen über die Rüstungsproduktion zu stellen, die jetzt eine Vergeudung von Mitteln und Kräften war. Oberschlesien war verlorengegangen und damit auch Deutschlands letztes Kohlenrevier. Es gab nichts, was Soldaten tun konnten, um die sich daraus ergebende Lähmung der deutschen Rüstungsindustrie auszugleichen.

Hitler mit dem übertrieben optimistischen Saur an seiner Seite verbot Speer kühl, noch einmal so defätistische Einschätzungen zu verbreiten oder die Denkschrift irgend jemandem vorzulegen. Es war der Tag, an dem Hitler seine letzte Rundfunkansprache hielt, ein bitterer Aufruf, nicht zu kapitulieren.

Nachdem Speer Saur die Leitung der Rüstungsproduktion, wie sie jetzt war, überlassen hatte, widmete er sich in den letzten Kriegsmonaten in Konsultationen mit seinen vielen Freunden unter den Industriellen und mit Kollegen der Aufgabe, soviel wie möglich von der Produktionsbasis Deutschlands zu erhalten. Er flog ins abgetrennte Ruhrgebiet und beschwor die Wehrmacht, Brücken, Eisenbahnstrecken und andere Anlagen nicht zu zerstören beziehungsweise den Feind nicht damit, daß sie solche Verteidigungsstellungen wählten, zur Zerstörung solcher Bauwerke herauszufordern. Generalfeldmarschall Model ging sogar so weit, die Briten zu bitten, die Bayerwerke in Leverkusen, damals das größte Chemieunternehmen Deutschlands und bis zum heutigen Tag einer der führenden Chemiekonzerne der Welt, zu verschonen, indem er ihnen zusicherte, diesen Betrieb nicht zu verteidigen oder seine Artillerie nicht auf seinem Gelände Stellung beziehen zu lassen.

Am 19. März 1945 wurde Albert Speer vierzig Jahre alt. Sein kriecherischer Wunsch war, von seinem Mentor eine signierte Fotografie zu erhalten. Hitler, dessen rechte Hand seit dem Bombenattentat ständig zitterte, überreichte sie ihm mit einer krakeligen Widmung und Unterschrift. Speers »Geschenk« an Hitler bei seiner Ankunft in der Reichskanzlei spätabends am 18. März war eine weitere lange Denkschrift über die Kohleversorgung, die rasch zum wichtigsten Thema ihres Autors geworden war. Speer traf Vorbereitungen, das Leben in einem Reich zu erhalten, dessen Infrastruktur zerrüttet und dessen Territorium im Begriff war, erobert und besetzt zu werden.

Hitler wie Speer – Diktator und Protegé – hatten zueinander ein zwiespältiges Verhältnis. Hitler war wütend über Speers ständigen »Pessimismus«, bestand aber darauf, daß sein eigener Fahrer, Erich Kempka, seinen hochgeschätzten Rüstungsminister und Architekten auf dessen immer gefährlicher werdenden Fahrten an die Front chauffierte. Speer lehnte Hitlers nihilistischen letzten Standpunkt ab, erbat sich von ihm aber etwas zur Erinnerung. Sobald Hitler Speers Wunsch entsprochen und ihn zu einer weiteren gefährlichen Fahrt verabschiedet hatte, setzte er seine Unterschrift unter den oben bereits erwähnten berüchtigten »Verbrannte-Erde-Befehl« vom 19. März. Verantwortlich für seine Durchführung ohne Rücksicht auf die Interessen oder das Wohl der Zivilbevölkerung – die aus der Kampfzone zu evakuieren war, was ein totales Chaos schaffen mußte –, waren die militärischen Kommandobehörden sowie die Gauleiter als Reichsverteidigungskommissare. Bisher waren solche Entscheidungen von Speers Ministerium getroffen worden, das dadurch in der Lage gewesen war, eher die Stillegung oder Lähmung von Anlagen als deren Zerstörung anzuordnen. Hitlers Entscheidung, das Ministerium zu umgehen, war ein schwerer Schlag gegen Speers Macht und Ansehen.

Speer verbrachte einen Tag damit, noch einmal die Westfront zu besuchen. Auf der Rückfahrt machte er einen kurzen Abstecher nach Heidelberg, damit ihm seine Eltern verspätet zu seinem runden Geburtstag gratulieren konnten. Er nutzte die Gelegenheit, um den dortigen Gauleiter und Militärkommandanten zu bitten, den »Verbrannte-Erde-Befehl« und den Evakuierungsbefehl zu ignorieren. Sie schienen nur allzu bereit, Speers Bitte zu folgen. Als er das Hauptquartier von Generalfeldmarschall Model erreichte, das sich jetzt 200 Kilometer entfernt im Westerwald befand, wurde Speer ein Fernschreiben mit dem »Führerbefehl« vom 19. März überreicht. Für einen Mann, der immer im Mittelpunkt seines Universums gestanden hatte, erschien der Befehl wie die direkte Zurückweisung seines Appells vom 18. März, obwohl Hitler einen viel weiteren Kreis von Personen im Auge hatte.

Bei seiner Rückkehr in die Reichskanzlei am Nachmittag des 21. März bemerkte Speer, daß er von allen Seiten kühl behandelt wurde. Gerade waren vier junge Offiziere hingerichtet worden, da sie die Eisenbahnbrücke bei Remagen nicht gesprengt hatten. Diese war von den Amerikanern zur ersten Rheinüberquerung genutzt worden. Zu diesem Zeitpunkt befahl Hitler auch persönlich die Vollstreckung des Todesurteils an General Fromm für die Teilnahme an der Verschwörung vom 20. Juli – trotz eines Gnadengesuchs von Speer.

Am 24. März fuhr Speer zum letzten Mal an die Ruhr, um sich mit Walter Rohland in der von ihm geleiteten Zentrale des Ruhrstabes zu treffen. Sie berieten, wie sie die drei Gauleiter des Gebiets daran hindern konnten, die Zerstörungsbefehle durchzuführen. Sprengstoff (aber auch Kunstwerke) wurde in den Kohlengruben versteckt, und Transportmittel und Treibstoff wurden zurückgehalten. Bewaffnete Arbeiter wurden postiert, um lebenswichtige Anlagen zu bewachen. Die Bemühungen, Funktionäre der Partei zum Ignorieren des wahnsinnigen Evakuierungsbefehls zu bewegen, hatten nur begrenzten Erfolg.

Am 25. war er wieder in Heidelberg, um seinen Eltern im Haus am Schloß-Wolfsbrunnenweg einen kurzen Besuch abzustatten. Es war das letzte Mal, daß er beide sah oder mit ihnen sprach. Er überzeugte den dortigen Kommandeur, einen General der Waffen-SS, Heidelberg zur Lazarettstadt zu erklären und sie kampflos zu übergeben. Damit bewahrte er die Stadt vor amerikanischem Artilleriebeschuß. Die berühmte Brücke über den Neckar war das einzige Wahrzeichen der Stadt, das bei der Besetzung dieses Gebiets zerstört wurde. Auf Umwegen fuhr Speer nach Berlin zurück und brachte auch den zuständigen Gauleiter davon ab, die schwerbeschädigten Kugellagerwerke in Schweinfurt endgültig zu vernichten.

Als er am 27. wieder in Berlin war, hatte Hitler Kammler, dem für Arbeitskräfte zuständigen SS-Obergruppenführer, die Verantwortung sowohl für die Produktion von Jagdflugzeugen als auch für die Raketenwaffen übertragen und damit Speers kurzer Herrschaft über die Luftrüstung ein abruptes Ende bereitet. Am 28. beurlaubte Hitler den bewährten Guderian, der furchtlos seine Meinung gesagt hatte, »wegen Krankheit«. Jeder wußte, daß dies ein Abschied war.

Hitler hatte das gleiche mit Speer vor, doch dieser weigerte sich, sich beurlauben zu lassen. Er wollte seinen Platz nur räumen, wenn er entlassen würde. Er hatte gehört, daß Hitler beabsichtigte, ihn durch die Ernennung Himmlers zum Generalinspekteur der Rüstungsproduktion ganz abzulösen. Wieder gab es keinen Zeugen für die Besprechung, die am 28. März spät abends stattfand und auf der Hitler seinem einstigen Favoriten angeblich ein Ultimatum stellte: »Sie haben vierundzwanzig Stunden Zeit! Sie können sich Ihre Antwort überlegen! Morgen geben Sie mir Auskunft, ob Sie hoffen, daß der Krieg noch gewonnen werden kann.«[9]

Speer entschloß sich dazu, Hitler brieflich zu antworten. Hitlers Sekretärin teilte ihm jedoch mit, daß eine schriftliche Antwort nicht akzeptiert würde: Er mußte zur Reichskanzlei zurückkehren und mündlich antworten. Kurz vor Mitternacht wurde er am 29. März von Hitler empfangen. »Nun?« fragte er. Speer schreibt, daß er erwiderte: »Mein Führer, ich stehe bedingungslos hinter Ihnen.« Die Konfrontation endete in einer abgeschmackt-sentimentalen Begegnung. Sie reichten einander die Hand, Hitlers Augen füllten sich mit Tränen. »Dann ist alles gut«, soll er erklärt haben. Speer schrieb: »Auch ich war angesichts seiner unvorhergesehen warmen Reaktion einen Moment erschüttert. Noch einmal war etwas von der alten Beziehung zwischen uns zu spüren.«

Speer packte die Gelegenheit, die diese brüchige Wiederversöhnung bot, gleich beim Schopf und entwarf einen Erlaß, der Hitlers rigorosen Befehl vom 19. März modifizierte und den Hitler unterschrieb. Damit war Speer erneut eingesetzt und durfte wieder Entscheidungen über die Zerstörung strategisch wichtiger Industriebetriebe treffen. Der Erlaß ermöglichte es, daß Zerstörungsbefehle vor ihrer Ausführung aus taktischen Gründen beim Ministerium für Rüstung verblieben. Die Option Lähmung statt Zerstörung war wiederhergestellt, was faktisch bedeutete, daß Speer erneut tun und lassen konnte, was er wollte.

Die Zugeständnisse, die gemacht wurden, galten jedoch offiziell nur für die Industrie: Verkehrsanlagen, Nachrichtenverbindungen und Brücken blieben nicht verschont. Hitler hatte aber zumindest mündlich konzediert, daß verbrannte Erde für die weiten Räume Rußland angebrachter war als für das dichtbesiedelte Deutschland mit seiner komplizierten Infrastruktur.

Speer begann in Berlin und an anderen Orten Vorräte an Lebensmitteln und anderen lebensnotwendigen Dingen anzulegen und veranlaßte viele Kommandeure und Amtspersonen, nicht nur in Deutschland, sondern auch in den Niederlanden, der Tschechoslowakei und Polen keine Vernichtungsorgien zu veranstalten. Er setzte seine ganze Kraft dafür ein, alles, was er nur vermochte, zu retten, und ignorierte dabei Hitlers Befehl, sich nur auf die Industrie zu beschränken. Hätte es ihn nicht gegeben, wären Tausende von Brücken aller Art, Wasserstraßen, telegraphische Verbindungen und Elektrizitätswerke in die Luft gesprengt worden. Das Leben im bombenverwüsteten Berlin wäre praktisch unmöglich geworden, wenn der Befehl zur Zerstörung der Brücken ausgeführt worden wäre.

Der zum Oberstleutnant beförderte von Poser konnte ihm täglich aus dem OKW mitteilen, welche Gebiete Deutschlands als nächste besetzt würden. Dies diente ihm als Korrektiv gegen die immer unrealistischer werdenden Lageeinschätzungen im Bunker. Allein die Zahl der sich selbst widersprechenden Befehle über Zerstörung, Lähmung, zeitweilige Erhaltung oder totale Vernichtung wichtiger Industrieanlagen in der Zeit vom 19. März bis 7. April zeugt davon, daß Hitler seine Absicht, Deutschland mit in den Abgrund zu reißen, nicht verwirklichen konnte.

Am 6. April schickte Speer seine Frau und seine sechs Kinder an die Ostseeküste von Schleswig-Holstein, eine Gegend, die militärisch gesehen tiefste Provinz war. Dr. Robert Frank, ein Freund seiner Eltern, besaß in Kappeln ein Gut. Seine Familie hatte strenge Order, einen falschen Namen zu benutzen. Der Plan der Alliierten, Deutschland in vier Zonen aufzuteilen, war bereits allgemein bekannt, und der vorausschauende Speer wollte seine Familie im britischen Nordwesten unterbringen. Die Zone, die für die Amerikaner vorgesehen war und später zwischen ihnen und den Franzosen aufgeteilt wurde, war von vornherein attraktiver als die sowjetische, aber es fanden dort noch schwere Kämpfe statt, wohingegen das besetzte Skandinavien, der nördliche Teil der Niederlande (wo in jenem »Hungerwinter« Tausende verhungerten) und die nordwestliche Ecke Deutschlands trotz der Anwesenheit Hunderttausender deutscher Soldaten abseits lagen.

Dr. Brandt, Speers Freund im Gesundheitsdienst der SS, hatte seine Frau, Gretels beste Freundin, und sein Kind in Thüringen untergebracht, das von den Amerikanern besetzt, aber später, wie vereinbart, den Russen übergeben wurde. Brandt, der wegen dieses »Verrats« verhaftet worden war, wurde von Bormann angeklagt, mit dem Feind gemeinsame Sache gemacht zu haben, und schließlich von einem hastig einberufenen Standgericht im Bunker auf Hitlers persönliche Empfehlung zum Tode verurteilt. Bormann betrachtete Brandt als einen Verbündeten seines Hauptrivalen Speer und nutzte die Atmosphäre des allgemeinen Mißtrauens nach dem Putschversuch dazu aus, den verhaßten Doktor als einen der Leibärzte Hitlers aus dem Weg zu räumen.

Speer fühlte sich sehr unwohl, als er von Brandts prekärer Situation hörte, da er daran denken mußte, daß er selbst des Verrats bezichtigt werden konnte, wenn herauskam, wo sich seine Familie befand. Himmler erreichte, daß die Vollstreckung des Todesurteils auf die Zeit nach dem Kriege verschoben wurde, und die Amerikaner »retteten« Brandt vor seinen SS-Bewachern. Er wurde jedoch 1947 im Nürnberger Ärzteprozeß wegen seiner teuflischen Experimente an Gefangenen ein zweites Mal verurteilt und 1948 gehenkt.

Die Russen standen von Anfang April an bereit, ihre lange erwartete Offensive gegen Berlin zu eröffnen. Diese begann am 16. April. Speer, der im September 1944 vom Goebbelsschen Ministerium eingeladen worden war, das deutsche Volk über den Rundfunk zu noch härterer Arbeit für den Sieg anzuspornen, hielt nun die Zeit für gekommen, das Angebot anzunehmen – um das Volk aufzurufen, sinnlose Zerstörungen zu unterlassen. Als er am 11. April seine Ansprache gerade auf eine Schallplatte sprechen wollte, wurde er zu Hitler bestellt, der die Rede vor der Ausstrahlung sehen wollte. Er strich sie zusammen, und Speer sagte die Rundfunkübertragung ab.

Am nächsten Tag war Hitler in Hochstimmung. Er hatte vom Tod des amerikanischen Präsidenten Roosevelt erfahren und sah darin das ersehnte Wunder, das ihn, Hitler, retten würde.

Unterdessen nahm Speer am letzten Konzert des Berliner Philharmonischen Orchesters in Kriegszeiten teil. Er hatte die Musiker gerade davor gerettet, auf Befehl von Goebbels zum »Levée en masse«, zum letzten Aufgebot zur Verteidigung Berlins, eingezogen zu werden, indem er deren Einberufungsbefehle einfach hatte vernichten lassen. Der Höhepunkt des Konzerts, welches das »rein arische« Orchester im bis auf den letzten Platz gefüllten Saal der Philharmonie gab, war die Romantische Sinfonie Anton Bruckners. Speer sorgte dafür, daß das Licht im Konzertsaal für die letzte Galavorstellung des Reiches in den Stunden der Stromsperre nicht abgeschaltet wurde. Auf dem durch und durch germanischen Programm standen, auf persönlichen Wunsch Speers, auch Beethovens Violinkonzert und zwei fulminante Stücke von Wagner: Brünhildes Schlußgesang und das Finale der »Götterdämmerung«. Als ob der emotionale Schmiedehammer dieses vordergründig-apokalyptischen Programms nicht genug wäre, hatte irgendwer es organisiert, daß uniformierte Hitlerjungen mit Körben kostenloser Zyanidkapseln an den Ausgängen der unzerstört gebliebenen Philharmonie standen. Es scheint, gelinde gesagt, verwunderlich, daß nach einer solchen Orgie sentimentaler Romantik nicht irgend jemand gleich eine solche Kapsel schluckte.

Noch unter dem Eindruck der heroischen Wagnerschen Emotionen vom 14. April und eindeutig in Unkenntnis des sich entwickelnden Interesses seines alten Freundes für Hubschrauber, schrieb Speer einen blumigen Brief an Karl Hanke, um ihm zu seinem Entschluß zu gratulieren, im belagerten Breslau den Heldentod zu suchen.

Speer fuhr weiter im immer enger werdenden Streifen des norddeutschen Territoriums hin und her, der noch von den Nazis kontrolliert wurde, und hielt Wehrmachtsoffiziere von unnötigen und sinnlosen Zerstörungen ab. Als die Russen am 16. zu ihrer letzten Offensive antraten, schrieb er seine Rundfunkrede um und plante, sie senden zu lassen, doch der eine der beiden Hauptsender außerhalb von Berlin unterlag wegen der immer näher rückenden Roten Armee dem Reglement für Kampfzonen.

Am 18. April übermittelte ein anderer Freund unter den Gauleitern, Kaufmann in Hamburg, Speer die dringende Bitte, in die zerstörte Stadt zu kommen, wo die Kriegsmarine die Sprengung der Hafenanlagen vorbereitete. Kaufmann und Speer leiteten eine hastig einberufene Sitzung, an der die wichtigsten Vertreter sowohl der Stadt, des Hafens, der Werften und der Industrie als auch der Marine teilnahmen. Alle beschlossen, nichts zu zerstören.

Speer fuhr dann mit seinem ständigen Begleiter, von Poser, nach Berlin zurück, um am 19. an Hitler zu appellieren, alles, was von Hamburg übriggeblieben war, unangetastet zu lassen. Es war der Tag vor dem 56. Geburtstag des »Führers«. Speer befand sich unter den Gefolgsleuten, die sich in einer Reihe aufgestellt hatten, um Hitlers zitternde Hand zu schütteln. Der Diktator hatte sich zum letzten Mal nach oben in die von Glassplittern übersäte Reichskanzlei begeben. Er zeichnete im Garten inmitten von Trümmern Hitlerjungen, die schon im Kampf gestanden hatten, mit dem Eisernen Kreuz aus und ließ sich zum letzten Mal fotografieren.

Nach der anschließenden Besprechung brachen die Naziführer auf. Göring floh in den Süden nach Berchtesgaden, Himmler nach Norden. Beide streckten sie erfolglos die Fühler zu den westlichen Verbündeten aus. Dönitz hatte sich auf Befehl Hitlers bereits nach Norden begeben, um dort die Führung zu übernehmen, bevor die Feinde, die Deutschland umzingelten, das Reich gespalten hatten. Speer hatte sich dazu entschlossen, sich in das gleiche Gebiet in die Nähe der Marineakademie in Plön und des Eutiner Sees zurückzuziehen. Seine Familie befand sich bereits in dieser Gegend, und Mitarbeiter des Ministeriums hatten für ihn zwei Bauwagen der Reichsbahn in einen Wald am See schaffen lassen. Zunächst kehrte er aber zu Kaufmann nach Hamburg zurück, der ihm half, endlich die zweimal verschobene Rundfunkrede an das deutsche Volk auf Platte zu schneiden. Der Gauleiter wollte sich bis zur Ausstrahlung der Rede um die Sache kümmern.

Am 22. April passierten die sowjetischen Truppen die Ostgrenze der Stadt Berlin. Das dumpfe Grollen der schweren Artillerie, das Krachen der Granaten und das Rattern der Maschinengewehre waren bald in der ganzen Stadt zu hören. Ein Teil der breiten Ost-West-Achse Speers, der westlichen Verlängerung der Straße Unter den Linden, und zwar der Abschnitt vom Brandenburger Tor bis zur Siegessäule – heute die Straße des 17. Juni –, war für den Autoverkehr gesperrt und diente als Rollbahn.

Speer landete darauf am 23. April mit einem kleinen Fieseler Storch, einem einmotorigen Verbindungsflugzeug. Wider bessere Einsicht war er gekommen, um Adolf Hitler Lebewohl zu sagen. Er hatte versucht, mit dem Auto von Hamburg nach Berlin zu fahren, war aber etwa neunzig Kilometer nördlich von Berlin auf ein totales Verkehrschaos gestoßen, hatte kehrtgemacht und war zu einem Luftstützpunkt in Mecklenburg gefahren. Von dort flog er mit dem treuen Poser in einer Jagdschulmaschine, eskortiert von einer Jagdstaffel, zum Flugplatz der Luftwaffe nach Gatow westlich von Berlin. Zwei Fieseler Storch brachten Speer und Poser am späten Nachmittag innerhalb von zehn Minuten ins Stadtzentrum.

Zu dieser Zeit lag die Reichskanzlei schon im Artilleriefeuer schwerer sowjetischer Geschütze und erzitterte bei Einschlägen bis in die Grundfesten. Das Gebäude war schon eine Trümmerstätte, obwohl die Hauptstruktur noch stand. Speer traf einen älteren Adjutanten Hitlers, den SS-Gruppenführer Julius Schaub, der mit einigen anderen Männern im Wohnzimmer Weinbrand trank.

Speer hatte seinen Besuch durch einen Funkspruch angekündigt. Trotzdem war das Personal der Reichskanzlei überrascht, ihn zu sehen. Aber als er die Betonstufen vier Etagen tief in den dumpfen Bunker hinabstieg, ahnte er kaum, was ihn dort erwartete. In seinen »Erinnerungen« ist darüber nichts geschrieben, aber einer der Gründe, weshalb er nach Berlin zurückkehrte, war, abgesehen von seinem Wunsch, sich von seinem Mentor zu verabschieden, ein Fernschreiben, das Bormann einen Tag zuvor an alle Gauleiter (einschließlich Kaufmann) geschickt hatte und das die ominöse Frage enthielt: »Wo ist Speer?«

Als dieser im unterirdischen Vorraum ankam, reagierte er auf das Erstaunen der Sekretärinnen kühl und gelassen mit der Bemerkung: »Ich wage zu behaupten, daß Sie nicht damit gerechnet haben, mich wiederzusehen.« Bormann erschien und war, wie Speer erleichtert feststellte, ungewohnt höflich. Er bat Speer, seinen Einfluß bei Hitler zu nutzen und ihn zu überreden, nach Berchtesgaden am Obersalzberg zu fliegen, um im Süden das Kommando zu übernehmen.[10]

Erneut gibt es für das, was geschah, als er mit Hitler zum letzten Mal sprach, keinen anderen Zeugen als Speer selbst. Der »Führer« war müde und ohne Leben. Hitler fragte Speer nach seiner Meinung über Dönitz. Speer äußerte sich positiv über ihn, ohne zu erwähnen, warum. Hitler enthüllte ihm, daß er vorhabe, mit Eva Braun und seinem Hund Blondi in Berlin zu bleiben und sich das Leben zu nehmen. Speer schrieb, er habe ihm dann gestanden, den »Verbrannte-Erde-Befehl« nicht befolgt zu haben. Wieder füllten sich Hitlers Augen mit Wasser. Aber er reagierte nicht. Sie wurden durch die übliche Lagebesprechung unterbrochen, die längst nicht mehr das war, was sie einmal gewesen war. All die zahlreichen Kumpane waren auseinandergelaufen, und die Karte auf dem Tisch zeigte nur noch Großberlin und seine Umgebung.

Als die kurze Sitzung beendet war, wurde Speer zusammen mit den anderen ohne Händedruck verabschiedet. Er ging, um Magda Goebbels zu besuchen. Er wußte, daß ihr fanatischer Ehemann gewillt war, seine Familie umzubringen und sich selbst an der Seite Hitlers zu töten. Später begegnete er Bormann, der ein Telegramm Görings zu Hitler brachte. Göring teilte mit, er übernehme per Erlaß vom 19. Juni 1941, der ihn zu Hitlers Stellvertreter und Nachfolger bestimmt hatte, die Gesamtführung. Hitler antwortete ihm sofort, entband ihn von allen Ämtern und ließ seinem Zorn freien Lauf.

Auf seiner langen Abschiedstour durch den Bunker stattete er auch Eva Braun einen letzten Besuch ab. Er fand ihre Haltung bewundernswert und bewegend. Sie genossen zusammen etwas Sekt und Kuchen und sprachen von kurz vor Mitternacht bis drei Uhr früh miteinander. Speer verabschiedete sich erschöpft und suchte Hitler ein drittes und letztes Mal auf:

»Ich fürchtete, mich bei diesem Abschied nicht beherrschen zu können. Zitternd stand der Greis zum letzten Mal vor mir – er, dem ich vor zwölf Jahren mein Leben gewidmet hatte. Ich war gerührt und verwirrt zugleich. Er dagegen zeigte, als wir uns gegenüberstanden, keine Regung. Seine Worte kamen so kalt wie seine Hand: ›Also Sie fahren? Gut. Auf Wiedersehen.‹ Keinen Gruß an meine Familie, kein Wunsch, kein Dank, kein Lebewohl. Für einen Augenblick verlor ich die Fassung, redete davon, noch einmal wiederzukommen. Aber er konnte leicht erkennen, daß es sich um eine Verlegenheitslüge handelte, und wandte sich anderem zu. Ich war entlassen.«[11]

An die Erdoberfläche zurückgekehrt, verweilte Speer kurz im »Ehrenhof« seiner Reichskanzlei. Eine unheimliche Stille war eingetreten, die nur gelegentlich von entfernten Detonationen sowjetischer Granaten unterbrochen wurde. Speer und Poser starteten wieder von der Rollbahn im Stadtzentrum und flogen am 24. April vor der Morgendämmerung nach Rechlin in Mecklenburg zurück. Als er erfuhr, daß sich Himmler in denselben Zimmern aufhielt, die Speer in der vierzig Kilometer entfernten Klinik in Hohenlychen belegt hatte, machte er sich wieder auf den Weg, um den Führer der SS zu besuchen. Himmler bot ihm einen Posten in der Regierung an, die er fieberhaft zusammenzuzimmern versuchte, während er sich bemühte, sich mit den westlichen Alliierten zu verständigen.

Am selben Abend flog Speer nach Hamburg, wo Kaufmann noch immer seine aufgezeichnete Rundfunkrede aufbewahrte, und am nächsten Tag zu seinem zeitweiligen Stützpunkt am Eutiner See. Von dort blieb er mit Großadmiral Dönitz in Plön in Verbindung. Die Apotheose des U-Boot-Mannes als zweitem und letztem Herrscher des Dritten Reiches wurde von Bormann am 30. April, an dem Hitler in seinem Bunker Selbstmord beging, durch Funkspruch mitgeteilt. Am 1. Mai kam Bormanns zweites Telegramm an, in dem Hitlers Tod gemeldet und Dönitz entsprechend dem Testament des toten »Führers« zum Reichspräsidenten und Oberkommandierenden der Wehrmacht ernannt wurde. In ebendiesem Testament wurden unter anderem Saur zum Nachfolger Speers und Hanke anstelle des abgesetzten Himmler zum Leiter der Polizei ernannt. Da Goebbels in Bormanns Funkspruch zum Ministerpräsidenten und Bormann zum Parteiminister ernannt wurde, hielt Dönitz diese Mitteilung geheim.

Speer begab sich sofort zum neuen Staatsoberhaupt und zog zeitweilig von seinem Bauwagen am Eutiner See in ein Zimmer im Hauptquartier von Dönitz, wo er sich faktisch selbst zum Hauptberater des Admirals ernannte. Die Hauptbeschäftigung des Admirals in den vorangegangenen Tagen hatte darin bestanden, so viele Deutsche wie möglich von Nordostdeutschland zu evakuieren, bevor die Russen sich dort festsetzten. Etwa zwei Millionen Menschen zogen westwärts. Am 2. Mai flog Speer mit einem von Dönitz unterzeichneten Befehl nach Hamburg, der Kaufmann bevollmächtigte, die Stadt der britischen Armee kampflos zu übergeben. Er sprach auch im Rundfunk, wobei er auf seinen viele Male umgearbeiteten, bereits früher aufgezeichneten Text zugunsten eines allgemeinen Appells verzichtete, in dem er dazu aufrief, alle Zerstörungen zu unterlassen. Als Speer das Sendestudio verließ, traf er Himmler, der auf ihn wartete. Aber die Versuche des »Reichsführers SS«, einen Platz in der Regierung Dönitz zu bekommen, wurden entschieden abgewiesen. Himmler wurde schließlich von britischen Truppen festgenommen und beging Selbstmord.

Speer wurde zum Minister für Wirtschaft und Produktion in der Regierung ernannt, die er selbst als »Operettenregierung« des Reiches bezeichnete. Dönitz zog mit seiner Regierung innerhalb einer Woche in die größere Marineschule in Mürwick bei Flensburg um und übernahm auch den Passagierdampfer Patria als Regierungssitz. Am 10. Mai bezog Speer auf Einladung des Herzogs von Mecklenburg und Holstein standesgemäß in Schloß Glücksburg Quartier. Von dort ließ sich der wiederernannte Minister zur täglich um zehn Uhr beginnenden »Kabinettssitzung« nach Flensburg fahren. Dönitz hatte am 4. Mai einer Feuereinstellung im Norden und danach am 7. Mai der bedingungslosen Kapitulation an allen Fronten zugestimmt, die am nächsten Tag in Kraft treten sollte.

Die Briten waren so schnell wie möglich durch das östlich der Elbe gelegene dünnbesiedelte Gebiet im Norden Deutschlands hindurch bis nach Magdeburg vorgestoßen. Sie wollten verhindern, daß das Machtvakuum, das in dieser Region existierte, eine unwiderstehliche Anziehungskraft auf die Russen ausübte. Mehr als zwei Wochen lang schienen die britischen Eroberer so beschäftigt, daß sie von der »Regierung« keine Notiz nahmen, die auf einem Schiff an der Ostseeküste in der Nähe von Flensburg ernsthaft über die Verwaltung eines am Boden liegenden, ruinierten Deutschland diskutierte. Ein britischer Verbindungsoffizier zog auf das Schiff, und alliierte Reporter erschienen. Das taten auch Offiziere des britischen und amerikanischen Geheimdienstes. Sie wanderten in den bescheidenen Räumen der letzten Reichsregierung umher und befragten inoffiziell jeden, den sie trafen.

Am 15. Mai 1945 erschien ein amerikanischer Leutnant in Speers Zimmer auf Schloß Glücksburg. »Wissen Sie, wo Speer steckt?« fragte er. Speer gab sich zu erkennen, und der junge Offizier fragte, ob er gewillt sei, mit dem United States Strategic Bomb Survey zusammenzuarbeiten, der bereits eifrig Informationen über die Auswirkungen des Luftkrieges nicht zuletzt deswegen sammelte, weil Japan noch weiterkämpfte. Am 16. kam ein General der Luftflotte der amerikanischen Armee vorbei. Drei Tage lang wurde über den Bombenkrieg der Alliierten diskutiert, wobei die amerikanischen Besucher über Speers außerordentlich detaillierte und zugleich umfassende Kenntnisse über die deutschen Kriegsanstrengungen verblüfft waren.

Am 19. Mai traf eine gewichtige Gruppe von Vernehmern ein, um eine gründliche und lange Befragung Speers zu beginnen. Dazu gehörten George Ball, Dr. John Kenneth Galbraith, Paul Nitze und mehrere andere sehr begabte junge Amerikaner, die sich später in vielen Ämtern im Dienste ihres Landes auszeichneten. Speer durfte mehrere Male seine Familie an ihrem Zufluchtsort auf dem Lande, nur vierzig Kilometer von Glücksburg entfernt, besuchen. Am 21. Mai jedoch änderten die Briten ihre entgegenkommende Haltung und beschlagnahmten sein Auto. Speer wurde nach Flensburg gefahren und über Nacht von einem bewaffneten Posten bewacht, bevor er wieder zum Schloß zurückgebracht wurde.

Am 23. Mai 1945 umzingelten britische Truppen Glücksburg. Ein Sergeant trat in Speers Schlafzimmer ein und verhaftete ihn. Danach wurde er nach Flensburg gefahren und zu den übrigen Mitgliedern der Regierung Dönitz gebracht, die zur gleichen Zeit gefangengenommen worden waren. Die Granden des Dritten Reiches wurden einer Leibesvisitation unterzogen und von der Militärpolizei abgeführt. Das bizarre Interregnum war vorbei. Speer war ein Gefangener.

Der Apologet

Stunde der Wahrheit (1945–1946)

Wolfgang G. Sklarz, Lieutenant der US Army, war einer von Hunderten Amerikanern deutscher Herkunft – und häufig jüdischer Abstammung –, die den Nachrichtendiensten der Alliierten während des Zweiten Weltkrieges und der nachfolgenden Besetzung Deutschlands unschätzbare Dienste leisteten. Am 15. Mai 1945 um 13 Uhr 30 begann Sklarz, assistiert von Technical Sergeant Harold E. Fassberg, der eine ähnliche Vorgeschichte aufzuweisen hatte, Albert Speer, Hitlers Reichsminister für Rüstung und Kriegsproduktion, im Auftrag des »Vorauskommandos« des US Strategic Bombing Survey (USSBS) auf Schloß Glücksburg in der Nähe von Flensburg zum erstenmal einem Verhör zu unterziehen. Es dauerte dreieinviertel Stunden und war das erste in einer langen Reihe einzigartiger »Befragungen«. Aus der Sicht Speers gingen sie nahtlos in die Vernehmungen über, die in den sechs Monaten zwischen seiner Verhaftung und der Eröffnung des Nürnberger Hauptkriegsverbrecherprozesses in Vorbereitung der Anklage durchgeführt wurden. Noch nie wurde jemand, der in führender Rolle an entscheidenden historischen Ereignissen beteiligt war, so gründlich über ebendiese Rolle befragt.

Aus zwei Gründen sind die Protokolle, die daraus resultierten, eine wichtige Quelle für die Geschichtsschreibung: Als Speer seine Memoiren von 1966 an zur Veröffentlichung vorbereitete, muß er sich auf Grund seines Wissens um die Existenz der ausführlichen Protokolle unsicher gefühlt haben. Zweitens verhielten sich zumindest einige Männer, die ihn verhörten, ihm gegenüber skeptisch, wenn auch nicht in ausreichendem Maße. SHAEF G2, die Aufklärungsabteilung des Oberkommandos der Allied Expedition Force, setzte im Juni 1945 sogar ein »Speer Steering Committee«, einen Ausschuß, der die Befragung Speers steuerte, ein. Er hatte die Aufgabe, die Unmenge von Informationen zu ordnen und auszuwerten, die das USSBS und andere aus Speer und seinen Mitarbeitern herausholten. Aus den Protokollen gewinnt man aber den Eindruck, als ob es zuweilen nicht klar gewesen sei, wer da eigentlich wen steuerte.

Die Protokolle der Vernehmungen bilden schon für sich genommen ein bedeutendes Archiv, selbst wenn man von dem Berg von Dokumenten absieht, die Speer in weiser Voraussicht hatte aus Berlin verschwinden und in einer Hamburger Bank deponieren lassen, um sie für die Memoiren nutzen zu können, die er über das Dritte Reich zu schreiben gedachte, vor allem aber, um Unterlagen für seine Verteidigung zu haben. Der Entwurf der Memoiren, den Speer im Gefängnis verfaßte, ohne Zugang zu Archiven zu haben, zeigt kaum Abweichungen von diesen Materialien. Das beweist, daß er ein fotografisches Gedächtnis und ein ganz außergewöhnliches Erinnerungsvermögen hatte – außer in bezug auf bestimmte sensible Themen.

Er wurde tatsächlich unzählige Male vernommen. An manchen Tagen waren es drei oder sogar noch mehr Befragungen, von denen manche nach einer Pause fortgesetzt wurden. Es gab aber auch Verhöre, an denen oft Vertreter anderer Nachrichtendienste oder sogar aus anderen Staaten teilnahmen und bei denen nach anderen Dingen gefragt wurde. Es ist daher unmöglich, eine genaue Zahl der Vernehmungen anzugeben, denen Speer unterzogen wurde. Außerdem hat er, sowohl auf Wunsch seiner Vernehmer als auch aus eigenem Antrieb, mehrere Einzeldarstellungen über das Naziregime, seine eigene Rolle und verschiedene damit verbundene Themen verfaßt. Unter denen, die ihn befragten, befanden sich vielfach Persönlichkeiten von außerordentlichem Format, wie die brillanten jungen Amerikaner vom USSBS, aber auch Leute, die später als Wissenschaftler Karriere machten wie in Großbritannien der Historiker Hugh Trevor-Roper oder der spätere Guru der Wirtschaftswissenschaft Nicholas Kaldor, ein ungarischer Flüchtling. Sie kamen aus amerikanischen, britischen und gemeinsamen Aufklärungsdiensten der verschiedensten Art.

Die Briten hatten ihren eigenen »Strategic Bombing Survey«, ein viel bescheidenerer und kleinerer Dienst als der amerikanische Strategic Bombing Survey, der über ein gewaltiges Budget, ein unbegrenztes Aufgabengebiet und ein hochbegabtes Team verfügte, dem sowohl Briten als auch Amerikaner angehörten. Selbst der renommierte Dichter W. H. Auden wurde gewonnen, um die Stimmung der deutschen Zivilbevölkerung zu erforschen.

In den umfangreichen Vernehmungsprotokollen auf beiden Seiten des Atlantiks – seien es die des sagenhaften USSBS oder die der eklektischen Nürnberger Anklagebehörde – wimmelt es von Abkürzungen, die die verschiedenen Nachrichtendienste bezeichneten – OSS, FIAT, SHAEF, BIOS, CIOS, OCCPAC. Diese Dienste überschlugen sich förmlich, um in erster Linie Speer zu befragen. Das USSBS zog aus den Erkenntnissen, die es aus dieser Hauptquelle und vielen weiteren gewann, eine bemerkenswerte Schlußfolgerung: Der von Galbraith verfaßte Abschlußbericht zeigte, daß die Wirkung der Bombenangriffe auf Deutschland zum Schluß zwar beträchtlich war, aber insgesamt maßlos überschätzt worden ist – eine Lehre, die von den Amerikanern sowohl in Korea als auch in Vietnam ignoriert worden ist. Speer hinterließ bei dem einfachen Lieutenant einen nachhaltigen Eindruck, aber einen nicht minder großen auch auf wesentlich ältere und erfahrenere Gesprächspartner. Sklarz berichtete:

»Speer zeigte sich äußerst kooperativ. Er ist zweifellos ein Mann mit ungewöhnlichen Fähigkeiten und verfügt über ein vollständiges Bild der deutschen Kriegsanstrengungen. Sein Gedächtnis ist, besonders in bezug auf Fragen der Rüstungsproduktion, sowohl in technischer als auch ökonomischer Hinsicht erstaunlich. Er ist sehr stolz auf die unter seiner Leitung erzielten deutschen Produktionsergebnisse.«

George Ball, Gründungsmitglied des im November 1944 geschaffenen USSBS, traf am 16. Mai 1945 in Flensburg ein und leitete drei Tage lang die Vernehmung. John Kenneth Galbraith, den er aus der journalistischen Tätigkeit in die Overall Effects Division geholt hatte, traf am 19. Mai ein. Er verhörte Speer ungefähr eine Woche lang. Die amerikanischen Intellektuellen, die weit über den logistischen Bereich der US Army hinaus tätig wurden – sie befanden sich immerhin in der britischen Zone –, stellten Annemarie Kempf, Speers treue Chefsekretärin, ein, um alles mitzuschreiben, was ein Sergeant-Interpreter dolmetschte. Als Speer zu einer Befragung nicht erschien, trat eine Unterbrechung ein: Er war vom OSS, dem Vorläufer des amerikanischen Geheimdienstes CIA, verhaftet worden. Kein Wunder, daß Speer den Befragungszirkus verschiedentlich als Operettentheater abtat.

Galbraith war ein Mann, der sich offenbar nicht von Speer hat einwickeln lassen. In seinen eigenen Memoiren hält er die Behauptung Speers, er habe Hitlers »Verbrannte-Erde«-Befehl fast ganz allein durchkreuzt und außerdem geplant, Hitler und seine Kumpane zu vergasen, für unglaubwürdig. Galbraith meinte, diese Geschichten seien aufgebauscht und enthielten »eine Menge Phantasie«. Das gleiche trifft seiner Meinung nach auch auf Speers Behauptungen über die deutsche Kriegswirtschaft zu: Ihr exponentielles Wachstum sei von einer sehr schwachen Basis ausgegangen und habe das des kleineren England bis 1944 nicht übertroffen. All das gehörte zusammen mit Speers sorgfältig nuancierter Offenheit zu seiner »gut durchdachten Rechtfertigungs- und Überlebensstrategie« – eine Schlußfolgerung, zu der Galbraith nicht erst 35 Jahre später in seinen Memoiren gelangte, sondern schon im Herbst 1945, vor den Nürnberger Prozessen, und zwar in einem Artikel, den er gemeinsam mit George Ball für das »Life-Magazin« verfaßte.[1]

Die für Speers späteren Ruf so entscheidenden Geschichten tauchten zum erstenmal bei einer Vernehmung auf, die am Nachmittag des 22. Mai auf Glücksburg begann, in einer requirierten Villa in Flensburg fortgesetzt wurde und – mit einer Flasche Whisky wohlbedacht gefördert – bis zum Morgengrauen dauerte. An jenem Morgen wurde die »Regierung« Dönitz, darunter auch Speer, auf der Patria zusammengetrommelt und in Begleitung Dutzender von Panzerwagen mit einem Lastkraftwagenkonvoi abtransportiert.

Die Reichsregierung wurde von einem nahe gelegenen Flugplatz ausgerechnet nach Luxembourg-Stadt geflogen. Dort warteten auf dem Flugplatz Hunderte schwerbewaffneter amerikanischer Soldaten, die die beiden Maschinen vom Typ Douglas Dakota umzingelten. Ein weiterer Konvoi brachte die Gefangenen ins unversehrte Fünf-Sterne-Hotel Palace im Badeort Mondorf le Bains. Die weitläufige Hotelanlage, die dennoch viel von ihrem Glanz aus Friedenszeiten eingebüßt hatte, war mit Wachmannschaften und schon früher gefangengenommenen Naziführern wie Hermann Göring stark belegt. Ferner befanden sich dort ein ganzer Haufen Feldmarschälle und Generäle sowie alte Bekannte, wie zum Beispiel Dr. Karl Brandt. Die Amerikaner gaben dem Sammellager für prominente Gefangene, das bald von zornigen Luxemburgern belagert wurde, die verächtliche Code-Bezeichnung »Ashcan« – Ascheneimer.

Inzwischen kamen Überlebende, die in dieser Gegend zu Hause waren, aus Konzentrationslagern wie Dachau zurück, und sie und ihre Familien waren erbost über die luxuriöse Unterbringung der Naziführer. Prinz Felix, der Gemahl der Großherzogin, welche die verfassungsmäßige Regentin des westeuropäischen Kleinstaates ist, wurde gebeten, mit der aufgebrachten Menge zu sprechen und sie zu beruhigen. Einige Demonstranten wurden sogar durch das Hotel geführt, um ihnen zu zeigen, daß dort auf jeglichen Luxus verzichtet wurde.

Die meisten Nazigrößen blieben bis Mitte August dort. Inzwischen hatte man ihre spartanischen Unterkünfte in dem zum Nürnberger Justizpalast gehörenden Gefängnis vorbereitet. Speer wurde jedoch Mitte Juni 1945 mit einem großen Stabswagen von Mondorf abgeholt und über Paris nach Versailles ins Hauptquartier von General Dwight D. Eisenhower, dem Oberkommandierenden der Alliierten Streitkräfte in Europa, gebracht. Speer wurde ein kleiner Raum hoch oben im Palais Chesnay zugewiesen. Er fand schnell heraus, daß alle seine Mitgefangenen, mit denen er zunächst keinen Kontakt haben durfte, Techniker oder dergleichen waren. Viele von ihnen, wie Saur, Fränk, Heinkel und Dorpmüller, waren ihm unterstellt gewesen. Schon nach einer Woche erlaubte man ihm, in der Zeit zwischen den Vernehmungen der Amerikaner und Briten mit ihnen zu verkehren. Ein britischer Major nahm ihn sogar auf einen erholsamen Tagesausflug nach Paris mit.

Als Eisenhower sein Hauptquartier nach Frankfurt verlegte, wurden auch die Gefangenen nach einer Übernachtung in Mannheim auf Schloß Kransberg im nahen Taunus gebracht, wo die endlosen technischen und ökonomischen Befragungen weitergingen. Speer erinnerte sich, daß er das Schloß im Jahre 1939 als Hauptquartier für Göring renoviert und eingerichtet hatte, nachdem Hitler sich ein Hauptquartier in der Nähe von Bad Nauheim hatte bauen lassen. Die Gefangenen wurden in den Dienstbotengebäuden untergebracht, die Speer an das Schloß hatte anfügen lassen. Die Stimmung war entspannt, die amerikanische Verpflegung reichlich und die bewaldete Umgebung ruhig und angenehm. Der britische Kommandant führte ein mildes Regime im Lager, das in Abwandlung des amerikanischen »Ashcan« den britischen Codenamen »Dustbin«, Mülltonne, erhalten hatte.

Viele Mitarbeiter Speers aus der Industrie, seinem Stab und Fachleute wie der Raketenbauer Wernher von Braun wurden für eine längere oder kürzere Zeit nach Kransberg gebracht, wo die Befragungen ihren zwanglosen Verlauf nahmen. Die Vernehmer arbeiteten zweifellos hart, das beweist die Zahl der Unterlagen, aber sie konnten nur eine bestimmte Menge von Vernehmungen pro Tag durchführen. Das bedeutete wiederum, daß die Elitegefangenen in »Dustbin« die meiste Zeit damit verbrachten, auf das Vergnügen der Begegnung mit ihren überarbeiteten Herren zu warten. Sie organisierten inzwischen Fitneß-Kurse, Sportveranstaltungen, Vorträge, literarische Lesungen und sogar ein Kabarett.

Man bat Speer, den die Untätigkeit nach den Jahren intensiver Arbeit zunehmend deprimierte, sich schriftlich zu äußern und seine Ansichten über Deutschlands Zukunft in Europa, über Hitlers wichtigste Spießgesellen und, durch entsprechende Fragen veranlaßt, auch über die wichtigsten seiner eigenen Untergebenen zu Papier zu bringen. Letzteres nahm er zum Anlaß, sich rundum positiv zu äußern – mit zwei Ausnahmen, und zwar Saur und Dorsch, die er für illoyal hielt. Ein britischer Nachrichtenoffizier deutscher Abkunft namens Hoeffding bemühte sich, so nahe wie möglich an Speer heranzukommen. Zum Teil ließ er ihn schriftliche Ausarbeitungen machen und sorgte noch für andere Abwechslungen, zum Teil versuchte er sicherlich auch, zusätzliche Informationen von ihm zu erhalten. Einmal nahm der britische Lagerkommandant Speer sogar ohne Begleitung mit auf eine Autotour in den Taunus, verbunden mit einem Spaziergang und einem Picknick.

Eines Tages im September wurde Speer von einem seiner früheren Mitarbeiter geweckt. Dieser teilte ihm mit, daß die Sechs-Uhr-Nachrichten des von den Alliierten kontrollierten Rundfunks gerade berichtet hätten, Speer und Hjalmar Schacht würden zu den Hauptangeklagten im ersten Kriegsverbrecherprozeß in Nürnberg zählen. Bald darauf, Ende September, brachte man Speer in einem Jeep der US Army von »Dustbin« fort.

Die nächste Zwischenstation war ein unter Leitung der Amerikaner stehendes früheres Vernehmungslager der Nazis in Oberursel in der Nähe von Frankfurt. Zum Glück brauchte er dort nur eine Nacht zu verbringen. Die Nazis hatten dort unter anderem gefangene Piloten der Alliierten und Gefangene, die aus Kriegsgefangenenlagern geflohen waren, nicht allzu sanft verhört. Am nächsten Tag wurden Speer und andere prominente Gefangene auf Lastwagen der US Army verladen und nach Nürnberg gebracht. Dort sah er bald ein bekanntes Gesicht. Es war Colonel Burton C. Andrus, der amerikanische Kavallerieoffizier, der in »Ashcan« in Mondorf für die Bewachung verantwortlich gewesen war. Er wurde am 12. August 1945 Kommandant des Kriegsverbrechergefängnisses in Nürnberg. Die Räder der Justiz der Sieger begannen zu mahlen.[2]

Bis zum heutigen Tage ist das Konzept der Durchführung von Prozessen gegen Kriegsverbrecher umstritten. Der Streit lebte durch die Greueltaten wieder auf, die in den neunziger Jahren im ehemaligen Jugoslawien begangen worden sind, aber auch durch eine Vielzahl von Fällen in Deutschland, Israel, Frankreich und anderen Ländern unmittelbar nach dem Krieg und viele Jahre danach. Man hat greise Nazis aufgespürt, sie angeklagt und für Verbrechen verurteilt, über die die überlebenden und gebrechlichen Opfer nach einem halben Jahrhundert kaum noch zu reden in der Lage waren. In Großbritannien wurde ein Gesetz verabschiedet, das es möglich macht, fünfzig Jahre nach Kriegsende derartige Anklagen vor Gericht zu erheben. Aber auch das war sehr umstritten.

1945 gab es keinen realen Präzedenzfall, obwohl die Ankläger auf eine ganze Kette von internationalen Verträgen verweisen konnten, die die Nazis gebrochen hatten. Aber es gab kein Verzeichnis von Straftatbeständen. »Verbrechen gegen die Menschlichkeit« waren eine Prägung des Versailler Vertrages, der Deutschland in Bausch und Bogen für den Ersten Weltkrieg allein verantwortlich gemacht hatte, das Verdikt eines Siegers, das, wie wir gesehen haben, neben anderen Faktoren den Aufstieg Hitlers gefördert hatte. Man hatte seinerzeit Anstrengungen unternommen, Kaiser Wilhelm II. und andere führende deutsche Militärs vor Gericht zu bringen, aber die Niederlande, in die Wilhelm II. geflohen war, weigerten sich, ihn auszuliefern. In der Anfangszeit der Weimarer Republik reagierte das Oberste Reichsgericht in Leipzig nur zögernd auf alliierten und amerikanischen Druck und verhandelte im Jahre 1922 gegen 901 Personen, die wegen der Verletzung internationaler Konventionen zur Regelung der Kriegführung angeklagt waren. 888 Angeklagte wurden freigesprochen oder völlig entlastet, die restlichen 13 zu milden oder gar lächerlichen Strafen verurteilt. Die Deutschen waren nicht in der Stimmung, etwas zu tun, das sie für übertrieben hielten, und es gab nicht wenige Leute, die den Gefängniswärtern Gratulationsschreiben schickten, wenn Verurteilten die Flucht gelang.

Im Jahre 1945 aber war die Stimmung anders. Die Alliierten hatten es zu ihrem Kriegsziel erklärt, die Verbrecher, die für einen ganzen Katalog unbeschreiblicher, in der Geschichte der Zivilisation und der Kriegführung einmaliger Greueltaten verantwortlich waren, hart zu bestrafen. Die Japaner konnten sich in bezug auf besondere Greueltaten wie das Massaker von Nanking oder die medizinischen Experimente an »rassisch minderwertigen« Gefangenen mit den Deutschen messen. Aber sie hatten sich offen zu einem kompromißlosen und inhumanen Kodex bekannt, wonach nichts verboten und nur Gnade gegenüber dem eigenen Volk, nicht gegenüber dem Feind erlaubt war. Die Deutschen dagegen hatten viele – utopische oder nicht utopische – Konventionen unterzeichnet, die den Geist der im Boxsport geltenden Queensberry Rules auf die Kriegführung zu übertragen versuchten. Zu allen Zeiten hatte es in Kriegen Greueltaten gegeben, aber die bisher einmaligen Verstöße der Deutschen gegen die Regeln der europäischen Zivilisation hatten den Völkermord zum Hauptziel erhoben und die Führung eines aggressiven Krieges um die Bürokratie des Massakers und den mechanisierten Holocaust erweitert. Bürger eines der zivilisiertesten und fortgeschrittensten Völker der Erde hatten Menschen in einer Zahl systematisch ermordet, die der Gesamtzahl aller Einwohner von London, Paris und Berlin entsprach, und das allein aus ideologischen Gründen und ohne den geringsten Anschein einer militärischen Rechtfertigung.

Aus diesem Grunde hatten die Vertreter der Exilregierungen von neun Ländern, die von den Deutschen besetzt waren, schon im Januar 1942 die St.-James-Deklaration unterzeichnet und die Bestrafung der Kriegsverbrecher der Achsenmächte zu einem Kriegsziel erklärt. Die drei Hauptalliierten Amerika, Großbritannien und Rußland hatten sich dieser Erklärung angeschlossen. 1943 gründeten 17 Länder in London die United Nations War Commission, eine internationale Kommission zur Verfolgung von Kriegsverbrechen. Diese sollte Dossiers über konkrete Fälle anlegen. Es gelang ihr aber nicht, Beweismaterial zu sammeln, das für die gerichtliche Verfolgung von Kriegsverbrechen ausreichend gewesen wäre, und sie erwies sich insgesamt als unwirksam. Schon damals waren Institutionen der Vereinten Nationen nur so gut, wie es deren Mitglieder zuließen. Die Russen befanden sich nicht unter den 17 Mitgliedern, und die Briten waren nur mäßig begeistert. Am eifrigsten waren die idealistischen und legalistischen Amerikaner.

Die Moskauer Erklärung vom November dagegen deutete schon auf gemeinsame Aktionen der Alliierten gegen Kriegsverbrecher hin, und die Gipfelkonferenz der Alliierten in Teheran stimmte der Idee zu. In den demokratischen Ländern wuchs der öffentliche Druck, als die Truppen beim Vormarsch auf Deutschland Beweise für die Naziverbrechen fanden. Die Amerikaner waren außer sich, als die Waffen-SS in der Ardennenoffensive im Dezember siebzig gefangene US-Soldaten niedermetzelte. Das gleiche empfanden die Briten, als die Gestapo fünfzig RAF-Angehörige, die im März 1944 aus dem Kriegsgefangenenlager Stalag Luft III geflüchtet waren, massakrierte.

Hitlers Selbstmord am 30. April 1945 beseitigte die größten Kopfschmerzen derer, die in den demokratischen Staaten die vielfältigen Auswirkungen einer Bestrafung erwogen hatten und vor der Möglichkeit von Schauprozessen im Stil der Sowjets oder der Nazis, wie zum Beispiel dem Prozeß gegen die Verschwörer des 20. Juli, zurückschreckten. Was Hitler betraf, so hatte es einen Präzedenzfall in der Geschichte gegeben: Napoleon. Dieser war ohne Prozeß in ein entlegenes Exil geschickt worden, wo er schließlich eines natürlichen Todes starb. Aber Napoleons Bemühungen um die Vereinigung Europas waren immerhin nicht durch das planmäßige Abschlachten ganzer ethnischer Gruppen gekennzeichnet gewesen.

Im September 1944 war in einem Memorandum des Kriegsministeriums der USA vorgeschlagen worden, den führenden Nazis samt ihren wichtigsten Institutionen wie dem Reichskabinett – eine Nebensächlichkeit, da dieses als Körperschaft seit 1937 nicht mehr zusammengetreten war – und der SS den Prozeß zu machen. Bei einer amerikanisch-englischen Gipfelkonferenz in Quebec im September war das Gerücht durchgesickert, Churchill und Roosevelt würden die sofortige Exekution der Spitzennazis befürworten; in Teheran schlug Stalin »scherzhaft« die Erschießung von 50 000 führenden Deutschen vor. Solche Beweise alliierter Rachegelüste wurden von Goebbels ausgenutzt, um das deutsche Volk zum Kampf bis zum bitteren Ende anzuspornen, weil durch Kapitulation nichts zu gewinnen wäre.

Die Briten waren gegen ein juristisches Spektakel, aber im Februar 1945 einigten sich Stalin und Roosevelt auf der Konferenz von Jalta trotz Churchills Gegenmeinung auf einen Prozeß. Der todgeweihte Roosevelt war daran allerdings längst nicht so interessiert wie sein Nachfolger Harry Truman. Russen und Franzosen drängten mit ihm gemeinsam die Briten, der Idee zuzustimmen. Am 30. Mai 1945 schloß sich das britische Kabinett zögernd der Forderung Trumans an, aber nur deswegen, weil es verhindern wollte, daß die Verbündeten ohne Großbritannien handelten.

Truman hatte schon einen Amerikaner als Hauptankläger der Vereinten Nationen ernannt: Robert H. Jackson, Mitglied des Obersten Gerichts der USA, Vorsitzender der am 26. April ins Leben gerufenen Anklagevertretung für die Verfolgung der Verbrechen der Achsenmächte, war autodidaktisch Rechtsanwalt geworden, hatte seinen Beruf während seiner Tätigkeit gelernt und war ein Meister der Rhetorik und der Sprache nach amerikanischer Altväterart. Seine offizielle juristische Ausbildung erhielt er durch ein einjähriges Studium an der Juristischen Fakultät in Albany, New York. Wie Roosevelt, der gleichfalls aus dem Norden des Staates New York stammte, war auch er Demokrat.

Seinen juristischen Erfolgen verdankte er, daß Politiker auf ihn aufmerksam wurden und ihn schließlich mit Posten in der Bundesregierung betrauten. Er war 1938 Roosevelts Generalstaatsanwalt, zwei Jahre später Generalbundesanwalt und wurde nach weiteren 18 Monaten im Juli 1941 Richter des Obersten Gerichts. Jackson standen mehrere juristische Talente zur Seite, darunter Generalmajor William J. Donovan, Leiter des Office of Strategic Services.

Die Briten entschieden sich, den ersten Kronanwalt als Hauptankläger zu entsenden. Nach der sogenannten britischen Verfassung – man sagt, sie sei »ungeschrieben«, tatsächlich aber ist sie ein nicht kodifizierter Wirrwarr von Gesetzen, in deren Mitte das schwarze Loch der »königlichen Prärogative« gähnt – ist die Rolle des Kronanwalts, des Attorney General, mehrdeutig. Er fungiert als Vertreter der Krone und ist zugleich der höchste juristische Repräsentant der Regierung. Manchmal tritt er – heute kaum mehr – als leitender Anwalt in wichtigen oder politisch sensiblen Fällen auf. Gleichzeitig spielt er eine große Rolle als praktisch tätiger Politiker und als Mitglied des Kabinetts. Bei seinem Amtsantritt wird er automatisch in den Adelsstand erhoben. In Nürnberg existierte nach der Zustimmung des Koalitionskabinetts unter Churchill zum Prozeß kein Konflikt zwischen den beiden Rollen des Kronanwalts.

Am 29. Mai 1945 wurde der Kronanwalt Seiner Majestät, Sir David Maxwell-Fyfe, ein konservativer Politiker, zum britischen Hauptankläger berufen. Aber die Parlamentswahlen vom Juli 1945 versetzten die Welt in Erstaunen: Winston Churchill, das Symbol des britischen Widerstands, wurde abgewählt; die Labour Party errang einen überwältigenden Sieg. Der neue Premierminister, Clement Attlee, berief seinen eigenen Kronanwalt, Sir Hartley Shawcross, zum britischen Vertreter in Nürnberg. Maxwell-Fyfe wurde sein Stellvertreter und vertrat alternierend die britische Sache.

Das französische Anklageteam wurde nach dem Eröffnungsverfahren von Auguste Champetier de Ribes geleitet, einem ehemaligen Kabinettsminister, der vor dem Krieg und im Krieg gegen die Nazis Widerstand geleistet hatte. Die sowjetische Anklage wurde von Generalmajor Roman Rudenko, dem Generalstaatsanwalt der Ukraine, geleitet.

Jeder der »Großen Vier« berief zwei Richter in das Nürnberger Gericht, einen leitenden und einen stellvertretenden. Präsident des Internationalen Militärtribunals (IMT) war Lordrichter Lawrence, ein Berufungsrichter. Die drei anderen leitenden Richter waren Francis Biddle, Jacksons Nachfolger als Generalbundesanwalt, Generalmajor I. T. Nikitschenko und Professor Henri Donnedieu de Vabres.

Das diplomatische, politische und juristische Tauziehen der vier Mächte tut hier nicht viel zur Sache. Es ging um die Gründungsurkunde, die Satzung und den Zuständigkeitsbereich, die Angeklagten, die Anklagen, die Anklageschriften, den Verhandlungsort, die Verfahrensregeln und fast alle denkbaren Aspekte eines einmaligen Neuansatzes im internationalen Recht. Was Stalin realistisch »die antifaschistische Koalition« zu nennen pflegte, war sogar schon vor der Kapitulation Japans im Begriff auseinanderzubrechen. Um die Russen zu beschwichtigen, die den Nazigrößen den Prozeß in den Ruinen von Berlin hatten machen wollen, erhielt das Internationale Militärtribunal formal dort seinen Sitz. Tagungsort des Gerichtes sollte aber Nürnberg sein, ein nicht weniger angemessener Ort. Die großen Justizgebäude inmitten der Ruinen der zu neunzig Prozent zerstörten ehemaligen Stadt der NS-Parteitage waren nahezu völlig intakt geblieben. Die Verfahrensfragen wurden in langen Verhandlungen geklärt, die in der britischen Hauptstadt stattfanden und schließlich zum Londoner Abkommen vom August 1945 führten.

Das Ergebnis war unvermeidlich ein Kompromiß. Franzosen und Russen, von den deutschen Angeklagten und ihren Rechtsanwälten ganz zu schweigen, waren Anhänger von Varianten des kontinentalen oder napoleonischen Rechtssytems, das inquisitorisch vorgeht: Alle Beteiligten, Gericht, Anklage und Verteidigung, arbeiten im wesentlichen zusammen, um den Wahrheitsgehalt einer sehr ausführlichen Anklage zu ergründen, in der die Anklagen in allen Einzelheiten dargelegt werden. Das von den Amerikanern vom englischen Recht geerbte System dagegen ist konfrontativ: Anklage und Verteidigung tragen vor den Laienschöffen mit größter Schärfe ihre Auffassungen zu den möglichst knapp dargelegten Anklagen vor, und der Richter agiert wie ein Schiedsrichter. Das kontinentale System hat den Vorteil einer deutlichen Distanz, kann aber wie eine behagliche, wenn auch verfahrensmäßig rigide Advokatenkonferenz wirken, in der der Angeklagte fast als nebensächlich erscheint. Die Angelsachsen haben ihr fundamental demokratisches System des Geschworenengerichts. Das Ergebnis des Prozesses hängt aber mindestens ebensosehr vom Können des Rechtsanwalts wie von der Beweislage ab.

Die Grundsätze, die für das Internationale Militärtribunal gelten sollten, wurden in seiner Satzung niedergelegt, deren Artikel 8 das wichtigste »Nürnberger Prinzip« aufstellte: die Unzulässigkeit des »Ich-habe-nur-Befehle-befolgt« als Entschuldigung oder Verteidigung – obwohl dieser Grund als strafmildernd berücksichtigt werden konnte. Das war nicht neu: Sogar das Soldbuch des deutschen Soldaten wies diesen an, einem rechtswidrigen Befehl nicht zu gehorchen.

In der Realität ist die Befolgung von Befehlen auf allen außer den höchsten Ebenen eine angemessene Entschuldigung, wenn Folter oder Tod droht. Selbst in einer Demokratie ist die Macht des Staates überwältigend, wenn nicht sogar grenzenlos, verglichen mit dem Recht des Individuums, aus moralischen Gründen Widerstand zu leisten, wie dies viele Verweigerer aus Gewissensgründen bestätigen könnten.

Aber das war kein Thema für das Tribunal oder für die Anklage. Was sie brauchten, war aufbereitetes prozeßrelevantes Beweismaterial. Das USSBS und die Nachrichtendienste hatten den Auftrag, mit ihren Möglichkeiten im besiegten Deutschland nach Beweisen für Kriegsverbrechen zu suchen. Wir haben die deutsche Vorliebe für die schriftliche Erfassung aller Arten von Daten, selbst äußerst belastenden Materials, schon erwähnt. Das Kunststück für die Ankläger bestand darin, in einem für so eine gigantische Aufgabe hoffnungslos kurzen Zeitraum aus Bergen von Papier die Goldklumpen des eigentlichen Belastungsmaterials herauszufinden.

An Unterlagen bestand kein Mangel. Allein die deutsche Marine hatte 60 000 Akten in Nordbayern verschwinden lassen, die dann den Alliierten auf Befehl von Dönitz übergeben und nach England gebracht wurden. Die Akten des deutschen Heeres waren noch viel umfangreicher. Sie wurden geschlossen per Schiff in die Vereinigten Staaten geschafft, wo sie in verschiedenen Lagerhäusern nachlässig gestapelt wurden. In Alexandria im Staat Virginia, am anderen Flußufer gegenüber Washington gelegen, befand sich ein Lagerhaus voller Pappkartons mit deutschen Akten. Diese lagen dort nach dem Krieg zehn Jahre lang unberührt und wurden dann Wissenschaftlern nur für kurze Zeit zugänglich gemacht, bevor sie zusammen mit anderen beschlagnahmten Sammlungen, einschließlich der Marineakten aus England, der westdeutschen Regierung übergeben wurden. Dieses ganze Material erhielten das deutsche Bundesarchiv in Koblenz oder das Militärarchiv in Freiburg. Die viele Millionen Karteikarten umfassende Mitgliederkartei der Nazipartei wurde auf einem Trümmerhaufen außerhalb von München entdeckt. Das deutsche Auswärtige Amt hatte sein gesamtes 485 Tonnen schweres Hauptarchiv in den Bergen des Harzes deponiert.[3]

Auch das Ministerium Speer hatte von diesen natürlichen und von Menschenhand geschaffenen Höhlen am gleichen zentralen deutschen Aufbewahrungsort für so viele Geheimnisse Gebrauch gemacht. Zusammen mit großen Mengen anderer Dokumente war das Original der Chronik von Dr. Wolters mit den dazugehörenden ergänzenden Dokumenten nach Osterode im Harz geschickt worden, wo es dann verschwand. Ein weiteres Exemplar wurde an das Reservelager des Ministeriums geschickt, das sich bei einer Baufirma in Höxter, Westfalen, ganz in der Nähe von Wolters' Heimatstadt befand. Viele Tonnen von Unterlagen des Ministeriums fanden schließlich von Müllplätzen in verschiedenen Teilen Deutschlands aus ihren Weg nach Koblenz. Speer war in der Lage, selbst einen beträchtlichen Beitrag zu leisten, hatte er doch in weiser Voraussicht eine reiche Auswahl von Dokumenten (außer der Chronik) aus seinem persönlichen Büro in den Tresoren einer Hamburger Bank untergebracht. Diese Unterlagen waren für seine Verteidigung von unschätzbarem Wert und halfen ihm, sein Leben zu retten.

Die Amerikaner hatten wesentlich mehr Rechtsanwälte und Hilfspersonal für den Nürnberger Prozeß bereitgestellt als die drei anderen Mächte zusammengenommen (der Prozeß bestand aus insgesamt 13 Prozessen, wobei im ersten die führenden Männer des Dritten Reiches, die überlebt hatten, angeklagt wurden); die Amerikaner waren auch für die gesamte Anklage generell verantwortlich.

Gegen die Angeklagten wurden vier Anklagen erhoben. Jede Macht übernahm die spezielle Verantwortung für die Untersuchung und Darlegung eines Punktes. So waren die Amerikaner für den Anklagepunkt I, Verschwörung zur Ausführung der drei anderen Anklagepunkte, verantwortlich. Die Briten waren für den Anklagepunkt II, Verbrechen am Frieden, zuständig; die Franzosen für die Punkte III und IV, Kriegsverbrechen beziehungsweise Verbrechen gegen die Menschlichkeit in Westeuropa; die Russen für die gleichen Punkte, aber bezogen auf die Ostfront.

Das angelsächsische Verschwörungskonzept – eine sehr allgemeine bürokratische Rahmenanklage – verursachte während des Gefeilsches, das dem Prozeß vorausging, besondere Schwierigkeiten. Der kontinentalen Rechtstradition, die sich an konkreteren Anschuldigungen, wie zum Beispiel Zugehörigkeit zu einer kriminellen Organisation, orientiert, war und bleibt dieses Konzept fremd. An konkreten Anschuldigungen mangelte es nicht. Die Anklage ersuchte das Gericht, die wichtigsten Institutionen der Nazis für kriminell zu erklären: das Reichskabinett – das tatsächlich im eigentlichen Sinn des Wortes nicht existiert hatte –, die Parteiführung, die SS, den SD und die Gestapo (beide unter der Oberaufsicht der SS), die SA (nach 1934 von der SS abgelöst), den Generalstab (den es in Wahrheit seit 1919 nicht mehr gab) und das OKW (Oberkommando der Wehrmacht).

Diese Liste der Organisationen war schlampig erstellt. Sie war der erste sichtbare Beweis dafür, daß die Anklage – besonders die amerikanische Seite, die die meiste Arbeit leistete – den Gegenstand nicht beherrschte. Darin spiegelten sich auch die Mängel ihrer zugegebenermaßen nicht genügend durchdachten und äußerst komplizierten eklektischen Aufgabenstellung wider. Hinter der Forderung, die Organisationen für kriminell zu erklären, verbarg sich die Absicht, die Beschuldigten und viele weitere Personen vor Gericht stellen zu können, die dann, sofern ihre Mitgliedschaft erwiesen war, verurteilt werden konnten.

Die eigentliche Anklageschrift bestand aus 27 eng bedruckten Seiten sowie drei »Appendizes« von weiteren 16 Seiten. Die Anklageschrift ist ein Mischdokument, das nach angelsächsischem Vorbild sowohl knapp formulierte Anklagen enthält als auch, der kontinentalen Methode entsprechend, eine diskursive allgemeine Zusammenfassung des Falles der Angeklagten. Es gab 24 Angeklagte. Einer von ihnen, Robert Ley, der Führer der Deutschen Arbeitsfront, war von der Anklage, die er mit einem Richterspruch gleichsetzte, so niedergeschmettert, daß er noch vor dem Nürnberger Prozeß Selbstmord beging. Gustav Krupp, der Titelträger des Rüstungskonglomerats, war senil und einem Prozeß nicht gewachsen (ein weiteres Beispiel für die Ignoranz der Anklagevertretung); sein Sohn Alfried, der die Firma führte, wurde später vor Gericht gestellt und kam mit drei Jahren, die er schon abgesessen hatte, davon. Und einer der Hauptangeklagten, Martin Bormann, wurde nie gefunden. Er starb vermutlich am 1. Mai 1945 in Berlin; einen Schädel, der dort 1975 entdeckt wurde, identifizierte man – nicht ganz zweifelsfrei – als den seinen. Bormann wurde in Abwesenheit angeklagt.

Insgesamt standen 21 Naziführer vor Gericht. Das waren Hermann Göring, Rudolf Heß (aus dem Londoner Tower eingeflogen), Joachim von Ribbentrop (Außenminister), Feldmarschall Wilhelm Keitel, Ernst Kaltenbrunner, Alfred Rosenberg (Minister für die besetzten Ostgebiete), Hans Frank (Generalgouverneur von Polen), Wilhelm Frick (Innenminister), Julius Streicher (Herausgeber des antisemitischen »Stürmer«), Walther Funk (Wirtschaftsminister), Hjalmar Schacht (ehemaliger Reichsbankpräsident), Admiral Karl Dönitz, Großadmiral Erich Raeder, Baldur von Schirach (Reichsjugendführer und Gauleiter in Wien), Fritz Sauckel, General Alfred Jodl, Franz von Papen (kurze Zeit Hitlers Vizekanzler), Arthur Seyß-Inquart (Kommissar für die Niederlande), Albert Speer, Constantin von Neurath (Reichsprotektor von Böhmen und Mähren), Hans Fritzsche (Leiter der Rundfunkabteilung im Propagandaministerium). Nicht alle wurden in allen Punkten angeklagt, doch nur Schacht, Fritzsche und Papen wurden freigesprochen.

Die Anklageerhebung begann mit einer langen Erklärung über die Berechtigung des Anklagepunktes I, einschließlich einer Erläuterung der Art und Weise, wie die Nazipartei ihre Herrschaft über alle Aspekte des Lebens in Deutschland und schließlich in fast ganz Europa erlangt und ausgedehnt hatte. Das Ganze wurde als eine gigantische Verschwörung dargestellt. Anklagepunkt II, Verbrechen am Frieden, war wenig mehr als eine Liste der Länder, gegen die Deutschland Krieg geführt hatte. Anklagepunkt III, Kriegsverbrechen, listete Land für Land Hunderte von Greueltaten auf. Die weiteren Anklagen betrafen die Sklaven- und Zwangsarbeit, die Mißhandlung von Kriegsgefangenen, die Ermordung von Geiseln, Plünderungen und mutwillige Vernichtung von

Sachwerten. Anklagepunkt IV, Verbrechen gegen die Menschlichkeit, behandelte die Mißhandlung von Zivilisten in Konzentrations- und Todeslagern, die allgemeine Verfolgung der Juden – und den an ihnen begangenen Völkermord.

Im Anhang A wurden die Anklagen gegen jeden einzelnen Angeklagten und im Anhang B die Anklagen gegen die kriminellen Organisationen zusammengefaßt; im Anhang C wurden alle 26 Verträge und Konventionen aufgelistet, gegen die die Nazis verstoßen hatten.

Die Anklage gegen Speer hatte folgenden Wortlaut:

»Der Angeklagte Speer war von 1932 bis 1945 Mitglied der Nazipartei, Reichsleiter, Mitglied des Reichstages, Minister für Bewaffnung und Munition, Chef der Organisation Todt, Generalbevollmächtigter für Rüstung in der Vierjahresplanbehörde und Vorsitzender des Rüstungsrates. Der Angeklagte Speer nutzte die vorgenannten Positionen und seinen persönlichen Einfluß in jeder Weise, er beteiligte sich an der militärischen und ökonomischen Planung und der Vorbereitung der Naziverschwörer auf Aggressionskriege und Kriege in Verletzung internationaler Verträge, Vereinbarungen und Zusicherungen, wie in den Punkten eins und zwei der Anklage dargelegt ist. Und er autorisierte, leitete und beteiligte sich an Kriegsverbrechen, wie in Punkt drei der Anklage dargelegt, und an Verbrechen gegen die Menschlichkeit, wie in Punkt vier der Anklage dargelegt, einschließlich insbesondere des Mißbrauchs und der Ausbeutung von Menschen durch Zwangsarbeit während der Führung eines Aggressionskrieges.«

Eine Kopie der Anklageschrift in deutscher Übersetzung wurde jedem Gefangenen persönlich in seiner Zelle im Gefängnis ausgehändigt, das sich hinter dem Gericht und dem Verwaltungskomplex der Nürnberger Justizgebäude befand, Die Dokumente wurden am 20. Oktober durch Major Airey Neave verteilt. Neave sprach Deutsch. Er war der erste Brite, der aus Colditz, einem Kriegsgefangenenlager für wiederholt geflüchtete Gefangene, entkommen und in die Heimat gelangt war. Während seiner Rekonvaleszenz qualifizierte er sich zum Rechtsanwalt und trat in den militärischen Geheimdienst ein. Er wurde zur Vorbereitung des Falles Krupp nach Deutschland beordert und blieb dort Verbindungsoffizier zur Unterstützung der Angeklagten. In dieser Funktion beriet er sie auch über ihr Recht auf eine umfassende Verteidigung und half denen, die keinen eigenen Rechtsanwalt benennen oder ausfindig machen konnten, mit einer Liste deutscher Rechtsanwälte.

Der große, vom Ende des neunzehnten Jahrhundert stammende Justizkomplex, der noch heute genutzt wird und fast noch genauso wie damals aussieht, befindet sich etwa einen Kilometer westlich des liebevoll wiederaufgebauten historischen Zentrums Nürnbergs. SS-Einheiten hatten dort 1945 ein letztes Mal Stellung bezogen und Widerstand geleistet, aber die aus Sandstein errichteten massiven Gebäude hatten standgehalten und waren durch gefangengenommene SS-Angehörige, die als Arbeitskräfte eingesetzt wurden, schnell wieder in einen nutzbaren Zustand gebracht worden. Der in sich geschlossene Komplex, der sich vom Rest der Stadt leicht isolieren ließ, ist nach Süden der Fürther Straße zugekehrt; das Gerichtsgebäude, 1916 hinzugefügt, bildet die östliche Ergänzung der größeren Verwaltungsblöcke.

Das Gefängnis befindet sich nördlich davon hinter einer hohen Mauer. Es besteht aus vier dreistöckigen Hauptblöcken, die wie ein offener Fächer angeordnet und nach Westen, Nordwesten, Nordosten und Osten ausgerichtet sind. Die Angeklagten wurden im letzten Block untergebracht, der in den achtziger Jahren abgerissen und neu aufgebaut wurde. Er war dem Gericht am nächsten gelegen und mit diesem durch einen unterirdischen Gang verbunden. Am Ende des Ganges befand sich ein Fahrstuhl, der die Gefangenen in den Gerichtssaal im zweiten Stock beförderte.

Die Zeugen wurden in einem gesonderten Block untergebracht. Der gesamte Komplex war von amerikanischen Panzern, von Artillerie, Flakeinheiten und Infanterie umgeben. Auf dem nahe gelegen Flugplatz bei Fürth standen Kampfflugzeuge bereit. Das Gelände war mit Stacheldraht, Sandsäcken und Maschinengewehrnestern geschützt, innerhalb und außerhalb wimmelte es von Militärangehörigen und schwerbewaffneter Militärpolizei.

Schließlich gingen zahlreiche Gerüchte von Naziaufständen und versteckten SS-Einheiten um. Reinigungs- und andere Arbeiten waren deutschen Gefangenen in Uniform übertragen, die in einem separaten Gefängnisblock schliefen.

Neave, damals 29 Jahre alt, war nach seinen eigenen Aussagen erschüttert, als ihm am 18. Oktober der Befehl erteilt wurde, den Angeklagten die Anklageschrift zu überreichen. Ihm verblieben weniger als 48 Stunden zur Ausführung des Befehls. Er zog seine beste, mit Medaillen dekorierte Uniform an und unterdrückte sein Lampenfieber. Begleitet wurde er von Harold B. Willey, dem Hauptschriftführer des IMT und früheren ersten Protokollführer beim Obersten Gericht der USA, von Colonel Andrus in dessen Funktion als Gefängnisdirektor, von einem amerikanischen lutherischen Pastor, von zwei Soldaten, die die Anklageschriften trugen und einer Eskorte der amerikanischen Militärpolizei, Kaugummi im Mund und mit schwingenden Gummiknüppeln. Die Gruppe bewegte sich geräuschvoll von einer kleinen Zelle zur nächsten. Die Gefangenen wurden von Zeit zu Zeit verlegt, Speer jedoch verbrachte den größten Teil seiner Nürnberger Zeit in Zelle Nummer 17 im Ostflügel.

Die Angeklagten hatten die Voruntersuchungen entsprechend der kontinentalen Verfahrensweise schon hinter sich, der Prozeß selbst aber sollte, wie oben bereits geschildert, nach angelsächsischem Muster durchgeführt werden. Die Anklageschrift summierte die Erkenntnisse der Voruntersuchungen, aber die dem Text beigefügten kurzgefaßten Anklagepunkte vermittelten zumindest einem der verwirrten Angeklagten den Eindruck, daß es sich um die Feststellung der Schuld handelte: Robert Ley brachte sich am 25. Oktober um. Neave schrieb: »Ich habe an jenem Tage nicht erkannt, wie viele dieser Angeklagten die Übermittlung der Anklageschrift als Augenblick des Schicksals ansahen. Es war, als sei ich gekommen, die Todesurteile vorzutragen.«

Auch Neave, kein besonders scharfer Denker und auch nicht der routinierteste Autor, hielt Speer für »einen begabten Mann und eine bezwingende Persönlichkeit..., der den Nazismus für die Künste und Wissenschaften annehmbar machte... – sein größtes Verbrechen«. Neave fühlte sich von seiner Glätte abgestoßen und schrieb: »Speer war von all den Gefangenen in Nürnberg der charakterlich stärkste und wirklich mutigste. Dennoch war er ein Mann, dem ich niemals trauen konnte.« Er nahm »mit einem nervösen Lächeln« sein Exemplar der Anklageschrift entgegen:

»Zwischen den heruntergekommenen Straßenpolitikern der Nazipartei gab Speer eine eindrucksvolle Figur ab. Er war, selbst in der Gefängniskleidung, eine auffallende Erscheinung. Er war groß und dunkel, mit einem starken, intelligenten Gesicht. Er hatte das Gebaren eines sportlichen Universitätsprofessors, der in den Staatsdienst eingetreten war. Seine Augen waren groß und nachdenklich. Er war meinem Eindruck nach ein Mann von beträchtlichem Niveau... Warum war diese höfliche und intelligente Person ein so enger Vertrauter Hitlers geworden? ... Er schien der einzige zivilisierte Mann zu sein, dem ich an jenem Nachmittag begegnete.«[4]

Zur Gruppe, die die Anklageschriften überbrachte, gehörte auch Captain G. M. Gilbert, ein deutsch sprechender amerikanischer Nachrichtenoffizier, im Zivilberuf promovierter Psychologe. Dr. Gilbert war erst an diesem Tage in Nürnberg eingetroffen. Ihm war es überlassen, im Hintergrund des Prozesses eine außerordentliche, wenn auch düstere Rolle unter den Gefangenen zu spielen: sie zu manipulieren, ihre Reaktionen unter dem außergewöhnlichen Druck des Prozesses zu studieren und ihre Persönlichkeit einzuschätzen. Während der ganzen Zeit standen zwei Psychiater der US Army, ausgebildete Mediziner, zur Verfügung. Aber die für die Geschichtsschreibung wichtigsten Informationen über den Geisteszustand der Führer des Dritten Reiches stammen von Dr. Gilbert. Er besaß ein eigenes Exemplar der Anklageschrift und bat jeden Gefangenen, seine, Gilberts, Notizen über die jeweiligen Reaktionen bei der Übergabe der Anklageschrift zu signieren. Nur Raeder und Ley verweigerten einen Kommentar. Speer sagte:

»Dieser Prozeß ist notwendig. Eine gemeinsame Verantwortung für so grauenvolle Verbrechen gibt es sogar in einem autoritären System.«

Gilbert notierte, daß nur Frank und von Schirach deutlich Reue zeigten:

»Speer, der große Mann mit den buschigen Augenbrauen, der Rüstungsminister der Kriegsmaschinerie Hitlers, erregte zunächst wenig Aufmerksamkeit, schien aber eine ernsthaftere und weniger auf Wirkung bedachte Vorstellung von der Schuld der Nazis zu haben als irgendein anderer.«[5]

Eine der Initiativen Gilberts bestand darin, die Gefangenen einem Intelligenztest zu unterwerfen. Hjalmar Schacht, der führende Bankier, kam mit einem IQ von 143 einer Geniebewertung am nächsten. Göring und Dönitz erhielten beide 138, und der schon geistesabwesende Heß, der offensichtlich am wenigsten stabile unter den Gefangenen, erreichte 120. Streicher, ein fanatischer, sexbesessener Judenhasser, war mit 106 der letzte. Speer erreichte einen IQ von 126. Aufschlußreich aber ist seine Behauptung gegenüber Gitta Sereny, daß er sich nicht angestrengt habe, weil er den Test für Unsinn gehalten habe.

Wegen des Selbstmordes von Ley und eines weniger wichtigen Häftlings, der zusammen mit anderen pervertierten SS-Ärzten in einem künftigen Ärzteprozeß angeklagt werden sollte, wurden die Gefangenen in ihren Einzelzellen rund um die Uhr von Militärpolizisten, die ständig durch die Öffnungen in den Zellentüren sehen mußten, bewacht. In jeder Zelle brannte den ganzen Tag helles und in der Nacht gedämpftes Licht. Der einzige Platz, auf dem ein Gefangener nicht gesehen werden konnte, war das Toilettenbecken, das sich direkt neben der Tür befand.

Doch auch die umfassende Bewachung in Nürnberg konnte nicht verhindern, daß Informationen in die Außenwelt nach draußen gelangten. Schon bald berichtete die Tageszeitung der US Army »Stars and Stripes« ausführlich über das Anklageverfahren und zitierte sogar Reaktionen einzelner Angeklagter. Neave wurde kritisiert, weil er den Gefangenen den Termin des Prozeßbeginns, den 20. November 1945, nicht mitgeteilt hatte. Er selbst war erst nach Beendigung seines Rundganges über den Termin informiert worden und ging daher noch einmal kurz in jede Zelle, um die Nachricht zu überbringen. Am nächsten Tag suchte er die Gefangenen ein drittes Mal auf, um die Namen der von den Angeklagten gewählten Rechtsanwälte zu notieren. Dann veranlaßte er, daß nach einigen von ihnen in ganz Deutschland gesucht wurde. Alle waren bereit, die Aufgabe zu übernehmen – die amerikanischen Rationen waren bekanntermaßen weit höher als die Einheitsrationen der hungernden deutschen Bevölkerung.

Hinter den Kulissen waren die Vorbereitungen fast chaotisch und gerieten manchmal ins Stocken. Richter Jackson war nicht das Muster eines Beamten, und die 700 Amerikaner, die für die Anklage arbeiteten, ertranken fast in einem Meer von Papieren, mit deren Bearbeitung sie sehr langsam vorankamen. Vier Teams der Anklage und fast zwei Dutzend Angeklagte benötigten eine unglaubliche Menge von Kopien.

Es bestand eine chronische Knappheit an Schreibkräften, Stenographen, Dolmetschern – das sowjetische Team brachte überhaupt keine mit – und qualifizierten, deutschsprechenden Juristen, die die Voruntersuchungen durchführen konnten. Diese wurden Anfang Oktober in großer Hast im wesentlichen abgeschlossen, bevor das Internationale Militärtribunal am 18. Oktober zu seiner ersten offiziellen Sitzung vor dem Prozeß zusammentrat. In dieser Sitzung wurde der Eröffnungstermin entgegen den Forderungen der französischen und russischen Ankläger, die mehr Vorbereitungszeit wünschten, festgesetzt. Die Angelsachsen wollten unbedingt sofort beginnen, bevor Wille und Wirkung nachließen; die Leistungsfähigkeit des Tribunals verbesserte sich durch die Ernennung eines amerikanischen Brigadegenerals zum Schriftführer des IMT und eines energischen britischen Obersten zum Quartiermeister.

Am 18. November, zwei Tage vor Prozeßbeginn, gab es wegen einer Erkrankung Kaltenbrunners helle Aufregung. Es bestand der Verdacht auf Meningitis. Hätte sich die Diagnose bestätigt, wäre eine zweiwöchige Quarantäne für alle Gefangenen und ihre Kontaktpersonen unvermeidlich gewesen. Aber der frühere Gestapochef hatte nur eine leichte Gehirnblutung erlitten. Am 10. Dezember hatte er seinen ersten Auftritt, kurz danach aber einen weiteren solchen Zwischenfall.

Nicht nur unter den Häftlingen war die Spannung fast unerträglich geworden. Es zirkulierten Gerüchte über ein Komplott, sie zu befreien, und der gewaltige amerikanische Militärapparat befand sich in einem Zustand ständiger Nervosität. Die offiziellen Persönlichkeiten des IMT, die Mitarbeiter und die Journalisten – meist Amerikaner und nur vereinzelt Briten und Franzosen –, die im prunkvollen Grandhotel Fürstenhof oder in der Nähe untergebracht waren, veranstalteten wilde Partys und große Trinkgelage. Sie wurden manchmal von derselben schwermütigen Sängerin unterhalten, die dort noch kurz zuvor für die lokalen Nazigrößen gesungen hatte. Die Russen lebten gesondert in beschlagnahmten Vorstadtvillen, wo sie noch wildere Partys feierten. Die Gefangenen versanken, außer wenn sie von dem einen oder anderen Ankläger zur Untersuchung befohlen wurden, in einer allgemeinen Lethargie, wie sie für alle Arten von Gefängnissen nicht untypisch ist.

Am Tag beschäftigte sich das IMT hinter verschlossenen Türen mit den Anträgen der Verteidigung vor dem Prozeßbeginn. Die letzteren wurden hastig von den zahlreichen Anwälten der Verteidigung zusammengeschustert. Sie wollten den Prozeß dadurch aufhalten, daß sie die Richter zu überzeugen versuchten, das ganze Gerichtsverfahren sei null und nichtig. Sie argumentierten, das Verfahren beruhe auf Gesetzen, die es zum Augenblick der angeblichen Verbrechen noch nicht gegeben habe; das ganze Verfahren sei einseitig und unfair. Aber nach all dem Gerangel, den Kompromissen und administrativen Schwierigkeiten, die das Tribunal in der Vorbereitung des Prozesses durchgemacht hatte, hatte dieser Schachzug keine Erfolgsaussichten. Zwei Tage später, nachdem der Prozeß bereits begonnen hatte, wurden alle Einwände dieser Art zurückgewiesen, jedoch mit der Zusage, daß die Verteidigung Gelegenheit bekommen würde, die Frage der Rechtsgültigkeit des Verfahrens später darzulegen.

Der Gerichtssaal mit den dunkel getäfelten Wänden und Kassettendecke war und ist eine düstere Angelegenheit. Die Eingänge sind mit grünem Marmor eingefaßt. Die hohen Fenster einer Wand waren für den Prozeß mit dunkelgrünen Gardinen verhängt. Die Beleuchtung war nicht nur künstlich, sondern grell, mußte sie doch den Raum für die Kameras der Wochenschauen und anderer Kamerateams ausleuchten, die den gesamten Prozeß, der mit Unterbrechungen zehn Monate dauerte, filmten. Die Flaggen der vier Mächte hinter den acht Richtern, die paarweise auf einem Podium entlang der westlichen Wand saßen, waren einige der wenigen Farbtupfer. Die Richter, die sich in den vorprozessualen Verfahren gegenseitig abgewechselt hatten, einigten sich darüber, daß der englische Lordrichter Lawrence ständig den Vorsitz führen sollte. Die Beobachter, einschließlich der Russen, waren sich in ihrem Lob für seine Prozeßführung einig, und sogar die Deutschen erkannten seine Fairneß an. Er und die anderen westlichen Richter trugen schwarze Roben, die beiden Russen Militäruniformen. Einen unerwarteten Glanz verbreiteten die deutschen Anwälte. Einige von ihnen trugen die ihren unterschiedlichen Qualifikationen oder regionalen Gerichtshöfen entsprechenden farbigen Roben. Einer trug die Uniform eines Marineoffiziers mit Rangabzeichen.

Ansonsten herrschten gedeckte Farben vor. Die offizielle Alltagsuniform der US Army jener Zeit bestand aus dunkelbrauner Hemdbluse und hellbraunen Hosen. Die Militärpolizei trug olivfarbene Kampfanzüge und hatte leuchtend weiße Helme, Gürtel und Schlagstöcke, aber keine Schußwaffen. Nur Colonel Andrus trug unter der Uniform eine Pistole im Schulterhalfter.

Die Angeklagten trugen graue, braune oder blaue Anzüge und Hemden und Krawatten in gedämpften Farben oder Uniformen ohne Rangabzeichen. Sie saßen in zwei Reihen auf der Ostseite des Gerichts mit Blick zum Richtertisch. Ihre Rechtsanwälte saßen davor, mit Blick auf die Schriftführer. Der Zeugenstand befand sich vorn rechts vom Richtertisch und das Pult für den jeweils vortragenden Anwalt vorn links. Die vier Gruppen der Ankläger und ihre Assistenten hatten jeweils eine separate Gruppe von Tischen entlang der Nordseite, zur Linken des Richtertisches, rechts von der Anklagebank. In der Mitte der Südwand befand sich eine weiße Leinwand für gefilmtes Beweismaterial. Rechts und links der Anklagebank befanden sich die verglasten Kabinen für den ersten Simultandolmetscherdienst der Welt, der in vier Sprachen arbeitete.

Am entgegengesetzten Ende des Gerichtssaales mit den wenigen prunkvollen Kronleuchtern und der barocken Uhr hatte man die Nordwand entfernt und zurückgesetzt, um den Raum zu verlängern und für 150 Reporter Platz zu schaffen. Über deren Köpfen befand sich eine Galerie für 250 Zuschauer. Diese zweistöckige Beobachtersektion war mit Plüsch und kinoartigen Klappsitzen ausgestattet. Unter den heißen Lichtern roch es überall nach frischem Holz sowie nach Firnis und Farbe.

Unter den Reportern befand sich die hervorragende britische Schriftstellerin Rebecca West, deren Namen wegen ihrer bekannten antifaschistischen Gesinnung auf der schwarzen Liste der Gestapo gestanden hatte. Sie zählte zu den Personen, die nach der Invasion in Großbritannien hätten verhaftet werden sollen. In ihrer Einleitung zu Airey Neaves Buch über den Nürnberger Prozeß schrieb sie auf eine für sie untypische verkrampfte Art, daß diejenigen, die für die dem Nürnberger Prozeß zugrundeliegende Denkweise der Alliierten verantwortlich sind, »nicht nur wünschen, daß Deutschland nie wieder tun möge, was es getan hat, sondern daß auch sie nie wieder das zu tun brauchten, was sie zur Selbstverteidigung gegen die Deutschen hatten tun müssen«.

Der Beweis für die düsterste Seite der Kriegführung, die die Alliierten für nötig angesehen hatten – die willkürliche Bombardierung von Städten –, war die trostlose Trümmerlandschaft rund um die juristische Festung. Weder in der allgemeinen Anklageerhebung noch in der Anklage gegen Göring wurden die Bombardierungen Londons, Rotterdams oder Warschaus erwähnt. Bei einem anderen Verlauf des Krieges wären ohne Zweifel Air Chief Marshal Sir Arthur Harris vom Bomberkommando der RAF und General Carl Spaatz von der USAAF, den Luftstreitkräften der USA, Plätze in der ersten Reihe der Anklagebank sicher gewesen.

Der Präsident des Gerichts, Lordrichter Lawrence, eröffnete am Dienstag, dem 20. November 1945, um 10 Uhr den »Jahrhundertprozeß«, das einzige Gerichtsverfahren, das – trotz vieler späterer Anwärter auf diesen Titel – wirklich den Anspruch auf diese Bezeichnung erheben kann: »Dieser Prozeß ist einmalig in der Geschichte der Jurisprudenz der Welt und von höchster Bedeutung für Millionen Menschen auf dem ganzen Erdball.«

Während der verbleibenden Zeit des ersten Tages wurde die Anklageerhebung verlesen, und die Teams der Ankläger trugen ihren Standpunkt zu den Anklagepunkten oder Teilpunkten vor. Die Angeklagten trugen die Kopfhörer des Dolmetscherdienstes, unterhielten sich aber von Zeit zu Zeit miteinander; Heß las ein Buch. Der zweite Tag war mit den Plädoyers aller Angeklagten bezüglich der einzelnen Anklagen ausgefüllt. Alle bekannten sich in allen Anklagepunkten für nicht schuldig, darunter auch Speer. Reden der Angeklagten waren in diesem Stadium nicht zugelassen.

Nur Göring ließ zum Zeitpunkt der Plädoyers durch seine Rechtsanwälte eine schwülstige, wenn auch voreilige Erklärung gegenüber der Presse abgeben, in der es hieß: »Ich akzeptiere die politische Verantwortung für alle meine Handlungen oder auf meinen Befehl ausgeführten Handlungen.« Speer sagte nur lapidar: »Nicht schuldig.«

War die kurze Eröffnungsansprache von Lawrence durch einen würdigen Grundton gekennzeichnet, so wählte sein amerikanischer Kollege und Hauptankläger Jackson einen Ton, der teilweise hochtrabend, teilweise emotional und unnatürlich langsam und emphatisch war. Im weiteren Verlauf des Prozesses mußten ihn die Dolmetscher bitten, langsamer zu sprechen, aber bei dieser Gelegenheit klang es so, als wolle er es ihnen leichtmachen. Die Rede wurde wegen der Leidenschaftlichkeit, der Überzeugungskraft und der Ehrlichkeit bei der Bewältigung der Schwierigkeiten des Prozesses allgemein bewundert:

»Entweder muß der Sieger die Besiegten richten, oder wir müssen die Besiegten sich selber richten lassen… Sind sie auch die ersten nationalen Führer einer besiegten Nation, die angeklagt werden, so sind sie auch die ersten, denen Gelegenheit gegeben wird, sich im Namen des Gesetzes zu verteidigen… Die richterliche Handlung erfolgt immer nach der Tat.«

Jackson war sogar bereit, in den sauren Apfel der alliierten Bombardierungen zu beißen. Er argumentierte, daß sie eine vorhersehbare Antwort auf die ursprüngliche Aggression der Nazis und ein legitimer Weg der Verteidigung gewesen seien. Der Krieg war in der Tat durch den Bruch internationaler Verträge und Konventionen durch die Nazis gesetzwidrig geworden; ihre Greueltaten waren außerdem genau das Gegenteil von zufälligen Fehlhandlungen: Man hatte sie bis ins einzelne geplant.

Die Wirkung der klangvollen Rede, die fast den ganzen Tag dauerte, war niederschmetternd. Jegliche gezwungene Leichtigkeit oder vorgespiegelte Unbekümmertheit der Angeklagten waren vergangen. Die meisten anderen Anwesenden hielten die Erklärung für großartig.

Dann faßten Jacksons nachgeordnete amerikanische Kollegen die Beweise für die erste allumfassende Anklage, den Punkt »Verschwörung zur Führung eines aggressiven Krieges«, zusammen. Schon in diesem frühen Stadium des Prozesses, der danach 246 Gerichtstage in Anspruch nahm, begann sich Langeweile auszubreiten, aber das geschieht bei den bedeutendsten Gerichtsverfahren, so unglaublich das einem Laien erscheinen mag. In der Hitze der Scheinwerfer begannen Köpfe herunterzusinken und schnellten wieder hoch. Sogar die Angeklagten, bei denen es um Leben und Tod ging, erlagen der sich ausbreitenden Langeweile, die nur durch eine neue Sensation – und dann gewöhnlich nur kurz – verscheucht werden konnte.

Eine solche Sensation wurde an einem Nachmittag in der zweiten Prozeßwoche Ende November geboten, als zur allgemeinen Erleichterung langsam die Lichter ausgingen und am nördlichen Ende des Gerichtssaales ein Projektor zu surren begann. Auf der Leinwand am südlichen Ende erschienen flimmernde Bilder dessen, worum es in diesem Prozeß wirklich ging. Im Gerichtssaal verbreitete sich eine tödliche Stille. Aus Sicherheitsgründen waren Scheinwerfer auf die Angeklagten gerichtet, die zuschauten oder in den meisten Fällen den Kopf abwandten. Beobachter und das Gerichtspersonal blickten lieber zu ihnen und nicht zu den entsetzlichen Bildern auf der stummen Leinwand: Bilder von menschlichen Wesen, die zu Streichholzfiguren geworden waren, Bilder von Leichenbergen, von all jenen Folterungsszenen und

Massakern, die auch im weiteren Verlauf eines Jahrhunderts niemals alltäglich wurden, dessen absoluter moralischer Tiefpunkt dies alles war. Kurze Wochenschaubeiträge über die Befreiung mehrerer Lager durch alliierte Truppen waren schon um die Welt gegangen, aber hier handelte es sich um eine umfassende filmische Dokumentation, deren Vorführung insgesamt vier Stunden dauerte. Sie war von den Amerikanern als Teil der Anklage gegen jene vorbereitet worden, die an der Spitze eines Regimes gestanden hatten, das für die schlimmsten Greueltaten der Welt verantwortlich war. Besonders schrecklich waren Szenen von der Ankunft der britischen Armee in Bergen-Belsen.

Ein ergreifender Abschnitt berichtete über das Schnellverfahren des Volksgerichtshofes gegen die Verschwörer des 20. Juli 1944. Er zeigte eine Gruppe gebrochener Menschen, denen man alles abgenommen hatte, die Brillen, die Zahnprothesen und andere Dinge, die ihnen halfen, ihre Würde zu bewahren, Männer, die ihre übergroßen, von der Gestapo böswillig ausgesuchten Hosen krampfhaft festhalten mußten, damit sie nicht herunterrutschten, Männer, denen keine Verteidiger zugebilligt worden waren und die jedesmal, wenn sie zu sprechen versuchten, von Freisler niedergebrüllt wurden, einem Scheusal, das zweifellos in Nürnberg auf der Anklagebank gesessen hätte, wäre es nicht im Februar 1945, mitten in einem jener berüchtigten Hochverratsprozesse, von einer amerikanischen Bombe erschlagen worden.

Der Kontrast zwischen Freislers politischen Prozessen und dem Nürnberger Verfahren konnte dem letzteren nur zur Ehre gereichen, was vermutlich auch der Grund für die Vorführung dieses Filmabschnitts war. Streicher beobachtete das alles unkritisch, sogar mit Interesse; Heß erklärte, er glaube das alles nicht, wurde aber von dem ungewöhnlich stillen Göring zum Schweigen gebracht. Einige Zuschauer schrien auf, andere wurden ohnmächtig. Dennoch kehrte bald wieder Langeweile ein.

Die nächste Sensation war der gespielte Gedächtnisschwund von Rudolf Heß. Er stand im Unterschied zu seinen Mitangeklagten zum erstenmal nach viereinhalb Jahren britischer Gefangenschaft wieder im Rampenlicht. Nach einer Weile gab er zu, daß er simuliert hatte, und erklärte sich bereit, die Verantwortung für das zu übernehmen, was er getan oder unterschrieben hatte. Er schien vom Interesse, das er mit seinem Spielchen erweckt hatte, angenehm berührt zu sein – so sehr, daß er es in seinem weiteren langen, nutzlosen Leben in vielfältiger Weise immer wieder »ausprobierte«. Kurz danach beendete die amerikanische Anklage ihren Vortrag.

Als nächster stand am 4. Dezember der hagere und elegante Sir Hartley Shawcross auf der »Kanzel« der Anwälte. Er war Kronanwalt in der neuen britischen Labourregierung; 1902 in Gießen in Deutschland geboren, hatte er das Dulwich College, eine exklusive Privatschule, besucht, bevor er 1925 seine juristische Ausbildung abschloß. Fünf Stunden lang sprach er im weltmännischen, gedämpften Tonfall des britischen Establishments. Seine geschliffenen Formulierungen waren ein Florett im Vergleich zur Streitaxt Jacksons. Er legte die Argumente hinsichtlich des britischen Anklagepunktes, Verbrechen am Frieden, dar. Sein fachliches Können war überwältigend und die Wirkung seiner präzisen Argumentation darum um so tödlicher. Seine Leistung unterschied sich von der Jacksons auch durch die absolute Beherrschung seines Auftrages – eine Meisterschaft, die der Amerikaner zu seinem späteren Nachteil in keiner Weise erreichen konnte.

Shawcross zerpflückte das Argument der Verteidigung, »Ich habe nur Befehlen gehorcht«, bevor es überhaupt vorgebracht werden konnte, und Kenner der Jurisprudenz, wie Sir Norman Birkett, der stellvertretende britische Richter, hielten seine Ausführungen für die besten, die sie je gehört hatten. Shawcross' Eröffnungs- und Schlußreden in Nürnberg waren die Sternstunden eines Lebens, das fast das ganze Jahrhundert umspannte, doch vorher nie den glanzvollen Höhepunkt des Jahres 1946 ganz erreicht hatte. In dieser einzigartigen Stunde brachte er der ganzen Welt eine ausgefeilte und kultivierte Verdammung des ganzen Nationalsozialismus zu Gehör, die aus einer unwiderstehlichen Logik und gedämpften Leidenschaft erwuchs.

Als aktives Kabinettsmitglied mußte er nach dem ersten Teil seiner Glanzleistung nach London zurückkehren. Als Vertreter

Großbritanniens blieb sein politischer Vorgänger und gegenwärtiger Stellvertreter der Anklage, Sir David Maxwell-Fyfe, ein Meister des Kreuzverhörs, in Nürnberg.

Die Anklage wurde mit den russischen und französischen Darlegungen fortgesetzt. Kurz vor der Weihnachtspause präsentierten die Amerikaner grausige Relikte: Pergament aus Menschenhaut und einen Schrumpfkopf aus dem großen Konzentrationslager in Buchenwald in der Nähe von Weimar, dem historischen Zentrum deutscher Kultur und des mißglückten Versuchs einer ersten deutschen Demokratie.

Ein Schauer der Erregung ging in der ersten Woche des Jahres 1946 durch den Gerichtssaal, als SS-General Otto Ohlendorf, Leiter der Einsatzgruppe D, einer der vier Spezialeinheiten für Massenhinrichtungen in Rußland, in den Zeugenstand trat. Er wurde im späteren Einsatzgruppen-Prozeß verurteilt. Nachdem er den Mord an 90000 Juden auf Befehl Himmlers zugegeben hatte, geriet Ohlendorf unerwartet ins Kreuzverhör eines Verteidigers, der für Dr. Hans Flächsner, den Leiter der Verteidigung Albert Speers, eingesprungen war. Habe der Zeuge, so fragte der Verteidiger, gewußt, daß sein Mandant nicht nur die Ermordung Hitlers geplant habe, sondern auch die Verhaftung Himmlers und dessen Auslieferung an die Alliierten? Der Zeuge wußte es nicht. Aber in der Pause kurz danach beugte sich Göring über die Anklagebank und zischte Speer zu: »Verräter!« Wie könne er es wagen, die »Einheitsfront« der Gefangenen aufzubrechen, brüllte er. Die anderen Angeklagten waren verblüfft und starrten einander überrascht an, während Göring vor Wut kochte und schäumte.

Von da an waren die beiden Männer erbitterte Feinde. Göring erkannte, daß Speer der einzige unter den Angeklagten war, der das Licht der Öffentlichkeit auf sich zu ziehen vermochte, was er eigentlich selbst vorgehabt hatte.

Der wachsende Streit und Kampf um die Führung unter den Angeklagten wurde von Dr. Gilbert genau beobachtet – und manipuliert. Er verbrachte außerhalb des Gerichts mit beiden Männern eine Menge Zeit im Gefängniskomplex, in den Essenspausen, an den Abenden und an Tagen, an denen das Gericht nicht zusammentrat oder hinter verschlossenen Türen arbeitete.[6] Das Zünden der »Verschwörungs«-Granate wurde zunächst ausgesetzt, war aber offensichtlich nur aufgeschoben.

Die Anklage zog sich ansonsten mit nur wenigen erwähnenswerten Zwischenfällen bis Mitte März 1946 hin. Die Nachrichtenmedien vergaßen Nürnberg beinahe, bis Hermann Göring, bösartig und für seine Verhältnisse gut in Form – offenbar profitierte er von der amerikanischen Antidrogenbehandlung des kalten Entzugs –, am 13. März in den Zeugenstand trat und prompt das Verfahren in die Hand nahm. »Ich habe nicht die Absicht, mich hinter dem Führerbefehl zu verstecken«, erklärte er in deklamatorischem Ton, der besser zu einer Nürnberger Kundgebung als zu einem Nürnberger Prozeß gepaßt hätte. Während der vier Tage im Zeugenstand vermochte er das Gericht in seinen Bann zu ziehen. Eindrucksvoll führte er seine lange vernachlässigten Gaben vor, die ihn in der Frühzeit des Nazismus so einflußreich und beliebt und zu Hitlers designiertem Erben gemacht hatten, bevor er so spektakulär herunterkam. Sein bravouröser Auftritt zeigte unbestreitbar, daß er couragiert war. Göring verglich frisch-fröhlich das totalitäre Kommandosystem des Hitlerregimes mit Stalins Sowjetunion und der römisch-katholischen Kirche und zitierte abschließend ganz dreist Churchill, der gesagt haben sollte, in einem Kampf auf Leben und Tod gäbe es keine Gesetzlichkeit. Die Londoner »Times« stellte am 16. März mit distanzierter Bewunderung fest, Göring unterlasse sogar auf der Anklagebank nicht den Versuch, die Alliierten zu entzweien.

Die Qualität seines Auftretens trat auf Grund des erbärmlichen Versagens von Richter Jackson im Kreuzverhör noch stärker hervor, der in einem Meer unverdauten Papierkrams herumsuchte und darin unterging, während sein schlagfertiger Gegner – zweifellos durch die Aussicht, gehenkt zu werden, geistig aufs höchste konzentriert – das Material für seine Verteidigung vollkommen beherrschte. Der britische Präsident gestattete dem deutschen Hauptangeklagten – zur Verzweiflung des Amerikaners –, die Anklagevertretung fertigzumachen. Lawrence wollte den Redefluß nicht stoppen und dem verzweifelten Jackson nicht aus der Grube helfen, die er sich selbst grub. Dieser resignierte fast und beklagte sich bei den US-Richtern über Lawrence.

Noch schlimmer war vielleicht, daß Jackson ein zweites Mal bloßgestellt wurde, als sich Maxwell-Fyfe erhob, um den nun übertrieben selbstsicheren Angeklagten wegen des Massakers an den fünfzig britischen Luftwaffensoldaten im Stalag Luft III, einem Gefangenenlager der Luftwaffe, ins Kreuzverhör zu nehmen. Jetzt war es Göring, der die Beherrschung verlor. Er ließ sich in seiner Aufregung vom scharfsinnigen und brillanten Maxwell-Fyfe soweit bringen, die völlig unhaltbare Position zu verteidigen, daß weder er noch Hitler etwas Unrechtes getan oder von irgendeinem Verbrechen gewußt hätten. Görings eigentliche Natur war so sehr durchgebrochen, daß er sich in absurder Weise übernahm und damit einen wesentlichen Beitrag zu seinem eigenen Todesurteil leistete.

Die allgemeine Langeweile des langen Prozesses wurde durch die Routine verstärkt, in die alle Teilnehmer bald abglitten. Die amerikanischen »Schneeglöckchen«, so genannt wegen ihrer weißen Helme, lehnten lässig an den Wänden des Gerichtssaales. Einige kauten Kaugummi. Die Presse und die Gäste kamen und gingen, wie sie wollten, und einige waren immer schon vor zehn Uhr da, bevor die Anhörung begann. An Tagen, an denen das Gericht offene Sitzungen abhielt, traten die Angeklagten immer zuerst in Gruppen von drei oder vier Personen ein, abhängig von der Kapazität des Fahrstuhls, in dem ein Drahtzaun die Gefangenen von ihren Wachen trennte. Es konnten Göring und zwei weitere Gefangene sein oder auch eine Gruppe von vier Personen.

Bevor sie den Fahrstuhl betraten, inspizierte Colonel Andrus, wie eine besorgte Mutter vor einer Preisverleihung in der Schule, ihre Kleidung. Jeden Morgen händigte man den Angeklagten, nachdem sie durch einen Militärbarbier rasiert worden waren, Gürtel oder Hosenträger, Krawatte und Schnürsenkel aus. All das mußte am Ende des Verhandlungstages wieder zurückgegeben werden – eine Vorsichtsmaßnahme gegen Selbstmordversuche. Nach den Gefangenen erschienen die Anwälte der Anklage und der Verteidigung, zuletzt die Richter. Dabei mußte das Gericht stehenbleiben, bis der Präsident Platz genommen und die Schläge mit dem Hammer ausgeführt hatte, der aber bald gegen einen weniger lärmenden Federhalter ausgetauscht wurde. Das Gericht tagte von zehn bis dreizehn Uhr, mit einer zehnminütigen Pause am Vormittag und einer Stunde Mittag. Die Nachmittagssitzung dauerte von zwei bis fünf Uhr, ebenfalls mit einer zehnminütigen Pause. Speer gewöhnte es sich an, auf einem großen Zeichenblock Landschaften zu zeichnen, um die Zeit auf der Anklagebank zu vertreiben; mit den Ergebnissen dekorierte er seine Zelle.

Als sein Verteidiger die Saat für die sogenannte Attentatsverschwörung säte, wurde Speer von einem schäumenden Göring beinahe tätlich angegriffen. Zu Dr. Gilbert sagte Göring am Ende dieses Verhandlungstages: »Verdammter Idiot! Wie konnte er sich so tief erniedrigen und so eine Gemeinheit begehen, um seinen dreckigen Hals zu retten?«

Gilbert bearbeitete Speer und Schirach schon seit einiger Zeit, um sie dazu zu bringen, aus dem Zeugenstand heraus das Naziregime zu verurteilen. Jetzt übernahm er es, Görings Gewalt über die Gefangenen zu lockern. Er sorgte dafür, daß der große Abenteurer in eine entfernte Zelle verlegt wurde. Die Gefangenen wurden – sogar während des Hofgangs – voneinander getrennt gehalten. Dabei folgte Gilbert in Wirklichkeit dem Rat von Speer, der ihm schon einen Monat zuvor geklagt hatte, wie leicht es für Göring sei, unter so großzügigen Kontaktbedingungen andere zu beeinflussen. Solange Göring frei herumlief, konnte Speer nicht darauf rechnen, für seine Strategie – Eingeständnis gemeinsamer Verantwortung und Leugnung spezifisch persönlicher Verantwortung für die Naziexzesse – Unterstützung zu finden.

Gilbert kam der Aufforderung nach und änderte die Sitzordnung während des Mittagessens im Gericht. Er teilte die 21 Männer in fünf Gruppen zu je vier Personen ein und wies Göring einen gesonderten Raum für sich allein zu. Speer wurde dem scherzhaft so genannten »Jugendzimmer« mit Fritzsche, Funk und von Schirach zugeteilt. Gilbert entschied, wer wo zu sitzen hatte, wobei sein Hauptanliegen darin bestand, Görings »terrorisierenden« Einfluß zu unterbinden und die Gefangenen so zu gruppieren, daß die, die bereit waren, dem Regime, dem sie alle gedient hatten, abzuschwören und es zu verurteilen, auch andere in dieser Richtung beeinflussen konnten. Speer sagte zu Gilbert, daß er das neue Arrangement für die Vorbereitung seiner Verteidigung als viel hilfreicher empfinde und sich von dem Druck befreit fühle, sich Görings Strategie des »Gemeinsamen-gehenkt-Werdens« unterwerfen zu müssen.

Zusätzlich zu den Dokumenten und Filmen, die die Anklagevertretung vorlegte beziehungsweise vorführen ließ – die Russen hatten einen eigenen Dokumentarfilm vorführen lassen, der auch Auschwitz zeigte und dem amerikanischen Monumentalwerk in allen erschütternden Aspekten gleichkam –, wurden, wenn auch nur in wenigen Fällen, Zeugen aufgerufen. Die Verteidigung hatte gegen Zeugnisse durch eidesstattliche Erklärungen erfolgreich Protest eingelegt. Sowohl hochrangige SS-Führer wie Ohlendorf als auch einfache Wachposten aus Konzentrationslagern bestätigten den Genozid an Juden und Slawen bis ins einzelne. Das gleiche taten eine Handvoll Zeugen, die Lager wie Dachau überlebt hatten.

Der Schlinge entkommen (1946)

Die Verteidigung der 21 Angeklagten im Hauptkriegsverbrecherprozeß in Nürnberg begann am Freitag, dem 8. März 1946, nach einer dreitägigen Pause. Die Anwälte hatten um eine dreiwöchige Unterbrechung gebeten, um die Unmenge von Dokumenten durcharbeiten und ihre Vorbereitungen vervollständigen zu können. Ihr Antrag wurde abgelehnt.

Die Verteidiger arbeiteten unter wesentlich schwierigeren Bedingungen, als sie für eine Verteidigung in Strafprozessen gegen mehrere Angeklagte gleichzeitig ohnehin üblich sind. Die Anklage hatte wesentlich bessere Voraussetzungen. Ungeachtet der ständigen Bemühungen Görings, eine gemeinsame Front zustande zu bringen, hatten die verschiedenen Angeklagten unterschiedliche Ziele und Argumente. Die Anwälte der Verteidigung mußten Tag für Tag von morgens bis abends im Gerichtssaal sein, denn es konnte ohne Vorwarnung immer irgend etwas zur Sprache kommen, das die Interessen ihrer Mandanten betraf. Ihnen war aber nicht einmal gestattet, gemeinsam mit ihren Mandanten zu Mittag zu essen. Die einzelnen Ankläger dagegen konnten unbesorgt großen Teilen des Verfahrens fernbleiben.

Die Konsultationen der Gefangenen mit ihren Rechtsanwälten fanden im Raum 55 im Justizkomplex statt, und zwar in Kabinen, die nur durch leichte Wände abgeteilt waren und in denen Maschendraht die Gesprächspartner trennte. Als der Draht im Verlauf des Prozesses durch Glas ersetzt wurde, mußte man schreien. Das führte zu Chaos und Protesten. Das Problem wurde schließlich durch eine bessere Aufteilung und die maximale Nutzung des verfügbaren Raumes gelindert.

Fast jedes Dokument, das die Verteidigung wünschte, mußte die Anklage zur Verfügung stellen. Sie hatte dadurch die Möglichkeit, es zuerst zu studieren. Das gleiche galt für alle Zeugen, deren Anwesenheit erbeten wurde: Sie konnten von der Anklage zuerst befragt werden. Auf dieser Basis konnte die Verteidigung keine Überraschungseffekte erzielen. Alle entsprechenden Anträge mußten in der offenen Verhandlung gestellt werden. Das gab wiederum der Anklage die Möglichkeit, ihre Zulässigkeit in Frage zu stellen.

Die Verteidigung hatte aber auch Vorteile: Während die Anklage oft im Wust der Akten fast erstickte, kannten sich die Verteidiger für gewöhnlich – dank der von ihren Mandanten gegebenen Orientierung – aus und wußten, wo man was suchen mußte – und oft auch, wo man besser nicht suchen sollte. Sie konnten wählen, an welcher schmalen Front sie kämpfen wollten, während die Anklage sich verpflichtet fühlte, alles bis ins einzelne sorgfältig zu prüfen. Diese begriff dennoch in vielen Fällen offensichtlich nicht, wie Nazideutschland funktioniert hatte. Die Verteidigung genoß auch den beachtlichen Vorteil, die deutsche Sprache zu beherrschen, während viele Ankläger wenig oder gar nichts von dieser schwierigen Sprache verstanden. In deren juristischer Fachsprache oder deren Jargon für Krieg und Völkermord kannten sie sich natürlich erst recht nicht aus. Auch die Dokumente, über deren entmutigende Länge jedermann klagte, waren natürlich in deutscher Sprache abgefaßt.

Unter den gegebenen Umständen arbeitete der erste mehrsprachige Dolmetscherdienst der Welt bemerkenswert gut. Aber jeder, der zwei oder mehr Sprachen beherrscht und das System der Europäischen Union oder der Vereinten Nationen durch den Vergleich einer Rede mit ihrer Übersetzung getestet hat, wird bestätigen, daß durch die Übersetzung immer viel verlorengeht.

Viele Verteidiger haben ihren Mandanten mit Tricks, die mißlingen mußten, einen schlechten Dienst erwiesen. Statt Anklagen, die ihre Klienten betrafen, zu widerlegen, begingen sie den Fehler der »tu-quoque-Verteidigung« [tu quoque – ›du auch‹]. Nicht nur Deutschland hatte schließlich geraubt und geplündert und halb Polen besetzt oder dritte Länder angegriffen, sondern auch die Sowjetunion hatte das getan. Nicht nur Deutschland hatte den Hitler-Stalin-Pakt unterzeichnet. Nicht nur Deutschland war in Norwegen einmarschiert, sondern auch Großbritannien. Das Tauziehen, das sich bei diesen Themen ergab, gewannen die Deutschen.

Der Versailler Vertrag dagegen, den die Deutschen allgemein verflucht hatten, was Hitler zugute gekommen war, war zwar ungerecht gewesen, doch wäre er besser unerwähnt geblieben. Denn bei ihm handelte es sich um einen der Verträge, die Deutschland gebrochen hatte, und das war einer der Punkte, über die das Tribunal verhandelte.

Einer der tüchtigsten Verteidiger, Kapitän Otto Kranzbühler (für Dönitz), der auch dadurch auffiel, daß er die Uniform der Kriegsmarine trug, traf ins Schwarze, als er die Prämisse des Tribunals in Frage stellte, Aggressionskriege seien völkerrechtswidrig: Er hatte sogar den Schneid, den amerikanischen Flottenbefehlshaber, Admiral Chester W. Nimitz, dazu zu bewegen, in einer schriftlichen Erklärung zu bestätigen, daß sein Pazifik-Kommando – genauso wie die deutschen U-Boote – konsequent einen uneingeschränkten Unterwasserkrieg geführt hatte.[1]

Die Verteidigung eines jeden Gefangenen wurde von dessen Rechtsanwalt gesondert dargelegt. Dieser gab zunächst eine Eröffnungserklärung ab und wies seinen Mandanten dann in den Zeugenstand. Nach der Befragung durch den eigenen Verteidiger mußte sich der Angeklagte dem Kreuzverhör durch einen oder mehrere Ankläger stellen, die die verschiedenen Anklagepunkte behandelten. Die Verteidigung von Albert Speer begann am Dienstag, dem 19. Juni 1946, nachmittags.

Wie erwähnt, war es Göring gelungen, den Richter Jackson in peinlicher Weise zu demütigen. Als Speer zum Kreuzverhör durch Jackson an die Reihe kam, war der Unterschied so auffällig, daß einige Kommentatoren des Prozesses später unterstellten, zwischen ihm und Speer habe es eine persönliche Abmachung gegeben, um Speers Hals zu retten. Will man den Grund für diese Spekulation verstehen, muß man sich noch einmal mit den Verhören Speers in den Voruntersuchungen beschäftigen, bevor man sich seiner Verteidigung zuwendet.

Speer wurde Anfang November 1945 mehrere Male im Auftrag von Jacksons Büro durch Major John J. Monigan jr. von der US Army verhört. Wie die meisten anderen Angeklagten hatte auch Speer keinen Anwalt dabei, obwohl bis zum Beginn des Prozesses nur noch wenige Tage blieben. Dr. Hans Flächsner war auf dem Wege. Die Voruntersuchungen, die viele der von der Anklage verwendeten Informationen erbrachten, gingen unabhängig davon weiter, ob die Angeklagten schon juristischen Beistand hatten oder nicht. Dieser Aspekt des Prozesses erscheint ebenso fragwürdig wie die weiter oben beschriebene psychologische Manipulation der Gefangenen während des Prozesses, mit der die Absicht verfolgt wurde, sie dazu zu bringen, ihre Haltung sowohl zum Hitlerregime als auch zu der Anklage zu ändern.

Speer hatte Neave gesagt, daß während der Verhöre im »Dustbin« sensible Themen erwähnt wurden, über die er diskutieren müsse, bevor sie in der offenen Gerichtsverhandlung zur Sprache kämen. Dieser Wunsch war an Monigan weitergeleitet worden, an den Mann, der damit beauftragt war, Speer noch unmittelbar vor Beginn des Prozesses zu vernehmen. Der Major bat um eine Erklärung. Speer hatte seinerzeit befürchtet, daß man ihn sowjetischen Vernehmern überlassen werde. Daher hatte er im »Dustbin« darauf hingewiesen – und betonte das jetzt erneut –, er verfüge über Informationen die Wirkung der Bombardierungen betreffend (besonders deren Fehlschläge), die für die Amerikaner und Briten von Bedeutung seien und die die Russen vielleicht lieber nicht wissen sollten.

Speer spielte die antisowjetische Karte, um sich selbst zu schützen. Das machte er vielleicht ein bißchen raffinierter, aber dennoch auf die gleiche Weise, wie es auch andere führende Nazis, einschließlich Hitler, Goebbels, Himmler und Göring getan hatten, als sie – besonders in den letzten Monaten des Krieges – die bekannten Spannungen zwischen der Sowjetunion und den Angelsachsen auszunutzen suchten, die ja dann nach dem Fall Deutschlands auch gleich zum Kalten Krieg führten. Die Beziehungen zwischen den russischen Richtern und Anklägern auf der einen und den westlichen Richter- und Anklägerteams auf der anderen Seite waren, den Umständen entsprechend, trotz der Zusammenstöße hinter den Kulissen über die Verfahrensweise bemerkenswert gut. Dennoch konnte sich das Gericht dem abkühlenden politischen Klima nicht vollkommen entziehen.

Monigan bat Speer, die Punkte, die er darlegen wollte, in Form einer Erklärung aufzuschreiben, die dann an Jackson, einen altmodischen amerikanischen Konservativen ohne Sympathien für den Kommunismus, weitergeleitet werden sollten. Speer schrieb diese Erklärung am 15. November und reichte sie am nächsten Tag ein. Sie begann mit den Worten: »Ich bin der Meinung, daß einzelne Kenntnisse, die ich über Verteidigungstechnik besitze, nicht ›Dritten‹ bekannt werden sollten.«. Er erinnerte daran, daß er und seine Kollegen vom 1. Juni bis Ende Oktober 1945 von amerikanisch-britischen FIAT-Offizieren [für Field Intelligence Agency, Technical] vernommen wurden. Dabei hatte er ungewollt die Hauptinteressengebiete der westlichen Alliierten hinsichtlich der deutschen Rüstungstechnik mitbekommen. »Ich habe bei dieser Gelegenheit nicht nur jede denkbare Auskunft gegeben, sondern darüber hinaus auch stillschweigend die Bedenken meiner ehemaligen Kollegen ignoriert, so offen zu informieren.«

Speer schrieb, daß er dem US Strategic Bombing Survey sogar schon davor, im Mai 1945, detaillierte Informationen über die Wirkungen der alliierten Luftoffensive auf die von ihm geleitete deutsche Kriegsproduktion gegeben habe. Auf diese Weise seien Fehler aufgedeckt worden, deren Beseitigung geeignet war, die amerikanischen Luftangriffe auf Japan wirksamer durchzuführen. Er habe all dies Wissen rückhaltlos und genau übermittelt. Er habe das aus Überzeugung getan und nicht um späterer Vorteile willen, behauptete Speer. »Ich käme mir aber erbärmlich vor, wenn ich von dritten Stellen [d. h. den Russen] gezwungen würde, [ihnen] dieses Wissen zu enthüllen.«

Um die Behauptung seiner einzigartigen Hilfsbereitschaft in Sachen strategischer Bombardierungen zu bekräftigen, nannte er die Namen mehrerer seiner Vernehmer in Glücksburg, im »Ashcan« und im »Dustbin«.[2]

Der revisionistische deutsche Historiker Werner Maser schrieb 1977 in seinem Buch »Nürnberg – Tribunal der Sieger«, Speer habe im geheimen mit Jackson korrespondiert und eine Abmachung getroffen.[3] Speer griff sofort, wie er das nach seiner Entlassung aus dem Gefängnis so oft tat, zur Feder und grub in seinem umfangreichen persönlichen Archiv nach, um Masers Unterstellung in einer deutschen Zeitung zu widerlegen.[4] Seine Darstellung wird durch die amerikanischen Protokolle von Speers Beziehungen mit Monigan, die oben angeführt wurden, vollauf bestätigt. Tatsächlich hatte Speer sich schon am 17. Mai 1945, in seiner dritten Vernehmung durch den USSBS, in ganz ähnlicher Weise geäußert, als er vor Beginn der Befragung folgende Erklärung abgab:

»Ich glaube, es ist für Sie wichtig zu wissen, daß ich alle Informationen, die ich hier vortragen werde, ohne Vorbehalt und in einer Weise gebe, daß sie für Sie von Nutzen sein können. Um jedoch zu verhindern, daß irgendwelche falschen Interpretationen meines Verhaltens aufkommen, möchte ich klarmachen, daß ich keine Verdienste zusammenzutragen brauche. Die politische Seite wird von anderen Stellen untersucht werden. Ich gebe diese Information in dieser Klarheit, weil ich es für notwendig halte, in der gegenwärtigen [politischen] Situation so zu handeln.«[5]

An dieser Stelle werden wir an die im vorigen Kapitel zitierte Bemerkung Professor Galbraiths erinnert, die dieser schon vor dem Nürnberger Prozeß machte: Speer habe von Beginn an eine »gut ausgedachte Rechtfertigungs- und Überlebensstrategie« gehabt. Dazu gehörte es, die antisowjetische Karte auszuspielen, um sich erst bei den Westmächten lieb Kind zu machen und später in Nürnberg sowohl die Anklage als auch das Gericht zu spalten, und zwar entlang dem wichtigsten Riß, der in der hastig geschaffenen Justizmaschinerie der vier Großmächte sichtbar zu werden begann und von ihm leichter erkannt wurde als von den anderen Angeklagten.

Speer hatte Galbraiths Kollegen vom USSBS, George Ball, halb im Scherz gebeten, ihn zu verteidigen – eine Ehre, die der künftige Berater von US-Präsidenten ablehnte. Schließlich erhielt ein deutscher Verteidiger, Dr. Hans Flächsner, 1900 in Berlin geboren und damit fünf Jahre älter als sein Mandant, den Auftrag. Dieser war schon im August 1945 durch einen amerikanischen Offizier, der für das Nürnberger Internationale Militärtribunal arbeitete, angesprochen worden, weil er nie Mitglied der NSDAP gewesen war. Er hatte im Gegenteil eine Reputation als Liberaler, obwohl er nach dem »Bürgerbräuputsch« von 1923 als sehr junger Mann von Göring aus heiterem Himmel als Verteidiger in Zivilklagen angeheuert worden war. Dabei war es um die Nichtbezahlung von Arztrechnungen gegangen. In den düsteren unmittelbaren Nachkriegstagen in Berlin war Flächsner ganz unten. Er versuchte, sich wieder mit einer Einzelkanzlei niederzulassen. Bis September hörte er nichts mehr. Als er dann aber ein zweites Mal gefragt wurde, war er ohne Zögern damit einverstanden, daß sein Name als Kandidat für das Verteidigungsteam in Nürnberg eingereicht wurde. Er hatte keine Ahnung, wem er zugewiesen werden würde.

Früh am Morgen des 1. November wurde Flächsner von einer amerikanischen Eskorte zum Flugplatz Tempelhof in der amerikanischen Zone von Berlin gebracht. Der kurze Flug ging nach Fürth, westlich von Nürnberg, wo sich ein ehemaliger Stützpunkt der Luftwaffe befand. Von dort wurde der ausgehungerte Rechtsanwalt ins Grand Hotel gefahren und bekam ein Frühstück, von dem in jenen Tagen die meisten Deutschen nur träumen konnten. Amerikanische Rationen waren eine der Hauptbelohnungen für jene Deutschen, die für das Internationale Militärtribunal arbeiteten, sei es als Reinigungskräfte, Sekretärinnen, Dolmetscher, Hilfsarbeiter oder Rechtsanwälte.

Als Flächsner nach dem Frühstück im Gerichtsgebäude ankam, schlug man ihm drei Mandanten zur Auswahl vor: den brutalen Kaltenbrunner von der Gestapo, den verwirrten Heß, den einstigen Stellvertreter Hitlers in der Partei, und Speer. Er entschied sich sofort für Speer. Dieser nahm seine Dienste gern an. Er fand den kleinen, dünnen Rechtsanwalt mit den starken Brillengläsern in jeder Weise sympathisch. Speer charakterisierte ihn mit den Adjektiven: freundlich, bescheiden, vernünftig, untheatralisch, umsichtig und taktvoll. Trotz der Meinungsverschiedenheiten über die Verteidigungsstrategie, die während des Prozesses immer wieder eine Rolle spielten[6], wurden sie Freunde fürs Leben.

Sir Norman Birkett, der stellvertretende britische Richter, einer der begabtesten englischen Richter des Jahrhunderts, hatte von Flächsner eine besonders schlechte Meinung. Er hielt ihn wegen seiner schusseligen Langsamkeit für den schlechtesten eines ohnehin schlechten Haufens deutscher Rechtsanwälte. Aber der Richter, der aus einer ganz anderen Rechtstradition kam und Käuze nicht tolerierte, maß Fragen der Präsentation zu viel Bedeutung bei und unterschätzte daher sein pingeliges Schreckgespenst mit den sanften Manieren.[7]

Daß eine sorgfältige Vorbereitung nötig war, zeigte die Aggressivität, mit der der amerikanische stellvertretende Hauptankläger Thomas Dodd besonders am 11. Dezember 1945 die Anklage gegen Speer vortrug. Annemarie Kempf, die ihrem ehemaligen Chef immer noch treu ergeben und eine Frau von beträchtlicher Tatkraft war, schaffte es, Anfang Dezember von Kransberg nach Nürnberg zu kommen. Sie bot der Verteidigung ihre Dienste an. Ihr Hauptbeitrag in diesem Stadium bestand darin, mehrere Male zwischen dem »Dustbin« und Nürnberg zu pendeln und die von Flächsner zur Unterstützung der Verteidigung erbetenen Dokumente aus Speers unschätzbarer Sammlung herbeizuschaffen.[8]

Rechtsanwalt Dr. Flächsner begann mit dem Hinweis an das Gericht, daß er keine Zeugen aufrufen, sondern sich auf die Untersuchungsprotokolle stützen werde, doch habe er noch nicht alle von ihm angeforderten Unterlagen erhalten. Dann rief er Speer in den Zeugenstand. Der hob die rechte Hand und schwor, die Wahrheit zu sagen, die ganze Wahrheit und nichts als die Wahrheit. Speer umriß kurz sein Leben und seine Laufbahn bis Februar 1942, als Hitler ihn zum Minister ernannte. Er schilderte seine Arbeit als Architekt Hitlers und sagte: »Durch die Vorliebe Hitlers für seine Bauten hatte ich einen engen persönlichen Kontakt mit ihm. Ich gehörte einem Kreis an, der sich aus anderen Künstlern und aus seinem persönlichen Mitarbeiterstab zusammensetzte. Wenn Hitler überhaupt Freunde gehabt hätte, wäre ich bestimmt einer seiner engen Freunde gewesen.«

Flächsner mag gelegentlich ein Schwätzer gewesen sein, aber mit seiner dritten Frage schaffte er schnell den Anklagepunkt I, die Verschwörung, aus dem Wege: »Haben Sie sich jemals an der Planung und Vorbereitung eines Angriffskrieges beteiligt?«

»Nein, da ich bis zum Jahre 1942 als Architekt tätig war, kann davon nicht gesprochen werden. Meine Bauten waren sämtlich repräsentative Friedensbauten. Ich habe als Architekt Material, Arbeitskräfte und Geldmittel in beträchtlichem Umfange für diesen Zweck verbraucht. Dieses Material ging letzten Endes der Aufrüstung verloren ... Die Durchführung dieser großen Baupläne Hitlers war tatsächlich und in der Hauptsache auch psychologisch eine Behinderung der Aufrüstung.«

Wie war Speer Minister geworden? Es war ganz einfach:

»Hitler sah die Haupttätigkeit von Dr. Todt bis dahin im Bauen und bestimmte deswegen mich zum Nachfolger Todts ... Sofort bei Beginn meiner Tätigkeit stellte sich heraus, daß nicht der Bau, sondern die Heeresrüstung der wichtigste Teil meiner Aufgabe ist, denn die schweren Materialverluste in den Winterschlachten in Rußland im Jahre 1941/42 hatten schwerste Verluste gebracht.«

Todt sei für die Heeresrüstung verantwortlich gewesen, aber bis dahin habe die Luftwaffe Vorrang gehabt. So sei sein Ministerium nicht darauf eingestellt gewesen, die Produktion für das Heer zu erweitern. Diese Verlagerung des Schwergewichts wurde von Speer durchgeführt. Er habe sich in ein neues Gebiet einarbeiten und eine Organisation aufbauen müssen, um diese neue Aufgabe zu erfüllen. Und er mußte den Abwärtstrend auf dem Gebiet der Heeresrüstung ganz entschieden umkehren. »Wie heute allgemein bekannt ist, gelang mir das«, sagte Speer ohne Bescheidenheit.

Nachdem er nachgewiesen hatte, daß Hitler zu ihm, Speer, gesagt hatte, sein Ministeramt werde mit dem Krieg zu Ende gehen, verlor Flächsner keine Zeit und stellte, dank Annemarie Kempfs Fischzug in Kransberg, Speers Memorandum an Hitler vom 20. September 1944 vor, das in geeigneter Weise mit den Worten begann: »Die Aufgabe, die ich zu erfüllen habe, ist eine unpolitische.« Er habe mit Parteipolitik oder Bürokratie nichts zu tun haben wollen, habe sich als Nichtexperte mit 6000 Experten aus der Industrie umgeben, die ohne Bezahlung arbeiteten, genau wie ihre amerikanischen Gegenspieler im Kriege.

Er berichtete, daß ihm 2 600 000 Arbeiter für Bauvorhaben und die Heeresrüstung zur Verfügung standen. Die Gesamtzahl stieg im Frühjahr 1943 auf 3,2 Millionen, die Verantwortung für die Marinerüstung eingeschlossen. Die Zahl erhöhte sich im September, als er vom Wirtschaftsministerium einen großen Teil allgemeiner Produktion übernahm, auf zwölf Millionen und schließlich (innerhalb des Reiches) nach der Übernahme der Luftrüstung im August 1944 auf 14 Millionen.

Speer bestritt seine Verantwortung für die Arbeitsbedingungen von ausländischen Arbeitern, von Kriegsgefangenen und Arbeitern aus den Konzentrationslagern. Die Gauleiter seien als Verteidigungskommissare für die Koordinierung der Arbeit aller Staatsorgane, die mit dem Wohl der Arbeitskräfte befaßt waren (und zu denen das Ministerium nie gehörte), verantwortlich gewesen. Die SS machte, was sie wollte. Der Generalbevollmächtigte für den Arbeitseinsatz, Sauckel, war nur für die Beschaffung der Arbeiter und in begrenztem Maße für ihre Arbeitsbedingungen verantwortlich gewesen. Er hatte sich – mit Speers Unterstützung – um deren Verbesserung bemüht.

Nun holte Flächsner Hitlers Befehl vom März 1942 über die Verbesserung der Ernährung und der Lebensbedingungen der russischen Arbeiter und noch einen ähnlichen vom Mai 1943 hervor. Die Rationen für Schwerarbeit seien erhöht und die Arbeiter aus den Konzentrationslagern in den Kreis derer einbezogen worden, die Sonderrationen für gute Arbeit bekamen. Die Arbeitsbedingungen in den unterirdischen Fabriken seien etwa die gleichen gewesen wie in einer Nachtschicht in einem normalen Betrieb. Die Produktion der neuesten hochentwickelten Waffen habe gute Bedingungen erfordert. Nur ein Zehntel der geplanten drei Millionen Quadratmeter solcher Fabriken sei fertig gewesen und in Dienst gestellt worden. Bei seinem Besuch im Konzentrationslager Mauthausen in Österreich 1943 habe er nichts Kritikwürdiges gesehen. Schlechte Arbeitsbedingungen hätten sich nicht mit der Produktion hoher Qualität und großer Quantität, die Speer zu erreichen versuchte, vereinbaren lassen. Die Sorge um die Arbeiter lag im wohlverstandenen Eigeninteresse. Am Ende seines ersten

Auftritts im Zeugenstand verneinte Speer, Menschen zur Arbeit gezwungen zu haben. Es sei nicht möglich gewesen, 14 Millionen Menschen durch Terror zu einer angemessenen Produktion zu zwingen.

Als Flächsner die Zeugenvernehmung am nächsten Morgen, dem 20. Dezember, fortsetzte, ging er von der Frage der Verwendung zur Frage der Beschaffung von Arbeitskräften über, dem zweiten Teil der Hauptanklage gegen Speer. Speer gab zu, daß er von Sauckel neue Arbeitskräfte verlangt hatte, daß ihm bekannt war, daß sich Ausländer darunter befanden und daß viele von ihnen gegen ihren Willen in Deutschland arbeiteten. Er habe sich hinsichtlich eines großen Teils seiner Arbeitskräfte auf Sauckel verlassen und sei ihm für deren Beschaffung dankbar gewesen.

Es folgte ein langer und ermüdender Marsch durch die Institutionen und die Statistik der großdeutschen Kriegswirtschaft und derer, die dafür gearbeitet hatten. Präsident Lawrence sah sich veranlaßt, Flächsner zu fragen, was er mit diesen Abschweifungen von den Punkten der Anklage gegen Speer zu beweisen versuche. Aber der Anwalt gelangte schließlich zu den Sperrbetrieben im besetzten Westeuropa, wo für Deutschland tätige Arbeiter durch Speer vor der Deportation geschützt worden waren. Birkett war zweifellos von Herzen einverstanden, als sein Landsmann vor der Vormittagspause Flächsner noch einmal aufforderte, beim Thema zu bleiben.

Dieser kam aber zehn Minuten später auf die Anklage zurück und forderte Speer auf, seine Abmachung mit dem Wirtschaftsminister der Vichy-Regierung, Bichelonne, zu erläutern. Die übrige Zeit verwandte er darauf, immer wieder auf diese und damit verbundene Fragen nach der Herkunft der Arbeitskräfte für Speer, sei es aus Konzentrationslagern, Kriegsgefangenenlagern, aus Rußland oder anderswoher, zurückzukommen. Speer nutzte die Gelegenheit und beschrieb, wie er die Exekution von zehn Geiseln als Vergeltungsmaßnahme wegen der Sabotage in einem französischen Stahlwerk unterbunden hatte.

Eine weitere Gelegenheit, das Positive seines Handelns hervorzuheben, kam, als Flächsner die fehlgeschlagene Verschwörung vom 20. Juli 1944 gegen Hitler zur Sprache brachte und darauf hinwies, daß Speer der einzige Minister gewesen sei, der, ohne es zu wissen, in die Pläne der Verschwörer einbezogen war. Speer bekräftigte nicht nur, daß er keinen Anteil daran hatte, sondern auch, daß er sich gegen den Attentatsversuch gewandt hätte, wenn man ihn gefragt hätte.

Das nächste Thema, die kollektive Verantwortung, gab Speer Gelegenheit – wie geplant und gegen den Rat seines Anwalts – »zu bekennen«. Flächsner fragte, ob er seine Verantwortung auf seinen Ministerbereich begrenze, und Speer antwortete: »Nein. Ich habe hierzu etwas Grundsätzliches zu sagen. Dieser Krieg hat eine unvorstellbare Katastrophe über das deutsche Volk gebracht und eine Weltkatastrophe ausgelöst. Es ist daher meine selbstverständliche Pflicht, für dieses Unglück nun auch vor dem deutschen Volk mit einzustehen. Ich habe diese Pflicht um so mehr, als sich der Regierungschef der Verantwortung vor dem deutschen Volk und der Welt entzogen hat. Ich als ein wichtiges Mitglied der Führung des Reiches trage daher mit an der Gesamtverantwortung ab 1942. Meine Argumente hierzu werde ich in meinem Schlußwort vorbringen ... Soweit Hitler mir Befehle gab und ich diese durchführte, trage ich hierfür die Verantwortung; allerdings habe ich nicht alle Befehle durchgeführt.«

Prompt wandte Flächsner sich Hitlers Politik der verbrannten Erde zu und Speers Versuchen, diese zu unterlaufen. Es würde nur eine Stunde dauern, versicherte er den Richtern. In Wirklichkeit dauerte es, von der Nachmittagspause unterbrochen, zwei Stunden, bis der Anwalt dem Präsidenten sagen konnte: »Meine Zeugenvernehmung des Angeklagten Speer ist abgeschlossen.«

Der Angeklagte, so Flächsner, erklärte, er habe bis zum Januar 1945 alle seine Anstrengungen darauf gerichtet, Deutschland hochgerüstet zu halten, obgleich er schon lange erkannt hätte, daß der Krieg verloren war. Es konnte keine Rede davon sein aufzugeben, während die Produktion fast das ganze Jahr 1944 hindurch stieg und er genug produzierte, um zwei Millionen Mann zu bewaffnen. Dieser Produktionsausstoß hätte ohne die Luftangriffe dreißig Prozent höher sein können: Am schlimmsten seien die neuesten, potentiell entscheidenden Waffen gewesen – Düsenflugzeuge, U-Boote, Raketen. Speer habe Hitler wiederholt wegen der Auswirkung der Bombardierungen auf Schlüsselindustrien, wie die chemische und die Treibstoffindustrie, gewarnt. Hitler habe mit seinen Andeutungen über Verhandlungen mit dem Feind und mit seiner Prahlerei über Wunderwaffen alle getäuscht. In der Zwischenzeit habe er Befehle erlassen, die französische, belgische und holländische und ebenso die deutsche Industrie zu zerstören und nicht in die Hand der Feinde fallen zu lassen.

Speer habe jedoch im Juli 1944 militärische Befehlshaber davon überzeugt, diese Befehle nicht auszuführen. Hitler habe das erst bemerkt, als die Presse im befreiten Frankreich darüber berichtete, wie schnell die Industrie in der Lage sei, die Arbeit nach dem Rückzug der Deutschen wieder aufzunehmen. Speer habe das als Feindpropaganda zurückweisen können. Speer habe sich auch bemüht, die Industrie in Polen, der Tschechoslowakei und in Österreich zu erhalten. Er habe Hitlers ständige Prahlerei, daß überranntes Territorium wieder zurückerobert werde, als Argument dafür benutzt, die Industrie nicht zu zerstören, sondern nur »lahmzulegen«, damit sie sofort nach der Rückeroberung wieder zur Verfügung stände.

Kurz vor der Pause am Nachmittag kam Flächsner zu dem Punkt, auf den schon viele gewartet hatten: Speers Attentatsplan. Er zitierte Dietrich Stahls Aussage, wonach Speer den leitenden Mitarbeiter aus der Industrie im Februar 1945 gebeten habe, ihm etwas Giftgas zu besorgen, um Hitler, Bormann und Goebbels zu beseitigen. »Warum?« fragte Flächsner Speer.

»Es blieb meiner Meinung nach kein anderer Ausweg. In meiner Verzweiflung wollte ich diesen Schritt gehen, denn ich war mir ab Anfang Februar klar geworden, daß Hitler mit allen Mitteln, ohne Rücksicht auf das eigene Volk, den Krieg fortsetzen wollte. Es war mir klar, daß er bei einem Verlust des Krieges sein Schicksal mit dem des deutschen Volkes verwechselte und daß er in seinem Ende auch das Ende des deutschen Volkes sah. Es war außerdem klar, daß der Krieg so vollständig verloren war, daß auch die bedingungslose Kapitulation angenommen werden mußte.«

An dieser Stelle wurde Speer zurückhaltend. Auf die Frage, warum aus seinem Plan nichts wurde, antwortete er, er wolle nicht ins Detail gehen, aber er »hatte verschiedene technische Schwierigkeiten«. Präsident Lawrence bemerkte spitz: »Das Gericht würde gerne Einzelheiten hören, aber nach der Pause.« Nach der Wiederaufnahme der Sitzung erklärte Speer, daß er, als Architekt des Bunkers, dessen Anlage genau kannte, einschließlich des Lüftungssystems. Dann beschrieb er die Schwierigkeiten: Das Gas mußte, um sich entfalten zu können, explodieren. Aber über dem Lufteinlaß war inzwischen ein vier Meter hoher Schornstein errichtet worden. Flächsner wechselte das Thema, so schnell er konnte, was sicher klug war, obwohl es seiner Neigung zur erschöpfenden Behandlung von Fragen widersprach.

Er kehrte zu einem glaubwürdigeren Aspekt der Bemühungen Speers zurück: Gegen Kriegsende hatte dieser dafür gesorgt, daß auf Kosten der Rüstungsproduktion die Fähigkeit des deutschen Volkes, sich selbst zu ernähren, erhalten blieb. Dies wurde durch den Inhalt seiner Erlasse bewiesen. Er hatte Transportmittel für die Beförderung von Saatgut zur Sicherung der Ernte im Jahre 1945 bereitgestellt, obwohl die Transportkapazität fast um achtzig Prozent zurückgegangen war. Er gab zu, daß die Durchführung solcher Maßnahmen in den letzten Kriegswochen insofern nicht allzu gefährlich war, als man Befehle durchaus straflos ignorieren konnte. Seine letzte obstruktive Leistung bestand darin, sich – mit beträchtlichem Erfolg – Befehlen zur Zerstörung aller Brücken, besonders in und um Berlin, zu widersetzen, als die Armee sich von den östlichen und westlichen Fronten zurückzog. Speer zitierte ausführlich aus seinen Memoranden an Hitler und aus Hitlers eigenen Befehlen vom März 1945, einschließlich seiner ultimativen Forderung an Speer, seine Bemerkung, »der Krieg ist verloren«, zurückzunehmen.

Von diesem nützlichen Material ausgehend, stellte Flächsner noch einmal Fragen nach Speers »Plan«, mit Hilfe von acht hochrangigen, hochdekorierten Frontoffizieren, darunter Galland und Baumbach von der Luftwaffe, Himmler und andere zu verhaften. Speer schilderte seine Pläne, sich über den Rundfunk an das durch

Hitler und Goebbels getäuschte Volk mit dem Appell zu wenden, so viel wie möglich zu erhalten und nichts zu zerstören.

Flächsner fragte schließlich noch, wie es dazu kam, daß er trotz all seiner Widersetzlichkeit nicht zurückgetreten sei. »Ab Juli 1944 hielt ich es für meine Pflicht, auf meinem Posten zu bleiben.« Seinen Eid auf Hitler, beteuerte Speer, habe er gebrochen, als sich am Ende erwies, daß dieser das deutsche Volk verraten hatte.

Bevor er ins Kreuzverhör der Anklage geriet, verhörten Speer die Anwälte zweier anderer Angeklagter, erstens Dr. Servatius, der Fritz Sauckel vertrat, jenen Mann, der Millionen Menschen aus dem besetzten Europa dazu gezwungen hatte, der deutschen Kriegsmaschine zu dienen. Servatius wies darauf hin, daß Speers Beauftragte manchmal dabei waren, wenn Sauckel zur Beschaffung von Arbeitskräften Frankreich bereiste, und daß Speers Organisation Todt manchmal Zehntausende von Franzosen für Notstandsarbeiten nach Deutschland schaffen ließ, ohne Sauckel zu fragen.

Speer erwiderte, Sauckel habe zu einem bestimmten Zeitpunkt des Jahres 1943 mehr ausländische Arbeiter nach Deutschland gebracht, als die Rüstungsindustrie damals gebrauchen konnte, während große Reserven an deutschen Arbeitskräften, wie zum Beispiel Frauen, ungenutzt blieben. Daß solche Reserven existierten, zeigte sich, als es ihm 1944 gelang, zwei Millionen zusätzliche Arbeitskräfte innerhalb Deutschlands zu finden. Speer erklärte, er habe vergeblich zu erreichen versucht, daß Sauckel ihm statt Hitler unterstellt werde. Der Generalbevollmächtigte für den Arbeitseinsatz habe sich immer direkt von Hitler die Genehmigung verschafft, in den besetzten Gebieten Arbeitskräfte zusammenzutreiben.

Als das Gericht am Vormittag des 21. Juni wieder zusammentrat, war Professor Herbert Kraus an der Reihe, der stellvertretende Anwalt von Hjalmar Schacht, dem ehemaligen Reichsbankpräsidenten. Er forderte Speer auf, sich kurz über die Meinungsverschiedenheiten zu äußern, die zwischen seinem Mandanten und Hitler in Fragen der Finanz- und Wirtschaftspolitik bestanden, und zwar sowohl im Jahr 1937 als auch 1944, wo Hitler die

Bemerkung fallenließ, Schacht hätte vor dem Krieg erschossen werden müssen.

Einige Minuten nach Beginn der Vormittagssitzung begann Richter Jackson sein langatmiges Kreuzverhör. Er wollte zunächst klären, wofür genau Speer verantwortlich gewesen war. Der amerikanische Richter konnte kein Deutsch, hatte wenig Einblick in die Funktionsmechanismen des Nazistaates und quälte sich bald mit den Parteititeln ab. Das flüssige Frage-und-Antwort-Protokoll des Prozesses läßt nicht erkennen, wie gestelzt es klang, wenn Fragen in einer anderen Sprache auf deutsch beantwortet wurden, besonders wenn der Fragende nicht Bescheid wußte. Die Simultandolmetscher konnten trotz größter Anstrengungen unnatürliche Pausen zwischen Frage und Antwort nicht vermeiden, besonders wenn sie aus dem Deutschen übersetzten. Speer war auch nicht verlegen, von Zeit zu Zeit um eine nochmalige, lautere Übersetzung zu bitten – ein nützlicher Trick, um Zeit zu gewinnen.

Jackson gab ziemlich am Anfang ein peinliches Beispiel seines schludrigen Vorgehens: Er habe gehört, daß Speer leugne, seit seinen Anfangsjahren in der Partei auch Mitglied der SS gewesen zu sein. Er fragte: »Sie haben einmal ein Beitrittsformular ausgefüllt, oder es wurde eins für Sie ausgefüllt, aber es wurde, glaube ich, nicht angenommen oder so?« Speer erklärte, daß er den hohen Ehrenrang, den Himmler ihm mehrere Male anbot, abgelehnt habe. Er fuhr mit dem Eingeständnis fort, daß er Arbeitskräfte aus Konzentrationslagern in der Rüstungsindustrie verwendet und auch gedroht habe, Drückeberger und Simulanten in solche Lager zu schicken. Diese Drohung habe dazu gedient, Arbeiter bei der Stange zu halten. Aber von den Greueltaten, die dort begangen wurden, habe er keine Ahnung gehabt; er habe davon erst in Nürnberg erfahren.

Jackson brachte Speer immehin dazu, zuzugeben, daß er vom Antisemitismus der Nazis und von der Tatsache gewußt habe, daß »die Juden aus Deutschland deportiert wurden«. Doch Speer leugnete kategorisch eine Beteiligung an den Deportationen.

Für die Angeklagten hatten die Voruntersuchungen einen Vorteil: Sie kannten auf Grund der gegen sie verwendeten Dokumente die wahrscheinliche Stoßrichtung des Prozesses gegen ihre Person – wenngleich die Anklage natürlich zu jeglicher Überraschung in der Lage war. Als Speer so entschieden und entgegen der Wahrheit sein Wissen um die Judenverfolgungen abstritt, muß er davon überzeugt gewesen sein, daß Wolters' Chronik nicht gefunden worden war. Jackson bemühte sich, ihn dieser Sache zu überführen, denn er zitierte sofort ein Schreiben aus dem Jahre 1943, in dem es hieß, daß Himmler in Frankreich normal arbeitende Juden aufgreifen und in Arbeitslager bringen ließ, und zwar in Übereinstimmung mit Sauckel und Speer. Speer wehrte diesen Vorstoß mit Leichtigkeit ab, indem er aus dem Gedächtnis mit beeindruckender Genauigkeit verschiedene Dokumente, Erlasse und Beschlüsse über die Arbeit von Juden zitierte und betonte, daß er sich in Wirklichkeit der Ausgliederung von Juden, insbesondere von Fachleuten, aus der Industrie widersetzt habe, weil ihr Verlust ein Schlag gegen seine Produktionsanstrengungen war.

Er machte aber keinen Versuch, zu leugnen, daß er der völkerrechtswidrigen Zwangsrekrutierung von Arbeitskräften in den besetzten Ländern zur Arbeit in Deutschland und in der Rüstungsindustrie offen zugestimmt habe. Er habe Sauckel mitgeteilt, wo am dringendsten Arbeitskräfte gebraucht würden, habe es aber diesem überlassen, sie zu beschaffen. Nur russische Kriegsgefangene – die nicht durch die Genfer Konvention geschützt waren – und italienische Militärangehörige, die nach der Kapitulation Italiens im September 1943 interniert worden waren, hätten in der Rüstung arbeiten müssen. Goebbels und Ley, der Führer der Deutschen Arbeitsfront, hatten im Sommer 1944 vorgeschlagen, als Teil der Politik des totalen Krieges gegen die Genfer Konvention zu verstoßen.

Goebbels wollte die Bombardierung Dresdens im Februar 1945 als Rechtfertigung verwenden, um nicht nur die Verpflichtung Deutschlands auf die Konventionen aus-, sondern auch um Giftgas einzusetzen. Speer erklärte, er habe im November 1944 die Tabun- und Sarinproduktion unterbunden, indem er die Zulieferung der dafür benötigten Chemikalien, einschließlich Zyanid, stoppte. Diese Grundstoffe seien für andere Zwecke gebraucht worden. Die Debatte über den Einsatz von Giftgas habe ihn aber auf den Gedanken gebracht, ein solches Gas zu verwenden, um Hitler in seinem Bunker zu töten. Von Jackson aufgefordert, bestätigte Speer, es sei wichtig gewesen zu verhindern, daß es zu Verstößen gegen internationales Recht kam, die das deutsche Volk belasteten, da der Krieg unzweifelhaft verloren war.

Speer gab außerdem zu, daß die V-2-Rakete ein kostspieliger Fehler gewesen war und daß man die Ressourcen lieber auf die Entwicklung schwerer Bomber hätte verwenden sollen. Außerdem habe Deutschland auf Grund der Emigration führender [jüdischer] Nuklearwissenschaftler auf dem Gebiet der Kernspaltung im Krieg einen Rückstand von zwei Jahren gehabt. Berichte über geheime »Wunderwaffen« seien in der letzten Phase des Krieges mit der Absicht verbreitet worden, dem Volk Mut zu machen und seine Entschlossenheit zu verstärken. Er, Speer, habe von Mitte 1944 an etwa vierzig Divisionsabschnitte der Front besucht und sei sehr überrascht gewesen, welche Hoffnungen auf diese angeblichen Wunderwaffen gesetzt wurden. Er habe Hitler und Goebbels gegenüber Einwände gegen diese irreführende Propaganda erhoben. Er habe auch alles, was in seiner Macht stand, getan, um die mutwillige Vernichtung von Sachwerten in der letzten Phase des Krieges zu begrenzen. Aus Jacksons Fragestellung wurde deutlich, daß er Speers Version seines Widerstandes gegen die »Verbrannte-Erde«-Befehle voll akzeptierte.

Die Fragestellung des Hauptanklägers war sprunghaft. Er wechselte von einem Thema zum anderen, ganz gleich, wie wichtig es war. Jackson hatte offenbar einen Merkzettel mit den Fragen, die er aufwerfen wollte, tat das aber in zufälliger Reihenfolge und kehrte mehr als einmal zu Themen zurück, die er schon abgeschlossen zu haben schien. So brachte er Speer dazu, seine Version von Hitlers bitterer Reaktion auf das Göring-Telegramm darzulegen, das während des Besuchs von Speer im Berliner Bunker eintraf und in dem Göring seinen Führungsanspruch zum Ausdruck brachte. Danach kehrte Jackson ein drittes Mal zum Thema »Verschwörung« zurück. Ohne zu zögern stellte Jackson eine Suggestivfrage nach der anderen, was nach angelsächsischer

Verfahrensweise verboten ist. Nicht wenige dieser Fragen ermöglichten es dem Angeklagten, sich im besten Licht zu zeigen: »Ist es richtig, daß sich in der ganzen Gefolgschaft Hitlers vielleicht überhaupt niemand – außer Ihnen – befand, der den Mut hatte, ihm ins Gesicht zu sagen, daß der Krieg verloren war?« Speer fiel es nicht übermäßig schwer, auf so hemmungslose Konzilianz positiv zu reagieren wie ein Tennisspieler, der einen leichten Lob zurückspielt.

Ebensowenig anstrengend fand er Jacksons Verhör über Krupp, Deutschlands führenden Rüstungsproduzenten in Essen: »Ich möchte nicht behaupten, Sie seien persönlich für die Bedingungen verantwortlich gewesen, sondern Sie nur darauf hinweisen, was das Regime getan hat. Und dann werde ich Sie fragen, in welcher Weise diese Maßnahmen ihre Produktionsanstrengungen beeinflußt haben.«

Speer sagte aus, von den schlechten Bedingungen und von der Mißhandlung ausländischer Arbeiter bei Krupp habe er nichts gewußt. Diese Zustände waren im Verlauf der Anklage durch einen Arzt bestätigt worden, der dem Gericht überzeugende Beweise geliefert und das Fehlen elementarster Annehmlichkeiten angeprangert hatte. Speer konterte, schlechte Arbeitsbedingungen seien oft das Resultat von Bombenangriffen gewesen und hätten nur ein oder zwei Wochen angedauert.

Wie schlimm die Bedingungen in Wahrheit gewesen waren, wies Jackson an Hand der schriftlichen Erklärung eines Panzerbauers nach, der in Essen für Krupp gearbeitet hatte. Dieser schilderte, wie sein Kollege Löwenkamp ausländische Arbeiter behandelt und ihnen die Nahrung gestohlen hatte:

»Jeden Tag mißhandelte er Ostarbeiter, kriegsgefangene Russen, Franzosen, Italiener und auch andere ausländische Zivilpersonen. Er ließ einen Stahlkasten bauen, der so klein war, daß man kaum darin stehen konnte. In diesen Kasten sperrte er die Ausländer, auch weibliche, bis zu 48 Stunden lang, ohne den Leuten Essen zu geben. Zur Verrichtung der Notdurft wurden sie nicht freigelassen. Es wurde anderen Personen verboten, den Eingesperrten Hilfe zu leisten oder sie freizulassen.«

Und so weiter. »Ich halte die eidesstattliche Erklärung für eine Lüge... Man kann das deutsche Volk hier nicht auf diese Weise durch den Schmutz ziehen«, sagte Speer empört. Er glaube nicht an die Geschichte mit dem Eisenkäfig. Sie sei offensichtlich eine der vielen Übertreibungen in den eidesstattlichen Erklärungen nach dem Krieg. Er betrachtete die Fotografie des Käfigs und identifizierte diesen als einen gewöhnlichen Kleiderspind, wie man ihn in jeder Fabrik fand. Was er von den achtzig Stahlruten halte, die den Wachen bei Krupp ausgehändigt wurden. »Das ist nichts anderes als ein Ersatz für einen Gummiknüppel. Schließlich hatten wir keinen Gummi, und daher hatten Wachmannschaften vermutlich etwas in dieser Art«, meinte Speer. Die Polizei mußte etwas in Händen haben, aber das hieß nicht, daß sie es die ganze Zeit oder überhaupt benutzte.

»Das ist dieselbe Schlußfolgerung, die auch ich aus dem Dokument gezogen habe«, sagte Jackson zuvorkommend.

Und so wanderten – metaphorisch gesprochen – Ankläger und Angeklagter Hand in Hand durch die Dokumentation der Schrecken, die ein ausländischer Arbeiter bei Krupp erleiden mußte.

Für die Bedingungen der Zwangsarbeiter im nahe gelegenen Konzentrationslager, das die Firma mit Arbeitskräften versorgte, war die SS verantwortlich; für die schrecklichen Bedingungen, die nach den Bombardements herrschten, waren die Alliierten Luftstreitkräfte verantwortlich; für sich jedoch beanspruchte Speer Anerkennung, weil er die Ernährung und die Arbeitsbedingungen der Opfer der Luftangriffe verbessert habe. Eine lange Reihe weiterer Behörden war kollektiv verantwortlich für die Arbeitsbedingungen, während Speer, wie er dem Gericht sagte, wann immer ihm möglich für deren Verbesserung eingetreten war. Außerdem konnte man nicht von ihm erwarten, zu wissen, was in Krupps Arbeitslagern vor sich ging.

Aufgefordert, sich darüber auszulassen, was er mit der Anerkennung seines Anteils an der Verantwortung für das Naziregime meine, erklärte Speer, es gehe dabei um zweierlei: die spezifische Verantwortung für das eigene Gebiet und die kollektive Verantwortung für die Gesamtpolitik, wenn auch nicht für Detailangelegenheiten auf den Gebieten anderer.

Der sowjetische stellvertretende Hauptankläger war entschlossen, Speer nicht so leicht davonkommen zu lassen. Speer seinerseits hatte nicht vor, sich von einem Russen herumkommandieren zu lassen, der den Naziapparat wesentlich besser verstand als Jackson. Raginsky fragte fast sofort, ob Speer bei seiner bejahenden Antwort bleibe, die er einem russischen Vernehmungsbeamten vor Prozeßbeginn auf die Frage gegeben hatte, ob er zustimme, daß Hitler seine antisowjetischen und seine anderen Ziele nicht sehr deutlich in »Mein Kampf« dargelegt habe. Speer verneinte. »Warum nicht?« fragte Raginsky. Weil er sich damals geschämt habe, zuzugeben, daß er »Mein Kampf« nicht gelesen hatte: »Ich habe geschwindelt.« Wenn er damals geschwindelt habe, könne er vielleicht auch jetzt schwindeln, schnappte der Russe. »Nein.«

Speer habe am gestrigen Tag gesagt, er sei einer der Freunde Hitlers gewesen. Wolle er das Gericht jetzt glauben machen, er habe nur aus Hitlers Buch von dessen Plänen erfahren? Er habe in der Tat einen engen Kontakt gehabt, erwiderte Speer, aber nichts, was Hitler je gesagt hat, habe den wahren Charakter seiner Pläne erkennen lassen: »Ich war besonders beruhigt im Jahre 1939, als der Nichtangriffspakt mit Rußland abgeschlossen wurde; und schließlich müssen ja Ihre Diplomaten auch das Buch »Mein Kampf« gelesen haben, und sie haben ja auch trotzdem den Nichtangriffspakt abgeschlossen. Und sie waren bestimmt intelligenter als ich, ich meine in politischen Dingen.«

Raginsky ließ diese aggressive Antwort durchgehen. Statt dessen führte er mit Speer ein längeres Geplänkel über die Rolle und politische Bedeutung verschiedener Naziorganisationen, wie die Zentrale Planung, und über verschiedene Zitate aus deutschen Dokumenten über die deutsche Kriegswirtschaft.

Diese Erbsenzählerei ging Lawrence auf die Nerven. Mehr als einmal fragte er General Raginsky, worauf er hinaus wolle. Es gehe um Rohstoffplünderungen in den besetzten Gebieten durch die Deutschen, erklärte der Russe.

»Dann fragen Sie ihn direkt danach,« entgegnete der gereizte Präsident.

Speer verwahrte sich gegen das Wort »Plünderungen«, und man fuhr fort. Er nahm auch Anstoß an einer »falschen Übersetzung« nach der anderen, und natürlich ergaben sich bei dem erforderlichen Hin- und Zurückübersetzen einige Probleme.

Die juristische Untersuchung des mörderischen Angriffs Deutschlands auf die europäische Zivilisation drohte zu einem Streit über sprachliche Nuancen auszuarten, die entweder in den Dokumenten auftraten, die Speer vorab dem Gericht zu seiner Verteidigung übermittelt hatte, oder in den Papieren, die Raginsky an Ort und Stelle vorlegte. Das Kreuzverhör verlief immer gereizter.

Da Speer im Dritten Reich keine militärische Funktion bekleidet hatte und bis ins dritte Jahr des Krieges Architekt gewesen war, hatten die Briten kein Interesse an einem Kreuzverhör zu ihrem Anklagepunkt, Verbrechen am Frieden. Speer konnte sich glücklich schätzen, daß er nicht einem Kreuzverhör nach der Art von Maxwell-Fyfe ausgesetzt wurde – was der Welt möglicherweise Jahrzehnte später eine Menge Auseinandersetzungen über Speer erspart und dieses Buch überflüssig gemacht hätte.

Nach nochmaliger kurzer Vernehmung durch Dr. Servatius und Dr. Flächsner und einigen weiteren klärenden Fragen des amerikanischen Richters, Francis Biddle, wurde Speer nach zweieinhalb Tagen aus dem Zeugenstand entlassen. Seine Verteidigung wurde abgeschlossen, und das Gericht vertagte sich.

Der Fall Speer war der 18. vor dem Gericht verhandelte Fall. Vielleicht erlahmte die Anklage allmählich. Aber das Protokoll des Prozesses verdeutlicht gegen jeden Zweifel, daß Speer im Kreuzverhör sehr glimpflich davonkam, und zwar deshalb, weil er zuerst von einem Amerikaner verhört wurde, der dazu kein Talent hatte und außerdem Speer gegenüber wohlwollend eingestellt war, und dann von einem Russen, der Speer zwar offensichtlich nicht wohlgesinnt war, aber den Wald vor lauter Bäumen nicht sah und sich auf Detaildiskussionen mit einem Zeugen einließ, der das Material viel besser kannte als er.

Dr. Gilbert war beeindruckt. So erging es auch Birkett, als er die lange, sorgfältig vorbereitete Kritik Speers an Hitler vernahm, die nach Auffassung der Londoner »Times« wie die Erklärung eines Kronzeugen klang.

Nachdem die Fälle Neurath und Fritzsche verhandelt worden waren, wurde jedem Anwalt der Verteidigung maximal ein halber Tag für das Schlußplädoyer zugeteilt. Das Tribunal nahm sich das Recht, die Plädoyers zu überprüfen und schon vorher übersetzen zu lassen. Trotzdem waren die meisten langweilig, einfallslos und weitschweifig – mit der bemerkenswerten Ausnahme von Kranzbühler, dem Verteidiger von Dönitz. Immerhin standen die Anwälte vor einer unmöglichen Aufgabe. Die Schlußplädoyers dauerten, die Wochenenden und zusätzliche Unterbrechungen mit eingerechnet, vom 4. bis zum 25. Juli. Dr. Flächsner sprach am Morgen des 23. Juli in Speers Namen. Er bot eine ordentliche Leistung im Rahmen dessen, was inzwischen zu den besten Traditionen der Nürnberger Verteidigung gehörte, die von Sir Norman Birkett so sehr herabgewürdigt wurde.

Der Anwalt argumentierte, daß die Verschwörungsanklage auf seinen Mandanten nicht anwendbar sei, da dieser seinen Architektenposten erst mitten im Krieg gegen den Ministerposten tauschte. Auch hatte er nichts mit Verbrechen am Frieden zu tun.

Flächsner war über Speers riskante Verteidigungsstrategie nicht sehr glücklich gewesen, in der dieser seine allgemeine Verantwortung für die Taten des Naziregimes eingestanden, aber eine spezifische Verantwortung zurückgewiesen hatte. Er war auch nicht mit der sensationellen Erklärung einverstanden gewesen, die Speer abgegeben hatte, wodurch sich Flächsner beim »Gas-im-Bunker-Komplott« hatte einschalten müssen. Er hatte nun beides am Hals, widmete seine Hauptanstrengung aber der Zurückweisung der Anklage wegen Kriegsverbrechen und Verbrechen gegen die Menschlichkeit, die in Speers Fall auf die Rekrutierung und den Einsatz von Kriegsgefangenen, auf Zwangs- und Sklavenarbeit in der Industrie hinauslief. Dafür war er als Minister, der die Kriegswirtschaft des Dritten Reiches leitete, in jedem Fall verantwortlich.

Wirtschaftliche Aspekte waren für alle kriegführenden Parteien von höchster Priorität. Das wurde nicht nur durch die deutsche Ausbeutung der besetzten Länder deutlich, sondern auch durch die britische Seeblockade und die alliierten Bombenangriffe, denen deutsches Territorium willkürlich ausgesetzt war. Jede Seite versuchte, die Produktionskapazität der Gegenseite auszuschalten, ob an der Front oder durch Bombardierungen Hunderte von Kilometern hinter der Front. Speers Aufgabe als Minister bestand darin, etwas dagegen zu tun, und eine Methode, mit dem so entstandenen »Notstand« fertig zu werden, bestand darin, Arbeitskräfte aus den besetzten Ländern zu nutzen. So argumentierte Flächsner. Aber sein Mandant habe die Produktion exponentiell gesteigert, während er die der in der Rüstung eingesetzten Arbeitskräfte nur linear erhöhte. Sein Hauptinstrument der Produktionssteigerung seien technische und organisatorische Maßnahmen und nicht zusätzliche Arbeitskräfte gewesen. Vor die Wahl gestellt, habe Speer deutsche Arbeiter vorgezogen. Außerdem habe er den Zustrom von Arbeitskräften aus dem Westen mittels seiner dortigen Sperrbetriebe eingeschränkt, die für den zivilen Bedarf produzierten, während deutsche Fabriken sich auf die Rüstung konzentrierten.

Außerdem sei der Import ausländischer Arbeitskräfte schon lange, bevor Speer das Ministerium übernahm, übliche Praxis gewesen, und er habe annehmen dürfen, daß die rechtliche Basis dafür schon zu Todts Zeiten geprüft worden sei, meinte Flächsner unschuldig. Sauckel, der für diese Rekrutierungen verantwortlich gewesen sei, habe immer beteuert, daß sie legal seien. Speer sei mit dem technischen Direktor einer Fabrik zu vergleichen, der sich auch kaum um die Angelegenheiten des Personaldirektors kümmern würde. Nicht Speer sei daran schuld, daß sich Sauckel als Speers Agent betrachtet habe. Die beiden Männer hätten sich oft gestritten, und Sauckel habe auch von anderer Seite Forderungen nach Arbeitskräften erhalten. Beim Einsatz der Arbeitskräfte hätten das Arbeitsministerium und die Gauleiter die Hauptrolle gespielt, oft gegen die Wünsche des Ministeriums Speer. Dessen Schlüsselrolle in der Zentralen Planung habe ihm in keiner Weise ein Monopol über den Arbeitskräfteeinsatz gegeben, wie die Anklage zu argumentieren versucht hatte.

Die Tatsache, daß Sauckel in den besetzten Gebieten Arbeiter gegen ihren Willen rekrutierte, habe mit der Tatsache, daß Speer solche Arbeitskräfte, wenn sie einmal in Deutschland waren, auch nutzte, gar nichts zu tun, folgerte Flächsner mit atemberaubender Spitzfindigkeit. Dessen Vollmacht, deutsche Arbeiter einzuberufen und einzusetzen, sei einfach auf ausländische Arbeiter im Reich ausgedehnt worden. Nach der Haager Landkriegsordnung sei das zwar nicht ausdrücklich erlaubt, sie sei aber auch nicht auf den totalen Wirtschaftskrieg zugeschnitten.

Die Botschaft an die Richter war klar: Geben Sie Sauckel die Schuld und nicht Speer, dessen Verantwortung auf den Einsatz der nach Deutschland gebrachten ausländischen Arbeiter beschränkt war und sich nicht auf deren Rekrutierung oder Deportation erstreckte. Was die Beschäftigung von Kriegsgefangenen betraf, so verbot die Genfer Konvention deren Einsatz zur Herstellung und zum Transport von Kriegsmaterial aller Art oder zur Unterstützung von Kriegsanstrengungen, wie das Anlegen von Schützengräben. Aber im Falle Speers hing alles davon ab, wie man Rüstungsindustrie definierte, ob der Begriff zum Beispiel die Stahlproduktion einschloß oder nur die daraus hergestellten Waffen. Nur etwa ein Drittel der gesamten Stahlproduktion war in die Rüstung gegangen.

Flächsner redete noch, als Lawrence für die Mittagspause unterbrach. Nach der Pause setzte er seine konzentrierte, unerbittliche Untersuchung der rechtlichen Feinheiten des Einsatzes ziviler und militärischer ausländischer Arbeitskräfte in Kriegszeiten fort. Er ging auch auf die Behandlung von Gefangenen aus den Konzentrationslagern ein: Deren Zustand habe sich entscheidend verbessert, nachdem Himmler sie in Speers Rüstungsfabriken geschickt hatte. Aber natürlich habe sein Mandant keine Kontrolle über die Bedingungen jener ausgeübt, die von Himmler in den Lagern gehalten wurden, die für die Waffen-SS produzierten.

Speer habe Hitler getrotzt, indem er ihm persönlich gegenüber darauf beharrte, daß der Krieg verloren war, und indem er sogar seinen Mitangeklagten Seyß-Inquart, Kommissar in den Niederlanden, besucht habe, um ihn dazu zu bewegen, mit einem amerikanischen Emissär zu verhandeln: »Das führte schließlich zur unzerstörten Übergabe Hollands an die Alliierten« (Holland war, strenggenommen, zwar nicht zerstört, aber konnte man es den Holländern verdenken, daß sie ihre Lage bei der Befreiung – hungernd, frierend, überflutet, ihrer wirtschaftlichen Werte beraubt und ruiniert – nicht sehr viel anders empfanden, als wenn ihr Land zerstört worden wäre?).

Die Dokumente der Verteidigung wurden durch Aussagen von Walter Rohland, Manfred von Poser und Annemarie Kempf – alle zugegebenermaßen loyale Kollegen Speers – bestätigt. Sie alle bezeugten, wie hart und lange Speer gearbeitet hatte, um Hitlers Pläne der verbrannten Erde zu durchkreuzen und einen großen Teil der Industrie, nicht nur in Deutschland, sondern auch in Frankreich, Belgien und den Niederlanden, zu erhalten. Ganz zum Schluß habe er sogar geplant, Hitler und seine engsten Vertrauten zu beseitigen. (Das konnte Flächsner kaum weglassen, doch nahm diese Feststellung nur ein halbes Dutzend Zeilen in einem ansonsten großen Plädoyer in Anspruch.)

In seinem Memorandum vom 20. September 1944 habe sein Mandant Hitler seine apolitische Einstellung klargemacht, und er sei auch der einzige Naziminister gewesen, der in die Kabinettsliste des zwei Monate zuvor gescheiterten Militärputsches aufgenommen worden sei. Als Speer – noch nicht ganz sechsunddreißig Jahre alt – in das Ministeramt kam, habe sich sein Land in einem Kampf auf Leben oder Tod befunden. Er habe sich dieser fast unlösbar scheinenden Aufgabe nicht entziehen können. Er war erfolgreich, habe sich aber keine Illusionen über die wahre Lage gemacht. Er habe jedoch zu spät erkannt, daß Hitler am Ende nur an sich und nicht an sein Volk dachte, obwohl er in »Mein Kampf« geschrieben hatte, daß eine Regierung sich immer ihres Volkes bewußt sein müsse und es im Unglück nicht im Stich lassen dürfe; eine Regierung müsse zur rechten Zeit zurücktreten, um das Überleben des Volkes zu sichern. Hitler habe das allerdings nicht auf seine eigene Regierung angewendet und in seinem rassistischen

Wahnsinn entschieden, daß die deutsche Nation nicht verdiene, ihr Scheitern im Krieg zu überleben.

»Gegenüber dieser brutalen Ichsucht hat Speer auch das Gefühl bewahrt, daß er Diener seines Volkes und Staates sei. Ohne Rücksicht auf seine Person, ohne Bedacht auf seine Sicherheit handelte Speer so, wie er es seinem Volke gegenüber für seine Pflicht hielt.

Speer mußte Hitler verraten, um seinem Volk die Treue zu halten. Der Tragik, die in diesem Schicksal liegt, wird niemand seine Achtung versagen können.«

Das vierfache Anklageverfahren wurde – wenn man von den Beratungen und Entscheidungen der Richter absieht – mit vier kümmerlichen Abschlußansprachen zu Ende gebracht. Jackson, in Anzug und Fliege, war in Hochform angesichts einer überschaubaren Standardsituation, bei der er ausreichend Zeit hatte, seine Formulierungen schon im voraus auszufeilen. Er übertraf sich noch einmal selbst, wie er es schon in seiner Eröffnungsrede getan hatte. Diesmal waren seine Emotionen weniger offensichtlich und sein Herangehen prägnanter, seine Leistung also ausgewogen. Shawcross, zum vorletzten Akt zurück in Nürnberg – wieder voller Sarkasmus, kalt und scharf –, sorgte beizeiten für eine Sensation, als er für jeden einzelnen Gefangenen die Todesstrafe forderte. Die Rede von Charles Dubost, dem französischen stellvertretenden Hauptankläger, war nicht zuletzt deshalb bemerkenswert, weil er das Wort »Genozid« prägte. Der sowjetische Ankläger, Roman Rudenko, war nüchtern, aber ebenso effektiv wie der Franzose. Auch er forderte die Todesstrafe für alle Angeklagten. Es war aber das Wechselbad von Heiß und Kalt, von Emotion und Intellekt im Zusammenspiel von Jackson und Shawcross, das im Gedächtnis der Beobachter fortlebte.

Der August war ausgefüllt mit der Anhörung des Falles der sechs Naziorganisationen, die in der Anklageschrift aufgeführt waren. Für die einundzwanzig Angeklagten war das ein Zwischenspiel von lähmender Ungewißheit. Sie wurden erst am letzten Tag des Monats, am 216. Verhandlungstag, aufgerufen, um vom Zeugenstand aus ihre individuellen Erklärungen abzugeben, die auf je zwanzig Minuten begrenzt waren. Die meisten brauchten weniger Zeit. Speer befand sich, wie auch schon mit dem Vortrag seiner Verteidigung, entsprechend seinem Rang in der Anklage weit hinten.

Hitlers Diktatur sei einzigartig gewesen, erklärte er. Sie habe Radio, Lautsprecher, Telefon und Fernschreiber zur Beherrschung der eigenen Nation genutzt. Das Volk sei wie niemals zuvor überwacht worden. Das ganze verzweigte System sei geschaffen worden, um den Willen eines einzigen Mannes durchzusetzen. Die Technik habe ihm auch ermöglicht, Europa zu beherrschen. Und die Technik habe auf beiden Seiten gewaltige Fortschritte in der Rüstung möglich gemacht – Raketen, Düsenflugzeuge, U-Boote, Atombomben und chemische Waffen. Ein neuer Krieg, so Speer, werde mit der Zerstörung der menschlichen Kultur und Zivilisation enden. Deutschland, das in der Vergangenheit so viel zur Weltkultur beigetragen habe, sei zu Boden gestreckt. Es könnte jedoch, wenn es sich neu organisiere, in Zukunft wieder einen wertvollen Beitrag leisten. »Eine Nation, die an ihre Zukunft glaubt, wird nicht untergehen. Gott schütze Deutschland und die westliche Kultur.«

Befürchtungen, die Gefangenen könnten sich in Gefühlsausbrüchen ergehen, erwiesen sich als unbegründet, wenn auch ein oder zwei während ihrer Rede in Tränen ausbrachen, so auch Sauckel. Präsident Lawrence hatte die Größe, den deutschen Anwälten der Verteidigung für ihre Arbeit zu danken. Jackson ging sogar so weit, Dr. Flächsner anzuvertrauen, daß sein Mandant der einzige Angeklagte war, den er respektiere.[9]

In jener Nacht wurde das Grand Hotel zur Szene der letzten Party der Alliierten. Sogar einige der Richter nahmen daran teil. Die Formulierung des Urteils dauerte jedoch länger als erwartet. Der Entwurf wurde von Birkett verfaßt – ein Kunststück, das er aus dem Gedächtnis fertigbrachte. Dann aber tobte die Diskussion um die umstrittenen Anklagepunkte »Verschwörung« und »Organisationen«. Dabei ging es darum, ob viele Tausende nicht angeklagter Mitglieder zu Kriminellen erklärt werden sollten. Am Schluß wurden nur die SS, der SD und die Gestapo auf diese Weise verurteilt. Weiterhin ging es um die Schuld der individuellen Angeklagten und die Urteile. Am 13. September wurde die Urteilsverkündung vertagt, und die Debatte ging hinter verschlossenen Türen weiter.

Inzwischen wurde das Gefängnisregime hinter den mit Zinnen gekrönten Mauern gelockert. Familienangehörige konnten die Angeklagten, die ihrem Schicksal entgegensahen, besuchen. Speer hatte gelegentlich über seinen Rechtsanwalt Briefe an seine Frau Gretel geschickt. Auf dem gleichen Weg hatten ihn Briefe von draußen erreicht, und das nicht nur von ihr, sondern von mindestens einem weiteren Briefschreiber: Rudolf Wolters, der den Prozeß von zu Hause in Coesfeld, Westfalen, verfolgt hatte, wo er als Architekt schon beim Wiederaufbau öffentlicher Gebäude tätig war. Seinen ersten Brief an den »lieben Speer« schrieb er am 28. Januar 1946 im Sinne des »Ich bin hier, denn Gott ist gnädig« und berichtete von den Nachkriegsschicksalen gemeinsamer Freunde und Kollegen. »Wie in den guten Tagen stehe ich auch im Unglück zu Ihnen. Ich glaube wie eh und je an Ihren guten Stern.«[10]

Während er im Endstadium des Prozesses sein Schicksal erwartete, beschloß der Empfänger dieser Beteuerungen, deren Urheber beim Wort zu nehmen. Speer, der eindeutig das Todesurteil erwartete, verfaßte am 10. August einen sechs Seiten langen Letzten Willen und ein Testament und schickte beides an den einstigen Chronisten seines Ministeriums. Er bat Wolters, die wichtigen Dokumente zu sammeln und eine Biographie seines alten Chefs vorzubereiten:

»Mein lieber Freund Rudolf Wolters,

Du (im Gegensatz zum Adressaten benutzte Speer das familiäre Du) warst einer der nächsten, und wir kennen uns seit früher Jugend.

Ich habe daher die Bitte an Dich, für spätere Zeiten meine Arbeit zusammenzustellen und manches aus meinem Leben zu erzählen. Ich glaube, daß es einmal gewürdigt wird.«

Er behauptete, er habe mit Sicherheit einen Anspruch darauf, »als ein anderer Mensch wie all die widerlichen [Nazi-]›Bürgerrevolutionäre‹ der Nachwelt überliefert zu werden«. Wie immer von falscher Bescheidenheit unbelastet, stellte Speer sich eine Biographie in vier Teilen vor – die architektonische Arbeit, die Arbeit als Minister, die Beiträge zu seinem Leben und die Memoiren, die er in »diesen letzten Wochen« aufschreiben werde. Man könnte sie vielleicht Jahrzehnte später getrennt veröffentlichen. Er begann noch am selben Tag und produzierte einen Text von etwas über hundert eng getippten Seiten mit der Überschrift »[Meine] Arbeit als Minister«, der seine Memoiren von 1969 ahnen ließ.

Die Rückschau gibt uns das Recht, dem Postskriptum an Wolters besondere Aufmerksamkeit zu widmen. Speer forderte ihn darin ausdrücklich auf, die verschiedenen Quellentexte, wie die Chronik, zu redigieren und zu ergänzen, wie er es für richtig halte: »Ich weiß, Du wirst es gut machen. Vielleicht macht es Dir sogar Freude, Deine Tätigkeit als Chronist nun gründlich abzuschließen.« Er beschwor die »vielen schönen gemeinsamen Erinnerungen«, die sie teilten, und unterschrieb: »Immer Dein Freund Albert Speer.«[11]

Er erwähnte sein drohendes Schicksal nicht, aber man kann diesen Brief nur als Äußerung eines Mannes lesen, der seine Angelegenheiten in Ordnung bringt, während er den Tod erwartet. Seine kurze Abschlußerklärung vor Gericht hatte er schon vorbereitet.

Speer hat im Schlußkapitel seiner Memoiren beinahe nichts über diese Zeit berichtet, die doch auch für ihn eine Zeit qualvoller Spannung gewesen sein muß. Er erwähnt nur, daß er Charles Dickens' »Zwei Städte« las – eine sonderbar schlecht ausgewählte Lektüre, da ein großer Teil der Geschichte in den Todeszellen der Bastille angesiedelt ist. Flächsner berichtete Jahre später, Speer sei während dieser langen Wartezeit zutiefst deprimiert gewesen.[12]

Während tausend zusätzliche amerikanische Soldaten die ohnehin massive Barrikade um den Nürnberger Justizkomplex verstärkten, gingen die Richter am Montag, dem 30. September 1946, morgens noch einmal – einer nach dem anderen – in den vollbesetzten Gerichtssaal. Der lange Vortrag des Urteilsspruches wurde durch den Rundfunk direkt übertragen. Die acht Richter lasen abwechselnd kurze Teile, Lawrence verlas den Anfang und das Ende. Die größte Sensation des Tages war die Enthüllung, daß die sowjetischen Richter mit ihren westlichen Kollegen hinsichtlich der Freisprüche für das Reichskabinett, das Oberkommando der Wehrmacht und die SA nicht übereinstimmten. Die Welt mußte noch einen Tag auf die Schuldsprüche und Urteile für die einzelnen Angeklagten warten.

Am 1. Oktober wurden die Angeklagten einer nach dem anderen zur Anklagebank geleitet, um das Urteil zu hören. Zwölf, darunter der abwesende Bormann, wurden zum Tode verurteilt, beginnend mit Göring, der in allen vier Anklagepunkten schuldig gesprochen wurde. Er beging zwei Stunden, bevor er gehenkt werden sollte, Selbstmord. Drei wurden freigesprochen (Schacht, Papen und Fritzsche), und drei erhielten lebenslänglich, darunter Heß – der einzige, der diese Strafe verbüßt hat.

Der neunzehnte Angeklagte, Albert Speer, wurde in bezug auf die Anklagepunkte eins (Verschwörung) und zwei (Verbrechen am Frieden) freigesprochen, in den Punkten drei und vier, Kriegsverbrechen und Verbrechen gegen die Menschlichkeit, aber für schuldig befunden. Die Richter machten klar, daß der entscheidende Punkt gegen ihn die Verwendung von Zwangs- und Sklavenarbeit war. Der Mann, der seine Forderungen nach Arbeitskräften erfüllt hatte, war offensichtlich einer der »abstoßenden kleinbürgerlichen Revolutionäre« und wurde zum Tode verurteilt. Gegen die Proteste der sowjetischen Richter, die ihn hängen lassen wollten, wurde Speer, der die Amerikaner und – in geringerem Maße – die Briten so beeindruckt hatte, weil er »sich für schuldig bekannte«, zu zwanzig Jahren verurteilt. Er ließ sich herab zu sagen, daß er das für fair halte, und ging nicht in Revision. Er war der einzige Angeklagte, der sich bei der Urteilsverkündung gegen die Richter verbeugte.[13]

Wolters, der begierig am Radio zuhörte, schwor, er habe Speer vor Erleichterung seufzen hören, als das Urteil verkündet wurde.[14] Sein ehemaliger Chef mußte ins Gefängnis – aber er war dem Strick des Henkers entkommen.

Ein System zur Lebenserhaltung (1946–53)

Das Netzwerk, von dem Albert Speer während seines Gefängnisaufenthaltes unterstützt wurde, begann sich zu formieren, noch ehe Schuldspruch und Strafmaß verkündet worden waren. Dr. Wolters, der während des Verfahrens auf eigene Initiative Kontakt mit seinem alten Chef aufgenommen hatte, ermöglichte im August 1946, in jener schweren Phase, als man auf das Urteil wartete, die erste Verbindung mit Margret Speer. Die zweite Verbindung kam zwischen Wolters, stets die Hauptantriebskraft, und Annemarie Kempf zustande, die nach Kransberg zurückgekehrt war, um den Alliierten weiterhin dabei zu helfen, führende Nazis bei den zwölf subsidiären Gerichtsverhandlungen in Nürnberg zu vernehmen. Am 13. November 1946 schrieb er ihr:

»Ich habe inzwischen über Dr. Flächsner das Schreiben vom Vater erhalten, womit er mich beauftragt, das Material zu sammeln über sein Leben und Arbeiten und später darüber etwas Entsprechendes zu schreiben. Das ist für mich natürlich eine Verpflichtung, der ich sehr gerne nachkomme. Ich will zunächst versuchen, das Material zusammenzustellen, soweit mir dies möglich ist, und ich hoffe immer noch, daß ich ihm eines Tages das ganze Material in die Hand geben kann, damit er persönlich seine Erinnerungen niederschreibt, weil so etwas einen viel größeren dokumentarischen Wert hat. Sollte er es lieber anders haben wollen, so werde ich natürlich auch selbst die Arbeit unternehmen.«[1]

Die Wahl des Wortes »Vater« in bezug auf Speer, gerade erst 41 Jahre alt, von einem zwei Jahre älteren Mann, sagt sehr viel über die Beziehung zwischen Hitlers ehemaligem Protegé und denen aus, die für ihn arbeiteten. Seine nahezu undurchdringliche Reserviertheit, seine unerschütterliche Ruhe, sein vornehmes und väterliches Verhalten gegenüber Untergebenen vermittelte eindeutig den Eindruck einer Vaterfigur – ungeachtet seiner jugendlicher Eigenschaften wie Dynamik, Enthusiasmus bei der Arbeit und die Fähigkeit zur Improvisation, die seinen Erfolg als Vorgesetzter erklären. Der Grad an Loyalität, zu dem er andere Menschen trotz seiner permanenten, wenn auch nicht sofort durchschaubaren Gleichgültigkeit gegenüber ihren Belangen, Bedürfnissen und Problemen bewegen konnte, war nun, da er eingesperrt war, noch stärker ausgeprägt als zu jener Zeit, da er mittels physischer Präsenz Einfluß nehmen konnte.

Wolters' Brief an Annemarie Kempf überschnitt sich auf dem Postweg mit einem vier Tage zuvor datierten Brief von ihr, der Wolters jedoch erst später erreichte. Frau Kempf gebrauchte denselben Begriff, indem sie berichtete, daß sie Briefe von »unserem Vater« erhalten habe, und fügte hinzu, daß ihr »Vater« Wolters gelegentlich erwähnt habe, als sie ihn in Nürnberg besucht habe. Sie erhielt die Erlaubnis, Kransberg an den Weihnachtsfeiertagen zu verlassen, und quartierte sich in einem der Wohnwagen im Wald am Eutiner See in Schleswig-Holstein ein, in den sich Speer ursprünglich hatte zurückziehen wollen, ehe er in die »Regierung« Dönitz berufen wurde.

Im Januar 1947 teilte sie Wolters mit, sie wolle ihn so bald wie möglich besuchen, um ihm Papiere auszuhändigen, die Speer beträfen und die sich in ihrem Besitz befänden. Dies entsprach dem Wunsch Speers, demzufolge Wolters alle Unterlagen zusammentragen sollte, und es war ungewöhnlich loyal von ihr, denn Annemarie Kempf befand sich damals in einer geradezu verzweifelten Lage. Sie war Kriegswitwe, hatte keine eigene Wohnung, aber sie hatte eine krebskranke Mutter, einen Bruder, der wegen einer Lungenkrankheit als dienstuntauglich aus der Armee ausgeschieden war, eine Schwester mit multipler Sklerose, die sie pflegen, sowie deren jeweilige Angehörige, um die sie sich ebenfalls kümmern mußte. Der großen Familie war zwar genügend Land für zwei Häuser in Eutin zugewiesen worden, deren Bau aber mußte sie selbst in die Hand nehmen.[2]

Die zum Tode Verurteilten blieben im Erdgeschoß des östlichen Zellentrakts der Nürnberger Justizvollzugsanstalt. Diejenigen, die dazu verurteilt worden waren, den größten Teil ihres restlichen Lebens im Gefängnis zuzubringen, wurden ein Stockwerk höher verlegt. Ironischerweise mußten die drei, die freigesprochen worden waren, so lange in Zellen des zweiten Stocks untergebracht werden, bis sich die feindselige Menge draußen vor dem Gefängniskomplex aufgelöst hatte.

Somit saßen die drei Gruppen beim Mittagessen nach der Urteilsverkündung zum letzten Mal in makabrer Runde beisammen. Es muß eine der ungewöhnlichsten und verwirrendsten Mahlzeiten überhaupt gewesen sein, doch Speers Bericht darüber fällt leider sehr spärlich aus, wie es bei seinen schriftlichen Erinnerungen an außergewöhnliche Situationen so häufig der Fall ist. Funk, Heß und Raeder wurden zu lebenslangen Haftstrafen verurteilt, Schirach und Speer zu zwanzig Jahren. Neurath bekam fünfzehn, Dönitz zehn Jahre.

Als Dr. Gilbert seinen Etagenrundgang machte, sagte Speer: »Das ist gerecht, ich kann mich nicht beklagen.«[3] Trotzdem beklagte er sich ständig. Gleich zu Beginn seines zweiten Buches, in jenem zum Teil umgeschriebenen Bestseller-Tagebuch seines Gefängnisaufenthalts, lamentiert er über die drei Freigesprochenen: »Lügen, Verschleierungen und unaufrichtige Aussagen haben sich also doch ausgezahlt.«

Im Licht von Sauckels bevorstehender Hinrichtung erschien alles irgendwie relativ – er hätte dasselbe schließlich ebensogut über sich selbst sagen können. Seine körperliche Reaktion auf den Streß dieses Ereignisses waren Herzattacken, gegen die ihm Aspirin verabreicht wurde. Die Hinrichtungen wurden auf amerikanische Weise im Beisein von Augenzeugen, einschließlich acht Reportern (darunter Rebecca West), vollzogen, und zwar in der Nacht vom 15. auf den 16. Oktober. Die Hinrichtungskammern wurden am östlichen Ende des Osttrakts eigens zu diesem Zweck gebaut und nach Abschluß der Verfahren wieder vernichtet, um einen potentiellen Reliquienschrein für künftige Märtyrerverehrungen zu beseitigen.

Kurz nach Antritt seiner Haftstrafe, hatte Speer seine Hundert-Seiten-Memoiren an seinen Freund in »Coburg« geschickt. Der Name stand für Coesfeld, wo Wolters nach dem Krieg wieder hingezogen war – das erste Beispiel für jene kindischen, halb-durchsichtigen Codes, die Speer sich im Gefängnis ausdachte. Margrets

Besuch am 14. Oktober, nach der Urteilsverkündung, stand im Zeichen des Gehämmers, mit dem im anderen Trakt die Galgen gebaut wurden. Drei Tage später mußten die sieben Überlebenden die Zellen der Hingerichteten reinigen – und auch deren Todeskammern. Anderenfalls hätte man sie getrennt und in Einzelzellen gesteckt.

Die Behandlung war streng, aber nicht unmenschlich. Speer war sich der Tatsache bewußt, daß es die Häftlinge hinsichtlich der Verpflegung durch die US-amerikanische Armee viel besser hatten als die deutsche Bevölkerung, die halb am Verhungern war. Das Gefängnis blieb indes ungeheizt, und um sich zu wärmen, war Speer auf einen der Winteranoraks angewiesen, die er selbst für die deutschen Truppen entworfen hatte, als diese Ende 1941 jenem russischen Winter ausgesetzt waren, auf den sie sich in ihrer Siegesgewißheit nicht vorbereitet hatten. Nun bot sich ihm Gelegenheit, an sich selbst herauszufinden, wie unzulänglich die Winterausrüstung der Wehrmacht gewesen war. In einem Brief an Margret, der von einem Kaplan aufgegeben wurde, teilte er ihr mit, sie solle sich keine Umstände machen und nicht versuchen, ihm ein Weihnachtspaket zu schicken.

Zehn Tage vor dem Fest wurden die sieben Häftlinge offiziell davon unterrichtet, daß sie nach Berlin verlegt werden würden. In jenem ausgesprochen strengen Winter 1946/47 verbrachten die Gefangenen vor Kälte zitternd 23 Stunden pro Tag in ihren Zellen. Zu ihrem Glück waren bereits Bücher verfügbar. Eine der wenigen Abwechslungen von dieser abstumpfenden Routine bestand in der gelegentlichen Aufforderung, Aussagen zu den Nürnberger Prozessen zu machen beziehungsweise als Zeuge dort aufzutreten.

Im Nürnberger Gefängnis waren auch andere Nazi-Angeklagte untergebracht, und während der Freigänge oder beim Duschen konnte Speer viele alte Bekanntschaften auffrischen. Rudolf Heß war der einzige unter den sieben, der von seiner Festungshaft in Landsberg her Erfahrungen als Häftling hatte. Seine dramatische Unzurechnungsfähigkeits-Tour während des Prozesses verfolgte er danach in Form von Größenwahn weiter. Die Wärter erzählten

Speer, daß er Portefeuilles zu einem neuen »Kabinett« verteile; aber Größenwahn war damals ja geradezu eine Gewohnheitssünde der Nazis.

Als der Frühling kam, gab es immer noch keine Neuigkeiten über die Verlegung nach Berlin, da sich die Westalliierten und die Russen nicht über die Details einigen konnten. Speer, der im Februar eine Zeugenaussage für seinen Freund Erhard Milch gemacht hatte, versuchte nun, anstelle der üblichen sechs zwölf Stunden pro Tag zu schlafen. Auf diese Weise hoffte er ein Viertel seiner Haftzeit »versäumen« zu können, zumindest nicht wahrzunehmen. Als man im Frühjahr 1947 die führenden Industriellen vor Gericht stellte, lehnte er es ab, als Belastungszeuge aufzutreten, wurde aber auch nicht zwangsweise vorgeladen.

Mit der vagen Absicht, seine Memoiren zu schreiben, machte er sich, wenn er wach war, unzusammenhängende Notizen, die er dem Kaplan für Margret mitgab. Die postalischen Gepflogenheiten wurden in dieser frühen Phase seiner Haft erstaunlich nachlässig gehandhabt. Briefe wurden zwar zensiert, aber man durfte soviel schreiben, wie man wollte.

Wieviel seiner Zeit Speer mit Schreiben verbrachte, ist abgesehen von einigen bestimmten Zeiträumen, nicht genauer zu ermitteln, doch ein Eintrag vom Dezember 1946 macht deutlich, daß er bereits sehr früh erkannte, wie wichtig diese Beschäftigung für ihn war – und das war lange bevor aus dem Rinnsal ein Strom wurde. Schon zu Beginn seiner Strafe, die ihn seine besten Jahre kostete, schrieb er in drei verschiedenen Kategorien. Zum einen waren das Briefe, die für den jeweiligen Adressaten gedacht waren; zum zweiten Reminiszenzen, letztendlich als vorbereitende Notizen für seine Memoiren gedacht, und zum dritten Tagebücher, die sich irgendwo zwischen privat und zur Veröffentlichung bestimmt einordnen ließen. Der rote Faden, der sich durch all diese Schriften zog, war die Vergangenheit, insbesondere seine eigene, und zwar vor allem seine Erlebnisse in der Zeit zwischen 1933 und 1945, als er Hitlers Architekt und zuletzt auch sein Waffenmeister gewesen war. Damit hat er aufs Ganze gesehen den Rest seines Lebens zugebracht.

Seine große Familie war für diesen Lebensabschnitt als konstantes Thema lediglich von sekundärer Bedeutung. Wenn er von den langjährigen loyalen persönlichen Mitarbeitern seiner Glanzzeit als »unser Vater« bezeichnet wurde, so sah er sich selbst in bezug auf seine Frau, seine sechs Kinder und seinen eigensinnigen älteren Bruder Hermann sehr nachdrücklich in der Rolle des zwar unvermeidlich abwesenden, aber unerbittlich pflichtbewußten altdeutschen Familienvaters. Nachdem er sein Kommando über die deutsche Wirtschaft durch den Kriegsverlauf eingebüßt hatte, mußte sein mächtiger Appetit auf Kontrolle und Manipulation auf diese beiden Gruppierungen, sein im Entstehen begriffenes Lebensunterhalts-Netzwerk und seine Familie, umgeleitet werden – Gruppierungen, die sich in weiten Bereichen überlappten. Wenn er später über seine Vergangenheit nachdachte, verspürte er wegen der Ausbeutung seines zwar dramatisch reduzierten, aber sehr realen Einflußbereichs keinerlei Gewissensbisse. Es war, als ob sie es dem Häftling schuldig seien, zu seiner Verfügung zu stehen. Die 20000 Papiere, die er im Gefängnis vollgeschrieben hatte, beweisen, daß er dort weder die Arroganz der Macht, noch die Eigenschaft der Besserwisserei verloren hat.

Das erste Familienereignis, das in seiner Gefangenschaft bis zu ihm vordrang und ihm seine Einschränkungen vor Augen führte, war der Tod seines Vaters, der im Alter von 84 Jahren am 31. März 1947 im Schlaf verstarb. Der Kaplan überbrachte die Nachricht in Form eines Telegramms von Speers Mutter am Karfreitag, dem 3. April. Knapp zwei Jahre zuvor hatten sich Vater und Sohn zum letzten Mal gesehen. Mit dem Ableben von Albert Speer senior wurde in den Tagebüchern kurzer Prozeß gemacht: Gerade einmal zehn Zeilen in der gedruckten Fassung war dem Sohn der Tod des Vaters wert.

Wenigstens hatte der alte Mann in den letzten Monaten seines Lebens die Gesellschaft seiner Schwiegertochter und seiner sechs Enkelkinder genossen. Diese waren etwa ein Jahr nach Kriegsende von Schleswig-Holstein nach Heidelberg zurückgekehrt – allerdings nicht in das Haus der Familie, denn das war von der amerikanischen Armee für einen höheren Offizier requiriert worden.

Die Familie nutzte das kleine Haus auf dem Grundstück, und eine Weile wohnte Margret mit den Kindern bei ihren Eltern. Speer und sein Vater hatten einander nie sehr nahegestanden und nie persönliche Gefühle füreinander ausgedrückt. Immerhin – sei es aus Respekt, sei es wegen einer Depression, sei es aus Mangel an neuen Ideen oder Ereignissen, Speer schrieb nach des Vaters Tod vierzehn Tage lang kein einziges Wort. Als jedoch Erhard Milch eine lebenslange Freiheitsstrafe erhielt, war ihm das dreißig gedruckte Zeilen wert.

Speer interessierte sich in diesem ungewissen Frühling des Jahres 1947 für die Fortschritte beziehungsweise Rückschritte von Rudolf Heß, während die sieben bedeutendsten Nazi-Häftlinge immer noch auf den oft verzögerten Umzug nach Berlin warteten. Unterdessen wurde Hunderten von ehemaligen Kollegen und Untergebenen, die im Nürnberger Gefängnis saßen, der Prozeß gemacht. Heß war exzentrisch und hatte sich ganz offensichtlich schon seit langem in seine eigene Welt zurückgezogen. Nun konnte er nach Belieben die beiden Seiten seiner Persönlichkeit ausleben, den Märtyrer und den Possenreißer, wie Speer diagnostizierte. Außerdem entdeckte er bei Heß Symptome sowohl von Größenwahnsinn als auch von Paranoia.

Für die nächste Familien-Offenbarung sorgte Speers älterer und einzig überlebender Bruder Hermann, der Albert am 2. Juli 1947 einen trügerisch aufmunternden Besuch im Gefängnis abstattete. Hermann hatte schon immer für Schwierigkeiten gesorgt. Er und Speers jüngerer Bruder Ernst (vermißt in Stalingrad) waren sowohl von der Mutter als auch vom Vater bevorzugt worden und hatten den einsamen mittleren Bruder Albert außen vor gelassen. Auch Hermann war in der Schule sehr gut gewesen, hatte als Teenager Talent zur Poesie bewiesen und Schülerpreise gewonnen. Im Alter von 18 Jahren war Hermann ein begeistertes Mitglied des Kreises um Stefan George, mit dem ihn eine jugendliche Liebesaffäre verband. Als der Dichter Hermann den Laufpaß gab, hielt er seine Jugend für zerstört und geriet an den Rand des Wahnsinns. In den späten zwanziger Jahren heiratete er schließlich eine etwas ältere Frau mit dem Rufnamen Gustl (eine

Koseform von Augusta). Sie war ein offener, starker, agiler Typ, der Albert sehr beeindruckte. Hermann jedoch war nicht in der Lage, sein Studium zu bewältigen oder häuslich zu werden, und 1933 wurde er sogar bei der Polizei angezeigt – auf Grund welchen Delikts ist nicht bekannt. Statt vor Gericht gestellt zu werden, wurde Hermann zur Untersuchung in eine psychiatrische Klinik geschickt, wo eine Beschäftigungstherapie in Form von körperlicher Arbeit empfohlen wurde. Albert erklärte, er habe mit Beginn der Parteikarriere seinen Einfluß geltend gemacht, um Hermann zu protegieren.

Hermann trat den Arbeitsdienst an, aber nur, um sich schon nach kurzer Zeit wieder zu verdrücken. Um die Einberufung zum Militärdienst kam er herum, indem er verschiedentlich für die Arbeitsfront und das Ernährungsministerium arbeitete. Während des Kriegs rückte er von Zeit zu Zeit ins Blickfeld seines erfolgreicheren Bruders, nämlich immer dann, wenn andere versuchten, Albert auf dem Umweg über Hermann zu beeinflussen. Einmal versuchte dieser für einen Industriellen eine größere Eisenzuteilung zu erwirken. Da aber Albert Speer in dieser Beziehung nicht korrumpierbar war, verloren die Schmeichler und Lobbyisten bald das Interesse und Hermann wurde so etwas wie ein Taugenichts, der im wesentlichen von den Zuwendungen seiner Mutter abhing. Neidisch auf seinen erfolgreichen Bruder, verbündete er sich mit dessen Feinden.

Sie hatten einander nie leiden können, doch als Hermann Albert besuchen kam – vielleicht nur, um sich heimlich daran zu erfreuen, daß der allmächtige Bruder am Ende doch zu Fall gekommen war –, schaffte er es, die drei Stunden mit Frohsinn und mit Optimismus über die Zukunft des Gefangenen auszufüllen. Niemals zuvor oder danach verstanden sich die beiden Brüder so gut; Hermann hat seinem Bruder in den kommenden Jahren allerdings noch so manche Kopfschmerzen bereitet.[4]

Was es auch immer für Schwierigkeiten mit Hermann gab, im Sommer 1947 war Albert Speer mit sich selbst durchaus zufrieden. Er konnte seinem Mithäftling Raeder nur zustimmen, wenn dieser bemerkte, daß Speer sich besser als jeder andere angepaßt habe und auch ausgeglichener sei. Im Januar vertraute er dem gedeihenden, wenn auch lückenhaften Tagebuch sein »eigentliches Problem« an – nämlich daß ihn jeder gern habe, angefangen bei seinem Lehrer Tessenow, über seinen Mentor Hitler, den Ankläger Jackson, die Richter, bis hin zu den Wärtern – eine atemberaubende Selbstgefälligkeit. So tat es seiner unverwundbaren Eitelkeit auch keinen Abbruch, als Dr. Douglas Kelley, ein Gefängnis-Psychiater in Nürnberg, ein Gutachten über ihn erstellte. Kelley hielt Speer für »einen der servilsten« und zugleich intelligentesten Häftlinge, für einen guten Architekten und einen Workaholic, verklemmt, aber aufrichtig, »ein Rennpferd mit Scheuklappen«. Dies war natürlich Wasser auf die Mühlen seiner Behauptung, er habe von den nazistischen Greueltaten nichts gewußt – und auch auf die Mühlen seines kultivierten Selbstbildes als eines »bekennenden« Ehrenmannes von außergewöhnlicher Intelligenz.

Am 18. Juli 1947 wurden die sieben Häftlinge um vier Uhr morgens vom Gepolter amerikanischer Armeestiefel und vom Öffnen der Zellentüren geweckt. Sie hatten nur wenige Augenblicke Zeit, ihre paar Habseligkeiten zusammenzupacken, dann wurden sie in das Gefängnisbüro eskortiert, wo sie eine Tasse Kaffee zu trinken bekamen. Ein Schuß löste sich – es handelte sich jedoch lediglich um einen ungeschickten GI, der sich aus Versehen selbst in den Fuß geschossen hatte. Jeder Gefangene wurde mit Handschellen an einen Soldaten gefesselt, die Gruppe in zwei schwerbewachte Militär-Ambulanzen verfrachtet und zum Fürther Flugplatz transportiert. Dort stiegen sie für den kurzen Flug nach Berlin in eine Dakota, wo man den Häftlingen die Handschellen wieder abnahm. Da der Horizont ihrer Welt seit knapp zwei Jahren an der Mauer des Nürnberger Gefängnishofes geendet hatte, erhielten sie durch die Fenster der Ambulanz und des Flugzeuges nun ihre ersten aufregenden Eindrücke von der Außenwelt. Während ihr Flugzeug vor der Landung in Tempelhof eine Schleife flog, war Speer besonders vom Anblick des von den Trümmern geräumten Berlins aus der Vogelperspektive fasziniert. Nachdem man ihnen abermals Handschellen angelegt hatte, wurden sie in einen Bus mit geschwärzten Fenstern gepfercht und Richtung Westen zu ihrer neuen Unterkunft gefahren. Den Umzug hatte man aus Sicherheitsgründen nicht bekanntgegeben. Deshalb verpaßte Speer einen Besuch Margrets, die vorgehabt hatte, nach Nürnberg zu kommen, sich die teure Reise nach Berlin dann jedoch nicht leisten konnte.

Das Spandauer Gefängnis war im britischen Sektor, am westlichen Stadtrand des besetzten Berlin gelegen, und zwar vom Zentrum aus gesehen auf der anderen Seite des Olympiastadions. Das Hauptquartier der britischen Militärbehörden befand sich in der Arena. Somit lag das Zuchthaus schön weit abseits vom Innenstadtverkehr und angenehm nah am britischen Militär-Krankenhaus. Das Gefängnis, das sich in der Wilhelmstraße befand (nicht zu verwechseln mit der gleichnamigen »Botschafts-Zeile« in Berlin-Mitte), war aus rotbraunem gehärtetem Backstein errichtet, ein Baustil, wie er im ausgehenden neunzehnten Jahrhundert bei öffentlichen Gebäuden in Deutschland häufig Verwendung fand. Es handelte sich dabei eigentlich um ein Militärgefängnis, das in der Folge des Französisch-Preußischen Krieges von 1870 gebaut wurde. Der Bau wies einen kreuzförmigen Grundriß auf, als hätte er eigentlich eine Kirche werden sollen. 1919 wurde er für zivile Zwecke umfunktioniert, 1939 aber einerseits wieder als Militärgefängnis genutzt, andererseits als Zwischenstation für Häftlinge auf dem Weg in die Konzentrationslager. Die Exekutionskammer konnte sowohl zum Guillotinieren als auch zum Erhängen verwendet werden und wurde während des Krieges sehr stark frequentiert – einer Quelle nach fanden dort innerhalb von sechs Jahren 12 000 Hinrichtungen statt. Es gab 132 Zellen, jede mit fließendem Wasser, einen Todestrakt mit fünf Zellen sowie zwölf Gemeinschaftszellen, was eine Kapazität von insgesamt 600 Betten ergibt.

Die vier Siegermächte hatten dieses Gefängnis, während die Verfahren noch schwebten, ausschließlich für diejenigen Häftlinge ausersehen, die bei den Nürnberger Hauptverhandlungen zu Freiheitsstrafen verurteilt wurden, benötigten dann jedoch anderthalb Jahre, um die Modalitäten festzulegen, auf deren Grundlage die in der Britischen Zone befindlichen »Spandauer Sieben« von allen vier Mächten kontrolliert werden konnten.

Man mag an dieser Stelle anmerken, daß das Gefängnis von den Engländern mit einer unangebrachten, ja verdächtigen Hast abgerissen wurde, nachdem man den letzten Häftling, Rudolf Heß, am 17. August 1987 in einer Gartenlaube tot aufgefunden hatte – er war damals 93 Jahre alt. Es heißt, der alte Exzentriker habe sich mit einem Stromkabel erdrosselt, das anderthalb Meter über dem Boden an einem Fenstergriff befestigt war.

Englische Militärtechniker hatten das Gefängnis für seine neue, politisch hochbrisante Rolle vorbereitet, wobei man deutsche Arbeiter beschäftigt hatte. Die laufenden Kosten wurden von 1945 bis zur Zerstörung von der Westberliner Stadtverwaltung getragen. Das Erdgeschoß des Hauptzellentrakts wurde zu einer in sich abgeschlossenen Einheit umgebaut; den Rest des soliden Gebäudes, abgesehen von den Verwaltungseinrichtungen, überließ man den Tauben. Die Armee schuf sich freies Schußfeld rings um das Gefängnis und zog einen elektrischen Zaun um die Außenmauer, der oben mit Stacheldraht versehen war. Zusätzlich wurden fünf Wachtürme errichtet. Die Guillotine verschrottete man und funktionierte die Exekutionskammer zu einem Notfall-Krankenzimmer einschließlich Operationstisch um. Die Sperrzone wurde von protzig bewaffneten und unbeschreiblich gelangweilten Truppen der vier Mächte bewacht, die sich jeweils nach einem Monat abwechselten. Jede Macht stellte ihren Gouverneur, der ebenfalls im monatlichen Turnus den Vorsitz führte. Die Gefängnisaufseher der vier Nationen arbeiteten in drei Schichten, wobei die Nationalität alle 24 Stunden wechselte. Zusätzlich zu diesen ausgebildeten Gefängniswärtern gab es mehr als zwei Dutzend Zivilbeschäftigte unterschiedlicher Nationalitäten, wie etwa medizinische Fachkräfte, Köche und Wartungspersonal, die fest im Gefängnis angestellt waren.[5]

Da Speer zufälligerweise der fünfte Häftling war, der das Zuchthaus betrat, erhielt er die Nummer fünf, die er für die nächsten neunzehn Jahre, zwei Monate und dreizehn Tage tragen mußte. Die Gefangenen wurden nackt ausgezogen und einzeln einer

Leibesvisitation unterzogen. Man wies ihnen Bekleidung zu, die aus den Konzentrationslagern stammte – allerdings nicht die berüchtigten schwarz-weiß gestreiften »Pyjamas«, sondern die grobe, einfache Kluft, von jenen Arbeitern getragen, die außerhalb der Lager Zwangsarbeit hatten verrichten müssen. Später gab man ihnen alte, gefärbte britische Kampfanzüge. Wiederum später erhielten sie braune Kordanzüge. Bei sämtlichen Uniformen waren auf dem Rücken die Nummern der Häftlinge angebracht.

Nach der ärztlichen Untersuchung wurde Speer in seine Zelle gebracht, wo er fünf synthetische Decken mit dem Aufdruck »GBI« aus seinem alten Berliner Generalbauinspektorat vorfand; man hatte sie für die Bautrupps der Baracken und Arbeitslager vorgesehen. Wie schon im Fall seines Wehrmachts-Winteranoraks in Nürnberg, mußte er nun abermals die Erfahrung machen, daß das Material keineswegs den Ansprüchen genügte.

Speers Zelle war vier Meter hoch und wies eine Grundfläche von drei Metern mal 2,70 Metern auf. Das kleine hohe Gitterfenster bestand aus Zelluloid – eine extreme Vorsichtsmaßnahme, um die Häftlinge daran zu hindern, sich mit Glasscherben die Pulsadern aufzuschneiden. Doch die Gefängniswärter hatten trotzdem allen Grund, ständig darauf zu achten, daß niemand einen Selbstmordversuch unternahm. Speer konnte die Wipfel eines Baumes sehen und ein Stückchen vom Himmel. Die Wände waren gelb gestrichen, die Decke weiß. Die Einrichtung umfaßte einen Tisch – jedoch keinen Stuhl–, der 81 mal 41 Zentimeter maß, sowie einen an Fußboden und Wand befestigten, im rechten Winkel zum kurzen, schmalen Bett befindlichen kleinen, türenlosen Schrank mit Einlegebrettern. Außerdem gab es direkt am Eingang eine Toilette, der einzige Punkt in der Zelle, der durch den Spion in der Stahltür nicht eingesehen werden konnte. Im Gefängnishof befand sich ein großer, verwilderter Garten von rund 6000 Quadratmetern. Alle Häftlinge erklärten sich bereit, dort zu arbeiten, selbst Heß. Man hatte sie jedoch auf Rationen gesetzt, die quantitativ jeweils denen der deutschen Zivilbevölkerung angeglichen wurden. Qualitativ waren sie davon abhängig, welche der Mächte im jeweiligen Monat gerade die Aufsicht hatte. Aufgrund dieser geringen Nahrungsmenge litten sie auch schon ohne körperliche Arbeit Hunger.

Wie in jeder Institution wurde der Alltag mit vier verschiedenen Wachen, Gouverneuren, Wärtern und Speiseplänen bald zur Routine. Um sechs Uhr Aufstehen, Waschen und Anziehen, um halb sieben Frühstück, eine Pfeife mit amerikanischem Tabak; Öffnen der Türen um halb acht, 15 Minuten lang Reinigen der Zellen und Fegen des Korridors, dann, um viertel vor acht, wieder zurück hinter die verschlossen Türen.

Anfangs erhielten die Gefängnisinsassen die Erlaubnis, eine halbe Stunde pro Tag nach einem sehr strengen Reglement in den Garten zu gehen. Dafür wurde das Licht erst um zehn Uhr abends ausgeschaltet, so daß ihnen viel Zeit zum Lesen blieb. Viel mehr Abwechslung gab es nicht. Besucher, die, wie in Nürnberg, fast den ganzen Tag bleiben und den einen oder anderen oder mehrere von ihnen zu anderen Gerichtsverhandlungen vernehmen durften, wurden jetzt nicht mehr zugelassen. Die Häftlinge durften anfangs nur alle zwei Monate einen fünfzehnminütigen Besuch von einem Familienangehörigen empfangen und pro Monat jeweils einen Brief schreiben sowie einen erhalten.

Speer hatte das Schreiben in den ersten paar Monaten so gut wie aufgegeben, und Margret konnte es sich nicht leisten, ihn zu besuchen. Die unvermeidliche Depression, die sich allgemein unter den Haftinsassen ausbreitete, wurde mit Hilfe einer Beschäftigungstherapie bekämpft: Man gestattete ihnen, im Garten zu arbeiten – wenn sie Lust hatten, den ganzen Tag. Dies erwies sich als heilsam.

Häftling Nummer fünf erlebte drei Monate nach seiner Ankunft in Spandau einen doppelten Fortschritt seines Geistes und seiner allgemeinen Moral. Mitte Oktober 1947 wendete sich sein Schicksal innerhalb von nur vier Tagen dank zweier junger Männer aus ehemals nationalsozialistisch besetzten Ländern, die Arbeit in Spandau gefunden hatten.

Alle Spandauer Sieben waren Protestanten, zumindest auf dem Papier. Mehrere Häftlinge beschwerten sich in den ersten Tagen über das Fehlen eines Gottesdienstes oder auch nur eines geistlichen Beistands. Beides hatte ihnen in Nürnberg zur Verfügung gestanden. Die Sowjets hielten sich aus diesem Problem heraus, und die Angloamerikaner konnten unter ihren Militärgeistlichen keinen deutschsprechenden protestantischen Kleriker ausfindig machen. Insofern fiel ausgerechnet der einzigen offiziell römisch-katholischen Macht die Aufgabe zu, einen evangelischen Geistlichen aufzutreiben: Georges Casalis, Pastor der hugenottischen Minorität in der französischen Zone, damals dreißig Jahre alt, sollte also als Gefängnisgeistlicher in Spandau Dienst tun. Monsieur Casalis war verheiratet und besaß all die für Calvinisten typischen Eigenschaften wie Fleiß und Gewissenhaftigkeit. Er war auch in der Résistance gewesen – eine Tatsache, die ihm bei den alliierten Militärs einmütigen Respekt einbrachte.

In einem Raum, der aus zwei benachbarten Zellen bestand, bei denen man die Trennwand entfernt hatte, hielt er am 11. Oktober, einem Samstag, seinen ersten schlichten Gottesdienst ab. Seine Requisiten bestanden aus einem hölzernen Wandkreuz, einem Standard-Gefängnistisch und einer Bibel. Heß war, so wurde berichtet, der einzige, der dieser Veranstaltung fernblieb; er besuchte den Gottesdienst nie. Mit dem üblichen Talar bekleidet, schüttelte Casalis jedem der sechs Mitglieder seiner sonderbaren Gemeinde die Hand und hielt sodann eine Predigt über das Los der Aussätzigen im biblischen Israel. Kein Wunder, daß einige Häftlinge, vor allem die beiden Admiräle, ihm dies persönlich übelnahmen und noch Tage danach beleidigt waren. Obgleich Speer nichts davon erwähnt und den Namen von Monsieur Casalis nicht ins Register seiner Spandauer Tagebücher aufnahm, unterhielt er sich damals und von da an jede Woche nach dem Gottesdienst mit dem Franzosen. Für die drei Jahre, die Casalis in Berlin und in Spandau arbeitete, wurde der Pastor in der Tat so etwas wie sein geistlicher Berater.[6]

Casalis empfahl Speer bald, die Werke von Professor Karl Barth zu lesen, einem Schweizer Theologen, der die theologischen und moralischen Lehren des Calvinismus reformiert hatte – und 1935 aus Deutschland nach Hause zurückgekehrt war, um keinen

Eid auf Hitler leisten zu müssen. Eines seiner Schwerpunktthemen war die Gottlosigkeit der Menschen, die vorgeben, selbst das Zentrum des Universums zu sein. Sein Hauptwerk war die »Kirchliche Dogmatik«, dessen deutscher Text 9000 Seiten umfaßt.

Wir wissen nicht, was Speer aus diesem dicken Wälzer für sich herausgezogen hat, aber der Umstand, daß er das Werk zu den insgesamt 5000 Schriften rechnete, die er im Laufe seines zwanzigjährigen Zuchthausaufenthalts gelesen hatte, rechtfertigt einen näheren Blick auf diese Behauptung. Wenn man von insgesamt 7500 Tagen ausgeht, an denen Speer Bücher las, dann bedeutet dies im Durchschnitt zwei Titel in drei Tagen. Selbst wenn man annimmt, daß er durch seine Arbeitsweise ein schneller Leser wurde, müßte das mitunter enorme Pensum beim Schreiben, bei der Gartenarbeit und bei anderen Aktivitäten seine potentielle Lesezeit drastisch eingeschränkt haben. Bei seiner Lektüre muß man zwischen solch dicken Bänden wie den Werken Barths, Arbeiten über Architektur, Reiseführern oder anderen Sachbüchern und leichter Lektüre (in späteren Jahren auch Zeitungen) unterscheiden. Er mag einen Blick auf all diese Bücher geworfen haben, die hauptsächlich aus Berlins öffentlichen Bibliotheken entliehen wurden, aber er kann unmöglich mit allen Büchern das getan haben, was man gemeinhin unter dem Wort »durchlesen« versteht. Die Behauptung sieht verdächtig nach einer weiteren kleinen Übertreibung aus.

Wie dem auch sei, es hat den Anschein, als habe Casalis Speer zum Nachdenken über die großen Fragen des Lebens animiert, und er muß ihm geholfen haben, sich mit der dauerhaften Gefangenschaft abzufinden. Es heißt ja, daß die meisten Menschen unwiederbringlich verändert werden, wenn sie länger als neun Jahre eingesperrt sind. Da Speer zweifellos im Vollbesitz seiner geistigen und körperlichen Fähigkeiten war und keine allzu starken Symptome von »Gefängnisfieber« zeigte, muß die frühe Zeitspanne unter den Fittichen seines religiösen Mentors für den Prozeß der Anpassung von entscheidender Bedeutung gewesen sein.

Was Speer auch immer Casalis schuldete – und er gestand gegenüber Gitta Sereny ein, daß es sehr viel war –, er war nicht imstande, sich dafür erkenntlich zu zeigen. Was die Einteilung seines Lebens und Denkens in Kategorien anbelangt, so war Speer außergewöhnlich bewandert: Casalis' Zweck bestand in seinen geistlichen Ratschlägen und in seiner nützlichen Schulung für das kontemplative Leben, das er anbot. Bei anderen Angelegenheiten, wie zum Beispiel bei seinen schriftstellerischen Ambitionen und ähnlichem Zeitvertreib, genoß er hingegen nicht sein Vertrauen. Ein Beichtvater war der Franzose nicht.

Von außerordentlichem Wert für Speers Programm der Anpassung an die Bedingungen der Quasi-Einzelhaft war das Angebot einer Rettungsleine von völlig anderer und durch und durch praktischer Art: Ein permanenter, heimlicher, unzensierter Weg der Kommunikation mit der Außenwelt und dem Netzwerk, das längst zur Verfügung stand, ihn zu unterstützen. Die Gelegenheit ergab sich am 14. Oktober ganz aus heiterem Himmel, als Speer von einem Holländer angesprochen wurde, der sich in seinen Tagebüchern hinter dem Pseudonym Anton Vlaer verbirgt. Sein wirklicher Name war Toni Proost. Er war 1924 in Flushing geboren und muß ein seltsamer junger Mann gewesen sein.

Es stellte sich heraus, daß er einer von den Millionen Menschen gewesen war, die unter dem Reichsminister für Bewaffnung und Munition in einem Berliner Munitionswerk gearbeitet hatten. Er war zwangsverpflichtet worden. Laut seinem früheren Arbeitgeber, dem er sich anvertraute, war Proost aufgrund irgendeiner Erkrankung in ein Berliner Lazarett eingeliefert und dort gut behandelt worden; vorübergehend hatte ihn sogar die Familie des Krankenhaus-Chefarztes »adoptiert«, der in Speers Tagebüchern den Namen Dr. Heinz trägt.

Nach seiner Genesung blieb Proost für den Rest des Krieges im Krankenhaus und erlernte den Beruf des Krankenpflegers. Für Spandau hatte man ihn zusammen mit einem älteren Kollegen namens Jan Boon rekrutiert: Beide Männer beschlossen, in Berlin zu bleiben, weil sie mit deutschen Frauen verheiratet waren. Dies war eine höchst ungewöhnliche Entscheidung für einen ausländischen Ex-Zwangsarbeiter, da diese es normalerweise gar nicht abwarten konnten, den deutschen Staub von ihren Schuhen zu schütteln und endlich wieder nach Hause zu kommen. Wie die nachfolgenden Ereignisse zeigen werden, war Proosts Frau Irmgard, geborene Unger, in dieser Ehe der stärkere Partner. Der Job brachte eine Wohnung innerhalb des Gefängnisgebäudes mit sich.

Speer bediente sich seiner unbezahlbaren neuen Geheimverbindung zur Außenwelt anfangs nur spärlich, da er sich mehr Erleichterung von dem Wissen ob der Möglichkeit versprach als davon, diese Möglichkeit gleich am Anfang überzustrapazieren. Immerhin war er in der Lage, seine Kassiber auf Toilettenpapier zu schreiben und dem Holländer zuzustecken, während dieser seinen Rundgang mit dem Erste-Hilfe-Köfferchen machte. Alle sieben Häftlinge machten früher oder später einen solch geheimen Kanal ausfindig und nutzten ihn mit zunehmender Dreistigkeit aus, sogar Heß. Nach einer Weile schienen die Spandauer Sieben auch mit Alkohol zumeist gut versorgt zu sein. Manchmal war er von der feinsten Sorte, selbst wenn er in Arzneiflaschen geliefert wurde und man ihn aus Emaillebechern trinken mußte.

Der Pakt zwischen Speer und Proost, der mehr als zehn Jahre lang Bestand haben sollte, war Speers Hauptkanal, aber nicht sein einziger. Auch die ideenreiche Frau Kempf, die sich bei ihrem ersten Besuch in Nürnberg ohne mit der Wimper zu zucken als Reporterin Zutritt ins Gefängnis verschafft hatte, fand bald ihre eigenen Mittel und Wege, ihrem Ersatzvater Nachrichten zukommen zu lassen. Und Speer, ganz der vorausschauende Opportunist, vermied es, einem einzelnen Boten all seine kostbaren Reflexionen anzuvertrauen.

Geschäfte zu machen, liegt in der Natur eines Holländers wie Proost, obgleich das Verhältnis zwischen ihm und Speer nicht ausschließlich kommerziellen Charakter hatte. Proost war mit einer Frau verheiratet, die noch mehr an Geld interessiert war als er selbst. Sie und ein Baby galt es zu versorgen, und die Umstände waren nicht eben leicht. Speer hatte zu jener Zeit keinen Zugang zu Bargeld, und seine Frau hatte es schwer, sich durchzuschlagen. Immerhin aber verfügte die Familie über einige Aktivposten, wie etwa das Grundstück in der Kronprinzessinnenstraße 21 in Berlin-Schlachtensee, sofern man es zu Geld machen konnte. Auf jeden Fall konnte er Hoffnungen wecken – und in den »schwarzen« Briefen an Margret, die er ihr nun zusätzlich zu den offiziell gestatteten monatlichen Briefen zu schicken vermochte, konkrete Vereinbarungen zugunsten Prooste treffen. Auch knüpfte er eine geheime Korrespondenz mit seinen Kindern an. Dabei handelte es sich um eine Reihe trostspendender Briefe, die er mit dem wortspielerischen Namen »Spanische Illustrierte« versah und die Zeichnungen enthielten, die das Leben im Gefängnis zeigten.

Langsam, aber sicher verbesserten sich die Umstände auch in anderer Hinsicht. Die Häftlinge mußten die alliierten Offiziere und Wärter militärisch grüßen und durften nur auf ausdrückliche Aufforderung sprechen. Doch das französische und – erstaunlicherweise – auch das russische Personal ignorierte dieses Reglement bald, während sich die diszipliniertere englischsprachigen Wachen nicht auf diese inoffizielle Neuregelung einlassen wollten. Ebenso wurden die Zellentüren häufig offengelassen, obgleich sie laut Vorschrift hätten verschlossen sein müssen.

Unmittelbar vor dem ersten Weihnachtsfest in Spandau geriet Speer durch die unerwartete Visite eines Wachmanns in Panik: Er warf seine aktuellen Notizen und sämtliches leeres »Schreibpapier« in die Toilette und spülte alles hinunter.

Speers heimliches Schreibpensum war enorm, und die Bedingungen, unter denen er schrieb, hastig und heimlich zugleich, wirkten sich entsprechend auf seine Schrift aus. Zum Glück bediente er sich nicht jener entsetzlichen »deutschen« Schrift, wie es ihm zumindest ein Kritiker fälschlicherweise vorgeworfen hat – ein auf Grund der Unleserlichkeit seiner Handschrift verzeihlicher Lapsus. Es gab jedoch anfangs Phasen, in denen er dies durchaus zu tun pflegte, wobei er so viele verkrampfte Wörter wie möglich auf irgend einen qualitativ schlechten Zettel quetschte. Unter normalen Umständen befleißigte sich Speer einer durchschnittlichen kontinentalen Handschrift mit großen, engen und ein bißchen spitzen Buchstaben.

Wolters war jedenfalls froh, daß er das Problem der Entzifferung auf seine Sekretärin abwälzen konnte. Marion Rießer, in ihrer Eigenschaft als Haupt-»Übersetzerin« der Kassiber, war Speer bald genauso ergeben wie ihr Arbeitgeber und Frau Kempf. Sie transkribierte die Notizen sehr sparsam auf kostbares Zwiebelhautpapier beziehungsweise auf blaues Luftpost-Schreibmaschinenpapier, indem sie die Blätter beidseitig, einzeilig und mit schmalstmöglichem Seitenrand beschrieb. Das Lesen ihrer Fassung bereitet deshalb genauso viele Kopfschmerzen wie das Brüten über dem verkrampften Original.

Frau Rießer war davon überzeugt, daß sie Albert Speer ihr Leben schuldete, und sie hatte damit wahrscheinlich recht. Sie war jüdischer Abstammung väterlicherseits. Ihr Vater, ein wissenschaftlich tätiger Mediziner, war nach Holland geflüchtet und hatte sich während des Krieges dort bei Freunden versteckt. Ihre jüdische Großmutter, die Witwe eines Geheimrats, war in das Konzentrationslager Theresienstadt deportiert worden und nie mehr zurückgekommen. Den Familienbesitz hatte man auf Anordnung Speers in seiner Funktion als Generalbauinspektor niedergerissen. Dies war Teil seines Exmittierungsprogrammes gewesen, mit dem das marmorne Herz der »Germania« von den Juden gesäubert wurde.

Wenn es einen Aspekt gibt, der unbestreitbar zu Speers Gunsten spricht, dann den, daß er von den rassischen, religiösen oder politischen »Makeln« – Wolters nannte sie »Webfehler« – seiner Mitarbeiter keine Notiz genommen hatte, solange sie ihre Arbeit gewissenhaft erledigt hatten. Marion Rießer hatte ein Sekretariat mit drei Mitarbeiterinnen zu leiten, das Repräsentation und Korrespondenz für Dr. Wolters erledigte. Ihre Aufgabe in Sachen Speer bestand in erster Linie im Abtippen der Chroniken (nicht bloß einmal, sondern zweimal, wie sich zeigen wird). Aufgrund der beträchtlichen Menge an zusätzlicher Arbeit, für die Wolters sie zu einer »Schlüsselfigur« in Speers Lebenserhaltungssystem ernannte, wurde ihre Arbeit zumindest teilweise zu einer ehrenamtlichen Tätigkeit. Ihre gebräuchlichern Spitznamen nach dem Codesystem der schwarzen Korrespondenz lauteten »Rießling« beziehungsweise »Spätlese« – weitere schwache Wortspiele.

Speers panikartiges Hinunterspülen seines Schreibmaterials durch die Toilette hatte bezeichnenderweise niemand bemerkt. Es ist erstaunlich, daß er im Laufe der gesamten zwanzig Jahre kein einziges Mal beim oftmals fieberhaften Kritzeln in seiner Zelle erwischt wurde, um so mehr, als die Sicherheitsvorkehrungen von seiner Seite aus diverse Lücken aufwiesen.

Das erste Weihnachtsfest ist einzig und allein deshalb erwähnenswert, weil es gemäß Gefängnisordnung erlaubt war, Musik zu machen. Walther Funk spielte auf einem Harmonium, das man ihm besorgt hatte. Weihnachtspakete von den Familien waren untersagt, und so tröstete Speer sich mit einem kleinen architektonischen Zeichenkunststück – einem Haus. Zum ersten Mal seit Jahren war er wieder seinem Beruf nachgegangen.

Das neue Jahr 1948 begann für die Spandauer Sieben recht vielversprechend mit einer ansehnlichen Erhöhung der Essens- und Brennstoffrationen. Wie sich in einem kurzen Experiment gezeigt hatte, wurde den Häftlingen außerdem spürbar wärmer in ihren Zellen, wenn man sie damit beschäftigte, Briefumschläge herzustellen.

Speers damals wiederaufkeimendes Interesse an der Architektur bescherte ihm laut Wolters' Protollen eine empfindliche Demütigung. Wolters hatte an Dr. Rudolf Pfister, den Verleger der Architekturzeitschrift »Baumeister« geschrieben und in Speers Namen um ein Abonnement gebeten. Pfister erwiderte großkotzig, daß seine Zeitschrift wegen der Papierrationierung nur eine geringe Auflage habe, welche den Architekten und Studenten vorbehalten sei. Sie sei nicht für die Unterhaltung von Leuten wie Speer gedacht: »Ich bin der Meinung, daß sich Herr Speer das Recht, weiterhin als Architekt tätig zu sein, doch durchaus verscherzt hat, zumal ich ihn nie für einen guten Architekten gehalten habe, der er bestimmt auch nicht ist.«[7]

Im März 1948 rechnete Speer aus, daß er zwanzig Kilogramm Untergewicht hatte. Nichtsdestoweniger arbeitete er sehr hart im Garten, wodurch er im Laufe weniger Jahre mehr als alle anderen dazu beitrug, diesen neu zu gestalten, zu bepflanzen und in einen Miniaturpark zu verwandeln. Zusätzlich las er fünf Stunden täglich und zeichnete auch noch. Margret hatte eine einstündige Besuchszeit angespart, also die jährliche Berechtigung von vier vierteljährlichen Viertelstunden, und beabsichtigte, im Mai nach Berlin zu fahren. Doch Speer bat Casalis, er möge sie dringend ersuchen, nicht zu kommen.

Aus den Tagebüchern wird nicht unmittelbar ersichtlich, ob sie dieser Bitte nachkam. In der gedruckten Fassung findet sie bis Ende 1948 nicht einmal eine namentliche Erwähnung und auch danach nur als Reminiszenz an die Zeit vor dem Krieg. Proost jedoch wurde, wenn Speer in der Laune war, seine Erinnerungen aufzuschreiben, als Postbote immer häufiger in Anspruch genommen. Gleichzeitig fungierte die tüchtige Annemarie Kempf auf seine und Wolters' Anregung hin – die beiden Männer standen noch nicht in direktem Kontakt miteinander – als Verwalterin und Umschlagplatz der stetig wachsenden Korrespondenzen Speers. Sie überredete Margret, ihr alles auszuhändigen, was diese aus Spandau erhalten hatte, so daß Speers zunehmende Botschaften und Wünsche koordiniert und an die entsprechende Adresse zur Bearbeitung weitergeleitet werden konnten. Bald war sie in der Lage, angeforderte Dokumente ins Gefängnis schmuggeln zu lassen, und selbst größere Gegenstände wie Bücher, Flaschen und sogar Dosen mit Beluga-Kaviar stellten binnen kurzer Zeit keine Herausforderung mehr da.

In der Zwischenzeit hatte Wolters am 1. September 1949 einen wichtigen Schritt für Speer unternommen: Er war zur Volksbank in Coesfeld gegangen und hatte auf seinen eigenen Namen ein Konto mit der Nummer 2390 eröffnet. Frau Rießer, seine bis dahin und fürderhin über viele Jahre geliebte Sekretärin, wurde autorisiert, das Konto zu verwalten, Gelder einzuzahlen und Schecks zu unterzeichnen. Die beiden Männer standen immer noch nicht in direktem Kontakt miteinander, aber Wolters unternahm beachtliche Anstrengungen – und übte moralischen Druck aus –, um dieses »Schulgeldkonto«, wie er es immer nannte, auftragsgemäß zu füllen.

Die Bezeichnung »Schulgeldkonto« entsprach übrigens durchaus dessen ursprünglicher Bestimmung, der großen Familie Speers während der Ausbildungszeit der Kinder unter die Arme zu greifen, und auch ihm selbst.

Als sich die Einzahlungen häuften, avancierte das »Schulgeldkonto« zum Albert-Speer-Unterhalts-und-Wohltätigkeitsfonds, der die verschiedensten Kosten deckte: Ausgaben der Familie, Zahlungen an Proost und andere Boten, Urlaube für Frau Kempf sowie Unterstützungen und sogar Bestechungen von Leuten, die im Rahmen gerichtlicher Angelegenheiten oder im Rahmen von Kampagnen zu seiner vorzeitigen Entlassung für ihn arbeiteten. Speer verfuhr mit dem Geld, als hätte er es selbst verdient, und nahm sich das Recht, es ganz nach Belieben auszugeben. Im Psychologenjargon der nachfolgenden Generation war Speer ein »Kontroll-Freak«. Das tritt nirgends deutlicher zutage als in den zum Schulkonto gehörenden Buchhaltungsunterlagen und der zugehörigen Korrespondenz, die von Wolters sorgfältig für die Nachwelt aufgehoben wurde. Speer bediente sich des anfänglich bescheidenen Kontos fast vom selben Augenblick an, da er von dessen Existenz wußte, um seine Familie und andere Menschen zu manipulieren.

Die Gelder für das Konto beschaffte Wolters, indem er Speers frühere Kollegen aus Architektenkreisen, aus der Industrie und seinem Ministerium einlud beziehungsweise aufforderte, entweder eine einmalige Zahlung oder, was noch besser war, einen regelmäßigen monatlichen Beitrag zwischen zehn und zwanzig Mark in Form eines Dauerauftrags zu leisten. Letzten Endes überzeugte die meisten das Argument, daß sie ihm etwas schuldig seien – schließlich seien sie jener Gefängnisstrafe entgangen, die er nun teilweise auch an ihrer Stelle in einem sehr realen Sinn abzusitzen habe. Ab Dezember 1949 erhielt Speers Gattin bereits jeden Monat zweihundert Mark – in der neuen harten D-Mark ein recht stattliches Sümmchen.

Die Häftlinge waren nicht imstande, innerhalb des Gefängnisses wirkliche Freundschaften zu schließen. Funk, freundlich und schwächlich, kam mit Schirach und Raeder jeweils einigermaßen gut aus, doch Raeder disputierte unentwegt mit seinem ehemaligen Marinekameraden Dönitz über die Leitung des von Dönitz durchgeführten U-Boot-Einsatzes. Speer schließlich vertrug sich am besten mit Neurath. Diese beiden und die Admiräle waren stets sehr beschäftigt, während die übrigen drei, insbesondere Heß, zur Untätigkeit neigten. Als ihnen das Angebot unterbreitet wurde, ihr Mittagessen gemeinsam in der Gruppe einzunehmen, lehnten sie ab. Auch redeten sie sich gegenseitig immer noch mit »Herr« und dem jeweiligen Zunamen an. Titel wurden zwar nicht genannt, aber man legte Wert auf die Rangordnung des Dritten Reichs, was zu Reibereien zwischen Dönitz, dem Nachfolger Hitlers, und Heß, Hitlers »Stellvertreter«, führte.

Durch die Berlin-Blockade konnte Margret ihre für den Februar geplante Reise nicht antreten, aber nachdem sie im Mai wieder aufgehoben worden war, besuchte Margret Mitte Juni 1949 ihren Mann. Lediglich aus Anlaß dieses Treffens erfahren wir aus dem Tagebuch, daß es sich dabei um die erste Begegnung handelte, seit sie drei Jahre zuvor in Nürnberg auf das Urteil gewartet hatten. Speer konnte seine Aufmerksamkeit lange genug von der gewohnten Konzentration auf sich selbst ablenken, um sich der Tatsache bewußt zu werden, daß der Besuch auch für sie eine Feuerprobe bedeutete. Sie sah besser aus, als er sie in Erinnerung hatte, und sie brachte ihm eine neue Pfeife mit, ein geduldeter Luxus, über den er sich zunehmend freute. Speer legte sich eine riesige Sammlung teurer Pfeifen zu, wobei er sich ausgefallene Formen solch kostspieliger Marken wie Dunhill und Peterson besorgte, bis ihn neuerliche Lungenbeschwerden zwangen, das Rauchen aufzugeben.

Die Welt außerhalb des Zuchthauses erlebte im Mai 1949 in Westdeutschland die Gründung der Bundesrepublik und im Oktober im sowjetischen Osten die Gründung der Deutschen Demokratischen Republik. Dr. Konrad Adenauer, früher antinazistischer Bürgermeister von Köln und Vorsitzender der CDU, wurde erster Nachkriegskanzler an der Spitze einer Mitte-Rechts-Koalition.

Die dramatisch zunehmende Erkaltung der Ost-West-Beziehungen – symbolisiert durch die endgültige Teilung eines bereits gestutzten Deutschlands – wurde von den Spandauer Häftlingen als unmittelbare Bedrohung ihrer Interessen empfunden. Es kursierten Gerüchte, daß sie im Falle eines Totalzusammenbruchs der

Ost-West-Beziehungen jeweils derjenigen Macht ausgeliefert würden, die sie gefangengenommen hatte. Einige fühlten sich jedoch im nachhinein in ihren außenpolitischen Versuchen bestätigt, in der Endphase des Krieges Keile zwischen die Alliierten zu treiben.

Der Ausbruch des Koreakrieges im Sommer 1950 und die daraus erwachsende Konfrontation zwischen den kommunistischen und westlichen Mächten jagte ebenfalls einen Schauer durch die Gefängnismauern, der allerdings mehr die Gefangenen ergriff als deren Wachen, denen es gelang, ihre Aufgaben zu erfüllen, ohne daß es zu Handgreiflichkeiten kam. Margret besuchte ihren Mann nun alle drei Monate, doch es mangelte den Zusammenkünften, die im Beisein der Wachen stattfanden, so sehr an spontaner Wärme, daß es selbst dem unspontanen Speer unangenehm auffiel. Er notierte sich die nicht übermäßig scharfsinnige Wahrnehmung, daß seine eigene Strafe auch die ihre war. Obwohl die Begegnung verhältnismäßig angenehm verlaufen war, erlitt er im Anschluß an ihren Besuch im Februar 1950 eine Herzattacke. Auch Heß hatte mit gesundheitlichen Problemen zu kämpfen. Er erlitt einen erneuten Anfall von Amnesie, der mehr als drei Monate lang anhielt – ob er simuliert oder echt war, konnte niemand sagen.

Doch es gab auch Erfreuliches: Hilde, Speers zweitältestes und vermutlich bevorzugtes Kind, geboren 1936, gewann ein einjähriges Schülerstipendium für New England in den Vereinigten Staaten. Speer erfuhr davon im März 1952. Im Juni verweigerte man ihr seinetwegen noch das Visum, aber schon eine Woche später ließen sich die Amerikaner erweichen, und im Juli reiste sie ab.

Speers gelegentliche Erwähnungen Wolters' in seinen Briefen an Margret hatten jenen im Frühjahr 1951 ermutigt, einen Kassiber nach Spandau zu schicken. In den fünf Jahren war dies Wolters' erste derartige Aktivität gewesen. Aus irgendeinem Grund vertrat er die Ansicht, daß das gesamte Nürnberger Prozeßmarathon irrtümlich und ungerecht verlaufen sei, daß Hitler für die Dinge, bei denen er richtig gehandelt habe – etwa seine Arbeitsbeschaffungsmaßnahmen –, nicht entsprechend gewürdigt, daß die Darstellungen des nazistischen Genozids um einen Faktor von mindestens zehn übertrieben und daß Deutschland im allgemeinen von den Siegern sehr grausam behandelt worden sei. Andererseits verfügte er sowohl über einen ausgeprägten Sinn für Humor als auch über ein ganz undeutsches Gefühl für Ironie. Wie seine Briefe und anderen Schriften bezeugen, hatte Wolters sowohl ein gutes Sprachgefühl als auch einen entsprechenden kulturellen Hintergrund, die ihn befähigten, mit Größe, Tiefe und Geist zu schreiben – viel lesbarer als die Werke seines Mentors und langjährigen Briefpartners in Spandau. In seinem ersten Brief regte er an, Speer solle an seinen Memoiren weiterarbeiten, aber der hatte ohnedies bereits angefangen, in seinem Gedächtnis zu kramen und einige seiner Erinnerungen aufzuschreiben.

Der Weggang von Casalis im Juni 1950 fand in den Tagebüchern keinen Niederschlag – ein Umstand, der, wie oft angemerkt, in keiner Relation zur Bedeutung eines für Speer emotional signifikanten Ereignisses stand. Im selben Maße, in dem er versuchte, den Verlust seines geistlichen Beistands zu kompensieren oder zu verdrängen, widmete er sich nun der Gartenarbeit, und zwar begeisterter und kontinuierlicher als jeder andere Häftling. Auch zwang er sich im Herbst 1949 zu regelmäßiger Körperertüchtigung, in erster Linie zum Gehen. Eine weitere, im Frühling 1951 entwickelte Strategie, die Langeweile zu bekämpfen, bestand in einem halbjährlichen »Urlaub«: Dabei gönnte er sich zwei Wochen so viel Schlaf wie möglich, unterstützt durch Schlaftabletten.

Im Laufe dieser »Schlafkur« ernteten die Bemühungen des Netzwerks, Unterstützung für eine vorzeitige Entlassung Speers zu erhalten, ihre ersten sichtbaren Früchte: Annemarie Kempf erhielt einen Brief mit einer Sympathiebekundung von Paul Nitze, damals Direktor des Policy Planning im US State Department, sechs Jahre zuvor jedoch einer von Speers Verhörern.

Unter denjenigen, die Wolters für die gemeinsame Sache hatte gewinnen können, befand sich auch sein Rechtsanwalt Werner Schütz. Schütz lebte in Düsseldorf, wo Wolters ein Architekturbüro unterhielt, da die nordrhein-westfälische Landesregierung häufig Aufträge an ihn vergab, und war enger politischer Mitarbeiter Adenauers. Später wurde er dann Kultusminister desjenigen Bundeslandes, in dem er mitgeholfen hatte, die regionale CDU zu gründen. Der ungeheuer dicke und zugleich ungeheuer intelligente Jurist war von Wolters angehalten worden, sich inoffiziell für Speer einzusetzen – der als Häftling nicht das Recht hatte, ein gerichtliches Verfahren einzuleiten. Man bot ihm für seine Auslagen ein Honorar aus dem Schulgeldfonds an, aber er lehnte ab. Eine Zeitlang stellte Wolters trotzdem mehrere tausend Mark als Anreiz bereit, damit Schütz bei diversen Leuten als Fürsprecher auftrat, so zum Beispiel bei Adenauer, der sich indifferent zeigte, bei Bundespräsident Theodor Heuss, der ablehnte, und bei dessen Nachfolger, Heinrich Lübke, der während des Krieges in Speers Baustab gearbeitet hatte, gegenüber den Spandauer Sieben allerdings die sowjetische Kompromißlosigkeit als Entschuldigung für seine Untätigkeit anführte. Schütz' ehrenwerte Weigerung, auch nur einen Pfennig anzunehmen, bedeutete, daß das Geld Hilde Speer zufließen konnte, die sich neben dem Studium für ihren Vater einsetzte.

Speers Angelegenheiten versorgten in den frühen fünfziger Jahren gleich mehrere Juristen mit Arbeit. Otto Kranzbühler, der begabte Marineanwalt, der Dönitz' Verteidigung in Nürnberg geführt hatte, leitete nun gerichtliche Schritte für die Wiederaufnahme der Verfahren vor allem von Großadmiral Dönitz und von Speer ein; Ende Januar 1952 gelang es ihm, in dieser Sache bei Adenauer persönlich vorstellig zu werden. General Hans Speidel, einst Rommels Stabschef, dann der erste deutsche General, der zu einem Nato-Oberkommando berufen wurde, machte sich sowohl in Bonn als auch auf Nato-Ebene für die vorzeitige Entlassung stark.

Dr. Flächsner, der Speer verteidigt hatte, war seit Frühjahr 1950, als die Entnazifizierungsverfahren gegen seinen Mandanten eingeleitet wurden, erneut für ihn tätig. Während des größten Teils der nachfolgenden Dekade und darüber hinaus mußte Speer damit rechnen, daß sein Familienvermögen als persönlicher Beitrag zur Sühne und Wiedergutmachung der Naziverbrechen enteignet werden würde. Dies stellte eine echte Bedrohung für Margret und die Kinder dar und bedeutete, daß sich Wolters, der im

Sommer 1950 angefangen hatte, eidesstattliche Erklärungen für Speer zu sammeln, noch mehr für sie ins Zeug legen mußte. Der kränkelnde Professor Tessenow sagte aus, daß Speer ihm während des Krieges Schutz gewährt habe, und Professor Paul Bonatz aus Hannover erklärte, daß Speer ihn, wie so viele andere politisch suspekte Personen im Reichsministerium auch, protegiert habe. Ein weiterer ehemaliger Ministeriumsangestellter bescheinigte Speer die Rettung von Kunstwerken vor den Russen, indem er sie 1945 aus Berlin in Richtung Westen habe herausschaffen lassen. Ein alter Mitarbeiter des Reichsministeriums bestätigte Speer dezidierten Widerstand gegen den »Verbrannte-Erde-Befehl«. Ein Amerikaner, der als Repräsentant eines »Commitee for international Justice« auftrat, schrieb Margret aus New Jersey und versprach ihr Hilfe bei der Freilassung sämtlicher Deutscher, die sich noch wegen Kriegsverbrechen in Haft befänden. Das »Time-Magazine« stellte im Juni 1952 Nachforschungen über jene neue rechtsgerichtete Aktionsgruppe an, die Speer selbst bereits mit Recht als für seine Sache latent schädlich identifiziert hatte.

Eine empfindsame Leni Riefenstahl, Regisseurin des umstrittensten Dokumentarfilms der Nazi-Ära, sagte in einem Brief aus Rom, der auf den 29. Juni 1952 datiert ist, ihre Unterstützung zu – womöglich durch die Tatsache beeinflußt, daß sie selbst einem ähnlichen Prozeß ausgesetzt war:

»Ich leide so sehr unter dem furchtbaren Schicksal, was ihn betroffen hat und ich kann es einfach nicht glauben, daß dieser Mann keine Aufgaben mehr haben sollte. Ein Wunder wird ihn eines Tages retten; ich kenne keine Persönlichkeit, die mich vom Ethischen her und als Genie so beeindruckt hat wie Speer. Immer trage ich ein Bild von ihm bei mir – wenn er nur die Kraft hat, durchzuhalten.«

Frau Kempf, die Empfängerin dieses überschwenglichen Geständnisses, verließ Eutin, wo sie bei der Kinderfürsorge »Childcare) gearbeitet hatte, um in Bonn ab September 1950 einen Posten als Sekretärin eines Bundestagsabgeordneten zu bekleiden – ein zweckdienlicher Schritt zur Beeinflussung von Bundestagsabgeordneten. Während in der Zwischenzeit zahlreiche eidesstattlichen Erklärungen abgegeben wurden, häuften sich auch die Spenden für den Schulfonds, und zwar in solchem Ausmaß, daß Wolters Margrets monatliche Zuwendungen im Oktober auf 300 Mark und im November nochmals auf 350 Mark aufstocken konnte. Mit Geldern des Fonds wurden auch die Gerichtskosten gedeckt. Außerdem erhielt Karl Cliever 100 Mark – zu Kriegszeiten ein Assistent von Speer, dem es nun sehr schlecht ging.

Während das »Netzwerk« all die bereits erwähnten Anstrengungen unternahm, gestaltete sich der Sommer 1952 als eine Zeit vielgestaltiger familiärer Schwierigkeiten für den Häftling Nummer fünf. Den schlechten und dann wieder guten Neuigkeiten über Hildes Visum für die Vereinigten Staaten, eine Aussicht, die ihren Vater in heftige Aufregung versetzte, folgte zwölf Tage später die traurige Nachricht, daß seine Mutter, Luise Mathilde Speer, am 24. Juni gestorben war. Bereits Ende Mai hatte man Speer darüber inforniert, daß sie einen Schlaganfall erlitten hatte. Obwohl die harte alte Dame ihrem mittleren Sohn niemals Liebe entgegengebracht, ihm aber, als er berühmt geworden war, eine gehörige Portion Stolz mit auf den Weg gegeben hatte, bedauerte Speer den Umstand, sie seit April 1945 nicht mehr gesehen zu haben. Die distanzierte Kindheitsbeziehung zu seiner Mutter war zweifellos eine der Hauptursachen, die der emotionalen Unnahbarkeit Speers und seinem gleichsam manipulativen Charme zugrunde lagen.

In der Folge litt Speer unter Depressionen. Wie Annemarie Kempf Wolters gegenüber klagte, hatte Speers älterer Bruder Hermann der Mutter während der letzten Lebensmonate irgendwelche Probleme verursacht: Sie beschrieb sein Verhalten als ›Mangel an Mäßigung‹, wobei sie das ursprünglich davorgesetzte Adjektiv »sadistisch« wieder gestrichen hatte. Einen Monat später, im Juli 1952, wußte sie allerdings zu berichten, daß sich Gretel und Hermann nach dem Tode von Frau Speer wieder ausgesöhnt hätten.[8]

Hilde verbrachte unterdessen eine herrliche Zeit auf der anderen Seite des Atlantiks. Sie kleidete sich nach der Mode des Luxusliners »United States«, des damals schicksten Passagierdampfers, und lebte bei einer wohlhabenden Quäkerfamilie im Norden des US-Bundesstaates New York. Nach einer Weile bestand sie die erste Demarche als Gesandte ihres Vaters: Sie knüpfte eine Verbindung mit jenem Mann an, dem sie das Visum für ihr einjähriges Stipendium verdankte: John J. McCloy. McCloy war von 1949 bis 1952 amerikanischer Hochkommissar in Westdeutschland gewesen, bis die alliierte Kontrollkommission, der er vorsaß, das ihr verbliebene Potential an Souveränität an die Bundesrepublik abgetreten hatte. Anschließend wurde er Vorsitzender einer Bostoner Bank. Die McCloys luden das bezaubernde junge Mädchen zum Tee ein und waren gehörig von ihr beeindruckt. McCloy versicherte, er sei davon überzeugt, daß man Speer einen Teil seiner überlangen Strafe erlassen könnte.

Obwohl diese Neuigkeiten aus der Feder seiner Tochter nichts Konkretes bedeuteten, vermochten sie Speer im Herbst 1952 ungeheuer aufzubauen. Er profitierte jetzt vom Postzustellungsdienst eines amerikanischen Gefängniswärters, eines Sergeanten, mit Vornamen Frederick. Das Geheimnis seiner Identität nahm Speer mit ins Grab. Die Gegenleistung für diesen Mann könnte der Bauplan für eine Art Ranch gewesen sein, den Speer gezeichnet und »einem freundlichen US-Sergeanten« gegeben hatte.

Anfang April 1953 (laut Speer-Tagebuch bereits 1952) kam es im Gefängnis zu einer kleinen, delikat-ironischen Krise, als es sich der amerikanische Direktor in den Kopf setzte, die sieben Häftlinge in die Geheimnisse des Korbflechtens einzuweihen. Wie bereits erwähnt, hatte es schon einmal ein kurzes Experiment gegeben, in dessen Rahmen die Strafgefangenen herangezogen worden waren, Briefumschläge herzustellen. Anscheinend hatten sie diese Zumutung ohne Protest hingenommen, doch Korbflechten, jene Art von Beschäftigungstherapie, die in Nervenkliniken angewandt wurde, das war zuviel. Am 2. April vertraute Speer seinem Tagebuch an: »Das ist in unseren Augen diskriminierend und mit dem Urteil von Nürnberg nicht zu vereinbaren. Wir sind nicht zu Zuchthaus oder Zwangsarbeit verurteilt worden.«

Die Sieben einigten sich darauf, geschlossen dagegen vorzugehen. Speer bat Wolters, bei Kranzbühler juristischen Rat einzuholen. Dieser ermutigte sie zum höflichen Widerstand mit der Begründung, es sei ihrem Ruf als »Gentlemen« dienlich, den er als unabdingliche Voraussetzung für eine Amnestie betrachtete. Am 11. April verwarf der Amerikaner seine Idee von der zwangsweisen Korbherstellung – ein seltener Sieg.

Hilde Speer hielt ihren Vater über ihre Aktivitäten in den Vereinigten Staaten stets auf dem laufenden. Eine davon war der beachtliche von McCloy eingefädelte Coup eines Zusammentreffens mit Dean Acheson, dem von 1947 bis 1953 amtierenden Staatssekretär, bei dem sie ebenfalls einen nachhaltig positiven Eindruck hinterließ. Im Mai schrieb Speer ihr in übereifrig väterlicher Manier, sie solle beiden State-Departement-Kontakten Dankesbriefe von ihrer Gastadresse aus schreiben, und zwar – für den Fall, daß die beiden ihr gerne eine Botschaft mitgeben würden – möglichst lange, bevor sie im Juli nach Hause zurückkehre.

Sowohl für Speer als auch für seine Tochter waren diese Auslandskontakte im Jahr 1953 äußerst spannend. Wie isoliert die Häftlinge tatsächlich waren, beweist ihre fieberhafte Aufregung gegen Ende Januar. Ursache war ein phantastisches Komplott zu ihrer Befreiung und zur Bildung einer neuen, postnazistischen Regierung unter Dönitz. Der Mann, den man dafür verantwortlich machte, hieß Otto Skorzeny, ein ehemaliger SS-Obersturmbannführer und im Krieg Deutschlands erfolgreichster Spezialist für Kommandounternehmen. Er hatte sowohl Mussolini als auch Horthy, den ungarischen Faschistenführer, befreit und hatte im Verlauf der Ardennenoffensive einen gewagten Einsatz hinter den amerikanischen Linien befehligt. Aber Skorzeny, der von der Anklage des Kriegsverbrechens freigesprochen worden und dann während der Vorbereitung eines weiteren Verfahrens wegen anderer Beschuldigungen aus der Untersuchungshaft geflohen war, betrieb seelenruhig ein Import-Export-Geschäft in Spanien und bestritt, von einem geplanten Hubschrauber-Angriff auf Spandau zu wissen.

Auch im März, als sie von Stalins Tod hörten, hofften die Gefangenen vergeblich, ihr Los würde sich verbessern. Daß dieses Ereignis keineswegs dazu angetan war, die politischen Spannungen zwischen Ost und West zu lösen, beweist die brutale Niederschlagung des ostdeutschen Arbeiteraufstandes im Juni mit Hilfe sowjetischer Panzer. Ähnlich verfuhren die Russen einige Jahre später auch in Polen, Ungarn und in der Tschechoslowakei.

Zur selben Zeit versuchte Albert Speer, den möglichen Konsequenzen eines Entnazifizierungsverfahrens, das immer noch vorbereitet wurde, auszuweichen, indem er die elterliche Erbschaft zu gleichen Teilen an seine sechs Kindern überschrieb. Für jedes von ihnen wurden ungefähr 60000 Mark angelegt, wobei Speer davon ausging, daß jedes Kind durchschnittlich 30000 Mark benötigen werde, um einen qualifizierten Schulabschluß zu erlangen, und dann noch mal über denselben Betrag verfügen könne. Er ließ seiner Familie auch weiterhin Geld aus dem Schulfonds zukommen, obschon Margret, die seit Dezember 1953 wieder im heimatlichen Familienbesitz in Heidelberg lebte, ihre monatliche Beihilfe aus freien Stücken halbierte, da sie es vorzog, durch die Aufnahme von Untermietern selbst Geld zu verdienen. Im Gegensatz dazu stellte Hermann Speer nach wie vor ein Ärgernis dar und schien ganz versessen darauf, seinen Erbanteil, den er schon vor der Auszahlung kräftig beliehen hatte, mit vollen Händen zum Fenster hinauszuwerfen. Speer wollte bereits im August 1952 aufhören, seinem mißratenen Bruder unter die Arme zu greifen, doch mehr als zwanzig Jahre später tat er es immer noch.[9]

Papas Tochter (1953–66)

An ihrem 17. Geburtstag konfrontierte Hilde Speer ihren Vater mit einer peinlichen Frage. In einem auf den 17. April 1953 datierten Brief meinte sie ziemlich unverblümt, sie könne zwar verstehen, daß trotz der unmißverständlichen Äußerungen in »Mein Kampf« anfangs auch Intellektuelle mit Hitler sympathisiert hätten, nicht aber, daß er, Speer, 1940 nicht mit dem Diktator gebrochen habe.

Speers Antwortschreiben vom 14. Mai war von beachtlicher Länge – ein Zeichen dafür, daß er die Vorbehalte seiner Tochter sehr ernst nahm und sich dessen bewußt war, daß von einer überzeugenden Stellungnahme die zukünftige Beziehung zu seinem Kind abhängen würde. Die ungeheuere Bedeutung, die Speer seiner Antwort beimaß, wird durch die Tatsache bekundet, daß er sie seinen beiden vorherigen Biographen, William Hamsher und Gitta Sereny, als gesondertes Thema präsentierte.

Er wolle, schrieb er an Hilde, mit dem schwierigsten Teil beginnen: »Es gibt ... keine Entschuldigung! Es gibt nämlich Dinge, an denen man schuld ist, auch wenn man sich entschuldigen könnte.« Mit seinen Mithäftlingen diskutierte er über diesen Punkt nicht – schon gar nicht, seit Pastor Casalis weggegangen war. Um Selbstrechtfertigungen zu vermeiden, so schrieb er weiter, verzichte er auf den Ausdruck »Schuld«. Er habe Hitlers Befehle angenommen und müsse nun die Verantwortung für deren Konsequenzen tragen, doch »von den scheußlichen Sachen habe ich nichts gewußt« – eine Leugnung, die man in Nürnberg hingenommen hatte. Er hätte es herausfinden können, gestand er, aber er habe es vorgezogen, sich keine Gedanken darüber zu machen. Nürnberg sei unvermeidbar gewesen, und seine Strafe sei der Preis für die Erlösung.

Anschließend führte Speer eine ungewöhnliche »Analogie« an, die selbst seiner Tochter zu hoch gewesen sein dürfte: die Bestrafung des Ödipus für die Heirat seiner Mutter und Ermordung seines Vaters Laios, obwohl er in Unwissenheit deren beider Identität gehandelt habe. Vor jedem modernen Gericht wäre Ödipus freigesprochen worden, erklärte Speer. Die Moral der alten Griechen habe jedoch Bestrafung verlangt, und das habe seine Richtigkeit, auch wenn er, Speer, nicht sagen könne, warum.

Eigentlich ist es sehr einfach, das zu erklären, egal ob auf antike oder moderne Weise: Ödipus hatte sich, obgleich ihn seine Unwissenheit vor der Verurteilung wegen Vatermord und Inzest hätte schützen mögen, ohne jede Frage des Mordes an einem Menschen schuldig gemacht: Schließlich hatte er ohne guten Grund einfach einen vermeintlichen Fremden getötet, dem er auf der Straße begegnet war. Speer verkennt den Kern der Legende sowie der daraus entstandenen Tragödie. Ein geblendeter Ödipus wurde für etwas verstoßen – wenngleich auch nicht exekutiert –, was er tatsächlich verbrochen hatte, und die Strafe wurde nicht von einem Gericht verhängt, sondern von dem Gott Apollo, der ihn durch das Orakel von Delphi lange zuvor hatte warnen lassen, daß er seinen Vater töten und seine Mutter ehelichen werde.

Die Moral scheint auf der Hand zu liegen: Für unsere eigenen Handlungen müssen wir auch die Konsequenzen tragen, seien sie nun angemessen oder nicht. Speer argumentiert, daß Ödipus wegen der mangelnden Kenntnis, wer seine Eltern waren, Gnade verdient hätte. Dies sei vergleichbar mit seiner eigenen Ahnungslosigkeit hinsichtlich der Greueltaten des Naziregimes, für die man ihn ungerechtfertigterweise bestraft habe. Anscheinend soll man seine Arbeit für das Regime mit jenem »Kavaliersdelikt« gleichsetzen, einen zufällig daherkommenden Fremden totzuschlagen.

Doch Speer fuhr fort, seiner Tochter gegenüber zu bekennen, er sei Hitler, der ihm seine Macht als Baumeister, Minister und Vertrauter verschafft habe, hörig gewesen. Und erst als Hitler sich mit seiner Verbrannte-Erde-Politik unmittelbar in seinen Zuständigkeitsbereich eingemischt habe, habe er widerstrebend und verspätet gegen ihn opponiert:

»Ich habe gelernt zu begreifen, daß ungebremster Ehrgeiz jemandes angeborenes Gespür für ethische Prinzipien zerstören kann.«[1]

Die ungewöhnliche Länge des Briefes an Hilde, den sie anscheinend befriedigend fand, ist in Hinblick auf seine Entstehungszeit um so bemerkenswerter. Speer beschäftigte seine beiden Postboten damals auf jeden Fall mehr als je zuvor, denn am Donnerstag, dem 8. Januar 1953, machte er sich ans Werk und entwarf den ersten Abschnitt seiner Memoiren. Die Übertragung von Marion Rießer umfaßt 17 einzeilig getippte A4-Blätter mit den schmalstmöglichen Seitenrändern; das ist etwa soviel Text, wie man ohne Illustrationen und Überschriften lesbar auf eine Zeitungsseite drucken kann. Das Original bestand aus 15 Metern handbeschriebenen Toilettenpapiers. Speers Ausgangspunkt waren die letzten paar Wochen des Krieges (er legte mehr Wert auf Themen als auf Chronologie): Der Verbrannte-Erde-Befehl und wie er ihn unterminierte, seine oft verschobene Radioansprache sowie sein letzter Besuch bei Hitler. Für Wolters notierte er eilig am Schluß:

»Ich lege keinen Wert darauf, es richtig zu stellen. Ich bin schon beruhigt, wenn die richtige Darstellung in Deinen Händen ist … Ich lege gar keinen Wert darauf, mich oder die Zeitumstände besser zu machen, als sie waren. In der Spitze, die sich selbst verdorben hatte. Das ist immer klar zu scheiden von dem anständigen Heldentum der Soldaten, der Zivilbevölkerung. Der Gedanken an sie kann einen nur beschämen. Trotzdem würde ich, trotz aller ›Läuterungen‹ durch die letzten Jahre, wieder etwa genauso handeln. Es gab keine Wahl. Wo Dreck ist, wird man schmutzig.«

Der ersten Schwarte seiner Memoiren folgte ein separates an Wolters gerichtetes Nachwort, datiert auf den 9. Februar, als die umfangreiche Epistel das Gefängnis bereits verlassen hatte: »Konnte es gestern Abend nicht beenden. Hoffe Du kannst es lesen … Nicht zufrieden damit. Ich brauch mehr Zeit und Ruhe dafür. Ich muß immer ein Ohr gespitzt halten, was ablenkend ist.« Sollte er weitermachen? Speer bat Wolters, die Kladde keinem Außenstehenden zu zeigen. Er verstand nun, wie schwierig das Schreiben war. Bis zum 7. März schmuggelte er zwei weitere ellenlange Abschnitte heraus. Davon zeugt eine kurze Mitteilung an

Wolters, in der Speer sich nach dessen Meinung erkundigt und ihn bittet, er möge Gretel sowie ein oder zwei gute Freunde ebenfalls nach deren Meinung fragen.

Rudolf Wolters vertrat längst die Ansicht, daß Speer mit Hitler allzu hart ins Gericht ging, behielt seine Meinung indes jahrelang weitgehend für sich, um den Autor nicht zu entmutigen. Die Memoiren wurde gemäß ihrem privaten Kode unter der Bezeichnung »Arien« bekannt, während die Tagebuchaufzeichnungen »Späne« hießen. Das war sowohl wörtlich als auch metaphorisch gemeint und stellte, wie die »Spanischen Illustrierten«, die nach wie vor an die Kinder geschickt wurden, natürlich auch eine Anspielung auf Spandau dar. Das Schreibpensum erreichte seinen Höhepunkt am 21. März mit einem Abschnitt, für dessen maschinenschriftliche Transkription Frau Rießer 41 Seiten benötigte.

Am 9. Januar 1954, ein Jahr und einen Tag, nachdem er begonnen hatte zu schreiben, beendete Speer das, was den Hauptentwurf seiner Memoiren darstellte, die Grundlage jenes Buches, das später unter dem Titel »Erinnerungen« erschien. Er hat rund 1100 Bogen Schreibpapier dafür gebraucht.

In seinen Tagebüchern schreibt Speer, seltsam genug, er habe dieses Mammutwerk Ende Dezember 1954 abgeschlossen, also gut ein Jahr später, als dies wirklich der Fall war. Wie auch immer, die Korrespondenz aus dem Wolters-Nachlaß liefert den entscheidenden Hinweis: Speer brauchte für seinen »Spandauer Entwurf« ein Jahr und einen Tag. Ob es sich bei der falschen Zeitangabe nun um eine Fälschung oder ein Versehen handelte, kann auf Grund des Archivmaterials nicht geklärt werden.

Zwischen seinen Schreibschüben fand Speer sogar noch Zeit, sich um Familienangelegenheiten zu kümmern. Im August 1953 bat er Wolters, ab dem 1. September für die Kinder eine Taschengeldregelung einzuführen. Demnach sollten die vier ältesten je zwölf Mark und die beiden jüngsten sechs Mark pro Woche erhalten. Des weiteren verfügte er, daß der Schulgeldfonds auch die Anschaffung eines Kontobuches, eines Quittungsblocks und sogar eines Lehrwerkes für Buchhaltung bezahlen solle, um sicherzustellen, daß man einen Überblick über die Gelder behalte. Ein

Jahr später konnten weitere fünfzig Mark monatlich aus dem Fonds lockergemacht werden. Dabei gingen jeweils zehn Mark an die vier Ältesten, sieben an Arnold und nur drei an Ernst.

Daß Albert, der Älteste, im März 1953 bei der Abiturprüfung durchfiel, verleitete den grundlos beunruhigten Speer zu dem sinnlosen Versuch, Fleiß und Wohlverhalten seiner Kinder durch Geld zu erzwingen. Alberts Versagen im Alter von immerhin schon zwanzig Jahren war ein Rückschlag, denn eine derart wichtige Prüfung zu wiederholen, war und ist keine leichte Sache. Nichtsdestoweniger war es weder ein Desaster noch ein Zeichen von Unfähigkeit: Den jungen Mann hatte mitten in den schweren Prüfungen lediglich eine Grippe ereilt.

Albert hatte nach dem Krieg eine Lehre als Zimmermann absolviert und eine Abendschule besucht, um sich auf die Reifeprüfung vorzubereiten. Sein Vater beriet sich mit Wolters und schickte den Jungen nach Bayern, wo er die Prüfungen noch im selben Jahr wiederholte und ein anständiges Abitur hinlegte. Nach dem Studium der Architektur wurde Albert ein höchst erfolgreicher Stadtplaner in Frankfurt am Main, wo er heute zusammen mit seiner Frau, einer Fernsehansagerin, lebt.

Das schulische Straucheln des ältesten Sohnes veranlaßte den Vater im April 1954, ein gestaffeltes Belohnungssystem für alle anderen Kinder einzuführen. Von nun an sollte jedes Kind achtzig Mark für eine Eins und vier Mark für eine Vier (als unterste »Bestanden«-Note) erhalten. Diese Tarife sollten bei Abiturnoten verdoppelt werden. Nach eingehender Überlegung halbierte Speer die Summen gegen Ende April, da der Schulfonds diesen zusätzlichen Ansprüchen nicht gewachsen war. In dem Brief an Wolters, der diese Verminderung ankündigt, klagt Speer, daß er nicht bei seinen Kindern leben könne. Es sei »erstaunlich, daß sie doch recht an mir hängen, trotz der zehn Jahre (im Gefängsnis) und obwohl sie während der drei Jahre Minister fast nichts von mir hatten.«

Weniger als zwei Monate später erzählte er Wolters jedoch von seiner Sorge, den Kontakt zu seinen Kindern zu verlieren. Hilde war beinahe erwachsen, und Arnold fand bei seinen seltenen Besuchen mehr Interesse am Dekor des Gefängnisses als an seinem Vater. Aber die Familie ging zusammen durch dick und dünn und hielt den regelmäßigen Kontakt zum Vater aufrecht – ungefähr alle drei Monate einmal. Hilde kam im September 1953 in Begleitung von Albert, um persönlich von ihren Amerika-Abenteuern zu berichten. Ernst, der jüngste und für seinen Vater stets der »Schwierigste«, damals gerade zehn, besuchte Spandau erstmals am 2. Februar 1954. Es war die erste einer Reihe von bedrückenden Begegnungen mit dem introvertierten Jungen, den Speer seit dessen Säuglingsalter nicht mehr gesehen hatte. Margret, die jüngere Tochter, stattete ihrem Vater den ersten Besuch, der sehr erfreulich verlief, am 2. Mai ab.

Eine Vier-Mächte-Konferenz zum Thema Spandau, die im März 1954 in Berlin abgehalten wurde, führte zwar zu einigen Verbesserungen der Haftbedingungen, erzielte aber keine Fortschritte in Richtung auf eine Revision der Urteile. Ab Mai 1954 wurde den Häftlingen immerhin das Lesen von Zeitungen gestattet. Zensiert wurden dabei lediglich die Spandau betreffenden Inhalte. Speers Interesse an der Architektur war so weit wiedererwacht, daß er sich entsprechende Fachzeitschriften besorgen ließ.

Im September verschlechterte sich der Gesundheitszustand einiger Häftlinge. Heß war es ja nie richtig gutgegangen, doch mit Raeder ging es langsam zu Ende. Zu Beginn des Monats wurde dann Neurath, ebenfalls schon altersschwach, schwer herzkrank. Auf Grund seines schlechten Gesundheitszustandes entließ man ihn am 6. November vorzeitig aus der Haft; er starb knapp zwei Jahre später, im August 1956. Der erste unter den Spandauer Sieben, der das Gefängnis verließ, war jedoch Funk, der Diabetiker. Mitte des Monats wurde er wegen einer Blasenoperation in das nahegelegene englische Militärkrankenhaus gebracht.

Am Ende dieses Monats September ereignete sich dann eine kleine Sensation: Eine französische Zeitschrift veröffentlichte Fotos, die Spandau von innen zeigten. Ein französischer Wachmann wurde gefeuert, und als Vorsichtsmaßnahme stellten die illegalen Postboten ihre Kurierdienste vorübergehend ein.

Am letzten Tag des Monats schrieb der obsessive Speer, der alles auflistete, was er »gelesen« hatte, in sein Tagebuch, er sei um jenen Gefängnisgarten gegangen wie ein Kind, das seine ersten Schritte unternimmt. Nachdem er ausgemessen hatte, daß die Länge seiner Schuhe 31 Zentimeter betrug, ging er den Hauptweg des Gartens ab, indem er eine ganze Runde lang einen Fuß immer exakt vor den anderen setzte. Auf diese Weise kam er zu dem Ergebnis, daß der Rundweg 270 Meter lang war. Mit diesem Wissen beschloß er um den 20. September herum, einen »Spaziergang von Berlin nach Heidelberg« zu unternehmen – eine Entfernung von 626 Kilometern. In einer Tabelle protokollierte er, wieviel er täglich, wöchentlich und durchschnittlich zurücklegte, und ausgerechnet der verwirrte Heß, der die Angewohnheit hatte, im Garten zu sitzen, wies ihm einen zuverlässigen Weg, die Runden zu zählen. Er pflückte aus dem Garten dreißig Bohnen und sagte zu Speer, er solle sie in der linken Hosentasche aufbewahren und nach jeder Runde eine davon in die rechte stecken.

Um sich von der Aufregung um Neuraths Entlassung wieder zu beruhigen, schlug Speer über die Stränge, indem er mehr als 24 Kilometer pro Tag marschierte. Zwei Tage später schwoll sein rechtes Knie an, wie es zuletzt fünf Jahre zuvor mit dem linken geschehen war. Es gab sicherlich eine orthopädische Erklärung für diese Erscheinung. Da Speer jedoch zwei Monate lang jeden Tag eine sehr beachtliche Strecke zurückgelegt hatte und mittlerweile eigentlich hätte daran gewöhnt sein müssen, gab es vermutlich auch psychosomatische Ursachen für diese Beschwerden. Neurath hatte ihm unter den Mitgefangenen am nächsten gestanden, und Speer, obschon beinahe ein solcher Einzelgänger wie Heß, spürte nun doch einen Anflug von Einsamkeit. Jetzt waren sie nur noch zu sechst.

Man verordnete Speer wegen seines Knies Bettruhe. Gegen die Schmerzen wurde ihm alle drei Stunden eine Aspirintablette verabreicht. Nach einem Monat begann er Blut zu spucken und unter Brustschmerzen zu leiden. Mitte Dezember hatte sich das Leiden verschlimmert, vergleichbar mit der Erkrankung zum Jahreswechsel 1943/44. Der Militärarzt beharrte zunächst auf seiner Bronchitis-Diagnose, doch kurz darauf wurde Speer mit einem durch ein Blutgerinnsel verursachten Lungenkollaps (Lungeninfarkt) in das Krankenzimmer, jene vormalige Hinrichtungskammer, verlegt. Elf Wochen lang mußte er auf dem Bauch liegen. Am 22. Dezember erhielt Speer Besuch von seiner Frau. Sie brachte ihm die Tonbandaufnahme einer Bach-Komposition mit, die drei seiner Kinder gemeinsam für ihn gespielt hatten – Hilde auf der Flöte, Albert am Cello und Margret am Klavier.

Im Mai hatte Speer vorgeschlagen, seinen beiden Mädchen aus dem Schulgeldfonds einen Hund zu kaufen, und dieser wurde im Oktober angeschafft – ein Dackel namens Speer. Den Namen hatte sich Speer ausgedacht, und wie immer hatte sich Wolters darum gekümmert. Nun fügte Speer den Weihnachtsgeschenken, die aus derselben Quelle finanziert worden waren, noch ein Würstchen für den Hund hinzu. Dieses Würstchen ließ er dann in Heidelberg an den Weihnachtsbaum hängen, was den Kindern einen Heidenspaß bereitete. Selbst der griesgrämige Ernst fand die Idee ziemlich drollig. Er hatte den größten Anteil aus dem väterlichen Geschenkbudget eingeheimst, nämlich fünfzig Mark für ein Fahrrad, während die fünf anderen Geschwister jeweils dreißig Mark erhielten.

Zum ersten Mal habe er ein wenig Einfluß auf das Weihnachtsfest der Kinder gehabt, teilte ein zufriedener Speer im gerade anbrechenden neuen Jahr seinem Tagebuch mit, nachdem er deren herzlichen Dankesbrief gelesen hatte. Gesundheitlich ging es ihm nach wie vor schlecht. Zum Heiligabend-Gottesdienst in der Kapelle hatte man ihn fahren müssen. Erst Ende der ersten Januarwoche 1955 kam er wieder zurück in seine Zelle, fühlte sich aber immer noch sehr schwach. Speer war in dieser Zeit massiv und auf untypische Weise bedrückt, so daß man ihm Sedativa verschrieb und Vorsichtsmaßnahmen gegen Selbstmordversuche ergriff: Seine Tabletten wurden ihm nur noch in Einzelportionen zugeteilt, und ein Wärter hatte darauf zu achten, daß er sie auch wirklich schluckte.

Margret kam inzwischen auch finanziell gut über die Runden, so daß sie in der Lage war, seit dem 1. Januar 1955 auf die monatlichen Zahlungen aus dem Schulgeldfonds zu verzichten. So hatte es ihr Mann in einem Brief an Wolters verfügt. Der Fonds, so ordnete Speer an, solle hinfort bestimmten Zwecken vorbehalten sein, zum Beispiel dem Fahrgeld für die Besuche seiner Familie, dem Taschengeld, den Sommerferien und Weihnachtsgeschenken der Kinder, Annemarie Kempfs Ausgaben sowie den Zahlungen an Proost. Um die Finanzlage der Familie weiter zu verbessern, legte Speer seiner Frau indirekt nahe, den Aktienanteil an der florierenden Dortmunder Unionsbrauerei, den er von seinen Eltern geerbt hatte, nicht zu verkaufen, sondern lieber das Bauland rings um ihr Heidelberger Haus abzustoßen.

Zu seinem fünfzigsten Geburtstag am 19. März 1955 fühlte sich Speer vollkommen wiederhergestellt und erfreute sich bester Stimmung. Der unermüdliche Wolters hatte alle erdenklichen Anstrengungen unternommen, um den besonderen Anlaß gebührend zu würdigen. Er hatte sich an zahlreiche frühere Kollegen und Verbündete Speers gewandt und sie um Glückwunschbotschaften gebeten, die er dann sammelte und in einem geheimen Bündel am 15. nach Spandau befördern ließ, damit sie dem Jubilar rechtzeitig zugestellt wurden. Unabhängig voneinander erinnerten sich Wolters und Speer daran, daß Hitler ihm zu seinem vierzigsten Geburtstag zehn Jahre zuvor jenes Verbrannte-Erde-Dekret »geschenkt« hatte.

Genau an seinem Geburtstag beendete Speer die »Wanderung von Berlin nach Heidelberg« innerhalb der Gefängnismauern. Von seinem Gartenstuhl aus ermunterte Heß ihn, Richtung Südosten nach München weiterzugehen und dann noch weiter. Dies war wahrscheinlich der Keim jener Idee, seine Wanderung »rund um die Welt« auszudehnen – der beständigste und effektivste Fluchtweg aus der Realität, den Speer im Lauf seines langen Gefängsnisaufenthalts ausfindig machte. Er hat ihm geholfen, die Haftzeit mit bemerkenswert geringem seelischem Schaden zu überstehen. Nach einem akribischen und detailliert ausgearbeiteten Programm fing er an, entsprechende Karten zu studieren. Zuvor hatte er sich jeweils Bücher ausgeliehen, um auf jeden Abschnitt seiner »Route« sowie die dazugehörigen Orte gründlich vorbereitet zu sein, und oft schickte er einen begeisterten Wolters los, damit dieser irgendwo Informationen über die ausgefallensten Ecken der Welt auftreibe.

Die nächste Sorge des wiedergenesenen Speer galt seiner Hauptverbindung zur Außenwelt, Toni Proost, genauer gesagt dessen kleinem Sohn Bernd. Anfang Januar schrieb er Wolters, daß der Kleine an Leukämie erkrankt sei und bat ihn, falls es der Schulfonds erlaube, um eine Sonderzahlung von 200 Mark für Proost. Der März brachte bei dem Knaben noch keine Anzeichen von Besserung, im Gegenteil: Einen Monat später schrieb Irmgard Proost an Wolters, den Jungen habe eine Gelbsucht aufs Krankenbett geworfen. Im Juni brauchte er zehn Bluttransfusionen. Doch alle ärztliche Kunst konnte nicht verhindern, daß das Immunsystem zusammenbrach, Milz, Nieren und Leber in Mitleidenschaft gezogen wurden und der Junge starb. Speer bediente sich des Schulfonds, um den trauernden Eltern rote Rosen und einen Strauß Vergißmeinnicht schicken und Geld für den Grabstein überreichen zu können.

Etwa einen Monat später, am 10. September 1955, brachte Irmgard Proost ein gesundes Mädchen, Christiane, zur Welt. Und eine Woche, nachdem dieses schöne Ereignis den Spandauer Personalunterkünften einen neuen Bewohner geschenkt hatte, wurde einer der alteingesessenen Bewohner des Zellenblocks, Erich Raeder, auf Grund seines schlechten Gesundheitszustandes entlassen. Hitlers erster Admiral verfaßte zwei Bände reueloser Memoiren und starb im Jahre 1960. Nun waren sie zu fünft.

Bundeskanzler Adenauers historischer erster Moskaubesuch am Ende des Monats bewirkte die Freilassung Tausender deutscher Kriegsgefangener, aber eine Einigung über die Spandauer Fünf wurde nicht erzielt. Ein optimistischer Brief von General Speidel, geschrieben wenige Wochen später, weckte abermals Speers Hoffnung, und abermals vergeblich. Im November 1955 wurden lediglich die Besuchszeiten verdoppelt. Dies führte jedoch nur dazu, daß ein Zusammentreffen mit Fritz, dem vielleicht begabtesten der Speer-Kinder, einem erstklassigen Mathematiker, um so deprimierender ausfiel. Soweit Speer betroffen war, handelte es sich bei ihm ebenfalls um einen »schwierigen« Jungen.

Der Besuch von Margret und Ernst, einen Monat darauf, verlief beinahe genauso unangenehm.

Zu einer weiteren Krise kam es 1955, als Frau Kempf das widerfuhr, was man damals gemeinhin als Nervenzusammenbruch bezeichnete. Marion Rießer hatte am Tenor der Briefe schon länger festgestellt, daß irgend etwas mit ihrer Freundin Annemarie nicht mehr stimmte, woraufhin Wolters ihr einen Urlaub in Coesfeld anbot, den sie aber ablehnte. Auch einen Scheck über 500 Mark, den Wolters ihr auf Speers Anregung hin für einen Skiurlaub hatte zukommen lassen, schickte sie zurück. Wahrscheinlich hatte sie einfach zu hart gearbeitet – zum einen die unbezahlte und belastende Tätigkeit als Koordinatorin der Speer-Korrespondenzen, zum anderen die Ganztagsbeschäftigung als Abgeordneten-Sekretärin, und das alles ohne Ruhepausen. Es ist aber auch gut möglich, daß sie es einfach satt hatte, ständig bevormundet zu werden und immer wie selbstverständlich für andere dazusein. Auf jeden Fall veränderte sie jetzt ihr Leben, indem sie zwar weiterhin für den Bundestagsabgeordneten arbeitete, nunmehr aber in dessen Wahlkreis, schön weit von Bonn entfernt. Aus dem Netzwerk Speers klinkte sie sich tatsächlich rund sechs Jahre lang aus, ohne jedoch gänzlich den Kontakt zu verlieren. Dies bedeutete einiges an Mehrarbeit für Wolters und Rießer, aber sie hielten der Belastung stand.

Speer machte 1956 eine Phase milder, aber chronischer Depressionen durch – ein klassischer Fall von »Gefängnisfieber«, wie es unter Langzeithäftlingen weit verbreitet ist. Über Wochen hinweg vernachlässigte er sein Tagebuch und gönnte sich lange Pausen von seiner Wanderschaft »rund um die Welt«. Immerhin setzte er seine geistig neutrale Gartenarbeit weiterhin fort. Funks erneute Krankheit sowie die Nachricht von Neuraths Tod im August 1956 waren nicht geeignet, ihn aufzuheitern.

Rudolf Wolters sah sich zu Beginn dieses Jahres veranlaßt, Speer eine Rüge zu erteilen, weil dieser etwas versäumt hatte, das in ihrem Code als »astrologischer Termin« beziehungsweise später dann einfach als »Astrologischer« verschlüsselt war: den allmonatlich vorbereiteten Austausch von Dokumenten, in denen

Wolters ihm einen Sammelbrief mit Fragen zuschickte, die sich bei verschiedenen Kontakten ergeben hatten und Speers persönliche Aufmerksamkeit erforderten. Im Gegenzug pflegte Speer eine Sammelantwort zu den verschiedenen Punkten des vorangegangenen »Astrologischen« zurückzusenden.

In jenem langen Brief nun schnitt Wolters ein Thema an, das für die außergewöhnliche Freundschaft der beiden Männer von großer Tragweite war. In Zusammenhang mit Speers jüngstem Gnadengesuch hatte Wolters über den »Spandauer Entwurf« sowie über Speers Reflexionen in den Tagebüchern nachgegrübelt, und er hatte sich erlaubt, Zweifel daran anzumelden, daß sein Brieffreund bereit sei, die »Verantwortung« für die Exzesse des Naziregimes auf sich zu nehmen. Aus Wolters' oben beschriebener politischer Haltung läßt sich schließen, daß er diese Taktik ablehnte, weil er tatsächlich davon überzeugt war, daß es nichts gab, wofür Speer sich entschuldigen mußte. Am 13. Januar jedoch gab er zu bedenken, daß jemand, der Verantwortung für etwas übernimmt, auch den Eindruck erweckt, als bekenne er sich schuldig. Man solle hier vorsichtig sein und so wenig wie möglich »zugeben«.

Kempf und Rießer wußten beide, wie empfindlich Wolters in diesem Punkt war. Doch um Speer nicht zu nahezutreten, hatte er dieses Gefühl in all den Jahren pflichtbewußt unterdrückt. Es handelte sich jedoch um eine fundamentale Meinungsverschiedenheit, um den Keim des Bruches, der fünfzehn Jahre später eintrat. Aber Wolters ließ es nie zu, daß dieses schwelende Problem seine Loyalität zur Familie Speer beeinträchtigte – häufig genug zu seinem eigenen Schaden. Den Kindern gegenüber verhielt er sich wie ein großzügiger Onkel nebst Vaterersatz und lud sie alle mehrmals nach Coesfeld ein. Auch Gretel wurde eine Freundin der Familie Wolters und duzte sich mit seiner Frau Erika.

In demselben warnenden und mahnenden Brief brachte Wolters auch das Interesse von Speers Tochter Margret an der Innenarchitektur zur Sprache. Er, Wolters, habe sich ausgiebig mit diesem Beruf befaßt und herausgefunden, daß er für Frauen so gut wie aussichtslos sei. Des weiteren bot er Albert Junior, wie einst sein Vater mittlerweile Student in München, einen Ferienjob und sogar eine Unterkunft an, damit dieser in seinem Düsseldorfer Büro ein wenig Praxis als Architekt sammeln könne.[2]

Wie nah die beiden Männer – Häftling und Geheimagent – einander zu jener Zeit tatsächlich standen, bezeugt ihr Versuch, in der unmittelbar auf die Silvesternacht folgenden Nacht genau um zwölf Uhr telepathischen »Kontakt« miteinander aufzunehmen. Allein, jeder mußte dem anderen gegenüber einräumen, daß er vor Mitternacht eingeschlafen war. Speer hatte sich in seiner Zelle mit Sekt getröstet; Wolters, ein Liebhaber guten Essens und Trinkens, hatte zuviel Weißwein getrunken.

Als wolle er seine Trägheit abschütteln und so etwas wie einen Neuanfang versuchen, setzte es sich Speer im Spätsommer 1956 in den Kopf, die Arbeit an seiner Dissertation wiederaufzunehmen, die er nach seinem Diplom fast dreißig Jahre zuvor gar nicht richtig begonnen hatte, weil es ihm wichtiger gewesen war, Tessenows Assistent zu werden und Margret zu heiraten. Außerdem fing er wieder an zu zeichnen, allerdings nicht seine gewaltigen Motive, sondern im Rahmen einer wiederentdeckten Freude an den »Spanischen Illustrierten« für die Kinder. Speer entwickelte so viel Eifer, daß er sich einen Tadel einhandelte, weil er die Nachtruhe mißachtete.

Als Speer sich wieder seiner »Geschichte der Fenster« widmete, gesellte sich diese Bezeichnung zu den kaum verschleiernden Codenamen hinzu, die zwischen Spandau und Berlin zirkulierten. In den vergangenen zehn Jahren hatte er zwar hin und wieder etwas zu diesem Thema gelesen, aber nun legte er sich wieder – ganz nach der alten obsessiven Speer-Manier – so richtig ins Zeug. Da die Depressionen abgeklungen waren, funktionierte Speers Gedächtnis wieder hervorragend. So vergaß er auch Margrets bevorstehenden fünfzigsten Geburtstag nicht, zu dessen Anlaß er den Schulfonds anwies, Geld für ein Paar goldene Ohrringe lockerzumachen. Wieder einmal erledigte Wolters die Arbeit, indem er einer von Speer ausgesuchten Goldschmiedin, Gerdy Troost, Witwe des Mannes, dessen Nachfolge er als Hitlers Architekt angetreten hatte, 365 Mark bezahlte. Ein erfreulicher nachträglicher Geburtstagsbesuch seiner Frau in Begleitung von Ernst hatte eine weitere Verbesserung seiner Stimmung zur Folge, ebenso ein Besuch seiner Tochter Margret, die in die Fußstapfen ihrer älteren Schwester Hilde treten und für ein Jahr nach Amerika gehen wollte.

Am 2. September wurde Speer formell davon in Kenntnis gesetzt, daß sein Fall nun, nach einer sechsjährigen Wartezeit, vor das Berliner Entnazifizierungstribunal kommen werde. Die Mitteilung trug das Datum des 18. August, und die Anhörungen, bei denen Dr. Flächsner Speer abermals vertrat, wurden über das Jahr hinaus in eher halbherziger Manier weitergeführt. Speer klammerte sich zu dieser Zeit an den nächsten Spandauer Meilenstein – die Entlassung von Dönitz, um Mitternacht des 30. September, zehn Jahre nach jenem Tag, da sie in Nürnberg verurteilt worden waren. Er war der erste Häftling, der seine Zeit abgesessen hatte. Ihr Verhältnis blieb bis zuletzt unterkühlt – ein knapper Höflichkeitsaustausch, als die Gefangenen sich um zehn Uhr abends wie gewöhnlich in ihre Zellen begaben. Dann, ab Mitternacht, waren sie nur noch zu viert.

In einem erfolglosen Wiederannäherungsversuch an Annemarie Kempf im Sommer 1956 zeigte Wolters sich über die Entnazifizierungsverfahren, die häufig Gegenstand ihrer Briefwechsel gewesen waren, beunruhigt: Er hege nur Befürchtungen wegen der »Säuberungen« von Judenwohnungen in Berlin. Das wäre ein Schuß ins Schwarze gegen Speer. Auf diesen Punkt solle die Verteidigung von sich aus hinweisen, denn er werde so und so zur Sprache kommen.

Speer hoffe, schrieb Wolters, daß der Fall keine Aufmerksamkeit erregen werde, und er habe sich damit abgefunden, sein Haus am Berliner Schlachtensee aufgeben zu müssen, den Hauptanteil seines verbliebenen Vermögens, nachdem Werner Schütz sein beachtliches Erbe von der Mutter legal an die Kinder verteilt hatte.[3] Flächsner gab ihm sogar den Rat, noch länger auf Zeit zu spielen, und Speer hatte den Eindruck, sein Anwalt gehe davon aus, daß er noch eine ganze Menge Zeit habe. Aber selbst ein solch verdrießlicher Anlaß verschaffte ihm ein bißchen Gesellschaft und

Konversation, für die er dankbar war. In seinem Tagebucheintrag vom Dezember 1956 merkte Speer zu dieser Konsultation an: »Ich hätte auch noch stundenlang weitersprechen können. Ich muß nur ein Thema haben.« Und in durchaus genauer Selbstbeobachtung fügte er hinzu: »Und mein einziges Thema ist meine Vergangenheit.«

Die Tagebücher gerieten in den ersten Monaten des Jahres 1957 wieder sehr skizzenhaft. Eines seiner Hauptthemen war damals der rapide Verfall von Funk, der seine Diabeteserkrankung in der Hoffnung auf Erlassung der lebenslangen Freiheitsstrafe vorsätzlich verschlimmerte, indem er sich heimlich mit Zucker vollstopfte. Am 17. März 1957 ging sein Wunsch in Erfüllung. Er ging heim nach Düsseldorf, wo er drei Jahre später starb. Jetzt waren sie nur noch zu dritt: Speer und Schirach, die beide mehr als die Hälfte ihrer zwanzigjährigen Haftstrafe hinter sich hatten, dazu Rudolf Heß, der lebenslänglich bekommen hatte.

Die wiederbelebte »Fenster-Theorie« gab Speer im März auf. Damit brach eine weitere dünne Verbindung zu seinem eigentlichen Beruf ab. Kurz zuvor hatte er Wolters gebeten, ihm einen aktuellen Knigge zu besorgen, damit er sich im Falle einer Amnestie ausgiebig auf die Rückkehr in die gute Gesellschaft vorbereiten könne. Die Verbindung zu den Kindern war ebenfalls schwer aufrechtzuerhalten in jenen trüben Tagen von 1957, als die Hoffnungen der Spandauer Drei, Strafmilderung zu erwirken, kurzzeitig aufblühten und dann wieder schwanden. Ein Besuch von Ernst und ein »entfremdeter« Brief von Hilde im Oktober vertieften Speers Melancholie. Immerhin hatte der »schwierige« Fritz ein exzellentes Abitur hingelegt und studierte nun Chemie.

Die Außenwelt drang nur kurz in die Einsamkeit von Spandau, aber heftig genug, um hin und wieder einen Tagebucheintrag zu provozieren, wie zum Beispiel aus Anlaß der zweifachen Weltkrise im Herbst 1956: Suez und Ungarn. Der erste sowjetische Weltraum-Satellit, Sputnik I, erinnerte einen besorgten Speer im Oktober 1957 an die Aufregung, die er wegen Wernher von Brauns Experimenten einst empfunden hatte. Hier hatten nun die Russen technisch die Nase vorn, was in einer Zeit anhaltender Ost-West-

Spannungen ein schlechtes Zeichen war – für die Gefängnisinsassen somit eine Hiobsbotschaft. Im selben Monat wurde der Sozialdemokrat Willy Brandt zum Oberbürgermeister von West-Berlin gewählt.

Am Ende des Jahres verlor Speer seinen verläßlichen holländischen Boten, Toni Proost, nachdem sich im geteilten Berlin ein reales Drama abgespielt hatte, gegen das jeder fiktive Agententhriller harmlos anmutet: Zu Weihnachten besuchten Toni und Irmgard Proost mit ihrem Baby Irmgards Mutter in Ost-Berlin. Sie verbrachten einen netten Heiligabend zusammen und tauschten Geschenke aus, darunter auch solche, die aus dem Schulfonds bezahlt worden waren.

Am Abend des ersten Weihnachtsfeiertages klopften zwei Russen an die Wohnungstür und baten um Hilfe: einer der beiden habe sich bei einem Autounfall ein Bein gebrochen. Die beiden baten Proost, sie schnell zu ihrem Stützpunkt in Karlshorst am Rande der Stadt zu fahren. So schwer es auch fällt, dies zu glauben – Proost, nichts Böses ahnend, willigte ein. Als sie dort angekommen waren, lockten die Russen Proost in ein Zimmer, schlossen die Tür ab, sprachen ihn mit seinem vollen Namen an, bedankten sich für die Hilfe und drängten ihm den bescheidenen Betrag von 15 Mark in westlicher Währung auf. Dann erklärten sie, daß sie ihn, weil er stets gut mit den Russen in Spandau ausgekommen sei, gerne zu ihrem Agenten gegen die westlichen »Kriegstreiber« machen würden. Sie ließen keinen Zweifel daran, daß dies ein Angebot war, das man nicht ablehnen konnte, und zwangen ihn, ein vorbereitetes Schriftstück zu unterzeichnen, in dem er sich verpflichtete, Stillschweigen über dieses Arrangement zu bewahren. Zwei bereits in Spandau befindliche Agenten, so seine Entführer, würden Kontakt mit ihm aufnehmen, und ihm am 5. Januar den ersten Auftrag erteilen.[4]

Der entsetzte Proost sagte zu allem ja und amen, berichtete nach seiner Rückkehr in den Westteil der Stadt jedoch klugerweise von diesem Zwischenfall. Das Niederländische Konsulat – Proost besaß noch die holländische Staatsangehörigkeit –, die britische Militärpolizei und der englische sowie der amerikanische

Gefängnisdirektor erteilten ihm einhelligen den Rat, Spandau und Berlin auf der Stelle zu verlassen. Irmgard wandte sich mit der dringenden Bitte an Wolters, ihnen bei den Umzugs- und Reisekosten unter die Arme zu greifen. Sie erklärte, daß sie nach Holland ziehen wollten.

Wolters konnte Kempfs und Gretel Speers Unterstützung für die Emigration der Proosts gewinnen. Toni verließ Berlin, um seine Familie in Flushing aufzusuchen, und sprach auf dem Weg in Coesfeld vor. Wolters versprach, für ihn einen Job an der Grenze zu suchen, so daß er in Ost-Holland leben und in Westdeutschland arbeiten könne, und verwahrte in der Zwischenzeit seinen Besitz. Die Proosts von Spandau wegzubringen, kostete annähernd 2000 Mark. Der Schulfonds war zu diesem Zeitpunkt trotz einer Sonderkollekte unter den alten Gefolgsleuten im Januar 1958 überlastet, denn für Wolters wurde es zunehmend schwerer, die Mitglieder von Speers schrumpfendem Unterstützer-Zirkel bei der Stange zu halten.

Die Notwendigkeit, Speers umgänglichen Hauptboten auszulösen – sicherlich der Lohn für die erwiesenen Dienste –, veranlaßte Wolters, sich wegen des Geldes an Margret zu wenden. Mit ihrer Zustimmung organisierte er die Versteigerung einiger Glaswaren der Familie Speer, wobei die Summe der Mindestgebote dem gewünschten Betrag entsprach. Der Verkauf erbrachte mehr als 3200 Mark, die Wolters ihr im Sommer 1958 überweisen konnte. Dadurch war sie überdies in der Lage, ein Darlehen zurückzuzahlen, das Frau Kempf bei ihrem Abgeordneten aufgenommen hatte.

Abschweifend darf ergänzt werden, daß Proost eine Reihe kurzfristiger Jobs in Deutschland annahm und ab 1960 mit seiner Familie im schleswig-holsteinischen Eutin lebte, wohin auch die unstete Annemarie Kempf zurückgekehrt war, um erneut mit behinderten Kindern zu arbeiten. Der Schulfonds und die Familie Speer schickten ihm von Zeit zu Zeit Geld, während er sich abmühte, um eine neue Karriere als Bauzeichner zu beginnen. Doch der glücklose ehemalige Krankenpfleger wurde plötzlich sehr krank und starb nach langem Siechtum am 14. Juni 1962 im Alter von nur 38Jahren im Schlaf. Seine Witwe versuchte im Sommer 1964, von Wolters einen Kredit über 3000 Mark für ein Bauvorhaben in Eutin zu erhalten, doch der Schulfonds vermochte diese Summe nicht zu tragen und Wolters mußte ihr den Wunsch mit Bedauern abschlagen.[5]

Proost hatte bei seiner Botentätigkeit mit einem Arzt namens Dr. Erich Heins aus Charlottenburg, West-Berlin, zusammengearbeitet, der in der Speer-Wolters-Korrespondenz unter dem Codenamen »Heinrich« erscheint und als Mittelsmann für die von und nach Spandau geschmuggelte Post fungierte. Nach Proosts »Resignation« Ende 1957 fand lediglich eine kurze Unterbrechung statt, dann tauchten in der Postkette neue Westberliner Verbindungsleute auf, so zum Beispiel Irene Böttcher, die ihrem »Onkel Alex« (Speer) alle möglichen Wohltaten wie Wein und Kaviar besorgte. Dann gab es noch eine junge Frau namens Maria Wieden, geborene Herbst, die auf Empfehlung von Irmgard Proost zum Speer-Kreis gestoßen war. Durch sie vermochte Hilde mit ihrem Vater in Kontakt zu bleiben, ohne daß sie Wolters belästigen mußte.

Als Hilde nach ihrem zweiten einjährigen Amerikaaufenthalt, diesmal zwischen Schulabschluß und Universität, zurückgekehrt war, wurde sie vom Herbst 1957 an in der Kampagne zur vorzeitigen Entlassung ihres Vaters dessen wichtigste »Botschafterin«. Bei sich trug sie einen an Gretel gerichteten Brief von John J. McCloy, der von der außergewöhnlichen blonden jungen Frau nach der zweiten Begegnung noch beeindruckter war.

Bei jener »Entfremdung«, die Speer aus ihrem in New England geschriebenen Brief vom Oktober 1957 herausgelesen hatte, kann es sich nur um eine momentane Laune gehandelt haben. Denn Hilde, die in Tübingen und Bonn studierte – zunächst Germanistik und Latein, später Soziologie und Erziehungswissenschaften –, unternahm nach ihren ersten beiden Studiensemestern immer konzentriertere Anstrengungen, um ihren Vater aus dem Gefängnis zu holen. Sie stand mit Werner Schütz in Kontakt, der im Frühjahr 1958 erkrankt war, und fing kurz danach an, bei westdeutschen Politikern zu intervenieren.

Immerhin gelang es ihr, einen engen Berater Adenauers zu treffen und mit Außenminister Brentano, Bundespräsident Lübke und führenden Politikern der Sozialdemokratischen Partei zu sprechen, so zum Beispiel mit Carlo Schmid, Herbert Wehner und schließlich auch mit Willy Brandt, einem großen Frauenliebhaber, der von ihr am meisten angetan war. Karl Maria Hettlage, einst Finanzchef in Speers Reichsministerium, war seit Frühling 1959 Staatssekretär im bundesdeutschen Finanzministerium. Auch mit ihm konnte Hilde ein persönliches Gespräch führen.

In Speers Briefen, die Wolters im Sommer 1958 empfahlen, wie man die Kampagne zu seiner Freilassung organisieren und wann beziehungsweise wo Hilde für ihn aktiv werden solle, wurden Konrad Adenauer in »Adèle« und Heinrich von Brentano in »Brenner« umbenannt. In einer flankierenden Pressekampagne hatte man zuvor schon aufwendige Artikel in den größten Wochenzeitschriften wie »Stern« und »Quick« lanciert. Als Folge dieser Kampagne erhielt Speer zum Geburtstags ungefähr 300 Glückwunschschreiben. Er regte an, daß Hilde an Franz Josef Strauß herantrat, den rechtskonservativen Führer der Christlich Sozialen Union, mit dem Erfolg, daß alle diese führenden deutschen Politiker die Freilassung der Spandauer Drei befürworteten, und einige sagten dies in aller Öffentlichkeit.

Speers manipulative Aktivitäten erreichten beinahe die Grenzen der Hysterie, als er versuchte, jede nur erdenkliche Hilfs- und Sympathiequelle anzuzapfen, um einen erneuten Appell an die vier Siegermächte zu richten, die in Spandau das Sagen hatten. Da gab es zum Beispiel eine deutsche Gräfin mit guten Beziehungen nach England, unter anderem zu Lord Kilmuir, den in den Adelsstand erhobenen Sir David Maxwell-Fyfe von der britischen Staatsanwaltschaft in Nürnberg. Im Hinblick auf ihn unterlief Speer ein interessanter Fehler, als er meinte, es wäre am besten, wenn dieser britische Kontaktmann mit »Lord Kilmour« (sic) spräche, der, obgleich Jude, mit seiner Einstellung in Nürnberg Sympathie bezeugt habe.

Lord Kilmuir war kein Jude, aber wie viele andere englische Politiker, an die sich Hilde bis Ende 1959 gewandt hatte, war er in der Tat ein Sympathisant. Selbst Premierminister Harold Macmillan schickte ihr einen herzlichen Brief – eine Tatsache, die Speer verblüffte, wenn es auch nur die Ersatzhandlung eines vollendeten Politikers war. Sie vermochte auch »Cassandra« (Bill Connor) für sich zu gewinnen, jenen einflußreichen Kolumnisten von der sozialistischen Zeitung »Daily Mirror«, die sich damals der größten Tagesauflage erfreute. Wen wundert es da, wenn Wolters im September 1958 in seinem ersten Brief nach Proosts Ausscheiden bewundernd über Hilde schreibt: »Sie ist das beste Pferd im Stall.«

Wolters berichtete Speer, er habe Schütz, mittlerweile Minister im Bonner Kabinett, 3000 Mark bar auf die Hand angeboten, wenn er sich wegen des Falles Speer mit Adenauer unterhalten würde. Deutschen Politikern Briefumschläge mit Bündeln von Tausendmarkscheinen zuzustecken, war offensichtlich bereits en vogue, ehe diese Praxis wohl in den siebziger Jahren ihren Höhepunkt erreichte. Schütz lehnte indessen ab, hielt die Beziehungen jedoch weiter aufrecht, was bedeutete, daß Hilde das Geld für Auslagen und Ausrüstung wie Kassettenrecorder, Schreibmaschine und Telefon verwenden konnte. Der Schulfonds war mit monatlichen Einkünften zwischen 5500 und 335 Mark in gesunder Verfassung.[6]

Hildes Sympathiewerben in Frankreich, einem in dieser Hinsicht viel härteren Pflaster, erbrachten immerhin eine Nachricht aus zuverlässiger Quelle, derzufolge Charles de Gaulle, nach 13 Jahren im politischen Abseits gerade wieder ins Amt berufen, ebenfalls die Ansicht vertrete, man solle Spandau schließen und die drei Häftlinge auf freien Fuß setzen. Von einer Petitionsreise nach Moskau riet Speer seiner Tochter ab.

Wolters, der sie für eine erstklassige Schauspielerin mit viel Charme hielt, empfahl Speer 1960, er möge ihr erlauben, ein oder zwei Urlaubssemester zu nehmen, um sich vollständig der Kampagne widmen zu können. Speer lehnte diesen Vorschlag ab und bat Wolters, ihr nahezulegen, den Einsatz nicht zu übertreiben. Hilde selbst, mittlerweile im 24. Lebensjahr, wurde erst gar nicht gefragt. Doch das Klima, um für ein solches Thema die Werbetrommel zu rühren, verschlechterte sich, als Adolf Eichmann im August in Israel der Prozeß gemacht wurde. Darüber hinaus hatte Hilde in Tübingen einen Germanistikstudenten namens Ulf Schramm kennengelernt und sich in ihn verliebt.

Die großangelegte Begnadigungskampagne verlief gegen 1960 allmählich im Sande. Bonn verlor das Interesse, und die Ost-West-Beziehungen waren nicht eben dazu angetan, irgendeine Einigung unter den vier Mächten zu fördern. Hilde wechselte zum neuen Semester im März 1960 an die Bonner Universität, was nützlich war, um die Kontakte zum westdeutschen Politestablishment aufrechtzuerhalten, wo und wann diese jeweils zweckdienlich erschienen. Wenn immer sich eine Gelegenheit bot, kämpfte sie auch weiterhin für ihren Vater. Ihr ältester Bruder, Albert junior, erwarb im November 1960 den gleichen Hochschulabschluß wie Albert senior: ein Ingenieurdiplom als Architekt.

Hilde verlobte sich im Juli 1961 – Speers Rund-um-die-Welt-Wanderung hatte ihn gerade nach Sibirien geführt – und heiratete im August ihren Ulf. Sie studierte allerdings weiter und promovierte 1965 zum Dr. phil. Ulf Schramm avancierte, gutmütig, wie er war, zum gelegentlichen Briefpartner Speers, der die geistige Reife seines Schwiegersohnes bewunderte.

Jede noch bestehende Hoffnung auf einen Konsens der vier Mächte, Spandau zu schließen, wurde im August 1961 endgültig zunichte gemacht, als das ostdeutsche Regime mit sowjetischer Rückendeckung über Nacht die Berliner Mauer errichtete – jenes verzweifelte Bollwerk gegen die schleichende Flut von Auswanderern, die in den Westen wollten. Die Lage in der Stadt war so gespannt wie in den Tagen der Berlin-Blockade und auch innerhalb des Gefängnisses deutlich spürbar. Und als die Gefängnisordnung nach einer langen Phase des Laissez faire wieder verschärft wurde, versank Albert Speer in eine neuerliche Depression. Den Spandauer Dreien wurde ein umständliches Hausarbeitsprogramm auferlegt, was den Effekt hatte, daß Speer weniger Zeit zur Gartenarbeit und zur geistigen Weltumrundung blieb.

Doch das rigide Programm, vom amerikanischen und russischen Gouverneur in nie dagewesener Eintracht festgelegt, begann schon nach wenigen Wochen wieder zu erodieren. In der letzten Hälfte des Jahres 1961 flaute die Korrespondenz zwischen »Onkel Alex« und seinem Freund in »Coburg« ab, da Wolters an Bluthochdruck litt und sich einer Kur unterzog, während die unglückliche »Übersetzerin« Marion Rießer mit einem Zwölffingerdarmgeschwür ins Krankenhaus mußte.

Es gibt keinen Beweis für eine solche Theorie, aber die so anschaulich vorgeführten gemeinsamen Anzeichen von Erschöpfung sind aller Wahrscheinlichkeit nach zumindest teilweise ein Ergebnis des unermeßlichen Berges an zusätzlicher Arbeit, die die beiden auf freiwilliger Basis für Speer erledigten. Frau Wolters beklagte sich darüber, daß ihr Mann Frau und Kinder vernachlässigt habe, wogegen er den Angelegenheiten Speers beziehungsweise denen seiner Familie viel zuviel Zeit, Kraft und Geld opfere. Fritz, den Wolters für das reifste der Speer-Kinder hielt, verbrachte am Ende des Sommers zehn Tage bei ihnen, und auch Margret kam für einige Tage, ehe sie im März 1962 heiratete.

Unterdessen setzte Speer im August einen Brief auf, in dem er klagt, er habe in den vergangenen acht Monaten lediglich drei Stunden an der frischen Luft zugebracht. Dies kann schwerlich der Wahrheit entsprechen, da er weiterhin um den Globus marschiert war, wenn auch mit einem zeitweise reduzierten Tagespensum von durchschnittlich drei Kilometern. Die aber wird er wohl kaum in seiner Zelle oder im Gang absolviert haben.

Drei Viertel seiner Strafe hatte Albert Speer nunmehr hinter sich gebracht. Die Tagebucheinträge waren seltener geworden und der Aufwand an Energie für sein privates Netzwerk merklich bescheidener. Das Jahr 1962 verlief ohne nennenswerte Ereignisse. Am 28. Januar vertraute Speer seinem Tagebuch ein kurzes Glaubensbekenntnis an: »Ich glaube an eine Vorsehung Gottes, ich glaube auch an Seine Weisheit und Güte, vertraue auf Seine Wege ... Der Ablauf der Geschichte ist nicht das Werk der Mächtigen. Die glauben nur zu bewegen und werden bewegt.« Es handelt sich dabei um einen isolierten Eintrag ohne jeden Anhaltspunkt auf einen aktuellen Anlaß.

Zu einem späteren Zeitpunkt desselben Jahres hatte Speer einen Traum, der nur deshalb von Interesse ist, weil er von Professor Erich Fromm analysiert wurde, jenem berühmten deutsch-amerikanischen Psychologen, Mitbegründer der Theorie von der autoritären Persönlichkeit und Analytiker der nihilistischen Grausamkeit. Am 13. September träumte Speer von sich selbst, wie er eine Fabrik ausfegte, bevor Hitler sie inspizierte. Anschließend kam er nicht mit dem Arm in den Jackenärmel, während er in einem Auto zu einem Platz mit einem Denkmal gefahren wurde, wo Hitler einen Kranz niederlegte. Dann betrat Hitler ein großes Gebäude voller Gedenksteine und legte eine endlose Reihe von Kränzen nieder, wobei er einen Gesang in der Art gregorianischer Choräle anstimmte. Dies alles, so Fromm, zeige, daß Speer in Hitler einen »Nekrophilen« gesehen habe, einen, der den Tod liebt.[7] Speer wagte keine Eigenanalyse, sondern ließ den Traum für sich selbst sprechen. Die beiden Herren lernten sich nach seiner Entlassung persönlich kennen.

Im Oktober 1962 brach die Außenwelt wieder einmal auf brutale Weise in das Gefängnis herein, als durch die Kuba-Krise der Weltfrieden in Gefahr geriet und Präsident J.F. Kennedy, der bald darauf das eingeschlossene Berlin besuchte, Chruschtschow und Castro in die Knie zwang. Die Anspannung war innerhalb der Gefängnismauern nicht weniger zu spüren als draußen, mußte Deutschland doch der Gefahr ins Auge blicken, im Konfliktfall zum atomaren Schlachtfeld zu werden.

»Die Eintönigkeit der letzten Wochen ist wie weggewischt«, schrieb Speer in sein Tagebuch.

Die Moral des Häftlings Nummer fünf sank noch tiefer, als der neunzehnjährige Ernst ihm einen weiteren Besuch abstattete. Dabei pflegte der Sohn pausenlos vor sich hinzubrummeln, ohne die tiefe Distanz überwinden zu können. Am darauffolgenden Tag, dem 3. November, stieg die Stimmung wieder, nachdem Hilde es geschafft hatte, mit Willy Brandt zu reden, der ihr versprach, er wolle sich für die vorzeitige Entlassung ihres Vaters einsetzen. Das Treffen war natürlich von langer Hand vorbereitet worden – aber unter den gegebenen Umständen hätte man kaum einen ungünstigeren Zeitpunkt festlegen können. Denn ohne sowjetische Zustimmung konnte nicht der geringste Beschluß gefaßt werden, und Moskau bestand darauf, daß die Gefangenen jede Minute ihrer Strafen abzusitzen hätten. Es war ein russischer Monat in Spandau, und die Russen machten den Häftlingen das Leben schwer.

Im Mai 1963 gab Speer das Rauchen auf; im August wurde er dank seiner Tochter Margret Großvater; im Oktober erfuhr Speer, daß Wolf Jobst Siedler, der prominente Chef der Ullstein Verlagsgruppe, Speers Memoiren nach seiner Freilassung veröffentlichen wolle. Speer beschäftigte sich das ganze Jahr lang sehr eingehend mit diesem Projekt. Davon zeugt eine Verfügung, die er am 6. März 1963 mit seinem Füllfederhalter auf einem Blatt hellblauen Luftpostpapiers notierte. Darin legte er zunächst fest, daß erstens ausschließlich Hilde Speer – von der in der dritten Person die Rede ist – das Recht habe zu entscheiden, wann, wo, von wem, für wieviel und in welcher Form seine Memoiren im In- und Ausland publiziert werden würden. Sie sei auch autorisiert, jedwede Veränderung vorzunehmen, die sie für richtig halte. Zweitens wurden zehn Prozent der Vorauszahlung dafür bestimmt, die Vorbereitung des Manuskripts zu finanzieren. Drittens sollten zwanzig Prozent vom Restbetrag unter »To und Mo« – der holländische und der amerikanische Bote – beziehungsweise unter deren Familien aufgeteilt werden, und zwar proportional zur Menge der hinein- und herausgeschmuggelten Sendungen. Von dieser Verfügung hat schließlich Irmgard Proost profitiert.

Das Dokument ist zwar mit einem Datum versehen, weist aber keinen Adressaten auf, nicht einmal eine »Sehr geehrte Damen und Herren«-Zeile. Das Original und Fotokopien davon tauchen immer wieder in Wolters' Hinterlassenschaft auf.[8] Kein Wunder, denn es handelte sich definitiv um einen Widerruf von Speers Brief vom 10. August 1948 aus Nürnberg, in dem er Wolters zu seinem literarischen Agenten und Bevollmächtigten ernennt. Wie im nächsten Kapitel zu sehen sein wird, bestand hierin ein weiterer Konfliktherd zwischen Speer und seinem besten Freund – der Begriff »Zeitbombe« wäre gar nicht so übertrieben.

Mehr als anderthalb Jahre später jedoch (am 28. Oktober 1964), schreibt Speer an Wolters, als ob überhaupt nichts geschehen wäre, wobei er lang und breit die aktuellen Überlegungen zu den Hauptbestandteilen seines Buches ausführt: seine Zeit als Angeklagter und Häftling, die Aufrüstung, der Bereich Architektur, eine auf der Chronik sowie auf den Mitschnitten von Hitlers Konferenzen beruhende Dokumentation, eine Diskussion der Literatur des Dritten Reichs und sein Material zur »Fenster«-Theorie. Keinesfalls sollte daraus ein »Persilschein« werden. Er, Speer, sei entschlossen, damit kein Geld zu machen, da es schmutziges Geld wäre. Hilde wird nicht erwähnt, und der Tenor des Briefes hält nachdrücklich an der Autoren-Agenten-Beziehung fest, die Speer 1946 festgelegt hatte.

Als er sich auf seine Absicht bezog, die Chronik als Quelle zu benutzen, legte er Wert darauf festzuhalten, daß dies »unter garantierter Unterschlagung des Verfassers« geschehen werde.[9] Dies veranlaßte Wolters, die Chronik aus seinem umfangreichen Archiv auszugraben und eine Reihe von Streichungen vorzunehmen. Daraufhin mußte Marion Rießer das gesamte, auf diese Weise bereinigte Dokument noch einmal abschreiben. Rückblickend sah Wolters die Sache 1981 so:

»1964, zwei Jahre vor der Rückkehr Speers aus Spandau, habe ich die Chronik noch einmal durchgelesen und bei dieser Gelegenheit festgestellt, daß es notwendig war, den ganzen Text abzuschreiben, grammatische und stilistische Fehler zu beseitigen, einige Belanglosigkeiten und Albernheiten wegzulassen, vor allem aber einige Stellen zu streichen, aufgrund derer Speer und der eine oder andere seiner Mitarbeiter hätte belangt werden können. Die Ludwigsburger Zentralstelle für ›Kriegsverbrechen‹ arbeitete noch, und ein Ende der Verfolgungen von Nationalsozialisten war nicht abzusehen.«[10]

Man wird auf dieses Bekenntnis an späterer Stelle noch näher eingehen müssen. Doch zuvor sollen zwei andere literarische Phänomene betrachtet werden. Das erste ist die Dissertation von Gregor Janssen, einem Studenten des Geschichtsprofessors Walter Hubatsch von der Bonner Universität. Durch Schütz, der mit Hubatsch bekannt war, und durch Wolters fand diese Arbeit irgendwann anno 1963 ihren Weg bis zu Albert Speer nach Spandau, wo sie laut Wolters »von erster Hand korrigiert« wurde. Dies kann nur heißen: von Speer selbst, der später darauf hinwies, sie habe viele Unexaktheiten enthalten, der seine Anmerkungen dazu aber für sich behielt. Die Doktorarbeit wurde zur Grundlage für Dr. Janssens ausgesprochen brauchbares Buch über das Speer-Ministerium, das Beispiel aber dient hier als frühester Nachweis von Speers manipulativer Gewandtheit, mit der er all diejenigen zu unterstützen, wenn nicht gar zu lenken verstand, die etwas über ihn schreiben wollten und sich in dieser Absicht an ihn persönlich wandten. Damit soll aber nicht gesagt sein, daß diese alle beziehungsweise immer darauf hereinfielen. In Janssens Buch, erschienen 1968 bei Ullstein, wird der Empfang »schriftlichen Materials« von Speer – unter anderen – diskret bestätigt.

In seinem erwähnten Brief an Wolters vom 28. Oktober 1964 warnte Speer diesen allerdings davor, Hubatsch oder irgend jemandem sonst den »Spandauer Entwurf« zu zeigen, da er eine undichte Stelle befürchtete. Dabei wirft Speer Wolters vor, er habe das Memoirenprojekt bereits mit Schütz, Hubatsch und Janssen besprochen und bei Verlegern Erkundigungen dazu angestellt. Auf Hildes Rat hin, die 1963 mit Siedler in Kontakt getreten war – vermutlich hat dieser Kontakt Speer dazu bewogen, sie zu seiner literarischen Agentin zu machen –, hatte er sich bereits mehr oder weniger entschieden, das Geschäft mit Ullstein-Propyläen abzuschließen. Wenn er auch durchaus in Erwägung zog, Hubatsch nach der Freilassung als seinen politischen Berater in Anspruch zu nehmen, so wollte er doch keinesfalls, daß zu diesem Zeitpunkt, da er noch der Mittelsmänner bedurfte, um handeln zu können, irgend jemand unnötigerweise mit einbezogen wurde. Als seine Freilassung näher rückte, befürchtete er zunehmend, vom Aufsichtspersonal beim Schmuggeln der Briefe erwischt zu werden.

Die andere literarische Angelegenheit, derentwegen Speer sich Sorgen machte, als er sich auf die Entlassung vorbereitete, wurde in einem Brief Wolters' vom 17. Februar 1966 zur Sprache gebracht. Diesem Schreiben waren Fotokopien von Auszügen eines neuen Buches beigefügt. Von seinen literarischen Ambitionen erfüllt, verfolgte Speer aufmerksam alle einschlägigen Publikationen, vor allem die Lebenserinnerungen seiner früheren Mithäftlinge Raeder und Dönitz, deren jeweilige Memoiren er abschätzig beurteilte.

In diesen Tagen erschien ein Buch über Hitlers »Wunderwaffe«, das ein Engländer exklusiv für den deutschen Markt geschrieben hatte. Der Verfasser, David Irving, machte sich damit und mit seinen folgenden Veröffentlichungen einen Namen als revisionistischer Zeithistoriker. Irving, ein Mann mit markigen, rechtslastigen Ansichten, machte mit höchst umstrittenen Thesen von sich reden. Denn er bezweifelte sowohl die allgemein anerkannte Quantifizierung der nationalsozialistischen Verbrechen gegen die Menschheit als auch Hitlers Wissen davon. Selbst Irvings feindseligste Kritiker mußten jedoch dessen herausragenden Mut und Fleiß als Forscher anerkennen. Seine Ansichten machten ihn zweifellos zu einem Schriftsteller, der ganz nach Wolters' eigenem Geschmack war (in späteren Jahren führten sie einen sehr herzlichen Briefwechsel). Speers Resonanz am 8. März war ängstlich: Er befüchtete, es könne ein Duplikat der »Chronik« geben und bat Wolters um die Überprüfung des Registers und des Quellenverzeichnisses in Irvings Buch.

Der antwortete am 1. April 1966:

»Im Irving gibt es kein Register ... Die Chronik existiert aus der Zeit der GBI noch in einem weiteren Exemplar bei Dr. Lotz, der nie zu bewegen war, sie wieder herauszurücken. Als Quellenangabe ist sie als solche auch bisher nirgends zitiert. Ich vermute, daß es sich bei der Chronik, die bei Irving verwendet ist, unter Umständen um das Chronikmaterial des Dr. Goerner handelt, das dieser freiwillig oder unfreiwillig an die Amerikaner gegeben hat«

Dr. Goerner, ein weiterer Ex-Mitarbeiter Speers, war eine durchaus wichtige Quelle ministerieller Informationen für die Chronik gewesen, wobei er Wolters regelmäßig mit Kommentaren versorgt hatte. Er wird sogar namentlich darin erwähnt, weil er bei einer Monatsausgabe für Wolters eingesprungen war. Das Dokument enthält einen Hinweis, demzufolge die Chronik für September 1943 von Dr. Goerner aus dem Gedächtnis neu geschrieben werden müsse, weil das in der Berliner Viktoriastraße 11 befindliche Amtsgebäude des Ministeriums durch einen Bombenangriff am 22. November 1943 zerstört worden sei.

Speer hielt diesen Sachverhalt nach seinem Antwortschreiben vom 10. April 1966 ebenfalls für wahrscheinlich und bat Wolters, genauer ausfindig zu machen, wo das Dokument hingekommen sei. Er hätte es in Nürnberg gut gebrauchen können, aber vielleicht enthalte es auch eine Menge an Hinweisen, die nur den Effekt hätten, seine Strategie von 1946 zu verderben.

Wolters beendete diesen Briefwechsel am 1. Mai, indem er schrieb, er habe »niemals irgend etwas von Lotz gehört. Keine Ahnung, ob er überhaupt noch lebt.« Damit war die Angelegenheit für die beiden Herren erst einmal erledigt. Irvings Entdeckung eines geringen Teils der Chronik zog außerhalb Spandaus oder Coesfelds keine bekanntgewordenen Kommentare oder anderweitigen Reaktionen nach sich. Diese erfreuliche Stille muß Speer ein übertriebenes Gefühl der Sicherheit vermitteln haben. Denn weniger als vier Jahre später beging er einen Fehler, der um ein Haar seinen Ruf als unanfechtbare Autorität und einzig lebende Quelle auf dem Gebiet der Nazi-Führerschaft und Kriegs-Wirtschaft ruiniert hätte – und der seine Behauptung, er habe bereut, unglaubwürdig macht.

Dies wird an entsprechender Stelle noch untersucht werden, hier einstweilen nur soviel: (a) Speer bestellte Hilde im März 1963 über Wolters' Kopf hinweg zu seiner Literaturagentin; (b) er berichtete Wolters, er habe sich im Oktober 1964 für einen Verlag für seine Memoiren entschieden; (c) zu diesem Zweck wurde Wolters 1964 beauftragt, die Chronik zu »bereinigen«; und (d) wußten beide Männer zu Beginn des Jahres 1966, daß die Chronik entdeckt worden war, denn David Irving hatte aus deren Exemplar von 1943 zitiert. All diese Fakten wurden durch Dokumente der Hinterlassenschaft Wolters' an das Deutsche Bundesarchiv zweifelsfrei bestätigt. Diese Hinterlassenschaft erteilt indes keine genaue Auskunft über die Fragen, (a) ob Albert Speer zu der Zeit, da er Hilde einsetzte, Wolters von seiner Entscheidung in Kenntnis setzte, ihn als literarischen Agenten auszubooten; (b) ob Wolters Speer von seiner Bereinigung der Chronik schon zu jener Zeit in

Kenntnis gesetzt hat, als er noch damit beschäftigt war. Aber man kann berechtigterweise davon ausgehen, daß weder das eine noch das andere der Fall war, denn (a) Wolters reagierte mit keinem Wort auf die Briefe, die Speer ihm 1964 und danach weiterhin schrieb, als wäre er noch immer sein Literaturagent; und (b) Wolters, der 1964, als er die Bereinigung vornahm, nicht dokumentierte, daß er dies Speer mitgeteilt habe, notierte sich sehr wohl, er habe protokolliert, daß er dem entlassenen Häftling 1966 die umgeschriebene Fassung aushändigte.

Sowohl aus Speers Tagebüchern, ob als Manuskript oder in Buchform, als auch aus Wolters' Dokumentationen wird ersichtlich, daß Speer während der ersten neun Monate des Jahres 1966 von der Aussicht auf seine Entlassung besessen war. Diese sollte in der Nacht vom 30. September auf den 1. Oktober um Schlag Mitternacht stattfinden. Niemals zuvor seit jener Zeit zwanzig Jahre zuvor, als er damit hatte rechnen müssen, gehenkt zu werden, war er dermaßen nervös gewesen. Mit seiner Flut von Briefen, die überquollen vor Anfragen, Panik, Verfügungen und Änderungen, in denen er sich bis ins winzigste Detail nur mit sich selbst beschäftigte, trieb er seinen Freundeskreis und seine Familie schier zum Wahnsinn. Das ist auch völlig verständlich: Jeder Mensch würde in hochgradige Erregung geraten, wenn er im Alter von über sechzig Jahren nach so langer Zeit der permanenten und gnadenlosen Einkerkerung die Freilassung in eine dramatisch veränderte Welt vor Augen hätte. Nach seinem sechzigsten Geburtstag, 1965, hatte sich Speer schon beinahe als alten, gebrochenen Mann gesehen und unter Torschlußpanik gelitten. Überdies deprimierte ihn die im Juli 1965 von den Ostberlinern vorgenommene Zerstörung dessen, was von seinem Kanzleigebäude übriggeblieben war. Die einzig verbliebene Manifestation seines architektonischen Werkes war nun ein Spalier von Laternenpfählen in einer Westberliner Straße sowie ein paar Häuser, die er für einen amerikanischen Sergeanten und einen US-Kommandeur, Colonel Eugene Bird, entworfen hatte.

Bei seiner Freilassung war er allerdings in erstaunlich guter Verfassung und zeigte auch keinerlei Symptome jener Knie- und

Lungenleiden, die ihn in der Vergangenheit schon dreimal umgeworfen hatten. Sein Hauptproblem war die Angst.

Albert Speer ließ den Gedanken, zur Architektur zurückzukehren, wieder fallen. Nicht nur, daß er den Bezug zur Materie verloren hatte, auch waren seine beiden früheren Kollegen, Otto Apel und Karl Piepenburg, die ihm für die Zeit nach seiner Entlassung Arbeit versprochen hatten, im Frühjahr 1966 verstorben. Darüber hinaus hatte Dipl. Ing. Albert Speer (junior) im vorhergehenden Dezember einen wichtigen Architekturwettbewerb gewonnen. Speer senior rechtfertigte seine endgültige Entscheidung, vom Versuch eines Neuanfangs als Architekt abzusehen, mit der Behauptung, er wolle seinem Sohn nichts verderben – eine weise Entscheidung, was auch immer der wahre Grund dafür gewesen sein mag.

Die Alternative hieß Schreiben, und sämtliche Anzeichen sprachen dafür, daß dies sehr einträglich sein würde. Im Juli 1966 engagierte Wolters, der nach wie vor als literarischer Repräsentant tätig war, einen bereitwilligen Professor Hubatsch als Berater für Speers »Erinnerungen« sowie für die bereits hereinströmenden redaktionellen Angebote. Aus den verschiedensten Richtungen winkte die Presse mit Scheckheften, und Monate, bevor sich die Gefängnistür öffnen sollte, war eine sechsstellige Summe auf dem Tisch. Das Hamburger Nachrichtenmagazin »Der Spiegel« bot 50000 Mark für ein erstes Exklusiv-Interview. Es war nicht das höchste Gebot, aber Speer nahm es an, weil dieses Magazin Deutschlands einflußreichstes Medium für Nachrichten – im Unterschied zu Meinungen – war. Werner Schütz erklärte sich bereit, Speer und Wolters bei Bedarf juristisch sowie politisch zu beraten. Unterdessen waren Speer die Nerven durchgegangen, und aus Furcht, in letzter Minute erwischt zu werden, stellte er jeglichen unerlaubten Briefverkehr ein. Der Kassiber-Blackout dauerte vom 1. Juni bis zum 22. Juli.

Am 1. September schrieb Margret an Wolters, sie habe ein abgeschiedenes, zu vermietendes Häuschen am Kellersee in der Holsteinischen Schweiz ausfindig gemacht. Es handelte sich dabei um jenes östliche Seengebiet Schleswig-Holsteins, wohin Speer sich

1945 ursprünglich hatte zurückziehen wollen und wohin er damals seine Familie geschickt hatte. Auch Annemarie Kempf und später die Proosts hatten Zuflucht in diesem abgelegenen Winkel Deutschlands gefunden.

Als Wolters im September für den Schulfonds eine letzte Sammlung unter den getreuen Helfern inszenierte, lancierten die beiden Partner der einzigartigen Brieffreundschaft ihre letzte geheime Korrespondenz. Am 2. August erhielt Wolters ein Glückwunschtelegramm zu seinem 64. Geburtstag, das mit »Alex« unterzeichnet war. Speer wanderte immer noch »um die Welt«. Er unterbrach diese Übung nur einmal, am 18. September, als ihm bewußt wurde, daß er 31 816 Kilometer zurückgelegt hatte, also mehr als drei Viertel des Erdumfangs.

Am 6. September schlug Wolters in seinem letzten Brief nach Spandau vor, 15 von Speers ehemaligen Architekturkollegen und finanziellen Mäzenen in ein luxuriöses Hotel nahe seinem Haus in Coesfeld einzuladen, um mit ihnen gemeinsam einen »Willkommen-daheim«-Empfang zu veranstalten. Speer reagierte darauf im Kassiber vom 27. September mit einem Programm, über das er, unabhängig von Wolters, schon fieberhaft mit seiner Familie debattiert hatte. Er würde eine kurze Rundfunk-Pressekonferenz geben – er hatte in seinem Transistorradio gehört, daß die Reporter schon warteten und Angebote parat hielten, die sich insgesamt auf 300 000 Mark beliefen – und dann mit Gretel in einem Mercedes für eine Übernachtung zu einem Hotel im waldreichen Westberliner Randbezirk Grunewald fahren. So früh, wie in dieser Nacht möglich, würde er dann in Coesfeld anrufen, anschließend wollte er gemeinsam mit seiner Frau und den Kindern zwei Wochen im Norden zubringen – seine »Quarantäne-Phase«, in der er allerdings mit Wolters telefonieren wolle. Und nach diesen ersten 14 Tagen in der Freiheit würde er Wolters besuchen. Und so kam es auch.

Der Tagesablauf im Gefängnis unterschied sich am 30. September 1966 durch nichts von der allgemeinen Routine, die sich im Laufe der zwei Jahrzehnte eingeschliffen hatte. Speer und Schirach, dessen Zeit ebenfalls um war und der das Gefängnis wenige

Sekunden nach Speer verlassen sollte, nahmen beide von dem armen, verlassenen Heß Abschied. Dieser mußte unglaubliche 21 weitere Jahre allein dort ausharren, eine einsame Gestalt inmitten der steinernen Festung von Spandau, nach wie vor feierlich bewacht von den Truppen der vier mächtigsten Armeen der Welt – eine pathetische Farce, die jenen Prozeß zu Ende führen sollte, der 42 Jahre zuvor in Nürnberg begonnen hatte.

Ein Aufseher überbrachte Speer die unwahrscheinliche, aber wahre Nachricht, daß Willy Brandt seiner Tochter Hilde, längst wohnhaft in Westberlin, zur Entlassung ihres Vaters einen Strauß Nelken geschickt habe. Da sich der Regierende Bürgermeister zu jener Zeit gerade als Kanzlerkandidat mitten im Bundestagswahlkampf befand, war diese an die Tochter eines Nazi-Kriegsverbrechers gerichtete Geste – von seiten eines Sozialdemokraten, der, um seiner Verfolgung zu entgehen, aus Hitler-Deutschland geflohen war – von beachtlicher Bedeutung. Speers Frau die Blumen zu schicken, wäre eine kaum weniger kontroverse Geste gewesen. Es war indes weniger edelmütig als ungestüm – Brandt konnte einer hübschen Frau nun einmal nicht widerstehen und hatte Hildes wenige Jahre zurückliegenden Auftritt als Botschafterin ihres Vaters offensichtlich nicht vergessen.

Der konkrete langfristige Nutzen für Speer selbst bestand darin, daß Willy Brandt, der in der von Dr. Kurt Georg Kiesinger geführten Großen Koalition Vizekanzler und Außenminister wurde, jenem Entnazifizierungsverfahren, das so lange über Speer geschwebt hatte, Einhalt gebot – kein Wunder, daß Speer nach seiner Freilassung SPD-Wähler wurde.

Nach einem gestelzten Lebewohl zu den vier Gouverneuren und einer kurzen Begrüßung durch Dr. Flächsner und Margret am Ausgang stiegen alle drei in die schwarze Limousine. Punkt Mitternacht öffneten sich unter einem wahren Gewitter von Blitzlichtern und Fernsehscheinwerfern die beiden Tore.

Um 21.15 Uhr am Abend des 30. September 1966 wurde im Postamt des Flughafens Tegel, der sich im damals französischen Sektor von Berlin befindet, ein Telegramm zum Nachttarif aufgegeben – der letzte Triumph eines bemerkenswert leistungsfähigen und verschwiegenen Postdienstes. Es war adressiert an »Wolters, Beguinenstraße 14, 4420 Coesfeld«, erreichte das Coesfelder Postamt am 1. Oktober um 6.56 Uhr und wurde dem Adressaten telefonisch um 7.03 Uhr zugestellt. Der Text lautete: »Bitte mich 35 Kilometer südlich Guadalajara Mexiko abholen. Onkel Alex.« Nach zwanzig Jahren war das kein schlechter Witz.

Erinnerungen (1966–70)

Das letzte Wort aus Spandau erreichte Dr. Rudolf Wolters erst, nachdem der erste Kontakt mit Häftling Nummer fünf bereits erfolgt war – der versprochene Telefonanruf von Speers Berliner Hotel aus, gegen ein Uhr morgens am 1. Oktober 1966. Doch statt dem unerschütterlichen Agenten des befreiten Mannes die lang ersehnte Freude auszudrücken, vermittelte Speer der Welt einen brutalen Eindruck davon, was die lange Beziehung deren Nutznießer wirklich bedeutete. Speer rief in dieser Nacht mehrere Leute an, von denen Wolters nicht der erste war. Er teilte diesem sachlich mit, daß er Ernst-Wolf Mommsen, den Düsseldorfer Industriellen, eingeladen habe, am 14. Oktober zu Wolters nach Coesfeld zu kommen, genau an dem Tag also, an dem er versprochen hatte, Wolters erstmals zu besuchen – unmittelbar im Anschluß an seinen langwierigen Versuch der familiären Wiedervereinigung in Holstein. Mommsen war zu Kriegszeiten ein Mitglied von Speers »Kindergarten« gewesen, anschließend einer der Hauptspender für den Schulgeldfonds.

Dies war ein ausgesprochen taktloses und unsensibles Verhalten, auch für einen Mann, der sich darauf freute, nach über 21 Jahren Gefangenschaft im Zentrum der Aufmerksamkeit zu stehen. Mommsen, der auch den Mercedes für Spandau zur Verfügung gestellt hatte, nahm die Einladung trotz berechtigter Bedenken an. Er fühlte sich nicht dazu imstande, den ersten Wunsch eines befreiten Mannes abzuschlagen. Wolters, niedergeschmettert, biß sich auf die Lippen, wie er es bereits getan hatte, als er in Speers Schriften mit dessen wiederholten Leugnungen ihres vormals gemeinsamen Glaubens an Hitler sowie mit dessen mehrmaligen »Nostra culpa«-Mantras konfrontiert worden war. Er biß sich auf die Lippen und ließ wieder einmal geschehen, daß Speer ihn wie selbstverständlich herumschubste.[1] Es gab in Zukunft noch mehr solcher Vorfälle, und als das Blatt sich wendete, geschah dies auch mit allem Nachdruck.

Speer schaffte es, der Journalistenmeute, die ihn im ländlichen Grunewald am Hotel abgepaßt hatte, nach einem weniger als zehnminütigen Auftritt zu entkommen. Die ungebührlichen Fragen fielen ebenso uninspiriert aus wie die Antworten. Und ehe er sich nach oben in seine Suite begab, verkündete Speer, er hoffe in seinen Beruf als Architekt zurückkehren zu können. Ihm und seiner Frau gelang es, per Flugzeug nach Hamburg zu entwischen und von dort aus jenes Versteck aufzusuchen, nach dem die Presse in den darauffolgenden Tagen vergeblich fahndete.

Ein Gedrängel ganz anderer Natur erwartete die beiden bei ihrer Ankunft vor dem gemieteten Ferienhaus am Kellersee: die sechs Kinder des Ehepaares, die zwei jungen Frauen und vier jungen Männer, deren jeweilige Ehepartner und die dazugehörigen Enkelkinder. Jeder von ihnen war dermaßen bemüht, locker zu wirken – was ganz normal ist, wenn es der im Mittelpunkt stehenden Person so gründlich an Spontaneität mangelt und sie gerade aus einer zwei Jahrzehnte währenden Isolation auftaucht –, daß die Rückkehr des verlorenen Vaters für sämtliche Beteiligten zu einer bedrückenden Enttäuschung wurde. Speer war zur Gänze mit sich selbst und seiner Vergangenheit beschäftigt und interessierte sich nur wenig für die Angelegenheiten seiner großen, verwirrten und auf Anhieb entfremdeten Familie, und abgesehen von seinem letzten Jahr blieb es so für den Rest seines Lebens. Von nun an würde er rückwärts in die Zukunft gehen, den Blick bis zuletzt unentwegt auf seine Glanzzeit als Hitlers Baumeister und Waffenkämmerer gerichtet.

Annemarie Kempf, deren Ortskenntnisse ausreichten, um das geheime Domizil zu finden, hatte die Erlaubnis erhalten, für ein paar Tage aus Eutin zu Besuch zu kommen. Sie dachte sofort, daß Speer sich in den 21 Jahren, seit sie ihn zuletzt gesehen hatte, erstaunlich wenig verändert habe. Folglich war sie auch keineswegs überrascht, daß das Wiedersehen zu einem Fiasko wurde, von dem sich die Familie nie wieder erholt hat.[2]

Gespannt in Coesfeld wartend, ging Wolters, ganz Gourmet und Bonvivant, hinunter in seinen Keller, um nach der Flasche 1937er Fürst Metternich Schloss-Johannisberger Trockenbeerenauslese zu sehen. Er hatte sie extra für das langerwartete Wiedersehen aufgehoben. Allein, diese Begegnung war von vornherein zum Scheitern verurteilt – nicht nur wegen der Sache mit Mommsen, sondern auch weil ein solches Ereignis dem Grad der – wenn auch nur von einer Seite gehegten – emotionalen Erwartung niemals gerecht werden kann. Die ebenso nervöse Marion Rießer ging die Bankauszüge des Schulfonds durch und kam dank der abschließenden Initiative von Wolters und Mommsen vor Speers Entlassung auf ein Guthaben von 26171 Mark und drei Pfennigen.[3]

Die beiden Herren, die sich zum letzten Mal im Frühjahr 1945 gesehen und während der vergangenen zwanzig Jahre in regem schriftlichem Kontakt miteinander gestanden hatten, brachten ihre Begrüßung auf einer westfälischen Türschwelle im Herbst 1966 mit professioneller Gelassenheit über die Bühne. »Wie geht's? Ist lange her.« sagte Speer und reichte Wolters die Hand. Die Resonanz des Angesprochenen ist nicht überliefert. Die Flasche Johannisberger, der gleiche Wein, den beide anno 1937 aus Anlaß der Ernennung Speers zum Generalbauinspektor der Reichshauptstadt genossen hatten, wurde auch nun wieder kunstgerecht entkorkt und serviert. In derselben rührseligen Stimmung hatte Wolters Jahre zuvor einen westfälischen Räucherschinken hergestellt – aus einem Schwein, das an Stalins Todestag geboren worden war –, wobei Wolters freilich gehofft hatte, es viel eher schlachten und verarbeiten zu können. Auch dies war in einem Brief nach Spandau versprochen worden.

Am ersten der vier Tage, die Speer mit ihm verbrachte, überreichte Wolters ihm »im Beisein meiner Assistentin Marion Rießer« einen fein säuberlich aufgeschichteten Papierstapel. Dieser beinhaltete sämtliche Original-Kassiber-Fassungen von Speers »Arien« (Spandauer Entwürfe), »Spänen« (Tagebuchnotizen) und »Fenstern« (Material zu den Fenster-Studien) sowie Ergänzungsschriften und eine Zusammenstellung von Rießers Transkriptionen, von denen Frau Kempf und die Familie Speer bereits Kopien erhalten hatten.

Wolters, der damit demonstriert hatte, wie gewissenhaft er

Speers Instruktionen gemäß dessen Brief aus Nürnberg vom August 1946 befolgt hatte, händigte ihm auch Kopien seiner alten Baupläne aus sowie die Kopie eines von ihm selbst geführten Logbuchs für die Wanderung »rund um die Welt«, das seine lebhafte Phantasie in ein für einen Gefängniswanderer in jeder Hinsicht reales Kulturabenteuer verwandelt hatte. Die Andenkensammlung enthielt außerdem Fotos, die Speer in Spandau unerlaubterweise mit einer Minikamera aufgenommen und herausgeschmuggelt hatte. Des weiteren borgte er Speer seine Akte des persönlichen »schwarzen« Briefwechsels zwischen ihnen. Schließlich präsentierte Marion Rießer ihm einen Scheck über 25 000 Mark, dessen Empfangsquittierung sie formal von ihrer Verantwortung für den Schulgeldfonds entbinden sollte. Speer benutzte einen Teil dieser großzügigen letzten Gabe, um sich einen teuren Sportwagen zu kaufen, und brachte kurz darauf noch mehr Geld auf, indem er das Grundstück zu seinem Berliner Haus verkaufte. Die Kontoauszüge lassen erkennen, daß insgesamt Gelder in der beachtlichen Höhe von 158 000 Mark durch die Volksbank von Coesfeld geflossen waren, um Speer und seine Familie zu unterstützen.[4]

An seinem letzten Tag in Coesfeld offenbarte Speer einmal mehr seine tiefverwurzelte Arroganz gegenüber dem geduldigen Wolters. Es war die Arroganz eines Herrn, für den es selbstverständlich ist, daß sein Diener nur existiert, um zu geben. Nachdem er nämlich die modernen Aktenschränke seines loyalen Domestiken bewundert hatte, fragte er Wolters, ob dieser so nett sei, fünf solcher Schränke zu besorgen und so rasch wie möglich nach Heidelberg liefern zu lassen – und er möge nicht vergessen, einen 25prozentigen Rabatt zu erbitten. Zwei Tage nachdem Speer ihn verlassen hatte, schrieb Wolters seinem Dortmunder Lieferanten einen Brief, um dieser zufälligen letzten Bitte seines Gastes nachzukommen. Später dachte er:

»Schon beim ersten, noch fröhlichen Wiedersehen … wußte ich unterschwellig – die Freundschaft der Spandauer Jahre hatte ihr Ende erreicht. Ich sah ihn, der wieder leibhaftig vor mir stand, plötzlich ganz anders als in der Spandauer Entfernung. Es ging mir ähnlich wie ihm seinerzeit mit Hitler, als er diesem nach langer Krankheit wieder begegnete ...«[5]

Wie der Herr, so der Diener. So, wie sich 1944 Hitler gegenüber Speer verhalten hatte, so benahm sich Speer 1966 gegenüber Wolters. Der einst engstirnige Loyalist als gebender Teil einer einseitigen Freundschaft, hatte nach langer Trennung eine bittere Ernüchterung erfahren. Falls Speer jemals echte Freunde gehabt hätte, wäre Wolters bestimmt einer davon gewesen – doch nun hatte er sich als Wolters' unerwiderte Liebe entpuppt. Trotzdem hat diese unerbittliche und gedankenlose Gleichgültigkeit noch weitere fünf Jahre lang nicht zur endgültigen Zurückweisung geführt. Als es dann dazu kam, war es um so schlimmer.

Wie dem auch sei, nach der Abreise seines metaphorischen »Vaters« diktierte Wolters der getreuen Marion sofort ein Rundschreiben an all jene außenstehenden Mitglieder des Netzwerkes, die dem ehemaligen Reichsminister während der Spandauer Zeit die Treue gehalten hatten.

Als nächstes fuhr Speer zu einer langen Besprechung mit Dr. Walter Rohland nach Ratingen im Ruhrgebiet. Rohland, der im Krieg Speers für den Panzerbau zuständiger Spitzenmann gewesen war, schrieb kurz darauf an Wolters, es sei wohl zuviel für den Heimkehrer gewesen. Nichtsdestoweniger habe er es gut überstanden.

Bei der Abfahrt von Rohland, am 20. Oktober, gab Speer zwei separate Briefe an Wolters und dessen Frau auf, worin er sich für deren Gastfreundschaft bedankte: Die Tage in Coesfeld seien »unvergeßlich« und »wunderbar harmonisch« gewesen, teilte er Erika Wolters mit, nach seinen ausschließlich im Kreise der Familie verbrachten zwei Wochen in Schleswig-Holstein ein entzückender Start ins reale Leben. Von Ratingen aus fuhr er Richtung Süden weiter, zum Hause seiner Eltern am Heidelberger Schloß-Wolfsbrunnenweg.

Nachdem Speer sich dort erst einmal eingerichtet hatte, machte er sich unverzüglich daran, in eine Korrespondenz mit der Außenwelt einzutreten, die nach und nach riesige Ausmaße annahm und in der so gut wie niemand zurückgewiesen wurde. Da er sich dank des vielen Lesens und Schreibens im Gefängnis seinen gesunden Verstand und seine Geisteskraft hatte bewahren können und da er anschließend am Zusammenleben mit seiner Familie gescheitert war, wurde die Schreiberei von nun an alles, wofür und womit er lebte, sei es als Autor oder als unermüdlicher Briefpartner von Hinz und Kunz. Einer der ersten Adressaten war Wolf Jobst Siedler, der Verleger seiner Wahl. Er schlug Siedler vor, nach Berlin zu fahren, um die Vertragsbedingungen für seine Memoiren abzuklären. Siedler erbot sich, auch nach Heidelberg zu kommen, doch Speer bestand darauf, noch vor Ende des Monats, in dessen ersten Minuten er Spandau verlassen hatte, nach Berlin zurückzukehren.

Siedler, damals gerade erst vierzig Jahre alt und bereits eine Autorität in der deutschen Verlagswelt, erzählte mir, er habe sich seit 1964 auf dieses Treffen gefreut. Im Frühjahr jenen Jahres hatte er über Margret an Hilde geschrieben und sein Interesse an Speers Memoiren bekundet. Anschließend hatte er sie in ein schickes Westberliner Restaurant zum Essen ausgeführt. »Ich hatte keine Sympathie für seine Vergangenheit«, sagte Siedler. Er sei selbst ein »Opfer« der Nazis gewesen. Aber er habe etwas Sympathie für Speer als Person und für seine schwierige Lage, ebenso für seine Abschlußrede in Nürnberg empfunden. Auch Siedler war von jener zentralen Frage fasziniert, die sich jeder Mensch zum Thema Speer stellte: Wie konnte sich ein Mensch mit diesem Hintergrund und diesen Begabungen mit solchen Verbrechern einlassen?

Nachdem er von Hilde gehört hatte, daß mehrere Dutzend Verleger an Speer herangetreten waren, darunter einige der bedeutendsten aus Amerika und Europa, hatte Siedler ihm kurz vor seiner Entlassung einen zweiten Brief geschrieben und erklärt, daß er nicht an einer bloß persönlichen Apologie interessiert sei. Auch habe er keine Lust, bei einer Versteigerung der Verlagsrechte für die Memoiren mitzubieten, die er in Ullsteins noblem Imprintverlag »Propyläen« herausbringen wollte.

Speer habe darauf bestanden, zu ihm zu kommen, wobei er auf seine aristokratische, altmodische Weise sagte, daß er immer gemeint habe, ein werdender Autor suche seinen Verleger auf und nicht umgekehrt. Als Siedler ihn beim ersten Treffen mit »Professor Speer« anredete, habe Speer ihn sogleich verbessert und festgestellt, er habe den Titel, der ihm von Hitler verliehen worden sei, schon lange wieder abgelegt.

Der Verleger speiste und konferierte mit seinem zukünftigen Autor in demselben exklusiven Restaurant, in das er zuvor dessen Tochter Hilde geführt hatte. Die Unterhaltung verlief so erfolgreich, daß Siedler den Vertragsentwurf an den Tisch bringen ließ, statt mit seinem Gast zum Verlag zu fahren. Man einigte sich auf eine bescheidene Vorauszahlung, mit deren Hilfe Speer sich während des Schreibens über Wasser halten konnte. Das Honorar für die gebundene Ausgabe sollte zehn Prozent für die ersten 50 000 Stück betragen, elf Prozent bis 100 000 und zwölf bis zum 200 000sten Exemplar. Diese Zahlen waren keineswegs zu optimistisch. Speer vertraute dem Verleger in jedem Punkt blind. Und als Siedler vorschlug, Speer könne sich, um seine Arbeit zu beginnen, an einen ruhigen Ort zurückziehen, war er verblüfft zu hören, daß bereits 10 000 Seiten vorlägen.

Siedler regte auch an, Joachim Fest, Journalist und Verfasser des 1963 erschienenen Werks »Das Gesicht des Dritten Reiches«, einer höchst einfühlsamen Analyse archetypischer Nazis (darunter Speer selbst), als historischen und redaktionellen Berater hinzuzuziehen – Siedler wählte den Begriff »Lektor« für Fests Rolle. Auf diese Weise entstand das, worauf sich Wolters später mit dem Begriff »Troika« bezog, ein Gespann dreier Pferde, von denen Speer das »Zugpferd« darstellte. In abseits gelegenen Orten der Schweiz, Italiens, Frankreichs und Bayerns arbeitete die Troika dann in langen, anstrengenden Sitzungen den Berg von Rohmaterial durch und um. Speer brachte seine Entwürfe ein, ließ sich beraten und fuhr nach Heidelberg zurück. »Fest und ich waren die Geburtshelfer«, sagte Siedler. Die daraus entstandenen »Erinnerungen« erschienen 1969, nach weniger als drei Jahren. Dasselbe Triumvirat arbeitete auch am darauffolgenden Fortsetzungsband zusammen, der auf den Spandauer Tagebüchern Speers basierte und sechs Jahre später erschien.

Die beiden Geburtshelfer mußten schwer arbeiten. Speer hatte seinem Abschied von Hitler am 23. April 1945 nur eine einzige Seite gewidmet. Siedlers begründeter Ansicht nach war dies vollkommen unangemessen für eine Szene, in der der Autor einem Mann Lebewohl sagte, der ihn in solche Höhen gehievt und ihm die größten Tage seines Lebens verschafft hatte. »Ich dachte, es müßte die dramatischste Szene des ganzen Buches sein.« Die Hebammen entwickelten eine sokratische Technik endloser Befragungen, die dem Zweck dienten, Speer ein Wissen zu entlocken, das er gar nicht zu besitzen glaubte. Siedler riet ihm davon ab, »sich alle zehn Seiten selbst zu verdammen«. Zwei oder drei derartige Bekenntnisse im ganzen Buch würden ausreichen. Ironischerweise war es der amerikanische Verlag Macmillan in New York, der noch eine Extraportion Treibmittel für jene Selbstbezichtigungen verlangte, wie sie über das ganze Buch verstreut sind. Das Ergebnis ist unwahr und salbungsvoll.

Fest, dessen größtes Werk, seine Hitler-Biographie – auf diesem Gebiet nach wie vor das Maß aller Dinge – 1971 erscheinen sollte, erzählte mir, daß seine Hauptaufgabe darin bestanden habe, zu streichen. Er habe dies durch Markieren des ersten Entwurfs geleistet, wobei er das Wesentliche unterstrich, unter das weniger Wichtige eine gestrichelte Linie zog und die Schlacke unmarkiert ließ.

Das erste getippte Manuskript belief sich auf ungefähr 1600 bis 1800 Seiten, das zweite auf 1200 und das dritte auf 700.

Dann habe Fest das Werk sprachlich redigiert und Ergänzungen vorgeschlagen, wie etwa zur »Reichskristallnacht«, die Speer gänzlich ausgelassen hatte.

Fest war damals durch die Tatsache irritiert, daß Speer dem Pogrom von 1938 – dessen Epizentrum Berlin war, wo er seinerzeit lebte – offensichtlich keinerlei Bedeutung beimaß. Kaum verwunderlich, daß die eingefügte Passage trotz bester Beratung durch Fest völlig falsch klingt: Der Autor war offenkundig desinteressiert und gab mit ihrer Einfügung ein Lippenbekenntnis ab. Im nachhinein sind wir nun in der Lage, eine psychologische Verweigerungshaltung zu konstatieren. Speer verdrängte die auf seine Initiative erfolgte Exmittierung der Juden aus Berlin ganz bewußt, wie hier gezeigt wurde. Und in diesem Licht erscheint es nur allzu natürlich, daß er instinktiv einen der Haupthinweise auf die eskalierende Judenverfolgung übergeht, in der er selbst schon früh eine Schlüsselrolle spielte.

Fest, der weiter geht als Sebastian Haffner in seinem »Observer«-Artikel vom April 1944, hatte Speer 1963 in seinem durchdachten, wenn auch etwas zu nachsichtigen Porträt als die Quintessenz des »amoralischen Technokraten« gezeichnet. Auf meine Bitten hin rief sich Fest den Autor Speer dreißig Jahre später wieder ins Gedächtnis und erklärte sinngemäß:

»Er konnte nicht besonders schreiben, verstand es aber, einen Bericht mit allen wichtigen Fakten zu erstellen. Das machte er gut. Er war in der Lage, seine Erinnerungen abzurufen, wenn man ihn darum bat, und dann war es mit ein wenig Redigieren sehr zufriedenstellend. Ich mußte ihn oft bitten, mehr über den Genozid an den Juden zu schreiben. Ich glaube, er hatte sein Gedächtnis dagegen verschlossen. Ich sagte ihm mehrere Male, daß er etwas sagen müsse beziehungsweise mehr sagen müsse, oder sagen müsse, was er gedacht habe, oder zugeben, daß er damals nicht darüber nachgedacht habe.«

Im Laufe einer langen Diskussion über Speer erinnerte sich Fest spontan an dessen charmante private Art. »Er war wirklich charmant, aber auch schüchtern oder menschenscheu. Ich glaube, er hat auch Hitler bezaubert, obwohl er dafür einen hohen Preis zahlen mußte.« Speer habe den englischen Ausdruck »Everybody's Darling« gebraucht. Er habe das ganze Phänomen des Dritten Reichs »und all diese Verbrecher« unbeschadet ertragen.

»Aber er war ein Künstler, und Künstler sind jedem zugeneigt, der ihnen die Ausübung ihrer Kunst ermöglicht. Hitlers Angebot war für den jungen Architekten unwiderstehlich. In dieser Hinsicht sind Künstler geradezu prädestiniert, korrupt zu werden. Doch Speers Leben fand nie wieder von dem Weg zurück, den er in seinen Endzwanzigern eingeschlagen hatte. Er wurde die Last seiner Vergangenheit nie mehr los, und ich finde, es umwehte ihn immer ein Hauch von Melancholie.«

Speers Tochter, Dr. Hilde Schramm, vertrat den Standpunkt, beide, Siedler und Fest, hätten ihre Rolle bei der Vorbereitung der Memoiren ihres Vaters übertrieben: »Er hat die ganze schwere Arbeit geleistet«, sagte sie zu mir. Er habe sie gebeten, ihre Meinung zu Teilen des Entwurfs abzugeben, doch das habe ihr widerstrebt, und sie habe nicht viel geholfen. »Er hätte es gerne gesehen, wenn ich weitergemacht hätte, aber das tat ich nicht. Ich hatte mein eigenes Leben zu führen.«

Joachim Fest sah in Hilde das stärkste und das am wenigsten von Repressionen beeinflußte Kind Albert Speers, vertrat jedoch die Ansicht, daß sie sich durch die »Wiedergutmachungsbemühungen« für ihren Vater politisch stark nach links orientiert habe – bei zwei erfolgreichen Wahlen zum Berliner Abgeordnetenhaus erzielte sie ein Mandat für die mit den Grünen verbündete Alternative Liste. Hätte ich die Chance bekommen, ihr diese These zu unterbreiten – ich bin sicher, sie wäre explodiert. Aber sie gab mir unmißverständlich zu verstehen, daß ein zweites Interview über ihren Vater nicht zur Debatte stünde, und das erste war nicht gerade umwerfend gewesen. Daß sie Siedlers und Fests Bedeutung für den Erfolg der veröffentlichten Erinnerungen und Tagebücher ihres Vaters unterschätzte, beweist die miserable Qualität seines dritten Buches, in dem es um das Wirtschaftsimperium der SS geht – obwohl, wie sich noch herausstellen wird, Gitta Sereny eine andere Theorie zur augenscheinlichen Minderwertigkeit dieses Buches vertritt. Hildes Beteuerungen mir gegenüber, ihr Vater habe es in erster Linie für Fachleute und nicht für den durchschnittlichen Leser geschrieben, ändert nichts an der Tatsache, daß »Der Sklavenstaat« unlesbar daherkommt.

Auf dieses letzte Buch wird hier noch näher eingegangen werden. Vorerst aber sei zu Joachim Fests zweifellos schwieriger Rolle als Speers Lektor von 1966 bis 1975 noch eine weitere wichtige Tatsache festgehalten: Joachim Fest war viele Jahre lang Chefredakteur der erzkonservativen »Frankfurter Allgemeinen Zeitung«. Er vertritt in kulturellen und geschichtlichen Fragen eine humanistisch-liberale Position. Seine seit 1963 unveränderte Einschätzung Speers ist fair, durchdacht und sogar nachsichtig wohlwollend. Nichtsdestoweniger kritisierte Wolters seinen Einfluß aufs schärfste: Speer, weit davon entfernt, auf den Rat seines »besten Freundes« zu hören, dem er sein Buch ursprünglich hatte widmen wollen, »unterwarf sich den eindringlichen Fragen von Herrn Fest, jenem Vertreter der gegenwärtig in Mode gekommenen veröffentlichten Meinung«.

Die »Erinnerungen«, die er, Wolters, peu à peu, so wie sie aus Spandau herauskamen, gelesen hatte, enthielten sowohl positive als auch negative Darstellungen der Hitler-Zeit; »post Festum« seien alle positiven Urteile durch ein »Ja, aber...« relativiert worden. Das Wortspiel »post Festum« hatte Wolters von dem juristischen Ausdruck »post factum« abgeleitet. In einem Brief von 1971 an Hermann Giesler, Speers ehemaligen Architektur-Rivalen, verwendet er den Begriff gleich mehrmals:[6] Die »Arien« hätten Speers Verantwortung für die Nazivergangenheit deutlich gemacht, doch die »Erinnerungen« sprächen post Festum sogar von »Schuld«.

Wie gezeigt wurde, ist die aufdringlich häufige Verwendung des brustklopfenden Mea culpa nicht Fest, sondern Speers New Yorker Verleger zu verdanken. Aber Wolters vertrat ja den unerschütterlichen Standpunkt, daß es im Prinzip nichts gab, wofür Speer sich hätte schuldig bekennen müssen.

Am 14. November 1966, sechs Wochen nach seiner Freilassung, kam Speer im Hamburger Nachrichtenmagazin »Der Spiegel« groß heraus, wenn auch nicht gerade als Schriftsteller, so doch als hochrangige Insiderquelle für Hitlers Herrschaft über das Dritte Reich und das Innenleben seines Hofstaates. Damit legte er den Grundstein zu seiner zukünftigen Rolle als führender deutscher Experte für die Geschichte des Nationalsozialismus. Der »Spiegel« ist Deutschlands Antwort auf das amerikanische »Time Magazine«, pflegt seinen eigenen Schreibstil – gewunden, selbstbewußt trendy, abgehackt und fast so blasiert wie der englische »Economist«. Das Magazin hat sich auf Allwissenheit spezialisiert und auf Hintergrundreportagen zu entscheidenden Ereignissen. Es verfügt über einen riesigen Mitarbeiterstab, ein enormes Redaktionsbudget und serviert seinen Lesern eine strenge Diät von Exklusivstories und gutem altmodischem, furchtlosem investigativem Journalismus – Stärken, die, das muß gesagt werden, seine Schwächen allemal aufwiegen.

Das sensationelle »Spiegel«-Interview mit dem frisch entlassenen Nazi-Kriegsverbrecher Albert Speer war nur deshalb sensationell, weil es exklusiv war. Es entspricht der klassischen »Spiegel«-Mischung aus journalistischem Biß und Medienarroganz. Es fand in Speers Heidelberger Haus statt und entsprach der Form eines typischen »Spiegel«-Gesprächs, also einem sehr langen, sehr ausführlichen und sehr ermüdenden Frage-und-Antwort-Spiel, das sich über 18 Textspalten erstreckte. Diese Form befreit den Reporter von solch anstrengenden Hausaufgaben wie zum Beispiel dem Trennen von Spreu und Weizen, der Ausarbeitung der für den Leser informativsten Darstellungsweise sowie dem Hinzufügen signifikanter Hintergrundinformationen wie Stimmung, Ton, Körpersprache und Atmosphäre. Dieser ganze wichtige Stoff wird in einem kleinen Extra-Kasten abgehandelt. Alles, was der Reporter bei einem Frage-und-Antwort-Artikel zu tun hat, ist das Band abzutippen und Wiederholungen, nachlässige Syntax sowie abgebrochene Sätze herauszustreichen. Alles, was der Redakteur noch tun muß, ist Rechtschreibung und Interpunktion zu überprüfen.

Die Reporter – gewöhnlich sind mindestens zwei anwesend – können sich selbst bequem als diejenigen präsentieren, auf deren Konto alle Pluspunkte des Beitrags gehen, tragen jedoch keinerlei Verantwortung für ausweichende oder irreführende Antworten, selbst wenn sie wissen, daß der Interviewpartner nicht die Wahrheit sagt beziehungsweise sich ihr nicht stellt. Und nachdem sie sich auf diese Weise der Verantwortung entledigt haben, erfolgt bei jeder dieser Übungen stets der gleiche Abschluß, indem sie sich selbst mit der aufreizenden Floskel »Herr Speer, wir danken Ihnen für dieses Gespräch« das letzte Wort erteilen.

Die Sensation, die sich für das Blatt durch den Verkaufserfolg und die aus den Abdrucken resultierende weltweite Publicity mit jedem Pfennig der 50000 Mark Honorar bezahlt gemacht hat, liegt eher am Umstand an sich, als am Inhalt der Befragung, die durch und durch alltäglich war. Aber wenn man sich den Charakter des Befragten vergegenwärtigt, wäre auch nicht viel mehr zu erwarten gewesen. Das Bemerkenswerteste dabei ist – aus heutiger Perspektive – die große Übereinstimmung in allen Aussagen Speers nicht nur mit seiner Verteidigung in Nürnberg, sondern auch mit allem, was er später in Veröffentlichungen und in der Öffentlichkeit geschrieben und gesagt hat.

Wolters las das Interview und erteilte Speer in einem auf den 30. November datierten Brief eine Rüge. Er habe die sich durch die Fragen offenbarende Agenda der »Spiegel«-Journalisten einfach so hingenommen und sei mit seinen Antworten exakt auf ebenjene Linie eingeschwenkt, die derzeit in Westdeutschland zum Dritten Reich gelehrt werde. Hitler mehr Schuld am Krieg zuzuschieben als dem deutschen Volk, sei in doppelter Hinsicht falsch, führte er aus, zum einen, weil Deutschland hinter ihm gestanden habe, zum zweiten, weil andere, etwa die Polen mit ihrer Provokation und die Engländer, indem sie die Polen-Invasion zu einem Weltkonflikt ausdehnten, ebenfalls verantwortlich gewesen seien, wie auch die Russen und die Amerikaner, weil die Wurzeln des Konflikts schließlich und endlich bis auf den Vertrag von Versailles zurückgingen. Wolters ersuchte Speer dringend, sich »vollständig auf das zu konzentrieren, was wirklich passiert ist, und das, was die Welt heute davon denkt, beiseite zu lassen«.

Da das Hauptmotiv der Selbsterhaltung in Nürnberg keine Rolle mehr spiele, stehe hinter seiner Akzeptanz der kollektiven Verantwortung die erklärte Absicht, die Deutschen vor der schwer lastenden Schuld an der Existenz Hitlers zu schützen. Wolters weist in diesem Brief verbittert darauf hin, daß Hitler wahrhaftig zum Teufel gestempelt worden sei – »die Basis (westdeutscher) Außenpolitik« –, und jene, die für ihn gearbeitet haben, würden dämonisiert als »des Teufels Generäle, des Teufels Ärzte, des Teufels Architekten etc.«. Der Umstand, daß jedoch Teufel und Unterteufel immer noch Deutsche seien, habe die Sieger veranlaßt, alle Deutschen kollektiv für Hitler verantwortlich zu machen. Trotz der doppelten Verallgemeinerung, ob sie nun auf die Deutschen, auf die Sieger oder auf beide zutrifft, ist das nicht zu leugnen.

Wolters schloß mit der Hoffnung, daß Speer in seinen veröffentlichten Memoiren ein »richtigeres und breiteres Bild von der Vergangenheit« zeichnen werde. Doch der Leser spürt: Wolters wußte bereits, daß Speer nichts dergleichen tun würde.[7]

Speer antwortete nicht, nahm aber während der Phase, da er seine Erinnerungen zu einem Buch verarbeitete, weiterhin Wolters' Dienste in Anspruch. Im Januar 1967 kam er noch einmal kurz nach Coesfeld, als Wolters sich unter anderem für ein Wiedersehen mit Manfred von Poser einsetzte, bei Kriegsende Speers hochgeschätztem Verbindungsoffizier. Weiterhin wurden ihm ein paar von Wolters' Freunden aus Portugal vorgestellt, wo er sich für eine Weile aufgehalten und gearbeitet hatte.

Genau zur rechten Zeit erschien 1968 Gregor Janssens aus seiner Doktorarbeit hervorgegangenes Buch. Für einen Sonderdruck davon hatte Wolters 500 Mark bezahlt. »Das Ministerium Speer. Deutschlands Rüstung im Krieg« ist und bleibt die gründlichste publizierte Untersuchung über die deutsche Kriegswirtschaft und eine unentbehrliche Quelle, eher als Zilberts 1981 erschienener Versuch. Es war kein Bestseller, bei weitem nicht; aber es war ein nützlicher Vorläufer zu Speers eigenen »Erinnerungen«, die im September 1969 erschienen.

Ein frühes Zeichen für deren phantastisches Potential stellte die Summe von 680 000 Mark dar, die »Die Welt«, das ebenso traditions- wie wirtschaftlich verlustreiche Flaggschiff des Springer-Imperiums, für die Rechte eines Serienabdrucks bezahlte. Das Timing war zufälligerweise fast perfekt. Westdeutschland befand sich auf dem Höhepunkt des Wahlkampfes zu jener Bundestagswahl, mit der die Folge von christdemokratisch geführten Mitte-Rechts-Regierungen beende wurde – und zwar zum ersten Mal in zwanzig Jahren deutscher Nachkriegsdemokratie: Am 21. Oktober wurde Willy Brandt Deutschlands erster sozialdemokratischer Nachkriegskanzler.

Es hatte in Deutschland eine lange Reihe von großen Nazi-Prozessen gegeben, die auch noch einige Jahre fortgesetzt wurden. Doch die Kriegsgeneration ging nun allmählich in Rente und ihre Kinder erreichten die Blüte ihres Lebens. Und ein Vierteljahrhundert nach Deutschlands schwärzester Stunde waren die Vertreter beider Generationen bereit, nachzulesen, was unter Hitler »wirklich« passiert war.

Ein Buch, geschrieben von einem Mann, der durch seine Stellung am besten wissen mußte, was wirklich geschehen war. Ein Buch, das Hitler und dessen führende Gefolgsleute (einschließlich des Autors) für Deutschlands Niederlage und beschämende Vergangenheit verantwortlich machte – für viele Leser hatte diese Kombination einen beinahe kathartischen Effekt, und die Verkaufszahlen erreichten bald die Millionenmarke. Viele ältere, konservativere Leser hingegen sahen in Speers Memoiren einen doppelten Betrug: einen Betrug an Hitler durch seinen ehemaligen Favoriten und einen Betrug an ihnen selbst als loyale Deutsche, die sich nun von einem Deutschen, der selbst im Zentrum der Macht gestanden hatte, sagen lassen mußten, sie hätten die Anordnungen eines Verbrechers befolgt. Diese Menschen wollten mit dem Glauben ins Grab gehen, daß sowohl die wenigen Deutschen, die Hitler vor seinem Tod bekämpft hatten, als auch jene vielen, die hinterher schlecht über ihn redeten, Verräter seien.

Der Mann, der jetzt den Kanzlerstuhl besetzte, Willy Brandt, war in diesen Kreisen besonders verhaßt. Die Heftigkeit dieser Abneigung wird durch das Fauchen eines Vertreters des rechten Bundestagsflügels illustriert, der Brandt mit »Herr Major« anredete – ein Bezug auf die Tatsache, daß Brandt nach zwölf Jahren in der Uniform eines norwegischen Armee-Majors aus dem politischen Exil zurückgekehrt war, um für die Osloer Presse über die Nürnberger Gerichtsverhandlungen zu berichten.

Speers Mitarbeiter der Kriegszeit hatten sich dem früheren Chef größtenteils entfremdet, wenngleich Wolters die Beziehung – zu dieser Zeit konnte man sie schon kaum mehr als Freundschaft bezeichnen – noch eine Weile verbissen aufrechterhielt. Auf Margrets Ankündigung im November 1969, daß Speer in einigen Tagen noch einmal kurz nach Coesfeld fahren wolle, beendete Wolters eilig eine Kritik zu den »Erinnerungen«, an der er gearbeitet hatte, und schickte sie am 14. November nach Heidelberg. Diese Sendung war mit einem ebenso zynischen wie traurigen Begleitschreiben versehen, in dem zu lesen stand, daß er, Wolters, durchaus Verständnis dafür habe, wenn Speer nunmehr einer dringenderen Verpflichtung nachgehen und nicht kommen könne. Er würde sich dennoch glücklich schätzen, ihn am Buß- und Bettag als seinen Gast begrüßen zu dürfen.

Aus der Kritik gehen genaue Einzelheiten über Wolters' Vorbehalte gegen das 1966 abgedruckte »Spiegel«-Interview hervor. Daß er Speers offenkundig widerwillige Bereitschaft respektiere, in seinem Buch – sowie nach dessen Erscheinen auch im Fernsehen – seine Schuld und nicht bloß, wie in Nürnberg, seine Verantwortung einzugestehen, ändere nichts an der Ablehnung jener Position, die Speer nach ihrer vierzigjährigen Freundschaft eingenommen habe:

»Wenn man Dein Buch zu Ende durchgelesen hat, dann ist man zu dem Schluß verführt, der Autor würde nunmehr, mit einem härenen Gewand bekleidet, als Prediger durch die Lande ziehen, sein Vermögen unter die Opfer des Nationalsozialismus verteilen, allen Eitelkeiten und Genüssen des Lebens entsagen und von Heuschrecken und wildem Honig leben. Dies ist offenkundig nicht der Fall.«

Wolters klagte Speer an, in seinen Memoiren das Wahrheitsprinzip dem Pragmatismus geopfert zu haben. Er habe dies bereits in den Briefen aus Spandau kommen sehen, seine Vorbehalte damals jedoch zurückgehalten. Nun stecke ihre Beziehung deswegen in der Klemme (Wolters wählte den Begriff »schöne Bescherung«). Speers Geständnis seiner eigenen Schwäche sei ausgesprochen entwaffnend und unterscheide sich sehr von allen anderen Nachkriegs-Memoiren, sagte Wolters. Es fehlte nicht viel, und er hätte Speer der Heuchelei bezichtigt, weil dieser im Rahmen eines Fernsehinterviews nicht bloß seine eigene Schuld eingestanden hatte, sondern auch viel schlimmere Sünden anderer Führungspersönlichkeiten des Dritten Reichs.

Besagtes Interview führte – in gemütlicher Atmosphäre, wie man annehmen möchte – kein anderer als Joachim Fest, der damals als Fernsehmoderator arbeitete. Wolters meinte dazu gegenüber Annemarie Kempf, Fest habe Speer Männchen machen lassen wie »ein Dompteur«. Speer habe den Eindruck, den seine rebellischen Denkschriften am Ende des Krieges auf Hitler gemacht hätten, bei weitem überbewertet. »Es gibt sicher keinen Zweifel, daß ein Pragmatist wie Albert sich selbst unter anderem systematisch für die Nachkriegsphase aufbaut. Niemand kann mich vom Gegenteil überzeugen. Dafür kenne ich ihn zu gut.«[8]

Die Natur und der Inhalt von Speers »Erinnerungen« werden in diesem Buch in den vorangehenden Kapiteln Stück für Stück zusammengefaßt. Deshalb erfolgt hier nur eine kurze Beschreibung. Es handelt sich um einen gut 500 Seiten umfassenden, umfangreichen Band. Das Werk besteht aus einem kurzen Vorwort, in dem der Autor verspricht, nach Möglichkeit ehrlich zu sein, 35 angenehm knapp gehaltenen Kapiteln sowie einem ebenfalls kurzgefaßten Nachwort, das ein paar Danksagungen enthält. Die Anmerkungen fallen mit einem Gesamtumfang von etwas mehr als vierzig Seiten lobenswert kurz aus, und das Register ist insofern bemerkenswert, als es darauf verzichtet, die Mitglieder von Speers großer Familie – Frau, Eltern, Geschwister und Kinder – zu verzeichnen. Es verzeichnet elf Juden und 16 verurteilte Nazi-Verbrecher.

Die Hauptschwäche des Buches liegt in dem Widerspruch zwischen Speers intimer Kenntnis des harten Kerns der nationalsozialistischen Herrschaft wie Bormann, die Doktoren Brandt und Goebbels, Himmler und Hitler selbst auf der einen Seite, und dem offenen Ignorieren ihrer teuflischen Verbrechen auf der anderen. Diese Lücke vermag nicht kaschiert zu werden – weder durch das Zugeständnis des vorsätzlichen Versäumnisses, sich zu informieren, noch durch die Bereitschaft, das Prinzip der Mitverantwortung in einer Führerschaft anzuerkennen – nostra maxima culpa –, noch durch die nach Nürnberg eingeräumte Mitschuld am Einsatz von Zwangsarbeitern. Dies alles wird dem wachsamen Leser allein schon durch die bloße Lektüre der »Erinnerungen« auffallen. Aber die Tatsache, daß Speer sich alle erdenkliche Mühe gab, seine persönliche Schuld an der Vertreibung von Juden aus Berlin unter den Tisch fallen zu lassen, kam erst nach seinem Tod ans Licht und stellt seine Behauptung, von den Kapitalverbrechen des Regimes nichts gewußt zu haben, auch bei sehr wohlwollender Betrachtung zumindest in Frage.

Heerscharen von ausgezeichneten Kritikern wurden rekrutiert, um ihre Meinung zu Speers Memoiren und damit einhergehend zu seiner Person selbst und seinem Platz innerhalb der Geschichte abzugeben. Die Frage war: Würden sie etwas zu ergänzen haben, etwa zu der 1947 von Hugh Trevor-Roper getroffenen Feststellung, Speer sei »der wirkliche Verbrecher in Nazi-Deutschland« gewesen, oder zu der freundlicheren Darstellung von Joachim Fest mit seinem 1963 erschienenen Porträt des »unmoralischen Technokraten«, der sich selbst in »unpolitische« Arbeit vergraben habe und zu spät aufgewacht sei?[9]

Wenn »Der Spiegel« dafür zuständig ist, was Deutschland tut, dann ist das andere Hamburger Printmedium, nämlich »Die Zeit«, Europas führende Wochenzeitung der Intellektuellen, dafür zuständig, was Deutschland denkt. Ihre Meinung würde für das Schicksal des Buches insofern von immenser Bedeutung sein, als sie andere Kritiker weniger abgehobener Publikationen beeinflussen würde und damit schließlich auch die Einstellung potentieller Leser, denen nicht einmal im Traum einfallen würde, die »Zeit« zu lesen. »Zeit«-Kritiker Waldemar Besson pries die »Erinnerungen« als die ersten wahrhaftig lesbaren und seriösen Memoiren eines führenden Nazis. Speer präsentiere sich selbst als Hitlers Quasi-Freund, der sich in seine Arbeit vertieft, Politik ignoriert und der Technologie gedient habe. Aber, so hakte Besson scharfsinnig nach, war es wirklich nur die Technologie, der Speer diente? Speer habe von der betäubenden Langeweile an Hitlers Tisch geschrieben, an dem er so viele Stunden verbracht hatte. Weshalb habe er dort ausgeharrt, da doch der andere große Techniker des Dritten Reichs, Fritz Todt, keine Notwendigkeit dazu gesehen habe? Das Motiv könne nur Ehrgeiz gewesen sein.

Erst in der Retrospektive machte Speer als Repräsentant der höheren technischen Intelligenz Werbung für sich selbst. Er weckte für sich selbst Sympathie, indem er konzedierte, die Bestrafung für seinen Dienst als Hitlers ranghöchster Bühnenbildner und Requisitenmeister sei gerecht gewesen.

»Am Ende der Memoiren steht da das Bild einer historischen Figur, die, als Person hoffnungslos überbewertet, einer gefährlichen Versuchung erliegt... Die moralische Bürde, die Albert Speer mit sich [herumschleppt], ist groß, und er versucht nicht, sie abzuschütteln... Als historische Quelle und literarisches Testament stehen seine Memoiren weit über dem Durchschnitt.«

Autor und Verleger hatten angesichts dieser ausgewogenen und am Ende in den wesentlichen Punkten stark sympathisierenden Rezension allen Grund, den Champagnerkorken knallen zu lassen.[10]

Golo Mann, einer der führenden deutschen Nachkriegshistoriker, rezensierte das Buch für die Münchner »Süddeutsche Zeitung«, Deutschlands bestgeschriebene und gehaltvollste Tageszeitung. Er vertrat den Standpunkt, es handele sich unter all den vielen Nazi-Memoiren um die am besten lesbaren, brachte jedoch keine Sympathie für den Verfasser als Person auf. Unter der Überschrift »Des Teufels Architekt« meinte er, Speer glaube wohl, er habe sein altes Ego »des ehrgeizigen, arroganten Halbstarken, trunken von Arbeit, Ruhm und Macht« durch ein neues ersetzt; und dieses neue Ego habe ihn in die Lage versetzt, seine alte Persönlichkeit objektiv zu analysieren. Mann merkte dazu scharfzüngig an: »Viel Selbstkritik, [aber] an Gewissensbissen, im christlichen Sinn des Wortes, so gut wie nichts; vielleicht findet er das unmännlich.«

Die ganze Geschichte schien dem Kritiker eintönig heruntergeleiert, und zur Ermordung der Juden sage Speer unverblümt, »Ich habe keine Entschuldigung.« Er habe alles darüber gewußt, genauer gesagt, er habe eine Ahnung davon gehabt und hätte alles darüber wissen müssen.

Sein Freund, Gauleiter Hanke, habe beschrieben, wie Auschwitz ihn ergriffen hatte, aber »Speer stellte keine Fragen. Was die deutschen Eroberer in Rußland taten, erwähnt er in einem Satz, den Schrecken in Polen und anderswo gar nicht – und nennt sich immer noch ›der zweite Mann im Staat‹«.

Diese eindringliche Analyse erschien zur gleichen Zeit wie die »Erinnerungen«. Sie war von schier endloser Länge – der Fluch des deutschen Intellektuellen-Journalismus, denn sie wäre bei halbiertem Umfang doppelt so vernichtend ausgefallen.

Ironischerweise hatten viele von Golo Manns kritischen Bemerkungen über Speers selektives Gedächtnis, seine gespaltene Position hinsichtlich der Person Hitlers und seinen blinden Gehorsam bis kurz vor Schluß den Effekt, bei älteren und konservativeren Lesern genau den richtigen Nerv zu treffen. Diese sahen sich nämlich veranlaßt, loszugehen und das zu kaufen, was sogar diese ziemlich feindselige Kritik als »einen der Höhepunkte politischer Memoiren-Literatur... ein extrem informatives Buch« betrachtete.[11]

Speer hatte beabsichtigt, das Buch seiner Familie und Dr. Wolters, dem Freund, Chronisten und Agenten während seines Gefängnisaufenthalts, zu widmen, wollte dann jedoch weder anstößig noch zu anbiedernd sein und verzichtete gänzlich auf eine Widmung. Wolters nahm ihm weder das besonders übel noch den Umstand, daß er im Text mit keinem Wort erwähnt wurde. Daß Speer es aber abgelehnt hatte, seinen Rat zum Stil des Buches anzunehmen – insbesondere in bezug auf den »gregorianischen Mea-culpa-Gesang« –, hat er ihm nie verziehen.

Nachdem Speer schon die Schuld, in der er bei Wolters stand, offengelassen hatte, brachte er sich und den unbesungenen Freund bei der Fertigstellung seines Manuskripts auch noch achtlos in Gefahr. Er hatte in einem Privatzimmer des Bundesarchivs ein bißchen recherchiert und seine »Erinnerungen« mit den öffentlich einsehbaren Akten verglichen. Im Juli 1969, zwei Monate bevor die Ergebnisse publiziert wurden, schnürte er seine Kopie der Chronik zu einem Paket zusammen und schickte sie am 28. Juli 1969 zusammen mit einem Begleitschreiben an den Direktor des Bundesarchivs, Dr. Wolfgang Mommsen. Wie jedoch bereits festgestellt, hatte Wolters diese Kopie bereinigt und ihn bei der Übergabe im Oktober 1966 nachdrücklich auf diese Tatsache hingewiesen.

Unglücklicherweise habe Speer nichts Dringlicheres zu tun gehabt, beklagte sich Wolters, als dieses Material – »nach deutschem Nachkriegsbrauch« – an Herrn Mommsen, den Präsidenten des

Bundesarchivs in Koblenz, weiterzuleiten, ohne ihm, Wolters, zuvor auch nur ein Wort davon zu sagen.[12]

Mommsen schickte sein Dankschreiben am 19. August und erklärte sich mit den von Speer verfügten Einschränkungen hinsichtlich der Verwendung des Materials – nur für seriöse Historiker – einverstanden, richtete aber verständlicherweise auch eine Bitte an ihn:

»Ich würde es begrüßen, wenn Sie durch ein Gespräch mit Ihrem früheren Mitarbeiter, Dr. Wolters, erreichen könnten, daß dieser dem Bundesarchiv das in seinem Besitz befindliche Original der oben angeführten Chronik ganz oder wenigstens vorübergehend zum Vergleich mit der vorliegenden Abschrift überläßt.« Mommsen wußte natürlich, daß der englische Historiker David Irving die 1943er Chronik entdeckt hatte, denn letzterer hatte sie in seinem 1966 erschienenen Buch über Hitlers »Wunderwaffen« zitiert und hatte Koblenz eine Kopie zukommen lassen. Speer stellte Erkundigungen an und schickte Wolters schließlich Auszüge des oben zitierten Briefes – zusammen mit einem auf den 3. Januar 1970 datierten eigenen. Speer hatte den Brief in einem Hotel in Selva di Val Gardena in Südtirol geschrieben, wo er mit Margret, deren Freundin, Wolters' Frau Erika, seinem Sohn Arnold sowie dessen Frau und Kindern in den Ferien gewesen war. Dabei scheint er die einschlägige und hier erwähnte Korrespondenz über Irvings Fund schon vor seiner Entlassung im Jahre 1966 vergessen zu haben:

»Nun haben wir also die Beschehrung [sic]: In London haben sie beim Durchstöbern der Archive einen Jahrgang der Chronik gefunden. Sie suchen eifrig, wie mir der rührige Schriftsteller David Irving mitteilte, die restlichen Jahrgänge.

Ich ließ mir von Irving eine Kopie zusenden, um sie mit dem Text zu vergleichen, den Du mir gegeben hast. Zum Glück sind nur, für den Geschichtsschreiber, unerhebliche Abweichungen festzustellen, die ich Dir beilege. Aber trotzdem: Wäre es nicht besser, wenn wir den ersten Schritt von uns aus tun und ich die Abschrift der Chronik, die nun im Bundesarchiv lagert, durch eine Fotokopie des bei Dir befindlichen Originals ersetze? Ich würde in diesem Fall nochmals schnell feststellen, worin die Unterschiede bestehen, und Dich vorher informieren … Ich hoffe, daß Du es mir gestattest, die Verwehungen dieser Chronik auch bei anderen Jahrgängen wieder zurechtzurücken.«[13]

Wolters antwortete ihm am 10. Januar mit einem Brief, dessen Niederschrift ihm offensichtlich Spaß bereitet hatte. Er war mit der Überschrift »Betr.: Beschehrung« versehen und begann mit einer Erklärung, warum und wie er die Abschrift und gleichzeitige »Reinigung« seines Chronikexemplars organisiert habe, von dem Speer einen Durchschlag erhalten sollte. Er habe sein Exemplar für das einzig vorhandene Original gehalten, kleine stilistische und grammatikalische Korrekturen vorgenommen sowie ein paar wenige »ausgesprochene Albernheiten« und historisch unwichtige Nebensächlichkeiten gelöscht. Als Autor fühle er sich zu unbedeutenden Streichungen berechtigt:

»Allerdings habe ich mich aber auch gezwungen gesehen, einige ganz wenige Stellen herauszunehmen, die zeitgeschichtlich leider nicht unbedingt unwichtig sind. Zum Beispiel die Stelle: ›In der Zeit vom 18. Oktober bis zum 2. November (1941) wurden in Berlin ungefähr 4500 Juden evakuiert… Dadurch wurden weitere Wohungen für Bombengeschädigte frei und vom Generalbauinspekor zur Verfügung gestellt …‹ Diese sich einige Male wiederholenden Notizen gipfeln dann 1942 in einem abschließenden Bericht Deines Mitarbeiters Cl(ahes), aus dem zu entnehmen ist, daß die Zahl der umgesiedelten ›Personen‹ 75 000 betrug, und insgesamt ›23 765 jüdische Wohnungen erfaßt‹ wurden. Das ist natürlich eine Leistung!«

Wolters erklärte, er habe diese »wenigen, aber aussagekräftigen« Vermerke damals »unter den Tisch fallen« lassen, wenn auch das Original unverändert geblieben sei. Zu der Zeit, da er das tat (1964), seien gerade wieder »Hexenprozesse« gegen »Schreibtischtäter« der Nazi-Ära im Gange gewesen. Außerdem seien Clahes' Witwe und ihre Kinder noch am Leben gewesen und hätten jahrelang um eine Pension kämpfen müssen. Und außerdem sei auch Speer selbst noch am Leben gewesen, und zwar in Spandau. Die westdeutschen Behörden hätten ein neues Verfahren gegen

Speer eröffnen können, denn die Vertreibung der Juden war schließlich nicht Bestandteil der Nürnberger Anklageschrift gegen ihn gewesen.

Wolters schlug nun vor, Mommsen, »dem Du voreilig eine Abschrift gegeben hast«, um deren Rückgabe zu bitten, so daß der Chronist die paar Auslassungen würde beheben können. Speer könne das Original jederzeit gerne sehen, solange er es unverändert wieder zurückgebe. Es an Herrn Mommsen weiterzugeben, selbst in fotokopierter Form, wäre ihm, Wolters, insofern nicht recht, als man selbst nach gründlichstem Ausradieren die Stellen sehen könne, die er mit Bleistift getilgt habe. Die vorgeschlagene Korrektur könne man dem Archiv viel billiger und einfacher präsentieren, als die 800 Seiten des Originals zu fotokopieren.

»Oder sag ihnen einfach, ›der Kerl rückt das Original nicht raus‹ – ich würde ihnen meine Gründe mit Vergnügen angeben.«

Wolters kam zu folgendem Schluß:

»Im übrigen kannst Du beruhigt sein; ich habe verfügt, daß das Original der Öffentlichkeit zugänglich gemacht wird, sobald keinem mehr ein Schaden daraus erwachsen kann. (Es ist auch möglich, daß Marion [Rießer] zunächst einmal das Original vernichtet hat. Und nun entscheidest Du, großer Rüstmeister (pardon).«

Speer, noch immer in den Dolomiten, ließ in seiner Antwort das Datum weg. In diesem Brief legte er dar, daß seine Einsicht, alles mitzuverantworten, »alles einschließe«, und unterbreitete seine Alternativlösung zum Mommsen-Problem:

»Ich schlage vor: die entsprechenden Seiten existieren nicht mehr. Allerdings dann, im Gegensatz zu Deinem Brief, überhaupt nicht mehr. Eine Verschiebung auf spätere historische Zeiten würde ungünstig sein; wer beantwortet eine verdrehte Auslegung, die durch die Tatsache der vieljährigen Zurückhaltung nur gefördert wird? Es wird als durchaus legitim betrachtet werden, daß Du einige Seiten einer Dokumentenreihe weggelassen hast … Diese Archivräte möchten eben zu gerne statt einer verdächtig sauberen Abschrift Zettel und Seiten, die vergilbt, mit Wasserflecken versehen, fast nicht mehr lesbar sind. Den Gefallen sollte man ihnen tun.«

Es muß gesagt werden, daß dieser Brief Speers von allen seinen Ergüssen, die ich während meiner Recherche zu diesem Buch las, den gewundensten Stil aufweist. Aber es ist zweifellos klar, daß es sich bei dem, was er vorschlägt, um eine vorsätzliche Unterschlagung handelt, wobei er diejenigen Passagen der Chronik – andere als die aus der zu jener Zeit bereits in öffentlicher Hand befindlichen 1943er Chronik –, die auf seine Vertreibung der Juden aus Berlin verweisen, gezielt und zwar endgültig ausmerzen will. Wolters war für die anfängliche Bereinigung verantwortlich, wie er freimütig einräumte, und erklärte sich bereit, seinem Freund Peinlichkeiten zu ersparen, indem er die Original-Chronik so lange unter Verschluß halten wollte, bis niemand mehr Schaden durch sie erleiden könne. Doch der Freund reagierte mit dem Vorschlag, die Tilgungen endgültig werden zu lassen, und zwar so, daß ihre vorherige Existenz ebenfalls verschleiert wäre. Mit anderen Worten, Speer hatte vor, historische Dokumente zu fälschen, um seinen Platz in der Geschichte zu bewahren, den er sich mit Hilfe seiner Memoiren, unter Historikern bereits als »Geschenkte-Gaul-Quelle« gehandelt, schon frühzeitig selbst hatte sichern wollen:

»Prozedur: Du schickst mir (ohne 1943 und ohne die ›Seiten‹) Jahr 1941–1944 zu Durchsicht und Vergleich. Ich sende es 1.) entweder an Dich zurück, zur Weitergabe an Bu-Archive durch Dich, oder 2.) direkt an diese Stelle. Ersteres würde ich für richtiger halten. Ich hoffe, daß trotz Nebelschwaden, die das Haus umziehen, ich mich klar genug ausgedrückt habe.«

Speer unterzeichnete mit »Euer Albert Felix Minus« (Euer weniger glücklicher Albert).

Wolters nahm keine weiteren Manipulationen am Original vor. Er behielt die Streichungen, die dicken Bleistiftstriche und die gelegentlichen, kaum lesbaren Änderungen in seiner sehr zittrigen Handschrift bei. Sein nächster Brief war auf den 22. Januar datiert und klingt einigermaßen ironisch:

»Lieber Albert, erst heute komme ich dazu, auf Deinen Brief aus Selva (ohne Datum) zu antworten, da sowohl Marion als auch ich die ganze Zeit über gesucht haben, wo das Chronikoriginal geblieben sein könnte. Um es gleich zu sagen: es ist spurlos verschwunden, es ist weg, es ist nicht mehr da, es existiert einfach nicht mehr.«

Wolters hielt dies »auch für eine gute Sache«, da eine zweite Korrektur ausgeschlossen sei. Er fühle sich durchaus wohl mit seinen Streichungen, denn er sei beim Schreiben der Chronik selektiv vorgegangen und besitze, wenn er sich wieder damit beschäftige, jedes Recht, noch einmal ganz genauso zu verfahren. Er könne jetzt auf Grund von Irvings Entdeckung in London nicht mehr mit einer dritten Version aufwarten. Aber wenn es Schwierigkeiten geben sollte, dürfe Speer die Schuld ruhig auf ihn und Marion abwälzen – ein mehr als großzügiges Angebot, wenn man sich die Umstände vor Augen führt.

Nachdem er am 2. Februar wieder nach Heidelberg zurückgekommen war, bedankte sich Speer bei Wolters und bat ihn prompt um einen weiteren Gefallen: Ob er den oben erwähnten Brief umschreiben wolle – in eine Form, die Speer dem Bundesarchiv schicken könne. Am 10. des Monats erwies Wolters ihm diese Gefälligkeit, indem er den Brief vom 4. in einem Begleitschreiben quittierte und die erbetene Lüge beifügte, die an den »Lieben Speer« gerichtet und mit dem Hinweis »Betr. Chronik« versehen war:

»Wie ich Dir bereits fernmündlich mitteilte, habe ich das Original der Chronik Deiner Dienststellen unter meinen Papieren nicht mehr auffinden können. Da ich nur ein Exemplar der Chronik besaß und dieses teilweise nur in Aktenheftern oder einzelnen Blättern existierte, habe ich die rund 800 Seiten seinerzeit abschreiben lassen und zusätzlich mit einem Register versehen.«

In dem konspirativen Brief heißt es weiter, daß Wolters sowohl Grammatik und Stil verbessert als auch einige sehr unbedeutende Nebensächlichkeiten herausgenommen habe. Außerdem fühle er sich als Autor jederzeit berechtigt, »unwesentliche Streichungen« vorzunehmen, schließlich sei er ja auch selektiv vorgegangen, als er das Original aus einer Masse von Rohmaterial zusammengestellt habe. Er schloß den Brief mit folgendem Satz ab: »Ich bedaure, Dir keine andere Auskunft geben zu können.«

Speer verlor keine Zeit, den bewußt irreführenden Brief Dr. Mommsen in Koblenz zuzuleiten. In seinem Begleitschreiben, das mit dem Datum des 13. Februars versehen ist, bedauerte er den Erhalt einer abschlägigen Antwort von seiten seines Freundes, die beigelegt sei, und fügte hinzu: »Es tut mir leid, daß ich in dieser Angelegenheit nicht erfolgreicher gewesen bin.« In einem Brief mit demselben Datum teilte Speer Wolters mit, daß er die Tat vollbracht habe.[14]

Am Ende dieser detaillierten Dokumentation von Speers zu Lebzeiten erfolgreichem Versuch, seine unmittelbare Rolle bei der Judenverfolgung zu kaschieren, stellen sich zwei zugegebenermaßen rhetorische Fragen. Den Schwindel ließ Wolters selbst auffliegen, und zwar einen Teil 1980, als er den Doktoranden Matthias Schmidt davon in Kenntnis setzte, der den Sachverhalt wiederum 1982 veröffentlichte, und dann in vollem Umfang, als seine Hinterlassenschaft, die auch seine Abschrift der Original-Chronik beinhaltete, 1983 das Bundesarchiv erreichte. Wolters hatte Speer gewarnt, daß man es »nach meinem Tode wiederentdecken« würde; insofern hatte Speer Glück, daß er 1981 vor Wolters starb.

Der Verfasser dieser Biographie hat keine psychologische Ausbildung genossen, die ihn qualifizieren würde, bei der Beantwortung der ersten Frage, die sich womöglich selbst beantwortet (oder auch nicht), behilflich zu sein: Warum schickte ein Mann wie Speer, der fähig war, sich an beinahe alles zu erinnern, und der ganz und gar an jene lebensrettende Selbstdarstellung gebunden war, die er in Nürnberg präsentiert hatte, ein Mann, der sowohl von der »Reinigung« der Chronik als auch von Irvings Fund in London wußte, warum eigentlich schickte dieser Mann die bereinigte Fassung überhaupt nach Koblenz? War dieser krasse Fehler eine Freudsche Fehlleistung, die den unterbewußten Wunsch des schuldbeladenen Mannes indizierte, für sein persönliches Verbrechen an den Juden bestraft zu werden – oder handelte es sich bloß um selbstgefällige Arroganz?

Die zweite Frage muß mit Sicherheit lauten: Welchen historischen Wert darf man Speers Memoiren jetzt noch beimessen?

Welchen Wert haben seine Gewissensbisse wegen der Mitschuld an den allgemeinen Schandtaten der Nazis? Welchen Wert darf man all dem jetzt noch beimessen, wenn man weiß, daß er beim Schreiben sein eigenes konkretes Verbrechen verheimlichte?

Einen Schritt voraus (1970–1981)

Als Teil der Strategie, sich seinen selbstbestimmten Platz in der Geschichte zu bewahren, wies Speer niemals jemanden ab, der ihn über seine Vergangenheit befragen wollte, sei es für einen Zeitungsartikel, eine akademische Arbeit oder für ein Buch. Ein endloser Strom von Besuchern, in den letztlich auch ich mich einreihte, pilgerte zu seinem gehaßten Haus in Heidelberg – zum Ärger und manchmal auch zur Verwirrung seiner Frau und seiner Familie. Letztere wußten besser als irgend jemand sonst, daß er keine solchen Anregungen nötig hatte, um den weitaus größten Teil der 15 Jahre zwischen Freilassung und Lebensende im Rückblick zu verbringen.

Wie wir wissen, korrigierte er noch im Gefängnis Janssens Doktorarbeit. Während seine »Erinnerungen« entstanden und nachdem sie 1969 erschienen waren, stand er jedermann zur Verfügung, ebenso ein Jahr darauf, als sie auf englisch herauskamen. Er befleißigte sich auch sehr, William Hamsher, einem ehemaligen Deutschland-Korrespondenten des Londoner »Daily Express«, der über Nürnberg berichtet hatte, bei der ersten Speer-Biographie behilflich zu sein, und das, obwohl er wußte, daß das Werk des Journalisten zeitgleich mit der englischen Übersetzung seiner Memoiren erscheinen würde. Das Ergebnis, »Albert Speer – Victim of Nuremberg?« (Albert Speer – ein Opfer Nürnbergs?), war für ihn den zeitlichen Aufwand und die Mühe wert: Das Buch, wenn auch nicht gerade eine Hagiographie, ist eine sowohl unkritische als auch vergnügliche Lektüre, sowohl ein nützlicher Kontrapunkt zu den »Erinnerungen« als auch der gelungene Versuch, aus dem gleichen Objekt gemeinsam Nutzen zu ziehen.

Diese Politik der fortwährenden Verfügbarkeit ging denkbar weit. Selbst Matthias Schmidt, dem neben mir einzigen Besucher, der später auch wirklich über Speer geschrieben hat und der Heidelberg anscheinend genauso skeptisch verließ, wie er angereist war, wurde 1979 und dann noch einmal 1980 die Gunst eines ausgedehnten Interviews zuteil, und das, obgleich Speer ihn unsympathisch fand. Den absoluten Rekord hält Gitta Sereny, die ihn 1978 ständig, offensichtlich ad nauseam mutualem, interviewte. Der Zweck war ein langes biographisches Profil für die Londoner »Sunday Times« und für das »Zeit-Magazin«. Dieses Porträt stellt gleichsam die Grundlage für ihr 1995 erschienenes Buch dar. Die Befragung dauerte 13 Tage (wenn man nach den Zeitungen geht) beziehungsweise drei Wochen (laut Buch).

Daß dieser ununterbrochene Strom von wißbegierigen Leuten mitunter an den Nerven zerrte, wird eindeutig durch den Umstand bezeugt, daß sich Speer 1973 ein abgelegenes Bauernhaus in den bayrischen Alpen kaufte, wo er später viel Schreibarbeit erledigte. Außerdem zog er sich in den letzten zehn Jahren regelmäßig in die idyllisch gelegene Benediktinerabtei Maria Laach im Rheinland zurück, wo der nicht übermäßig religiöse Protestant unter die gütigen Fittiche von Vater Athanasius, einem katholischen Mönch, genommen wurde. Dies als eine Form der freiwilligen Einzelhaft aus Heimweh nach der Spandauer Zelle zu deuten, mag primitiv sein, aber auch sehr plausibel. Unter den vielen Brieffreunden Speers, die der neue Ruhm als Schriftsteller nach sich zog, war auch Pastor Casalis, sein französischer Gesprächspartner aus den ersten Jahren in Spandau, außerdem Rabbi Raphael Geis, ein deutsch-jüdischer Zeitgenosse, der ab 1969 für kurze Zeit ein enger geistlicher Brieffreund wurde, bis er 1972 starb.[1]

Als die »Erinnerungen« ein Jahr nach der ersten deutschen Auflage ins Englische und in andere Fremdsprachen übersetzt wurden – letztendlich insgesamt 18, einschließlich Serbokroatisch –, erschienen das ganze Jahr 1970 hindurch und auch danach noch Rezensionen, und ein Artikel nach dem anderen hielt das Interesse an Speer als Autor und als Hitler-Autorität aufrecht. Der größte davon war im »Playboy« abgedruckt. Der amerikanische Journalist Eric Norden war der erste Interviewer, der Speer so lange in die Mangel nahm, wie er seinerzeit in den alliierten Verhörzentren von Ashcan und Dustbin und dann 1945–46 in Nürnberg in die Mangel genommen worden war. Der daraus resultierende Artikel, der längste, der je über ihn geschrieben wurde, erschien 1971 in jener amerikanischen Monatszeitschrift, die einst nur für ihre freizügigen Mädchenbilder bekannt war, mittlerweile jedoch mit tiefgründigeren Wortbeiträgen über Themen wie Männerkosmetik oder eben den Holocaust aufwartet.

Mr. Norden brachte nicht weniger als zehn Tage damit zu, Speer für seinen Frage-und-Antwort-Artikel zu interviewen. Das Ergebnis erstreckte sich über 24 Seiten – siebzig Spalten Text, dazu Fotos und Raum für Überschriften und Anzeigen. Der Artikel war nicht nur für die Zeitschrift, in der er erschien, und wegen seiner Länge außergewöhnlich, sondern auch wegen einiger Enthüllungsbrocken, die sich inmitten eines Textes fanden, der im wesentlichen einen Querschnitt der Memoiren darstellte. Nordens Marathon hatte außerdem den bedeutsamen, wenn auch zufälligen Nebeneffekt, Rudolf Wolters dazu zu bringen, daß er seine Beziehungen zum Protagonisten in tiefer Verachtung abbrach, nachdem er übersetzte Auszüge des Interviews in der Illustrierten »Quick« entdeckt hatte.

Mr. Norden, der zugab, daß er und sein Gesprächspartner die gemeinsame Feuerprobe als mühselig empfunden hätten, war ob der Tatsache verwirrt, daß Speer so unbeschwert über schreckliche Ereignisse sprach. Wenn er einem Kuchen anbot, habe er sich desselben seelenruhigen Tonfalls bedient, wie wenn er sich selbst mit entsetzlichen Verbrechen in Zusammenhang brachte. »Ich hatte den Verdacht, wie andere Interviewer auch, daß die Litanei seiner Selbstbeschuldigungen an sich schon eine Vermeidung grundlegender Verantwortung sei.« Norden führte auch die englischen Schriftsteller Geoffrey Barraclough und Rebecca West an, die Speers Selbstdarstellung verschiedentlich als eine verzerrte Legende und zynische Schönfärberei angefochten hatten.

Norden war zudem froh über Speers nunmehr vertrauliches Eingeständnis, daß er den Fehler gemacht habe, Hitlers Drohungen gegen die Juden nicht ernst genommen beziehungsweise die Tatsache nicht zur Kenntnis genommen zu haben, daß sie buchstabengetreu in die Tat umgesetzt wurden. Speer gebrauchte ein wichtiges Wort – das noch einmal zur Sprache kommen wird –, um das Wesen seiner Verantwortung für die Nazi-Verbrechen zu definieren: »Billigung«. Norden zitierte Speer, der zu ihm gesagt hatte: »Ich stand einfach daneben und sagte zu mir selbst, daß, solange ich nicht persönlich teilnehme, es mich nichts angeht ... Meine Billigung der antisemitischen Kampagne machte mich verantwortlich dafür.«

Es gibt nur eine Möglichkeit, dieses Bekenntnis auszulegen: Ganz gleich, ob passiv tolerierend oder aktiv zustimmend: etwas billigen heißt davon wissen. Es ist nicht möglich, etwas zu tolerieren oder zu billigen, wovon man keine Ahnung hat. Ein Disput darüber, wie viel oder wie wenig einer wußte, beweist lediglich, daß er etwas wußte. Für den »Playboy« pochte Speer weiterhin darauf, daß »Ich nicht dafür beschuldigt werden kann, nicht gewußt zu haben, was passierte«, denn die Nazis seien überaus verschwiegen gewesen. Doch er gestand, »wenn ich es nicht gesehen habe, dann deshalb, weil ich es nicht sehen wollte ...« Er habe auf dem Gipfel der Macht gestanden und von fernen Gestaden geträumt, während zu seinen Füßen ein Leichenhaus gebrannt habe – *aber er wußte*.

Norden benutzte auch das Zitat von Karl Maria Hettlage, der gesagt hatte, Speer sei Hitlers »unerwiderte Liebe« gewesen, und er schaffte es zum ersten Mal, den Architekten dazu zu bewegen, öffentlich seinen Stolz auf die Leistungen zu bekunden, die er als Minister vollbracht hatte. Es folgte das, was Wolters als ein »Ja, aber post Festum« bezeichnet hatte: Er könne nicht umhin, Aufwallungen von Stolz zu empfinden, da er Dinge vollbracht habe, die viele Menschen für unmöglich hielten. Sein Ego erfreue sich nach wie vor an diesen vollendeten Werken. Doch sobald er an all die zerstörten Städte, die getöteten Soldaten und die zwischen 1943 und 1945 abgeschlachteten Juden denke, verwandle sich sein Stolz in Übelkeit.

Was Sauckel, den Generalbevollmächtigten für Arbeitseinsatz angeht, der ihm auf sein Geheiß Sklaven besorgt hatte, räumte Speer gegenüber Norden ein, er sei bei dem Zwangsarbeits-Programm dessen uneingeschränkter Kollaborateur gewesen und teile seine Schuld. Dann zog er einen treffenden Vergleich: »Unsere Rollen waren eher die eines Kapitäns auf einer Sklavengaleere und die eines Sklavenbesitzers, der seine Fracht kauft.« Norden zitierte in diesem Zusammenhang den anglophilen deutschen Zeitungskorrespondenten Willy Frischauer, der gesagt hatte: »Mir ist noch nie etwas derart Widersprüchliches begegnet wie die Tränen, die Speer [für die Zwangsarbeiter] vergießt« – eine scharfe Zurückweisung, die Speer schlicht hinnehmen mußte. Am Ende seines bombastischen Interviews sagte Speer, er habe in Nürnberg trotz seiner Einsicht in die Mitverantwortung auf »nicht schuldig« plädiert, weil ein Schuldbekenntnis »automatisch eine Todesstrafe« nach sich gezogen hätte.

Wolters verlieh in einem Brief vom 24. Mai seinen Gefühlen auf beispiellos ungestüme Weise Ausdruck, als er schrieb: »Was ist nur in Dich gefahren, daß Du nach den Schuldbekenntnissen Deiner ›Erinnerungen‹ nicht aufhörst, Dich immer wieder und immer radikaler als Verbrecher hinzustellen?«

Wolters unterstrich die Diskrepanz zwischen dem wiederholten Mea culpa und dem ersprießlichen Lebensstil des Reumütigen, »von dem Playboy- und Quickleser natürlich nichts wissen«. Speer habe die führenden Nazis leichtfertig als durch und durch korrupte Verbrecher in die Pfanne gehauen und beiläufig seine alten Freunde in den Schmutz gezogen, so zum Beispiel die führenden Industriellen (namentlich nicht genannt), die Göring geschmiert hatten: »In diesem Brief sage ich alles, was ich denke. Es ist für mich eine ausgesprochene Belastung, Deine beiden Seiten, den schuldigen Verbrecher (im Volksmund ›Bundesbüßer vom Dienst‹) und den anderen Albert Speer mit seinem Spaß an gelungenen Tricks, mit seiner ehrlich zugegebenen Freude an Geld und Geltung zu verarbeiten.«

Was Wolters mit dem Begriff »Tricks« meinte, wird sich im Epilog zeigen. Er hoffte, daß Speer es eines Tages nicht mehr als notwendig erachten würde, überall seine Schuld zu proklamieren, um sich selbst als untadelig hinzustellen. »Darf ich Dir vorschlagen«, so endete die hitzige und beredte Ablehnung Wolters, »daß wir uns erst nach Beendigung dieser Phase wiedersehen, das heißt erst, wenn Du nicht mehr ausschließlich an Deiner Rehabilitation interessiert bist.«

Speers Antwort fiel distanziert aus. Es sei in zivilisierten Ländern und insbesondere unter Freunden üblich, so schrieb er am 5. Juni kühl, den Delinquenten vor der Verurteilung zu befragen. Er hätte eine Menge zu dem »Playboy«-Artikel zu sagen gehabt, doch »heute nun nur soviel: Es wurde umstrukturiert, in eine Sprache mit groben Formulierungen gebracht, die mir fremd sind.« Wolters habe alles über seine Einstellung zur Schuld in der Spandauer Zeit gewußt. Speer wies insbesondere den Vorwurf zu seinem Lebensstil zurück, an dem er, wie er sagte, durch den Wert eines reinen Gewissens um so mehr Freude habe. Abgesehen davon empfinde er nach zwanzig Jahren die Notwendigkeit, vieles nachzuholen. »Im übrigen habe ich schon vor etwa einem Jahr vertraglich mit dem Propyläen-Verlag eine Änderung meines Vertrags festgelegt, durch die große Teile meiner Einkünfte wohltätigen Zwecken zugeführt werden.« Nach Abzug der Einkommenssteuer würden ihm noch ungefähr zwölf Prozent – immer noch eine stattliche Summe – der originalen Buchhonorare verbleiben, sagte Speer.

»In Anbetracht der Tatsache, daß die Industrie und die Architekten es versäumten, sich um eine Existenzgrundlage für mich zu bemühen, halte ich dieses einmalige Resteinkommen aus dem Buch für die Sicherung meines Lebensabends für notwendig.«

Er überließ es Wolters, sein Freundschafts-Embargo aufzuheben oder es bleibenzulassen. »Daß ich von mir aus nun mich nicht erneut an Dich wenden kann, wirst Du verstehen.«

Speer zweigte von seinen enormen Tantiemen in der Tat beträchtliche Summen für anonyme oder indirekte Spenden zu wohltätigen Zwecken ab. Darunter befanden sich auch Organisationen in den Vereinigten Staaten und anderswo, die jüdischen Überlebenden der Naziverfolgungen halfen. Sein Verleger, Wolf Jobst Siedler, erzählte mir, daß er bis zu achtzig Prozent stiftete, »und er war ein Millionär, oder wäre einer gewesen«.

Speer wollte, daß die Schenkungen unbesungen blieben, aus Angst vor Rückzahlungen und davor, als scheinheilig bezeichnet zu werden. Obwohl sie schließlich doch bekannt wurden, kann man ihm nicht vorwerfen, für sein persönliches Reparationsprogramm – das ihn zweifellos mehrere Hunderttausend Mark, wenn nicht mehr, gekostet hat – getrommelt zu haben. Unter den gegebenen Umständen können die Schenkungen mit Fug und Recht als bezahlte Gewissensschuld bezeichnet werden, aber aus seiner Großzügigkeit in der Studentenzeit wird ersichtlich, daß er ohnehin ein sehr generöses Wesen hatte. Wenn er etwas besaß, gab er es fort. Mehr noch, er tolerierte die Meinungen anderer Leute, selbst dann, wenn sie seinen als selbstverständlich vorausgesetzten Überzeugungen konträr zuwiderliefen. Genauso gleichgültig setzte er sich aber auch über ihre Überzeugungen hinweg – seien sie politischer, privater oder beruflicher Natur.

Wolters hatte diese überaus hohe Toleranzschwelle nun freilich überschritten, indem er ihn faktisch einen Heuchler genannt hatte. Ihrer Freundschaft war eine furchtbare Wunde zugefügt worden, und sie hat sich nie mehr davon erholt. Wolters brachte es nicht über sich, die Sache an die große Glocke zu hängen, solange sie beide, Speer und er selbst, noch am Leben waren. Aber er sorgte dafür, daß seine eigene Bereinigung der Chronik unausweichlich an die Öffentlichkeit kommen würde, ebenso wie Speers Plan, den vertuschten Beweis seiner Verbrechen gegen die Juden zu vernichten, indem er das Bundesarchiv hinters Licht führte und versuchte, die Geschichte nach seinem eigenen Gusto umzuschreiben. Ursprünglich hatte er seine Papiere dem örtlichen Landesarchiv in Münster, Nordrhein-Westfalen, versprochen und Speer mündlich gewarnt, daß man die Chronik »mit Sicherheit nach meinem Tode wiederentdecken« werde.[2] Am Ende jedoch vermachte er sie dem Bundesarchiv.

Frau Rießer war wegen des Bruchs völlig fassungslos. Am 17. Juni 1971 schrieb sie einen persönlichen Brief an Speer, in dem sie bekannte, sie habe dies alles schon lange kommen sehen. Während sie einerseits erklärte, daß sie die Befürchtungen ihres Chefs ob der Schuldgeständnisse Speers teile, versicherte sie ihm andererseits ihre stets besten Wünsche: Er könne auf sie und Wolters zählen, wenn er sie je wieder brauchen sollte. Sie unterzeichnete den Brief mit: »Ihre alte Brieffreundin (seit den letzten zwanzig Jahren involviert) – Marion«.

Speers täglicher Postsack war nunmehr gewaltig angeschwollen. Schließlich wies er niemanden ab und gewann als Folge der Veröffentlichung seiner Memoiren sogar wichtige neue Kontakte, wie zum Beispiel Rabbi Geis. Einer von Hunderten, die ihm einfach aufs Geratewohl schrieben, war ein Teenager aus Norwegen, der erklärte, er habe seine »Erinnerungen« faszinierend gefunden. Der Junge war der älteste Sohn eines pensionierten Pastors der Staatlich-Lutheranischen Kirche in Norwegen, und der Brief endete mit einer Einladung Speers von seiten des Vaters, Oeysten Hovden. Speer solle 1971 nach Norden reisen und dort eine Weile Urlaub machen. Beeindruckt nahm Speer die Einladung an und machte sich bald für zwei Wochen auf den Weg. Zuvor war er allerdings von der Osloer Regierung zur Persona non grata erklärt worden. Diese ließ sich dann jedoch, wie die Zeitung »Stiftstidende« berichtete, doch noch erweichen.[3] Herr Hovden war jedenfalls der Meinung, daß sein berühmter Gast »eine sehr nette und interessante Persönlichkeit« sei. Speer wiederum wurde durch die Reaktion der norwegischen Behörden unmißverständlich daran gemahnt, daß er eben doch nicht »Everybody's Darling« war. Aber es sollte auch noch andere derartige Mahnungen geben.

Den größten Schrecken bereitete ihm Ende 1971 Professor Goldhagens sensationelle Behauptung, Speer habe Himmlers Rede über das Genozid-Programm vor den Gauleitern in Posen am 6. Oktober 1943, wie bereits erläutert, gehört, dies aber verschwiegen. Auf der Suche nach einem Indiz, das seine Behauptung bestätigen könnte, daß er nicht im Saal anwesend war, als Himmler das Unsagbare sagte, die Bedeutung der Endlösung auseinandersetzte, vergrub Speer sich daraufhin in den Koblenzer Archiven. Einen Gutteil der nächsten achtzehn Monate verwandte er darauf, seine Aussage zu stützen, daß er den Saal bereits verlassen hatte, als Himmler ihn namentlich anredete. Der Gerechtigkeit halber sei darauf hingewiesen, daß es ein durchaus üblicher rhetorischer Kniff ist, sich an eine abwesende Person zu wenden, als ob sie zugegen wäre: Präsident Reagan tat dies in den späten achtziger Jahren im noch geteilten Berlin, als er den sowjetischen Führer aufforderte: »Mr. Gorbachev, open the Wall!«.

Die Tatsache, daß Himmler Speer in der zweiten Person ansprach, ist somit kein Beweis, daß Speer auch anwesend war. Dennoch versuchte er verzweifelt zu beweisen, daß er es nicht war, stellte doch allein die Möglichkeit eine dauernde Bedrohung seiner Glaubwürdigkeit dar. Es überrascht nicht, daß Speer außerstande war, aus eigener Kraft den Beweis anzutreten, daß er nicht im Saal war, als Himmler an jenem Nachmittag sprach. Es ist dies eine unglückliche Situation für ihn, die logischerweise aber auch ebensowenig als Beweis dafür herhalten kann, daß er anwesend war. Speer verfaßte 1972 eine ausführliche Gegendarstellung, wobei er natürlicher- und auch sinnvollerweise an das unhaltbare »Zitat« anknüpfte, das Goldhagen selbst irrtümlicherweise Himmler in den Mund gelegt hatte, wenn auch nur als Fußnote. Damit unterminierte er dessen Glaubwürdigkeit.

Speer schleppte massenhaft Material an, das irgend etwas mit der Tatsache zu tun hatte, daß er Juden in der Rüstungsindustrie beschäftigt hatte, deren Lebensbedingungen dadurch verbessert und deren Leben dadurch sogar gerettet wurde. Diese Fülle von Dokumenten und Zeugenaussagen vermittelte einen Eindruck davon, wie weit er bei seiner Suche nach einem Alibi ging. Nachdem er beim Posener Protokoll innerhalb von Himmlers Schlüsselzitat arglistigerweise das Komma durch einen Punkt ersetzt hatte – »Natürlich hat das mit Parteigenosse Speer gar nichts zu tun … Sie können gar nichts dazu« –, schlug Speer vor, daß sich Himmler an dieser Stelle an Sauckel gewandt habe, der bestimmt anwesend war, jedenfalls eher als er selbst. »Aber selbst wenn angenommen wird, daß er mich gemeint haben sollte, bedeutet das keineswegs, daß ich anwesend war.«

Der nicht zu entkräftende Verdacht, der ihm hinfort anhaftete, quälte ihn dermaßen, daß er seine Gegenbeweisführung fünf Jahre später fortsetzte und damit demonstrierte, daß er in immer größer werdenden Kreisen forschte. Nun gab er bekannt, daß er in seinen »Erinnerungen« die Abreisevorkehrungen im Anschluß an seine zwei Ansprachen zu den Gauleiterversammlungen in Posen am 6. Oktober 1943 und am 3. August 1944 verwechselt habe. Er habe in seinen Memoiren angegeben, daß er 1943 im Sonderzug der Gauleiter zurückgefahren – deshalb seine Klage über deren ungebührliches Verhalten – und 1944 mit einem Auto abgefahren sei. Tatsächlich aber sei es genau umgekehrt gewesen! Um so besser, er konnte jetzt beweisen, daß er im Frühjahr 1943 wieder abgefahren war.

Zufälligerweise habe er wegen einer anderen Sache mit seinem alten Freund Walter Rohland von der Ruhrstahlindustrie telefoniert, in den letzten Jahren des Krieges Leiter des Ruhrstabes, zuständig für den Panzerbau, und später mustergültiger Subskribent des Schulgeldfonds, außerdem der erste Mensch nach Wolters, dem Speer als freier Mann einen Besuch abstattete. Es habe sich ergeben, daß Speer die lästige Posen-Kontroverse erwähnte. Daraufhin habe »Dr. Rohland mir spontan erklärt, daß er sich genau an unsere Fahrt in das Hauptquartier Hitlers und an ein abendliches Gespräch mit Hitler erinnere. Ein Irrtum sei ausgeschlossen, da er nur dieses eine Mal [am 6. Oktober 1943] in Posen anwesend gewesen und ihm zudem die Autofahrt mit mir unvergeßlich geblieben sei.«

Als ob diese eingebungsvolle Rückbesinnung noch nicht ausreichend gewesen wäre, erklärte Dr. Rohland sich bereit und in der Lage, die Lilie seiner Erinnerung noch zu vergolden: Im Rahmen der Vorbereitung seiner eigenen Memoiren habe er zufälligerweise schon am 6. Juli 1973 eine eidesstattliche Versicherung zu dieser Angelegenheit abgegeben! Vier Jahre bevor Speer seinen Gegenbeweis Nummer II antrat, hatte Rohland geschworen:

»Dies [eine Abrechnung der Posen-Fahrt] schrieb ich vor einem Jahr [also 1972] nieder, ohne vorher mit Speer hierüber irgendeine Verbindung aufgenommen zu haben.« Kein Zweifel, Dr. Rohland hatte diesen Schwur – so willkommen er für Speer war, so unnachvollziehbar war sein Nutzen für Rohland – wohl nur für den Fall geleistet, daß er sich irgendwann einmal als zweckdienlich erweisen könnte...

Noch nicht zufrieden mit dieser rettenden Hand eines alten Freundes, wartete Speer mit einer zusätzlichen eidesstattlichen Erklärung auf. Sie war auf den 22. Oktober 1975 datiert und stammte von Herrn Harry Siegmund, einem pensionierten Beamten, der als persönlicher Referent des Posener Gauleiters für die Organisation der Konferenz von 1943 verantwortlich gewesen war. Dieser Siegmund erinnerte sich, wie er und ein Verbindungsoffizier des Wehrkreiskommandos – ein Nachfahre des Posemuckelschen Königshauses, der sich des Titels »Prinz Reuß XXXVII« erfreute – Himmlers widerwärtige Rede mit Speers nüchterner, geschäftsmäßiger Ansprache zur Rüstungssituation verglichen hatten. Prinz Reuß habe in diesem Zusammenhang erwähnt, daß Speer bei der Rede Himmlers nicht zugegen gewesen sei. Zusätzlich schwor Siegmund auch noch, daß er, als er am darauffolgenden Tag mit Himmler zusammengewesen sei, selbst bemerkt habe, wie dick dessen Brillengläser gewesen seien. »Es ist daher zu bezweifeln, daß Himmler während seiner Rede im einzelnen bemerken konnte, wer anwesend war.« Außerdem sei die Beleuchtung im Saal schlecht gewesen!

Speer fügte hinzu, daß Generalfeldmarschall Milch, ein anderer alter Freund, dem revisionistischen amerikanischen Historiker John Toland erklärt habe, daß er, Speer, bei der berüchtigten Rede nicht dabeigewesen sei. Quod erat demonstrandum. In diesem Punkt kann Speer zumindest auf einem Freispruch »wegen Mangels an Beweisen« bestehen.[4]

Zu jener Zeit, da er den Vorwurf erstmals zu entkräften versuchte, war Speer längst damit beschäftigt, seine Memoiren fortzusetzen, und zwar in Form der wesentlich umgearbeiteten Spandauer Tagebücher, die 1975 unter diesem Titel als Buch veröffentlicht wurden. An diesem Projekt arbeitete dieselbe Troika – Speer, beraten von Fest und Siedler –, die auch die Memoiren herausgebracht hatte. Das Rohmaterial bestand aus drei Schachteln mit ehedem aus Spandau herausgeschmuggelten Papieren.

Joachim Fest erzählte mir, daß es sehr viel Arbeit gewesen sei, all die Aufzeichnungen, von denen keineswegs alle präzise datiert werden konnten, zu ordnen und auszuwählen: »Er konnte sich oftmals nicht erinnern, wann er einen nachträglichen Gedanken zu einem Ereignis gehabt hatte. Aber er hatte durchaus das Gefühl, daß das Buch eine gute Widerspiegelung der Entwicklung seines Denkens in Spandau sei.«

Diese sorgfältige Flickschusterei und die eklektische Natur der Aufzeichnungen machen das Buch als historisches und auch als chronologisches Dokument wertlos. Doch es stellt eine einzigartige, wenn auch kaleidoskopische Reminiszenz eines Gefangenen dar, der lange Jahre in Melancholie gelebt hat, und es erzählt davon, wie er damit fertig wurde, ohne den Verstand zu verlieren. Darin lag der eigentliche Wert des Buches. Als geistliche Autobiographie oder ergänzende Reflexion der großen Ereignisse, in die Speer verwickelt war, ist es mehr oder weniger überflüssig und banal. Der benötigte fast die gesamten drei Jahre seit Beginn des Jahres 1972, um dieses zweite Buch fertigzustellen. Die meiste Zeit davon brachte er mit Recherchieren und Schreiben zu.

Alte Busenfreunde, wie zum Beispiel Annemarie Kempf und Theo Hupfauer, versuchten in den frühen Siebzigern, in München und anderswo Wiedersehensveranstaltungen für Speers Mitarbeiter aus Kriegszeiten auf die Beine zu stellen, und ein paar derartige Veranstaltungen fanden sogar statt. Aber die Idee vermochte sich nicht durchzusetzen. Denn die meisten Leute aus Speers altem Stab hatten, während ihr Chef im Gefängnis vor sich hin faulen mußte, ein sehr beschäftigtes Leben geführt. Sie waren alle noch berufstätig oder gerade erst in den Ruhestand getreten, wohingegen der Ehrengast ausschließlich auf die Vergangenheit zurückblicken konnte.

Die andere Möglichkeit, die Speer hatte, war, sich für seinen neuen Status als Bestseller-Autor zu begeistern. Aber auch das war Vergangenheit. Der Gedanke, einen Abend in Gesellschaft eines introspektiven, egozentrischen und nostalgischen Ex-Chefs zu verbringen, der vollkommen den Bezug zur Gegenwart eingebüßt hatte, verlor schon bald seinen Reiz. Und noch ehe sich die Idee richtig durchsetzen konnte, schrumpfte die Gruppe von zirka fünfzig Teilnehmern, die sich anfangs eingefunden hatten, auf zwanzig zusammen.

Speer war sehr einsam in den letzten fünfzehn Jahren seines Lebens. Dies ist ein anderer wichtiger Grund, warum er sich über Briefe und Besuche aus aller Welt freute. Und indem er durch Interviews und Briefeschreiben seinen Platz in der Geschichte pflegte, massierte er gleichzeitig sein isoliertes Ego, das nicht imstande war, seine Familie zu erreichen – wie mir mehr als ein Familienmitglied bestätigte.

Am 25. Juli 1973 hatte sich Hermann Speer damit wichtig gemacht, daß er die Beteuerungen des jüngeren Bruders Albert, er habe die Auswirkungen des Antisemitismus nicht überblickt, in einem Brief mit Spott überschüttete. Hermann hatte sein Erbe aus dem elterlichen Grundstücksbesitz längst auf den Kopf gehauen und Albert schon vor Erscheinen seines Buches mehrmals angepumpt. Nun bemühte er sich, einen Auftrag für ein eigenes Buch über seinen Bruder an Land zu ziehen. Gleichzeitig befand er sich aber wegen eines Mannheimer Familienbesitzes mit Albert im Streit. In der Hoffnung auf Unterstützung bei der Realisierung dieses Buches über »Meinen kleinen Bruder Albert«[5] nahm Hermann nachweislich Kontakt mit Werner Maser auf, jenem deutschen Historiker, der die »Erinnerungen« so überaus kritisch beurteilt hatte und 1977 die Behauptung aufstellte, Speer habe eine Absprache mit dem Nürnberger Chefankläger Jackson getroffen.

Hermann bezichtigte seinen Bruder, »mit diesem dummen Antisemitismus« weiterzumachen. Er behauptete, Albert habe 1943 bei Himmler angeregt, man solle die Insassen des nördlich von Berlin gelegenen Konzentrationslagers Oranienburg zwingen, Backsteine für den Umbau der Hauptstadt herzustellen. In diesem Zusammenhang habe er damals höhnisch bemerkt: »Schließlich haben die Juden unter den Pharaonen auch schon Steine gehauen.«[6] Der »Spiegel«, der 1975 über diesen Bruderzwist von 1973 berichtete, postulierte hinsichtlich des beabsichtigten Buchprojekts eine Zusammenarbeit zwischen Maser, Hermann Speer und Rudolf Wolters. Dazu kam es jedoch nicht, da die Anwälte von Ullstein, dem Verlag Albert Speers, einschritten. In den Unterlagen Wolters' finden sich keinerlei Spuren von irgendeiner Korrespondenz zwischen ihm und Hermann Speer. Dagegen gibt es eine Anzahl von Ausschnitten und anderweitigen Hinweisen auf den plagenden und geplagten nichtsnutzigen Bruder.

Mitte des Jahres 1973 wurde Albert Speer bei seiner Ankunft am Londoner Flughafen Heathrow verhaftet. Er wollte der BBC ein Fernsehinterview zu einer Sendung über Bombentechnik im Zweiten Weltkrieg geben und hatte seinen Platz unter dem Pseudonym »Reeps« gebucht – eine spaßige und durchschaubare Reminiszenz an die phantasielosen Codenamen der illegalen Spandauer Korrespondenz. Die britischen Einwanderungsbehörden, berüchtigt für ihren Mangel an Humor, beurteilten die Angelegenheit sehr pessimistisch und buchteten »Mr. Reeps« acht Stunden lang ein, ehe sie ihm dann doch für zwei Tage Einlaß gewährten. Die Blamage der BBC wurde verdoppelt, als Sir Arthur »Bomber«- Harris wütend die Flucht ergriff und eine Teilnahme an jedweder Fernsehsendung mit Albert Speer ablehnte.[7]

Die Unfähigkeit des ehemaligen Reichsministers, irgendeine Anfrage abschlägig zu bescheiden, wurde im selben Monat gleich noch einmal unter Beweis gestellt, als Speer geschmackloserweise dem Wunsch einer amerikanischen Film- und Fernsehgesellschaft entsprach, sich in Nürnberg noch einmal auf die Anklagebank zu setzen. Für ein dickes Honorar sollte er für einen fiktiven Thriller mit dem Titel »The Tribunal« werben, in dem Kriegsverbrecher während der Nürnberger Prozesse befreit werden.[8]

1975, kurz vor Speers siebzigstem Geburtstag am 19. März, entschied sich Rudolf Wolters, der einen Großteil des vergangenen Jahres krank gewesen war, ein Friedensangebot zu unterbreiten. Es bestand aus einem westfälischen Knochenschinken und einem langen Stück Toilettenpapier mit einem scheußlichen Knittelvers darauf, den Marion Rießer getippt hatte. Durch den Tremor war es für Wolters gänzlich sinnlos geworden, seine ohnehin unleserliche Handschrift für solch einen Zweck einzusetzen. Speers Reaktion war freundlich. Er schickte ihm ebenfalls einen unechten Kassiber und erklärte, daß Wolters' Geste sein »bestes Geburtstagsgeschenk« gewesen sei. Trotzdem überließ er seinem alten Freund die Entscheidung, ob er die auf diese Weise neu aufgenommene Verbindung aufrechterhalten wolle: »Du gibst diesmal das Tempo an!« Ein Wink von Wolters, und er würde angelaufen kommen, schrieb Speer am 3. April. Aber ebendas hatte Wolters ja gerade getan. Zweifellos kopfschüttelnd über die Inkompetenz seines ehemaligen Meisters in menschlichen Beziehungen, schrieb er am 27. Mai abermals einen Brief und schlug einen jährlichen Austausch von Geburtstagsgeschenken in Form westfälischen Schinkens und Heidelberger Honigs vor. Das ganze Jahr hindurch wurden unsichere Briefe hin- und hergeschickt. Doch als Wolters ihm eine wohlüberlegte, fünfseitig getippte Kritik zu seinen Tagebüchern zuschickte, war dies für Speer Grund genug, eine siebenseitige Apologie seines neuen Buches zurückzuschicken. Dieses Schreiben läßt keinen Zweifel daran, daß es sich um eine Fortsetzung seiner sechs Jahre zuvor erfolgten Verteidigung seiner Memoiren handelt. Da sich die Argumente der beiden im wesentlichen genauso entwickelten wie 1969, müssen sie hier nicht wiederholt werden. Und so überrascht es einen auch nicht, daß keiner der beiden von seinem Standpunkt abrückte.[9]

Wolters hatte es im Januar 1975 abgelehnt, sich an der Organisation eines besonderen Festakts zu Speers siebzigstem Geburtstag zu beteiligen, wie dies dessen ehemalige Mitarbeiter vorgeschlagen hatten. Er war nicht bereit, Speer zu begegnen und würde es nie mehr sein.

Seine Mißbilligung von Speers Rechtfertigungstat – er betrachtete es als eine Tat, und das mit Grund, wie sich herausstellen wird – führte dazu, daß er am 27. Juni 1975 an David Irving schrieb, um ihm zum Erscheinen seines Buches über Hitlers Generäle zu gratulieren. Darin zweifelte der Brite die Richtigkeit der allgemein anerkannten Zahl von sechs Millionen im Rahmen der Endlösung ermordeten Juden an. Wolters war der Ansicht, daß diese Zahl eine Null zuviel aufweise. Irving schrieb am 10. Juli zurück und begrüßte Wolters als den Autor jener Chronik, die er für sein 1966 erschienenes Buch über die V-Waffen zitiert hatte.

Das Ausmaß von Wolters' Verbitterung wird durch einen Brief vom 11. August an Arno Breker veranschaulicht, den Bildhauer und Architekten, der zahlreiche Aufträge von Speer erhalten hatte, als dieser noch Architekt und Generalbauinspekteur war. Wolters befand hämisch, es sei ein Glück, daß Speer nur die Sünden Deutschlands auf seine Schultern geladen habe und nicht gleich die der ganzen Welt, »sonst hätte er Jesus die ganze Show gestohlen«. Die Verkaufszahlen der »Spandauer Tagebücher« seien dementsprechend aber auch etwas geringfügiger als diejenigen der Bibel.

Auf Anraten seines Verlegers hatte Speer 60000 Exemplare signiert. Wolters bemerkte dazu schadenfroh, sein örtlicher Buchhändler habe ihm gesagt, daß die Bücher dadurch ihren Wert verlören. Auszüge aus seiner riesigen Korrespondenz zeigen, wie sehr ihn die Sache mit Speer quälte – ein Umstand, der dazu beitrug, daß er zum ergiebigsten Zeugen und zur reichhaltigsten Quelle avancierte, was Speers Charakter im allgemeinen und dessen Aufrichtigkeit als Büßer im besonderen anbelangt.[10] Wolters' Sehweise wurde später subjektiv; nichtsdestoweniger kann man auch diese Ansichten als ausgegoren bezeichnen, da sie auf der Grundlage sorgfältig zusammengetragener wiewohl behüteter Anhaltspunkte entstanden waren.

Unterdessen wurde Speer einmal mehr daran erinnert, daß er keineswegs »Everybody's Darling« war; nämlich als der »Bund demokratischer Wissenschaftler« einen – nicht sehr demokratischen – Protest gegen das Vorhaben der Heidelberger Universität organisierte, ihn zur Teilnahme an einem interdisziplinären Symposium über die Nazi-Zeit einzuladen. Nach einer kommunistischen Demonstration gegen seine Teilnahme kehrte Speer bereits zu Beginn der Veranstaltungen, Anfang April, wieder nach Hause zurück und war nicht mehr zur Teilnahme zu bewegen.

Die »Tagebücher« verkauften sich zwar nicht so gut wie die »Erinnerungen«, aber sie gehörten immer noch zu den absoluten Erfolgstiteln der Nachkriegszeit. Im August berichtete »Der Spiegel«, der die meistbeachtete Bestsellerliste des Landes herausgibt, daß von 350000 aufgelegten Hardcover-Exemplaren 180000 Exemplare verkauft worden seien; die »Welt« hatte die Rechte für einen Serienabdruck für immerhin 600000 Mark gekauft, der New Yorker Verlag Macmillan die englischsprachigen Rechte für 350000 Dollar.

Trotz seines Erfolges und seines Ruhms als Autor nach zwei solchen Bestsellern hielt Speer an seiner Politik fest, niemals einem geschichtsinteressierten Kundschafter die Tür zu weisen. 1976 war Ernst A. Ostro an ihn herangetreten, ein in Genua lebender

Historiker und gebürtiger deutscher Jude, dessen Eltern vorausschauend und glücklich genug gewesen waren, 1933 aus Deutschland zu emigrieren. Herr Ostro erhielt sein Interview und wurde für weitergehende Informationen an Wolters verwiesen. Er besuchte Coesfeld 1977 zweimal, aber Wolters schickte ihn bald wieder fort, da er lediglich an Anekdoten interessiert war. Ostro gab die Idee auf, eine Biographie zu veröffentlichen, und Wolters hörte nie wieder etwas von ihm.

Nichtsdestoweniger hat er Ostro zwischen den beiden Besuchen, am 7. April 1977, Speers Charakter aus seiner Sicht schriftlich gedeutet. In dem Schreiben berichtet er, wie Albert Speer mit seinem Charme erst Tessenow, ihren gemeinsamen Berliner Professor, und dann Hitler eingewickelt habe – und letztlich jeden, der mit ihm näher bekannt geworden sei. Sein eigentliches Ziel seien jedoch »Geld und Geltung« gewesen – eine Wendung, die ihm offensichtlich gefiel, da er sie seit 1975 in verschiedenen Briefen immer wieder verwendete. Doch Speer liebe auch hinterlistige Streiche und besitze die Fähigkeit, sehr verletzende Bermerkungen fallen zu lassen sowie diejenigen subtil zu piesacken, die ihm in die Quere kämen. Sein Charakter, so Wolters, habe sich nicht bloß durch die zwanzig Jahre Gefängnis verändert, sondern auch durch die verquere Haltung, die er in Nürnberg gezeigt habe, wo er sich seinen Mitangeklagten gegenüber unloyal verhalten habe.

Sein zur Profession gewordener Wunsch, den gewöhnlichen Deutschen vor der Verdammnis zu retten, habe genau das Gegenteil bewirkt. Dadurch, daß er den Feind entlastete und Hitler belastete, habe er dem deutschen Volk, das diesen unterstützte – erkennbar aus der Tatsache, daß es keinen echten Widerstand gegen ihn gegeben habe –, die ganze Schuld zugeschoben. Speer »übernimmt generell die Verantwortung für die Ermordung der Juden, von der er nichts gewußt hat«, und erwähnt mit keinem Wort die Massen von feindlichen Soldaten und Zivilisten, die von den Waffen getötet wurden, die er selbst gebaut hat. Speer habe erklärt, er wäre Hitlers Freund gewesen, wenn Hitler welche gehabt hätte. Das gleiche treffe auf Wolters in bezug auf Speer zu.

Als Pragmatiker sei Speer »nur zu denen freundlich gewesen, die ihm nützlich waren«.[11] Wolters' Verbitterung saß offenbar tief.

Dagegen machte Speers fortwährende Läuterung weitere Fortschritte, indem er unbeirrt seine Mitschuld an den Naziverbrechen eingestand. Im April 1977 erreichte ihn vom Vorsitzenden des Board of Deputies der südafrikanischen Juden eine ungewöhnliche Bitte um Hilfe. Der Ausschuß hatte eine Aktion gegen jene extremen Rassisten des Landes initiiert, die sich nicht mit der Verfolgung von Millionen »Nichtweißer« unter der Apartheid begnügten, sondern auch ein Pamphlet mit dem Titel »Did six million die?« verbreitet hatten, mit dem sie den nazistischen Genozid anzweifelten. Der jüdische Ausschuß wäre Speer dankbar, wenn er freundlicherweise bestätigen würde, daß es einen Plan gegeben habe, das europäische Judentum auszurotten, daß er davon gehört habe, daß dieser Plan auch durchgeführt worden sei und woher er dies gewußt habe. Speer reagierte mit einer dreiseitigen eidesstattlichen Erklärung, die dazu beitrug, den erwünschten Effekt, also eine gerichtliche Verfügung gegen die beleidigende Publikation, zu erzielen. Darin versicherte er:

»Ich halte es ... heute noch für richtig, die Verantwortung und damit die Schuld für alles auf mich zu nehmen, was nach meinem Eintritt in die Hitler-Regierung am 8. Februar 1942 an Verbrechen, in generellem Sinne, begangen wurde. Nicht die einzelnen Fehler belasten mich, so groß sie auch sein mögen, sondern mein Handeln in der Führung ... Meine Hauptschuld sehe ich immer noch in der Billigung der Judenverfolgung und der Morde an Millionen von ihnen.«[12]

Dies ist die Quintessenz dessen, was er 1971 zum anhaltenden Zorn Wolters' erstmals dem »Playboy« gegenüber zugegeben hatte: daß er zumindest die Verfolgung der Juden toleriert, wenn nicht sogar gutgeheißen habe – eine semantisch und logisch unmögliche Haltung für jemanden, der nichts weiß. Speer *wußte*! Und zusätzlich zu seinem Eingeständnis, daß er die generelle Schuld der Nazis mitzutragen habe, ließ er sich auch wenigstens dreimal in den letzten zehn Jahren seines Lebens dazu breitschlagen, zuzugeben, daß er damals von ihren Verbrechen gewußt hatte. Daß er die ganze Wahrheit gesagt hat, ist allerdings nicht schriftlich belegt; denn diese Wahrheit müßte seine persönliche Rolle bei der Judenverfolgung – nämlich daß er 75 000 Juden aus ihrer Berliner Heimat vertrieb – mit einbeziehen.

Als Gitta Sereny während ihrer Marathon-Befragung im Februar 1978 mit Nachdruck auf eine klare Aussage darüber drängte, ob er nun zu der Zeit, da der Holocaust stattfand, davon gewußt habe, kramte er aus seinen Akten die südafrikanische eidesstattliche Versicherung heraus und zeigte sie ihr – dies war seine Art, mitzuteilen, was er wußte und wann. Sereny konnte damals beziehungsweise vor Speers Tod noch nichts von seiner persönlichen Rolle gewußt haben, da diese erst durch die unbereinigte, aber damals noch ungeöffnete Chronik für 1941 bis 1942 dokumentiert wurde.

Speer hatte Sereny im Jahr zuvor angerufen, um sie sowie ihren alten Freund, Lewis Chester, der auch mein Freund ist, dafür zu loben, daß sie der Menschheit gemeinsam einen großen Dienst erwiesen hätten. Die beiden hatten nämlich Irvings Hypothese, daß Hitler vor Himmlers Posener Rede am 6. Oktober 1943 vom Holocaust nichts gewußt habe, detailliert widerlegt. Sereny bat um ein Gespräch, und auf diese Weise begann die lange Reise, die 1995 zu ihrem Buch führte. Gemäß ihrer ursprünglichen Interview-Fassung in der »Zeit« fand, bevor Speer ihr jenes Dokument zu lesen gab, folgender Dialog statt:

Speer: »Ich kann sagen, daß ich es ahnte.«

Sereny: »Daß Sie was ahnten?«

Speer: »Daß etwas Entsetzliches mit den Juden passierte…«

Sereny: »Aber wenn Sie es ›ahnten‹ – dann müssen Sie etwas gehört haben. Man kann nicht ins Leere ahnen, ohne etwas zu wissen. Sie wußten es.«

Machen wir Nägel mit Köpfen. Speer hat hier genausoviel zugegeben, wie zunächst mit seinem Billigungs-Geständnis 1971 im »Playboy« und dann wieder mit seiner eidesstattlichen Versicherung, die er 1977 nach Johannesburg schickte. Zum dritten Mal, so explizit, wie er es überhaupt jemals getan hat, gestand er nun Frau Sereny gegenüber, der er 1978 außerdem konzedierte, daß ein solch vorbehaltloses Schuldbekenntnis in den Augen der Öffentlichkeit und der Geschichte sein Ansehen verändern werde: »Aber es wäre eine Erleichterung.« Hingegen sagte er ihr nicht ein einziges Mal etwas über die Vertreibung der Berliner Juden. Aber immerhin erklärte er dem »Zeit-Magazin«, was er mit dem Wort »Billigung« in jener eidesstattlichen Versicherung gemeint habe. In der relevanten dritten Folge der Sereny-Serie in jener Zeitungsbeilage ist folgendes dokumentiert:

»In einer handschriftlichen Mitteilung an das ›Zeit-Magazin‹ erläutert Speer das Wort ›Billigung‹: ›Billigung durch Wegsehen, nicht durch Kenntnis eines Befehls oder der Durchführung. Das erstere ist so schwerwiegend wie das zweite.‹«[13]

Viel erfreulicher fand Speer die Tatsache, daß 1978 ein reich illustrierter Bildband über sein architektonisches Werk erschien, der von Georg G. Meerwein herausgegeben und wiederum bei Propyläen von Siedler verlegt wurde. Speer verfaßte dazu eine knappe Einleitung, auf den 9. Mai datiert, die zu dem nüchternen Schluß gelangt:

»Dieser Band hier, eine Handvoll Fotos, Skizzen, Modelle, ist alles, was geblieben ist von einem Bauverlangen, das seinesgleichen nicht in der neueren Geschichte kennt.«

Wolters, der Ende 1978 in den Ruhestand getreten war, schickte Speer zum Erscheinen des Buches am 2. Januar 1979 einen Gratulationsbrief; Speer bedankte sich am 28. kurz, aber herzlich dafür. Es war dies das letzte Aufglimmen ihrer Freundschaft. Ein ähnlicher Band mit der gleichen Aufmachung, aber englischem und französischem Paralleltext, wurde von Leon Krier herausgegeben und 1985 in Brüssel verlegt.

1979 brachte Adelbert Reif einen Band mit dem Titel »Albert Speer – Technologie und Macht« heraus. Reif hatte als Herausgeber und Verleger in den vorangegangenen Jahren eine Materialsammlung über Albert Speer publiziert, darunter dessen Nürnberger Verteidigung, allgemeine Artikel über ihn sowie die wichtigsten Rezensionen zu seinen »Erinnerungen« und »Spandauer Tagebüchern«. Dieses ungewöhnliche neue Produkt ist im Prinzip ein Frage-und-Antwort-»Interview« von der Länge eines Buches, in dem Speer sich auf dieselbe Weise über die im Titel angerissenen Themen ausläßt, wie er es bereits in seinen eigenen Büchern getan hatte. Das Bändchen beinhaltet auch die südafrikanische eidesstattliche Erklärung, einschließlich der erläuternden Fußnote zum Begriff »Billigung«, fügt jedoch dem »Speer corpus« nur wenig hinzu. Speer selbst forschte zu dieser Zeit schon wieder in den Archiven.

Albert Speer hatte ursprünglich geplant, ein drittes Buch zu schreiben, diesmal über deutsche Munition im Zweiten Weltkrieg, war dann in Koblenz jedoch über einige Himmler-Papiere gestolpert. Deshalb, so erklärt er im Vorwort, habe er als Thema dieses gesamten dritten und letzten Opus die Rolle der SS im Dritten Reich gewählt. Es sollte 1981 in Deutschland und England unter dem Titel »Der Sklavenstaat« und in Amerika als »Infiltration« erscheinen. Dieses Buch hält einem Vergleich mit den ersten beiden nicht stand; post Festum fiel seine Prosa wieder in den alten Stil zurück: pedantisch, unbeholfen, mühsam.

Indem er die SS als einen Staat innerhalb der Partei und innerhalb des Staates beschreibt, zeigte Speer, daß Himmlers »brutale und amateurhafte« Methoden auf Grund purer Ignoranz gescheitert sind. Der Wirtschaftsfachmann der SS, Obergruppenführer Oswald Pohl, sei genauso beschränkt und untauglich gewesen wie der anfängliche SS-Plan, Waffen im Lager Buchenwald (und später in verschiedenen anderen Lagern) herzustellen. Das Zusammenwirken von Hitlers Genozid-Absichten mit der Ineffizienz der SS hätte beides scheitern lassen – sowohl Himmlers wirtschaftliche Ambitionen als auch die kriegerischen Bestrebungen gegen Rußland. Himmler habe seine Chance bekommen und sie verspielt, indem er Zwangsarbeiter eingesetzt und sie als Teil der Endlösung zu Tode habe arbeiten lassen.

Man schließt daraus, daß die Brutalität der SS gegen die Zwangsarbeiter auf der Arroganz der absoluten Macht basierte, auf der Anmaßung, daß es da, wo es etwas zu holen gibt, immer auch noch mehr gibt, und auf der Indifferenz gegenüber solchen Faktoren wie Geschicklichkeit und Kompetenz, die in der begrenzten zur Verfügung stehenden Zeit unerläßlich waren.

Speer zeichnet ein ebenso detailliertes wie allgemeines Bild davon, wie Himmler, Pohl, Kammler und deren Busenfreunde anfingen, ökonomische Ansprüche innerhalb des Reichs und im Osten zu erheben. Dabei nutzten sie in beiden Fällen die eigenen Ressourcen aus und drangen in die Zuständigkeitsbereiche anderer Abteilungen ein, einschließlich jener von Speer selbst – wobei Saur ihnen massive Hilfestellung leistete. Im siebzehnten Kapitel wird beschrieben, wie Speer in seiner Radioansprache, die er zwar geschrieben, aber niemals gehalten hatte, verlangte, daß man den vorrückenden Alliierten sämtliche in den Lagern befindliche Juden und politischen Häftlinge ausliefern solle, um späteren Ärger zu vermeiden. Dann geht er mit Teil IV zum Schicksal der Juden über.

Hier, im achtzehnten Kapitel, versucht Speer, andere für die Deportation der Juden aus Berlin verantwortlich zu machen, während er seine eigene maßgebliche Beteiligung, die er, wie man sehen konnte, niemals zugegeben hat, weiterhin unter den Tisch kehrt. Nachdem Speer 1942 die Munition übernommen hatte, habe das Berliner Rüstungsinspektorat versucht, so schreibt er, den Abtransport der in der Waffenindustrie arbeitenden Juden zu verhindern, da diese ein erhebliches Potential an Facharbeitskräften darstellten. Doch im September 1942 habe Hitler dem Generalbevollmächtigten für Arbeitseinsatz, Sauckel, den Befehl erteilt, all diese jüdischen Arbeiter nach Osten (also in die Zwangsarbeits- und Vernichtungslager) deportieren zu lassen, sei es aus Berlin, wo die meisten von ihnen herkamen, oder sonstwoher.

In Wahrheit hatten diese »Umsiedlungen« bereits im Oktober 1941 begonnen. Bis zum 25. Januar 1942 waren 8000 jüdische Mitbürger aus ihren Wohnungen vertrieben worden. Eine Verknappung an Fachkräften führte zu einer Unterbrechung. Trotzdem wurden die verbliebenen Juden für spätere Einsätze abgestellt. Im Herbst seien noch 75 000 Juden in Berlin gewesen, von denen man 20 000 in der Rüstung und 10 000 im Maschinenbau eingesetzt habe. Wie die Chronik beweist, hatte Speer bereits eine große Anzahl aus ihren Wohnungen vertreiben lassen; viele mußten deshalb zusammen mit anderen Juden in engen Notunterkünften leben.

Speer schreibt dies ohne irgendeinen Hinweis darauf, wie seine eigene GBI-Abteilung jüdische Häuserblöcke »säuberte«, zunächst um neuen Bauprojekten Platz zu machen und dann, was dringlicher war, um verwundete Soldaten und Bombengeschädigte unterzubringen.

Goebbels, Berliner Gauleiter wie auch Propagandaminister und unübertroffen radikaler Antisemit, bemängelte im Mai 1942, daß noch 40 000 Juden in Berlin lebten, davon waren 17 000 in der Rüstungsindustrie tätig – mithin ein Drittel der noch in Deutschland lebenden jüdischen Bevölkerung, die 1933 noch 570 000 Menschen umfaßt hatte. Im September, schreibt Speer, habe Sauckel versprochen, die in Berlin verbliebenen jüdischen Arbeitskräfte durch polnische zu ersetzen, die allerdings in jedem Fall erst einmal angelernt werden müßten.

Dieser Prozeß war mit der nächsten Etappe »ethnischer Säuberungen« in Berlin und in den Waffenfabriken noch lange nicht abgeschlossen: 11 000 weitere Juden wurden im Februar 1943 »evakuiert«. 4000 seien hingegen durchs Netz geschlüpft, merkt Speer an und fügt hinzu, daß eine nicht identifizierte sowie ihm unbekannte Person seines Ministeriums in der Lage gewesen sei, einige Juden mit Pässen zu versorgen, so daß diese der Verfolgung entgehen konnten. Speer beanspruchte dieses Verdienst nicht für sich, denn er sagte, daß er selbst keinen solchen Auftrag erteilt habe. Seine Darlegung der Ereignisse deckt sich mit den Dokumenten in Koblenz.

Hitler, Sauckel und vor allem Goebbels – ersichtlich aus seinen eigenen Tagebüchern – waren die Hauptakteure bei der Verfolgung der Berliner Juden, und ein jeder von ihnen hatte mehr zu verantworten als Speer und Dietrich Clahes, sein Chefbeauftragter für die Judenvertreibung, zusammen. Doch Speers Darstellung ist dennoch trügerisch: Er lügt, indem er seine eigene Beteiligung verschweigt – sein innerstes Geheimnis, dessen letzte Verteidigungslinie jenes widerwillige, häppchenweise Eingeständnis war, er habe bei den größten Naziverbrechen ein Auge zugedrückt –, diese letzte, entwaffnende Konzession diente lediglich dem Zweck, seine wahre Schuld zu verschleiern.

Speer spendete jüdischen Wohlfahrtsorganisationen weiterhin große Mengen jener Tantiemen, die er noch aus den ersten beiden Büchern erhielt, während er bereits für sein drittes recherchierte. Im Sommer 1979 floß durch einen sensationell einträglichen Verkauf von Skizzen, die Hitler während ihrer langen architektonischen Zusammenarbeit gezeichnet hatte, eine beträchtliche Summe auf seine Konten.[14] Der pfiffige ehemalige Hofarchitekt, so stellte sich heraus, hatte die vom »Führer« aus seinem vielbenutzten Skizzenblock herausgerissenen Zeichnungen aufgehoben, am Ende des Krieges einem nicht identifizierten Freund zur Aufbewahrung anvertraut und – als Hitler lange genug tot war, um seine Erinnerungsstücke vermarkten zu können – zur Versteigerung auf einer Auktion wieder aus der Versenkung geholt.

Der Wert dieser uninspirierten Zeichnungen lag ausschließlich in deren Urheberschaft. Dies bedeutete, daß der entsprechende Markt von Nazi-Sentimentalisten und neofaschistischen »Militaria«-Sammlern dominiert wurde. Die Skizzen gingen bis auf das Jahr 1934 zurück. Speer hatte 1937 begonnen, sie systematisch zu sammeln, nachdem er zum Generalbauinspektor berufen worden war. Archiviert wurden sie von Otto Apel, dem damaligen Chef seines Architekturbüros – und mit Sicherheit ein aussichtsreicher Kandidat für den »nicht identifizierten Freund«. Apel starb 1966, noch ehe er Speer hatte helfen können, nach seiner Freilassung wieder als Architekt Fuß zu fassen. Um die Echtheit der Werke zu beglaubigen, wurden im Verkaufskatalog jeweils Datum, Gegenstand und Entstehungsort der einzelnen Positionen aufgeführt, und wo immer möglich, stellte Speer bei jeder Skizze einen Bezug zu seinen »Erinnerungen« her.

Der Handel florierte, und die Zeichnungen brachten pro Stück zwischen 3000 und 5000 Mark ein. Um den Markt nicht zu überschwemmen, stellte Speer den Verkauf für einen Zeitraum von drei Monaten ein, hatte er doch zu seinem Ärger erfahren, daß einige der Zeichnungen bereits in den Vereinigten Staaten weiterverkauft worden waren, und zwar für dieselben Beträge in Dollar, die sie ihm in D-Mark eingebracht hatten. Nazistische Souvenir-Jäger mit großen Portemonnaies gingen in den Vereinigten Staaten, wie immer, geschäftstüchtiger und freier mit ihrem Geld um als anderswo. Als er gegenüber der Hamburger Illustrierten »Stern« die Verkäufe bestätigte und man sich dort vernehmlich wunderte, warum er die Kollektion nicht dem Bundesarchiv angeboten habe, erklärte Speer, er habe ein oder zwei davon an Freunde abgetreten. Die anderen Verkäufe seien hingegen nicht erwähnenswert.

Um sein langes, Ende 1979 geführtes Interview mit Albert Speer zu ergänzen, stattete Matthias Schmidt, Doktorand des Friedrich-Meineke-Instituts für Geschichtsforschung in Westberlin, dem zunehmend gebrechlicher werdenden Dr. Rudolf Wolters im Frühling 1980 in Coesfeld einen Besuch ab. Speer hatte es sich jetzt anscheinend zur Gewohnheit gemacht, bei solchen Untersuchungen auf seinen alten Komplizen zu verweisen. Wolters, offenkundig beeindruckt von den Fähigkeiten und dem methodischen Ansatz des jungen Mannes, ließ sich das Versprechen geben, daß der Besucher nichts ohne seine ausdrückliche Zustimmung veröffentlichen werde, und gewährte ihm dann einen Einblick in sein persönliches Archiv. Damit war Schmidt der erste, der die ungeöffnete Chronik nach deren Verfasser, Überträger und Protagonisten – Wolters, Rießer und Speer – gesehen hat. Ihm entging auch nicht die durch Speer initiierte Konspiration, mit der die Bereinigung der Chronik vertuscht werden sollte – jene »Reinigung«, die Wolters 1964 spontan vorgenommen hatte, fünf Jahre bevor Speer das geöffnete Exemplar voreilig nach Koblenz schickte, obwohl er von Irvings Entdeckung eines ungekürzten Jahrgangs wußte.

Nachdem ihm die Bedeutung dessen, was er hatte sehen dürfen, bewußt geworden war, bemühte sich Schmidt gleich darauf um ein Folgeinterview mit Speer. Im Verlauf dieses Gesprächs leugnete Speer ausdrücklich, etwas von der Existenz einer Chronik, die von anstößigen Stellen gesäubert worden war, zu wissen oder das Bundesarchiv getäuscht zu haben.[15]

Bald nach Schmidts zweiter Speer-Befragung, im April 1980, war der unter chronischem Bluthochdruck leidende Rudolf Wolters erstaunt, einen auf den 14. April datierten Brief von Professor Dr. Martin Löffler, einem Stuttgarter Rechtsanwalt, zu bekommen. Löffler bat ihn darin zu bestätigen, daß die Urheberrechte für alle in Wolters' Besitz befindlichen Schriften seines Mandanten Albert Speer ausschließliches Eigentum ebenjenes Mandanten seien, und zwar sowohl Originale als auch Duplikate.

Löffler war unter Flächsner ein Juniormitglied des Speerschen Verteidigungsteams in Nürnberg gewesen. Er wies darauf hin, daß der Brief, den Speer am 10. August 1946 von seiner Zelle aus an Wolters geschrieben habe, unter völlig anderen als den nun herrschenden Umständen geschrieben worden sei. Durch Speers Verfügung vom 6. März 1963 sei dieses Schreiben auf jeden Fall aufgehoben, da an seiner Stelle Hilde Speer zum literarischen Agenten und Bevollmächtigten eingesetzt worden sei.

Wie man sich denken kann, gehörte der Angesprochene nicht zu der Sorte von Menschen, die einen solchen Brief zerreißen und in den Müll werfen – seine Stärke, sei es als neuestes Ärgernis für Speer, sei es als historische Quelle, lag in seiner Angewohnheit, alles aufzubewahren. Dennoch beschloß er, diesen Brief zu ignorieren.

Die lebensbedrohliche Wut, die in Wolters aufstieg, als er Löfflers zweiten Brief vom 2. Mai öffnete, war unbeschreiblich. Der Anwalt beschwerte sich darüber, daß Wolters den ersten Brief nicht beantwortet habe, und stellte ihm eine Frist von sieben Tagen für eine Antwort, wobei er Gerichts- und Anwaltskosten zu tragen hätte. Der alte Mann hielt es für an der Zeit, seinen eigenen hervorragenden Anwalt, Dr. Rudolf Lauscher aus Düsseldorf, anzurufen, der am 6. Mai eine hinhaltende Antwort schickte, in der er um Einsicht in Speers Vollmacht zu Hildes Gunsten bat.

Dies sei irrelevant, erwiderte Löffler am 23. Mai großspurig. Es gehe vielmehr um die grundlegenden Rechte seines Mandanten an dem, was dieser geschrieben habe. Mit einer unglaublichen Arroganz und Unsensibilität erhob Löffler in schwer verständlichem Advokaten-Kauderwelsch nun also Anspruch auf all das, was Wolters über die Jahre hinweg für Speer getan hatte. Denn der Brief aus Nürnberg stelle schließlich nichts weiter dar als einen »unentgeltlichen Freundesauftrag«. So viel zu fünfzehn und mehr Jahren unablässiger und weitgehend illegaler Tätigkeit als Bewacher von Speers geheimen Schriften, als Vaterersatz und Familienberater, Allzweckfreund, unermüdlicher Werbekampagnen-Aktivist, Laufbursche und Schulgeldfondsgründer. Es gehört nicht viel dazu, sich die Rage des alten Mannes auszumalen. Ob er freundlicherweise bis spätestens zum 10. Juni auflisten wolle, war abschließend zu lesen, was er an Material besitze und es Speer dann zurückerstatten?

Lauschers Reaktion vom 6. Juni ließ echte Verärgerung im Namen seines Mandanten erkennen. Solange Speer etwas verlange, worauf er gar kein Anrecht besitze, sei der Versuch, Ultimaten zu stellen, ebenso unehrenhaft wie die Forderung der Kostenerstattung, schrieb Wolters' Anwalt. Endlich, am 11. Juli, setzte Lauscher Löffler davon in Kenntnis, daß Wolters Speer alles ausgehändigt habe, was diesem zustand, als er im Anschluß an seine Freilassung im Oktober 1966 nach Coesfeld gekommen sei. Lediglich ein paar wenige Dinge, wie zum Beispiel Briefe Speers an seinen Klienten, seien in Wolters' Besitz verblieben.[16]

Wolters war der festen Überzeugung, daß er als Verfasser der Chronik, jenes unerwähnt gebliebenen Zankapfels dieser unerfreulichen Korrespondenz, mit der die tote Freundschaft endgültig begraben wurde, das uneingeschränkte Recht habe, sie zu behalten, wer auch immer sie in Auftrag gegeben hätte. Er blieb dabei bis kurz vor seinem Tod am 7. Januar 1983. Es heißt, er sei mit dem Wort »Albert« auf seinen Lippen gestorben. Im Bundesarchiv waren schon gegen Ende 1982 erste Teile seines Nachlasses eingetroffen. Wolters war sich dessen bewußt, daß ihm nur noch wenig Zeit blieb, und er war, wie er Speer erklärt hatte, fest entschlossen, die historische Aufzeichnung in ihrer korrekten Form zu bewahren.

Die juristische Schlacht, die zwischen ihnen nun entbrannt war, führte zu keinem Ergebnis, könnte aber Speers eigenes Leben verkürzt haben. Dr. Schmidt vertrat die Ansicht, Speer habe versucht zu verhindern, daß seine Dissertation zu jenem Buch werden würde, das es 1982 schließlich doch noch geworden ist: »Albert Speer – Das Ende eines Mythos«.[17] Es hätte größere Verbreitung verdient und vermutlich auch gefunden, wenn es nicht nach, sondern vor dem plötzlichen Tod des Protagonisten erschienen wäre.

Der letzte Schuß in jenem unerklärten Krieg der Anwälte wegen der ungeöffneten Chronik fiel in Gestalt einer Anzeige im »Börsenblatt für den deutschen Buchhandel« im September 1980, die die Überschrift »Aufhebung der Vollmacht« trug und von Dr. Löffler unterzeichnet war. Darin wurde namens des Mandanten Albert Speer festgestellt, daß dieser alle während seiner Haftzeit dritten gegenüber ausgestellten Vollmachten über den Zugang oder die Benutzung des Urheberrechts an seinen privaten und offiziellen Schriften als für eine begrenzte Zeit gültig erachte und sein Copyright hier und im Ausland in vollem Umfang und ausschließlich persönlich ausübe.

Auch Schmidt hatte juristischen Rat eingeholt und war sich ganz sicher, daß der Veröffentlichung seines Buches nichts hätte im Wege stehen können, falls Speer länger gelebt und das angekurbelt hätte, was mit Sicherheit ein faszinierender und sensationeller Fall geworden wäre. Es hätte unvermeidlich zu einem Desaster für seine Reputation als historische Quelle, Autor und professioneller Büßer geführt, wenn jener Doppelbetrug aufgeflogen wäre, daß die Chronik bereinigt und ihre Existenz verheimlicht worden war – und er wäre ganz bestimmt aufgeflogen. Die Gefahr, als Judenverfolger, als Lügner, Hochstapler und Heuchler entlarvt zu werden, hätte realiter wohl zu einer außergerichtlichen Einigung geführt, aber die Zeitbombe, die Wolters' Original-Chronik sowie jener verflixte Briefwechsel über die Beschummelung des Archivs darstellte, wäre spätestens 1983 explodiert, als man das Material dann in Koblenz prüfte.

Wir können daraus nur schließen, daß Speer, der sich glücklich schätzen durfte, jenem Rendezvous, das Sauckel mit dem Henker hatte, entkommen zu sein, sich beinahe genauso glücklich schätzen durfte, daß er zum richtigen Zeitpunkt starb, entging er doch damit den mehrfachen Bedrohungen seines Rufs – Bedrohungen in Gestalt des resolut recherchierenden Historikers Schmidt, des abspenstig gewordenen Chronisten Wolters sowie der verschiedenen Anwälte – wobei die Juristen nach einer altehrwürdigen Tradition ihres Berufsstandes schon drauf und dran gewesen waren, die Angelegenheit gehörig aufzubauschen.

Zur Jahreswende 1979/80 erhielt Speer einen Brief von einer Leserin aus England, die gerade erst auf die »Spandauer Tagebücher« gestoßen war und dies für das beste Buch befand, das sie je gelesen hatte. Dieses bemerkenswerte Urteil rührte zumindest teilweise daher, daß es sich bei dem neuen Briefkontakt um eine Deutsche handelte, die in England lebte, mit einem Engländer verheiratet und Mutter zweier kleiner Kinder war. Sie fand, daß das Buch für sie persönlich, als Deutsche im Exil, gewissermaßen kathartisch wirke.

Speer fühlte sich natürlich geschmeichelt, und in seiner Antwort lud er sie ein, sich bei ihm zu melden, wenn sie das nächste Mal nach Deutschland reise. Gesagt, getan. Mirabile dictu – im Alter von fünfundsiebzig Jahren entbrannte Albert Speer zum ersten Mal in seinem Leben plötzlich in leidenschaftlicher Liebe für diese große, schlanke, blonde Frau, die halb so alt war wie er selbst – und sie erwiderte diese Liebe.

Obgleich Speer immer noch an seinem Manuskript zum »Sklavenstaat« arbeitete – Sereny machte die Liaison für dessen armselige Qualität verantwortlich, während Wolf Jobst Siedler das Buch grundsätzlich ablehnte und meinte, daß selbst der beste Lektor keine Chance hätte, es lesbar zu gestalten –, verloren sie keine Zeit, die Affaire auszuleben und sich in einem Ferienhaus in Südfrankreich zu treffen. Speer versuchte erst gar nicht, die große Leidenschaft vor seiner geduldigen Frau zu verheimlichen. Weder häusliche Verlegenheiten noch Probleme mit dem letzten Buch, ja noch nicht einmal das Menetekel einer dritten Lungenembolie im November 1980 schreckten Speer davon ab, die verspätete Entdeckung seiner erotischen Leidenschaft im Alter von 75 Jahren voll auszukosten.

Insofern war es nur natürlich, daß er ein weiteres Stelldichein arrangierte, als er am 31. August 1981 geschäftlich nach England fuhr – erst der zweite Englandaufenthalt nach dem Krieg. Dem Besuch lag wieder derselbe Anlaß zugrunde, eine Fernsehsendung, und der Gastgeber war abermals die BBC. Es gab diesmal keine »Mr. Reeps«-Peinlichkeiten, und Speer hatte sich vorsichtshalber bestätigen lassen, daß er im etwas indifferenten Britannien der frühen achtziger Jahre auch wirklich eine Persona grata sei. Auch dieser zweite Besuch sollte im Zeichen eines Arrests stehen, doch in des Wortes anderer Bedeutung. Speer sollte in einem Dokumentarfilm über die Nazi-Kunst mitwirken, und Norman Stone, ein Professor für Neuere Geschichte in Oxford, Medienstar und Fachmann für das Dritte Reich, sollte ihn für das BBC-Fernsehen interviewen.

Nach einem festlichen und späten Arbeitsessen mit dem Professor, der die Meinung vertrat, daß sich sein Gesprächspartner angesichts seines Alters in erstaunlich guter Verfassung befinde, begab sich Speer für diese eine Nacht seines Besuches in das Park Court Hotel in Bayswater. Diese schicke, im Innenstadtbereich West-Londons gelegene Gegend ist von der in Wood Lane gelegenen BBC-Fernsehanstalt sehr bequem zu erreichen. Die Rechnung wurde von der BBC übernommen. Die erste Hälfte des 1. Septembers, eines Dienstags, verbrachte Albert Speer in den Fernseh-Studios.

Dann kehrte er in das Hotel zurück, um sich auf dem Zimmer mit seiner Geliebten zu treffen. Kurz vor 17 Uhr rief diese in extremer Aufregung die Rezeption an und bat um Hilfe. Speer hatte, unmittelbar bevor er sich auf den Weg nach Heathrow hatte machen wollen, einen Schlaganfall erlitten und lag nun im Koma. Ein Krankenwagen fuhr ihn ins St. Mary Hospital nahe Paddington, wo auch die größten Anstrengungen des Notfall-Teams nicht mehr verhindern konnten, daß gegen 21 Uhr der Tod eintrat. Albert Speer starb an einer zerebralen Gehirnblutung, ohne das Bewußtsein wiedererlangt zu haben.[18]

Am 2. September flog Dr. Irmhild Speer, Physikerin und Ehefrau von Ernst, dem jüngsten Kind des Verstorbenen, nach London, um den Toten in der Pathologie des St.-Mary-Krankenhauses in aller Form zu identifizieren. Sie kümmerte sich um die Rückführung des Leichnams per Flugzeug und Auto nach Heidelberg, wo am 4. September das Leichenbegängnis stattfand.[19]

Epilog

Das letzte Bekenntnis des Albert Speer

Sie waren Alberts Freund in den Spandauer Jahren, sein einziger und bester«, schrieb Margarete Speer in ihrer makellosen Jungmädchenschrift am 29. September 1981 – vier Wochen nach dem Tod ihres Mannes – an Dr. Rudolf Wolters. »Diese enge Bindung half ihm, diese Jahre zu überstehen«, fuhr sie fort. »Was Sie für uns getan haben, wissen wir alle. Ich möchte sagen, auch im Namen unserer Kinder, die mich darum gebeten haben, wie schmerzlich es für uns ist, daß diese Freundschaft abgebrochen wurde. Mir bleibt die Erinnerung an Sie als unseren Helfer in all den Nöten und Sorgen von 21 Jahren. Es ist auch Ihnen zu verdanken, daß sich die Kinder ohne Vater zu aufrechten und tüchtigen Menschen entwickelt haben«, schloß sie würdevoll.

Sie wußte, dies waren die Gefühle, die ihr verstorbener Mann seinem treuesten Freund gegenüber gehegt, aber nie wirklich zugegeben hatte. Der gebrechliche Dr. Wolters, der am 2. September unverzüglich sein aufrichtiges und herzliches Beileid bekundet und seinem Bedauern über die verlorene Freundschaft Ausdruck verliehen hatte, hatte allen Grund, diese Gefühle als wohlverdient zu betrachten.

»Der Sklavenstaat« war nur wenige Wochen vor Speers Tod erschienen, und noch immer trafen Rezensionen ein – die fast ausnahmslos negativ waren. Sie gingen in die Nachrufe über, die deutlich weniger harsch ausfielen und dahin tendierten, Speers sorgfältig kultiviertes Selbstbildnis vom apolitischen Nazifunktionär, der sich durch das Eingeständnis seiner Schuld reingewaschen habe, allgemein zu akzeptieren. Von Heinz Höhne, einem leitenden Redakteur des »Spiegel« und bedeutenden Zeithistoriker, stammt die ideale neutrale Formulierung vom 7. September 1981:

»Seine Selbstanklagen brachten ihm den Ruf als Hitlers einzigen reuigen Paladin ein.«

»Wenn Hitler überhaupt Freunde gehabt hätte, wäre ich bestimmt einer seiner engen Freunde gewesen« – so hat Speer seine andere große Bindung, die einzige Beziehung, in der er die zweite Geige spielte, geschickt charakterisiert. Das wahre Leben Albert Speers reduziert sich also auf die Geschichte zweier ungewöhnlicher Freundschaften – und des Verrats, der beide zerstörte.

Speer steht mit seinem Versuch, die Geschichte in seinem eigenen Interesse umzuschreiben, nicht allein. Ein anonymer Kritiker hat einmal von Churchills Geschichte über den Krieg von 1914–18 gesagt: »Winston hat ein gewaltiges Werk über sich selbst geschrieben und es ›Die Weltkrise‹ genannt.« Eine Kombination von Romantik und Arroganz veranlaßte Speer dazu, die Tatsachen seiner Lebensgeschichte schon zu Beginn seiner »Erinnerungen« »leicht zu verdrehen«: die Stunde seiner Geburt, die er auf Punkt zwölf Uhr mittag verlegte, den Zeitpunkt des Gewitters, das Glockengeläut der nicht gebauten Kirche.

Er rechnete nicht mit der Gründlichkeit eines Matthias Schmidt, als er diese an sich harmlosen Lügen erzählte, doch sind sie erst einmal aufgedeckt, fragt sich der Leser, was sonst noch alles zurechtgestutzt wurde. Es ist ein spärlicher, doch düsterer Bericht über seine Kindheit, in der ihm wenig Liebe zuteil wurde. Was ihm einfachere Menschen, darunter Gretels Familie, an Gefühl entgegenbrachten, vermochte nicht den gleichgültigen Vater, die kalte Mutter und zwei tyrannische Brüder aufzuwiegen. Das Ergebnis war ein berechnender, introvertierter Mensch, der bald lernte, andere zu manipulieren und diese Fähigkeit zu nutzen, um das, was er wollte, zu bekommen, ohne seine Gefühle zu zeigen.

Speer war betont zurückhaltend und gelassen, doch auch gehemmt und schwärmerisch. Er verhielt sich den Nöten von Untergebenen und Abhängigen gegenüber gleichgültig, konnte gehässig und rachsüchtig sein und war fähig, sich über andere lustig zu machen. Obwohl er wahrscheinlich seinen Vater liebenlernte, als er selbst schon ganz oben schwamm und den alten Mann nicht mehr als Bedrohung empfand, war er bei seinen eigenen Kindern nicht nur dann der immer abwesende Vater, als er im Gefängnis keine andere Wahl hatte, sondern auch bereits während der ganzen frühen Jahre ihrer Entwicklung, in denen er sich in die Arbeit flüchtete und die Weihnachtsfeiertage lieber bei den »Stachanowarbeitern« der Organisation Todt im Schnee verbrachte als bei seiner Familie in seiner ruhigen Privatsphäre.

In seiner persönlichen Umgebung hatte Speer, wann immer möglich, die Zügel fest in der Hand. Doch wenn er sich von Kräften bedroht fühlte, denen er nicht gewachsen war, befiel ihn panische Angst, und er litt unter erheblichen psychsomatisch bedingten Kreislaufbeschwerden. Paradoxerweise nahm er andererseits ohne Not einige große Risiken auf sich, sei es, daß er sehr schnell Auto fuhr, Hitler übereilt irgendwelche Produktionsleistungen versprach, gewaltige Aufgaben auf Gebieten übernahm, die ihm fremd waren, oder sich gegen Männer wie Göring, Himmler, Bormann und selbst Hitler stellte.

Als Pragmatiker und egozentrischer Opportunist war Speer zwar an der Ämterpolitik und an den Machtkämpfen innerhalb der Partei interessiert, nicht hingegen an deren Ideologie. Er war jedoch weder »apolitisch« noch ein »Technokrat«, und er war auch nicht »amoralisch«, sondern eher unmoralisch, indem er bei der Behandlung der Juden die Moral nicht ignorierte, sondern sich vielmehr darüber hinwegsetzte. Er war überhaupt kein Technokrat im eigentlichen Sinne des Wortes: Er verfügte über kein Fachwissen, außer auf einem Gebiet, das er anstelle der Mathematik auf Geheiß seines Vaters »gewählt« hatte. Sein Können und seine Leistungen als Architekt waren – genauso wie das Architekturverständnis Hitlers – bestenfalls durchschnittlich und schlimmstenfalls monströs. Seine bedeutendste Arbeit leistete er als Bühnenbildner in Nürnberg. Er konnte, wenn nötig, üble politische Tricks anwenden: Er drohte Leuten mit der SS oder mit dem Konzentrationslager, er ruinierte den Oberbürgermeister von Berlin, Lippert, er versuchte das gleiche bei seinem Rivalen auf dem Gebiet der Architektur, Hermann Giesler, und er manipulierte sogar Hitler, indem er ihn mit zahlreichen Experten konfrontierte oder ihn vor vollendete Tatsachen stellte.

Trotzdem übernahm er von dem hervorragenden Ingenieur und wirklichen Technokraten Fritz Todt einen Geschäftsbereich mit riesigen Aufgaben, von denen manche mehreren Ministern hätten zugewiesen werden müssen. Doch Speer erledigte sie alle mit Bravour. Speers wirkliche Begabung lag auf dem Gebiet der Organisation und der Improvisation. Trotz des ständigen Sinneswandels und anderer Einmischungen Hitlers und seiner Handlanger vollbrachte er wahre Wunder. Er hatte nicht nur den großen Überblick, sondern kannte auch die Details genau und behielt die kompliziertesten Dinge scheinbar mühelos im Gedächtnis. Er hatte ein Talent dafür, erstklassige Mitarbeiter auszuwählen, die er zu Höchstleistungen anzuspornen verstand und die ihm treu ergeben waren. Ihnen übertrug er gern enorme Aufgaben und ließ ihnen freie Hand, selbst wenn er ihnen persönlich mißtraute. Er zögerte auch nicht, auf bewährte Ideen anderer, wie zum Beispiel jene von Todt, zurückzugreifen.

Weiterhin brachte er das Kunststück fertig, daß ihn nicht nur solche zynischen Gauner wie Goebbels bewunderten, sondern auch konservative Militärs wie Milch, Dönitz und Guderian sowie führende Industrielle wie Rohland, Porsche und Messerschmitt. All das zeugt davon, daß er, wie selten eine einzelne Persönlichkeit, über beachtliche administrative Fähigkeiten, verbunden mit einer großen Überzeugungskraft, verfügte. Als Architekt avancierte er zum Planer einer Stadt von kolossalen Ausmaßen und zu einem Baumeister, der so riesige und komplizierte Vorhaben wie den Bau der neuen Reichskanzlei in Rekordzeit durchführte. Dadurch war er nicht völlig unvorbereitet für das, was ihm auf dem Gipfel seiner Karriere übertragen wurde.

Zu der Zeit, da er die Verantwortung für die Kriegswirtschaft übernahm, kämpfte Deutschland um sein Leben. Speer war in seinem Element als Krisenmanager und als »Alleskönner«, der die Probleme mit Fingerspitzengefühl löste. Doch selbst er konnte nicht Hitlers kurzsichtige Planung wettmachen, die auf seinem Blitzkriegskonzept beruhte, und erreichte viel zu wenig und das viel zu spät, selbst wenn er die Produktion in einem unglaublichen Umfang – wenn auch ausgehend von einer schmalen Basis – steigerte. Er war ebenso wie Hitler verantwortlich sowohl für die Vergeudung enormer Mittel und Kräfte an gigantische und komplizierte Projekte wie die V 2 als auch für die Qualen von Millionen Menschen, die gezwungen wurden, für ihn zu schuften, dazu für das Schicksal Zehntausender von Juden, die er im ersten Stadium einer Reise, die gewöhnlich mit dem Tod endete, aus ihren Wohnungen vertreiben ließ.

Als er anfing, seinen bisherigen Mentor zu verraten, bestand sein allerwichtigster Akt der Rebellion darin, daß er sich im großen Stil der Politik der »verbrannten Erde« widersetzte. Sein »Attentatsplan« kann als kaum mehr denn ein Versuch gewertet werden, laut zu denken, als ihm verspätet klar wurde, daß alles verloren war. Trotzdem war er stolz auf das, was er für Hitler geleistet hatte, indem er es diesem ermöglichte, den Krieg noch ein bis zwei Jahre länger zu führen. Das war ungefähr der Sinn dessen, was er gegen Ende seines Lebens sagte, ob in seinem langen Interview für den »Playboy« oder in dem Telefongespräch, das er in seinem letzten Lebensjahr in alkoholisiertem Zustand mit Frau Sereny führte und das am Ende ihres Buches wiedergegeben ist.

Aber der Plan, »Hitler im Bunker zu vergasen«, war gut dazu geeignet, seinen Hals zu retten, als er als Gefangener nach Nürnberg zurückgekehrt war, zum Schauplatz seiner spektakulärsten Leistungen bei Veranstaltungen ganz anderer Art. Die Tatsache, daß Göring ihm das Wort »Verrat« zuzischte, als er von diesem Plan hörte, diente im nachhinein als Bestätigung dessen, was den Hauptankläger Jackson zweifellos beeindruckte. Und das Ganze verstärkte den Kontrast zwischen den Verbrechern auf der Anklagebank und dem persönlich bescheidenen Patrizier Speer, der einen gewissenhaften Eindruck machte und entschlossen war, sich der Doktrin der kollektiven Verantwortung für ein schlimmes Regime zu beugen, das bekanntlich vom Willen eines einzigen Mannes beherrscht gewesen war.

Die Richter übersahen dabei, daß dieses Eingeständnis unter Druck gemacht wurde, und waren beeindruckt von Speers Selbstanklage und seiner Bereitschaft, seinen Teil der Verantwortung zu übernehmen, wobei er gleichzeitig leugnete, selbst Verbrechen begangen oder von ihnen gewußt zu haben. Sie ersparten ihm den Tod durch den Strang, zu dem sein Kollege Fritz Sauckel, der Sklaventreiber, deswegen verurteilt wurde, weil er seine, Speers, Forderungen erfüllt hatte. Nur die Russen, gegen die er eine Arroganz an den Tag legte, die fast genauso riskant war wie der Nostra-culpa-Trick, akzeptierten Speers Selbsteinschätzung nicht.

Man kann aber einem Gefangenen, der eines Kapitalverbrechens angeklagt ist, wohl kaum vorwerfen, daß er versucht, für sich das Bestmögliche herauszuholen, besonders dann, wenn die Beweise, die gegen ihn sprechen, erdrückend sind. Ein Meineid des Schuldigen ist nicht nur zu erwarten, sondern sogar unvermeidlich; ebenso wird er einer Strafmilderung zuliebe lügen. Am allerwenigsten kann man unter solchen Umständen von einem Angeklagten erwarten, daß er Verbrechen zugibt, deren er gar nicht angeklagt ist. Speer wurde wegen dem Einsatz von Zwangsarbeitern und Arbeitssklaven angeklagt und verurteilt. Weil die Anklage die Chronik von Wolters nicht gefunden hatte und nichts darüber wußte, war Speer nicht wegen der Vertreibung der Berliner Juden aus ihren Wohnungen angeklagt. Und er wollte das Gericht auch nicht aufklären, besonders nicht nach der Vorführung der schrecklichen Filme über die Todeslager. Er war weder ein Selbstmörder noch ein Heiliger.

Deshalb war es nicht überraschend, als Speer, nachdem er der Hinrichtung entgangen war und zwanzig Jahre abgesessen hatte – genug, um den Willen der meisten Menschen zu brechen –, angeberisch erstens einräumte, daß man statt der kollektiven »Verantwortung«, die er in Nürnberg übernommen hatte, auch »Teilschuld« sagen könne, und daß er zweitens doch viel mehr wußte über das, »was mit den Juden geschah«, als er je vor Gericht zugegeben hatte. Verblüffte er das Land nach seiner Freilassung nicht trotzdem damit, daß er seine persönliche Verantwortung bis zum Erbrechen bekannte?

Aber dieses Buch liefert wie kein anderes detailliert den Beweis, daß Albert Speer kein geistesabwesender, amoralischer Zeitgenosse war, der wegschaute und nichts vom Antisemitismus der Nazis bemerkte, sondern ein aktiver Teilnehmer, der das Leben von 75 000 Berliner Juden dadurch ruinierte – um nicht noch einen stärkeren Ausdruck zu gebrauchen –, daß er sie vertreiben ließ. Außerdem versuchte er die Vorsicht von Wolters auszunutzen, der die aus Kriegszeiten stammende Chronik seiner Behörde zurechtgestutzt hatte. Er schickte die »entschärfte« Fassung an das deutsche Bundesarchiv. Als er ertappt wurde, versuchte er die Sache durch einen Betrug zu korrigieren, und als er die Konsequenzen der Schmidt-Wolters-Verbindung erkannte, drohte er dem Wissenschaftler und dem Mann, der so treu seine »undankbare Aufgabe« erfüllt hatte, mit rechtlichen Schritten.

Die Vertreibung der Juden bedeutet nicht, daß Speer auf der Brücke des SS-Holocausts oder gar im Maschinenraum gestanden hat, aber er befand sich im Salon der Ersten Klasse und jagte Zwischendeckspassagiere in den heraufziehenden Sturm hinaus. Und er war in der Kapitänskajüte, als bei Kaffee und Kuchen über ihr späteres Schicksal gesprochen wurde, was er in seinen Memoiren leugnet, was aber die Tagebücher von Goebbels bestätigen. Die ganze »Reue«, die er vor der Welt an den Tag legte, kann die Heuchelei nicht wettmachen, mit der Speer Sünden bekannte und Moral demonstrierte, um sein wirkliches Verbrechen zu verheimlichen.

Selbstverständlich zeigte er Reue im Sinne des Bedauerns früherer Taten. Aber diese Art von Reue ist nicht gleichbedeutend mit tiefer Scham, die aus dem Bewußtsein der eigenen Schuld und dem Wunsch nach Wiedergutmachung erwächst. Es kann keine tiefe Scham ohne Reue geben, aber es kann sicherlich Reue ohne tiefe Scham geben. Wenn sich irgend jemand für Fehler und Unterlassungen schuldig fühlt, derentwegen er zwanzig Jahre im Gefängnis verbracht hat, wünscht er sich, er hätte anders gehandelt. Speer dagegen hat sich nur selbst leid getan.

Für eine Absolution im christlichen Sinne sind jedoch ein volles Geständnis, tiefe Reue und Wiedergutmachung durch Buße erforderlich. Albert Speer hat nur die letzte dieser Bedingungen erfüllt. In seiner frei gewählten Rolle des öffentlichen Büßers Numero eins sagte er nicht die Wahrheit, jedenfalls nicht die ganze Wahrheit, und deshalb hat er nichts bereut, weil er nicht in der

Lage war zu bereuen. Es ist nicht möglich, ein verdrängtes Verbrechen zu bereuen. In Wirklichkeit ist er nach reiflicher Überlegung zu dem Schluß gelangt, er habe in seinem Leben alles doch ganz gut gemacht. Daher kann ihm die Absolution der Geschichte nicht zuteil werden.

Sollten hierzu noch irgendwelche Zweifel bestehen, so gibt es ein bisher unveröffentlichtes Eingeständnis, das genügt, sie zu zerstreuen. Er hat es in den fünf Jahren nach seiner Entlassung aus Spandau privat gegenüber Dr. Rudolf Wolters abgelegt, seinem ältesten Freund, der zur Nemesis seines unverdienten Rufes wurde. Das Eingeständnis findet sich in einem langen Brief, den Wolters am 21. Mai 1971 an Speers alten Feind, den Architekten Hermann Giesler, schrieb, und er ist in der Akte Nr. 44 der Hinterlassenschaft von Wolters in Koblenz zu finden.

Es bezieht sich auf Speers »Erinnerungen«, die, wie Wolters schrieb, bewiesen haben, daß der Autor kein wirklicher Nazi war, sondern »ein Mann, für den Geld und Geltung entscheidend waren«. Ein Außenstehender mag vielleicht alle Äußerungen über Verantwortung und dergleichen entwaffnend finden, aber Wolters erklärte: »Er selbst nannte sie mir gegenüber seine ›Tricks‹.«

Albert Speer ist es gelungen zu verhindern, daß sein eigenes Verbrechen zu seinen Lebzeiten herauskam, und er hat alles getan, die unvermeidliche Entdeckung dieses Verbrechens zu verhindern. Er übernahm seinen persönlichen Teil an der Gesamtverantwortung für die Naziverbrechen. Er bestätigte den Einwand seines Freundes Wolters, indem er zugestand, daß eine solche Verantwortung tatsächlich nicht von Schuld zu unterscheiden sei, und er gab schließlich zu, viel mehr über den Holocaust gewußt zu haben, als er in Nürnberg verraten hatte. Bei jeder passenden Gelegenheit stellte er seine Reue zur Schau.

Bis zu seinem Tode wußten nur Wolters und seine treue Mitarbeiterin Marion Rießer, was Speer wirklich verheimlicht hat, und nur Wolters gegenüber gab er zu, daß das ständige Schuldbekenntnis und der monotone Bußgesang nur vorgetäuscht waren, um sich gegen die Vorwürfe seines ältesten Freundes zu rechtfertigen: »Er selbst nannte sie mir gegenüber seine ›Tricks‹.«

Anhang

Anmerkungen

Der Architekt

Herkunft

1 Eine vom 4. August 1942 datierende Kopie der Urkunde befindet sich in der Akte Nr. BDC 60550120165 RS im Berlin Document Center, wo die Amerikaner nach dem Zweiten Weltkrieg Dokumente der NSDAP aufbewahrten. Die Abkürzung »RS« steht für Rasse- und Siedlungs-Hauptamt (RuSHA), das Hauptamt der SS für die Überprüfung der Rassereinheit der SS-Angehörigen. Diese Akte enthält viele nützliche Angaben über die Familie Speer und wurde im Herbst 1942 angelegt, als Speer ohne jegliches Zutun von seiner Seite zum Ehrenmitglied der SS im Stab des Reichsführers-SS Heinrich Himmler ernannt wurde. Diese Auszeichnung wurde im allgemeinen wichtigen Personen verliehen, um den Einfluß der SS zu erweitern.
2 Albert Speer, Erinnerungen, Frankfurt a.M./Berlin 1996, S. 19.
3 Matthias Schmidt, Albert Speer. Das Ende eines Mythos,Bern/München 1982, S. 33.
4 Gitta Sereny, Albert Speer. Das Ringen mit der Wahrheit und das deutsche Trauma, München 1995, S. 56.
5 Siehe Akte (zitiert unter 1); Speer, op. cit., Kap. 1; William Hamsher, Albert Speer. Victim of Nuremberg?, London 1970, Kap. 2.
6 Schmidt, op. cit., Anm. 6 zu Kap. 2.
7 Hamsher, op. cit. Kap. 2.
8 Speer, op. cit., S. 21.
9 Gitta Sereny, Artikel im »Zeit-Magazin«, 20. Okt. 1978 (ursprünglich in »The Sunday Times«, London).
10 Sereny, Albert Speer, a.a.O., S. 57.
11 Speer, op. cit., S. 20.
12 Ebd.
13 Der vorangegangene kurze Überblick über die deutsche Geschichte beruht auf einer umfangreichen Lektüre. Weitere Quellen: A. J. Ryder, Twentieth Century Germany. From Bismarck to Brandt, London 1973; Golo Mann, Deutsche Geschichte des 19. und 20. Jahrhunderts.
14 Albert Speer, Technik und Macht, (hrsg. von Adelbert Reif), Frankfurt a. M. /Berlin/Wien 1981, S. 82.

Hitler tritt auf den Plan

1 Speer, Erinnerungen, a.a.O., S. 22; William Hamsher, op. cit., Kap. 2.
2 Bundesarchiv, Nachlaß Wolters, Nr. NL 318, Akte Nr. 28 (BA-NL 318/18: Mathilde Speer, Erinnerungen an Schloß-Wolfsbrunnenweg, 1947 geschrieben und 1951 an Wolters gesandt.
3 Hamsher, op. cit., Kap. 2.
4 Speer, Erinnerungen, a.a.O., S. 21f.
5 Sereny, Albert Speer, a.a.O., S. 68f.
6 Speer, Erinnerungen, a.a.O., S. 26.
7 Schmidt, op. cit., Kap. 1 und 2; zahlreiche Angaben in BA-NL 318.
8 Darstellungen über Hitler und Deutschland zwischen den Kriegen: vgl. Alan Bullock, Hitler. A Study in Tyranny, London 1962; Joachim C. Fest, Hitler – eine Biographie, Frankfurt a.M. 1973.
9 Zitiert in Gerald Fleming, Hitler and the Final Solution, Oxford 1986, S. 17.
10 Speer, Erinnerungen, a.a.O., S. 26ff.
11 Vgl. Christine Flon, The World Atlas of Architecture, London 1984, S. 371.
12 Speer, Erinnerungen, a.a.O., S. 20.
13 Wolters, BA-NL 316/29.
14 Ebd., NL 318/44, Brief an Hermann Giesler, 21. Mai 1871.
15 Sereny, Albert Speer, a.a.O., S. 93.
16 Schmidt, op. cit., S. 40.
17 »Der Angriff«, Goebbels' Propagandablatt für den Gau Berlin, 5. Dezember 1930.

Pfeiler aus Licht

1 BDC 1110069306 PK, Speers Parteiakte.
2 Speer, Erinnerungen, a.a.O., S. 35.
3 Ebd., S. 34.
4 Undatierter Zeitungsausschnitt in BA-NL 318/41 aus der Zeitschrift »Jasmin« (Ende 1969), Artikel von James P. O'Donnell, ehem. Korrespondent der »New York Times« in Deutschland; vgl. auch Speer, Erinnerungen, a.a.O., S. 148.
5 Speer, ebd.
6 Ebd., S. 30.
7 BDC 2400029919, Speers Akte als Mitglied der Reichskulturkammer.
8 RKK-Akte wie oben; Speer, ebd., S. 35.
9 Speer, ebd., S. 36.
10 Ebd., S. 37.
11 Ebd., S. 38.

12 In bezug auf die allgemeine Entwicklung in Deutschland vgl. Bullock, op. cit.; Fest, op. cit.; William L. Shirer, The Rise and Fall of the Third Reich, New York 1960.
13 Speer, Erinnerungen, a.a.O., S. 40.
14 Ebd.
15 Ebd., S. 42.
16 Louis L. Snyder, Encyclopaedia of the Third Reich, New York 1976.

Mit dem Teufel essen

1 Speer, Erinnerungen, a.a.O., S. 44.
2 Weitere Quellen über deutsche und NS-Architektur vgl. besonders Peter Adam, Arts of the Third Reich, London 1992; The World Atlas of Architecture, op. cit.; Hans-Jürgen Eitner, Hitlers Deutsche. Das Ende eines Mythos, Gernsbach 1990.
3 »Lumpenbarock« ist eine vom Autor geprägte Bezeichnung für die barocken Bunker, die König August der Starke erbauen ließ und die nach dem Feuersturm der Alliierten vom Februar 1945 sorgfältig restauriert wurden. Dem König fehlte ebenso wie Semper die leichte Hand.
4 Der Ausdruck wurde geprägt von Sir Neville Henderson, von 1937–1939 britischer Botschafter in Berlin.
5 Nürnberger Stadtarchiv, Akte Nr. C32/944.
6 BDC 1110069306 PK.
7 Speer, Erinnerungen, a.a.O., S. 70 (Anm.).
8 Ebd., Kap. 6.
9 Vgl. Erich Fromm, Anatomie der menschlichen Destruktivität, Hamburg 1977, ein entscheidender Beitrag zum Verständnis der Nazi-Greueltaten.
10 Speer, Erinnerungen, a. a. O., Kap. 5.
11 Nürnberger Stadtarchiv, Akte Nr. C32/5.
12 Speer, Erinnerungen, a.a.O., S. 77.
13 Gespräch des Autors mit Siedler und Fest.
14 Adam, op. cit., Kap. 11; Speer, Erinnerungen, a.a.O., Kap. 5.

Neugestaltung Berlins

1 Werner Durths Werk »Deutsche Architekten« gibt ausführlich Auskunft über deutsche Architekten, deutsche Architektur und Stadtplanung für den Zeitraum 1900–1970, darunter auch über alle führenden Zeitgenossen Speers, über Speer selbst und über Rudolf Wolters. Die Kontroverse

Speer–Lippert ist in der Speer-Sammlung im Imperial War Museum in London gut dokumentiert (FD 3049/49 IV/133). Vgl. auch die späteren Anmerkungen zu diesem Kapitel.

2 Speer, Erinnerungen, a.a.O., Kap. 6.

3 Wolters, NL 318/48. Durth, op. cit., S. 134ff.

4 NL 318/44, Brief von Wolters an Hermann Giesler, 21. 5. 1971.

5 Leon Krier (Hrsg.) »Albert Speer – Architecture«, S. 49f, 121ff.; vgl. auch Speer, Erinnerungen, a.a.O., Kap. 10.

6 »Albert Speer – Architecture«, S. 197ff. Der Beethoven-Witz ist in einer Anmerkung zu Kapitel 10 in Speer, Erinnerungen, a.a.O., erwähnt. Merkwürdigerweise hat Speer ihn weder bestätigt noch dementiert.

7 Speer, Erinnerungen, a.a.O., Kap. 7.

8 Ebd.

9 Ebd., S. 114.

10 Die Reichskanzlei ist ausführlich in Krier, op. cit., beschrieben. Hinsichtlich der Bemerkung von Speers Vater vgl. Speer, Erinnerungen, a.a.O., S. 148.

11 Krier, op. cit., S. 125–161 (Abbildungen).

12 Speer, Erinnerungen, a.a.O., Kap. 8.

13 Ebd.

14 Ebd., S. 129.

Vertreibung der Juden

1 Gespräch mit dem Autor, 17. 11. 1993.

2 Speer, Erinnerungen, a.a.O., S. 125f.

3 Ebd., S. 126f.

4 Tagebücher von Goebbels, Eintragung vom 1. 1. 1939.

5 Durth, op. cit. S. 159ff.; Wolters, NL 318/1, Chronik – das halboffizielle Tagebuch des privaten Büros von Speer –, Januar, Februar, März 1941.

6 Bundesarchiv Koblenz, BA R3/1503; Darlegungen bei den Führerbesprechungen. Vgl. auch NL 318/1, Chronik, Januar 1941.

7 Ebd. (beide Quellen).

8 NL 318/44, Wolters' Akte über Speer und Giesler.

9 Durth, op. cit. S. 159ff.

10 Vgl. Hamsher, op. cit., Kap. 11, und Elias Canettis Essay »Hitler nach Speer«. In: Canetti, Elias, Das Gewissen der Worte, a. a. O.

11 Speer, Erinnerungen, a.a.O., S. 185f.

12 NL 318/1, Chronik, August 1941.

13 Diese drei Passagen wurden von Wolters 1964 in der »gereinigten« Fassung weggelassen.

14 Speer, Erinnerungen, a.a.O., Kap. 13 und S. 205ff.; vgl. auch Speers Interview mit dem »Playboy«, Juni 1971.

Der Minister

In Todts Fußstapfen

1 Vgl. den ausgezeichneten Überblick über Todts Laufbahn in: Die Braune Elite. 22 biographische Skizzen, hrsg. von Ronald Smelser und Rainer Zitelmann, 2. Aufl., Darmstadt 1989.

2 Todts Pessimismus fiel auch mehreren Zeitgenossen auf, darunter Walter Rohland, der Todt und Speer half, die Stahlindustrie zu leiten, und der vom US Strategic Bombing Survey verhört wurde.

3 Churchill hatte die gleiche Eigenschaft. Er fragte einmal den Leiter der Aufklärung der Navy im Ersten Weltkrieg während eines Disputs um Mitternacht, weshalb er murmle: »Ich heiße Hall, ich heiße Hall«. Churchill erhielt zur Antwort: »Weil ich, wenn ich Ihnen noch länger zuhöre, den Eindruck bekomme, daß ich Brown heiße.« Da erst begriff Churchill, daß Captain Reginald Hall anderer Meinung war als er und nicht nachgeben wollte.

4 Speer, Erinnerungen, a.a.O., Kap. 14. Vgl. auch NL 318/7, geheimer Brief von Wolters an Speer über Todt, 16. März 1953.

5 Dan van der Vat, The Atlantic Campaign, S. 66.

6 Dan van der Vat, The Pacific Campaign, Kap. 1.

7 R3/1501 enthält eine Kopie des Memorandums, die aus dem Ministerium Speer stammt.

8 Was die ökonomischen Bedingungen der deutschen Rüstung betrifft: vgl. Gregor Janssen, Das Ministerium Speer, Kap. 1, und Edward R. Zilbert, Albert Speer and the Nazi Ministry of Arms, London 1981, Kap. 2 und 3. Vgl. auch Alan Milward, The German Economy at War, London 1965.

9 Speer gibt das in Speer, Erinnerungen, a.a.O., S. 223 und 225, zu und bezeichnet Rathenau als den »großen jüdischen Organisator«, obwohl nicht erklärt wird, was Rathenaus Religion eigentlich mit dieser seiner Fähigkeit zu tun hat – eine interessante Freudsche Fehlleistung.

10 NL 318/1, Chronik (ungekürzte Fassung), April 1941.

11 Speer, Erinnerungen, a.a.O., S. 214.

12 R3/1503-1511 enthält ausführliche Notizen über diese Besprechungen.

13 Janssen, op. cit., Kap. 4.

14 Willi A. Boelcke (Hrsg.), Deutschlands Rüstung im Zweiten Weltkrieg, Frankfurt a.M. 1969, enthält viele Auszüge aus den Protokollen der Hitler-Konferenzen und Kommentare.

15 Janssen, op. cit., Kap. 4. Vgl. auch Schmidt, op. cit., Kap. 4 und Anmerkungen.

16 »Die Zeit«, 2. Nov. 1979.

Harte Arbeit

1 NL 318, Chronik, April 1942. Vgl. auch Janssen, op. cit., Kap. 3, Teil 2; Speer, Erinnerungen, a.a.O., Kap. 16.
2 Dieses Zitat verdanke ich Sereny, Albert Speer, a.a.O., S. 362.
3 Chronik, März 1942.
4 Chronik, März 1942 und August 1943.
5 Vgl. in Albert Speer, Der Sklavenstaat, Stuttgart 1981, seinen Bericht über den Besuch im Konzentrationslager Mauthausen und die Folgen, die sich daraus ergaben.
6 Vgl. Schmidt, op. cit., S. 225ff., der zum ersten Mal über diesen Briefwechsel berichtet hat.
7 Vgl. die gekürzte und die ungekürzte Fassung der Chronik in bezug auf die erwähnten Daten.
8 Ungekürzte Chronik in Bezug auf das erwähnte Datum.
9 Weitere Quellen über Deutschland und die Bombardierungen: vgl. Mark Walker, German National Socialism and the Quest for Nuclear Power 1939–1949, Cambridge 1989, und Thomas Powers, Heisenberg's War – the Secret History of the German Bomb, London 1993. Vgl. auch Speer, Erinnerungen, a.a.O., S. 239ff.
10 Vgl. Dan van der Vat, Stealth at Sea, und The Atlantic Campaign. Beide Werke gehen ausführlich auf die Walter-U-Boote und das Bauprogramm ein.
11 Am ausführlichsten geht Sereny, Albert Speer, a.a.O., S. 423ff., auf den Tod von Ernst Speer ein.
12 Chronik, 1. Sept. 1942.
13 Ebd., 1. und 15. Sept.

Gipfel der Macht

1 Speer, Erinnerungen, a.a.O., S. 289.
2 Vgl. BA, NL 318/14, Speers Bericht über seine »Arbeit als Minister«, Teil I, Abschnitt 3. Speer verfaßte ihn in Nürnberg, während er auf sein Urteil wartete. Dieser Bericht wurde, z.B. von Sereny, als der erste Entwurf seiner Memoiren bezeichnet, aber er wurde als das Vermächtnis (und als die Entschuldigung) eines Mannes geschrieben, der damit rechnete, daß man ihn hängen würde.
3 Speer, Erinnerungen, a.a.O., Kap. 18.
4 Goebbels-Tagebücher, op. cit., 13. Februar 1943; NL 318/14 (Anm. 2), Teil I, Abschn. 6; Chronik, 1. März 1943, die auf eine »grundsätzliche politische Diskussion« mit Göring und Goebbels hinweist; Speer, Erinnerungen, a.a.O., S. 271ff.. Hans Kehrl, Leiter der Planung in Speers Ministerium, be-

stätigt in seinen Memoiren, daß sich Speer als Nachfolger Hitlers ansah – aber ihr Gespräch fand im Oktober 1943 statt.

5 Höhne gibt keine Quelle im »Spiegel«, Sept. 1981, an; vgl. Sereny, Albert Speer, a.a.O., Kap. 15.

6 R3/1507, Führerbesprechungen, 6.–7. Februar 1943.

7 US National Archive, Interrogation records of the Office of US Chief of Counsel for the Persecution of Axis Criminality (OCCPAC), microfilm publication no. 1270, roll 29. Vgl. auch Interrogation reports on Speer im Imperial War Museum, London, IWM/FDC 1, box S367, 28 May 1945.

8 Speer, Erinnerungen, a.a.O., S. 287.

9 Vgl. Janssen, op. cit., Kap. 13, über den Zusammenbruch des deutschen Verkehrswesens.

10 Vgl. Speer, Erinnerungen, a.a.O., Kap. 22, besonders S. 325.

11 Zitiert in Gerald Fleming, Hitler and the Final Solution, Oxford 1986, eine der wichtigsten Monographien, die je über die Naziverbrechen veröffentlicht wurden.

12 Fleming, op. cit., Kap. 4. Eine nützliche Zusammenfassung befindet sich in Louis l. Snyder, Encyclopaedia of the Third Reich, New York 1976.

13 Der Wortlaut der Rede Himmlers befindet sich im Bundesarchiv Koblenz, Akte Nr. NS19 HR/10.

14 »Midstream magazine«, New York, Oktober 1971.

15 Vgl. Sereny, op. cit., S. 456f.

16 Vgl. Speer, Sklavenstaat, op. cit., Anmerkungen zum Kapitel 20.

17 »Die Zeit«, 2. Nov. 1979.

18 Chronik, Oktober 1943.

Produktionsspitzen

1 Über diesen Besuch berichtet Speer ausführlich in »Erinnerungen«, a.a.O., Kap. 25, sowie in »Sklavenstaat«, a.a.O., Kap. 26; Schmidt, op. cit., Kapitel 12, und Jean Michel, Dora, London 1979.

2 Speer, Erinnerungen, a.a.O., Kap. 25.

3 Diese Angaben stammen aus Speers Rechenschaftsbericht für 1944, datiert vom 27. Jan. 1945, den er (in 300 Exemplaren) an seine leitenden Mitarbeiter und Untergebenen schickte. Dieser Bericht ist im vollen Wortlaut im Anhang zu Janssen, op. cit., zitiert und wird erhärtet durch die Daten, die der US Strategic Bombing Survey nach dem Krieg erlangte.

4 Speer, Erinnerungen, a.a.O., S. 308.

5 Ebd., S. 316.

6 Chronik, Dezember 1943 (NL 318/4; BA R3/1738).

7 Ebd.

8 Speer, Erinnerungen, a.a.O., Kap. 22 und 23, S. 340.

9 Schmidt, op. cit., Kap. 6.

10 Ebd.; vgl. auch Schmidts Quellenangaben als Beweis für die gründlichen Recherchen, die er hinsichtlich der Erkrankung Speers durchführte.
11 Erstes Zitat: Sereny, op. cit., S. 490, zweites Zitat Speer, Erinnerungen, a.a.O., S. 346.
12 Vgl. Schmidts gründlich recherchierte Rekonstruktion der »Resignationskrise« Speers (Kap. 6).

Kampf und Widerstand

1 Speer, Erinnerungen, a.a.O., S. 355f.
2 Zitiert als Dokument der Verteidigung Speers in IMT (International Military Tribunal), Bd. XVI.
2 Speer, Erinnerungen, a.a.O., S. 354.
4 Chronik, Mai 1944.
5 Entdeckt von Sereny, a.a.O., S. 492f.
6 Vgl. Schmidt, op. cit., Kap. 6, und Sereny, a.a.O., Kap. 16.
7 Speer, Erinnerungen, a.a.O., S. 347. Vgl. auch US Strategic Bombing Survey USSBS), European Survey, Interrogations of Albert Speer, 15 May 1945, im: US National Archive.
8 Speer, Erinnerungen, a.a.O., S. 372ff., über Hitlers Fehlentscheidungen in bezug auf die Me 262.
9 Sereny untersuchte erschöpfend Speers Besuch in Landsberg und wie es dazu kam, daß dieser beim Nürnberger Prozeß und später nicht registriert wurde: Sereny, op. cit., S. 554ff. und 679.
10 Vgl. mein Nachruf auf Galland in: »Guardian«, London, 14. Februar 1996.
11 Speer, Erinnerungen, a.a.O., S. 365ff.
12 Ebd., S. 368.
13 Ebd., S. 417.
14 BA R3/1551-1556, Speers Reden, die von Schmidt genau analysiert wurden: Schmidt, op. cit., Kap. 8.
15 Speer, Erinnerungen, a.a.O., S. 421, Anm.
16 Ebd., S. 422.
17 Chronik, 20. Juli 1944, und später; Speer, Erinnerungen, a.a.O., Kap. 26. Vgl. auch Schmidt, op. cit., Kap. 7.
18 Speer, Erinnerungen, a.a.O., S. 392.

Der totale Krieg

1 Speer, Erinnerungen, a.a.O., S. 401.
2 R3/1552, Protokoll der Rede Speers vor Abteilungsleitern vom 24. Juli 1944. Vgl. auch Janssen, op. cit., Kap. 15, Teil 2 – eine skeptische Darstellung der Verbindung Speers mit dem Putschversuch.

3 R3/1627, Protokolle aus Speers privatem Büro.
4 Speer, Erinnerungen, a.a.O., S. 385f.
5 Hugh R. Trevor-Roper, Hitler's War Directives, London 1966, Abschn. 58; Janssen, op. cit., Kap. 18, Teil 1; Speer, Erinnerungen, a.a.O., S. 409ff.
6 Speer, ebd., 437ff.
7 Speer, ebd., S. 496.
8 Ebd., S. 469; USSBS, Interrogations of Speer and Stahl, in der Speer-Collection des Imperial War Museum, box 367, reels I und II.
9 Speer, Erinnerungen, a.a.O., Kap. 30.
10 Die Geschichte des Kriegsendes in Berlin ist chaotisch und in mancher Hinsicht unvollständig oder eine Sache, über die sich die Historiker streiten. Aber sie ist im allgemeinen gut erforscht und in vielen Quellen dargestellt, z. B. in Hugh Trevor-Roper, Hitlers letzte Tage, Frankfurt a.M./Berlin 1985; Bullock, op. cit.; Shirer, op. cit.; Fest, op. cit.
Janssen, op. cit., Kap. 18 und Anhang, geht ausführlich auf Speers letzte Erlasse, darunter auch auf seinen »Hausverwalterbericht«, ein. Sereny, op. cit., Kap. 19, bestätigt Speers Bericht über das Wagnerkonzert und die Episode von den Giftkapseln.
11 Speer, Erinnerungen, a.a.O., S. 488.

Der Apologet

Stunde der Wahrheit

1 Galbraith hat seine skeptische Meinung jedoch nicht geändert. Siehe: John Kenneth Galbraith, A Life in Our Times. Memoirs, London 1981, Kap. 14: Albert Speer and After; siehe auch seinen Essay-Band, A Contemporary Guide to Economics. Peace and Laughter, New York 1981: »A Retrospect on Albert Speer«.
»The Effects of Strategic Bombing on the German War Economy« wurde vom USSBS am 31. Oktober 1945 veröffentlicht.
Protokolle der Vernehmungen Speers sind in der Speer Collection im Imperial War Museum, London, zu finden (ref. FDC 1) sowie in National Archives, Washington, D.C. (USSBS European Survey; ebenfalls die Protokolle des Office of the US Chief of Counsel for the Prosecution of Axis Criminality – OCCPAC).
2 Seine Haft und den Prozeß behandelt Speer in seinen Memoiren nur oberflächlich. Außer den oben zitierten Vernehmungsprotokollen enthalten folgende Werke größtenteils deckungsgleiches Material über Hintergrund, Vorbereitung und Verlauf des Nürnberger Prozesses: Ann und John Trusa, The Nuremberg Trial, London 1983; Telford Taylor, Die Nürnberger Prozesse. Kriegsverbrechen und Völkerrecht, Zürich 1950; Airey Neave, Nuremberg, London 1978;G. M. Gilbert, Nuremberg Diary, New York 1947.

Vgl. auch Sereny, op. cit., Kap. 21 und 22, sowie Speer, Erinnerungen, a.a.O., Epilog.

3 Shirer, op. cit., Vorwort.

4 Neave, op. cit., Teil II.

5 Gilbert, op. cit., S. 16.

6 Ebd., Kapitel 3.

Der Schlinge entkommen

1 Detaillierte allgemeine Quellen über die Anklagen vor dem Nürnberger Militärtribunal sind: Tusa, op. cit.; Taylor, op. cit.; Neave, op. cit.;Gilbert, op. cit.

2 US National Archives, microfilm document no. M1270, roll 20: OCCPAC interrogation transcripts.

3 Werner Maser, Nürnberg – Tribunal der Sieger, Düsseldorf 1977.

4 »Die Welt am Sonntag«, Hamburg, 31. Oktober 1976.

5 USSBS, European Survey, Section 1, Interrogations of Albert Speer, 19 May 1945, Third Session.

6 Speer, Erinnerungen, a.a.O., S. 513.

7 Taylor, op. cit., S. 418.

8 Sereny, op. cit., S. 559f.

9 Schmidt, op. cit., S. 195ff.

10 Nachlaß Wolters, BA NL 314/40.

11 Ebd., S. 42.

12 Interview mit Sereny, a. a. O., S. 654., vgl. S. 553, Anm. 10.

13 Diese Darstellung stammt hauptsächlich aus dem offiziellen Protokoll: Der Prozeß gegen die Hauptkriegsverbrecher vor dem Internationalen Militärgerichtshof in Nürnberg. 14. November 1945 – 1. Oktober 1946. 42 Bde., Nürnberg 1947–1949. Band IV enthält das Beweismaterial gegen Speer, Band XVI seine eigenen Aussagen; Band XIX enthält Flächsners Schlußplädoyer; die eigentlichen Verhandlungen enden mit Band XXII; Band XLI enthält die von Speer eingereichten und vom Tribunal als Beweismaterial zugelassenen Dokumente (Beweisstücke Speer 1–87).

14 NL 318/64.

Ein System zur Lebenserhaltung

1 Wolters, NL 318/28.

2 Sereny, op. cit., S. 615.

3 Speer, Spandauer Tagebücher S. 15f. Die Originalaufzeichnungen, aus denen die Spandauer Tagebücher entstanden sind, befinden sich im Bundesarchiv in Koblenz.

4 Brief von Albert Speer an Wolters, 19. August 1952, in NL 318/29.
5 Tony Le Tissier, Spandauer Jahre 1981–1991. Die Aufzeichnungen des letzten britischen Gouverneurs, München 1997, Kapitel 2, passim.
6 Sereny, op. cit., deckte die Bedeutung ihrer Beziehung auf. Vgl. ihr Kapitel 23.
7 NL 318/28, Brief an Wolters, 16. Februar 1948.
8 Ebd.,Briefwechsel des Netzwerks vom 31. Juli 1952.
9 Siehe Anmerkung 4 oben.

Papas Tochter

1 Vgl. Hamsher, op. cit., Kapitel 6, und Sereny, op. cit., Kapitel 23, beide passim, sehr lange Textauszüge.
2 NL 318/24.
3 Ebd., 30.
4 Ebd.,Brief von Irmgard Proost an Wolters, 30. Dezember 1957.
5 NL 318/30 enthält vorwiegend den Briefwechsel über die Proosts.
6 NL 318/26 und 27 enthält sehr viele ausführliche Angelegenheiten zwischen Wolters und Albert Speer, vor allem über Hildes Arbeit.
7 Fromm, Anatomie der menschlichen Destruktivität, a.a.O., S. 443ff.
8 Das Original befindet sich in NL 318/42.
9 Ebd.
10 Ebd.

Erinnerungen

1 NL 318/39 und 40; Sereny, op. cit., Kapitel 25, passim.
2 Sereny, op. cit., S. 664.
3 NL 318/42.
4 Ebd.,und NL 318/64, Wolters' Memoiren-Entwürfe, mit Genehmigung der Familie Wolters ebenfalls zitiert in Sereny, op. cit., S. 667f.
5 Ebd.,und NL 318/39.
6 NL 318/44.
7 Ebd.,in voller Länger zitiert bei Sereny, op. cit., S. 671.
8 NL 318/41 und 43.
9 Trevor-Roper, Last Days of Hitler, und Joachim Fest, Das Gesicht des Dritten Reichs, op. cit.
10 »Die Zeit«, 10. Oktober 1969.
11 »Süddeutsche Zeitung«, 20. September 1966.
12 NL 318/42.
13 NL 318/40.
14 Ebd.,wo der gesamte vorhergehende Briefwechsel aufbewahrt wird.

Einen Schritt voraus

1 Sereny, op. cit., S. 74ff. und 692ff.
2 NL 318/42, eine durch Wolters vorgenommene detaillierte, jedoch undatierte Darlegung der Chronik-Affäre.
3 Der Ausschnitt in NL 318/44 ist undatiert, aber auf Grund des Kontextes ist anzunehmen, daß er im April 1971 entstand.
4 Die beiden Gegenbeweise werden vollständig aufgeführt bei Adelbert Reif, Albert Speer – Kontroversen um ein deutsches Phänomen, a.a.O., S. 395–407.
5 »Der Spiegel«, 21. April 1975.
6 Sereny, op. cit., S. 162
7 Verschiedene Artikel westdeutscher Zeitungen, die Mitte November 1973 erschienen, in NL 318/44.
8 Ebd.
9 NL 318/40.
10 NL 318/45.
11 NL 318/46.
12 NL 318/48.
13 »Zeit-Magazin«, 20. Oktober–3. November 1978.
14 »Stern«, Hamburg, 19. Juli 1979.
15 Schmidt, op. cit., S. 205f.; NL 318/40 und 42.
16 NL 318/42.
17 Schmidt, op. cit., S. 206.
18 Die Unterhaltung des Autors mit Wolf Jobst Siedler und Professor Norman Stone; Sereny, op. cit., Postskriptum, passim.
19 Zeitgenössische Ausschnitte in der Speer-Sammlung, Heidelberger Stadtarchiv.

Dank

Mein herzlichster Dank für die Unterstützung bei der Entstehung dieses Buches gilt folgenden Institutionen und Einzelpersonen.

Den Mitarbeitern folgender Einrichtungen: Berliner Stadtarchiv; Berlin Document Center, besonders Dr. David Marwell und Lon Dorsey; Deutsches Bundesarchiv Koblenz, besonders Frau Tiefenbach und Frau Hermann; Deutsche Botschaft London, besonders Margit Hosseini; »Guardian«, London, besonders Desmond Christy, Helen Martin und Kollegen, Deborah Orr und Kollegen, Peter Preston und Alan Rusbridger; Heidelberger Stadtarchiv; Imperial War Museum London, besonders Philip Reed; Karlsruher Stadtarchiv; London Library; Mannheimer Stadtarchiv besonders Friedrich Teutsch; Bayerisches Hauptstaatsarchiv; Stadtarchiv München; Amerikanisches National-Archiv in Washington D.C.; Stadtarchiv Nürnberg, Public Record Office, Kew; Twickenham Public Library.

Joachim Fest; Hajo und Sybille Mohr; Professor Dr. Karl-Heinz Niclauss; Klaus Platz; Andrea Rak; Dr. Hilde Schramm; Wolf Jobst Siedler; Dipl. Ing. Ernst Speer.

Von Curtis Brown, London: Michael Shaw und Sophie Janson; von Curtis Brown, San Francisco: Peter Ginsberg; von Houghton Mifflin, Boston, MA: Christopher Carduff, Mindy Keskinen und Richard Todd; von Weidenfeld and Nicolson, London: Benjamin Buchan, Ion Trewin, Lord Weidenfeld und Mitarbeiter; Morag Lyall.

Besonders möchte ich mich auch bei folgenden Verlagen, Verlegern und/oder Autoren, deren Agenten, Erben bzw. Rechtsnachfolgern für die freundliche Genehmigung des Abdrucks von Zitaten bedanken.

Deutsche Verlagsanstalt, Stuttgart, für »Der Sklavenstaat«; J.K. Galbraith und André Deutsch, London, für »A Life in Our Times«; G.M. Gilbert und Farrar, Straus and Young, New York, für »Nuremberg Diary«; Midstream Magazine, New York, und Professor Erich Goldhagen für die Kritik zu den »Erinnerungen«, 1971; Airey Neave, Rebecca West und Hodder & Stoughton, London, für »Nuremberg« und das dazugehörige Vorwort; »Playboy« und Eric Norden für das Albert-Speer-Interview von Juni 1971; Adelbert Reif und Bernard und Graefe, München, für »Albert Speer – Kontroversen um ein deutsches Phänomen«; Adelbert Reif und Bechtle Verlag, Esslingen, für »Albert Speer – Technik und Macht«; »Observer« und Sebastian Haffner für das Albert-Speer-Profil vom 9. April 1944; Matthias Schmidt und Scherz Verlag, Bern und München, für »Albert Speer – der Tod eines Mythos«; Gitta Sereny und Macmillan, London, für »Albert Speer – his Battle with Truth«; »Der Spiegel« und Heinz Höhne für verschiedene Artikel; Süddeutsche Zeitung und Golo Mann für »Des Teufels Architekt« (Rezension); Ullstein/Propyläen für Albert Speers »Erinnerungen« und die »Spandauer Tagebücher«; Die Zeit und Waldemar Besson, Lord Bullock und Gitta Sereny für verschiedene Artikel.

Sollte ich in dieser Liste irgend jemanden ausgelassen bzw. vergessen haben, so bitte ich dafür um Entschuldigung – und um die Chance, meinen Fehler in zukünftigen Auflagen korrigieren zu können.

Quellen und Bibliographie

I Archive

Die öffentliche Dokumentation über Albert Speer als hoher Beamter und Minister ist sehr umfangreich, obwohl nach der bedingungslosen Kapitulation des Dritten Reichs große Berge von Dokumenten durch die Alliierten verlegt wurden, deren Rückgabe nicht in allen Fällen sehr gewissenhaft erfolgte. Durch den bloßen Umfang dieses Materials neigt man allerdings dazu, Lücken (sowohl in den offiziellen Schriften als auch in der Dokumentation anderer Bereiche von Speers Leben) zu übersehen.

Die bedeutendste offizielle Sammlung des Deutschen Bundesarchivs in Koblenz wird unter der Aktenbezeichnung R3 geführt; dabei handelt es sich um Dokumente des Ministeriums Speer. In Koblenz werden außerdem die Akten des Generalbauinspektorats unter der Bezeichnung R120 verwaltet. Des weiteren, unter R4 bzw. R65 die Dokumente der Generalinspektorate für Wasser und Energie sowie für die Deutschen Autobahnen unter Todt und Speer. R50/I beinhaltet die Organisation Todt und R50/II Todts und Speers Transporteinheiten. Relevante Sammlungen von offiziell gedruckten Schriften in Koblenz finden sich unter RD76 (Informationsberichte aus Speers Amtsbereich), RD77 (amtliche Mitteilungen des Ministeriums Speer) und RD81a (Informationsberichte von der Amtsleitung der Organisation Todt).

Doch die bei weitem aufschlußreichste und interessanteste Quelle zu Speer stellt der Nachlaß von Wolters dar, der sich ebenfalls in Koblenz befindet (Nachlaß 318/Wolters, Rudolf). Mit Ausnahme der wenigen ersten Akten, ist für die Einsicht sämtlicher Akten dieser Sammlung, also der Chroniken, die Genehmigung der Familie Wolters einzuholen.

Bevor ich mich den eben erwähnten grundlegenden Archivquellen zu Speer widmete, nutzte ich in London die Sammlung Speer im Imperial War Museum, die zahlreiche Dokumente der englischen Nachrichtendienste über ihn beinhaltet. Außerdem prüfte ich die Papiere des »United States Strategic Bombing Survey« (USSBS) und des »European Survey« – Protokolle von Befragungen Albert Speers (und vieler anderer), die im Nationalarchiv der Vereinigten Staaten in Washington DC aufbewahrt werden. Dort befinden sich auch die sich oftmals überschneidenden Befragungsprotokolle des »Office of the US Chief of Counsel for the Prosecution of Axis Criminality« (OCCPAC), die unter anderem in Nürnberg entstanden sind.

Ebenso studierte ich die Akten der NSDAP, die im Berlin DocumentCenter aufbewahrt werden. Dieses Dokumentationszentrum wurde bis 1994 von der Regierung der Vereinigten Staaten geführt und dann in die Hände der deutschen Bundesregierung gelegt.

Die Protokolle der ersten und wichtigsten Nürnberger Prozesse findet man in den 23 Bänden der »Trial of the Major War Criminals«, die 1948 ohne Urheberrechtsbeschränkungen vom Sekretariat des internationalen Militärgerichts in englischer, französischer, deutscher und russischer Sprache in Nürnberg veröffentlicht wurden.
Weitere, regional verwaltete Dokumente über Speer, in der Hauptsache zu architektonischen und planerischen Themen, liegen in den Staats- bzw. Stadtarchiven in Berlin, Heidelberg, Karlsruhe, München und Nürnberg, die ich alle besuchte.

II Literatur zu Albert Speer

Boelcke, Willi A. (Hrsg.): Deutschlands Rüstung im Zweiten Weltkrieg – Hitlers Konferenzen mit Albert Speer (Athenäum, Frankfurt am Main, 1969)

Hamsher, William: Albert Speer – Victim of Nuremberg? (Leslie Frewin, London, 1970)

Janssen, Gregor: Das Ministerium Speer – Deutschlands Rüstung im Krieg (Ullstein, Berlin, 1968)

Krier, Leon (Hrsg.): Albert Speer – Architecture 1932–1942 (Archives d'architecture moderne, Brüssel, 1985)

Norden, Eric: Albert-Speer-Interview (Playboy, 6. 1971)

Reif, Adelbert (Hrsg.): Albert Speer – Kontroversen um ein deutsches Phänomen (Bernard und Graefe, München, 1978)

Schmidt, Matthias: Albert Speer – das Ende eines Mythos (Scherz, Bern/München, 1982)

Sereny, Gitta: Albert Speer – his Battle with Truth (Macmillan, London, 1995; zugl. erschienen bei Kindler, München, 1995 sowie (TB) Knaur, München, 1996, unter dem Titel: Albert Speer – das Ringen mit der Wahrheit und das deutsche Trauma)

Speer, Albert: Die Bauten des Führers, (in: Adolf Hitler – Bilder aus dem Leben des Führers, Cigaretten-Bilderdienst, Hamburg, 1936)

Speer, Albert: Erinnerungen (Ullstein/Propyläen, Berlin, 1969)

Speer, Albert: Spandauer Tagebücher (Ullstein/Propyläen, Berlin, 1975)

Speer, Albert: Architektur – Arbeiten 1933–1942 (Ullstein/Propyläen, Berlin, 1978)

Speer, Albert: Der Sklavenstaat (Deutsche Verlagsanstalt, Stuttgart, 1981)

Speer, Albert (hrsg. von Adelbert Reif): Technik und Macht (Bechtle, Esslingen, 1979)

Wolters, Rudolf: Neue deutsche Baukunst (Volk und Reich, Berlin, 1941)

Wolters, Rudolf: Albert Speer (Stalling, Oldenburg, 1943)

Zilbert, Edward R.: Albert Speer and the Nazi Ministry of Arms (Associated [US] University Presses, London 1981)

III Weitere Literatur

Adam, Peter: Arts of the Third Reich (Thames & Hudson, London, 1992)

Bessel, Richard (Hrsg.): Life in the Third Reich (Oxford UP, 1987)

Bloch, Michael: Ribbentrop (Bantam Press, London, 1994)

Bullock, Alan: Hitler. A Study in Tyranny (überarbeitete Auflage, Pelican, London, 1962)

Bullock, Alan: Hitler and Stalin (Harper Collins, London, 1991)

Calvocoressi, Peter: Total War – the Causes and the Courses of the Second World War: The Western Hemisphere (2. Auflage, Viking, London, 1989)

Canetti, Elias: Das Gewissen der Worte – Essays (Fischer TB, Frankfurt am Main, 1988)

Dönitz, Karl: Zehn Jahre und zwanzig Tage (Athenäum, Bonn, 1958)

Durth, Werner: Deutsche Architekten – Biographische Verflechtungen 1900–1970 (Friedrich Vieweg & Sohn, Braunschweig/Wiesbaden, überarbeitete Auflage, 1987)

Eitner, Hans-Jürgen: Hitlers Deutsche – das Ende eines Mythos (Casimir Katz, Gernsbach, 1990)

Ellis, John: Brute Force – Allied Strategy and Tactics in the Second World War (André Deutsch, London, 1990)

Fest, Joachim C.: Das Gesicht des Dritten Reichs (München, 1963)

Fest, Joachim C.: Hitler – eine Biographie (Ullstein/Propyläen, Berlin/Frankfurt am Main, 1973)

Fleming, Gerald: Hitler and the Final Solution (Oxford UP, 1986)

Flon, Christine (Hrsg.): The World Atlas of Architecture (Mitchell Beazley, London, 1984)

Fromm, Erich: Anatomie der menschlichen Destruktivität, Hamburg 1977

Galbraith, John Kenneth: A Contemporary Guide to Economics, Peace and Laughter (New American Library, New York, 1981)

Galbraith, John Kenneth: A Life in Our Times – Memoirs (André Deutsch, London, 1981)

Gesellschaft für Literatur und Bildung (Hrsg.): Die Wehrmachtsberichte 1939–1945 (drei Bände, Köln, 1989)

Giesler, Hermann: Ein anderer Hitler (Druffel, Leoni, 1982)

Gilbert, G.M.: Nuremberg Diary (Farrar Straus & Young, New York, 1947)

Goebbels, Joseph: Tagebücher 1924–1945. Red.: Peter Stadelmayer (Hoffmann & Campe, Hamburg 1977ff.)

Grunberger, Richard: A Social History of the Third Reich (Weidenfeld & Nicolson, London, 1971)

Hellman, Louis: Architecture for Beginners (Writers & Readers, New York, 1988)

Höhne, Heinz: Der Orden unter dem Totenkopf (Bertelsmann, Gütersloh 1967)

Kehrl, Hans: Krisenmanager im Dritten Reich (Droste, Düsseldorf, 1973)

Kershaw, Ian: The »Hitler Myth« – Image and Reality in the Third Reich (Clarendon Press, Oxford, 1987)

Kitchen, Martin: Nazi Germany at War (Longman, London, 1995)

Le Tissier, Tony: Spandauer Jahre 1981–1991. Die Aufzeichnungen des letzten britischen Gouverneurs (Herbig, München 1997)

Mann, Golo, Deutsche Geschichte des 19. und 20. Jahrhunderts (Deutscher Bücherbund, Stuttgart–München 1989)

Maser, Werner, Nürnberg – Tribunal der Sieger (Düsseldorf 1977)

Mason, David: Who's Who in World War II (Weidenfeld & Nicolson, London, 1978)

Mercer, Derrik (Hrsg.): Chronicle of the Twentieth Century (Longmans, London, 1988)

Mercer, Derrik (Hrsg.): Chronicle of the Second World War (Longmans, London, 1990)

Michel, Jean: Dora (Weidenfeld & Nicolson, London, 1979)

Milward, Alan S.: The German Economy at War (Athlone Press, University of London, London, 1965)

Neave, Airey: Nuremberg (Hodder and Stoughton, London, 1978)

Overy, R. J.: The Air War 1939–1945 (Europa, London, 1980)

Overy, R. J.: Göring – the Iron Man (Routledge & Kegan Paul, London, 1984)

Padfield, Peter: Himmler (Macmillan, London, 1990)

Powers, Thomas: Heisenberg's War – the Secret History of the German Bomb (Jonathan Cape, London, 1993)

Rössler, Eberhard: Geschichte des deutschen U-Boot-Baus (Bernard & Graefe, Koblenz 1986[2])

Rohland, Walter: Bewegte Zeiten – Erinnerungen eines Eisenhütten-Mannes (Seewald, Stuttgart, 1978)

Ryder, A.J.: Twentieth Century Germany – from Bismarck to Brandt (Macmillan, London, 1973)

Schneider, Rolf: Prozeß in Nürnberg (Fischer, Frankfurt am Main, 1968)

Shirer, William L.: The Rise and Fall of the Third Reich (Simon & Schuster, New York, 1960)

Simmons, Michael: Berlin – the Dispossessed City (Hamish Hamilton, London, 1988)

Smelser, Ronald, und Zitelmann, Rainer (Hrsg.): Die Braune Elite – 22 Biographische Skizzen (Wissenschaftliche Buchgesellschaft, Darmstadt, [2]1989)

Snyder, Louis L.: Encyclopaedia of the Third Reich (McGraw Hill, New York, 1976)

Taylor, Telford: The Anatomy of the Nuremberg Trials (Bloomsbury, London, 1993)

Terraine, John: The Right of the Line (Hodder & Stoughton, London, 1985)

Teut, Anna: Architektur im Dritten Reich (Ullstein, Berlin, 1967)

Trevor-Roper, H. D. (Hrsg.): Hitler's War Directives (Pan Books, London, 1966)

Trevor-Roper, H.D. (Hrsg.): The Goebbels Diaries (Secker & Warburg, London, 1978)

Trevor-Roper, H. D.: The last Days of Hitler (5. überarbeitete Auflage, Pan Books, London, 1983)

Trusa, Ann und John: The Nuremberg Trial (Macmillan, London, 1983)

van der Vat, Dan: The Atlantic Campaign – the Great Struggle at Sea 1939–1945 (Hodder & Stoughton, London, 1988)

van der Vat, Dan: The Pacific Campaign 1941–1945 (Simon & Schuster, New York, 1991)

van der Vat, Dan:Stealth at Sea – the History of the Submarine (Weidenfeld & Nicolson, London, 1994)

Vassiltchikov, Marie: The Berlin Diaries 1940–1945 (Chatto & Windus, London, 1985)

Walker, Mark: German National Socialism and the Quest for Nuclear Power 1939--1945 (Cambridge UP, 1989)

Wheal, Elizabeth-Anne/Pope, Stephen/Taylor, James: A Dictionary of the Second World War (Grafton, London, 1989)

Wintle, Justin (Hrsg.): Dictionary of War Quotations (Hodder & Stoughton, London, 1989)

Wistrich, Robert: Wer war wer im Dritten Reich (Harnack, München, 1983)

Personenregister

Acheson, Dean 452
Adenauer, Konrad 445, 447f, 463, 472f
Allmendingen, Frieda 26
Amar Ullah, Khan 64
Andrus, Burton C. 363, 376f 361, 389
Apel, Otto 483, 537
Athanasius, Vater 515
Atlee, Clement 368
Auden, Wystan Hugh 359

Bach, Johann Sebastian 223, 278, 461
Bachmann (Fahrer) 26
Backe, Herbert 238
Ball, George 355, 359f, 397
Barraclough, Geoffrey 516
Barth, Karl 436f
Bauer, Gustav 32
Baumbach, Werner 338f, 405
Bechstein (Klavierfabrikant) 117
Beck, Ludwig 135, 314, 322, 324
Becker, Karl 173
Beethoven, Ludwig van 51, 116, 349
Behrens, Peter 85, 88 113
Below, Nicolaus von 120
Benesch, Eduard 131ff
Bergmann, Gustav von 126
Berta (Kindermädchen) 26
Besson, Waldemar 504
Bichelonne, Jean 246f, 293, 402
Biddle, Francis 366, 413
Bird, Eugene 482
Birkett, Sir Norman 386, 398, 402, 414, 419
Bismarck, Otto von 26f, 29f, 94, 115, 127
Blohm, Hermann 184, 219
Blomberg, Werner von 129, 168
B1um, Mademoiselle 24, 26
Bodenschatz, Karl 235
Böttcher, Irene 471
Bohr, Erwin 275, 283
Bonatz, Paul 113, 449
Bonhoeffer, Dietrich 315
Boon, Jan 438
Bormann, Martin 93, 117ff, 142ff, 150, 156, 167, 178, 186, 191ff, 194ff, 200, 228, 231, 233f, 236ff, 241ff, 247, 274, 279, 281ff, 285f, 290ff, 324, 327, 335, 338f, 348, 351ff, 373, 404,422, 503, 547
Borries, Siegfried 276, 278
Brandt, Anni 120, 253, 348
Brandt, Heinz 315f
Brandt, Karl 120, 125, 133, 156, 157, 265, 267, 281f, 284, 361, 503
Brandt, Rudolf 202
Brandt, Willy 15, 469, 472, 476, 485, 500f
Braun, Eva 97, 118f, 126, 282, 352
Braun, Wernher von 201, 266, 292, 362, 468
Breker, Arno 127, 145f, 528
Brentano, Heinrich von 472
Brinckmann, Woldemar 115
Bruckner, Anton 349
Brüning, Heinrich 59, 71ff
Brugmann, Walter 111, 152, 198
Bullock, Alan, Lord 185, 256

Canaris,Wilhelm 315
Casalis, Georges 463ff, 443, 447, 454, 515
»Cassandra« (Bill Connor) 473
Castro, Fidel 476
Chamberlain, Houston Stewart 51
Chamberlain, Neville 132ff, 138f
Champetier de Ribes, Auguste 368
Chaoul, Henri 283
Chester, Lewis 532
Choltitz, Dietrich von 331
Chruschtschow, Nikita 476
Churchill, Sir Winston 107, 140, 271f, 303, 366, 368, 388, 546
Clahes, Dietrich 149, 203, 275, 508, 536
Claus (Oberst) 237, 338
Clausewitz, Carl Philipp Gottfried von 303
Cliever, Karl 450
Clodius (Minister) 318
Daladier, Edouard 132
Darré, Richard-Walther 239
Debye, Peter 206
Degenhard, Gerhard 266
Desch (Mitarbeiter Speers) 203
Dickens, Charles 421
Diebner, Kurt 206
Dietl (Gerneralleutnant) 279
Dietrich, Otto 317
Dietrich, Sepp 155, 340
Dischinger, Franz 300
Dodd, Thomas 399
Dönitz, Karl 218ff, 241, 263, 280, 286, 309, 325, 352ff,356, 360, 370, 373, 378, 394, 414, 424f, 444f, 448, 452, 467, 480, 548
Dollfuß, Engelbert 105, 130
Donovan, William J. 367
Dornberger, Walter 201, 266
Dorpmüller, Julius 200, 215f, 238, 361
Dorsch, Xaver 176, 178, 196, 217, 275, 283ff, 290ff, 300, 323, 362
Drexler, Anton 46
Dubost, Charles 418

Ehret (Schulfreund) 38
Ehrhard, Hermann 49
Eichmann, Adolf 227, 251, 474
Einstein, Albert 205f, 208

Eisenhower, Dwight D. 304, 361f
Elisabeth, Königin von England, Gemahlin Georgs VI. 272
Engel, Gerhard 317
Epp, Franz-Xaver Ritter von 46

Fassberg, Harold E. 357
Felix, Prinz 361
Fest, Joachim 12, 20, 83, 103, 135, 493ff, 502, 504, 524
Flächsner, Hans 387, 395, 397ff, 413ff, 419, 421, 423, 448, 467, 485, 539
Fränk, Gerhard 111, 152, 217, 275, 283, 361
Franco, Francisco 107
Frank, Hans 373, 378
Frank, Robert 66, 347
Frederick (Sergeant) 451
Freisler, Roland 322, 385
Freud, Sigmund 70, 256, 512
Frick, Wilhelm 141, 373
Friedrich III., deutscher Kaiser 27
Frischauer, Willy 518
Fritsch, Werner, Freiherr von 129
Fritzsche, Hans 373, 390, 414, 422
Fromm, Erich 12, 99, 476
Fromm, Friedrich 154, 177, 197, 208, 239, 314ff, 318, 320, 322, 326, 345
Funk, Walther 93, 98, 168, 170, 177, 189, 228, 233f, 238, 241f, 316, 373, 390, 425, 442, 444, 459, 464, 468
Furtwängler, Wilhelm 116, 223

Galbraith, John Kenneth 20, 355, 359ff, 397
Galland, Adolf 299, 301, 308f, 338f, 405
Ganzenmüller, Theodor 216f, 252
Garnier, Charles 147
Gauguin,Paul 78
Gaulle, Charles de 473
Gebhardt, Karl 261, 284ff, 291, 293
Geis, Rabbi Raphael 515, 521
Georg VI., König von England 272
George, Stefan 429
Gibson, Guy 214
Giesler, Hermann 88f, 142ff, 162, 178, 185, 187, 273, 497, 547, 552
Giesler, Paul 142, 187
Gilbert, Gustave M. 377f, 387, 390f, 414, 425
Godt, Eberhard 219
Goebbels, Joseph 50, 61f, 70f, 73, 75ff, 80, 83, 94, 97f, 109ff, 134ff, 141f, 175, 186f, 200, 228, 232ff, 241, 248, 261, 269, 272, 276,281, 283f, 308f, 316ff, 324, 327, 330, 338f, 348f, 352, 354, 360, 395, 404, 406,408f, 503, 536, 548, 551
Goebbels, Magda 78, 133, 330, 352
Goerdeler,Carl Friedrich 324
Göring,Hermann 75, 77, 86, 93, 97, 102, 104, 111, 117, 126, 131, 147, 152f, 156f, 159, 163, 165, 167ff, 173ff, 180, 184, 188ff, 194,196, 200, 208, 211, 228, 231, 233f, 238, 241ff, 251, 264, 270, 280ff, 285ff, 291,293ff, 298f, 301, 305, 327, 350, 352, 361f, 373, 378, 382f, 385, 387ff, 392, 394f, 398, 409, 422, 528, 547, 549
Goerner,Dr. 480
Goethe, Johann Wolfgang von 51, 83, 145
Gogh, Vincent van 78
Goldhagen, Erich 254f, 521f
Gorbatschow, Michail 521
Grant, Ulysses S. 303
Gropius, Walter 56, 65, 85f
Guderian, Heinz 239f, 318, 340ff, 345, 458
Guttmann, Hugo 48

Haase, Paul von 321
Haasemann, Konrad 175
Hácha, Emil 134
Haffner, Sebastian 289f, 495
Hahn, Utto 206
Haig, Douglas 212
Hamsher, William 10, 454, 514
Hanke, Karl 66f, 70, 75f, 133, 141, 186, 192, 194, 256, 294, 329, 341, 349, 354, 505
Hanneken, Hermann von 189, 263
Harrer, Karl 46
Harris, Sir Arthur 211f, 382, 527
Haussmann, Georges Eugène Baron 87, 147
Heinkel, Ernst 298, 361
Heins, Erich 471
Heisenberg,Werner 205, 208ff
Hell, Werner 249
Henderson, Sir Neville 96
Hengl (General) 277
Henlein, Konrad 131f
Henschel (Ingenieur) 337
Heß, Rudolf 50, 79, 94, 118, 150, 156, 158, 236, 373, 378, 383, 385, 398, 422, 425f, 429, 433f, 436, 439, 445f, 459f, 462, 468, 485
Hettlage, Karl Maria 111, 152, 176, 260, 275, 473, 517
Heuss Theodor 448
Heydrich, Reinhard 251f, 264
Himmler, Heinrich 18, 68, 75, 93, 163, 167, 201f, 205, 228, 236, 241, 243, 247f, 251ff, 264f, 274, 280f, 285, 290ff, 301, 318, 320, 324, 327, 329, 339, 346, 348, 350, 353f, 387, 395, 405, 407f, 416, 503, 521f, 524, 526, 532, 534f, 547
Hindenburg, Paul von-Beneckendorff und-von 58f, 72ff, 100, 129
Hitler, Adolf passim
Höhne, Heinz 236, 545
Hoffmann, Heinrich 97, 126, 282
Hommel , Hermann 21, 26, 36, 40
Horthy, Miklós 452
Hovden, Oeysten 521
Hubatsch , Walter 478f, 483
Hugenberg, Alfred 73, 77
Hupfauer, Theo 525
Hussein, Saddam 269, 281

Iofan, S. M. 104
Irving, David 480f, 507, 511f, 528, 532, 538

Jackson, Robert H. 367, 379, 383f, 386, 388f, 394, 396, 407ff, 418f, 431, 529, 549
Jacob(General) 197
Janssen, Gregor 478f, 500, 514
Jodl, Alfred 201, 232, 240, 373

Kahr, Gustav Ritter von 45, 48f, 74
Kaldor, Nicholas 358
Kaltenbrunner, Ernst 322, 324ff, 341, 373, 379, 398
Kammler, Hans 202f, 226, 262,264ff, 345, 535
Karl der Große, Kaiser 116

Kasper, Hermann 124
Kaufmann, Karl Otto 186, 216f, 256, 350, 353f
Kehrl, Hans 260
Keitel, Wilhelm 200, 232f, 236, 238, 240, 280, 286, 311, 324, 332, 373
Kelley, Douglas 431
Kempf, Annemarie 111, 276f, 286, 360, 399f, 417, 423f, 439, 441, 443f, 447, 449f, 462, 464f, 467, 470, 484, 488f, 502, 525
Kempff, Wilhelm 293
Kempka, Erich 344
Kennedy, John F. 476
Keßler, Philipp 213
Keynes, John Maynard 168
Kiesinger, Kurt Georg 485
Klenze, Leo von 41
Klinke, Hans-Peter 222
Kluge, Hans Günther von 240
Koch, Friedrich 284ff, 291
Körner, Wilhelm 188f, 234, 242
Koller, Peter 60
Kranzbühler, Otto 394, 414, 448, 451
Kraus, Herbert 406
Kreis, Wilhelm 113
Krencker, Daniel 53
Krier, Leon 533
Krupp, Alfried 373
Krupp, Gustav 372, 410f

Lammers, Hans 96, 110f, 142, 180, 194, 200, 204, 228, 233, 235f, 238, 241f
Lauscher, Rudolf 539f
Lawrance, Sir Geoffrey 368, 381f, 388f, 402, 405, 412, 416, 419, 422
Leeb, Wilhelm Ritter von 173, 177
Ley, Robert 93f, 96, 158, 186, 192f, 233f, 285, 338, 372,376, 378, 408
Liebel, Willy 176, 182, 200, 217, 260, 292, 294
Lippert, Julius 109f, 141f,1 180, 547
Löffler, Martin 539ff
Ludendorff, Erich 44, 49
Ludwig II., König von Bayern 41
Lübke, Heinrich 448, 472
Lüschen, Friedrich 336

MacMillan, Harold 473
Magira, Edith 276
Mann, Golo 505f
Mansfeld, Dr. 192
Manstein, Erich von 241
March, Otto 101
Maser, Werner 396f, 526
Max Prinz von Baden 44
Maxwell-Fyfe, Sir David (später Lord Kilmuir) 368, 387, 389, 413, 472
McCloy, John 451f,471
Meerwein, Georg G. 533
Merker, Otto 219f, 263, 328
Messerschmitt, Willy 297ff, 548
Mies van der Rohe, Ludwig 56, 65, 85f, 209
Milch, Erhard 151,156, 173, 175, 177ff, 185, 188f, 216f, 223, 228, 231, 233, 236, 241, 245, 264, 270, 286, 288, 294, 299, 339, 427, 429, 524, 548
Model,Walter 312, 334, 343f
Moltke, Helmuth Graf von 314
Mommsen, Ernst-Wolf 487, 489
Mommsen, Wolfgang 506f, 509, 512
Monigan jr., John J. 394ff
Montgomery Bernard Law 1. Viscount 302
Morell, Theodor 126, 134, 282ff, 293
Morris, William 84
Mozart,Wolfgang Amadeus 278
Müller, Heinrich 251
Munch, Edvard 78
Mussolini, Benito 94, 129, 133, 138, 238, 257, 452

Nagel, Will 151, 217, 275
Napoleon I. Kaiser der Franzosen 87, 142, 247, 366
Napoleon III., Kaiser der Franzosen 87
Neave, Airey 374, 376ff, 382, 395
Nein, Hermann 276, 279
Neurath, Constantin von 373, 414, 425, 444, 459f, 464
Nikitschenko I. T. 368
Nimitz, Chester W. 394
Nitze, Paul 355, 447
Nolde, Emil 78, 88
Nonn, Konrad 141
Norden, Eric 515ff

Ohlendorf, Otto 387, 391
Olbricht, Friedrich 322
Ostro, Ernst A. 529f

Paganini, Nicolo 278
Palladio, Andrea 84
Papen, Franz von 73f, 99, 373, 422
Pfister, Rudolf 442
Piepenburg, Karl 483
Planck, Max 205f
Poelzig, Hans 53f, 65
Pohl, Oswald 202f, 226, 264, 534f
Porsche,Ferdinand 95, 183, 200, 270, 297, 548
Poschmann, A. 265f
Poser, Manfred von 340, 347, 350f, 353 417, 500
Proost, Bernd 463
Proost, Christiane 463, 469
Proost, Irmgard 439, 463, 469ff, 477, 484
Proost, Toni 438f, 443f, 462f, 469ff, 473, 484

Quenzer (Schulfreund) 36

Raeder, Erich 165, 173, 184, 218f, 241, 373, 377, 425, 430, 444, 459, 463, 480
Raginsky (sowjetischer Ankläger) 412f
Rathenau, Walther 173f
Reagan, Ronald 521
Reif, Adelbert 533
Remer, Otto Ernst 320ff
Reuß XXXVII, Prinz 524
Ribbentrop, Joachim von 135, 233, 373
Richthofen, Manfred von 169
Riefenstahl, Leni 91, 101, 449
Rießer, Marion 113, 440f, 443, 456, 464f, 475, 478, 489ff 509ff. 520, 527, 538, 552
Röhm, Ernst 46, 48, 61, 68, 74, 80, 105, 158
Röntgen, Wilhelm 205
Rohland, Walter 185, 197, 199, 247, 255, 270, 288, 328, 345, 417, 491, 523, 548
Rommel, Erwin 150, 238, 306f, 313, 334, 448
Roosevelt, Franklin D. 95, 107, 158, 182, 238, 349, 366f
Rosenberg, Alfred 154, 247, 373
Rudenko, Roman 368, 418
Rundstedt, Gerd von 305ff

Sagebiel, Ernst 88
Sandler, (Mitarbeiter-Speers) 203

Sauckel, Ernst Friedrich (Fritz) 93, 186, 192, 194f, 224, 226ff, 235f, 247, 266, 280f, 283, 285, 293f, 327, 273, 401f, 406, 408, 415f, 419, 425, 517 522, 535f, 541, 550
Saur, Karl Otto 176, 162, 260, 264f, 274, 285, 287, 294f, 308, 311, 323, 328, 335, 340, 343, 354, 361f, 535
Schacht, Hjalmar Horace Greely 16ff, 363, 373, 378, 406f, 422
Schaub, Julius 351
Schelkes, Willi 57, 67f, 111, 113, 188
Schieber, Walter 175, 162, 274, 292
Schinkel, Karl Friedrich 75f, 89, 98, 330
Schirach, Baldur von 256, 373, 378, 390, 425, 444, 468, 484
Schleicher, Kurt von 73f
Schmidt, Carlo 472
Schmidt, Matthias 10f, 21, 512, 514, 538, 540f, 546, 551
Schmundt, Rudolf 243
Scholl, Hans 312
Scholl, Sophie 312
Schramm, Hilde siehe Speer, Hilde
Schramm, Ulf 474
Schreiber, Hermann (Kalanag) 276, 278
Schütz, Werner 447, 467, 471, 473, 478f, 483
Schukow, Georgi, K. 153
Schulze-Fielitz, Günter 176
Schuschnigg, Kurt von 130
Schwerin von Krosigk, Johann Ludwig Graf von 238
Sereny, Gitta 10, 12, 19, 22, 39, 236, 378, 437, 454, 496, 515, 532f, 542, 549
Servatius, Dr. 406, 413
Seyß-Inquart, Arthur 130, 373, 417
Shawcross, Sir Hartley 368, 386, 418
Siedler, Eduard Jobst 122
Siedler, Wolf Jobst 103, 477, 479, 492ff, 519, 524, 533, 542
Siegmund , Harry 523f
Sklarz, Wolfgang G. 357, 359
Skorzeny, Otto 452
Spaatz, Carl 382
Speidel, Hans 448, 463
Speer, Albert (Sohn) 40, 101f, 274, 458, 461, 466, 474, 483
Speer, Albert Friedrich (Vater) 13, 21ff, 26, 36f, 40, 56, 64, 101, 103,123, 223, 292, 344f, 428f, 546
Speer, Arnold (Sohn) 458f, 507
Speer, Berthold (Großvater) 22f, 40
Speer,Ernst (Bruder) 24, 36, 223f, 429, 461
Speer,Ernst (Sohn) 14, 16ff, 458f, 464, 467f, 476, 543
Speer, Friedrich (Fritz; Sohn) 103, 463, 468, 475
Speer, Gustl (Auguste; Schwägerin) 429
Speer, Hermann (Bruder) 24, 36, 428ff, 450, 453, 526
Speer, Hilde (Tochter) 17f, 103, 238, 446, 448, 450ff, 454ff, 458f, 461, 467f, 471ff, 476ff, 481, 485, 492f, 496, 539
Speer, Irmhild (Schwiegertochter) 17, 543
Speer, Luise Mathilde-Wilhelmine (Mutter) 21, 23f, 35ff, 64, 103, 223, 344f, 428, 450, 467
Speer, Margarete (Gretel, Margret; Ehefrau) 13, 16, 37ff, 40, 51ff, 57f, 62, 65, 67f, 70, 75, 97f, 100, 102f, 113, 117, 120, 253, 284ff, 347f, 420, 423, 425ff, 432, 435, 439f, 442ff, 448ff 453, 457, 46lf, 465ff, 470f, 483ff 488, 492, 501, 507 514, 542, 545f
Speer, Margret (Tochter) 103, 459, 461, 464f, 467, 475, 477
Sperrle,Hugo 156
Stahl, Dietrich 337ff, 404
Stalin, Josef W. 106, 138f, 153, 190, 303, 340, 366, 368, 388, 393, 452, 489
Stauffenberg, Graf Claus Schenk von 312ff, 321
Stephan, Hans 111ff
Stone, Norman 543
Strasser, Gregor 73f
Strasser, Otto 73
Straßmann, Fritz 206
Strauß, Franz Josef 472
Streicher, Julius 373, 378, 385
Stresemann, Gustav 57
Syrup,Friedrich l92

Tamms, Friedrich 113
Tessenow, Heinrich 54, 56f, 64f, 67, 68, 98, 222, 289, 431, 449, 466, 530
Thierack, Otto 186
Thiesen, Prof. 216
Thomale, Wolfgang 340
Thomas, Georg 171, 177, 183f, 188, 191, 200
Thorack, Josef 92, 104, 122
Thyssen, Fritz 89
Tirpitz, Alfred von 28
Todt, Fritz 88, 110f, 154ff, 157ff, 171ff, 181f, 185, 187, 189, 191, 198, 222, 228, 231, 247, 252, 274, 276, 283, 400, 415, 504, 548
Toland, John 524
Trevor-Roper, Hugh 358, 504
Troost, Gerdy 466
Troost, Paul Ludwig 81, 89f, 98, 142f
Truman, Harry S. 367

Udet, Ernst 298

Vabres, Henri Donnedieu de 368
Viktoria, Königin von England 27
Vögler, Albert 208

Waeger, Kurt 184, 292
Wagner, Richard 51, 91, 349
Walter, Hellmuth 219
Wahner, Herbert 472
Wessel, Horst 80
West, Rebecca 382, 425, 516
Whittle, Frank 299
Wieden, Maria 471
Wiesenthal, Simon 11
Wilhelm I., deutscher Kaiser 27, 57
Wilhelm II., deutscher Kaiser 27ff, 31ff, 88, 140, 364
Willey, Harold B. 376
Wittenberg, Irmgard siehe Kempf, Irmgard
Witzell, Karl 173, 177f
Wolters, Erika 465, 475, 491, 507
Wolters, Rudolf, 23, 42f, 53ff, 64, 111ff, 148f, 151, 154, 162, 174, 176, 188, 197, 221, 258, 260, 275, 286, 327ff, 371, 408, 420ff, 423ff, 440ff, 446ff, 450f, 456ff, 461ff, 470ff, 475, 477ff, 486ff, 493, 497, 499ff, 506ff, 516ff, 523, 526ff, 533, 538ff, 545, 550ff

Yosuke, Matsuoka 152

Zeitzler, Kurt 238f, 243, 280, 286, 318, 326, 340
Zilbert, Edward R. 500